轩 昂 颂

——2019年度全国建材行业杰出企业家和优秀企业家风采录

中国建筑材料企业管理协会
中国建材报社 编

企业管理出版社
ENTERPRISE MANAGEMENT PUBLISHING HOUSE

图书在版编目（CIP）数据

轩昂颂：2019年度全国建材行业杰出企业家和优秀企业家风采录 / 中国建筑材料企业管理协会，中国建材报社编． -- 北京：企业管理出版社，2020.10
ISBN 978-7-5164-2233-5

Ⅰ．①轩… Ⅱ．①中… ②中… Ⅲ．①建材企业－企业家－生平事迹－中国－现代 Ⅳ．① K825.38

中国版本图书馆CIP数据核字（2020）第 186264 号

书　　名：	轩昂颂——2019年度全国建材行业杰出企业家和优秀企业家风采录
作　　者：	中国建筑材料企业管理协会　中国建材报社
责任编辑：	郑亮　田天
书　　号：	ISBN 978-7-5164-2233-5
出版发行：	企业管理出版社
地　　址：	北京市海淀区紫竹院南路17号　　邮编：100048
网　　址：	http://www.emph.cn
电　　话：	编辑部（010）68701638　发行部（010）68701816
电子信箱：	qyglcbs@emph.cn
印　　刷：	廊坊市金虹宇印务有限公司
经　　销：	新华书店
规　　格：	210毫米×285毫米　　16开本　31.25印张　836千字
版　　次：	2020年10月 第1版　2020年10月 第1次印刷
定　　价：	390.00元

版权所有　翻印必纠·印装有误　负责调换

编辑委员会

编委会主任：张东壮　钟云华
副　主　任：王建国　张玉祥
委　　　员：许金华　刘彦广　李怀江　孙志胜
　　　　　　张国良　张思丰　杨祥坤　成耀荣
　　　　　　周清浩　周　伟　贺　军　靳志刚
　　　　　　臧人立
主　　　编：王建国　张玉祥
编　　　委：董国壮　曹　江　郭维涛
编　　　辑：柳明翔　郭　达　马学军
　　　　　　李　学　张东强

前 言

改革开放 40 多年来，我国建材工业无论是产品数量、产品品种、产品质量、装备水平、科研开发能力、国际化水平等都取得了飞速的发展。在行业的发展进程中，涌现出了一大批甘于奉献、勇于担当、攻坚克难、善于管理、员工拥戴的企业家们，是他们的辛勤付出成就了企业的兴盛与发展。当前，行业正处在转型升级、高质量发展的关键时期，面临着新的机遇和挑战，更需要一大批优秀企业家引领企业奋力拼搏，力争一流，实现质量更好、效益更高、竞争力更强、影响力更大的发展。

中国建筑材料企业管理协会开展的"全国建材行业优秀企业家宣传活动"始于 1994 年，在行业中产生了较大的影响，得到了企业和社会各界的好评和关注。特别是自 2016 年以来，与建材行业主流媒体《中国建材报》合作，共同开展此项活动，其影响力度逐年增大，内容也不断地丰富和拓展。2019 年，中国建材行业杰出企业家、优秀企业家的遴选活动继续由中国建筑材料企业管理协会、中国建材报社共同组织，在中国建材联合会、各省市自治区建材协会、建材行业各专业协会和大企业集团的大力协助下完成。本书收录和介绍了建材行业杰出企业家 6 位、优秀企业家 110 位，他们是建材企业家的杰出代表，他们是引领企业健康发展的擎旗者，他们是建材企业家的楷模。

编辑出版《轩昂颂——2019 年度全国建材行业杰出企业家和优秀企业家风采录》，旨在向行业内众多企业介绍、交流、宣传、弘扬优秀企业家的精神、企业管理先进经验、成功做法等，以期形成比、学、赶、超的良好氛围，共同为新时期建材工业的高质量发展发挥积极的作用。本书中比较详细地介绍了多位企业家的成长、创业、奋斗和发展的历程，以及他们在科技创新、经营管理、企业文化、绿色发展、社会责任等方面取得的成功经验。希望本书出版发行后，对弘扬优秀企业家的责任、担当、奉献精神，造就一大批优秀建材企业家发挥积极的促进作用。

好风凭借力，送我上青云。面对新的机遇和挑战，希望建材行业广大企业家扎实做好"六稳"工作，落实"六保"任务，居安思危，始终如一地创新求变，努力提升自身的素质和管理水平，在复杂多变、充满挑战的市场经济舞台上大显身手，展示才华，再创新的辉煌！

由于 2019 年年底和 2020 年上半年新冠肺炎疫情的影响，本书的出版时间有所延迟，同时鉴于编者的水平所限，稿件的内容、企业家业绩点评等难免有疏漏或不妥之处，敬请广大读者批评指正！

中国建筑材料企业管理协会　会　长

中国建材报社　总编辑

2020 年 10 月

目 录

杰出企业家风采 1

优秀企业家风采 9

企业家事迹展示 65

风正帆悬向远方
　　——记中国建材集团有限公司董事、总经理 曹江林 66

踏浪前行的"金晶"领航人
　　——记金晶（集团）有限公司董事长 王刚 71

根深叶茂草青青
　　——记华新水泥股份有限公司总裁 李叶青 74

用科技点亮建材世界的学者型企业家
　　——记中国建材集团有限公司原总工程师、中国建筑材料科学研究总院原院长 姚燕 76

务实的海螺领导者
　　——记安徽海螺集团有限责任公司副总经理，
　　安徽海螺水泥股份有限公司党委书记、副董事长 王建超 81

大国企，大担当，大格局，大作为
　　——记北京金隅集团股份有限公司副总经理、唐山冀东水泥股份有限公司原董事长 姜长禄 .. 85

栉风沐雨聚力发展，砥砺前行再谱新篇
　　——记中国建材股份有限公司副总裁、中建材投资有限公司董事长 蔡国斌 89

应对行业挑战，推动企业发展
　　——记北京金隅集团股份有限公司总经理助理，
　　北京金隅地产开发集团有限公司党委书记、总经理 程洪亮 93

为职工谋福祉，为社会作贡献
　　——记娲石水泥集团有限公司董事长、总经理 魏华山 96

创新管理，提质增效，不忘初心，砥砺前行
　　——记新疆天山水泥股份有限公司党委书记、董事长 赵新军 100

精干主业，促进效益稳健提升；开拓奋进，优化产业布局拓展
　　——记中国南玻集团股份有限公司党委书记、副董事长、总裁 王健 105

务实创新、协同发展的带头人
　　——记南京玻璃纤维研究设计院有限公司党委委员、总经理 陈士洁 108

技术创新的领军人
　　——记秦皇岛玻璃工业研究设计院有限公司党委书记、总经理　陈双七..................110

创新求变，推动企业实现提质增效
　　——记北京金隅新型建材产业化集团有限公司总经理　丁立忠..................113

坚守初心，忘我奋斗，勇做玻纤高质量发展的排头兵
　　——记中国巨石股份有限公司副总裁、巨石集团有限公司总裁　杨国明..................117

改革创新，转型升级，做好水泥行业高质量发展的领路人
　　——记西南水泥有限公司党委书记、执行总裁　白彦..................121

大爱无疆
　　——记中国西部水泥有限公司CEO、尧柏特种水泥集团有限公司董事长　马维平..................125

笃定改革谋发展，务实创新求突破
　　——记广西鱼峰集团有限公司党委副书记、副董事长、总经理　吴飚..................128

推动企业转型发展的先行者和探路人
　　——记江苏苏博特新材料股份有限公司总经理　毛良喜..................131

聚集三精管理，致力两个打造，引领湖南南方高质量发展
　　——记南方水泥有限公司党委常委、执行副总裁，
　　　　湖南南方水泥集团有限公司党委书记、总裁　吕文斌..................135

追求卓越，精益求精，引领企业高质量发展
　　——记南方水泥有限公司副总裁、浙江南方水泥有限公司总裁　石珍明..................137

坚持改革创新，打造世界一流电瓷企业
　　——记中材高新材料股份有限公司常务副总裁、中材江西电瓷电气有限公司董事长　刘鑫...141

抢抓机遇，强化管理，促进效益上台阶；勇担使命，锐意进取，实现发展新突破
　　——记中国洛阳浮法玻璃集团有限责任公司党委副书记、副董事长、总经理　谢军..................143

初心如虹耀世，创新似火燎原
　　——记中国中材国际工程股份有限公司副总裁、
　　　　中国中材国际工程股份有限公司（南京）总经理　印志松..................147

再塑企业文化的主导者，绿色转型升级的先行官
　　——记邢台金隅咏宁水泥有限公司党委书记、董事长，
　　　　邢台金隅冀东水泥有限公司党委书记、执行董事　李太功..................150

以身作则，走可持续发展道路
　　——记科顺防水科技股份有限公司董事长　陈伟忠..................153

以创新驱动发展，加快企业实现高质量转型升级
　　——记中材建设有限公司执行董事、总经理　童来苟..................155

开拓进取，勇于创新，全力推动高质量科学发展
　　——记内蒙古冀东水泥有限责任公司党委书记、执行董事　焦留军..................159

目录

在企业高质量发展征程上阔步前行
　　——记凯盛晶华玻璃有限公司党总支书记、总经理　田文顺 161

弘扬正道文化，续写隐形丰碑
　　——记山东龙泉管道工程股份有限公司董事长、总裁　付波 164

不断创新，推动企业高质量发展
　　——记内蒙古天皓水泥集团有限公司总经理　王春林 167

奋力推动公司转型升级和高质量发展
　　——记冀东水泥铜川有限公司党委书记、执行董事　韩保平 171

再创鲁南新辉煌
　　——记鲁南中联水泥有限公司党委副书记、总经理　刘金柱 175

坚持改革创新，推动行业升级
　　——记陕西煤化新材料集团有限责任公司党支部书记、董事长　张世清 178

做大写的人
　　——记山东鲁阳节能材料股份有限公司董事长　鹿成滨 181

唱响绿色高质量发展主旋律
　　——记中建商品混凝土有限公司党委副书记、总经理　程敦竹 184

坚守初心担使命，凝心聚力谋发展
　　——记阳泉冀东水泥有限责任公司党委书记、执行董事　许利 187

以央企风范引领企业高质量发展
　　——记泰山中联水泥有限公司党委书记、总经理　魏振超 190

"生态水泥"的变形记
　　——记陕西生态水泥股份有限公司党委书记、董事长　张超晖 194

勇担使命，不负韶华
　　——记成县祁连山水泥有限公司党委书记、总经理　于波 197

践行使命，浇筑百年伟业
　　——记北京金隅混凝土有限公司党委书记、执行董事　张增彪 201

创新品牌管理，履行社会责任
　　——记佛山欧神诺陶瓷有限公司董事长　鲍杰军 204

坚守"实业精神"，谱写转型发展华章
　　——记富春控股集团有限公司总裁　张樟生 206

改革创新，助力宇虹高质量发展
　　——记潍坊市宇虹防水材料（集团）有限公司副总经理　郑智海 209

行业创新的追梦人
　　——记北京坚构创新科技有限公司董事长　袁亮国 213

强管理，促创新，助推企业高质量发展
　　——记浙江南方水泥有限公司总经济师，
　　　　兰溪诸葛南方水泥有限公司党支部书记、总经理　张长江 216

· 3 ·

从"黑"到"灰"的精彩转型
——记山东申丰水泥集团有限公司党委副书记、总经理 牛迎东..........218

用创新和实干助推企业可持续发展
——记昭通昆钢嘉华水泥建材有限公司总经理 安东..........221

以三精管理提升为抓手,深度挖掘一体化经营潜力
——记泰安中联水泥有限公司党委书记、总经理 齐勇..........225

拳拳赤子心,殷殷报国情
——记中复神鹰碳纤维有限责任公司董事长 张国良..........228

坚持守正创新,奏响时代强音
——记北京金隅节能保温科技(大厂)有限公司党委书记、执行董事 耿利军..........232

不忘初心,砥砺前行,追求卓越,不负韶华
——记贵州西南鱼峰水泥有限公司总经理 李贺冲..........236

笃定前行,创新发展
——记福建金牛水泥有限公司董事长、总经理 章旭升..........239

功不唐捐,玉汝于成
——记福建南方路面机械有限公司董事长 方庆熙..........242

勠力同心创伟业,三精管理铸辉煌
——记郑州瑞泰耐火科技有限公司党委书记、董事长 李泉侑..........245

以身作则、以人为本,推动企业全面可持续发展
——记四川华西管桩工程有限公司董事长 李先勇..........249

勇立潮头、敢为人先,做优秀的国企领路人
——记北京金隅天坛家具股份有限公司总经理 李鹤..........252

以科技创新驱动标准砂公司高质量发展
——记厦门艾思欧标准砂有限公司党委书记、总经理 孙志胜..........255

求真务实,勇攀高峰
——记临澧冀东水泥有限公司党总支书记、执行董事 马强勇..........259

让老企业焕发青春的企业领导者
——记四川省玻纤集团有限公司党委书记、副董事长、总经理 韩东..........263

标新立异,匠心独运
——记安徽珍珠水泥集团股份有限公司董事长 高峰..........268

大力弘扬新时代金隅精神,坚定不移走绿色发展之路
——记邯郸金隅太行水泥有限责任公司党委副书记、经理 李晶..........271

以科技创新引领企业发展,以工匠精神筑造企业未来
——记中国耀华玻璃集团有限公司副总经理、总工程师 逯芳..........274

攻坚克难,砥砺前行
——记江西兴国南方水泥有限公司党支部书记、总经理 张义品..........277

目录

匠心做防水，务实做企业
　　——记四川蜀羊防水材料有限公司党支部书记、董事长　骆晓彬..................280

勇于创新担重任，智能装备有新篇
　　——记蚌埠凯盛工程技术有限公司总经理　叶坤..................284

不忘初心担使命，开拓创新促发展
　　——记北京玻钢院复合材料有限公司总经理　王嵘..................288

测绘地理信息的卓越领路人
　　——记中国建筑材料工业地质勘查中心甘肃总队副总队长，
　　天水三和数码测绘院有限公司执行董事、总经理　陈重奎..................292

引领水泥行业创新发展的开拓者
　　——记济宁中联水泥有限公司党委书记、总经理　陈兴龙..................296

践行初心使命，坚守责任担当
　　——记重庆市忠州曼子建材集团有限公司党支部书记、董事长、总经理　陈克祥..........301

廉洁实干求创新，群策群力勇担当
　　——记厦门路桥翔通股份有限公司党委书记、董事长　巫升柱..................304

倾情服务中玻，无怨奉献职场
　　——记威海中玻镀膜玻璃股份有限公司总经理　叶志会..................308

干事创业，担当有为
　　——记德州中联大坝水泥有限公司党委书记、总经理　孙勇..................312

改革创新谋发展，青年才俊显身手
　　——记江苏沂淮集团总经理　陈进..................316

水泥行业的弄潮人
　　——记沂水山水水泥有限公司总经理　董传辉..................320

全心全意，追求卓越
　　——记保定中联水泥有限公司党支部书记、总经理　郝志江..................324

绿水青山的践行者
　　——记甘肃华建新材料股份有限公司董事长　糇海荣..................327

开拓进取结硕果，绿色发展创辉煌
　　——记安丘山水水泥有限公司总经理　李见中..................330

强化区域管控，精准运筹帷幄，奋力开创区域共赢新局面
　　——记冀东水泥璧山有限责任公司党委书记、执行董事　马庆海..................333

南桐特种水泥公司改革发展的"领路人"
　　——记重庆市南桐特种水泥有限责任公司党委书记、董事长　何贤发..................336

发展企业勇担责，回馈社会映初心
　　——记西安大明宫建材家居股份有限公司董事长　王天春..................339

转型升级，精益生产，推动企业高质量发展
　　——记江苏横山南方水泥有限公司党支部书记、总经理　沈宝明..................343

向着更辉煌的明天前行
　　——记山西中德投资集团有限公司总裁　程杰..................346

凝聚力量，共谋发展
　　——记中国建筑材料工业建设西安工程有限公司执行董事、总经理　张志旭..................348

融合发展促转型，锐意进取解难题
　　——记北京建机资产经营有限公司党委书记、执行董事　焦莉..................351

乘风破浪潮头立，扬帆起航正当时
　　——记金隅（杭州）房地产开发有限公司总经理　吴建新..................355

时代担当记使命，砥砺奋进守初心
　　——记洛阳玻璃股份有限公司副总经理，
　　　　中建材（宜兴）新能源有限公司党支部书记、总经理　杨伯民..................358

咬定青山不放松，重整行装再出发
　　——记山东鑫达鲁鑫防水材料有限公司董事长　孙美峰..................361

引领行业经营，创建一流企业
　　——记乐陵山水水泥有限公司总经理　崔书林..................365

不忘初心，牢记使命，开创转型发展新局面
　　——记大同冀东水泥有限责任公司总经理　陈敬..................368

以三精管理为指引、全面提升管理质效
　　——记广德独山南方水泥有限公司党支部书记、总经理　周士海..................371

科技创新，驱动企业发展新思路
　　——记唐山冀东水泥三友有限公司总经理　张立华..................375

做商砼行业高质量发展的领路人
　　——记陕西宏基混凝土构件有限责任公司党支部副书记、总经理　田敏锋..................378

深化转型，精益运营，推动企业可持续发展
　　——记建华建材（广西）有限公司总经理　胡敬阳..................381

创新理念，推动企业健康发展
　　——记包头蒙西水泥有限责任公司党支部书记、总经理　冯立军..................384

勇于担当甘奉献，实干谱写新华章
　　——记广灵金隅水泥有限公司副总经理　郭振全..................388

一把瓦刀闯天下
　　——记河南伟宸建设集团有限公司党总支书记、董事长　何金波..................391

筑梦碧水蓝天的建材人
　　——记湖南润天实业有限公司董事长　谭春桥..................395

科技引领,创新致远,开创企业高质量发展新局面
  ——记武汉港迪智能技术有限公司董事长 向爱国..................398
实干型企业的带头人
  ——记辽宁富山水泥有限公司党委书记、总经理 姚润泉..............402
追逐梦想勇担当,砥砺奋进再起航
  ——记三门峡腾跃同力水泥有限公司副总经理、工厂总经理 王庆乐....405
做水泥行业高质量发展的服务者
  ——记江苏润丰建材有限公司总经理 朱银虎........................409
让"中华老字号"焕发新活力
  ——记甘肃沙井驿建材集团有限公司党委书记、董事长 陈立亮........411
诚信守正,创新致杰
  ——记宜章旺通混凝土有限责任公司董事长 邓正杰..................415
博采众长,创新发展
  ——记广东博众建材科技发展有限公司董事长 邝发红................418
做装配式建筑产业发展的先行者
  ——记河北怀来县富安装配式建筑科技有限公司总经理 魏敬东........420
砥砺奋进凝聚构件新力量,行稳致远筑梦隧道新时代
  ——记上海隧道工程有限公司构件分公司党总支书记、总经理 应卓清..423
责任助力成长,关爱持续始终
  ——记黄石市新冶钙业有限公司董事长 陆新民....................426
责任在肩
  ——记湖南湘北水泥有限公司党支部书记、董事长、总经理 赵金秋....430
砥砺奋进,筑梦前行
  ——记潍坊市兴源防水材料股份有限公司党支部书记、总经理 刘海龙..434
创新驱动,科技立企
  ——记湖北远固新型建材科技股份有限公司总经理 刘让新............436
抓企业转型,促企业发展
  ——记海宁市欣河水泥有限公司副总经理、海宁市嘉海混凝土有限公司总经理 凌叙金....439
勇于担当,敢于创新
  ——记湖南华生干粉砂浆有限公司总经理 林竹初....................443
风清气正,砥砺前行
  ——记株洲天地中亿混凝土有限公司党支部书记、总经理 王忠义......446
日出东方,海聚百川
  ——记四川海聚环保科技有限责任公司董事长 王林..................450
改革创新,转型升级,做好新型建材行业高质量发展的领路人
  ——记潍坊万顺新型建材有限公司总经理 张杰......................453
部分优秀企业风采..**455**

轩昂颂

——2019年度全国建材行业杰出企业家和优秀企业家风采录

杰出企业家风采

中国建材集团有限公司董事、总经理 曹江林

金晶（集团）有限公司董事长 王刚

华新水泥股份有限公司总裁 李叶青

杰出企业家风采

中国建材集团有限公司原总工程师、中国建筑材料科学研究总院原院长 姚燕

安徽海螺集团有限责任公司副总经理，安徽海螺水泥股份有限公司党委书记、副董事长 王建超

北京金隅集团股份有限公司副总经理、唐山冀东水泥股份有限公司原董事长 姜长禄

轩昂颂

——2019年度全国建材行业杰出企业家和优秀企业家风采录

优秀企业家风采

中国建材股份有限公司副总裁、中建材投资有限公司董事长 蔡国斌

北京金隅集团股份有限公司总经理助理，北京金隅地产开发集团有限公司党委书记、总经理 程洪亮

娲石水泥集团有限公司董事长、总经理 魏华山

新疆天山水泥股份有限公司党委书记、董事长 赵新军

中国南玻集团股份有限公司党委书记、副董事长、总裁 王健

南京玻璃纤维研究设计院有限公司党委委员、总经理 陈士洁

优秀企业家风采

秦皇岛玻璃工业研究设计院有限公司党委书记、总经理 陈双七

北京金隅新型建材产业化集团有限公司总经理 丁立忠

中国巨石股份有限公司副总裁、巨石集团有限公司总裁 杨国明

西南水泥有限公司党委书记、执行总裁 白彦

优秀企业家风采

中国西部水泥有限公司 CEO、尧柏特种水泥集团有限公司董事长 马维平

广西鱼峰集团有限公司党委副书记、副董事长、总经理 吴飚

江苏苏博特新材料股份有限公司总经理 毛良喜

南方水泥有限公司党委常委、执行副总裁，湖南南方水泥集团有限公司党委书记、总裁 吕文斌

优秀企业家风采

南方水泥有限公司副总裁、浙江南方水泥有限公司总裁 石珍明

中材高新材料股份有限公司常务副总裁、中材江西电瓷电气有限公司董事长 刘鑫

中国洛阳浮法玻璃集团有限责任公司党委副书记、副董事长、总经理 谢军

中国中材国际工程股份有限公司副总裁、中国中材国际工程股份有限公司（南京）总经理 印志松

优秀企业家风采

邢台金隅咏宁水泥有限公司党委书记、董事长，邢台金隅冀东水泥有限公司党委书记、执行董事 李太功

科顺防水科技股份有限公司董事长 陈伟忠

中材建设有限公司执行董事、总经理 童来苟

内蒙古冀东水泥有限责任公司党委书记、执行董事 焦留军

优秀企业家风采

凯盛晶华玻璃有限公司党总支书记、总经理 田文顺

山东龙泉管道工程股份有限公司董事长、总裁 付波

内蒙古天皓水泥集团有限公司总经理 王春林

冀东水泥铜川有限公司党委书记、执行董事 韩保平

优秀企业家风采

鲁南中联水泥有限公司党委副书记、总经理 刘金柱

陕西煤化新材料集团有限责任公司党支部书记、董事长 张世清

山东鲁阳节能材料股份有限公司董事长 鹿成滨

中建商品混凝土有限公司党委副书记、总经理 程敦竹

优秀企业家风采

阳泉冀东水泥有限责任公司党委书记、执行董事 许利

泰山中联水泥有限公司党委书记、总经理 魏振超

陕西生态水泥股份有限公司党委书记、董事长 张超晖

成县祁连山水泥有限公司党委书记、总经理 于波

优秀企业家风采

北京金隅混凝土有限公司党委书记、执行董事 张增彪

佛山欧神诺陶瓷有限公司董事长 鲍杰军

富春控股集团有限公司总裁　张樟生

潍坊市宇虹防水材料（集团）有限公司副总经理　郑智海

优秀企业家风采

北京坚构创新科技有限公司董事长 袁亮国

浙江南方水泥有限公司总经济师，兰溪诸葛南方水泥有限公司党支部书记、总经理 张长江

山东申丰水泥集团有限公司党委副书记、总经理　牛迎东

昭通昆钢嘉华水泥建材有限公司总经理　安东

优秀企业家风采

泰安中联水泥有限公司党委书记、总经理 齐勇

中复神鹰碳纤维有限责任公司董事长 张国良

北京金隅节能保温科技（大厂）有限公司党委书记、执行董事 耿利军

贵州西南鱼峰水泥有限公司总经理 李贺冲

优秀企业家风采

福建金牛水泥有限公司董事长、总经理 章旭升

福建南方路面机械有限公司董事长 方庆熙

郑州瑞泰耐火科技有限公司党委书记、董事长 李泉侑

四川华西管桩工程有限公司董事长 李先勇

优秀企业家风采

北京金隅天坛家具股份有限公司总经理 李鹤

厦门艾思欧标准砂有限公司党委书记、总经理 孙志胜

临澧冀东水泥有限公司党总支书记、执行董事 马强勇

四川省玻纤集团有限公司党委书记、副董事长、总经理 韩东

安徽珍珠水泥集团股份有限公司董事长 高峰

邯郸金隅太行水泥有限责任公司党委副书记、经理 李晶

中国耀华玻璃集团有限公司副总经理、总工程师　逯芳

江西兴国南方水泥有限公司党支部书记、总经理　张义品

优秀企业家风采

四川蜀羊防水材料有限公司党支部书记、董事长 骆晓彬

蚌埠凯盛工程技术有限公司总经理 叶坤

北京玻钢院复合材料有限公司总经理 王嵘

中国建筑材料工业地质勘查中心甘肃总队副总队长，天水三和数码测绘院有限公司执行董事、总经理 陈重奎

优秀企业家风采

济宁中联水泥有限公司党委书记、总经理 陈兴龙

重庆市忠州曼子建材集团有限公司党支部书记、董事长、总经理 陈克祥

厦门路桥翔通股份有限公司党委书记、董事长 巫升柱

威海中玻镀膜玻璃股份有限公司总经理 叶志会

优秀企业家风采

德州中联大坝水泥有限公司党委书记、总经理 孙勇

江苏沂淮集团总经理 陈进

沂水山水水泥有限公司总经理 董传辉

保定中联水泥有限公司党支部书记、总经理 郝志江

优秀企业家风采

甘肃华建新材料股份有限公司董事长 缑海荣

安丘山水水泥有限公司总经理 李见中

冀东水泥璧山有限责任公司党委书记、执行董事 马庆海

重庆市南桐特种水泥有限责任公司党委书记、董事长 何贤发

优秀企业家风采

西安大明宫建材家居股份有限公司董事长 王天春

江苏横山南方水泥有限公司党支部书记、总经理 沈宝明

山西中德投资集团有限公司总裁 程杰

中国建筑材料工业建设西安工程有限公司执行董事、总经理 张志旭

优秀企业家风采

北京建机资产经营有限公司党委书记、执行董事 焦莉

金隅（杭州）房地产开发有限公司总经理 吴建新

洛阳玻璃股份有限公司副总经理，中建材（宜兴）新能源有限公司党支部书记、总经理 杨伯民

山东鑫达鲁鑫防水材料有限公司董事长 孙美峰

优秀企业家风采

乐陵山水水泥有限公司总经理　崔书林

大同冀东水泥有限责任公司总经理　陈敬

广德独山南方水泥有限公司党支部书记、总经理 周士海

唐山冀东水泥三友有限公司总经理 张立华

陕西宏基混凝土构件有限责任公司党支部副书记、总经理 田敏锋

建华建材（广西）有限公司总经理 胡敬阳

包头蒙西水泥有限责任公司党支部书记、总经理 冯立军

广灵金隅水泥有限公司副总经理 郭振全

河南伟宸建设集团有限公司党总支书记、董事长 何金波

湖南润天实业有限公司董事长 谭春桥

武汉港迪智能技术有限公司董事长 向爱国

辽宁富山水泥有限公司党委书记、总经理 姚润泉

三门峡腾跃同力水泥有限公司副总经理、工厂总经理 王庆乐

江苏润丰建材有限公司总经理 朱银虎

甘肃沙井驿建材集团有限公司党委书记、董事长 陈立亮

宜章旺通混凝土有限责任公司董事长 邓正杰

优秀企业家风采

广东博众建材科技发展有限公司董事长 邝发红

河北怀来县富安装配式建筑科技有限公司总经理 魏敬东

上海隧道工程有限公司构件分公司党总支书记、总经理 应卓清

黄石市新冶钙业有限公司董事长 陆新民

优秀企业家风采

湖南湘北水泥有限公司党支部书记、董事长、总经理 赵金秋

潍坊市兴源防水材料股份有限公司党支部书记、总经理 刘海龙

湖北远固新型建材科技股份有限公司总经理　刘让新

海宁市欣河水泥有限公司副总经理、海宁市嘉海混凝土有限公司总经理　凌叙金

优秀企业家风采

湖南华生干粉砂浆有限公司总经理 林竹初

株洲天地中亿混凝土有限公司党支部书记、总经理 王忠义

四川海聚环保科技有限责任公司董事长　王林

潍坊万顺新型建材有限公司总经理　张杰

轩昂颂

——2019年度全国建材行业杰出企业家和优秀企业家风采录

企业家事迹展示

风正帆悬向远方

——记中国建材集团有限公司董事、总经理 曹江林

曹江林，男，1966年10月出生，1990年7月获上海财经大学颁发的经济学学士学位，2004年1月获清华大学颁发的工商管理硕士学位。现任中国建材集团有限公司（以下简称中国建材集团）董事、总经理，中国建材股份有限公司执行董事、董事长、党委书记，兼任南方水泥有限公司和中国巨石股份有限公司董事长。

曹江林同志具有近三十年的建材行业工作经验，1990年至今从一名公司财务部职员逐步成长为央企集团公司领导，任中国建材集团多家公司领导职务，具有丰富的建材企业经营管理经验和辉煌的实战业绩，是建材行业企业家精神的杰出代表。曹江林同志2002年6月起担任中国巨石股份有限公司董事长，2004年10月至2009年8月担任北新集团建材股份有限公司董事长，2005年4月至2011年12月担任中国联合水泥集团有限公司监事会主席，2005年10月起担任中国建材集团有限公司董事，2007年9月起担任南方水泥有限公司董事长，2009年3月至2017年6月担任北方水泥有限公司董事长，2009年9月起担任北新集团建材股份有限公司监事长，2011年12月至2016年3月担任西南水泥有限公司董事长，2014年4月起担任中国建材集团有限公司总经理，2018年6月起担任中国建材股份有限公司董事长、党委书记。

曹江林同志2004年5月至2013年7月任北京上市公司协会理事长；2009年10月至2013年7月，当选中国青年企业家协会副会长；2012年3月至2013年7月，当选中国上市公司协会理事。他长期担任中国建筑材料联合会副会长、中国建筑装饰装修材料协会会长，在建材行业具有广泛的影响力和号召力。

作为中国建材集团有限公司总经理，中国建材股份有限公司党委书记、董事长，曹江林同志卓有成效地开展工作，推进中国建材集团公司及所属企业在改革创新、经营管理、科技研发、转型升级、绿色发展、文化建设等方面取得了长足进步。

系统优化，经营管理创新推动企业做优做强

曹江林同志具有杰出企业家的体系性战略思考视野，他在企业实战中逐步构建了中国建材集团的经营管理KPI对标体系，以数字化管理、体系化考核不断优化改进中国建材集团经营管理工作。作为中国建材集团总经理，他垂范践行中国建材集团战略部署，带领经营管理团队攻坚克难，实现中国建材集团经营业绩屡创新高。两材重组三年以来，中国建材集团利润总额从81亿元增长至207亿元，年均增长60%；营业收入从2695亿元增长至3480亿元，年均增长14%；2019年中国建材集团经营业绩再创历史新高。

他率领公司于2006年3月在香港联交所成功上市，并取得了令业界瞩目的优异业绩。在产能过剩且市场充分竞争的建材行业，他把握中国经济快速发展和建材行业结构调整的战略机遇，积极探索靠

存量联合重组扩大规模、靠管理协同创造价值的成长方式，走出一条"资本运营、联合重组、管理整合、集成创新"的发展道路，演绎了"稳健经营、业绩优良、行业整合、快速成长"的企业故事。中国建材集团联合重组了上千家企业，进一步促进了建材产业结构调整。在大规模开展联合重组的同时，曹江林同志率领管理层大力实施以"三五"管理模式为核心的管理整合，同时根据水泥行业产能过剩的大环境，创造性地倡导和实施"PCP（价本利）"新经营模式，引导企业和行业转变传统的"VCP（量本利）"经营模式，重构合理的价格体系，提升盈利能力，使能耗较高的水泥产业尽可能拥有合理的价值。中国建材良好的成长性得到资本市场的高度肯定，其股票先后被纳入摩根士丹利中国概念股指数成分股、恒生中国企业指数成分股、道琼斯中国海外50指数成分股，并荣获中国证券金紫荆奖"最佳上市公司"奖。同时，南方水泥"水泥企业区域性大规模重组整合案例"获"第十七届国家级一等企业管理现代化创新成果"称号，并被收入哈佛大学管理案例。

联合重组之后深度的管理整合更加考验企业家的智慧与耐心，曹江林同志亲自主抓的重组整合工作不断向深入推进。2018年两材重组取得突破性进展。"小两材合并"以股东赞成率超过99%、职工赞成率100%的不凡成绩创造了资本市场"合并之最"。合并之后，党委、董事会、监事会和经营班子快速到位，重组整合顺利进入第三阶段，曹江林同志众望所归，成为中国建材股份有限公司董事长、党委书记。

曹江林同志作为中国建材联合会副会长，一直秉承"行业利益高于企业利益，企业利益寓于行业利益"的大局观念，力主行业自律，通过积极主动、不辞艰辛的立体竞合工作，营造行业良性发展氛围，维护行业发展利益，不仅为中国建材集团的发展壮大做出了卓越贡献，也为推动行业健康发展，促进行业转型升级、提升行业形象贡献了自己的心血、智慧与力量。

超越引领，科技创新驱动企业高质量发展

作为中国建材集团有限公司总经理，中国建材股份有限公司董事长、党委书记，曹江林同志非常重视科技创新工作，他提倡以技术为本，以创新驱动企业高质量发展，把央企打造成为科技创新的市场主体，走"技术产品化、产品市场化、市场效益化"之路，不断提升创新质量和效益，加快科技创新引导基金建设，促进科技与资本融合，加速科技成果转化。

他指导中国建材集团科技管理工作团队通过加强顶层设计与规划引领，做好"十四五"预研布局，加快关键核心技术攻关和短板新材料研发，提升科技引领作用；加强国际标准、团体标准和CNBM领跑标准制订，培育新材料高价值专利，积极申报国家级奖励。他主张大力强化企业自主创新与协同创新能力，加强技术中心运行管理，加大创新研发投入力度，着力解决关键共性技术和智能装备，支撑集团业务深度整合和传统产业优化升级；组建多主体共同参与的创新联合体，打造共性技术平台，形成研发、生产、用户相衔接的联合攻关体制；加强"海外产业＋科技＋服务"创新生态圈建设，推进国际创新平台和科技合作项目落地实施。

中国建材集团先后有多个技术研发方向被列入国家重点研发计划、智能制造等目录，获批30余项新材料补短板国家项目，多项科研产品用于嫦娥四号等国防重点工程，累计有效专利超过12500项、新申请国际专利115项，制定发布国际标准1项、新立项国际标准2项，技术革新奖新增一线创新专利400项。打造协同创新联合体，与中国商飞对接确定7个材料合作方向。集团技术中心新组建10个研发部，成立CSTM建材领域标委会和集团标委会，组建国防无机非金属材料重点实验室等。通过持续的创新驱动，中国建材集团发展动能进一步提升，有力地迈向高质量发展新时代。

发展新材料和新业态，促进企业转型升级

中国建材集团作为行业领军央企，一直持续推进转型升级。曹江林同志高瞻远瞩，强调围绕"三足鼎立"业务格局，全面深化"水泥+"，快速推进新材料业务发展，巩固工程服务业务传统优势并推进"属地化和适度多元化"，从而在材料科技创新和经营管理模式创新道路上回归建材工业无机非金属材料科学本质和智能制造、绿色制造的技术装备工艺升级路线，不断创新企业发展业态和材料产品，推动中国建材集团转型升级。

在聚焦中国建材集团三大主业发展上，水泥业务方面，持续加快发展"水泥+"模式，优化水泥和商混布局，扩大骨料产能规模，扎实推进供给侧结构性改革，带头淘汰落后、错峰生产、限制新增，坚持去产能和去产量并重，加快骨料基地建设和商混专业化、一体化平台建设，稳妥积极进行存量技改，推进资产运营、盘活存量资产。新材料业务方面，石膏板、玻璃纤维、碳纤维、风电叶片、新型房屋等业务加快高端化转型，加快规模扩张，电子玻璃、光伏玻璃、高分子膜材料、石墨基碳材料、人工晶体、特种工业陶瓷和光电指纹芯片等高科技新材料加快产业化发展和市场拓展，成功打造一批高端碳纤维、玻纤智能化、8.5代TFT液晶玻璃基板等高精尖项目。工程服务业务方面，持续巩固传统EPC优势，提高综合毛利率和改进现金流，同时加大"属地化经营"力度，以现有核心竞争力为基础适度开展多元化，进一步强调并深化中国建材集团系统各单位内部协同和优势互补。持续推进企业国际化：加快10个迷你工业园、10家海外仓储园区、10个海外区域检验认证中心和国际化标准实验室、100个建材连锁分销中心、100个智慧工厂、100个EPC项目的"六个一"规划布局。继续坚持为当地经济作贡献、与当地企业合作、为当地人民服务"合作共赢"三原则，高水平参与共建"一带一路"，进一步提升中国建材集团国际化经营水平，提高国际影响力和美誉度。

在商业模式创新和经营业态革新方面，曹江林同志鼓励运用"+"的互联网思维深挖经营潜力，推广"水泥+""玻璃+""石膏板+""新型房屋+"等模式，延伸产业链，不断提高价值创造能力和盈利水平，海外仓、智慧工业、智慧农业、绿色小镇、建材家居连锁、检测认证服务等模式加快培育发展、扩大规模效益。借助互联网、云计算、大数据等技术，推动生产向个性化、智能化、制造业服务化发展。

2018年中国建材集团新材料业务全年实现利润总额近70亿元。T800级碳纤维、锂电池隔膜、高性能氮化硅陶瓷、铜铟镓硒光伏组件、碲化镉薄膜发电玻璃、电瓷特高压混合绝缘子等新材料实现工业化量产。继北新建材之后，中国巨石、超薄触控玻璃项目双双获中国工业大奖。石膏板业务启动"全球长城计划"，重组国内第二大石膏板企业，产能达24亿平方米。玻纤桐乡、泰安、九江、埃及生产基地项目建成。高性能碳纤维T1000级、T700级分别实现百吨、千吨量产。世界最薄0.12毫米触控玻璃实现量产，大面积发电玻璃、高透光伏玻璃、8.5代TFT液晶玻璃基板等多个项目建成或在建。锂电池隔膜2.4亿平方米产能4条生产线建成。石墨20万吨浮选提纯及加工项目、耐火材料智能化生产线建成，手机全屏光电指纹识别芯片项目即将建成投产。

曹江林同志努力推进中国建材集团转型升级战略部署坚实落地，新材料发展大格局业已形成，传统建材和无机非金属新材料、传统经营模式和创新业态两翼齐飞，相得益彰。

绿色发展，节能减排环保达标实现企业可持续发展

在中国建材集团的各项工作中，曹江林同志带领高管团队始终秉持绿色发展理念，坚持环境、安

全、质量、技术、成本的价值排序，继续开展"责任蓝天行动计划"，指导督促生产企业加大环保投入，打好污染防治攻坚战。2018年，全年节能减排投入42亿元、余热发电装机容量2400多兆瓦、消纳固体废弃物约2亿吨。中国建材集团社会责任发展指数位列中国企业第7位。

曹江林同志一贯要求中国建材集团所属企业严格执行国家环保标准，做行业绿色发展的表率和排头兵，另一方面他力主积极参与建材行业标准的建立和改进提升工作，通过标准提升实现环保提升，全面践行"绿水青山就是金山银山"的科学论断和生态文明理念。

曹江林同志非常重视"第二代新型干法水泥"和"第二代中国浮法玻璃"技术装备研发创新工作，主张将技术装备创新升级中的环保成果推广应用到全行业的节能减排工作中。在发展"水泥+"和骨料业务过程中，他敏锐地发掘地方政府对矿山开采后的矿区治理和矿山复绿需求，引导中国建材集团所属企业中材矿山公司积极打造矿山复绿产业链，以产业实践和企业作为切实推进建材行业绿色发展和国家环境保护事业的基础。

以身垂范，践行集团战略文化方针

作为中国建材集团董事、总经理，曹江林同志一以贯之以身垂范，遵循集团发展战略、文化、方针、管理原则、经营措施，并将其融会贯通于企业经营管理实践中，形成企业家能力素质的文化内涵。中国建材集团的战略目标是"建设具有全球竞争力的世界一流综合性建材和新材料产业投资集团"，文化核心是"创新、绩效、和谐、责任"价值观和"敬畏、感恩、谦恭、得体"行为准则，工作方针是"保增长，重优化，抓改革，强党建"，管理原则是"坚持效率优先、坚持主业、突出专业化、坚持精细精简精干、坚持价本利经营理念、坚持整合优化、坚持数字化"，经营措施是"稳价、降本、保量、压减、优化"。曹江林同志经常强调各级企业都要按集团的部署要求，结合自身实际安排工作，在确保企业平稳运行的基础上，确保完成基本目标、力争实现奋斗目标，鼓励"英雄主义""快牛精神"，有条件的企业尽最大努力多增效益、多作贡献。

2018年和2019年，中国建材集团大力推进"三精"管理，曹江林同志更是成为这项工作的实际负责人，全力组织推进组织精健化、管理精细化和经营精益化。加强与世界一流企业对标，全面提升企业整体水平，强化管理创新，中国建材集团的1项成果荣获国家管理创新成果一等奖，57项成果荣获行业管理创新成果奖。在经营精益化方面，他带领集团各级高管团队深刻理解、准确把握复杂多变的经营形势，以效益为中心，落实好"价本利"理念，防止生产经营大起大落；到一线、到市场，抓价格、抓订单，价量并重、价格优先；狠抓市场营销，巩固传统市场、开发新兴市场、深挖细分市场，做有质量的销售；通过推进经营精益化，聚焦市场；贯彻"从管理到经营"的理念，转变思路，经营业绩屡创新高。

两材重组让新的中国建材集团具有更加雄厚的企业实力，也进一步考验企业家的改革智慧，推进第三步业务板块整合工作势在必行。两材重组的目的在于实现资源共享、优势互补，发挥协同效应，提高市场竞争力，创造更大效益。要实现重组目标，关键是业务板块深度整合优化。为落实国资委、证监会要求，按照归核化原则，遵循资本市场逻辑和规律，本着对国家、对投资者、对企业、对员工高度负责的精神，曹江林同志一直本着积极稳妥、依法依规、统筹安排、精心实施的原则，有序推进第三步业务板块整合工作。

按照国有资本投资公司改革试点方案，中国建材集团需要进一步明确战略定位，优化组织结构，理顺管控模式，全力以赴打造材料领域具有全球竞争力的世界一流综合性建材和新材料产业投资集团；

进一步规范做好落实董事会职权工作，加快职业经理人制度建设，做好经理层契约化管理试点；做好混合所有制企业员工持股试点总结，为下一步复制推广提供经验；实施好"双百行动"，三家试点企业"一企一策"制订完善综合改革试点方案。同时曹江林同志坚持加快完善市场化经营机制，开展三项制度改革专项行动，推动企业真正实现能上能下、能进能出、能增能减，更好适应市场竞争要求；构建与社会主义市场经济相适应的分配制度，强化正向激励，扩大超额利润分红试点，打造企业经济效益和职工收益同步增长的共享机制；建立健全适应市场竞争要求的薪酬体系，有效运用中长期激励工具，建立起风险共担、利益共享的中长期激励机制。

忠诚勤奋，弘扬企业家精神，履行社会责任

"忠诚、勤奋——忠诚于事业，勤奋于工作"是曹江林同志一直信守的准则，近三十年来的企业一线实战考验，锻造了他坚毅超人的工作定力和执着不悔的事业精神，曹江林同志用自己的企业成长经历充分诠释了央企管理者的内涵和企业家精神。

作为中国建材集团有限公司总经理、中国建材股份有限公司董事长，曹江林同志认真落实党中央重大决策部署，凝心聚力打好三大攻坚战。他将扶贫攻坚作为企业的重要政治责任，推进实施民生扶贫、教育扶贫、就业扶贫、产业扶贫等重点项目，推动定点扶贫、援疆援藏和志愿服务工作做深做细做实，组织中国建材集团资源和力量，全力开展脱贫攻坚，统筹推进5个定点帮扶县区2.6万户近11万人脱贫，全年投入定点帮扶资金3608万元、实施帮扶项目35项，以实际行动履行社会责任。曹江林同志坚持以习近平生态文明思想为指导，要求中国建材集团各级企业进一步提高政治站位，切实做好环保责任的落实，有效防范生态环境风险，全面推进污染防治攻坚。曹江林同志时刻关注国家宏观经济形势和国际经济变化，高度警惕中美贸易摩擦对中国建材集团国际化业务带来的风险。他发挥财务管理专业特长，强化合规内控，整合财务审计力量，推进中国建材集团降杠杆、降低资产负债率，有效防控债务风险。他高度重视企业安全生产工作，狠抓安全生产基础建设、隐患排查、专项整治和宣传教育，同时注重维护职工合法权益保障，做好维护稳定工作。

曹江林同志坚持学习贯彻落实党的十九大精神和习近平新时代中国特色社会主义思想，定期通过讲党课、基层调研、干部谈心等方式向中国建材集团各级管理团队、业务骨干宣贯党中央的最新要求，习总书记最新的讲话精神和国资委、中国建材集团最新的工作部署，将党和国家的大政方针与集团的事业发展相结合，将党员领导干部的信仰追求和企业家的精神情怀相融合，形成了曹江林同志特有的领导艺术和企业家魅力。

曹江林同志曾获得中央企业劳动模范、全国优秀企业家、政府特殊津贴、全国建材行业优秀企业家、国家级企业管理现代化创新成果一等奖等奖项，并连续七年荣获《机构投资者》评选"最佳CEO"殊荣，这些荣誉是他近三十年企业工作生涯的沉淀和写照，更是建材行业杰出企业家成长的注脚和佐证。曹江林总经理不满足于过去取得的成就，他将以此为起点，引领中国建材集团这艘巨轮，扬帆远航，再创新的辉煌！

点评：中国建材集团这艘建材行业的巨轮，在曹江林总经理和领导班子的带领下，征服了无数的险滩暗礁，劈波斩浪，勇立潮头，达到了一个又一个新的目标，作为世界500强和世界建材的龙头企业，在新的历史时期，任重道远，前路可期。我们相信中国建材集团将"风正一帆悬"，驶向更加令人向往的远方。

踏浪前行的"金晶"领航人
——记金晶(集团)有限公司董事长 王刚

王刚,男,汉族,祖籍山东泰安,1959年11月出生于山东博山,研究生,高级工程师,现任金晶(集团)有限公司党委书记、董事长,兼任中国建材联合会副会长、中国玻璃协会副会长等职务。连任第九、十、十一、十二、十三届全国人大代表,先后荣获全国"五一劳动奖章""全国建材行业优秀企业家""中国优秀创业企业家""全国质量工作先进个人""山东省劳动模范"等荣誉称号,享受国务院特殊津贴。

说起中国玻璃行业,首先就会想到金晶集团,想到集团董事长王刚。如果把金晶集团比作一艘远航的巨轮,淄博市优越的政治经济社会环境和关心关爱企业家的浓厚氛围是辽阔大海和强劲东风,那么,王刚就是驾驭这艘大船踏浪前行的船长。

一个优秀的企业必定有一位优秀的领导,优秀的领导是企业的一面旗帜,王刚就是金晶集团的一面旗帜。他引领金晶这艘航船驶向"数一数二、基业长青"的宏远目标。

创业创造创新的禀赋

1978年,王刚就业于金晶集团。他踏踏实实做人做事,兢兢业业钻研业务,从最初仪表室一名普通的技术员到仪表室主任、副厂长、厂长、集团总裁,每一步都留下了他干事创业的激情和艰辛。王刚接过企业领导的重担之后,在生产工艺上不断更新,实现了由垂直引上工艺向浮法生产工艺的过渡,缩短了中国玻璃生产和世界水平之间的距离。截至现在,金晶集团已经由原来的街道办小企业发展为产值过百亿元、收入60亿元、涵盖玻璃原料到成品全产业链、下辖山东金晶科技股份有限公司(上市公司)、青岛金晶科技股份有限公司等16个生产基地和研发机构的企业集团,成为中国玻璃行业第一列阵的旗舰之一。王刚的远见卓识和执着精神成就了金晶集团的今天,与时俱进、开拓进取的创业经历则锤炼出了王刚这位优秀企业家。

作为全国人大代表,王刚具备了过硬的政治觉悟和政治素质,他始终坚决贯彻执行党的各项方针政策,遵守国家法律、法规,自觉以中国特色社会主义和党的基本路线为指导,与党中央保持高度一致。任职期间,积极履行代表职责,充分发挥代表作用,累计提出议案、建议320多件,为推动中国建筑节能立法、绿色材料推广、区域经济发展发挥了重要作用。重振民族玻璃产业、复兴中国玻璃工业的使命感,始终是他坚定不移、艰苦奋斗的人生目标。

在商就要言商。优秀的企业家不仅要具备过硬的政治素质,还应具有强烈的竞争意识、风险意识、创新意识以及能力。"学习""创新""实干""争先"是王刚经营词典里的关键词,也是他不懈求索的力量之源。"无私无畏、无怨无悔、问心无愧、死而无憾"是他的人生座右铭。在市场竞争的大潮中,王刚拥有对行业发展敏锐的洞察力、锲而不舍的毅力与争做第一的魄力,他牢牢抓住每个发展机遇,把企业从成功带向下一个成功。

奋发奋斗奋争的旅程

20世纪90年代，面对世界先进的浮法工艺的挑战，王刚毅然抛弃具有多项专利的垂直引上生产工艺，在当时企业只能挣到5000万元的情况下，毅然上马了投资3.2亿元的首条浮法线，依靠科技进步、技术改造，让淄博平板玻璃这个传统产业的生命延续下来、焕发出勃勃生机，把企业领入世界水平的行列。

进入21世纪，面对玻璃行业全面整合的发展趋势，王刚运用融资、收购、合资等资本运营手段，强壮了企业实力，2002年8月，金晶集团旗下的山东金晶科技股份有限公司在上交所上市，打通了企业大发展的经络；2003年，他再度抓住机遇，与美国PPG公司进行全方位战略合作，生产高附加值的超白玻璃、防紫外线玻璃等产品，开启走向高端玻璃市场的大幕。

近五年，王刚提出"以高端、高质、高效为追求，以应用终端化、功能复合化、品种配套化为目标"，在"绿色发展"理念引领下，把主要精力转向为用户开发"节能、环保、安全、健康、时尚"的复合功能产品的战略业务和新兴业务上来。相继研发出专用于太阳能光伏电池、热水器、温室大棚等领域的超白玻璃，为格兰仕、通用电器、西门子等公司配套的家电玻璃，世界领先的双银、三银低辐射镀膜玻璃、在线镀膜玻璃和国内一流的热反射玻璃、透红外线玻璃等，其中LOW-E节能镀膜和阳光膜系列产品已连续三年以60%以上的速度增长，总产能已达1800万平方米，成为品种最全、性能最优、规模前三的镀膜玻璃领军企业。与美国匹兹堡公司（PGW）联手建设的高端汽车玻璃项目，发挥金晶三银镀膜优势，赋予汽车玻璃隔热节能、抬头显示等智能技术，填补了国内空白。集团化工业务最新开发的"果蔬清""餐具净"等小苏打洗涤剂系列产品，可使农药、化肥零残留。金晶以品种齐全、功能多样、附加值高的功能产品占领了高端市场，品牌享誉海内外，为"中国制造"争了光。

王刚始终坚信，自己要想成为高手，必须和行业内的高手进行合作，自己要想看得更远，必须站在巨人的肩上。金晶集团正在走一条从资本联盟、人才联盟、技术联盟到品牌联盟的战略联盟发展之路。

每一个企业都是依靠自己的特长在竞争中立足。王刚认识到世界500强的发展模式不一定适合中国企业，国内优秀企业的发展模式也不一定合适自己，要想在市场竞争中立足就必须建立具有自身特色的发展模式。经过企业发展的长期积累和总结，金晶集团提炼出了"金晶管理模式"，同时还开展了信息化建设，实行全面预算管理，建立健全内控管理制度，加强企业文化建设。王刚提出"抓'两力''两手'都要硬，即一手抓核心竞争力，一手抓现实竞争力，硬件建设要硬，软件建设也要硬"的发展思路，在这个思路的指导下，一套特色鲜明的现代企业管理方式在金晶集团彰显出来。管理软件的提升保障了企业政治、精神和物质文明建设的卓有成效，为集团在最近三年内达到先进外资企业管理水平奠定了坚实的基础。

做大做强做久的抱负

王刚自担任集团董事长以来，经过资本运作和市场整合，企业的经济效益逐年大幅度增长。

金晶集团具有良好的社会信誉并认真履行社会职责，为职工按时、足额缴纳养老、失业、医疗保险金。王刚作为企业的领导人，始终没有忘记企业为社会创造财富、为员工谋求福利的社会职责。企业和他个人每年都多次对社会的弱势群体进行捐助和帮扶，面对洪涝灾害和"非典"，企业和他个人更是慷慨解囊，还多次对公益和教育事业大力资助。在员工眼里他是一位好领导，在群众眼里他是一位好代表、一位好心人。

熟悉王刚的人都能感受到他旺盛的工作激情。面对一个个工程建设项目和管理项目，他身先士卒，变"八小时工作制"为"八小时休息制"。他主动放弃了节假日和家人相处的机会，即便在除夕夜，他也都是在车间慰问一线的员工，和员工一起过年。金晶集团的企业文化里，浸染很多王刚个人魅力的色彩，他的秉性和人格魅力感染着每一位员工。金晶集团的核心理念是"纯真、卓越、全球化"，王刚要求企业所有人都做到谦虚、虔诚、好学，员工如此，他更是如此。

在带领金晶集团发展的三十多年中，始终有一种信念支撑着王刚的"金晶梦、我的梦"，那就是坚韧不拔、锲而不舍的精神；想到就做、做就做成的毅力；追求卓越、数一数二的魄力。他以满腔的热情和全身心的投入，为中国玻璃行业的提升贡献出了一份力量，对淄博市的工业经济发展做出了积极贡献！

点评： 像超白玻璃一样晶莹剔透，像镀膜玻璃一样丰富多彩，像节能玻璃一样赋有内涵，是"金晶"玻璃的性格，也是金晶集团董事长王刚的追求。如今，在王刚数十年悉心呵护下，"金晶梦、我的梦"已经成为美丽的现实。

根深叶茂草青青

——记华新水泥股份有限公司总裁 李叶青

李叶青，男，54岁，教授级高级工程师，享受国务院特殊津贴专家，硅酸盐国家重点实验室学术委员，武汉理工大学产学研合作特聘首席专家，入选国家百千万人才工程，现任华新水泥股份有限公司总裁兼技术中心主任。

管理和科技创新

合规性管理让企业实现良性运转。2018年，在李叶青总裁的带领下，公司积极完善内部治理机制，加强风险识别与评估，努力提升公司运营管理能力，实现公司最佳经营业绩。

创新投资者关系管理工作，加强股票市值管理。全年组织4次股东大会、9次董事会、9次专门委员会；全年共披露定期报告4份、临时公告32份，中英文公告同步发出。全年各类公告披露及时准确、无差错、无一次更正公告，符合交易所信息披露各项要求，并获得交易所年度信息披露B类评价。2018年公司总市值增幅达25.12%，市值增长连续两年在14家以水泥为主业的A股上市公司中列第一。

强化风险识别与评估，持续提升内控执行效果。2018年5月至6月，公司组织总部各职能部门及各事业部开展年度商业风险管理工作，从宏观环境、创新、供应链、财政等多个方面，通过开放式研讨对各具体风险进行识别与评估，最终确定了7项关键风险，同时拟定了7项关键风险的应对措施及计划，并对其执行结果进行跟踪。

实施电商创新战略，传统水泥产品实现网上买。华新"水泥加鼠标"的有机结合，推动企业在传统商业模式变革的道路上取得领先。目前，华新将持续拓展基于"互联网+"的营销生态圈，力争实现核心市场"电商＋物流网"覆盖率达到100%。

技术创新不断提升企业核心竞争力。1997年，李叶青主持创建了华新技术中心，并任中心主任。身为华新科学技术带头人，李叶青坚持"创新驱动发展，引领行业前沿"的理念，始终将"科技创新"摆在企业发展最核心的位置上，并逐步建立了一整套完善的技术创新体系，形成了良好的创新文化，培养了大批创新人才。该中心1998年被认定为省级技术中心，2012年升格为国家级企业技术中心。

转型升级、发展新材料和新业态

实施高新建材拓展战略，填补国内特种建材空白。2018年7月1日，华新研发中心正式成立，标志着公司在转型升级上又迈出坚实一步。近年来，华新水泥把握国家"补短板、促转型"机遇，与国内外知名企业、高校和科研机构合作，成功研发及应用推广超高性能混凝土"超可隆"、路面铺装、建筑结构、轻质保温、华新防渗宝、华新砖业等系列新型绿色建材产品。

实施"走出去"战略，携手"一带一路"国家和谐共赢。2018年11月底，公司在乌兹别克斯坦建设年产400万吨水泥熟料生产线项目的文件，相继获得乌兹别克斯坦国家部委和地方政府批准，公司成为乌兹别克斯坦历史上首家外国独资建材企业。

绿色发展

实施水泥与环保结合的转型战略，树立绿色发展行业标杆。2018年，总投资达54.5亿元的华新水泥百年复兴基地项目正式落户黄石。项目建成后，公司将在黄石打造大型的绿色建材生产中心、全球领先的先进新材研发制造中心、全球领先的热封袋制造中心、全球先进的高端装备智能制造中心和废弃物资源循环利用中心。

文化建设

在以李叶青为班长的高管团队带领下，公司大力弘扬"开放、创新、发展、奉献"的企业精神，坚持"安全第一、客户至上、结果导向、诚实守信、创新发展、以人为本"的核心价值观，追逐"美好的世界从我们开始"的公司愿景，秉承"清洁我们的生活环境，提供信赖的建筑材料"的公司使命，以战略自信、技术自信、质量自信、文化自信"四个自信"汇聚全员磅礴力量再创新辉煌。开展员工参与面广、喜闻乐见的群众性文体活动，让员工身心快乐，营造快乐工作、积极向上的良好氛围。

2018年，公司举办首届企业文化知识竞赛，掀起全员学企业文化新高潮。2018年7月，华新企业展厅揭牌开放，该展厅面积约500平方米，从设计和布置等方面进行创新，用3D光影技术展示华新企业文化、发展历程、辉煌业绩以及转型升级高质量发展等方面的成就，运用3D打印技术，制作了即将开工的华新百年复兴基地万吨线及配套环保工厂的建筑模型，还首次展出公司部分珍贵历史文物等。

履行社会责任

李叶青把成为"中国建材行业最受尊敬和最吸引人的公司，为所有投资者和客户创造价值"作为公司发展目标，并将这一理念贯穿到生产经营和改革发展的全过程之中，成立了社会责任管理委员会，设立企业社会责任部，建立完善的社会责任管理体系。遍布全国各地的华新工厂，不仅是当地的纳税大户，还通过本地化招聘员工、优先采购本地物资、捐赠等多种形式，极大带动了周边地区进步，推动了区域经济发展。从2007年开始，公司将每年向社会发布《社会责任报告》作为一项常规性、制度性工作，不断提高社会责任的履行质量，在推进企业快速、可持续发展的同时，实现了企业发展与员工、社会、环境协调发展的有机统一，公司荣获"全国和谐劳动关系优秀企业"称号。

点评：华新水泥股份有限公司是行业知名的领军企业。多年来，李叶青总裁为企业的发展壮大殚精竭虑，悉心耕耘，所谓"一分耕耘，一分收获"，而今华新水泥已经长成根深叶茂的参天大树。

用科技点亮建材世界的学者型企业家

——记中国建材集团有限公司原总工程师、中国建筑材料科学研究总院原院长 姚燕

中华人民共和国成立70年来，我国建材事业取得巨大成就。"科技"这一第一生产力，成为推动我国建材事业乃至国民经济发展历史上最有力量的引擎。这个巨大引擎的背后，正是一批批承载着国家使命的科研机构和一代代传承科学精神的科学家、企业家，他们见证了国家发展的历史，也创造了建材行业的辉煌，还在谋划着建材的美好未来。

娇燕有志胜鸿鹄，建材行业女掌门

姚燕，中国建材集团有限公司（以下简称中国建材集团）原总工程师、中国建筑材料科学研究总院（以下简称中国建材总院）原院长，她正是这40年伟大变革的亲历者，她带领着中国建材领域最大的科研院所，乘着时代变革的东风，全力打造国际一流水平的科技企业，在奋力改革的道路上创造了一个又一个奇迹。

在建材的世界里，姚燕，被行业形象地称誉为科技的"领头雁"。她不仅因为创造了无数个科技第一而闻名，更因为集行业领军人、顶尖科学家、优秀企业家多重身份于一身而与众不同。她勇于担当，无私无畏，以舍我其谁的气魄临危受命，成为建材行业国家级研究院的首位女掌门，在任19年，不仅让中国建材总院"起死回生"，成功闯出了"第三种模式"，还带领这所有近70年历史的研究机构攀上新的高峰——成为行业翘楚。我国著名材料科学家、"两院"院士、国家最高科学技术奖获得者师昌绪称："姚燕是位敢作敢为的建筑材料科学家"。

说她"敢作敢为"，确实不假。她善抓机遇，格局宏大，以高瞻远瞩的视野谋篇布局，在几度沉浮的建材大环境中除旧布新、纵横捭阖，不仅独具慧眼抓住技术领先板块让科技成果搭上产业的快车，还独辟蹊径为企业搭起通往资本市场的金桥。在经济新时代下，更是抓住供给侧改革的政策机遇，使企业效益实现逆势腾飞。一位国家领导人把姚燕领导的中国建材总院的成功改制称赞为："第三种模式"。

她执着专注，抓铁留痕，以锲而不舍的精神面对挑战，不仅带领团队完成了国家"九五""十五""十一五""十二五""十三五"规划中的建材科技项目，还奇迹般地完成了"不可能完成的任务"——代表中国成功申办了被誉为"国际水泥奥林匹克"的第14届国际水泥化学大会，实现了几代中国水泥科学家的夙愿。维特曼教授（Folker Helfrid Wittmann），国际著名混凝土专家、德籍俄罗斯院士称赞："她是一位了不起的女性，在中国混凝土行业有着卓越的成就，在高性能混凝土领域走在世界的前列。"

姚燕带领着中国建材总院，用科技之光点亮了三峡大坝、青藏铁路、南水北调、奥运工程、抗震救灾、

煤炭深井、核电站建设等诸多国家重点工程，成为保障国家建设的科技企业"国家队"。

几十年来，她不仅在中国建材总院开创了辉煌的"姚燕时代"，作为建材行业的一个科技符号，她为行业科技发展的贡献书写着我国社会主义建设的辉煌篇章，她的名字更成为中国建材科技在世界上响当当的名片。

铁腕变革创奇迹，治学治企有方针

回顾中国建材行业改革开放的历史，不能不提及"中国建材科技的摇篮"——中国建材总院。在改革发展的重要关头，中国建材总院历经转制，"蜕变"为中央直属大型科技企业，后又与中国建筑材料集团进行战略重组。姚燕，正是在1999年改制后不久上任，堪称"改革先锋"。

正所谓"不破不立、破而后立"，这是历史发展规律赋予"改革"的本质意义。改革对于中国建材总院人，是一种传承，更是一种使命，这份矢志不渝的决心来自中国建材总院"不忘发展国家建材科技事业的初心和牢记承载国家经济发展的使命"。

今天，中国建材总院已发展成为我国建筑材料和无机非金属新材料专业领域的技术研发中心，是"中国建材科技的摇篮"。姚燕始终认为，无论怎样的改革，怎样的调整，中国建材总院的第一任务始终是服务国家，承担国家赋予的科研任务，推动行业的科技进步。

1999年，中国建材总院顺应国家发展的大趋势，从事业单位转制为中央直属大型科技企业。当时的情况是，如果继续等、靠、要，就是死路一条，哪怕是试错了，也是宝贵的财富。"穷则变，变则通，通则久。"面对改革，姚燕展示出壮士断腕的勇气和坚定。

2001年担任中国建材总院的院长，姚燕可谓临危受命，中国建材总院刚从事业单位转制为企业没多久，由于没有经验，20世纪90年代科技产业的不成功，使中国建材总院空有一个"伟岸"的虚架子：各所独立核算，管理涣散，各自为战，以项目为单位挣小钱；产业亏空，人心不稳；资金短缺，不良债务一堆；各种乱七八糟的事情更是不计其数。之前的10年换了六任院长，以致有院长感慨："水太深，不好做。"

面对这样一个颇为棘手的摊子，姚燕干的第一件事就是收权，克服各种困难推行财务集中管理体制等一系列改革措施，每天面对那么多乱七八糟的事情，不快刀斩乱麻真的不行。特别是在困难的时候，必须坚定信念，否则不要谈发展！经过机构改革、整合资源等一系列大刀阔斧的改革后，2001年，中国建材总院经第六次党代会提出建议，在全院开展了"中国建材总院如何改革、如何发展"的大讨论，对院发展战略进行反复研讨和征询意见，历时半年，制订了中国建材总院"十五"发展规划，以及《人力资源发展规划》《科技创新发展规划》等一系列配套规划，明确了"立足建材行业，面向材料领域，初步发展成为具有市场竞争力的创新基地和高增长性科技型企业"的战略定位和发展方向，解决了长期定位不准确和奋斗目标不明确的问题，为今后一段时期各项工作的有序开展提供了战略性指导意见。

2004年，央企在国务院国资委成立之后加速重组，对于中国建材总院而言，如何让老牌科研院所焕发时代生机，这又是一次改革发展的新机遇。经过一年的磨合，2004年年底，中国建材总院与中国建材集团实施战略重组，成为其全资子企业，也成为首家进入大型企业集团的中央转制院所。2005年年底，中国建材总院整合中国建材集团所属13家科研院所。整合后的中国建材总院拥有科技人员3000余名，资产总额达22亿元，具有了涵盖水泥、玻璃、陶瓷、新型建材与新材料的材性、工艺技术和装备及建材行业公共技术的综合研发实力，成为一个科技与企业结合的大平台，成为建材行业的科技研发航母。

作为首家进入大型企业集团的中央科研院所，如何适应新的历史环境，有效发挥重组效应？有人质疑，是否中国建材总院原本的国家队性质发生了变化，中国建材总院该怎么办？建材科技该怎么发展？

面对历史改革路口，姚燕的思考是深刻的，眼光更是长远的，她经常用中国建材联合会名誉会长张人为和会长乔龙德的说法："中国建材总院不仅是中国建材集团的，更是建材行业的"。她认为改革重组是历史的抉择，更是时代的趋势，实现新的发展才是硬道理。这一点，也得到了中国建材集团董事长的高度认同，他高瞻远瞩地对中国建材总院提出了"六大平台"的战略定位，认为中国建材总院首先是国家级科研平台，然后才是行业平台、成果产业化平台、建材集团技术创新平台、科技人才培养平台和国际科技交流平台。

这些年来，姚燕始终坚定中国建材总院要扎根立足建材行业，拓展材料领域，面向国民经济建设和国防建设需求，逐步发展成为以技术为核心的一流科技开发服务机构，以节能环保为特色的建筑材料与无机非金属新材料的新工艺、新技术、新装备及新产品的供应商和服务商，以应用技术研究为基础的引领行业技术进步的综合性创新基地。

以此为指引，中国建材总院从过去单一的科研院所发展成为以科研开发、科技产业、检验认证和工程服务四大主营业务为主体的科技企业。一方面，从国家、行业和建材集团战略需求出发，与高校及研究院所紧密合作，组织引领国家重大课题研究，积极参与多项行业战略规划制订，取得各部委的高度认同，使建材科技始终走在前列，为建材行业的发展提供了强有力的科技支撑，推动建材行业发展和转型升级。另一方面，持续探索科技与经济的深度融合，致力于推动科技资源的整合优化、资本运作。2001年，组建了我国首家耐火材料企业"瑞泰科技"，并于2006年成功上市。2016年，又组建国内建材及建筑工程领域规模最大、业务最齐全的检验认证机构国检集团，在上海主板发行上市，率先成为中国检验与认证一体化的上市公司。

既做技术创新的领路人，又做科技产业化的先行者，这就是姚燕在科技与产业之间搭起的桥梁，不仅创造了更多的经济效益，也使科技成果更好地造福社会，不再尘封于象牙塔中。

中国建材总院实现营业收入、利润、资产总额持续增长，连续多年被评为"中国建材服务业100强"，并居100强之首，持续坐稳建材科技服务业领军地位。

科技翱翔领头雁，国内国外名声振

在当前经济发展新常态的背景下，建材工业该如何通过科技创新激活供给侧改革，从而实现结构调整和产业升级？姚燕带领的中国建材总院不仅及时发挥厚积薄发的科技实力，更勇敢地走在了科技创新驱动的前列。

姚燕深刻地感到，在经济发展新常态下，必须坚持科学发展和可持续发展的思路，大力开展技术创新、结构调整、产业升级和去产能化才能解决问题。中国建材总院参与制订的《建筑材料工业"十三五"科技发展规划》已经将各个领域的技术创新重点进行了明确，主要围绕高性能材料研发、重大共性关键技术突破及建筑材料绿色、高效、智能、低碳制造及应用开展系统研究。

面对高质量发展的战略需求，她认为中国建材总院将围绕"传统产业改造升级、战略性新兴产业以及服务化转型"等方面统筹规划重点研究方向和内容，以绿色建筑材料国家重点实验室为平台，重点研发资源高效利用技术、节能低碳生产技术、污染物排放控制技术、绿色建材产品制造及应用技术等。

占领国际建材科技之巅，是数代建材人的梦想，姚燕聚集了中国建材的科技智慧之光，终于在国际舞台大放异彩。2015年在北京举办的第14届国际水泥化学大会令世界对中国建材科技刮目相看，也让中国建材总院在国际舞台上大放光彩，充分显示出其善用国际合作力量、推动科技创新、扩大中国建材科技国际知名度的实力。

有一位国际评委曾说过"中国水泥只有技术，没有科学"，这让姚燕很痛心，因而申办第14届国际水泥化学大会对她的触动很大。中国是全球最大的水泥生产和消费国，产量已连续20多年高居世界第一，中国的水泥装备也后来居上，成为国际市场的新星，但中国始终未能成为国际水泥化学大会的东道主，每次申办都差一点，可窝囊了！

2011年，姚燕带领中国建材总院和中国硅酸盐学会再次组团代表中国申办，当时确定的申办原则是充分准备，不留遗憾！通过精心的筹备，申办团队在申办报告书、展览、宣传片、陈述报告、答辩、组织申办团组等方面做了细致扎实的工作。

各方面展示让国际评委震撼不已，经过激烈的角逐，中国以绝对优势从澳大利亚、巴西和墨西哥等竞争对手中胜出，获得了2015年第14届国际水泥化学大会的主办权。

姚燕认为，要成为国际一流的科技企业，首先就要有国际化的思维。如果与国际同行都没有对话交流，怎么能说你是国际一流呢？多年来，在她的带领下，中国建材总院一直非常重视国内外学术交流和科技合作，拥有包括绿色建筑材料国家重点实验室、国家玻璃深加工工程技术研究中心、国际科技合作基地、亚洲水泥与混凝土研究院等一批国际一流的开放性研发服务平台，包括8个国家和行业重点实验室、8个国家和行业工程技术研究中心、8家科技中介机构、35个国家和行业质量监督检验机构、7个国家标准化技术委员会，以及12个各类学术组织和行业协会，建立充分开放、流动、联合的运行机制。目前中国建材总院已同世界上60多个国家和地区建立了广泛的科技合作与交流。

2012年，中国建材总院与英国泰勒—弗朗西斯集团联合创办国际杂志《可持续水泥基材料》，成为我国水泥行业面向国际的重要学术交流平台。

不仅如此，姚燕一直很重视把握国际标准的制高点，我国建材领域第一个国际标准是中国建材总院于2011年发布的，截至目前已发布的国际标准ISO标准12项，在我国建材标准创新领域，应该说拥有非常权威的地位。

中国建材总院目前在与德国慕尼黑工业大学、德国锡根大学、英国伦敦大学学院、美国科罗拉多大学、英国伯明翰大学、比利时根特大学等世界知名高校研究机构开展良好合作的同时，每年都派出多批访问学者到国外研究机构与大学进行合作研究。

在"送出去"的同时，实验室还"请进来"20多位国内外相关领域专家、教授为客座教授，瑞士苏黎世联邦理工学院教授、俄罗斯国家工程院院士Folker H. Wittmann教授，三院院士（中国工程院、美国工程院和印度工程院）、美国西北大学S. P. Shah教授等国际建材科技泰斗是中国建材总院非常好的朋友，每年都会来中国建材总院交流，这些都充分展示了中国建材总院的国际化水平和国际影响力。

在国家推出"一带一路"倡议下，中国建材总院在姚燕的带领下，以前所未有的开放心态，愿与世界各国在科技创新、技术交流、人才培养、成果转化等方面展开深入、广泛的交流，共同建设美丽中国、美丽地球。

坚持创新促发展，宏图大业新征程

2019年是中华人民共和国成立70周年，也是全面建成小康社会关键之年。"一带一路""高质量发展""供给侧改革""新旧动能转换"一系列政策和引导相继出台，姚燕不仅敏锐地发现机遇，更牢牢地把握了机遇，正推动中国建材总院在新的改革大浪中扬帆远航。

近三年，在姚燕的带领下，中国建材总院承担的国家重点研发项目，在全国1088家项目承担单位中，累计获批国家重点研发立项经费排名99位，获批项目数排名107位，成为建材领域唯一上榜企业。这是一件很不容易的事情，中国建材总院虽然不再是当年那个科研院所，在发展企业的道路上，依然没有丢弃"科技"这个传家宝，始终肩负着引领科技发展和企业发展双重重任。这个数据充分说明中国建材总院在发展企业的过程中，始终肩负国家重大科研任务的使命，牢牢把握行业话语权，为践行高质量发展、推动行业供给侧改革、积极参与"一带一路"、科技强国等一系列国家重大战略提供强有力的引擎。

在姚燕的心中，中国建材总院的出身就是科研开发，科技创新就是立院之本。建院至今，大家一直沿着这条路往前走。尽管后来转制成为企业，面向市场，但是要把握科技创新的核心力量，因为企业的发展与壮大离不开科技的支撑。正是科技创新的力量带领中国建材总院突破重围，成为最早一批成功转型的大型科研院所，并为后来与建材集团的成功重组奠定了坚实的基础。

从国家"九五"到"十三五"规划，25年间，中国建材总院践行"科技领先、服务建设"的理念从未止步，中国建材总院参与的核电建设、三峡大坝、青藏铁路、南水北调等诸多国家重点工程中无不渗透着科技基因和创新理念。

2019年9月18日，金秋时节，中国建材集团献礼工程——（枣庄）新材料产业园（简称"产业园"）揭牌暨合作签约仪式在山东枣庄成功举行，在一片祥和、喜庆、激动的气氛中，宋志平、李峰共同按下产业园光芯科技生产线启动按钮，上百台仪器缓缓转动，中国第一条生物光导识别芯片生产线正式启动投产。

这场源于生物光导识别芯片"黑科技"材料的项目，是中国建材总院有史以来走出北京建设的规模最大、水平最高、速度最快的项目，是中国建材总院把牢新形势下探索科技成果产业化迈出的重要一步，是姚燕几年来精心谋划、推动中国建材总院科技创新厚积薄发的又一成果。从2018年11月中国建材总院与山东签署战略合作协议到2019年9月全面共同建成"科研开发、检验认证、科技产业"三位一体的科技成果孵化转移的产业基地，项目受到山东省领导的高度重视，实际建设时间仅用了8个月，创造了"枣庄速度"的央地合作佳话。"枣庄速度""枣庄模式"彰显姚燕的创新、担当的企业家精神，成为中国建材总院新时代不断践行科技资本化道路上的新名片，姚燕也被比喻为"李云龙式企业家"。

从管庄到枣庄，中国建材总院精心培育的新材料产业园，将立足山东、面向全国、走向世界，以企业为主体，以市场为导向，优化资源配置，改善产业发展环境，促进政产学研金服用全链条要素融合，突破一批无机功能材料与智能制造关键技术，建设和培育一批创新创业平台和人才团队，实现一批无机功能材料与智能制造产业核心竞争力提升，形成无机功能材料与智能制造产业集群。

既做技术创新的领路人，又做科技产业化的先行者。姚燕在产研之间搭起的桥梁不仅创造了更多的经济效益，也使科技成果更好地造福社会，为中国建材总院在新时代不断谋求自身改革发展，进一步开创出一片新天地。

科技创新需要一代一代传承，在薪火相传的同时还要随着时代的发展与时俱进。姚燕带领的中国建材总院在历史长河中，始终勇立大浪潮头，用科技之光点亮了一个又一个建材灯塔。我们也相信，未来的中国建材总院的创新基因一定会更加强大，科技元素一定会更加丰富，在科技创新的灯塔指引下，中国建材总院这艘巨轮一定会驶向更遥远、更广阔的大海。

点评：聚集中国建材的科技智慧之光，致力于中国建材高质量发展，引领中国建材技术创新，担当科技翱翔的领头雁，"娇燕有志胜鸿鹄，建材科技女掌门"——她就是中国建材集团原总工程师，中国建材总院原院长，学者型企业家姚燕。

务实的海螺领导者

——记安徽海螺集团有限责任公司副总经理，安徽海螺水泥股份有限公司党委书记、副董事长 王建超

王建超，男，汉族，中国共产党党员，现担任安徽海螺集团有限责任公司副总经理，安徽海螺水泥股份有限公司党委书记、副董事长，兼任中国水泥协会执行副会长。

王建超坚决拥护中国共产党领导，坚决贯彻党的基本理论、基本路线、基本方略，以习近平新时代中国特色社会主义思想为指导，认真贯彻落实中央和省委省政府各项决策部署，紧扣公司年度党建和生产经营目标任务，坚持新发展理念，坚持走高质量发展道路，全力提高运营质量，不断加快转型升级，持续实施创新驱动，着力强化风险管控，全面加强党的建设，公司在高起点上实现了新的突破，实现了国有资产保值增值。

坚持党的绝对领导，以高水平党建引领高质量发展

一年来，王建超带领海螺水泥党政班子成员，认真学习领会习近平新时代中国特色社会主义思想及党的十九大和十九届二中、三中、四中全会精神，及时跟进学习习近平总书记新近重要讲话、重要批示，不断增强"四个意识"、坚定"四个自信"、做到"两个维护"，切实以新思想武装头脑、指导实践、推动工作，确保企业沿着正确方向稳健前行。认真贯彻落实习近平总书记关于加强国有企业党的建设的重要论述，结合实际探索创新企业党的建设与生产经营融合实践，把党委领导作用发挥与把稳企业经营方向有效结合、纪委监督执纪问责作用发挥与内控体系运行有效结合、支部战斗堡垒作用发挥与攻坚克难有效结合、党员先锋模范作用发挥与岗位对标有效结合、群团桥梁纽带作用发挥与凝聚引导群众有效结合，切实把党建工作嵌入生产经营管理的各领域各方面各环节，坚持把公司党的建设与生产经营工作一体部署、一体推进、一体落实、一体考核，以高水平党建引领企业高质量发展。注重发挥国企党的领导独特优势，公司的"三重一大"事项，在提交董事会、总经理办公会研究决策前必经党委会前置讨论，充分发挥党委领导作用，把方向、管大局、保落实。

2019年，王建超带领海螺水泥全体干部职工，克服宏观经济下行压力加大、行业新增产能不断释放等不利因素，研判供求趋势，精准制订策略，外拓市场，内抓管理，公司产销效再创历史新高。生产熟料2.46亿吨、水泥2.94亿吨，同比分别增长4.1%和6.4%；水泥熟料销量历史性突破"3亿吨大关"，达到3.25亿吨，同比增长8.5%；全国市场份额达到13%；实现收入1573亿元，同比增长22%；实现利润总额445亿元，同比增长12%。公司以13%的市场份额创造了占全行业近四分之一的利润。截至2019年年底，海螺水泥拥有170多家子公司，员工4.7万人；总资产达1788亿元；总市值最高超过3000亿元大关；水泥产能达3.6亿吨，位居世界水泥行业第2位。《福布斯》杂志发布的2020年"全球上市公司2000强"排行榜，海螺水泥综合排名第312位，较2019年提升了95位，是中国水

泥行业排名最高的企业。公司良好的社会信誉和卓著的经营业绩，受到国内外权威机构的一致好评，国际三大评级机构标普、惠誉、穆迪分别给予海螺水泥A、A、A2评级，为全球建材行业最高。正是得益于水泥板块的贡献，海螺集团得以连续15年入围中国企业500强，荣列2019中国企业500强第105位、中国制造业企业500强第38位。2019年，集团以284.99亿美元的营业收入迈进《财富》世界500强、名列第441位，是安徽本土企业首次跻身世界500强榜单。

精准聚焦"六稳""六保"，统筹推进疫情防控和复工复产

抓好"六稳"工作、落实"六保"任务，是党中央应对新冠肺炎疫情对经济社会影响做出的战略决策部署。今年以来，海螺水泥认真贯彻落实中央和省委省政府部署要求，扎实履行国企社会责任，切实发挥主力军作用，聚焦"六稳""六保"任务，多措并举稳生产经营，抢抓机遇扩大投资，在稳定现有就业基础上创造更多就业岗位，助力经济社会发展。特别是新冠肺炎疫情发生后，坚持统筹推进疫情防控和复工复产，两手抓、两促进，紧咬目标、攻坚克难，取得了疫情防控和生产经营的双胜利。一季度，受疫情影响，公司产销效同比均出现较大幅度下降。从3月中下旬开始，海螺水泥谋划早、行动快的成效开始逐步显现，到3月底公司就基本实现了满工满产；4至5月全面实现满产超产，单月产销量同比均有所增长，并创历史新高。在工业企业业绩普遍下滑的情况下，集团经营业绩保持稳定，并有一定增长。

发挥大企业表率作用，引领行业健康稳定发展

中国水泥行业要实现健康稳定可持续发展，离不开国家宏观政策科学指引，也离不开行业协会全面统筹，更需要大企业示范带动。作为中国水泥行业的核心企业之一，海螺水泥始终坚持行业利益高于企业效益，坚持从大局出发，坚决贯彻落实国家推进供给侧结构性改革以及相关部委淘汰落后决策部署，带头执行水泥协会有关倡议决议，主动承担行业高质量发展的责任，发挥表率作用，示范引领带动，严格执行错峰，坚决不上新增产能，积极推动行业自律，务实推进产业转型，为行业打赢去产能攻坚战尽心竭力，为推动行业稳增长、可持续发展贡献了海螺力量。近几年，中国水泥行业稳定向好的态势继续巩固，利润总额持续走高，2019年更是以1867亿元的利润总额创造了新的历史。

大力实施创新驱动，推动产业升级取得新突破

当前，智能制造正在引领水泥生产方式深刻变革。作为水泥行业的重要成员，面对行业智能化水平低、信息化手段应用少的难题，海螺水泥精准发力，主动作为，在系统总结多年实操经验的基础上，大力运用移动物联、传感监测、三维仿真、人工智能等先进技术，推动信息化、智能化和水泥制造深度融合，建成了海螺特色智能化水泥生产示范线，从矿山开采到产品发运出厂，全流程智能管理、全要素协同运作、全系统智慧决策，保证工厂始终以最优的方案运行，劳动生产率大大提高，能源资源消耗和污染物排放大幅降低。该项目已取得专利41项，通过了国家级科技成果鉴定，在水泥制造全流程认知方法、技术多目标协同优化方面达到国际领先水平，获国家工信部"智能制造标杆企业（第一批）"殊荣，是建材行业唯一获奖企业。海螺智能工厂的建成，是中国水泥工业技术进步的一项重大突破，对二代水泥技术装备和水泥工业发展必将起到示范引领作用。

攻关水泥工艺技术进步取得扎实进展。在充分总结现有干法熟料生产线技术配置及运行经验的基础上，海螺水泥研究开发了3500t/d、5500t/d和12000t/d高效低氮型新型干法熟料生产线。该系统热耗低、阻力低、系统热效率高、煤质适应性强、氮氧化物排放浓度低，投用后预热器系统阻力降低18%，熟料标准煤耗降低10%，熟料综合电耗降低12%，指标达到国际领先水平。2019年5月，海螺"低氮分级燃烧技术的开发与应用"项目，获得中国建材联合会"两个二代"技术装备创新提升研发攻关优秀研发成果奖。

践行绿色发展理念，开辟行业转型发展新路径

建成世界首条水泥窑烟气CO_2捕集纯化示范项目。海螺积极响应习近平总书记在巴黎气候变化大会的讲话精神，在多方考察论证的基础上，投资6000多万元在下属白马山水泥厂建成世界首条水泥窑烟气CO_2捕集纯化示范项目，每年可生产5万吨工业级CO_2、3万吨食品级CO_2和3000吨干冰，捕集生产出的液体CO_2纯度可达99.99%。项目于2019年6月经国家级科技成果鉴定，技术指标达到了国际领先水平，环境效益和社会效益显著。该项目的建成投产，开创了中国水泥行业CO_2捕集的先河，实现了水泥行业CO_2捕集与封存技术应用"零"的突破，标志着水泥工业环保技术取得新的巨大进步，对控制和减缓全国乃至全球水泥行业CO_2排放具有很强的示范引领作用，为水泥行业碳减排提供了新的技术途径。

高起点推进节能降耗技改。对标"二代水泥"提出的"吨熟料能耗降低15%～20%，劳动生产率提高3倍"目标，围绕"降本、增效、绿色"主题，每年投入数亿元进行技术升级改造，公司生产线标准煤耗平均下降10%，熟料综合电耗平均下降10%，水泥工序电耗平均下降20%，取得了良好经济效益和社会效益。积极实施分解炉、篦冷机、辊压机等技改技措，开发应用水泥立磨和辊压机生料终粉磨等新型粉磨系统，推进大型风机变频节能改造，单位产品能耗下降明显。大力开发应用光伏发电、风能等新能源技术，试用秸秆、稻壳等作为替代燃料，原煤消耗可降低约20%，实现了废物回收利用循环发展，走出了一条节能降耗、绿色发展的新路子。

高标准实施环保提升改造。紧紧围绕"二代水泥"标准"排放降低20%～30%"的要求，本着环保优先、超前谋划、外引内研的原则，积极探索海螺特色减排路线，为行业做出了良好示范带动，为打赢污染防治攻坚战贡献海螺力量。自主研发并在所有生产线实施了"分级燃烧+SNCR精准脱硝"组合低氮烧成技术，氮氧化物排放优于国家标准30%以上；研发了国产高温高尘SCR脱硝超低排放技术，脱硝效率可达到90%以上。开发应用"湿法脱硫"技术，生产线二氧化硫排放优于国家标准75%以上。对生产线实施了"n+1"电场、电改袋、扬尘治理等改造，粉尘排放优于国家标准50%以上。坚持矿产资源开发利用与生态环境保护并重，矿山"边开采、边恢复"，着力打造绿色矿山，2019年公司有39座矿山被评为"绿色矿山"，其中30座矿山入选了"国家级绿色矿山"名录。

大力推广水泥窑协同处置项目。扎实践行"绿水青山就是金山银山"发展理念，积极履行社会责任，大力发展循环经济，引领行业实现绿色发展。通过集成创新，在下属铜陵海螺建成投运全球首个利用水泥窑协同处理垃圾项目，实现垃圾处理"无害化、减量化、资源化"。该技术为消纳垃圾和工业废弃物提供了全新解决方案，为中国水泥工业发展循环经济、打造绿色环保产业提供了全新路径，荣获联合国全球可再生能源领域最具投资价值奖"蓝天奖"。目前已建成投运42个垃圾及固危废处理项目，每年可处理工业固危废135万吨、生活垃圾300多万吨。公司每年还可消纳约4000万吨工业废弃物。

践行"一带一路"倡议，中国水泥世界影响力大幅跃升

海螺积极响应国家"一带一路"倡议和省委省政府鼓励省属企业"走出去"号召，充分利用国内国外"两个市场、两种资源"，大力推进国际化发展战略，同步带动中国大型装备出口、设备成套、工程总包、产品和劳务输出等相关业务在海外的拓展，为推动我国水泥工业资源全球化配置贡献了海螺力量。截至2019年年底，海螺在"一带一路"沿线的印尼、缅甸、柬埔寨、老挝、乌兹别克斯坦等10多个国家（地区），先后设立了20多家子公司，累计完成投资超过125亿元，建成和在建水泥产能3000多万吨，海外员工超过4100人。公司海外已投产项目运营持续向好，盈利能力不断攀升，重点推进项目有力有序开展相关工作，海螺在海外的影响力不断扩大。海螺在海外投资建厂，输出的都是先进的技术、一流的装备、优质的产品，海螺花园式工厂、卓越的业绩，为当地民众提供了就业机会，带动了地方经济社会发展，受到投资国政府和民众的高度赞扬和热烈欢迎，树立了中国企业良好形象，显著提升了中国水泥行业世界影响力。

坚持抓早抓细抓常，全力防范安全事故发生

坚持把安全生产放到事关企业生死存亡的高度来抓！坚持"生命至上、安全第一，一切事故可防可控"的原则，健全组织体系，完善管理制度，强化安全培训，层层压实责任，加大督查检查，严肃追责问责。修订下发了6个专项管理制度，建立健全个人保集体、岗位保工段联保责任机制，组织开展了基层班组长全覆盖式安全培训，录制了海螺安全警示教育片，编写了海螺安全事故案例，用身边事教育警示身边人，相互监督，相互提醒，全员抓安全的意识不断增强，公司安全事故发生率同比下降35%。

扎实履行社会责任，尽责尽力保基本民生

认真贯彻中央和省委省政府脱贫攻坚决策部署，积极履行企业社会责任，扎实开展对亳州利辛县江老家村、六安霍邱县元圩村以及安庆望江县、芜湖无为县等10个自然村的脱贫帮扶工作，先后安排8人进行驻点帮扶，累计投入资金和物资5000多万元，帮助改善地方的交通、教育、医疗等条件，投资建设扶贫产业。王建超同志也多次深入定点帮扶村镇了解情况，与公司派驻人员一道研究帮助脱困的办法措施。2020年，计划再投入2000多万元，用于贫困村基础设施改善和特色养殖产业扶持，助力脱贫攻坚。新冠肺炎疫情暴发后，根据中央、安徽省指示精神，迅速行动，精心部署，在抓好自身疫情有效防控的同时，充分利用企业各类境外资源渠道，从印尼、缅甸、老挝、柬埔寨、泰国等国家全力采购疫情防控所需物资，在疫情初起阶段向省市疫情防控指挥部捐款2000万元，捐赠口罩40.1万只、防护服5100套；针对国内疫情防控形势持续向好、境外疫情加速蔓延的情况，支持投资项目所在国政府做好防疫工作，并向印尼、缅甸、柬埔寨、老挝等5国捐赠测温枪1500个、新冠病毒联合检测试剂1.5万个，为打赢疫情防控人民战争、总体战、阻击战做出海螺贡献。

点评：**海螺集团是我国水泥行业的标杆企业**，蜚声国内外。**海螺之所以取得辉煌的成就，与王建超副董事长和领导班子务实、勤奋、睿智、勇争一流的信念密切相关。在新冠肺炎疫情暴发之时，海螺坚持履行国企社会责任，聚焦"六稳""六保"任务，我们有理由相信，海螺的明天会更美好！**

大国企，大担当，大格局，大作为

——记北京金隅集团股份有限公司副总经理、唐山冀东水泥股份有限公司原董事长 姜长禄

姜长禄同志积极贯彻京津冀协同发展国家战略，强力推动金隅冀东水泥战略重组工作，致力于维护行业秩序，主导构建科学合理的营销体系，以新发展理念为引领推动公司持续高质量发展，为企业盈利水平连创新高打下了坚实基础。

经营业绩

姜长禄同志以坚持和加强党的全面领导为根本遵循，团结带领干部职工深入贯彻落实京津冀协同发展国家战略和供给侧结构性改革要求，按照"打造国际一流的现代化、专业化大型水泥产业集团"的战略定位，坚持以高目标驱动企业管理创新，不断强化过程管控和精细化管理，使金隅冀东水泥经营业绩水平与核心竞争力持续提升，有效引领公司实现了发展质量和效益的持续大幅增长。在姜长禄同志的领导下，金隅冀东水泥、金隅冀东混凝土经济效益持续增长。2016—2018年，金隅冀东水泥经济效益实现"三级跳"，营业收入由2016年的295亿元攀升到2018年的385亿元，增长30.5%；经营性利润从2016年微利，到2017年营利17亿元、2018年营利51.7亿元，逐年大幅增长。

管理和科技创新

姜长禄同志在带领企业实现高质量发展的过程中展现了高超的管理水平与卓越的领导艺术。

组织金隅冀东水泥推行"培优"计划，2018年首批选定12家企业，二批2019年选定8家企业，打造成为创利大户、管理标杆。以管理精细化为方向，从对标管理体系建立到完善、优化，持续加强对标管理；优化对标机制和体系，建立了"公司整体—专业部门—区域/企业"三级对标运行体系。围绕公司"扁平化、专业化、区域化、信息化"的管理原则，充分发挥区域的规模优势，实现资源共享，提升区域整体竞争力。以区域对标为管控抓手，制订区域对标模板，通过与区域内领先企业、行业优秀企业等对比，进行客观的自我评价，寻找差距、学习赶超、追求卓越，营造了整体赶超争先的企业文化氛围。

姜长禄同志指导金隅冀东水泥建立了高效、透明、可控的水泥电商新模式，提高了公司一体化、专业化管控效率。公司顺利通过历年国家"两化"融合管理体系贯标，获工信部"全国供应链创新与应用试点示范企业""制造业与互联网融合发展试点示范项目""工业互联网试点示范项目""建材行业管理现代化创新成果一等奖和北京市国资委信息化优秀成果奖""中国计算机用户协会金龙奖"等多项荣誉。

姜长禄同志指导金隅冀东混凝土以营销流程再造为核心工作，以合同履约、防控风险和应收账款控降为重点，全面推行客户信用管理、合同履约管理和老账款回收管理，做到了运行、业务、监管同步进行，实现了营销业务管控流程运行规范、顺畅和高效，合同累计综合履约率为92.85%，2019年新签合同履约率达100%。

在科技创新方面，紧跟国家科技创新发展的步伐，加大科技创新平台建设，"十三五"期间，金隅冀东水泥共创建14个省市级科技创新平台，19家企业通过高新技术企业认定，获得专利授权88项。截至2019年年底，金隅冀东水泥累计获得国家专利417项。组织建立以智能工厂为代表的现代生产体系，在氮氧化物减排、新一代篦冷机研发改造、高镁石灰石资源综合应用等方面取得了重要突破。

转型升级、发展新材料和新业态

姜长禄同志积极着力打造水泥窑协同处置绿色环保产业，不断提升金隅冀东水泥作为"城市净化器、政府好帮手"的社会价值和市场影响力。2018年，金隅冀东水泥实现固废处置营业收入11亿元，收集总量突破130万吨；金隅冀东水泥危废经营许可证数量位居各大水泥集团首位，"城市净化器、政府好帮手"的社会效益不断提升。

姜长禄同志始终将新材料、新产品研发作为增强企业产品竞争力的重点，组织领导金隅冀东水泥开发出抗硫酸盐水泥、低热硅酸盐水泥、油井水泥、核电水泥、道路基层用缓凝硅酸盐水泥、道路硅酸盐水泥、超细硅酸盐水泥、管廊水泥、轨枕专用水泥等特种和专用水泥产品，大大增强了企业综合实力。

绿色发展

姜长禄同志深刻认识到绿色发展在新发展理念中的重要地位，全面践行"绿水青山就是金山银山"的生态文明理念，将绿色转型、生态建设作为企业高质量发展的重要组成部分，倡导企业经济效益、生态效益与社会效益的和谐统一，通过实际行动实现企业绿色发展。金隅冀东水泥总投资10亿元的环保与安全提升工程于2018年全部完工，全面夯实各工厂环保安全的硬件基础；深入践行国企在生态文明建设上的社会责任，相继有10家企业入围国家绿色工厂名录，13家企业通过绿色矿山遴选。2016—2018年，金隅冀东混凝土安全环保累计投入3000余万元，用于生产生活污水治理等700余项安全环保改造项目，有效减排氮氧化物1.5万吨，减少粉尘排放10万吨。大力推进建设"资源节约型、环境友好型"搅拌站，高速发展低碳经济，金隅冀东混凝土以北京公司为试点开展碳排放交易，共计履约碳排放量13193吨。

文化建设

姜长禄同志带领金隅冀东水泥党委以文化深度融合和提升为主要内容，增强全体员工开展企业文化建设的自觉性，使企业文化延伸、扩展、扎根到每一名员工的心中。在金隅核心理念的引领下，丰富完善了公司的专业管理理念体系、行为规范体系和视觉识别体系。多角度全方位总结基层先进管理经验和做法，汇集优秀金隅文化建设成果，发现典型人物事迹背后隐含的宝贵文化和精神，通过《金隅冀东》报纸、内刊和微信公众号，向公司内外展现真实、立体、全面的金隅冀东水泥，提高"金隅冀东"文化软实力和影响力。

公司亮相国家"伟大历程 辉煌成就——庆祝中华人民共和国成立70周年大型成就展"、第一届中非经贸博览会等大型展会，有效传播了公司大型产业集团的良好形象和深厚底蕴，进一步提升了干部职工的自豪感和荣誉感。

公司选拔优秀同志参加中华人民共和国成立70周年庆典群众游行、"一带一路"高峰论坛志愿服务、世园会志愿服务等活动，在积极践行国企责任担当的同时，使干部职工得到了很好的政治锻炼。利用"国企开放日"等契机，邀请市民走进企业厂区，展示了公司绿色、环保、现代的气质形象，改变了水泥厂在大众心中的固有形象，有力提升了公司的知名度和美誉度。

公司借助金隅集团牵手中国女篮联赛，组织方队在央视直播比赛现场多轮次展示公司形象。拍摄《今天是你的生日》快闪视频，于"国庆"当天在共产党员网、长城网和企业微信公众号等媒体平台发布，持续激发员工爱党爱国爱金隅的热情。

姜长禄同志指导混凝土企业加强金隅文化与冀东文化的有机融合，弘扬金隅文化核心理念，践行金隅干事文化，按照"做实、做强、做优、创新"的指导思想，以"强化营销、做实站点"为工作方针，提出"精准保供"经营理念、"零应收"战略目标，汇聚思想共识，形成发展合力。自成立金隅冀东混凝土集团以来，陆续发布《企业文化形象标识》，创办《金隅冀东混凝土》报、"金隅冀东混凝土"微信公众号，开展弘扬金隅文化的职工宣讲活动；2019年，依托雄安新区1#站文化长廊建设，集中展示金隅集团及各二级平台拳头产品。

履行社会责任

在实现企业高质量发展的同时，姜长禄同志积极履行社会责任，以实际行动诠释了公司对企业社会责任的认识和理解。金隅冀东水泥协助警方每隔一年进行一次公开销毁毒品活动，截至2019年共进行了8次，累计销毁毒品5160千克。多年来，金隅冀东水泥下属多家企业为国家工商、法院、质监、食药监督等部门处置罚没违禁品、假冒商品、不合格商品、药品、食品累计3400余吨；积极与当地环保部门配合，处置突发环境污染事件应急废物2700余吨；下属北京金隅红树林环保技术公司、北京生态岛科技公司自组建北京市危险化学品专业应急处置队以来，已经由成立之初的5人增加到47人，包括专业技术人员、专业安全人员、具有多年应急服务经验的领队以及工作人员。

金隅冀东水泥积极投身雄安新区建设发展，充分发挥水泥窑协同处置固体废物的优势，为雄安新区固废处置提供服务。2018年，金隅冀东水泥下属涞水冀东水泥公司、承德金隅水泥公司等企业共接收固废（含危废）6.4万余吨；2019年下属北京金隅红树林环保技术公司完成雄安新区唐河污水库南库垃圾清理工程，受到地方政府高度认可，金隅环保成为雄安危废处置服务的首选合作品牌。

姜长禄同志带领金隅冀东混凝土投身首都蓝天保卫战，积极落实北京市建委要求，提前2个月完成2019年市建委下达的17.09万吨"公转铁"绿色骨料采购指标。

积极响应习近平总书记关于扶贫工作的号召，践行国企社会责任，姜长禄同志带领金隅冀东水泥、金隅冀东混凝土投入大量人力、物力，助力精准扶贫及环保建设。2018年，金隅冀东水泥累计捐款捐物200余万元，并精准施策，以脱贫为底线，以致富为目的，根据对口帮扶村实际情况为其打造致富之路。2019年，金隅冀东水泥下属琉水环保公司、璧山公司、广灵金隅公司、烟台公司等多家企业开展精准扶贫、居民服务、爱心捐助、抗洪抢险等多种多样的社会服务活动。金隅冀东水泥金隅冀东混凝土下属北京冀东海强混凝土有限公司通过属地政府，对口帮扶内蒙古兴安盟科尔沁右翼中旗的哈日诺尔苏木和吐列毛杜镇，捐赠30万元用于美丽乡村建设；2019年，混凝土集团各级工会组织从"北京市扶贫双创中心"采购贫困地区生产的农副产品3840份、价值69.07万元。在姜长禄同志的带领下，金隅冀东水泥、金隅冀东混凝土用实实在在的行动，无私奉献、成就大爱，塑造出一流强企的良好形象，彰显了国企的使命与担当。

点评：金隅冀东水泥、冀东混凝土作为大型国有骨干建材企业，在姜长禄同志的带领下，以"大国企、大担当、大格局、大作为"为企业经营理念，在经营业绩、转型升级、绿色发展、管理创新、企业文化、社会责任等方面取得了骄人的成绩，用实实在在的行动，塑造企业的良好形象，彰显国企的使命与担当。

栉风沐雨聚力发展，砥砺前行再谱新篇

——记中国建材股份有限公司副总裁、中建材投资有限公司董事长 蔡国斌

蔡国斌，男，1967年8月出生，中国共产党党员，会计师，1990年7月毕业于上海财经大学，2012年1月获清华大学工商管理硕士学位，现任中国建材股份有限公司党委委员、副总裁，中建材投资有限公司董事长，中国巨石股份有限公司副董事长，南方水泥有限公司董事，西南水泥有限公司董事等职。

蔡国斌同志具有近30年的建材行业经验，自1998年起一直任职于中国建材集团，先后在中国建筑材料及设备进出口珠江公司、北新物流有限公司（现更名为中建材投资有限公司）、中国化学建材股份有限公司（现更名为中国巨石股份有限公司）任职，2004年4月至2014年8月担任中建材投资有限公司总裁，2009起担任中国建材股份有限公司副总裁，2014年8月起担任中建材投资有限公司董事长。

锐意进取，引领中建材投资各项业务跨越发展

蔡国斌同志长期从事财务管理、投资运营和企业管理工作，拥有多行业、跨领域丰富的投资和运营实践经验，具备全面的企业管理才能和广阔的国际化视野，这为其持续带领中建材投资有限公司（简称中建投）不断发展壮大，创造优异业绩奠定了坚实基础。在担任中建投主要负责人的15年里，在他的带领下，中建投始终秉承"善用资源、服务建设"经营理念，践行"创新、绩效、和谐、责任"核心价值观，推进"治理规范化、职能层级化、业务平台化、管理数字化、文化一体化"五化管理，坚持"环境和谐、经营稳健、运作规范、管理精细、发展创新"二十字经营管理方针，逐步形成了集海外连锁、资源开发、水泥商混、商贸物流、地产开发和投资业务六项业务于一体，各项业务协同发展的业务格局，朝着具有市场竞争力和可持续发展的国际化企业稳步迈进。公司成立18年来，营业收入从成立之初的1.95亿元增长到2018年的41.46亿元，增长20倍，年复合增长率达18.5%，总资产从3.4亿元增长到95亿元，增长27倍，年复合增长率20.3%，各项业务实现快速发展。

1. 巩固南太、拓展非洲，稳步发展海外连锁业务

早在1992年，中建投率先响应国家"走出去"发展战略，在南太平洋岛国巴布亚新几内亚（简称巴新）设立中建投巴新公司，第一代巴新人曹江林在巴新成功创立建材家居经营模式，并迅速滚动发展形成建材家居连锁超市。蔡国斌同志继承和发扬巴新公司建材家居海外连锁业务，通过集成国内优质的产品、渠道资源，深挖巴新当地市场潜力，扩大巴新市场覆盖面，巴新公司不断发展壮大，成为巴新市场占有率最高、最具知名度和美誉度的建材家居产品一站式解决方案服务商。从1992年白手起家至今，巴新公司净资产增长402倍，年复合增长率达26%；总资产增长452倍，年复合增长率26.3%。

蔡国斌同志紧紧抓住国家"一带一路"倡议发展契机，2015年11月带领团队果断收购瓦努阿图建材家居超市Wilco，成功布点瓦努阿图。通过复制巴新建材家居连锁经营模式，收购次年Wilco店盈利能力大幅增长167%，此后持续保持高位运行，收购两年即收回投资，2018年投资回报率达45%，成为瓦努阿图市场占有率最高（超60%）、盈利能力最强的建材家居连锁超市。

2016年，蔡国斌同志带领团队积极抢滩人口基数大、经济有望持续增长、建材需求旺盛的非洲新兴市场，2017年坦桑尼亚3家连锁超市先后开业、赞比亚1号店顺利开业，中建投建材家居海外连锁产业集群初具雏形，并向着中国建材集团"铺设100家建材家居海外连锁超市"战略目标稳步迈进。

同时，蔡国斌同志领导经营管理团队，精研市场需求、发展趋势，借助"一带一路"春风，在原有零售业务基础上，开展大批发、"一带一路"综合建材服务两项业务，在澳大利亚打造海外仓提供一站式产品服务，在巴新建设SHOPPING Mall进行业态升级，中建投建材家居海外连锁运营模式内涵不断丰富，中建投海外服务品牌不断赋予新的内容。

2. 创新驱动，打造微晶石墨精深加工基地

蔡国斌同志以其敏锐的洞察力和超强的执行力，带领公司团队历尽艰辛，完成对郴州地区32个矿区、45平方千米微晶石墨资源的整合，组建南方石墨有限公司，致力于将其打造成为中国最大的石墨开采及深加工产业基地。

蔡国斌同志不遗余力，推动资源开发业务坚定不移地走精深加工路线，并在拓展微晶石墨应用技术领域，延长石墨产业链，提高产品附加值上做了大量卓有成效的工作。2014年，南方石墨承办中国微晶石墨产业发展高峰论坛，发起成立"微晶石墨产业联盟"，成为国内石墨材料产学研合作的优质平台。近年，南方石墨与北京理工大学、中山大学、武汉科技大学、湖南有色金属研究院、方大炭素等知名院所、企业深度合作，在微晶石墨提纯技术研究、微晶石墨在耐火材料中的应用研究等方面取得积极进展，截至目前取得石墨提纯、应用等相关专利8项。2019年，南方石墨建设投产国内第一条石墨浮选提纯加工生产线，年可提纯微晶石墨26万吨，石墨固定碳含量整体提高20个百分点，达到82%，石墨附加值提高1.5～2倍，迈出资源开发精深加工产业化的关键一步。

此外，在蔡国斌同志推动下，超细石墨应用方向基本确立，微晶石墨未来将广泛用于涂料、橡胶和其他碳材料产品，迎来广阔的应用前景。先进碳材料研究院已正式立项，技术创新将进入快车道，高附加值石墨产业化进程将显著加快，南方石墨有望成为国内规模最大，精深加工能力最强的微晶石墨产业基地。

3. 搭建生态产业链，打造具有市场竞争力的核心利润区

2012年，蔡国斌同志发挥自身专长，率队在广东韶关地区进行联合重组，进军水泥商混业务，2年间成功重组2家水泥企业，5家商混企业和1家混凝土砌块企业，形成年产水泥250万吨，商混675万立方米、砌块30万立方米的水泥商混核心区域，并致力于打造单位产品盈利能力最强的水泥商混核心利润区。

一是大力推动对标管理、强化"五集中"，8家重组企业成为有机整体，人、财、物、产、供、销等各项要素快速集中，生产成本得到有效控制，市场竞争力快速显现，盈利能力显著增强。

二是全面搭建生态全产业链，实现整体成本最优，盈利能力最强。一方面水泥、商混、砌块实现协同互补，增强抗风险能力，另一方面自建骨料基地，自主生产机制砂替代应用河砂，自主生产石灰石粉替代高价粉煤灰，提高原材料自给率，平抑原材料价格快速上涨的压力。此外，积极推进"水泥+"，除建设骨料基地外，向预拌砂浆、砼泵租赁等业务延伸，提升核心竞争力和盈利能力。

三是深入贯彻落实供给侧结构性改革，高度重视环保安全，履行央企责任，近年水泥商混业务在节能环保上持续投入，取得积极效果，2019年韶关地区五家商混站进行绿色升级改造，其中四家获评广东省搅拌站行业绿色评价"三星级"（最高环保评定），一家获绿色评价"二星级"。

自2012年重组至今，中建投水泥商混核心利润区成本管控水平优良，业绩优异，2017年、2018年净资产收益率分别为10%、20%。

4. 做强做优商贸和物流业务，助力主业发展

商贸和物流作为中建投传统业务，是两项特色鲜明且极具市场竞争力的业务。

蔡国斌同志坚持将商贸和物流业务发展与中国建材主业发展需要紧密结合，在此指导思想下，商贸公司服务中国建材大水泥战略，深耕水泥物资集中采购业务，在华东、华南、西南等地区，与中国建材系统内的南方水泥、西南水泥、中联水泥等水泥"巨头"建立长期良好的合作关系，并通过长期业务实践形成具有核心竞争力的渠道、物流优势，锻炼打造了一支具有战斗力的队伍。近年，在蔡国斌同志主导和推动下，商贸公司加快发展步伐，积极集成下游水泥物资采购需求，有效转化为对上游的议价能力，目标是成为国内最大的水泥大宗物资综合服务商，为中国建材降本增效做出更大贡献。此外，商贸公司作为中建投海外连锁业务的国内集中采购平台，依托中国制造优势，坚持不断拓展优化渠道，持续助力中建投海外连锁业务不断发展壮大，为建成100家建材家居海外连锁超市提供有力支持。

蔡国斌同志始终将物流业务作为一项精品业务来打造，2008年，蔡国斌同志精准研判深圳保税物流快速发展的趋势，迅速带领团队在深圳盐田保税园区内建设保税物流园，形成集仓储、分拣、加工、配送、退货、转口、报关、保税为一体的专业化、国际化的第三方物流配送中心。发展至今，物流公司拥有自有保税仓储面积6.5万平方米，运作仓储面积近10万平方米，以盐田综合保税物流园区5%的库容，实现25%的吞吐量，是盐田综合保税物流园区龙头企业，服务包括EI、FEDEX、PANALPINA、NYK、UPS、舒适等全球500强企业，思科、华为、美的、Columbia、WALMART、FOXCONN、EMERSON、STANLEY、BOSCH等1000余个国际著名品牌。蔡国斌同志大力推动信息化创新引领物流业务发展，经过十余年的积累和努力，物流公司已构建具备自主知识产权，基于"互联网+物流"的移动互联终端信息采集管理系统，全部业务流程、管理环节可在线实时监控。同时，物流公司积极运用"物联网"信息技术打造"水泥商混制造业集采供应链""海外商业连锁的物流供应链""跨境电商及分销平台"，为融入公司主业发展奠定坚实基础。

2018年，商贸、物流两家公司双双通过中国海关"AEO高级认证"资质，市场竞争力进一步增强。

勇挑重任，推动建材行业重组整合

蔡国斌同志自担任中国建材股份有限公司副总裁以来，积极参与对建材行业的重组整合工作。根据国家产业政策的要求，中国建材集团顺应国内外产业经济结构调整发展趋势，实施"三新战略"，大力推进水泥、玻璃等大宗建材的联合重组、结构调整与节能减排。蔡国斌同志作为中国建材股份有限公司的骨干力量，凭借其在资本运营、管理整合等方面拥有的丰富知识、实战经验和解决复杂问题的突出能力，为中国玻纤（现更名为中国巨石）战略重组、中国建材股份有限公司赴港上市、南方水泥联合重组、北方水泥联合重组、西南水泥联合重组做出了突出贡献，为推动中国建材行业健康有序发展做出了积极贡献。

蔡国斌同志积极参与并推动与大型水泥集团的战略合作工作，贯彻落实中国建材集团"增效降

债""建设核心利润区"的战略部署，同台泥集团、华润水泥、亚泥等大型水泥集团就区域产能战略合作积极接洽，稳步推进。

精细管理，推动股份公司产业与项目投资规范运作

作为中国建材股份有限公司的副总裁，蔡国斌同志分管中国建材股份有限公司投资业务。期间，蔡国斌同志凭借其丰富的资本运营和管理实践经验，系统总结，修订完善各项投资管理制度，将投资行为全部纳入制度和规范的轨道上，确保投资行为可控、风险可控、流程完善。同时，蔡国斌同志坚持按照中国建材集团、中国建材股份有限公司既定的战略目标和业务发展方向，引导资金资本向"水泥+"、新材料等方向倾斜，助推中国建材股份有限公司在水泥、工程、新材料三大业务上不断取得新发展，新成绩。

不忘初心，做辛勤的耕耘者和奉献者

从业近30年，蔡国斌同志始终不忘初心，保持热忱和专注，全身心投入工作。根据中国建材集团和中国建材股份有限公司的安排，蔡国斌同志分管中国建材股份有限公司投资工作，负责中建投全面工作，并参与联合重组、战略投资等重点专项工作，常年奔波在外，"五加二、白加黑"是一种常态，这些他从不放在心上，始终任劳任怨，一项项任务去完成，转而又投入下一项任务。

作为一名党员领导干部，他坚持学习贯彻落实党的十九大精神和习近平新时代中国特色社会主义思想，经常向管理团队、业务骨干宣贯党中央的最新要求，习总书记最新的讲话精神，中国建材集团最新的工作方针，并带头垂范，以上率下，做中建投的领路人。

作为一名企业管理者，他总讲，党和国家把企业交给我们，中国建材集团、中国建材股份有限公司把任务安排给我们，把工作做好，把任务完成，我们义不容辞。他总将责任和义务挂在嘴上，绝口不提权利和待遇。对工作严厉，对员工关心，这是大家对他的一致印象。

蔡国斌同志以其专业、敬业的职业精神和优秀的企业家精神获得业内的一致认可和广泛赞誉。他带领企业多次荣获"中国建材服务业100强""深圳百强""深圳500强"称号，并于2017年获"第二十四届全国企业管理现代化创新成果一等奖"；他本人于2006年荣获"建材行业优秀企业家""深圳市优秀共产党员"称号；2008年入选建材行业精英录；2010年获第十七届"国家级企业管理现代化创新成果（一等）"及第三届"中国建材集团企业管理现代化创新成果特等奖"，同年荣获"中国建材集团优秀共产党员"称号，当选深圳市第五次党代会代表；2011年荣获深圳市直属机关工委"优秀共产党员"称号；2012年获深圳市"优秀科学发展带头人"称号；2013年获"全国建材企业管理现代化创新成果二等奖"；2014年获"中国建材集团优秀共产党员"称号；2015年获"全国建材行业优秀企业家"称号；2018年获"全国建材企业管理现代化创新成果一等奖"和"全国建材企业管理创新突出贡献人物"称号。

点评：蔡国斌同志服务中国建材集团近30载，栉风沐雨，勇于创新，勇于奉献，勇于担当，砥砺前行。他带领中建投，开疆拓土，足迹踏遍巴布亚新几内亚、瓦努阿图、坦桑尼亚、赞比亚等地，独树一帜地将中国建材的流通服务业延伸到世界各地，并获得了很好的经济效益。他不满足于已经取得的成绩，又致力于石墨深加工、搭建生态产业链、大型建材企业的联合重组等更广阔的领域，不忘初心，做辛勤的耕耘者和奉献者是他不懈的追求。

应对行业挑战，推动企业发展

——记北京金隅集团股份有限公司总经理助理，北京金隅地产开发集团有限公司党委书记、总经理 程洪亮

程洪亮，男，汉族，中国共产党党员，硕士、工程师。1993年毕业于华中科技大学城市燃气专业，2015年6月获得管理学硕士学位。1993年8月在北京金隅嘉业房地产开发有限公司参加工作，历任北京金隅嘉业房地产开发有限公司总工办主任、总经理助理，北京金隅集团有限责任公司事业二部副部长、房地产开发部副部长，北京大成房地产开发有限责任公司副经理、资产经营部经理、常务副经理、经理、执行董事，北京金隅集团有限责任公司资产经营管理部部长、北京金隅股份有限公司资产管理部部长、北京大成房地产开发有限责任公司经理，现任北京金隅地产开发集团有限公司党委书记、总经理，北京金隅集团股份有限公司地产开发管理部部长。

随着金隅房地产业务的不断扩大，面对复杂多变的市场环境，为实现房地产板块的规模化发展，提升专业化水平，增强市场竞争力，2017年，在金隅集团的决策部署下成立了专业化管理的实体平台——地产集团。自地产集团成立以来，程洪亮担任公司党委书记、总经理。在任职期间，程洪亮团结带领公司经营班子，坚持全面加强党的领导，以"持续推动金隅地产做强做优做大"为目标，努力发展公司经营业绩，打造地产集团专业化管控平台，积极应对较为严峻的宏观经济形势和行业形势，保证了公司平稳健康发展。

全面改革，搭建地产集团专业化管控平台

随着改革的全面落地，房地产板块改革红利进一步显现，原本松散的多家企业实现快速融合，地产集团在市场中的竞争合力更加凸显。程洪亮带领公司经营班子深化落实金隅集团管控改革"四化要求"，努力准确把握二级管理平台定位，从模式落地、机制建设、能力提升和文化聚力四个方面积极探索，构建科学管控体系，完善内生发展机制。一是搭建统一的房地产投资主体平台，全面整合板块资源，协调推进自有用地盘活和土地市场拓展。二是搭建统一的招采平台，实现了项目设计、工程建设、营销客服等全类别采购的全面上线；同时通过战略采购和集中采购有效降低了采购成本，提高了采购效率。三是搭建人力资源发展平台，实现了地产集团薪酬管理的统一化、标准化和制度化，建立了地产集团统一的用工机制和交流调配机制；积极推行职业经理人制度试点，建立起更加符合市场特点和企业发展需要的科学用人机制。四是搭建工作任务绩效考核平台，建立了薪酬总收入与各所属公司规模、效益相挂钩机制。五是搭建统一的资金管理平台，严格实行资金计划审批制度，统筹协调各所属公司的资金筹措与利用，实现了融资和资金调动的统一管理。六是加大产品规划、成本、运营、营销管控力度，不断提高项目开发运营效益。

科学谋划，推动地产集团实现高质量发展

近年来，在中央坚持"房住不炒"的总基调下，房地产市场经历了多轮调控，房地产企业面临政策调控不断收紧和市场竞争日益加剧的双重压力。面对困难的市场局面，程洪亮同志始终坚持以发展为第一要务，牢牢抓住经济建设中心，科学研判政策环境和市场发展趋势，坚持以产品力打造为本、坚持以快制胜，确保实现"好水快流"。他带领公司经营班子主动下沉管理，全面积极应对，与一线团队并肩作战，深入各城市公司、专业公司重点项目，梳理问题，研究突破，三年来公司主要经济指标均实现稳步上升。

土地储备是房地产企业发展的动力源泉。地产集团坚持做强优势区域，坚定不移谋求高质量规模化发展。集团自成立以来，将拓展重心聚焦在已布局的一二线城市，持续跟踪，深入研判京津冀、长三角、成渝都市圈的土地市场。同时，重点关注城市发展稳定上升、城市人口稳步上涨、具有区域引领、经济增速强劲、首位度高的城市，合理扩大整体储备规模。基于统一的投资拓展平台、统一的投融资和资金管理平台，合理调度和使用资金，近年来累计获得经营性用地31宗，新增土地权益面积381万平方米。

盘活系统内自有用地是公司一项重要工作。程洪亮同志带领拓展团队充分借助金隅集团整体产业布局优势，结合新北京城市总体规划和非首都功能疏解，组织推进自有用地盘活工作。在他的领导下，自有土地专项工作小组打破各专业公司间的横向壁垒，坚持自有用地协调例会制，统筹协调、全力盯守重点项目，对北京区域内40余宗土地、共计2000多公顷自有用地进行规划论证，为最大化盘活自有用地奠定了坚实的基础。

金隅地产紧紧围绕集团"好水快流"的发展方针，坚定不移地提升项目运作水平和效率，在开发建设精品住宅和城市综合体方面积累了丰富的规划设计、项目管理、营销策划和客户服务经验。地产集团成立后，全面加大产品规划、成本、运营、营销管控力度，不断提高项目开发运营质量。上海大成郡、合肥南七里、南京紫金府、杭州都会森林、北京上城郡、北京金麟府、北京学府、重庆新都会、青岛和府等多个项目赢得了市场广泛认可与赞誉。

勇于担当，履行企业社会责任

金隅地产集团作为首都国企，始终坚持"承担国企职责、履行社会责任"，既要提高企业的经济效益，实现国有资产保值增值，促进企业又好又快发展，又要在奉献首都百姓、提供住房保障等方面做出贡献。金隅地产勇于承担国有企业责任，积极响应政府鼓励国有企业利用自有用地资源建设保障性住房的政策需求，充分发掘金隅集团所拥有的工矿企业土地资源，积极主动将不符合首都发展和企业发展需要的落后厂区腾退和淘汰，利用腾退后空置的土地积极参与保障性住房建设。自1998年建东苑项目列入北京市第一批经济适用住房建设项目以来，为7万余户北京市中低收入家庭提供了舒适的住房，是率先在北京市开发保障性住房项目体系的开发企业。

落实首都功能，积极对疏解腾退项目转型升级。西三旗地区原来有部分金隅集团老厂房，在一批传统建材企业全部疏解腾退后，金隅地产集团全力打造了"高精尖"的中关村西三旗（金隅）科技园，成为智能制造、人工智能、新能源等产业的最新聚集地。科技园更多服务设施正在建设和规划中，将补齐西三旗区域功能短板，吸引更多科技人才。怀柔兴发水泥厂在确定转型升级后，积极对接北京市、

怀柔区规划要求，加强与区政府相关部门的沟通，根据区政府相关要求，深化规划方案、开展项目总体测算工作，推动项目转型改造。

创新是企业发展的不竭动力。在房地产市场，新技术、新产品的不断出现，也激励着地产集团不断寻求技术上的创新与突破。在公司项目建设中，大力推行超低能耗项目和被动式住宅项目研究实施。其中，西砂西12#超低能耗公租房在2017年9月立项审批通过为北京市首批超低能耗住宅示范项目，2019年11月取得住建部和德国能源署颁发的中德合作高能效建筑—被动式低能耗建筑质量标识。项目实施过程中，通过对岩棉保温材料、砂浆黏结材料、被动窗及新风设备等金隅集团系统内的主要系统材料的应用进行归纳整理，在参考国家标准和河北省标准的基础上，编制了具有金隅集团特色的超低能耗建筑设计施工节点图集，按照图集的实施，项目通过了住建部和德国能源署的认证，为金隅集团今后在被动式超低能耗建筑项目的建设中更广泛地使用集团系统内材料积累了实际经验，也为编制被动房北京市专项图集提供了具有实际意义的参考。

程洪亮作为公司党委副书记，时刻以习近平新时代中国特色社会主义思想为指导，坚持和加强党的全面领导，站在"四个意识"和"两个维护"的政治高度，积极落实新发展理念。坚持以文化融合和特色文化建设为抓手，不断提升全体员工的思想政治素质和改革发展意识；积极弘扬金隅干事文化和地产集团狼性文化品质，打造敢于担当、善于担当、勇于竞争的团队文化。

展望未来，地产集团将继续以改革的思维、创新的思想，全面落实改革发展战略，充分发挥自身体制机制和集团资源"两大优势"，持续推动企业实现高质量发展！

点评：北京金隅集团股份有限公司总经理助理，北京金隅地产开发集团有限公司党委书记、总经理程洪亮，时刻以习近平新时代中国特色社会主义思想为指导，带领金隅地产科学谋划，创新发展，勇于担当，履行社会责任，为金隅集团房地产板块的腾飞做出了突出的贡献。

为职工谋福祉，为社会作贡献

——记娲石水泥集团有限公司董事长、总经理 魏华山

娲石水泥集团始建于1970年，2004年改制为民营股份制企业。在国有制时期，历经近40年，年生产能力不足40万吨，由于产品单一、高能耗、高污染、低效益，公司总资产仅1.1亿元，负债却高达9000多万元，年销售收入仅为1.01亿元，被国家列入水泥工业强制性淘汰指导目录，企业面临关停倒闭。

自2008年起至2019年，公司在魏华山的带领下，仅用十二年时间，一个濒临倒闭的小水泥厂，发展成为集水泥、水泥熟料、商砼生产、矿山开采、建材石经营、船舶制造、水陆运输、中等职业教育、智能研发、生态治理、科技产业园生产服务等为一体的集约化型现代建材企业。集团现有26个子公司，水泥熟料年生产能力500万吨，商砼120万立方米、建材石1000万吨，船舶运输800万吨，船舶制造10万吨，主营业务收入达到30亿元以上。近三年，阳逻、阳新两地年上缴税金均超过2亿元，安置就业2000多人，带动相关产业就业近1万人，为阳新老区精准扶贫3000万元。公司积极参与社会公益事业，近几年来为弱势群体、贫困学生、社会公益活动年捐助3000多万元，2020年在抗击新冠肺炎疫情战役中，一次性向黄石、武汉红十字会捐款400万元。公司连续八年被中国建材企业管理协会评为行业500强、最具发展潜力的百强企业；被湖北省和武汉市分别评为百强制造企业、优秀民营企业、湖北省名牌产品、武汉市百强制造企业、武汉市优秀民营企业；娲石牌水泥连续16年荣登武汉市质量红榜。2019年，公司再次作为省水泥行业唯一一家企业，被评为湖北省清洁生产示范企业，被工信部等六部委提名为全国能效领跑企业，还被中国建材企业管理协会评为全国建材先进集体。

不断创新，进行技术升级改造

科技创新，促生产模式转变。公司原有四座机立窑生产线，由于生产工艺技术落后，已不适应《国家水泥工业发展规划》。自2008年年底起，在魏华山董事长的带领下，公司坚持高科技、高附加值、低能耗、低排放原则，发展新型产业，公司先后投入5亿元，新建百万吨绿色水泥粉磨生产线和矿渣立磨微粉生产线。此后不断进行技术装备优化升级，水泥粉磨生产能力达到300万吨。公司从传统粗放型的生产企业转变为高新技术生产型企业。这都为公司转型发展奠定了坚实的基础。

落实政策，淘汰落后产能。2010年，为了落实贯彻国务院《关于进一步加强淘汰落后产能工作的通知》和《湖北省2010年淘汰落后产能工作实施方案》，公司上下统一思想，迅速组成拆除专班，制订拆除方案，积极稳妥实施，公司在承担损失净资产1728万元的情况下，妥善安置160名下岗职工，当年顺利拆除四座机立窑，按期完成拆除任务，使污染排放达到国内先进水平，受到武汉市邵为民副市长及省专班领导的肯定。

依托主业，延伸产业链。2009年公司组建了武汉娲石商砼有限公司，2010年3月，投资3000多万元建设年产60万立方米的商砼生产线，以延伸产业链，开辟新的经济增长点。2011年，在阳新又新建了一座年产60万立方米的商砼生产线。形成了年产商砼90万立方米的生产能力。产品质量达到国内先进行业水平，完全满足用户需求。

进行资源整合，形成规模化生产。2010年年底，公司收购阳新富河水泥有限责任公司，组建阳新娲石水泥有限公司，投资8亿元成功新建日产6000吨新型干法生产线，并配套建设9000万度纯低温余热发电，2011年项目建成投产，水泥、熟料产销量突破280万吨。2013公司吸收兼并阳新县富池镇三个建材公司，新建了黄石市首家1000万吨绿色矿山示范基地，使公司拥有了矿山资源开采权；随后公司重组武汉市通达运输公司，使内河运输能力由100万吨扩大到1000万吨。至此，公司完成跨地区的投资建设，形成跨地域的规模化生产。

立足战略思维，推动高新产业发展。依托主体产业，在保持与武汉创业一家新三板股权投资基金合伙的同时，公司先后成立了娲石集团武汉万世科技有限公司、武汉华三智联科技有限公司，研发科技智能产品，成功研发办公智能系统和智能印章，填补了国内办公系统智能印章新技术的空白，广泛适用于行政、企业办公、交通智能指示标牌的应用，科技公司被武汉市列为小巨人企业。之后成立了湖北娲石企业管理咨询有限公司，开展企业管理、股权投资、技术咨询等多方面服务。2018年武汉科技公司与湖北咨询公司进行股权重组，成为武汉光谷新型科技公司孵化基地，经营范围扩大到股权基金、融资担保、证券投资、资本运作，以及艺术培训咨询、牙科医院。2019年还与武汉天研科技开发有限公司合作，共同收购光谷物联港项目，拥有14亿元资产的60%股权，成功进入科技产业园生产经营服务，为企业长远发展奠定了基础。

坚持环保、智能全面发展

1. 坚持绿色环保发展，建"花园式智能化"工厂

创业伊始，魏华山就提出建设"花园式智能化"工厂的设想，"我们要为后代留下一个青山绿水的家园，这是企业家的责任。"娲石集团在扩大规模和进行技术改造时，年投入3000万元，采用国内最先进的节能环保装备技术；对收尘、污染源点实行全封闭式生产；生产用水进行循环利用，确保污染零排放。创建花园式智能化工厂，仅2018年，阳新水泥公司先后投入8000万元，对矿山进行复垦复绿治理，面积达46042平方米，对厂区全绿化建设；阳逻水泥投入3000万元，对厂区进行绿化靓丽工程建设，清洁生产保持常态化管理，做到区域整洁、设备见底色。现在阳逻、阳新两地厂区四季常绿，车间旁鲜花映衬，飞鸟盘绕。在线监测生产区域内向大气排放污染浓度，各项指标大大低于国家标准。

集团坚持综合利用废弃粉煤灰、矿渣及脱硫石膏等，年综合利用达到160万吨。坚持绿化建设，年投入300万元，厂区植树、种草、种花、修亭，绿化面积覆盖率达30%，已建成花园式工厂。

2. 用标准确保质量，优质产品远销省外

娲石集团以制造高端高品质产品为理念，水泥熟料生产线引进世界最先进的新型干法生产工艺技术，被国家列入水泥工业发展目录；水泥粉磨采用国内最先进的辊压机生产工艺，被行业推广应用；建材骨料生产线按国家千万吨绿色矿山示范基地标准建设。

集团各公司通过了ISO 9001产品认证和质量体系认证、ISO 14001环境管理体系和OHSAS 18001

职业健康安全管理体系认证,并将主导产品四个关联公司捆绑在一起,制订了低于国家标准的内控指标,严格对标管理,主导品牌水泥获得国家级优等品认证。

着力"两化"建设,产品、物资进出电子计量监控,财务、人力资源等运用智能信息管理,借助专业化的数字管理系统,各条生产线实现中央数字系统在线指挥控制。

2015年8月,湖北省建材联合会组织桥梁、道路、地下工程等方面8名专家对水泥质量检测鉴定,认定娲石牌水泥可全面应用于高铁、地铁、机场、大型桥梁、高速公路、地下工程等高性能混凝土;适用于城市高层建筑、水利工程建设和城乡基础设施建设。娲石牌产品覆盖武汉地区,远销江西、湖南、安徽、江苏、上海、河南6省市,参与省内外100个重点工程建设,多项工程被评为国家、省级示范工程。

牢记使命,不忘初心

集团现有党员110人,黄石、新洲各设立一个党委,下属20个公司,分别设立11个基层党支部,各分公司行政主管担任支部书记。

集团建立了完善的激励机制,各公司均实行股份制经营,年终有红利分配和年终奖,月度有绩效考核奖励等。对于特殊人才,集团配股、配车,高薪聘用,以事业留人、感情留人、待遇留人。

在保障体系方面,除全员参加社保统筹外,集团为每位员工购买了商业保险,参与武汉市职工医疗互助享受二次医疗报销。集团内部还成立了爱心基金会,对特困职工和重大意外伤害进行爱心帮助。10年来,在魏华山董事长的带动下,公司从未间断每年救助扶持特困职工,年扶困资金达30万元,10年来共300多万元。

集团与国内知名院校联合开展管理人员培训,与职业技术学校合作开办职业技术培训班;各公司每月举办技术培训,不断提高企业员工整体素质。集团在武汉、黄石基地建立党员、职工、退休人员文化活动中心、室内体育馆。每年还组织劳动模范、管理人员外出参观学习。通过一系列的文化创新,形成了娲石一家亲的企业特色文化,极大地丰富了职工文化生活,增强了企业凝聚力。

公司发展壮大,从没有忘记企业的社会责任。公司每年积极参与精准扶贫,遇重大自然灾害主动出资出物支持,对社会弱势群体献爱心,年出资均在500万元以上,总计3000多万元。仅2018年,公司先后出资300万元对娲石居民小区生活进行水改;出资300万元支持湖北省农民运动会;出资300万元兴修阳新公司附近乡级公路;出资60万元赞助中国新洲站全国马拉松比赛活动;出资20万元参与湖北省博物馆周恩来总理珍品展活动。

制订长远规划,为社会作贡献

在新的历史时期,在水泥工业改革创新时期,娲石集团在魏华山董事长的带领下,依托区位、资源优势,进一步坚实主业。稳定提升主体产业,实行多元化发展。集团公司立足于前瞻战略思考。

一是实施兼并重组,拟新建第二期日产6000吨水泥熟料新型干法生产线,配套协同处置城市生活垃圾和工业废弃物,做大做强传统产业。

二是以阳新建材为依托新建大理石石材厂,延伸产业链。

三是华三智联科技研发,将研发的智能科技成果转化为产品,开发市场,打开销路承接项目工程。

四是组建集团金融服务公司，开展投资运作、证券投资和咨询管理经营。

五是成立物流公司，建立物流仓储基地，开展物流运输。把集团建设成为以传统产业为主，发展高、新产业的绿色环保型现代企业。把公司打造成百亿产值、中国百强、百年企业。为职工谋福祉，为社会做出更大贡献。

点评：娲石公司的发展壮大，倾注了魏华山董事长多年的心血。淘汰落后产能，果断决策上马新生产线；坚持绿色为先，环保为要；坚持高质量发展，以战略思维，拓展新技术产业和新业态；兼并重组，内引外联使娲石走上了发展的快车道。难能可贵的是，魏华山董事长在企业取得良好经济效益的同时，把"为职工谋福祉，为社会作贡献"作为企业的最大追求，并以此为永恒的奋斗目标。

创新管理，提质增效，不忘初心，砥砺前行
——记新疆天山水泥股份有限公司党委书记、董事长 赵新军

赵新军，男，1967年2月出生，中国共产党党员，高级工程师，中欧国际学院在职高层管理人员工商管理硕士（EMBA）学位，现任新疆天山水泥股份有限公司（以下简称天山股份）党委书记、董事长。1986年参加工作，他一步一个脚印，从基层车间做起，先后担任屯河额敏公司筹建处主任、屯河水泥事业部副部长、销售公司总经理等职务；2009年担任天山股份常务副总裁、党委副书记；2010年任天山股份董事、总裁、党委副书记；2016年至今任新疆天山水泥股份有限公司董事、董事长、党委书记。

在中国建材集团和中国建材股份的正确领导下，赵新军同志和天山股份班子紧紧围绕生产经营中心和改革发展大局，全面加强党的建设，积极探索新形势下企业改革发展的新方法、新途径，带领天山股份全体同志，同心聚力、并肩前行，发扬肯吃苦、能战斗的作风，使公司走出一条创新引领行业的变革之路。他的贡献得到了社会的广泛认可：曾获新疆维吾尔自治区科学技术进步奖（三等奖）、全国建材行业企业管理现代化创新成果二等奖等荣誉称号；2019年获中国水泥协会推行错峰生产突出贡献奖和行业发展责任担当奖。

自赵新军同志担任公司主要领导以来，公司运营效益指标大幅提升，成本费用指标不断改进，资本结构指标不断优化，全面高质量完成预算任务。

"三减三提升"，推动公司组织精简化

首先，减法人单位，提升资产效率。根据经营现状、市场前景、资产质量等标准对法人单位进行分类，将市场前景不明朗、经营现状恶化、资产质量差的法人单位率先列入压减目录。三年来在赵新军的领导下，通过注销、吸收合并、子改分等方式共压减法人单位10家，截至2019年6月底，压减比例达20%。

其次，减机构层级，提升管理效率。赵新军提出减机构层级理念，一是构建公司疆内营销平台，实施疆内水泥业务统一管理、销售价格集中管控。二是取消事业部物流采购职能，由公司统一管理；同时由天山筑友公司统一管理疆内商品混凝土业务。三是优化组织机构，取消疆内5个事业部，并对疆内水泥业务板块距离近、不饱和生产的分子公司进行机构整合。管理层级由原来的"股份公司—事业部—制造厂"三级管理压减为"股份公司—制造厂"两级管理，实现垂直管理，减少管理中间环节，更好地实现资源配置。经过一系列整合，累计压减管理机构34个，压减比例54%，实现了部门间资源共享，发挥了"1+1>2"的效应，提高了运营效率。

最后，减冗员，提升劳动效率。赵新军提出以下方式：一是优化人员及分流安置。在规模窑型企业积极推行巡检制，同时结合老城搬迁，实施内部退养、转岗等方式，对富余人员进行安置。二是发

挥公司协同优势，根据"错峰生产"安排、各制造厂繁忙和人员的丰裕度，合理安排人员调配。制造厂之间人员的调配减少了公司的总用工人数和用工支出。三年来，累计调配人员800余人次。2012年以来，公司累计压减管理人员40.2%，中高层管理人员52.19%，大大提升了劳动效率。

赵新军根据子企业实际情况分解指标，制订推进计划，通过严考核、硬兑现、过程监督、奖罚结合，将指标落实。应收账款方面：通过完善制度流程，强化授信、价格管控；成立专门部门，以正激励为导向，积极开展非滚动老款的清收工作。应收账款借方余额从上市之初应收账款占销售收入35%，下降到2018年年末的6.19%。存货管理方面：根据区域特点，"以销定产、以产定存"，规定原燃材料在生产旺季的最低库存天数和最低库存量，以及错峰生产停窑前的原燃材料库存控制天数，2018年期末存货金额较2012年下降了63.6%，年均下降10.6%。

压降四款：2015年以来，预付账款、货币资金、带息负债分别下降56%、18%、47%。截至2019年6月，资产负债率下降20个百分点，达到43.46%。

通过赵新军和公司领导班子的努力，公司资产规模从2015年的205亿元降低到目前的166亿元，减少19%，总资产报酬率达到11%，切实达到"瘦身健体、提质增效"的目的。

实施最优模型对标管理，降本增效

赵新军在公司实施最优模型对标管理。一是以国内先进水平为标杆，从技术、物资物流、矿山开采、人力资源等关键点优化各公司成本控制，确定不同规模生产线的成本标杆。二是将熟料综合电耗、煤成本、吨熟料原材料成本、水泥综合电耗、吨熟料发电及物耗修理费完成率等六项激励指标纳入对各公司的月度综合对标排名和考核中。三是提前筹划、及时应对，通过低价原材料替代、集中招标、战略采购等多种方式降本增效，做到成本可控。四是约谈运营不佳、持续未达标企业的管理者，并提出改进工作的建议和要求。

通过最优模型对标管理，公司多项指标达到国内先进水平。2016-2017年度阿克苏天山、哈密天山、叶城天山分别获得全国建材行业"节能领跑者"荣誉称号。

运用信息化手段，提升管理效率

赵新军提出升级原有管理系统，将采购、生产、销售等管理业务工作流程化、规范化、标准化，实现网上办公，同时开通手机APP，实现移动办公，提升了工作效率，提高了工作质量，推动了工作高效落实。

现场综合治理得到大幅改善

与优秀水泥企业对标，找差距。赵新军提出开展"随手拍""进一言""金点子""曝光台""小改小革"等活动，以治理"跑、冒、滴、漏"为切入点，各公司综合现场管理水平均有大幅提升，两家成员企业获评集团"六星企业"。

技术创新驱动企业发展，不断提升竞争优势

赵新军以自主开发、引进消化技术、校企合作等方式开展技术创新工作。2016－2018年共开展研发项目86项，累计投入研发经费111020.8万元，累计占营业收入的5.54%。期间共申请专利14项，其中发明专利6项；授权专利14项，其中发明专利2项，实用新型专利9项。

与郑州大学合作项目"严寒地区环境友好型高抗冻水泥基复合材料的研究与应用"于2018年6月进行专家组中期审核，该项目成果将延长西北地区冬季施工时长，降低冬季施工维护成本，对降低项目成本有显著效果。与中国水科院合作，成功在布尔津公司试生产专供QBT工程高镁低热水泥，指标部分优于三峡工程使用水泥，目前试生产样品各项指标达到国内先进水平，为新疆的特大水利枢纽的建设提供了新品种水泥。

创新举措，化解产能过剩

赵新军领导的天山股份作为新疆水泥行业领军企业，主动提出作为，2015年促成了新疆在全国率先实施"错峰生产"，并在全国范围内实施；促成了新疆自2017年5月1日起取消32.5标号水泥生产，当年疆内水泥销价较上年同期上涨，新疆水泥行业整体扭亏为盈；坚持行业自律，创新推动电石渣制水泥错峰置换，解决电石渣水泥企业参与"错峰生产"难题，引导价格回归。公司通过一系列的营销创新，克服了产能利用率严重不足、水泥需求下滑的影响，大幅改善经营业绩。

创新销售，搭建电商销售平台，提升经营效益

赵新军时刻保持旺盛的学习热情。身处传统行业，思维闪烁着智慧的火花，他推动"水泥+互联网"有机融合，2016年公司组建电商销售平台"聚材网"，率先尝试"水泥+互联网"，实现水泥网上销售。经过短短几年的发展，线上销售收入成倍增长，销售区域从新疆拓展到华东，销售主体从公司自身拓展到竞争对手。2019年上半年，"聚材商城"线上销售水泥、熟料占公司总销量的1/4，线上销售收入10.6亿元，占公司总收入27%，回款均以预付款现金方式结算。公司电商模式人均水泥销售效能为31万吨/人，较传统模式下的人均效能高出4倍以上。随着业务的持续拓展，人均效能将继续成倍提高。

创新产业升级，推进"水泥+"业务，拓宽经营范围

赵新军积极开展工业废弃物替代矿产原材料进行水泥生产的工作。一是涉及面广。涉及电石渣水泥、水泥窑协同处理废弃物、环境监测、水处理、土壤修复等环保领域。二是起步早。米东天山日产1600吨电石渣熟料生产线成为国内首条100%利用电石渣代替石灰质天然原料配料的新型干法生产线。三是合作共赢。充分发挥自身优势，先后与中泰化学、美克化工合作建设电石渣水泥生产线，与新疆新能源（集团）合作开展危废处理、环境监测、水处理、土壤修复等业务，成功介入环保产业。

公司电石渣水泥生产线年处理电石渣、煤矸石、炉渣、粉煤灰、铜渣以及脱硫石膏等工业废渣量达到500万吨以上；水泥窑协同处理废弃物，年处理垃圾、危废等在20万吨以上。社会效益和经济效益初显。

创建新型企业文化，和谐健康发展

公司在快速发展及不断提高运营水平的过程中，赵新军始终把企业文化建设作为一项长期战略任务，为促进公司资本运营、战略发展规划的实施和科学管理提供了支持，在公司持续和谐健康发展的同时，为时代和社会做出应有的贡献。

赵新军同志建立了天山股份融合、创新型企业文化体系，确立了"凝聚坚强，创造卓越"的企业精神、"创新、绩效、和谐、责任"的价值观和"善用资源、服务建设"的核心理念，建立了行为规范和识别系统，坚持多种文化的融合和统一，有力地推动职工职业道德建设和整体素质的提高，培育了一支能长期为股东创造效益、为员工负责、为客户提供优质产品和良好服务的优秀团队，为实现天山股份企业发展愿景，从企业文化建设的高度奠定了基础。

赵新军以企业文化建设为依托，通过深入开展"不忘初心、牢记使命"主题教育，推进"两学一做"学习教育常态化、制度化；他认真落实党风廉政建设责任，加强廉政文化建设，切实转变作风，树立风清气正的企业环境；通过举办讲天山故事、"天山先锋"系列品牌建设活动、"发声亮剑"系列活动、职工篮球赛、主题征文活动、演讲比赛等，营造健康向上的企业文化氛围；加强对外宣传，不断提升企业官方网站、微信公众平台建设，为企业文化创建营造良好宣传氛围。

通过加强企业文化建设，公司先后荣获"全国五一劳动奖章""开发建设新疆奖状""中央企业先进基层党组织""中央企业思想政治工作先进单位"、中国建材集团及自治区国资委"优秀党建品牌"等荣誉。

坚持服务大局，积极履行社会责任

赵新军始终秉承"凝聚坚强、创造卓越"的企业精神和"责任、和谐、创新"的管理理念，坚持围绕中心、服务大局，积极履行社会责任，坚持以社会效益、群众利益为重。2018年以来，为所属各企业对口扶贫单位共捐赠水泥1514吨，捐助现金、物品等若干，合计200余万元。深入参加"访惠聚"工作和深度扶贫工作，派驻两支"访惠聚"工作队及三名第一书记，帮助建设新疆南疆地区贫困村的道路地面硬化、房屋修缮、修建防渗水渠等基础设施，修建幼儿园设施及捐赠文体用品等，显著改善了对口帮扶贫困村的生产生活环境，为脱贫攻坚工作做出突出贡献。

赵新军严格落实安全环保主体责任，建立"党政同责、一岗双责、齐抓共管、失职追责"责任体系，明确工作任务，强化检查考核，逐级落实目标任务，采取监督检查、交互指导的方式深化隐患排查治理，建立健全各项安全环保制度并严格执行落实，实现全公司安全生产工作的规范化、制度化、长效化。建设项目严格落实"三同时"，严格按照劳动保护的要求，配备品质可靠的劳动防护用品，定期组织员工进行健康体检。

赵新军始终把环境保护作为一项长期任务来抓，牢固树立"和谐发展，创建绿色产业"的环保理念和"保护环境、节能减排、污染预防、遵守法规、清洁生产、持续发展"的环保方针，大力开展污染治理从源头治理的活动，履行企业环境保护责任。大力推进资源综合利用，采用大量工业废渣用于水泥生产，2018年总计消化各类工业废弃物592万吨。同时公司积极推进水泥窑协同处置，累计处理垃圾69.94万吨，污染土15.77万吨，有效解决了部分工业废弃物对环境的污染，解决了垃圾处置困境，具有良好的社会环境效益。

赵新军积极开展安全生产标准化评审工作，推进环境管理体系和职业健康安全管理体系认证，通过标准化、程序化的管控，确保环境保护、职业健康和安全工作持续有效推进，为员工健康安全、企业安全生产、环境保护提供有力保障。

点评： 新疆天山水泥股份有限公司党委书记、董事长赵新军，着眼大局，对新疆地区水泥行业压产能、淘汰低标号产品积极作为，有力地推进了新疆地区水泥行业的健康发展。他对企业的现代化管理常抓不懈，"凝聚坚强、创造卓越"是他的企业理念。赵新军提出开展的"随手拍""进一言""金点子""曝光台""小改小革"等活动，是他对企业精细化管理贡献的一束小花。

精干主业，促进效益稳健提升；开拓奋进，优化产业布局拓展

——记中国南玻集团股份有限公司党委书记、副董事长、总裁 王健

王健，男，1964年出生，1986年参加工作，高级经济师，现任中国南玻集团股份有限公司（以下简称南玻集团）党委书记、副董事长、总裁。王健同志自2018年担任南玻集团总裁以来，围绕着"经营第一""深耕经营""扩规模、提质量、降成本、提效益"的宗旨，笃定执行"坚定做大做强玻璃行业为主业的战略，统筹协调电子显示器件业务的发展，加大力度实现太阳能产业的脱困和突围"的整体经营方针，以高度的使命感、责任感和持之以恒的热忱，全身心投入集团经营管理工作中，以效益提升为中心，强化管理和技术创新，加快产业布局与拓展，强化党务、企业文化建设，切实履行社会责任，取得了突出的成绩。

笃定战略方向，经营业绩稳步提升

王健同志上任以来，笃定战略方向，紧紧抓住提升效益不放松，外拓市场抢订单、内抓管理降成本，在市场形势复杂多变的情况下，带领公司突围而出、业绩逆市而上，取得了较好成绩。带领南玻集团实现2018年全年营业收入105亿元；实现营业收入连续多年突破百亿，并稳步提升；其中，玻璃业务作为南玻集团传统核心业务与利润支撑，面对房地产市场增速放缓，汽车行业负增长等下游不利的市场情形，实现逆势增长，实现营业收入74.54亿元，同比增加4.02亿元，增幅5.7%；实现净利润8.02亿元，同比增加0.93亿元，增幅13.17%。指导管理团队笃定执行战略方面：一是精干玻璃主业，稳步提升核心竞争力。平板玻璃板块方面，在环保、原料、燃料、原片、市场等多方困难下，通过同业协同、差异化产品销售、拓展海外市场、提升生产与技术，营业收入实现连续三年提升；工程玻璃板块方面，在2019年打了一场漂亮的翻身仗，实现营收利润大幅增长；同时在智能化自动化升级改造、抢占粤港澳大湾区的市场先机等方面迈出了坚实的一步，市场占有率超70%。二是坚持创新驱动，持续提升成长性业务。超薄电子玻璃与显示器件业务是集团竞争力和品牌影响力的延伸，是又一极具市场占有率和口碑的产品。清远南玻一窑二线的创新技术、咸宁光电二代超高铝电子玻璃的试产，将继续推进电子玻璃产业升级，增强业务凝聚力，进一步提高集团在电子玻璃行业的综合竞争力。三是贯彻多元发展，精准布局新产业。汽车玻璃是集团延伸产业链的重要布局与优质玻璃原片拓展点，结合集团镀膜及显示器件的技术优势，决定在肇庆投资建设高档汽车玻璃生产线，发展信息化领域技术，推动集团新产业布局。四是立足辅业前景，力争扭亏脱困突围。2018年5月31日，国家发改委、财政部、国家能源局联合印发了《关于2018年光伏发电有关事项的通知》，太阳能行业整体经营形式发生重大变化，集团经过2019年近一年的调研和准备，明确集团太阳能产业整体脱困突围的工作思路。

优化管理体系，企业规范高效运行

王健同志以"构建制度体系、强化基础管理、构建人才管理体系、强化品牌管理与维护"为抓手，带动企业各项工作上台阶，经济效益不断提升。一是构建制度框架体系，规范集团运行管理。2019年，集团共整理规章制度138则，正式发布规章制度72则，已初步梳理完成集团制度框架体系，确保集团的规范、科学、有效管理，并做好"有法可依"。二是强化基础标准管理，挖潜力增效益。基础标准管理作为企业生存和发展的重要基石，集团于2019年组织开展了"五星工厂"建设与评选标准的确立工作，旨在通过加强基础管理，进一步挖掘南玻的经营潜力，促进南玻安全生产、制造能力及核心竞争力的稳步提升。三是构建人才管理体系，激发员工积极性。集团继续以"立足核心人才输出，支持管理业务赋能"为定位，围绕"内训为主，外训为辅，整合资源，效能优先"落地，分别在制度、资源、运作三大层面搭建实施平台，力促各层级人才循环赋能、人才选拔认证及输出，助推组织绩效达成。同时，聚焦高管领导力、中基层管理、专业技术序列、操作技能及新员工入职通用性培训等内容的建设，持续丰富新生力量培养，以促进公司技术、文化、价值更好的传承。四是加强品牌管理与维护，净化玻璃市场。2019年，集团加强品牌宣传、维护力度，推动品牌梳理。一方面，寻求与权威媒体合作、强化匠心企业形象的机会，大力推动打假维权工作，净化市场。另一方面，在董事会办公室下设品牌建设与维护办公室，负责集团与子公司的品牌建设与维护工作，确保集团与子公司品牌建设与维护日常工作的顺利开展和运营。

强化绿色发展，安全环保不断提升

王健同志牢固树立习近平安全发展理念和生态文明思想，注重绿色发展，引导南玻集团持续贯彻"绿水青山就是金山银山"精神，有效开展节能减排和生态环境保护工作，并取得突出成绩。南玻集团在国内玻璃行业中率先进行环保转型升级，是迄今为止国内同行业中唯一一家所有生产线均使用清洁能源天然气的公司，并配备有烟气余热发电系统、脱硫脱硝系统，不仅污染物排放水平远低于国家标准值，而且将能源循环利用效应最大化，系中央电视台供给侧改革专题报道的供给侧改革先锋典型。

同时，集团安全环保工作历经两年的"抓弱项，补短板"，2019年安全事故同比降幅58%，整体安全管理状况也有了极大提升。一是完善制度体系建设，确定子公司安全环保年度目标，并签订了安全环保责任书，设定考核条款，突出安全环保主体责任，目标全面、责任清晰、考核严厉；二是狠抓项目"三同时"，避免子公司因把控不严而形成遗留问题与环保隐患；三是强化日常安全管理，加强隐患排查与治理能力，安全环保培训教育常态化，提升重大事故应急处置能力，重点环境信息公开等，真正压实集团安全环保管理。

加强党建、企业文化建设，营造良好干事氛围

王健同志坚持以习近平新时代中国特色社会主义思想为指导，认真学习贯彻党的十九大会议精神和习总书记系列讲话精神，按照党中央及上级党组织统一部署要求，传达、学习党的十九届四中全会及"不忘初心、牢记使命"主题教育活动等重要精神，牢记党员初心与使命，夯实党建基础、弘扬党风正气。一是夯实党建基础。强化基层党组织建设，指导纪委委员补选、下属十二个党支部换届及合并工作，加强基层纪委、党支部管理；有序开展"三会一课"活动，增强党支部的凝聚力和向心力；

全面梳理党员信息，积极配合上级党委完成深圳智慧党建党员信息录入与激活工作。二是完善党建抓手。设立标准化党员活动室、开辟党务宣传栏，结合新时期党务工作需要，集中宣传党的思想、精神。三是"两办"合署办公。实行总裁办公室与党委办公室合署办公，充分依托总裁办公室职能优势，更强有力地开展党务工作。四是弘扬党风正气。坚持强调党风廉政重要性，定期组织学习《中国共产党纪律处分条例》，营造"不想腐不能腐不敢腐"风清气正的干事氛围，强化"红线意识与底线思维"；加强与审计监督职能部门的互动，强化廉政建设监督与监管；推动采购管理平台建设工作，规范流程，确保采购公开、透明；积极将党建和党员教育融入"共融、共创、共享"与"求实、创新、团结、高效"的企业文化建设中，弘扬正气，传递正能量。

履行社会责任，贡献企业力量

王健同志始终以为股东、为员工、为客户、为社会创造价值为己任，积极保护股东、债权人和职工的合法权益，诚信对待供应商、客户和消费者，积极从事环境保护、社区建设等公益事业，贯彻绿色发展理念。一是坚持以人为本的发展理念，倡导企业、员工共同发展，重视员工关怀，努力为员工提供良好的工作条件、健康的生活环境以保障员工身心健康。在员工关怀方面，2017年启动运行的"中国南玻关爱基金"在公司员工及其家人面临重大事故或发生重大疾病时及时提供救助，以群体的力量化解员工个人遭遇的重大危难，切实关心和帮助有需要的员工，大力弘扬互助友爱的精神。在维护员工利益方面，及时与在职员工签订劳动合同，为员工购买社会保险，包括养老保险、医疗保险、生育保险、工伤保险、失业保险，缴存住房公积金。同时，还设置专项资金为员工购买综合福利保险，增加意外伤害、重大疾病、门急诊补充医疗等方面的保险计划，给予员工进一步的保障。二是积极践行保护环境及可持续发展，高度重视环境保护工作。集团平板玻璃、电子玻璃公司全部采用清洁能源天然气为燃料，源头产污少，尽管如此，集团依然投入巨资提升环保治理水平。2018年多家平板玻璃子公司在南玻集团统一安排部署下新增建设了脱硫脱硝设施，污染物排放浓度进一步降低。三是勇于投身社会公益，积极奉献爱心，组织党员干部为武汉抗击新冠肺炎疫情一线捐款共计80838元，为打赢疫情防控阻击战贡献力量。

王健同志长期从事企业经营管理工作，拥有丰富的管理经验。近年来，王健同志担任多个企业主要负责人，各方面业务都很熟悉，积累了丰富的工作经验，是一位复合型的企业负责人。

王健同志思想政治素质过硬，能够认真学习贯彻习近平新时代中国特色社会主义思想和党的十九大精神，牢固树立"四个意识"、坚定"四个自信"、做到"两个维护"。王健同志事业心、责任感强，工作中勇于开拓创新、大胆管理，决策能力和执行力强，工作不畏辛苦，勤奋踏实，工作业绩突出。

点评：王健同志长期从事企业经营管理工作，拥有丰富的管理经验。他笃定战略方向，紧紧抓住提升效益不放松；以"构建制度体系、强化基础管理、构建人才管理体系、强化品牌管理与维护"为抓手；强化绿色发展，安全环保不断提升；履行社会责任，以贡献企业力量为己任。企业在他的领导下，经济效益和企业发展上了一个新台阶。

务实创新、协同发展的带头人
——记南京玻璃纤维研究设计院有限公司党委委员、总经理 陈士洁

陈士洁，男，1964年8月出生，教授级高级工程师，中国共产党党员，1987年7月毕业于华东化工学院无机非金属材料科学与工程专业，大学本科学历，工学学士学位。1987年8月进入南京玻璃纤维研究设计院工作至今。现任中材科技南京玻璃纤维研究设计院有限公司（以下简称南京玻纤院）党委委员、总经理，兼任国家"863"计划新材料领域评审专家、中国建材科技教育委员会委员、中国硅酸盐学会会员、江苏省知识产权研究会会员等。在2016年国家军民融合展会上向习总书记等党和国家领导人汇报南玻院的创新成果。

陈士洁同志从业三十余年来，一直耕耘于高性能玻璃纤维及其制品的研究、科研管理、开发、制造及产业化。作为公司总经理，他立足转制院所的发展定位，深入贯彻落实党的十九大精神，坚持技术创新驱动，积极探索产业创新和商业模式创新，坚持稳中求进总基调，全面推进"三做一探索"实践，产业发展、创新孵化、行业服务三大平台齐头并进，南京玻纤院在高质量发展的征程中迈出了新的坚实步伐，为实现国有资产的保值增值，促进行业技术进步，以及发展国防军工配套事业做出了突出的贡献。

坚持产业做强做优不动摇，不断壮大公司总体经济规模

陈士洁同志坚持战略引领，坚持南京玻纤院的发展战略和经营目标，坚持"12345"发展思路及"六化"实施路径，以落实"三大平台"建设为主线，以全面加强党的建设为保障，着力于国家重大工程型号关键技术攻关、着力于产业创新和商业模式探索、着力于规范管理提质增效；以隔板产能布局推动膜材料做大，以先进材料产能扩大和"大特纤"规划实施推动宇航材料做强，以激励机制完善和新项目引入转出推动创新孵化平台做优，以工程承包和检测服务新模式推动了行业服务平台持续探索。

他坚持协同发展，坚持稳增长调结构。南京玻纤院在他的带领下，通过加强技术进步与革新，通过进一步开发新产品、拓展新应用，稳定推动公司从传统制造向智能制造转型。公司不断探索通过主导产品迭代升级、产品质量提升、产能结构优化，从高附加值产品、低成本制造基地、高利润重点市场挖掘等实现价值贡献，通过宇航材料基地建设为产业发展注入新动力，通过国家、省级战略性新兴产业发展专项，不断打造新的利润增长点。

他坚持提质增效，坚持践行"三精"管理理念。为贯彻落实中国建材集团全面开展"三精管理"提升活动要求，推动南京玻纤院持续改善业绩、持续提升基础竞争力，公司开展持续创新、持续优化、持续改进、持续改造的一些管理活动，通过组织精健化解决组织竞争力的问题，通过管理精细化解决成本竞争力的问题，通过经营精益化解决可持续盈利能力的问题，三者结合共同打造企业综合竞争优

势。在他的带领下，公司制订了专项工作方案、明确目标和措施，推动公司进一步开源节流、挖潜增效、优化流程，控制风险，多措并举降成本，进一步强化了主体责任，实现安全、环保、质量、保密全面风险管理水平与效益同步发展。

在他的带领下，公司在各个领域取得新发展、实现新突破，经济效益不断迈上新台阶，利润总指标提前两年实现规划目标，"三供一业""两金"压降工作等重点工作全面超额完成，院管理创新成果获得行业创新成果一等奖……

坚持技术创新驱动不动摇，不断夯实发展根基和优势

陈士洁同志致力于创新转型向纵深推进，持续提升发展动能。他长期从事创新及科研管理工作，为科技创新体系的创建、运行和发展做出了重大贡献。他多次参加国家重点科技攻关项目、取得一系列重大科技成果、多次获得知识产权相关奖励。他多次组织国防军工协作配套新材料研制、主持编制玻璃纤维行业发展计划等。通过开发有市场前景的新技术、新产品、新工艺、新材料、新装备，促进科技成果迅速转化为现实生产力，为产品更新换代和形成新的经济增长点提供了技术引擎。在他的带领下，南京玻纤院在科技成果方面不断取得新突破，研发机构运行优秀，标准工作不断新突破，科技奖励层次提升，知识产权量质齐升，科技发展创新活力持续增强，抢占了行业的制高点，彰显了南京玻纤院在行业的创新引领地位。

他致力于创新机制的建设，致力于创新孵化平台的做优。在他的带领下，南京玻纤院建立了"风险共担、利益共享"的联合体创新机制，组建了"理论研究—材料研制—应用考核"产学研全链条团队，构建了"一个目标、一个团队、一个计划"协同创新模式；在他的带领下，公司搭建了创新激励机制，计量创新人员的价值贡献，实践项目收益奖励分配方案，极大地激发了研发人员的积极性、主动性和创造性；公司通过深化和实践项目制，有效提升了团队成员的契约意识与风险管控能力。

军工配套贡献突出，深化国际化合作

深化推进国际化合作。南京玻纤院围绕"一带一路"国家和地区广泛开展市场、投资调研，寻求合作机会。深化国际智力的引进与技术合作，获批"江苏省外国专家工作室"，通过海外引智助力技术进步；同时，与欧美一流高校、产业集团洽谈合作，内容涵盖材料基础研究、应用开发合作以及技术装备服务等。

进入新时代，开启新征程，迎来新机遇，扬帆再起航。在新的历史时期，面对蓄势待发的新一轮科技革命，面对未来市场新的需求与更高要求，陈士洁同志说，他深信南京玻纤院将继续保持战略定力、凝聚奋进合力，务实创新、协同发展，在推动稳中求进和高质量发展上迈出更加坚实的步伐，努力将公司建设成为"具有核心竞争力、重要影响力、强大凝聚力的一流转制院所"。

点评：有多大担当，才能有多大的事业；尽多大责任，才能有多大的成就。陈士洁同志在南京玻璃纤维研究设计院工作三十余个春秋，他是一位具有强烈事业心和责任感，不断开拓创新，永不满足的企业领导人。在他的带领下，公司坚持绩效引领，通过资源整合、能力提升、科技创新、成果转化，产业发展实力迈上新台阶，经济效益稳步提升，创新孵化卓有成效，经营业绩不断取得新突破。

技术创新的领军人

——记秦皇岛玻璃工业研究设计院有限公司党委书记、总经理 陈双七

陈双七，男，中国共产党党员，教授级高级工程师，享受国务院特殊津贴。1965年5月出生，1985年毕业于武汉建筑材料工业学院。现任中国建筑材料科学研究总院副院长、秦皇岛玻璃工业研究设计院有限公司（以下简称秦皇岛院）党委书记、总经理。

陈双七同志参加工作以来，先后任职秦皇岛玻璃工业研究设计院计划经营部副部长、部长、工程总设计师，中国凯盛国际工程咨询公司秦皇岛分公司副总经理，秦皇岛玻璃工业研究设计院常务副院长，秦皇岛玻璃工业研究设计院院长、党委书记，中国建筑材料科学研究总院副院长，中国建筑材料联合会常务理事，国家核心期刊《玻璃》社长。

作为企业经营和管理的第一责任人，他始终充满干事创业的激情和动力，把发展壮大秦皇岛院作为工作目标和奋斗的方向，对院的未来充满信心。他带领院班子研究完善并坚定不移地执行工作指导思想：一是设计工程化、专业化，经营多元化的战略发展定位；二是明确人才是企业持续发展的动力保障，多层次、多途径培养人才；三是明确质量是企业的生命线，靠技术创新和高质量的工程来赢得客户的口碑。

注重加强学习，提升政治素质

认真学习、牢记使命。认真学习马克思列宁主义、毛泽东思想、邓小平理论、"三个代表"重要思想、科学发展观、习近平新时代中国特色社会主义思想和党的十九大精神，学习贯彻执行党的路线、方针、政策和决议，学习党的基本知识，学习科学、文化、法律和业务知识，努力提高为人民服务的本领。

认真履行党建工作责任，不断开创党建工作新局面。充分发挥党委领导作用，贯彻落实集团党委、总院党委战略部署和工作要求，党建工作取得了一定的成绩。作为党委书记，严格落实党建工作第一责任人责任，爱岗敬业，精通党务工作，通过学习培训，自觉提升党务工作水平，坚持理论指导实践，努力探索党务工作新办法、新途径，推动党建工作创新，实现党建和经营互相融合，互相促进。

提高素质、发挥模范作用。工作中注重勤奋学习，提高捕捉行业信息的敏锐性，在工作中勤于思考、善于思考，大胆运用所学知识研究工作中的问题和矛盾，不断开创工作的新局面。作为党委书记积极履行党建第一责任，力求在全面发展、干事创业上发挥模范带头作用。

认真履行职责，加强经营管理，为社会和单位解决实际问题

陈双七同志作为单位负责人，带领员工共同努力，在极为严峻的行业形势下，深入贯彻落实党的十九大精神以及党中央和国资委"稳中求进"等要求，立足主营业务，积极拓宽经营渠道，狠抓科技

创新,积极开拓国际市场,较为准确地把握了生产、经营形势,圆满地完成了年度各项生产经营工作,主营业务收入创历史新高。

1. 转变经营理念,做大做强主营业务

陈双七带领班子通过深入分析研讨,转变经营理念,正确分析秦皇岛院的特点、优势和市场需求,及时调整经营战略,制订了"做精主业,延伸相关,适度多元"的经营指导方针,坚持科技创新,苦练内功,充分发挥秦皇岛院在大规模浮法、专有技术、节能减排等各方面的优势,以工程总承包作为主营业务龙头,不断巩固扩大国内市场,同时坚持"走出去"的理念,积极开拓国际市场,在国外工程总承包项目上取得成功。主持研发的"中国浮法二代"成套技术及装备应用到国内及国外多项工程上,技术及装备出口合同额接近2亿美元。

2. 狠抓科技创新,巩固自身优势,科研开发成果显著

作为国家级科研院所的主要领导成员,面对2014年以来行业发展伴随的诸多的环保难题和极大的产能过剩压力,深度思考河北省非金属材料领域的研发发展方向,带领团队不断改进创新,拓展业务领域,承担多项国家重大科研任务,科研技术产业化取得了显著成效。

一是主持研发了世界上最大规模的60t/d浮法硼硅玻璃生产线成套技术及装备,实现硼硅4.0玻璃大板稳定生产。主持研发的河北润驰30t全电熔硼硅玻璃生产线成套技术及装备也已经正式点火投产,为硼硅防火玻璃的应用拓展打下了基础。

二是主持研发了超薄电子玻璃成套技术和装备,在国内市场份额已超过70%且在持续扩大。采用秦皇岛院技术和装备的130t/d浮法高档电子玻璃技术实现产业化,已经能够稳定生产日本标准的0.2mm、0.33mm高档电子玻璃和中铝电子玻璃,是目前国内率先采用我国自有技术成功商业运营的电子玻璃生产线。

三是主持研发了玻璃熔窑全氧燃烧系统装备技术,采用了集成创新工艺技术、成套装备及全线成套自控系统,节能减排效果显著,在行业上起到了引领示范作用,推动了行业的技术进步和产品结构升级。采用秦皇岛院自主核心技术及装备研发成功的全氧燃烧一窑多线超白太阳能光伏玻璃投入运行,建成全氧燃烧850t/d一窑五线光伏玻璃生产线,关键技术达到国际先进水平,其中窑炉结构设计、工艺控制技术处于国际领先,2018年获建材行业优秀工程设计一等奖。

四是主持研发了"玻璃熔窑全氧助燃技术及装备",成功研发了各类不同燃料及需求的新型喷枪,实施企业达到了节能10%、增产20%、NO_x减排30%的理想效果,为建材行业节能降耗,减少粉尘排放取得实效做出贡献。目前已经成功应用在国内20多家浮法玻璃生产企业,获得国家重点新产品计划证书,列为2016年中国建筑材料集团十二五重大科技成果。

五是围绕国家的要求和行业的发展,秦皇岛院坚持"自主创新、重点跨越、支撑发展、引领未来"的方针,参加了首届中国创新方法大赛河北赛区决赛暨第二届河北省创新方法大赛。组织两个项目参加了创新方法大赛即"全氧燃烧喷枪设计""玻璃厂智能热端",其中"全氧燃烧喷枪设计"项目获得了河北省赛区二等奖,"玻璃厂智能热端"项目获得了河北省赛区三等奖。

六是秦皇岛院知识产权体系建设不断发展并于2018年6月正式完成,获得了由第三方认证知识产权管理体系认证证书。5年来已申请专利68项,其中发明专利20项;授权专利60项,其中发明专利21项。

七是为了更好地提升产业规模,突破单一发展模式,进一步推进科研成果的产业化,秦皇岛院从2013年开始建设"浮法玻璃关键节能技术装备研发基地",历时6年,该基地已经顺利通过政府验收。

坚持弘扬企业文化，提升职工队伍素质

几年来，在陈双七同志的带领下，秦皇岛院的企业文化建设有了新的进步。一如既往引导职工崇尚"创新、绩效、和谐、责任"的核心价值观，倡导"敬畏、感恩、谦恭、得体"的行为准则。全院本着"企业是人、企业靠人、企业为人"的原则，积极营造待人宽厚、处事宽容、环境宽松和向心力、亲和力、凝聚力"三宽三力"的人文环境和党建文化、企业文化、廉洁文化、安全环保文化"四化融合"的企业氛围，大力培育"四个精心"的"五有干部"，把实现人的幸福、人的价值作为企业发展的重要目标和根本追求，努力追求"让员工与企业共同成长"。

积极创造条件，开展丰富多彩的文体活动，活跃职工文体生活，调动职工的生活、工作激情。比如，召开职工运动会，举办迎新春文娱活动、元宵节猜灯谜、摄影大赛、健康讲座、春游踏青活动、秋游登山活动，鼓励职工参加秦皇岛市历届徒步大会，组织职工海边栈道健步走活动等。全院职工踊跃参加，丰富了职工的业余文化生活，有效地鼓舞了士气，振奋了精神。院工会在每年的中秋节、春节都向职工发放节日福利、送去节日的问候，使职工感受到秦皇岛院大家庭的温暖，更加敬业爱岗。提高了院的凝聚力和向心力。陈双七带队每年都会专程对困难职工和老同志走访慰问，尤其是及时慰问患病住院的职工，给他们送去温暖。

参与社会公益事业，体现企业社会责任与担当

在陈双七的带领下，秦皇岛院以扶贫帮困为立足点，将"送温暖、献爱心"工程落到实处。认真参与"善建公益"活动，2015年，秦皇岛院捐款10万元，与另外七家院所共同出资在集团帮扶点安徽石台县建造了"中国建材科技桥"；2018年，秦皇岛院组织全院职工积极向"善建公益基金"捐款；2019年7月，秦皇岛院还选派了一名干部到石台县来田村挂职扶贫。这些工作不仅为精准扶贫工作贡献了一分力量，也切实履行了秦皇岛院作为央企的社会责任。

陈双七同志注重自主创新和产研结合，推广应用百余项核心关键技术，促进节能减排，优化产业结构，为全国特别是河北省的玻璃工业的转型升级健康发展做出重大贡献，荣获河北省首批"巨人计划"创新领军人才、河北省省管优秀专家、河北省劳动模范称号。2000年以来，先后主持完成国内首条及世界首条浮法玻璃生产线设计，获得设计金奖；主持研发的浮法玻璃"逐级澄清"与熔窑大型化成套工程技术达到国际领先水平，荣获国家科技进步二等奖和秦皇岛市市长特别奖；由他主持的河北省重大科技产业化项目，出口到欧、亚等国，累计为秦皇岛市出口创汇7000多万美元，带动秦皇岛市十余家配套企业的发展，由于该技术成果显著，荣获秦皇岛市科技进步一等奖和河北省科技进步二等奖。

多年来，陈双七同志锐意创新、不畏艰苦，带领团队引领了我国玻璃行业的发展。

点评：秦皇岛玻璃工业研究设计院有限公司党委书记、总经理陈双七同志，始终充满干事创业的激情和动力；他注重企业的党建和员工的学习；他以技术创新提升为已任，并置身其间，身体力行；他锐意进取，强化企业的管理；他坚持以人为本的理念，积极参与公益活动，履行社会责任。秦皇岛院在他的带领下，各方面的工作充满朝气，欣欣向荣！

创新求变，推动企业实现提质增效

——记北京金隅新型建材产业化集团有限公司总经理 丁立忠

丁立忠同志，男，1998年8月参加工作，1995年12月加入中国共产党，大学本科学历，经济学学士，高级工程师，高级企业文化师。现任北京金隅新型建材产业化集团有限公司（以下简称新材产业化集团）党委副书记、总经理。

认真履职，严格执行集团的各项工作部署

丁立忠同志坚决贯彻执行集团党委的各项决策部署，严格按照集团的"十三五"发展规划要求，结合新材产业化集团的实际情况，按照"做实存量、发展增量"的工作思路，大力践行金隅干事文化，倡导"求实、求变、求新"的工作理念，加快调整主营业务模式，积极布局转型升级和创新发展，紧密围绕"3+2"（三条主线和二个重点）开展各项工作，全面提升了新材产业化集团的核心竞争力和综合效益水平。

他始终践行金隅"干事文化"精神，锐意创新、求真务实，顾全大局，服从全局，爱岗敬业。他1998年入职金隅集团下属北京市建筑装饰设计工程有限公司，历任部门主任、副经理、副书记；2014年1月由于表现突出挂职到中国建筑材料联合会任部门主任，兼任中国砖瓦工业协会副会长；2017年1月调入北京建都设计研究院有限责任公司任院长；2019年任北京金隅新型建材产业化集团有限公司党委副书记、总经理。2003年被评为集团"十佳共青团员"，2005年被评为集团"经济技术创新先进职工"，2011年被评为集团"十佳销售人员"。他按照集团"做实产业、做强管理、做优服务"的要求，聚焦产业化发展，致力于打造集"体系设计＋生产制造＋施工服务＋运营维护"为一体的金隅智造房屋体系，以"制造商＋服务商"的转型升级为发展路径，实现新材产业化集团高质量发展。

敢于担当，调整结构拓展业务，实现管理的再提升

丁立忠同志坚持以问题为导向，以目标为引领，做好顶层设计，加强企业治理，从粗放型管理向精细化管理转变，不断提升管控能力和水平。

一是持续加强运营管控。以绩效指标管理为抓手，提高企业运营的实效性。落实完成绩效指标的路径和重点工作的实施计划，建立月度分析跟踪制度，协助各企业高效完成各项任务指标。

以降控管理费用为抓手，优化与收入利润的匹配度。定期对各企业的管理费用进行深度量化分析，督促企业制订相应措施并跟踪落实情况，确保年度管理费用率降控在计划指标内。

以退劣扭亏工作为抓手，提升资源配置效率。对企业连续亏损的分、子公司进行专项管理，从业务、

资产、债务、股权、人员以及战略等多方面考虑，制订扭亏、转型、关闭、转让、托管等解决方案。

以阳光采购平台为抓手，引领企业提高管理的精益性。通过阳光采购平台推动企业采购工作透明、规范运行。强化采购过程跟踪和数据分析，实现对各企业采购工作的有效监督，降本增效。

以专项治理和专项审计为抓手，提升企业内控管理水平。按照降控方案，常抓不懈，促进各企业应收账款、存货有效降控和法律诉讼案件有效解决执行。持续推进内部审计工作，实现专项审计、管理审计的全覆盖，进一步强化规则意识，确保生产经营依法合规。

二是持续加强财务管理。推动财务角色转型，实现由核算会计向管理会计转变，关注企业持续盈利能力，合理配置资本结构，提升企业价值管理水平。强化资金集中管理，探索实现融资途径新突破。完善"业财一体化"建设，组织各企业实现财务总账模块、供应链模块的上线对接，实现业务流程再造与优化，改变"信息孤岛"状况。

三是持续强化人才队伍建设。建立人才信息库，根据企业经营实际及战略发展规划需求，通过"金字塔"形的训练营、学习型总部建设、"以干代训"、轮岗交流、统筹调配共性岗位人员等方式，加强人才储备和人才梯队建设，激发人力资源潜能。加强年轻干部的培养和选拔，规范选拔、培养、考核、激励机制，力争成熟一批、启用一批。

四是持续构建信息化应用体系。充分利用现代信息技术，搭建采购、销售、物流、服务信息化共享平台，将信息化管理普及到企业经营管理、生产管理、营销管理的全过程，为精简管理流程、降低管理成本、提升管理效益提供支撑。推动金隅涂料、金隅砂浆、星牌优时吉成为两化融合试点企业。

五是持续加强质量能源管理。完善质量和能源管理评价办法，持续开展对标对表，提升质量能源管控效率和水平。积极消化吸收行业领先的工艺和技术，推进重点用能单位实施节能技改，提高能源利用效率。建立碳排放管理制度，推进建立碳排放管理体系，积极应对碳排放政策调整。

六是持续推进环境安全稳定建设。以制度建设和落实责任制考核为基础，建立环境安全风险分级管控和隐患排查治理长效机制；持续开展教育培训、环境安全生产标准化、平安金隅安全审计专项工作；强化对建筑施工企业、危险化学品企业的重点监管；落实信访维稳工作责任制，抓好矛盾纠纷排查工作，实现"遗留问题逐步减少、新增问题就地解决"。

深化改革，发挥科技创新引领发展的导向作用

丁立忠同志坚持以科技创新为引领，积极研究国家产业规划和行业政策，提升技术统筹能力，利用掌握新理念、新材料、新产品、新体系的应用能力，提升研发能力，实现科技引领作用，在集团产品规划、项目规划和产业规划上做到科学性和前瞻性，在与集团产业相关的实用技术方面进行基础性和引领性研究，通过打造新材产业化集团装配式建筑核心产业链，实现企业转型升级。

一是创新研发、设计、加工、施工完整的产业链发展模式。各环节之间从产品链提升为产业链。通过装配式建筑产业基地建设，调整集团现有产业结构，整合集团部品制造资源，突破产品研发、住宅设计、部品制造等环节的各个节点，打造完成以新型工业化住宅为最终产品的产业链。

二是组建装配式建筑产业研发中心，提升研发能力和水平。以金隅集团下属北京建都设计院、北京建材研究总院、北京建筑装饰工程公司等技术力量为基础，组建北京金隅装配式建筑研发中心，一方面调整集团现有技术人员充实到该研发中心，另一方面招聘行业内知名专家，专业齐全，分类合理。重点解决集团现有住宅成套技术的"接口"问题，对不同部品进行优化设计，解决不同部品的寿命协

同等问题、制订各种与住宅产业相关的标准、模数和过渡性指南、导则，为装配式建筑发展提供了技术支撑。

三是建设装配式部品生产基地，开创转型发展新格局。组织建设新材产业化集团玉田装配式建筑部品基地项目，目前项目一期已顺利投产，在 PC 工厂运营管理、咨询设计、施工和模具等关键业务领域形成核心竞争能力。在河北大厂工业园区建成以装饰材料与墙体材料为主的部品生产基地，建设一体化装饰板项目、保温装饰一体板等项目，构成金隅智造房屋部品体系。

四是研发装配式结构体系技术，构成企业核心竞争力。通过科技创新和产业协同，在装配式混凝土建筑领域，通过 PC 构件厂的高质量运营，实现研发、设计、模具、施工等相关产业共同发展。在装配式钢结构领域，进一步完善高层钢框架支撑结构装配式住宅部品体系，形成钢结构部件+可拆模钢桁架楼承板+预制楼梯+加气混凝土板材+保温装饰一体化外墙板的部品体系，并通过示范项目施工组织形成高层装配式钢结构建筑施工办法。在装配式外墙领域，形成加气混凝土板材、保温装饰一体化板、保温用岩棉、专用砂浆等产品协同配套，实现外墙保温一体板和外墙保温装饰一体板的技术体系；在工业化内装领域，整合各制造业企业资源，实现集成浴室技术、架空模块技术、快装地面系统、集成内置轻钢隔墙、吊顶系统、集成地暖模块等技术体系和部品体系，最终形成"金隅智造房屋技术体系"，为金隅装配式结构体系技术发展奠定坚实基础。

聚焦产业化、推动高质量发展

第一方面，整合和完善产品链，推进存量业务深度融合。在产品端，加强产品协同和体系集成突破，形成多层次、多维度的"产品+"链条；在市场端，由新材产业化集团探索各产品的"代理商"模式，在战略合作客户、重大工程、重点区域形成产品集成销售体系；在生产端，找准各企业的连接点和结合点，建立资源分享和利益共享机制，创造出更多发展空间和经济效益。

第二方面，强化供应链、新建服务链，打造业务融合平台。通过信息平台建设，实现产品仓储、物流、配送等售后服务资源的协同和共享，为客户提供效率更高、专业水平更强的服务。整合设计、生产、施工、售后等现有资源，建立符合市场需求的服务体系，全面提升综合服务能力。

第三方面，通过科技创新和产业协同，实现产业化发展。装配式建筑结构体系（PC 和 PS）以北装、建都、住宅产业化公司、燕东建设为主，实现研发、设计、模具、施工等相关产业共同发展；装配式外墙体系以节能保温、金隅涂料、金隅加气、金隅砂浆公司协同，实现外墙保温一体板和外墙保温装饰一体板的产业化发展；工业化内装体系以北装、建都、天坛、星牌优时吉等公司协同，实现集成浴室技术、架空模块技术、快装地面系统、集成内置轻钢隔墙、吊顶系统、集成地暖模块等产业化发展。金隅商贸公司成为产业化系统中标准化产品体系的集成单位，逐步打造自主品牌产品服务体系。

通过对新材产业的生产、市场、科技、服务等方面的整合与连接，为"金隅智造房屋体系"的产业化发展奠定了坚实的基础。

积极履行社会责任，大力开展精神文明建设

丁立忠同志始终高度重视文明单位创建工作，始终坚持"全员参与、全员受益"的原则，用机制规范人、知识教育人、环境带动人、文化凝聚人的创建方法，使员工自觉参与创建，有效促进了公司

健康快速发展。

一是大力开展企业文化建设。随着新材产业化集团逐步进入发展快车道，组织各下属企业快速开展金隅文化的学习渗入工作。面向全员持续深入开展金隅新材文化宣贯培训，结合新材产业化实际，组织提炼形成"求新、求实、求变"和大力践行"劳动精神、工匠精神、劳模精神"的工作理念；借助宣传栏、金隅报、新材产业化集团官方微信号、企业形象宣传册等平台进行企业文化理念的展示与传播；开展企业文化知识竞赛、全员答题、"金隅发展历程及文化"专题培训讲座，使员工们对金隅文化更具认同感和归属感。

二是大力实施凝聚力系统工程。以文化人，以情感人。通过认真研讨，从激励、关怀、培养、文化四个方面对员工进行培育，针对惠及员工切身利益的各项事宜做出相关规定，有效提高了企业凝聚力；公司完善职工之家建设，丰富职工生活，坚持开展篮球、长走、游泳、足球等俱乐部活动，每年举办丰富多彩的文体比赛，文体活动不少于20次。

三是做好新闻宣传工作。通过及时向《北京金隅报》《首都建设报》等外部平台报道本公司的动态信息，提高企业品牌的影响力和知名度；利用新材产业化集团官方微信号、企业形象宣传册、OA平台等互动平台的宣传功能，营造好公司健康的舆论氛围。

点评：北京金隅新型建材产业化集团有限公司党委副书记、总经理丁立忠同志，在工作中锐意创新，求真务实，顾全大局，服从全局，爱岗敬业。他立足产业前沿，积极落地金隅集团的战略规划，强化企业内部管控，坚持科技创新引导，聚焦产业化发展，倡导金隅"干事文化"，带领企业向新的目标迈进。

坚守初心，忘我奋斗，
勇做玻纤高质量发展的排头兵

——记中国巨石股份有限公司副总裁、巨石集团有限公司总裁 杨国明

杨国明，男，浙江桐乡人，中国共产党党员，研究生学历，高级工程师。现任中国巨石股份有限公司副总裁，巨石集团有限公司（以下简称巨石集团或巨石）总裁。

杨国明同志自1994年加入巨石集团有限公司以来，在业内已有超过25年的工作经验。参加工作后，他从产品研发做起，历任产品开发经理、厂长、总裁助理、副总裁等职，兼任巨石集团攀登公司董事长、金石公司董事长、巨石成都公司董事长、巨石九江公司董事长，逐步成长为巨石集团高层管理人员。特别是担任巨石集团总裁之后，带领巨石坚持走科学发展的道路，贯彻实施"制造智能化、产销全球化、管控精准化、发展和谐化"的"新四化"战略。

杨国明是从基层一线成长起来的既具备丰富的玻璃纤维生产研发经验，又善于创新企业管理的年青一代企业家。他主导开发的多个产品被评为国家级新产品并列入国家级火炬计划，个人也获得了多项浙江省、嘉兴市、桐乡市的科技进步奖项，另外获得了20多项发明专利和国家实用新型专利；领导并参与建设的年产12万吨玻纤池窑拉丝生产线创造世界新纪录，并成为全国20项重大创新项目之一；任职九江公司期间先后获评第一届九江市十大经济人物和江西省"第二届投资江西十大风云人物"，"转型跨越绿色崛起"科技创新奖；任职巨石集团总裁后先后获得中国循环经济协会科学技术奖，第二十一届国家级企业管理现代化创新成果奖，国家科学技术进步奖，第十六届浙江省优秀企业家等殊荣。

经营业绩

1. 生产研发经验丰富

杨国明加入巨石后，从产品研发岗位做起，开发的5个产品被评为国家级新产品，3个产品列入国家级火炬计划，拥有20多项发明专利和国家实用新型专利，个人多次获得省、市科技进步奖项，参与研发的"汽车配件专用LFT直接无捻粗纱"获2014年中国循环经济协会科学技术奖二等奖，主导自主研发了E6高性能玻璃纤维玻璃配方，提高了产品强度等性能、降低了污染物排放、拓宽了市场应用领域、提高了产品竞争力；兼任巨石集团成都公司董事长期间，主导开发出高岭土、铝矾土替代叶蜡石等新的原料配方、废丝粉磨环保技术，开发出528透明板材用纱、高压管道用纱等新产品，使成都公司获评四川省高新技术企业、第三批国家级创新型试点企业。其参与并领导指挥巨石集团几乎所有技术改造及扩建工程项目的建设，特别是在建设超大型玻璃纤维池窑拉丝生产线方面，在设计和管理上追求创新和突破，其中领导并参与建设的年产12万吨玻纤池窑拉丝生产线创造世界最大单体池窑新

纪录，并成为全国20项重大创新项目之一，在该池窑拉丝生产线窑龄到期后又主导了冷修技改并取得成功，为巨石集团在超大型单体池窑冷修上迈出历史性的一步，为玻纤行业在超大型池窑冷修上闯出了一条新路。

担任巨石集团总裁后，杨国明逐渐完成从研发技术到生产经营管理的角色转变，充分发挥领导核心作用，其负责管理的池窑生产线在第十三批中国企业新纪录中获得"玻纤行业池窑平均能耗"等4项世界新纪录和2项中国新纪录。管理创新上倡导实施大质量管理，大力推行精细化管理和差别化管理，使整个巨石集团的工作质量全面提高，产品质量显著提升，先后获得了全国质量奖、浙江省政府质量奖提名奖。同时坚持狠抓增收节支降耗管理工作法和节能减排管理创新，为巨石降本增效，"大型玻纤企业'增收、节支、降耗'项目制管理"获第二十一届国家级二等企业管理现代化创新成果奖。大力推动新产品、新市场的开发工作，抢占更大市场份额；推行以市场为导向的产品结构调整工作，生产适销对路的产品等一系列措施和努力，使巨石持续健康发展。

截至目前，作为全球著名的玻璃纤维专业制造商和行业领军企业，巨石集团始终在规模、技术、市场、效益等方面处于领先地位。巨石拥有总资产超200亿元，员工总数超8000人，玻璃纤维生产能力超过140万吨，占国内生产总量的40%，世界总量的20%，全球市场占有率超过20%。巨石集团还是国家重点高新技术企业、中国大企业集团竞争力500强、浙江省"五个一批"重点骨干企业和清洁工厂。

2. 创新驱动引领发展

巨石集团企业规模的扩张，不仅仅是金融资本的简单投入和产品产量的简单增加，更大程度上依赖于技术的领先和管理的保障。近年来，在杨国明的带领下，巨石集团依靠创新战略的推广，通过拿来创新、交流创新、自主创新等方法，在技术创新、管理创新等方面都取得了突出的成绩，为企业发展提供了不竭动力。

全员创新打造核心竞争能力。杨国明倡导创新要形成一种机制，涵盖管理创新、技术创新、机制创新、文化创新，营造出一种"创新无时不有，创新人人可及"的企业文化。如今的巨石集团已经拥有一大批具有自主知识产权并达到世界一流水平的核心技术，成为企业控制成本、提升质量、赢得市场的撒手锏，形成了强大的核心竞争力。

在生产技术提升的同时，杨国明坚持产品高端化战略，从满足客户需求向引领客户发展转变。作为企业的科技带头人，杨国明又提出了多项世界级水平的挑战性课题，同时朝着集约化、标准化、自动化、信息化、智能化生产进行探索与提升。在杨国明的带领下，巨石找到了进一步拉大与竞争对手差距的契机，引领我国玻纤工业技术水平不断进步。

在互联网经济大潮推动下，杨国明深感传统制造业企业要转型升级和可持续发展，两化融合是必由之路，他一直坚持以信息化带动工业化、以工业化促进信息化，充分利用信息化技术来推动企业管理变革。信息化发展规划上升为集团公司战略并落实在具体的日常工作中，通过大规模实施技术改造，全面启动了"机器换人"战略，使生产自动化水平进一步提升，劳动效率显著提高。2019年，巨石总部新材料智能制造基地年产15万吨玻璃纤维、2亿米电子布生产线全面投产，巨石成都公司年产25万吨玻璃纤维智能制造基地全面开工建设，标志着巨石的玻纤智能制造模式渐趋成熟，将继续引领玻纤行业实现高质量发展。

3. 巨石文化影响深远

"巨石有形、文化无形"，杨国明非常重视企业文化对生产经营的深刻影响，他秉承"品行、创新、责任、学习、激情"的巨石核心价值观，积极弘扬"敢于挑战、善于拼搏、勤于创新、乐于奉献"

的巨石精神，严守"先做人、后做事""言必行、行必果"的巨石作风，以"创新引领智能制造，为复合材料发展作贡献"的巨石使命，以及"保持全球玻璃纤维工业的领导者"的巨石愿景为方向，以身作则，身体力行，在他的带领和感召下，巨石人特别是年青一代正在将巨石文化发扬光大。

巨石的品牌效应正越来越强大。巨石的品牌不是靠宣传而来，也不仅仅靠产品得来，而是要依靠员工的"品行"、产品的"品质"、文化的"品位"共同打造的，"三品"缺一不可。杨国明大力推进卓越绩效管理模式，推动企业大质量、大监管、大服务体系的建设，通过不断坚持和执着追求，2013年，巨石集团荣获全国质量奖，为巨石品牌增加了重重的砝码。于1995年创办的巨石国际玻纤年会是巨石品牌的又一生动体现。每年金秋十月，来自海内外100余个国家和地区的千余名中外嘉宾齐聚桐乡，共同参加这一集战略研讨、技术交流、商务洽谈和文化沟通为一体的玻纤盛会，是世界复合材料行业的一项重要年度盛会，特别是近几年，巨石国际玻纤年会的内涵越来越丰富，风向标作用越来越凸显，不仅是盛会，更是一个平台，连接着行业内外。该活动已经成功举办了25届，巨石品牌借此不断深入人心。

4. 市场开拓助力全球发展

2012年，经过充分调研和论证，巨石集团开始在埃及投资建设第一个大型海外生产基地，巨石埃及公司成为我国在埃投资金额最大、技术装备最先进、建设速度最快的制造类工业项目，也是我国在海外建设的首条大型玻纤生产线，进一步提升了"巨石"品牌的国际化水平。随着我国"一带一路"倡议的提出，巨石集团积极响应，做出了加快推进埃及基地建设和成都基地扩产升级的决定，兼顾欧洲和中东，又辐射中亚，不断满足"一带一路"沿线国家日益增长的市场需求。2019年巨石美国年产9.6万吨玻璃纤维生产线顺利投产，继埃及项目之后，第二个海外生产基地进入实质性生产运营，三地五洲布局再添浓墨重彩的一笔。目前，巨石印度项目也正开展各项动工准备，第三个海外生产基地建设蓄势待发。巨石国际化战略不断稳步推进，也证明了巨石已经具备了在全球任何地方建设世界一流玻纤生产线的实力和能力，在未来的国际化竞争中先行一步掌握主动权。

坚持绿色发展，履行社会责任

巨石集团成立伊始就立下雄心壮志，在自身做大做强的同时，不忘积极回馈社会，履行社会责任。成立26年来，集团利税总额年均复合增长率达30%以上，长年位居当地纳税企业榜首，并在全省名列前茅，为地方经济社会发展做出了重要贡献；员工收入年均复合增长率12.2%，不仅大量吸纳就业，还充分保障员工权益，被评为省级创建和谐劳动关系先进单位和模范职工之家；集团坚持诚信守法经营，被评为中国最佳诚信企业；坚持和谐国际经营，在国际化发展过程中，尊重运营地域的宗教信仰和风俗习惯，坚持依法诚信经营、依法纳税、实施员工本土化政策，坚持把自身国际化发展与当地社会发展相结合，促进当地社会和谐。

作为绿色企业和清洁工厂，巨石集团对环境保护有着深刻的认识，始终坚持"四不原则"：不以污染环境为代价，不以员工安全、健康为代价，不以超越法规为代价，不以浪费资源、破坏生态为代价，这一环保理念成为巨石多年发展时刻遵循的准则。杨国明作为化工专业出身的管理者，深知环保的重要性，他十分注重环保治理，从抓治理转变为控源头，依靠技术创新从源头上、根本上解决，在科技创新的推动下，巨石集团通过创新型循环经济方案有效处理"工业三废"，玻纤废丝通过回炉成为重新利用的生产原料，窑炉余热被有效回收利用自制蒸汽，废气治理污泥回用，中水回用实现污水零排放，等等，实现了绿色生产，树立了行业标杆，提升了社会责任。

近年来，一系列应用于节能环保领域的产品成为巨石主攻的研究方向，在风力发电、交通运输、环保设施、基础设施建设等领域进行广泛应用，引领了这些行业对资源环境的有效保护。公司新开发的 E7、E8 玻璃配方，采用更科学的生产技术和生产工艺，在提高产品性能的同时，从源头上控制了污染物的产生，显著降低了对环境的影响。

从将环保治理视为企业的负担，转变为通过发展循环经济来增加企业效益，巨石集团深刻践行着转变发展方式不光要实现经济增长，更重要的是保持经济与环境的协调发展。正是一直坚守这种理念，促使巨石集团成为玻纤行业循环经济发展的样板和标杆。

点评：巨石集团是国内外知名度很高的玻璃纤维制造企业，其超常规的发展速度，技术工艺之先进，品牌的美誉度之高，经济效益和社会贡献之大无不令人赞叹。中国巨石股份有限公司副总裁、巨石集团有限公司总裁杨国明，作为公司的后起之秀，相信他一定能引领巨石集团创造新的成就！

改革创新，转型升级，
做好水泥行业高质量发展的领路人

——记西南水泥有限公司党委书记、执行总裁 白彦

白彦，现任西南水泥有限公司（以下简称西南水泥）党委书记、执行总裁，川渝西南水泥有限公司总裁，四川省水泥协会第四届理事长等职务。

白彦出生于1967年3月，籍贯江苏沛县，中国共产党党员，工程师。1987年上海建材工业学院机制工艺及设备大专毕业，2011年东北农业大学企业管理本科毕业，2015年获得厦门大学高级工商管理硕士学位。1987年参加工作，从一名科员做起，他思想政治素质过硬，拥护党的路线方针政策，品行良好，具备先进的管理理念，创业、创新实践业绩突出，在干部群众中拥有极好口碑。1994年，他以优秀的管理能力和出色的工作表现，脱颖而出，被公司提拔重用，并被委派到中国建材深圳分公司担任总经理，当时他才27岁；1999年担任中国建材投资有限公司副总裁；2011年7月，根据中国建材集团"进军大西南"的发展战略，他奉命开拓中国建材西南区域水泥市场，并任西南水泥常务副总裁，分管市场营销工作；2014年，四川省水泥协会换届，他兼任四川省水泥协会理事长；2017年，持续深化管理整合，四川西南和重庆西南两家区域公司管理合并为川渝西南水泥有限公司（以下简称川渝西南），白彦出任总裁一职。

一路走来，白彦已在中国建材集团默默奉献了33个春秋，一步一个脚印地走出了自己的精彩人生，走出了一条带领企业快速发展壮大的道路，走出了一段引领水泥行业高质量发展的精彩历程。2015年，白彦获得全国建材行业"优秀企业家"荣誉称号，2016年和2017年，获得中国建筑材料"行业精英"荣誉称号。

创新转型，推动企业高质量发展

1. 改革管理模式，实现企业转型及效益增长

水泥企业作为传统企业，如何在新形势下通过不断创新，实现组织、经营、产业链转型升级，是白彦一直思考的问题。2017年5月，根据中国建材的整体工作部署，四川西南和重庆西南公司完成管理合并，成立川渝西南水泥有限公司，成为一个拥有40家水泥企业、3个现代化的水泥磨站和3个商混站的庞大航空母舰，下属企业遍及四川成都、德阳、绵阳、资阳、内江、泸州、宜宾、重庆等16个地区，水泥年产规模近6000万吨，占川渝两地水泥总产能的1/3。

面对如此庞大的新公司，加上当时水泥行情不乐观，同业竞争激烈，作为公司负责人，内部如何管理？市场怎样去突破？这都是摆在白彦面前必须解决的重要课题。为提高营销集中度，突破市场瓶

颈，白彦有一个大胆的设想，那就是对组织结构和管理模式进行改革，将生产基地与营销职能彻底分离。于是，邀请了国内知名管理咨询公司对川渝西南的实际情况充分调研论证，得出的结论是产销分离适合川渝西南的管理发展模式。在获得中国建材批准后，白彦带领着川渝西南的营销团队，开启了实施产销分离、营销集中的探索之路。

2017年12月21日24:00，川渝西南会议室的灯还亮着，那是白彦带着他的营销团队正在研讨先从条件比较成熟的德阳、绵阳、成都地区试点成立德绵营销中心的具体方案，会议从中午一直持续到深夜。这次会议研究确定了基地生产企业、营销中心的基本职能和产销衔接的沟通模式，这标志着川渝西南向营销集中迈出了第一步。在试点实施过程中，基地企业和营销中心各司其职，并建立相互间定期开展产销衔接的沟通机制，试点工作十分顺利。2018年7月，产销分离全面推开的时机已到，先后又成立了乐雅、渝西、渝东等7家营销中心，这是川渝西南历史上管理模式的一次重大变革，为企业发展起到重要的推动作用。公司在川渝地区水泥产能严重过剩、同业激烈竞争中得到长足发展，取得了较好的经营业绩。2018年，川渝西南营业收入同比增长46%，利润同比增长382%。

在改革营销模式的同时，白彦还在企业内部成本管控上下功夫。提出"提质降本、绿色环保"是企业发展永恒不变的主题。白彦要求生产管理人员转变观念，变"被动降本"为"主动降本"，要围绕企业存在的突出问题和主要矛盾，苦练内功、深度挖潜。自2017年在全公司范围内推广实施"5S"管理、精益生产以来，基础管理水平得到大幅度提升，能耗明显降低。通过推进精益生产，企业内部降本效果明显，熟料综合电耗同比下降，节省电费1200余万元；完成清洁环保、节能减排、超低排放收尘、脱硝、脱硫改造技改投资60余项，投资超过1.2亿元，所有企业均通过了国家和省级环保督查和回头看，绵阳、德阳以及乐山等地企业还完成了超低排放技改，为企业正常生产提供了有力保证。2017年至2018年，为保障市场需求，在各生产企业中掀起了一股"提质增产"热潮，通过优化工艺流程、设备改性，煤磨、窑磨均提产20%以上，达到行业内领先水平。

水泥制造属于传统行业，在做精做优水泥业务的同时，发展"水泥+"业务，拓展产业链条，实现企业转型升级成为解决企业长足发展问题的必然要求。截至2019年9月底，四川国大水泥骨料生产线和四川利森建材复合矿粉两个项目已成功投产，多个产业升级项目正常推进，产能置换项目在广元、巴中、雅安落地，四川、重庆绿色矿山建设有序推进。

2. 牢记央企使命，积极主动回馈社会

白彦常说："企业是社会的企业，我们作为央企，更要将社会责任作为我们工作的基础，树立良好的社会形象。"他积极响应党、政府和中国建材集团的号召，主动组织参与各类社会公益事业。2018年，帮助云南省昭通市1名困难户解决了就医问题，承担医疗、住宿等费用约15万元。认真贯彻落实中央精准扶贫政策，2019年，向四川省、重庆市各地捐赠实物、现金共计240余万元，向"善建公益"基金捐赠近700万元，向中国建材定点扶贫地区采购农产品16余万元。

2012年至2019年，川渝西南各成员企业为地方解决直接就业6800余人，间接就业近1.2万人，累计纳税达68亿元，是四川省、重庆市乃至西南地区水泥龙头企业和纳税大户，为当地经济发展做出了应有的贡献。

3. 弘扬人本文化，提升企业凝聚力和活力

白彦坚持"企业是人，企业靠人，企业为人，企业爱人"的文化理念，将企业文化建设作为企业经营与长期发展的一项重大战略，突出"包容、和谐"的文化优势，主动关心干部员工的工作和生活，积极帮助解决相关现实问题，增强企业的"凝聚力、向心力、亲和力"。同时，充分放权，强化监督，

在具体工作中，他发扬"5+2""白加黑"精神，以"坚决干、扎实干、拼命干"的激情，推动各项工作扎实开展；在经营管理中，切实倡导"创新、绩效、和谐、责任"的核心价值观，不断推进"三五"管控，对各级管理人员实施高密度培训，有效提升干部管理能力，稳步提升企业软实力。

坚决贯彻供给侧改革，全面提升水泥行业运营质量

1. 高度重视，积极配合政府出台水泥行业供给侧改革政策

白彦作为四川省水泥协会带头人，深感产业升级刻不容缓，责任重大。他在行业中确立了坚持科技创新、管理创新、发展模式创新，寻求水泥行业新旧动能转换的原动力，加快去产能，淘汰落后产能，控制各种方式的新增产能，优化产业结构，推动行业向高质量发展的总体工作思路，积极配合四川省人民政府下发了《关于印发促进经济稳定增长和提质增效推进供给侧结构性改革政策措施的通知》《关于印发促进建材工业稳增长调结构增效益的实施方案的通知》，为四川水泥行业健康发展提供了政策指引。

2. 创新机制，抓牢西南地区水泥行业供给侧改革重点

针对西南地区产能过剩十分严重，集中度仍然偏低，结构调整、产业升级任务艰巨，行业经营困难，环保安全技改压力大的现状。白彦站在行业健康发展高度，积极配合政府及相关部门，从政府层面推进停窑限产、错峰运行、产能置换、去 32.5 等政策落地，有效缓解了西南地区产能过剩，实现了结构优化，产业升级得到提升。同时，呼吁各级政府部门、中国水泥协会关注和指导西南地区水泥行业，借助开展节能监察、环保督查和水泥生产许可证核查等行政执法工作，推进过剩产能退出市场。坚持全面推行停止 32.5 水泥生产的经验，为水泥产品质量整体提升、打击低质伪劣假冒产品和淘汰落后产能创造条件。发挥自己作为大型水泥集团企业勇于担当的精神，主动关停落后产能生产线，参与区域市场整合组织，探索建立去产能的市场化机制，推动过剩产能退出。在他的引领下，四川省水泥行业过剩程度得到有效缓解，熟料产能过剩率从 2016 年的 34% 下降到 2018 年的 28%。四川水泥行业整体运营健康平稳，2017 年开始实现行业整体盈利，为西南地区水泥行业做出了突出贡献。

3. 践行"价本利"理念，促进水泥行业高质量发展

川渝两地水泥产能一直处于严重过剩状态，过剩率在 35% 左右，为了生存，企业间的竞争早已进入白热化。白彦不仅是一名中央企业的高管，也是四川省水泥协会的理事长。他的任务不仅是带领一家企业走向成功，他还肩负着引领行业健康发展的重大使命。在白彦心中，永远有这样一句话"企业孕育于行业，行业利益高于企业利益"。他把行业比喻成一个大家庭，将行业中的企业比作家庭成员，如果家庭这个大环境不好，家庭成员也过得不安稳，只有"大家都好了"才是真的好。他希望大企业做好引领带头作用，企业与企业之间和谐共处，这也是他长期以来处理企业和行业之间关系的重要准则。他还积极与政府沟通，在行业内呼吁限制产能新增、淘汰落后产能、淘汰 32.5 低标号水泥。功夫不负有心人，在全国各地水泥行业协会的大力呼吁下，政府出台了全面取消 P.C32.5R 低标号水泥的政策文件，对改善水泥产品结构起到至关重要的作用。

由于川渝两地水泥价格较低，行业内很多企业出现了亏损。白彦自担任四川省水泥协会理事长以来，始终倡导"价本利"理念。他认为，效益是企业追求的价值，提升价格和降低成本是实现利润的重要手段。面对产能严重过剩局面，只有"价本利"才能互利共赢，"量本利"只会造成两败俱伤。在他的感召和影响下，这一理念得到行业内的广泛认同，水泥价格逐渐复苏，大部分企业开始摆脱亏损局面，

他为促进水泥行业高质量发展做出了不可磨灭的贡献。

白彦既是一名敢于改革创新的企业家,带领企业走向辉煌;也是一名行业领路人,持续践行和深化供给侧改革,推动水泥行业高质量发展。

点评: 企业的管理是一个系统的工程,作为一名管理着西南地区40余家水泥企业的领导人和四川省水泥协会理事长,他身上担子之重可想而知。白彦以敢于改革创新的勇气,"白加黑""5+2"的付出,精细化的管理,统帅所属企业乃至四川省水泥企业,改革创新,转型升级,实现了企业高质量发展。

大爱无疆

——记中国西部水泥有限公司 CEO、尧柏特种水泥集团有限公司董事长 马维平

马维平，1982年2月毕业于上海同济大学建筑材料专业，拥有美国宾夕法尼亚州立大学材料学博士学位和美国密西根州立大学工商管理硕士学位。现任中国西部水泥有限公司CEO、尧柏特种水泥集团有限公司董事长。

1996年至2002年，马维平博士在美国豪瑞（Holcim）公司先后担任高级工艺工程师、项目经理、产品与发展部经理；2002年，随着法国拉法基（Lafarge）进入中国，马维平博士先后担任拉法基中国和拉法基瑞安水泥副总裁，拉法基骨料与混凝土分支总经理、副总裁等职务。2009年12月至2014年12月，马维平博士先后担任意大利水泥集团陕西富平水泥有限公司执行总裁、意大利水泥集团中国区总裁、首席代表。

2015年1月至2019年12月，马维平博士放弃了世界500强跨国公司优厚待遇，正式出任中国西部水泥有限公司（香港上市公司/HK2233）（以下简称西部水泥）首席执行官，同时担任该集团在境内的实体企业尧柏特种水泥集团有限公司（以下简称尧柏集团）总裁。

担任该职务以来，马维平博士将丰富的国际化管理经验与本土企业实际相结合，推动行业整合与进步，他敏锐判断中国水泥行业发展趋势，积极推动在资本市场领域的合作。西部水泥与中国水泥领军企业安徽海螺水泥集团（A+H上市公司）的战略重组，经过反复磋商，最终达成战略合作协议，将陕西水泥行业的集中度进一步提高到70%以上，成为国内市场集中度最高的省份，在中国水泥行业乃至世界水泥业界都引起了高度关注，此次战略合作被媒体誉为"拉开了中国水泥行业战略整合的序幕"。

尧柏集团面对复杂多变的水泥市场以跨区域发展为主线，以战略布局为核心，以精细化管理为措施，先后收购实丰水泥、富骊水泥等关中多家水泥公司，真正成为陕西水泥行业的龙头企业。与此同时确立了走出陕西、迈向新疆、挺进西南的跨区域发展战略，产能规模跻身省内行业之首，迈入了中国水泥行业大中型企业之列。

2015年，集团运转良好，规模迅速扩大，公司效益不断增加，拥有蒲城、韩城、蓝田、旬阳、江华、镇安、丹凤、洋县、勉县、西乡、和田11个生产基地，并按照销售、财务、人事、采购四统一的模式进行集团化管理，正式挺进中国水泥行业20强。

2020年1月，马维平博士担任尧柏特种水泥集团有限公司董事长。马维平博士作为材料科学领域的专家，近年来积极推动陕西省无机非金属材料领域的技术创新实践。积极利用自身学识，倡导组建尧柏环保产业公司，成为陕西乃至西部地区最领先的水泥窑协同处置危废平台，年处置危险废弃物可达50万吨，并成为中国此领域最领先的标杆项目。

不忘初心，砥砺前行，不仅是尧柏人的优良传统，也是尧柏集团稳健发展的根本保障，更是尧柏

集团不断发展壮大的精神支柱。

目前，在尧柏集团公司的上上下下，始终活跃着一批从罕井镇水泥厂到今天上市公司的老员工，很多人工龄近20年。尧柏集团由一个不到30人的小水泥厂，发展到现在拥有38家子公司、员工6000余人的大型集团企业。回首当年，企业遇到困难，资金短缺，经营面临危机时，他们不离不弃，矢志不渝，舍小家顾大家，勒紧腰带，与企业共渡难关；当企业建新厂，扩大生产，谋求发展时，这些老员工吃苦耐劳，任劳任怨，夜以继日，把企业当作自己的家，把企业掌舵人看作值得依靠和信赖的人，忘我工作；当企业要创品牌，搞技改，在市场经济的浪潮中前进时，这些老员工力挽狂澜，同舟共济，积极响应公司号召，热情踊跃地参与企业技术改革和科技创新，在困难和阻力面前，无所畏惧，群策群力，求真务实，攻克了一道道技术难关，开发出质量稳定，能有效占领市场的特种水泥产品，为公司的可持续发展做出了卓越贡献。

马维平博士始终没有忘记企业的社会责任，他在公司发起成立了5000万元尧柏助学基金会，旨在帮助贫困大学生完成学业，将来为国家作贡献；并在当地捐资5000万元，改善当地的教学环境；2018年向陕西省公安民警英烈基金会捐资30万元，向陕西省退役军人关爱基金捐资20万元。同时，捐助价值100余万元的建材用于农村精准扶贫建设，向香港智行基金会捐款50万元资助艾滋病患者的遗孤。为蒲城县捐资5000万元建设蒲城县尧柏中学和蒲城县尧柏小学。尧柏集团先后被陕西省有关部门授予"三秦大爱、共筑长城""陕西省十大诚信企业""环保爱心单位"等多项荣誉。

为了响应习近平总书记关于精准扶贫工作的要求，吸取长期的助学扶贫经验，把教育脱贫作为精准扶贫的着力点，使基金会合理合法、规范管理、长期运作，将慈善事业做好做实，经尧柏集团董事会研究，决定捐资5000万元人民币，正式申请成立"陕西尧柏助学公益基金会"，2018年10月，经省民政厅批准，陕西尧柏助学公益基金会正式注册成立。截至2019年6月底，基金会已资助陕西渭南、铜川、西安、商洛、安康、汉中和贵州贵阳7地市学生1337人，发放助学金近500万元，基金会在各地开展捐资助学活动，得到了当地政府的高度重视，部分地区主要领导参加了捐助活动，对捐资助学的行为给予了高度赞扬与肯定。

2019年，陕西尧柏助学公益基金会继续响应习近平关于精准扶贫的一系列批示要求，认真落实陕西省"万企帮万村"精准扶贫行动，坚持教育扶贫的总基调，严格按照基金会章程对建档立卡贫困户考入大学的学生进行资助。计划资助贫困生1000名，资助金额400万元。

基金会依托尧柏集团强大的资金支持和社会捐赠，完全可以满足每年资助贫困生1000名、金额400万元的需求。同时，经基金会与尧柏集团协商，计划为资助贫困大学生提供暑假实习机会，有意向的困难学生可自愿进入尧柏集团实习就业，与表现优异者优先签订就业协议，以此实现"教育+扶贫+就业"的助学扶贫新模式，相信在省民政厅的正确领导下，基金会将帮助更多的贫困学生走进大学校园，为陕西公益慈善事业和精准扶贫事业贡献自己的力量。

公司每年捐款50万元给香港智行基金会，帮助艾滋病患者的遗孤。马维平博士本人从2000年起和旅美同窗好友每年资助母校8～10名品学兼优的贫困生完成高中学业，圆大学之梦。

马维平博士经过20多年国内外大型企业集团的工作历练，在竞争战略、生产制造、市场营销、产品发展、团队建设等方面积累了丰富的经验，充分展示了驾驭大型企业集团的战略眼光、高超的管理才能和大爱无疆的精神境界。

马维平博士高度重视特种水泥的研发与应用，作为技术管理牵头人，重点研发了高品质油井水泥、气井水泥等特殊功能水泥产品，并申请了技术专利，填补了陕西没有高品质油井水泥材料厂家的空白，彻底改变了产油大省、产气大省没有材料配套厂家的格局。马维平博士还积极推动与河北工业大学合作，率先成立了3D打印建筑材料研发中心，填补了国内3D打印建筑材料的市场空白。同时，加强与中国建材研究总院、建筑材料情报研究所、同济大学、西安建筑科技大学等诸多科研院校建立长期合作关系，构建多领域、深层次的科研合作平台。2018年，集团被中国水泥协会授予"中国特种水泥重点研发企业"和"中国水泥行业科技标准创新贡献奖"两项荣誉。

马维平博士多次作为陕西省建材联合会技术创新评审专家，积极推动本集团和行业的QC成果转化工作，在节能降耗、工艺改造、信息化、智能化等领域已经成为陕西建材行业的领军人才，2018年被西安市政府授予"优秀外国专家奖"。

春潮奔涌，大浪淘沙，岁月的河流永不停息，改革的趋势是不进则退。尧柏集团现在确定了"再造一个尧柏、产值过百亿"的战略构想，以国家改革再出发为契机，大力布局金融、科技、绿色建材、循环经济、智慧物流等产业，抢抓转型升级、结构调整等宝贵机遇，延伸产业链，在国家大力支持民营企业发展的大背景下，加大本土投资力度，加快转型升级步伐，全体尧柏人信心百倍，为打造百年企业而努力奋斗，为陕西的经济社会发展做出更大贡献。

点评：中国西部水泥有限公司CEO、尧柏特种水泥集团有限公司董事长马维平先生，以他睿智的管理和辛勤的付出，带领企业进入全国行业20强，企业经济效益也得到很大提升。企业富了，马维平董事长不忘回馈社会，拿出巨资支持革命老区建学校、助英烈、对口扶贫，资助贫困学生、退役军人、艾滋病患者的遗孤，等等。他不愧是大爱无疆的践行者！

笃定改革谋发展，务实创新求突破

——记广西鱼峰集团有限公司党委副书记、副董事长、总经理 吴飚

吴飚，男，汉族，在职研究生，中国共产党党员，高级工程师。1992年7月毕业于长沙交通学院公路与城市道路专业，先后在广西交通规划勘察设计院、柳桂高速公路指挥部、广西西江航运建设发展有限责任公司、广西贵港市西江投资有限公司、广西西江开发投资集团有限公司工作，现任广西鱼峰集团有限公司（以下简称鱼峰集团）党委副书记、副董事长、总经理。对于吴飚来说，从投资行业转行到水泥建材行业是一个偶然，但是他通过股权回并购提升企业竞争力、市场占有率、将投资管理新思维融入鱼峰集团，把集团化管控力发挥到一个新高度。2017年、2018年、2019年这三年，是鱼峰集团高歌猛进，实现跨越式发展的三年，鱼峰集团发展的速度和势头，让许多同行都瞠目结舌、赞叹不已。

实现股权回购，并购路上高歌猛进

作为屹立62年的老牌水泥制造企业，鱼峰集团在太阳村基地引进丹麦斯密斯全套水泥熟料生产线后，曾是中国水泥行业的领先者，然而"成也萧何，败也萧何"，后来的汇率变化，导致鱼峰集团背负了巨额债务，只能通过债转股谋求生存，债转股股东对鱼峰集团发展战略的不坚定、不果断，使鱼峰集团错过了最好的发展时机，只能偏于一隅。吴飚到鱼峰集团任职后，经过调研，深知鱼峰集团驻足不前的原因，股权的制衡、产能的不足，严重制约了鱼峰集团的发展，如果不解开鱼峰集团身上的股权枷锁，谈何发展壮大！经过一番谋划，鱼峰集团"十三五"规划得到有效补充，吴飚亲自负责推进企业股权回购工作，利用鱼峰集团整体并入西江集团的有利时机，多方做工作，终于实现了鱼峰集团的股权回购，解开捆绑鱼峰集团20多年的股权枷锁。枷锁一除，战马奔驰！吴飚再接再厉，鱼峰集团在企业并购上不断取得突破性进展，实现了对贵州黔桂西南建材公司、柳州融安万德七星水泥、鹿寨金利水泥、云燕白水泥和来宾金都水泥等公司的控股，新建了北海铁山港固废循环利用项目，迅速构建了桂粤黔水泥建材板块发展新格局，鱼峰集团水泥产能也从900万吨跃升至1800万吨，相当于再造了一个鱼峰，鱼峰集团的水泥熟料产能，终于进入了全国前20名。

开创管理新模式，管理效益凸显

2018年3月27日，广西鱼峰供应链管理有限公司挂牌成立，标志着鱼峰集团进入统销、统购管理模式，也标志着鱼峰集团正式涉足金融领域。为传统水泥生产企业引入供应链管理，是吴飚对于管理的创新，也是一种大胆的尝试。在销售端，水泥企业一般采用经销商模式进行销售工作，经销商在面临市场压力时，不可避免将采取一些非正常的竞争方式，市场上极容易产生鱼峰水泥的窜货及价格战，最根本受损的是鱼峰集团的销售渠道网及品牌美誉度，所以统销能有效地监督窜货、控制经销商

的无序竞争。供应链公司还负责统一调运产品，通过大数据分析各基地库存及市场区域的产品存量，研判后动态调整各基地发货量及输出区域，既保证了各生产基地不憋库，又保证了市场淡旺季鱼峰水泥货源充足，统一调运产品还为经销商、大工程项目提供了便捷的物流服务和售后服务，一举多得，客户的满意度得到有效提升。在采购端，大宗原燃材料的统一订购，大力提升了鱼峰集团的议价能力，以煤炭为例，供应链公司对于进口煤炭可以实现整船订购，仅煤炭一项每年就可降低采购成本几千万元，同时解决了生产端由于煤炭质量波动引起水泥指标波动的生产痛点。在金融服务方面，供应链公司急客户所急，充分依托鱼峰集团的资金池，为工程项目进行金融托底，实现了共赢。供应链管理实施以来，鱼峰集团有力实现了利润逐年翻番，2018 年鱼峰集团利润总额同比增长 96%，2019 年利润总额同比增长 101%。

吴飚还推动完善了集团化管控，有效划分决策中心、利润中心、成本中心等职能层级，充分发挥集团、区域、生产基地三级管控能力，实现了资源共享、技术共用和优势互补。鱼峰集团还组建成立了专家委员会，充分整合工艺、机械、电气、采矿几大专业技术资源，为新项目投产试机联动保驾护航，解决各生产基地运行维护中的疑难杂症。另外，推进鱼峰集团全面预算管理，使鱼峰集团的战略目标得到细化，有效提升了企业资源的使用，使每一年的总目标的实现建立在可靠可行的基础之上，降低了经营风险和财务风险。吴飚还致力于向行业先进对标，对标找差、对标补差，加大全员 KPI 考核，破除经验依赖，坚持以高标准推进工作，尤其是通过推动生产基地围绕"三高三低"（运转率高、窑产量高、熟料强度高，煤耗低、电耗低、吨水泥人工成本低）强化精细管理，企业生产运行、成本控制指标得到较大改善。

推动循环经济，推进绿色转型

吴飚在推进企业转型过程中，着力于发展循环经济，实现资源优化配置。利用相关企业的精炼钢渣、矿热炉渣、水渣及粉煤灰、脱硫石膏等作为水泥、矿粉及路用无机结合料的生产原材料，实现资源综合再利用；利用水泥窑协同处置城市固体废物、危险废物及城市污泥等。同时强化企业贯彻新发展、绿色发展理念，利用机器人"清雪人"，机械清库，在线氨逃逸监测和抓斗吊无人值守等技术，不断降低排放指标，打造绿色工厂；推动鱼峰股份公司开展绿色矿山建设，公司石灰石矿入选国家级绿色矿山名录，砂页岩矿通过广西壮族自治区绿色矿山现场验收。

坚持创新驱动，推进科技创新能力建设

鱼峰集团一贯重视科技创新，不仅有一支包括教授级高工和高工等高素质人才的队伍，还有着高新技术企业、八桂学者设岗单位、广西人才小高地、广西绿色水泥产业工程院、广西新干法水泥制造工程技术研究中心等诸多创新平台。2019 年，吴飚系统推进了企业研发费用的归集工作，推动并指导下属单位积极开展内部科技项目立项和研发费用归集工作，全年投入研发费用近亿元，向各级政府部门申报国家重点研发计划项目、广西创新驱动重大专项课题、广西重点研发科技计划项目等 7 项。鱼峰集团目前拥有授权发明专利 50 项、授权实用新型专利 31 项、授权软件著作专利 1 项，参与国家和行业标准制修订 7 项。

应势推出新产品，拓宽市场空间

根据市场需求，鱼峰集团及时推出"鱼峰工程师"砌筑32.5水泥、瓷砖胶、复合粉等新型建材产品，并在原有道路硅酸盐水泥、中热硅酸盐水泥、低热硅酸盐水泥、高抗硫酸盐水泥、核电硅酸盐水泥、G级油井水泥、低热矿渣硅酸盐水泥等特种水泥品种上增添了白水泥、硫铝酸盐水泥两个新品种，提高了市场份额。

推进企业文化融合，促进企业和谐发展

针对近年鱼峰集团重组力度较大的现状，吴飚极力推进企业文化融合发展，将不同文化背景下的职工紧密联系在一起。首先是打造绩效文化，通过对集团本部职能部门、区域管理中心及下属基地的精细化考核，营造绩效导向的企业文化，提升了业绩，聚拢了人气。其次打造廉洁文化，每年组织开展各专项审计，并对风险事项进行整改，排除隐患，形成以规矩定方圆的风清气正氛围。

另外，2019年大力推进并解决企业职工集资房后续项目停滞不前的状况，推进辅业历史问题处理，将集团原后勤服务的辅助性单位纳入集团发展统筹考虑等，加强保障和改善民生，强化人文关怀。同时，加强载体建设，增强企业文化活力。通过文化展馆、"鱼峰春晚"、趣味活动、健康体检、志愿服务、红歌快闪、主题演讲、升国旗、互助帮扶等载体，开展职工群众喜闻乐见的活动，满足了职工求知、求美、求乐的精神文化需求。

履行社会责任，彰显国企担当

吴飚把履行社会责任当作履职尽责的一项重要工作内容，努力推进企业在三江县的定点扶贫工作。在2018年助力岑甲村脱贫后，采用"公司+专业养殖合作社+贫困户"的模式，大力发展产业，成立专业合作社，使贫困户人均年增加收入超过700元。对有脱贫摘帽任务的梅林村，通过发动贫困户发展梅林特色、高效养殖，实现贫困户人均增收680元，2019年底如期实现整村脱贫。

吴飚还推动完成200多名征地劳务指标买断工作，彻底解决了近40年的历史遗留问题，为构建与周边农村的和谐工农关系创造了良好条件。2018年，在对广西柳州鹿寨金利水泥有限公司进行并购重组的过程中，吴飚推动履行400多项债权受偿承诺，加快对鹿寨金利的整合、整顿，投入资金实施维修技改，开展生产运营，员工收入较重整前提高了12%，队伍思想稳定，解决了职工和债权人多次闹访引发的社会矛盾；还积极向县里足额缴纳税款，实现了经济效益和社会效益的有机统一。

吴飚的办公室简朴整洁，他经常凝望悬挂在座位对面的广西水运物流图，西部陆海新通道的强势崛起、西江黄金水道蛟龙般的黄金身躯、北部湾港和粤港澳大湾区一日千里的吞吐量，都被他笃定的目光牢牢锁定，他坚信，鱼峰集团一定能继续借势腾飞、实现复兴。

点评：广西鱼峰集团有限公司是一个有60多年历史的全国知名水泥企业，受制于各种历史渊源，一度发展步履蹒跚。吴飚同志担任党委副书记、副董事长、总经理后，笃定改革谋发展，务实创新求突破，近三年来，在企业并购、重组、内部管控、营销管理、科研开发、绿色发展、文化建设、企业盈利、员工收入和社会责任等方面都有了显著提升。一个欣欣向荣的新"鱼峰"已经展现在八桂大地上。

推动企业转型发展的先行者和探路人

——记江苏苏博特新材料股份有限公司总经理 毛良喜

毛良喜，男，1970年10月10日出生，汉族，浙江省江山市人，毕业于南京化工大学（现南京工业大学），无机非金属专业硕士，中国共产党党员，研究员级高级工程师，历任江苏苏博特新材料股份有限公司（以下简称公司）技术推广部主任、副总经理，2017年被任命为总经理。

在他的推动下，公司实现了"两大引领""两大转型"。

"两大引领"——公司产品在三峡工程成功应用，标志着公司成功进军水电市场，拉开了水电市场的外加剂国产化的序幕；公司顺应羧酸民用化的大势，积极推动公司羧酸产品的专业化、系列化，加大羧酸产品推广力度，引领了行业发展方向。

"两大转型"——公司由减水剂技术推广与应用向混凝土工程整体解决方案的提供商转型；由粗放式管理向信息化、精细化管理转型。

目前，公司已成为土木工程材料领域的引领者，被认定为国家高新技术企业、国家认定企业技术中心，获全国制造业单项冠军示范企业、工业强省六大行动重点项目单位等荣誉称号，并连续多年位列"中国混凝土外加剂企业综合十强"和"中国聚羧酸减水剂企业十强"榜首，为推动混凝土行业发展以及国产混凝土外加剂品牌国际化做出了重要贡献。

三峡工程——拉开了水电市场外加剂国产化的序幕

公司成立之初，是混凝土外加剂企业发展的黄金时期，毛良喜担任公司技术推广部主任、副总经理，负责市场开拓工作，在市场营销战略方面大力倡导狼性精神，身体力行，点燃团队激情。毛良喜制订了灵活的市场营销战略，针对铁路、水利、市政等不同市场，提出攻守兼备、迂回战术、集中优势、点面结合建立根据地等多样化市场营销战略，公司也随之进入快速发展时期。

20世纪90年代，世界规模最大的水电站——长江三峡水电站开工建设，毛良喜带领团队驻扎在工程现场，提供全方位技术服务，凭借公司深厚的技术储备和优质的现场服务水平，混凝土外加剂产品在三峡水电站三期工程得以成功应用，三峡水电站三期工程500万立方米混凝土至今未发现一条结构性裂缝，是世界建坝史的奇迹，不仅为公司赢得了良好的行业口碑，打响了知名度，还成功击败国外混凝土外加剂厂家，实现了国产外加剂的逆袭，打了一个漂亮的翻身仗。

羧酸民用化——引领行业发展方向

在产品战略方面，毛良喜把握国家政策，洞察行业先机，凭借公司科研和人才优势，积极推动聚羧酸高性能减水剂的民用化进程，为我国聚羧酸产品的广泛应用发挥了先导作用。国内的减水剂市场长期以价格低廉的萘系高效减水剂为主，在量大面广的预拌混凝土市场，前期因聚羧酸减水剂高昂的价格使其推广应用严重滞后。聚羧酸减水剂作为新一代高性能减水剂，具有掺量低、保坍性能好、收缩率低、分子结构可调性强、高性能化潜力大、生产工艺清洁化等突出优点，先是在高铁、桥梁、核电、水电等重大工程中得到广泛推广和成功应用。随着聚羧酸原料的国产化，聚羧酸的价格也走向平民化，时任公司技术推广部主任的毛良喜审时度势，抓住这一发展机遇，加大聚羧酸产品推广力度，连续多年公司获评"中国聚羧酸企业十强"第一名。在推动公司规模扩大的同时，也为行业聚羧酸民用化进程做出了重要贡献。

在产品应用领域方面，毛良喜审时度势，瞄准了民用商混市场，打开了发展新局面，在保持核电、水电、铁路等工程项目市场领先优势的基础上，重点向民用商混市场发起进攻，一部分混凝土外加剂企业在这个转型过程中由于不能快速实现角色转变被市场大潮淹没，而在毛良喜同志的带领下，公司顺利转型，实现了可持续发展。

顾问式营销——提供土木工程材料一体化解决方案

基于多年来雄厚的技术储备和科技进步成果，公司以一流的专业技术人才为基础，以研发中心先进的试验条件为依托，贯彻执行客户应用前技术咨询到位、使用中技术指导到位、销售后技术跟踪到位的"三到位"服务方针，为客户提供一体化解决方案，推行顾问式营销服务，使客户从技术上、服务上和效果上全面满意。加强服务网络建设，服务范围覆盖全国所有省、市、区；加强服务团队建设，公司营销服务人员全部为混凝土及相关专业人员。公司被中铁大桥局等多家单位授予"优秀物资供应商"荣誉称号。

在提供优质产品的同时，公司还会根据施工现场的需要，组织专家深入施工现场，协助用户解决技术难题。对于国家重点工程，公司还派驻技术人员实行常年现场服务，并针对各地各季节环境条件不一的情况，就地取材进行混凝土性能相关试验，使混凝土外加剂性能的普遍性与现场施工条件、环境等特殊因素融合起来，从而达到工程使用的最佳效果。公司还积极关注建设行业住宅产业化、建筑工业化等技术发展方向，拓展技术服务的新领域，并与建设行业的科技进步共成长。

由粗放式管理向信息化、精细化管理转型

毛良喜出生于1970年，他有着70后的沉稳老练，同时也具有90后的开放思维，他爱好广泛，思维活跃，喜欢阅读，办公桌上常堆放着厚厚的一摞书，财经、文学、时评类书籍应有尽有。他喜欢创新和挑战，有思路，有想法。公司的重大经营战略不会凭空产生，也不是一朝一夕的事情，从他的办公室经过，常常能看到他在笔记本上勾勾画画，公司发展的蓝图也在他的脑海中慢慢成形。他在市场、科研、生产等各个环节进行新模式的探索，同时加强信息化手段的学习与运用，提高精细化管理水平。

一是积极推行全价值链创新理念，为企业发展添加新动力。公司作为科技先导型企业，不断创新是持续发展的原动力和生命线。公司始终坚持走科技创新的发展道路，建有行业一流的研发中心，是"高性能土木工程材料国家重点实验室"共建单位。拥有包括中国工程院院士、国家杰出青年基金获得者、"万人计划"等国家级人才，专职科研团队160余人，获授权专利490余项。

以往公司对创新的理解更多集中在科研创新，毛良喜拓宽了对创新概念的理解，创新是全价值链的创新，是整个公司的创新，从产品、技术研发的创新，到生产工艺、技术质量监控创新，到服务、业务推广模式创新，再到职能部门的服务理念创新，在他的推动下建立起一整套创新理论体系。

在科研创新模式探索中，提出了"新技术推广室＋新产品经理团队"的理念，从产品设计、到工程技术、到市场运营，新产品经理全过程跟进，致力于复合型人才的锻炼、培养与探索，以及战略机会点的探索！

在生产模式探索中，提出了安环管理中心、质量管理中心、成本控制中心、设备管理中心、存货管理中心、保供服务中心等六大管理中心的理念，对生产全过程的各个环节加强管控力度，大大推动了生产规范化进程，降低了生产运营成本，提高了综合效率和效益。

在内部管理模式探索中，推行"内部客户"服务理念，市场导向提高公司竞争力。毛良喜拓展深化了"以客户为中心"的服务理念，提出"内部客户"的构想，这是公司"科研以市场为中心、管理以客户为中心，经营以效益为中心"管理理念的延伸。"顾客就是上帝"，外部客户作为公司上下所有部门的一级客户，公司上下形成合力全力做好顾问式营销服务。强调内部客户意识的培养，形成了"技术推广部为公司内部一级客户，生产、研发两大部门作为内部二级客户，其他部门作为后勤支持部门"的完整体系。

此外，毛良喜在公司管理的各个环节大力推行"营销理念开展工作"的思想，推动各项工作效率大幅提升。

二是精耕细作谋划市场，国内市场坚持"两大一新"战略，同时积极开拓海外市场。"两大一新"即"大商混、大工程、新产品"，在毛良喜的推动下，商混市场产值和市场占有率得到大幅提升，在大工程方面，公司产品成功应用于港珠澳大桥、田湾核电站、防城港核电站、青岛胶州湾海底隧道、中国尊等一大批国家和地方重点工程。在海外市场开拓方面，多点开花，公司产品在马来西亚、印度、越南、印尼、孟加拉国、巴基斯坦、安哥拉、肯尼亚、埃塞俄比亚等多个亚洲和非洲国家得到推广应用。

三是创建学习型组织，不断提高经营管理水平。毛良喜认为学习型组织是企业未来发展的趋势，不断学习才能具备快速的市场应变能力，才能保证有源源不断的创新出现。他带领团队对外开展标杆学习，到建华管桩、徐州中联混凝土学习管理经验，对内开展"读书月""先进员工成功经验共享研讨会""岗位知识大赛"等多种形式的活动提高团队学习意识和学习能力，营造全员学习、鼓励学习的良好氛围。

四是不断推动信息化带动管理智能化进程。毛良喜高度重视公司信息化建设，提出"信息化基于需求、服务需求"的发展思路，在他的带领下，公司在生产方式、经营方式、业务流程、管理方式和组织方式等各个方面与现代信息技术融合度不断提高。

以人为本，构建和谐活力企业

毛良喜高度重视党工团和企业文化建设工作，多次提出公司要坚持以人为本的理念，依据公司核心价值观和"用有思想的人，用对事业忠诚的人，用最能干的人，用最肯干的人，用比自己强的人"的人才观，充分发挥员工的主人翁意识，打造苏博特"家"文化，支持员工实现自我价值，积极打造行业精英团队，致力于把苏博特打造成有志之士向往之地、实现梦想之地。

他坚持公司发展成果由全体员工共享的理念，建立了特困人员档案，开展困难员工帮扶活动；节日期间给每位员工发放节日礼物，工会在员工生日及夏季高温期间都会开展"送温暖"活动，给员工发放纪念品和慰问品。

公司定期举办丰富多彩的文化活动，丰富员工业余生活。"妇女节上海迪士尼一日游""端午节活动暨家属开放日""迎中秋、庆团圆""苏博特"运动会、员工带薪旅游等系列文体活动的开展大大提高了员工凝聚力，营造了积极向上的企业软环境。

他还大力推动党团工作，强化组织保障，按部门建立党支部、党小组，将党团建设与公司管理有机结合起来。开展红色革命老区参观、习近平同志讲话精神学习、红色经典影片学习等党团活动，忆苦思甜，发扬吃苦耐劳、敬业奉献的优良传统，凝心聚力，融合思想，引发共鸣，有力推动了企业健康向上发展。

热心公益，主动承担社会责任

毛良喜始终认为企业发展离不开社会各界力量的支持和帮助，企业在力所能及的范围内理应为社会多做贡献。

在教育事业方面，公司在东南大学、重庆大学、南京工业大学等多所院校设立"苏博特奖助学金"，先后承办了第二届、第三届、第四届、第五届"苏博特杯"全国大学生混凝土材料设计大赛，举办国际博士生课程班及各类培训班，支持大学生成才和教育事业发展。

在行业发展方面，公司主办或承办了多场国际、国内行业学术活动，为行业发展提供交流与展示的平台；主持或参与起草制订了多项国家及行业标准，对促进规范化、拓展技术应用范围与规模具有重要意义。

公司还热心支持社会公益事业，致力于共建和谐社会。每年向江苏省扶贫基金会捐赠20万元，帮助贫困学生完成学业。公司还积极参与地方部门组织开展的"慈善一日捐""社区爱心助困"等活动，以实际行动支持慈善事业发展。此外，苏博特公司还吸纳了不少残疾职工，帮助其就业，解决生活困难，给予更多关心关爱，减轻社会压力。毛良喜同志尽了一个企业家应尽的责任。

结语：

雄关漫道真如铁，而今迈步从头越。十多年来，公司的每一次转型都铭刻着毛良喜孜孜不倦、探索前行的身影。行业大势浩浩荡荡，在毛良喜的带领下，苏博特公司一定能够继续勇立行业潮头，将"创造更好材料，构筑美好未来"的企业使命镶嵌在混凝土行业发展的史册之中！

点评： 江苏苏博特新材料股份有限公司是我国混凝土外加剂行业中的翘楚。三峡大坝工程、港珠澳大桥等举世瞩目的工程都有苏博特的身影。公司总经理毛良喜，具有非凡的战略眼光，始终坚持走科技创新的发展道路。近年来，他拓宽了对创新概念的理解，创新是整个公司的创新，从产品、技术研发的创新，到生产工艺、技术质量监控创新，到服务、业务推广模式创新，再到职能部门的服务理念创新，在他的推动下建立起一整套创新理论体系并付诸实施。

聚集三精管理，致力两个打造，引领湖南南方高质量发展

——记南方水泥有限公司党委常委、执行副总裁，湖南南方水泥集团有限公司党委书记、总裁 吕文斌

吕文斌，男，汉族，1966年12月出生，中国共产党员，现任南方水泥有限公司（以下简称南方水泥）党委常委、执行副总裁，湖南南方水泥集团有限公司（以下简称湖南南方）党委书记、总裁，并兼任湖南省水泥协会会长。

2015年，水泥需求同比下降4.9%，成为2006年以来首次同比减少，标志着水泥行业需求平台期的正式到来，而水泥行业产能总量仍在增加，供求矛盾愈加尖锐，恶性竞争愈演愈烈。与此同时，随着主要竞争对手快速扩张，湖南南方的规模优势不复存在，窑线规模偏小、能耗水平偏高、装备陈旧失修、矿山资源不足、负债居高不下的历史积弊日益凸显。

在这样的严峻形势下，吕文斌同志就任湖南南方总裁，继而当选湖南省水泥协会会长，肩负起湖南南方二次创业、湖南水泥行业生态重塑的重任。五年来，在他的带领下，湖南南方聚焦"经营精益化，管理精细化、组织精健化"，着力"打造有竞争力的产品，打造有竞争力的企业"，各项经济技术指标持续优化，熟料标准煤耗降低了5%，熟料综合电耗降低15%，吨熟料余热发电量提高了10%，实现利润连年大幅增长，五年复合增长率60%。

积极引导行业秩序，维护行业健康发展，促进精益经营

面对产能过剩的大环境，吕文斌同志认真落实中国建材"行业利益高于企业利益，企业利益孕育于行业利益之中"的行业发展理念，以行业生态重塑助力行业健康发展，助力湖南南方经营腾飞。

一是充分尊重同行。从不以大企业自居自傲，无论企业大小、实力强弱，都能平等对待；在坚持维护南方核心利益的同时，尊重每一位对手的利益关切，找到各方利益的最大契合点，弥合分歧，求同存异，赢得了同行的尊重和信任。

二是抓住关键矛盾。现阶段解决产能过剩，唯一的办法只能是错峰生产。然而，知易行难，面对同行业投来疑虑的目光，吕文斌同志斩钉截铁地表示，错峰生产湖南南方率先做到，超额做到。2015以来，湖南南方主动关停五条熟料生产线，每年减少熟料产能500万吨；主动采购竞合对手的熟料，减轻对手库存压力，年外购熟料超过100万吨；年错峰停产天数大大超过行业平均水平。他以省水泥协会为平台，争取到省工信厅、省环保厅的支持，行业错峰生产与特别防护期减排有机结合，进入法制化、常态化轨道。在湖南南方的带领下，行业内无论外资内资、国企民企，基本都能做到自觉遵守协会倡议，停满停足。

三是做好行业"保姆"。商场如战场，但又不能打乱仗，要在合理的规则下有序竞争。吕文斌与负责营销的同志如同行业"保姆"，事无巨细地做好行业沟通，不知疲倦地调处各种矛盾，每到关键时刻都能够将一触即发的恶性竞争消弭于和风细雨之中，使行业利润维持在合理水平。几年来，全省水泥行业发展逐渐回归理性竞争和良性发展的态势，水泥均价从2014年的230元/吨提升到2019年的近400元/吨，行业效益连续回升，实现利润创造了纪录，税收贡献增长一倍。在效益增长的同时，各家企业加大技改和环保投入，"散、乱、污"的面貌彻底改观。

刀口向内，严细当头，推进精细管理

吕文斌就任湖南南方总裁以来，在内部会议上讲得最多的就是要持续提高竞争力，打造有竞争力的产品和企业。为此，他要求各成员企业，必须刀口向内，严细当头，狠抓精细管理。一是持续优化关键技术指标。他高度重视企业技术进步，多方争取南方水泥的政策支持，加大技改投入，五年来仅中小型技改投入资金累计达51921万元，年均投入增长1.2倍。所有大型风机均完成节能改造，电耗显著下降；以"拧毛巾"的精神，全方位开展降本增效活动，主要技术、排放指标持续优化。二是全面开展对标管理和达标创建活动。多家成员企业通过国家级绿色矿山遴选，南方水泥整洁工厂创建加速推进，物流"一卡通"、客户自助管理等信息化工具相继应用并取得良好效益。三是财务管理、采购管理精细化不断向纵深发展。五年来，资产负债率下降11个百分点，有息负债规模下降63%；物流成本、厂内短倒运输成本、存货显著下降。

自我革命，瘦身健体，推进组织精健

人是企业中最核心的要素，同时也是最复杂的要素。作为一家以联合重组为主要发展路径的国有企业，湖南南方不可避免地存在机构固化、体制僵化的痼疾。近年来，吕文斌直面矛盾，以果敢的决心大刀阔斧地推进组织精健。近三年，成员企业减员分流共1086人，减少21.55%。三家因资源枯竭或装备落后等原因扭亏无望的全能工厂改为粉磨站，一家粉磨企业停产退出。成员企业"大部制""大巡检"改革全部完成，中层管理人员减少30%，高层管理人员减少10%，生产体系二级部门减少一半。

吕文斌同志清醒地认识到，水泥行业已经走过"黄金十年"，未来的道路将更加艰难，湖南南方只有坚持绿色发展理念，以时不我待的精神，加速推进优化升级工作，才能实现"两个打造"，在市场竞争中立于不败之地。为此，在他的带领下，湖南南方已绘就未来三年的发展蓝图，淘汰部分所在地规划调整、资源枯竭、规模偏小、成本竞争力差的企业，按照产能减量置换的原则，采用最新的工艺、环保、智能化技术，通过新建、迁建改造等方式，布局5000t/d以上规模的二代新型干法生产线，并配套规划骨料、PC构件、危废协同处理等项目，打造"水泥+"的发展新格局，推动湖南南方迈上更高质量发展的新台阶。

点评：2015年吕文斌同志就任湖南南方水泥总裁，继而当选湖南省水泥协会会长，肩负起湖南南方水泥二次创业和湖南水泥行业生态重塑的重任。在他的带领下，湖南南方水泥着力"打造有竞争力的产品，打造有竞争力的企业"，聚集三精管理，引领湖南南方高质量发展，取得了骄人的业绩，誉满三湘！

追求卓越，精益求精，引领企业高质量发展

——记南方水泥有限公司副总裁、浙江南方水泥有限公司总裁 石珍明

石珍明同志先后担任过多家国内外知名水泥企业的重要领导职务，熟悉掌握世界先进水泥工艺生产知识，专业理论基础功底深厚，政治素养过硬，有着丰富的水泥工厂建设、生产管理、技术改造、管理整合、区域管控、业绩持续提升的实践管理经验。2006年度荣获四川省"五一劳动奖章"；2015年被中国水泥协会评为"2015年度全国水泥企业优秀总工程师"。工作至今共获得10项实用新型发明专利权。

1988年7月，石珍明同志从哈尔滨建筑工程学院硅酸盐工程专业毕业后进入大连第二水泥厂，任烧成车间技术员、助理工程师。1990年9月被武汉工业大学北京研究生部（中国建筑材料科学研究院）录取，就读无机非金属材料专业，研究方向为铁铝酸盐水泥在混凝土中的应用，1993年6月获得工学硕士学位。

1993年6月至2001年12月，石珍明同志在烟台三菱水泥有限公司先后任生产科副科长、科长、生产部副部长、工程师、高级工程师。期间他多次赴日本研修学习，熟悉掌握了日本水泥工厂的技术管理经验，了解了日本员工敬业精神。他带领基层员工在日本专家的指导下，迅速消化吸收成套引进的水泥生产线操作技术，新建工厂于1995年5月投产后，按时顺利达产达标，产品质量达到日本本土水平。1997至2001年国际金融危机期间，为了打开美国市场，他参与主持研究试生产美国ASTM T-II和T-V水泥，这一开创性项目取得了成功，产品大量生产出口美国。

2002年1月至2004年12月，石珍明同志任浙江光宇集团有限公司下属浙江水泥有限公司副总经理兼总工程师、总经理、高级工程师。期间全面主持了2500t/d和5000t/d生产线的建设，肩负起该公司在全国范围内的建设布点、考察、设计联络、主机设备选型和方案制订等工作，积累了大量新型干法水泥工厂的建设和管理经验。

2005年4月至2009年6月，石珍明同志先后任法国拉法基集团中国区南山工厂业绩副总经理、广安工厂总经理和重庆地维工厂总经理。期间，通过实践拉法基集团的预算管理、投资管理、项目管理、财务管理、人力资源管理、能源管理、业绩提升管理等一系列集团管控方法，使其先后管理的四川和重庆两个工厂面貌发生了根本性的变化，业绩大幅提升，其中重庆腾辉地维水泥有限公司一举改变了工厂3年多的持续混乱和连续亏损局面，主要业绩指标在拉法基全球160个工厂中名列前茅。

2009年5月至今，石珍明同志任中国建材集团有限公司下属南方水泥有限公司（以下简称南方水泥）副总裁、金华南方水泥有限公司（以下简称金华南方）总裁、江西南方水泥有限公司（以下简称江西南方）总裁、浙江南方水泥有限公司（以下简称浙江南方）总裁。期间他团结带领广大干部员工，

全面贯彻落实中国建材和南方水泥的发展战略规划和工作要求、弘扬中国建材企业文化，公司的市场竞争能力、区域的管控能力和经营业绩均逐年攀升，同时深入探索了严重过剩行业如何通过适度提高地区市场集中度来提高效益的途径，完善了区域水泥板块战略布局，开创了产业链延伸商砼板块联合重组的新局面，并积累了大量的管理和发展经验。

2015年2月担任浙江南方总裁以后，石珍明同志身体力行践行管理整合，通过内抓管理，外拓市场，推行卓越降本活动、专业定向帮扶、最佳实践共享、基础市场开发、生产组织优化等一系列既全面又卓有成效的管理模式，使浙江南方在成本竞争方面成为南方水泥的一面旗帜，为浙江南方的可持续发展奠定了坚实基础，经营业绩屡创历史新高。

石珍明同志爱岗敬业，追求卓越，不仅对业务精益求精，更具有饱满的创新、创造激情，在管理和科技创新、转型升级、发展新材料和新业态、绿色发展、文化建设、履行社会责任等方面积极探索、运筹帷幄，起到了积极的引领带动作用，并获得了一系列奖励和荣誉。

管理和科技创新方面

石珍明同志凭借较高的理论水平和丰富的实践经验，在核心期刊累计发表文章7篇，参与科研项目5项，获得实用新型发明专利权10项，另有一项专利发明已获国家专利局专利号，目前正在公示期。同时，他作为主要成果创造人，自2016年至今带领浙江南方先后获得全国建材企业管理现代化创新成果一等奖4个、二等奖4个。其中，2018年度带领浙江南方创造的《区域对标 业绩持续提升 优化企业管理》《后重组时期区域市场整合与精细营销，引领行业价值回归》2项成果，分别获得全国建材企业管理现代化创新成果一等奖；《细化用电计量单元，精细化管理推进节能降耗》《萤石尾矿在水泥行业中的创新与实践》2项成果，分别获得全国建材企业管理现代化创新成果二等奖。2017年度带领浙江南方创造的《深挖细剖 不留一片死角 全面提升绩效》获得全国建材企业管理现代化创新成果一等奖。2016年度带领浙江南方创造的《持续开展"卓越降低成本、提高管理水平、增强企业竞争力"活动》获得全国建材企业管理现代化创新成果一等奖，《浙江南方最佳实践共享》《浙江南方定向专业帮扶》分别获得全国建材企业管理现代化创新成果二等奖。

转型升级方面

石珍明同志积极响应国家供给侧结构性改革，率先提出并推动水泥工厂绿色转型升级改造工作，其主要路线图是将老的水泥生产线异地搬迁改造成环保水平更高、技术装备达到行业世界最好水平的节能环保、美化绿化的新型工厂。2018至2019年，他主导的浙江地区水泥行业转型升级改造已取得突破性进展，其中，富阳地区、建德地区转型升级项目已于2019年下半年开工建设；常山南方水泥有限公司铁路专用线建设项目和水泥粉磨优化升级项目科研，在其领导的专家团队的参与下，已通过中国建材集团组织的专家团队评审。上述项目计划建设成为目前技术指标最先进，厂容厂貌焕然一新的花园式工厂。

发展新材料、新业态和绿色发展方面

石珍明同志较早提出:"经由发达国家水泥工业发展历程和国内外社会发展趋势,我们有理由相信绿色发展是中国水泥工业发展的必由之路。"他秉持绿色发展理念,积极筹划低碳排放基础上的绿色制造。2012年3月开始,他带领金华南方成员企业与浙江省环科院合作,率先采用SNCR技术在浙江省内2500t/d生产线建设第一条水泥脱硝示范工程项目,项目于7月25日投入试运行,并于8月14日通过168小时性能考核。同年11月浙江省环保厅组织全省水泥企业在公司召开现场会推广,《水泥行业烟气脱硝关键技术研究及工程示范》课题列入2012年度浙江科技厅重大科技项目。

2017年3月至今,石珍明同志领导的浙江南方水泥有限公司已对16条水泥回转窑生产线进行超低排放改造,其中窑尾和窑头改造为布袋收尘,共投资1.2亿元,其中8条生产线粉尘浓度达到10毫克以下水平,计划2020年12月31日前全部生产线达到10毫克以下。硫化物排放采用湿法和半干法脱硫改造,共投资8500万元,其中12条生产线达到10毫克以下水平,计划2020年12月31日前全部达到10毫克以下。氮化物的减排通过低氮燃烧改造和喷氨优化改造等,共投资2400万元,其中8条生产线实现100毫克以下排放,计划2020年12月31日前全部实现100毫克以下排放。

节能降耗方面

2009年至2012年,石珍明同志在金华南方组织实施熟料烧成降低煤耗分解炉和预热器篦冷机改造工作,通过炉衬耐火材料优化改造,分解炉容积拓展,喷煤管升级换代等措施,熟料热耗大幅度下降,平均标准煤耗下降3.2kg/t熟料,累计投资2775万元,年节约成本3840万元;2012年至2014年,在江西南方组织实施余热发电提升改造工作,通过余风利用改造、清灰改造、保温完善等措施吨熟料余热发电提高0.8度,累计投资1250万元,累计降低成本1650万元;2015年至2018年,在浙江南方组织实施水泥粉磨由钢球改为陶瓷球的实验推广工作,陶瓷球对于水泥开路磨系统及产能利用率低于50%的水泥磨系统降低电耗提升效益明显,改造后水泥粉磨电耗平均下降5.5度,累计投资850万元,降低成本1210万元。

循环经济建设和履行社会责任方面

石珍明同志积极推动资源综合利用立法、项目审核、产品论证等工作,拓展资源综合利用品种,2015年研究和试验在水泥磨中搭配使用部分建筑废渣做混合材工作并取得实效。2012年开始在江西南方和浙江南方推行矿山排废零排放活动,指导成员企业在生产中不断优化配料方案和生产操作参数,逐步提高石灰石矿山废料搭配比例,加大低品位石灰石使用。2015年带领浙江南方启动了利用回转窑协同处置城市水处理污泥、造纸淤泥、污染土和危险废弃物工作,到2018年底累计处置城市污水污泥42万吨,造纸淤泥32万吨,污染土40万吨,危险废弃物65万吨,为浙江省环境改善和水泥行业协同处置技术进步做出了积极贡献。

文化建设方面

　　石珍明同志秉承中国建材创新、绩效、和谐、责任的企业文化，并始终致力于推动我国水泥行业吸收国际先进生产技术和管理经验，全力将水泥行业最先进的环保和安全理念植入工厂。2018年度，他带领浙江南方创造的《深入践行绩效文化　全面开展绩效对标持续提升业绩水平》《践行人才强企战略，创新人才培养机制，积极建设学习型组织》2项成果，分别入选2018－2019年度全国建材企业文化建设典型案例。

　　点评：南方水泥有限公司副总裁、浙江南方水泥有限公司总裁石珍明同志是专家型企业领导，他爱岗敬业，追求卓越，对业务精益求精，具有饱满的创新、创造激情，在企业管理和科技创新、转型升级、发展新材料和新业态、绿色发展、文化建设、履行社会责任等方面卓有建树，引领企业高质量发展。

坚持改革创新，打造世界一流电瓷企业

——记中材高新材料股份有限公司常务副总裁、中材江西电瓷电气有限公司董事长 刘鑫

刘鑫，男，1975年9月出生，中国共产党党员，山东泰安人，硕士，高级工程师，曾获"山东省五一劳动奖章"、泰安市拔尖人才荣誉，享受地方政府特殊津贴。曾任泰山玻纤国家级技术中心副主任、主任、副总工兼山东中科复合材料科技公司总经理，中材股份有限公司玻纤事业部副部长，中材股份有限公司新材料事业部部长，中材高新材料股份有限公司总裁助理，中材高新材料股份有限公司副总裁，现任中材高新材料股份有限公司常务副总裁、中材江西电瓷电气有限公司（以下简称中材电瓷）董事长。

2017年初，刘鑫同志担任公司董事长，他一直用自己的努力为公司及地方经济贡献自己的力量，在担任公司董事长期间，以打造世界一流电瓷企业为目标，从公司长远发展的高度领导制订了公司战略规划，明确公司的棒形支柱绝缘子和铁道棒形绝缘子产品服务国家的特高压和高铁"两高"投资战略，同时积极支持江西省"央企入赣"行动计划，通过央企的先进经营理念、建立国家级研发平台、引入高端技术人才带动当地非公经济协同发展，把当地打造成高质量的世界级的电瓷产业集群。他深入贯彻落实党的十九大对国有企业改革的重大部署，先后主导承担了国资委员工持股试点和"双百行动"试点改革任务，并获得了国资委的积极肯定。

中材电瓷作为混合所有制企业，刘鑫同志以"央企市营"作为经营理念，按照市场经营规律开展运营，在公司内部组织实施"组织精健化、管理精细化、经营精益化"的三精经营管理方法，重新开展了"三定"工作，精简人员的同时，引进了优秀的管理人才。坚持"经营比管理更重要"的发展观念，秉承以市场为导向，积极奔波在市场销售一线，在他的带领下，2018年公司业绩同比增长70%，出口额同比增长63%，创历史新高。

公司作为国资委"双百行动"和"员工持股"双试点企业，刘鑫同志主导完成了员工持股试点改革任务，建立了市场化的劳动人事分配制度和业绩考核评价体系，实施了经营管理层任期制和契约化管理，形成管理人员能上能下、员工能进能出、收入能增能减的市场化经营机制，为企业的健康持续发展注入了新的活力。他还主导公司通过梳理章程、议事规则、管理制度、体系文件等工作制度和流程，完成了以授权和精细考核为核心的组织机构，完善了公司治理机制，提高了公司的运行效率。

他秉承创新是企业发展的第一动力，注重公司自主知识产权的研发和保护利用，截至2018年公司共申请各项专利21项，其中授权10项，其余11项已进入实质审查阶段。公司自主研发的 ZSW-1100kV/16k、ZSZ-800kV/16k 和 ZSZ-1100kV/16k 产品分别达到国际先进和国际领先水平，国内首家自主开发出 CVT 瓷套和直流 1100kV 棒形支柱，填补国内空白。自主研发的交流 1100kV、直流 ±800kV、直流 ±1100kV 棒形支柱瓷绝缘子和直流 ±800kV 瓷芯复合支柱绝缘子，经中国电力企业联合会鉴定，均已达到国际领先水平，并已成功应用到我国建成投运以及在建特高压重大工程中，满足了我国特高

压输变电工程的建设需要，同时用于海外首个特高压直流输电工程——巴西美丽山 ±800kV 特高压直流输电项目。

2017 年至今，公司产品——棒形支柱瓷绝缘子荣获工业和信息化部、中国工业经济联合会授予的"制造业单项冠军产品"称号。"特高压输变电用棒型支柱绝缘子关键技术及产业化"项目获江西省科学技术进步一等奖并已申报国家科学技术进步奖；"特高压工程用高强支柱瓷绝缘子关键技术及产业化"获得中国建材联合会科技进步一等奖；"超高压支柱绝缘子产业化开发及推广应用"项目荣获第九届中国技术市场"金桥奖"优秀项目奖。

2018 年，刘鑫同志根据公司发展战略，以服务国家高铁建设为目标，主导布局了铁道绝缘子产品领域，与中国中铁所属单位中铁电工合作投资建设年产 10000 吨轨道交通绝缘子项目，开启了公司多元化产品制造，提高市场竞争力，形成企业新的利润增长点。他积极组织公司申办国家级两化融合管理体系贯标试点企业，借助于两化融合建设，承担了工信部超特高压用绝缘子生产线智能制造示范工程项目和江西省科技厅 5511 技术攻关项目，未来公司将建成集研发设计、物流采购、生产控制、仓储物流、远程服务、经营管理为一体的智能化管理平台。

公司目前具有年产 25000 吨棒形支柱瓷绝缘子的生产能力，开发制造的交流 750kV 和 1100kV、直流 800kV 和 1100kV 超特高压棒形支柱绝缘子产品占据国内市场份额优势地位，产品各项性能指标已达到国际领先水平，成为国家特高压用支柱绝缘子的主要供应商，为我国特高压建设做出了突出的贡献。

企业社会责任不仅考验着一个企业在生态、环境方面做出的贡献，更考验着企业的绿色可持续发展能力。只有践行绿色发展理念，未来才能真正实现可持续发展。作为当地电瓷行业的龙头企业，公司积极践行董事长刘鑫提出的"绿色头羊效应"理念，通过"绿色产业链"发展战略，带动产业链上下游绿色、可持续发展。将公司相关绿色发展要求延伸到产业链上下游的所有合作伙伴，不但自己采用清洁的生产工艺，还将环保理念传递给整个产业链，并且优先选用注重环境保护的供应商。通过"绿色产业链"战略，带动上下游合作伙伴一起走可持续发展之路。围绕可持续发展的目标，公司在绿色生产、环境保护等方面采取强有力的举措。随着窑炉燃气技术改造、创新料仓的清洗方法、车间使用电动叉车和 AGV 智能车等多个节能项目的实施，公司把可持续发展理念融入每个细节。

公司坚持习近平新时代中国特色社会主义思想，坚持国企党建会议精神，将党建作为企业文化的底色，以"四个一"为工作机制，创建了"红领学习所"党建品牌，加强"四个结合"、推进"四个融合"，发挥"以央企党建带非公党建"特点，以电瓷产业联盟为依托，实现了芦溪电瓷行业"党旗红、产业兴、发展强"的多赢局面。通过群团共建，开展职工劳动技能大赛、各类文化活动，提升企业职工凝聚力，充分体现了中国建材以企为家、忠诚勤奋、能打硬仗、能拼刺刀、有令必行、有禁必止、全力以赴、全心投入的团队精神。公司开展的年度创新人物、感动中材电瓷人物、各类先进、劳模选拔活动体现了企业以人为本的党建文化。

点评：中材高新材料股份有限公司常务副总裁、中材江西电瓷电气有限公司董事长刘鑫具有高度的责任心和敬业精神。在担任公司董事长期间，他以打造世界一流电瓷企业为目标，从公司长远发展的高度领导制订了公司战略规划，大幅提升了棒形支柱瓷绝缘子的生产能力，为企业的创新发展做出了突出贡献。

抢抓机遇，强化管理，促进效益上台阶；勇担使命，锐意进取，实现发展新突破

——记中国洛阳浮法玻璃集团有限责任公司党委副书记、副董事长、总经理 谢军

谢军，男，1966年12月出生，1988年7月参加工作，工学博士，教授级高级工程师，现任中国洛阳浮法玻璃集团有限责任公司（以下简称洛玻集团）党委副书记、副董事长、法定代表人、总经理、总工程师，浮法玻璃新技术国家重点实验室副主任，中国硅酸盐学会玻璃分会副理事长，中国建筑玻璃与工业玻璃协会安全玻璃专业委员会副主任委员、中国硅酸盐学会电子玻璃分会第十届理事会常务理事。他先后荣获洛阳市新世纪学术技术带头人、洛阳市十大杰出青年、洛阳市优秀青年科技专家、洛阳市优秀专家、成都市特聘专家、凯盛科技集团2017年度、2019年度劳动模范等荣誉称号。他参与的科研和管理项目荣获2007年国家科技进步一等奖、2013年中国材料科学研究学会科学技术奖二等奖、2017年中国建材企业管理现代化创新成果一等奖。

谢军同志自担任洛玻集团总经理以来，围绕企业生产经营和改革发展，按照中国建材集团"保增长、重优化、抓改革、强党建"的工作方针，以效益提升为中心，强化管理和科技创新，积极实施转型升级，加快发展新材料、新业态和绿色发展，加强文化建设，切实履行社会责任，取得了突出的成绩。

以效益提升为中心，企业经营效益大幅度增长

谢军同志上任以来，紧紧抓住提升效益不放松，指导各子公司外拓市场抢订单、内抓管理降成本，在市场形势复杂多变的情况下，带领公司干部员工不畏困难，团结拼搏，积极顺应市场变化，采取切实有效措施，洛玻集团2018年全年实现营业收入19.76亿元，比上年增加3.76亿元，增长23.5%；实现利润总额1215万元，比上年增加196万元，增长19.23%；资产负债率73.15%，比上年降低1.94个百分点。2019全年实现营业收入24.49亿元，比上年增加4.73亿元，增长23.91%；实现利润总额5016万元，比上年增加3801万元，增长312.84%；资产负债率67.41%，比上年降低5.74个百分点；经营活动净现金流同比增加6300万元，公司生产经营各关键要素日渐向好。洛玻集团所属上市公司洛玻股份公司实现了上市公司8年来首次经营性盈利，5年来经营性现金流量净额为正，市值大幅增长。

深入开展"三精管理",
企业管理进一步规范高效,经济效益明显提升

谢军同志以"三精管理"(组织精健化、管理精细化、经营精益化)为抓手,带动企业各项工作上台阶,经济效益不断提升。一是在组织精健化方面,合法、合规、有序推进晶润镀膜公司和洛阳新晶润公司压减,消灭亏损户,分流安置富余人员122人;实施冗员压减,压减员工187人;实施机构调整优化,实现部门优化、人员精干高效。二是在管理精细化方面,坚持周对标管理和新能源板块、电子信息显示板块月对标制度,找不足,补短板;扎实开展"增节降"活动,围绕提高效益、降低成本开展技术攻关、创新创效立项、集中采购、劳动竞赛等活动,采取优化燃料结构、余热发电等措施,全年创效7995万元,燃料成本下降5.38元/重箱,采购天然气价格降低至2.6元/立方米,余热发电2740万 kW•h,有效地降低了生产成本。三是在经营精益化方面,组织和参加了十余次价格协调会,共同加强对市场和经销商的管理,协同效果明显,0.33mm电子玻璃价格由2020年年初的7.5元/平方米提升至目前的14.5元/平方米;3.2mm新能源玻璃价格由2020年年初24元/平方米提升至目前的28元/平方米;1.1mm规格为985mm×1125mm三块超大板玻璃成功下线,板面利用率提高3%,每天可增加产量1228平方米,并首次成功将1.1mm改产0.7mm三块大板玻璃生产,提升产品质量进入ITO电子信息显示市场,产品附加值得到显著提升。

强化科技创新工作,助推企业高质量发展,
公司科技创新新格局逐步形成

谢军同志兼任洛玻集团总工程师和浮法玻璃新技术国家重点实验室副主任,对科技工作非常重视。他注重以科技创新引领企业发展,加强创新体系建设。依托国家级企业技术中心、各子公司研发平台、生产技术部门,以点带面,逐步形成了产研协同、产产协同、产学协同的技术创新格局。注重以市场为导向积极开展科技研发活动。宜兴新能源紧扣光伏玻璃轻薄化的趋势,开发出2.0mm以下光伏玻璃超轻双玻组件,市场占有率已达20%,成为双玻组件基板材料行业的领头羊;技术中心围绕超白光热玻璃的产业化,加快《超白光热玻璃成分及性能的研究与开发》等科研课题的研究;蚌埠中显0.12mm突破后立即开展0.1mm及以下柔性玻璃生产制造技术的研究。2019年,洛玻集团申报专利49项,其中发明专利19项;获得专利授权40项,其中发明7项。目前,公司拥有有效专利189项,其中发明专利47项。作为行业专家,谢军同志参与了多项产品和技术国家标准的制订,积极争取政府科技创新支持。2019年洛玻集团获得洛阳市政府对国家企业技术中心评估奖励100万元、国家重点实验室评估奖励50万元;获得政府资助研究开发经费312.16万元,享受研究开发费用加计扣除减免税1528.97万元,享受高新技术企业税收减免171.07万元,其他313万元,共计2325.2万元。

谢军同志注重生产优化创新,在龙门玻璃公司实施一系列技术改造,突破主线辊道间距较大的限制,成功生产出三张超大板(985mm×1125mm)玻璃,满足了市场需求;在龙昊玻璃公司通过增加600t/d生产线两台投料机间距、调整料山位置,优化工艺控制,将拉引量提至610～620t/d,燃料用量较提升拉引量之前减少2000立方米/天,产量提升500重箱/天,成品率提升7个百分点左右,达到创新增效提高产品质量的目的。

推动地企合作，狠抓项目建设，发展新材料和新业态，加快企业转型升级步伐

谢军同志紧紧抓住洛阳市政府与凯盛科技集团战略合作的机会，力促战略合作协议签署，促进实现了市领导一行到凯盛科技集团的考察调研，就进一步加强战略合作达成共识，大力支持凯盛科技集团在洛阳发展新玻璃、新材料、新能源、新装备，加快推动洛玻集团高质量发展。2020年3月3日，在洛阳市地企合作联席会上，洛玻集团与偃师市就龙门玻璃退市进园搬迁改造项目协议已顺利签约。

谢军同志重视项目建设，发展新材料和新业态，推动企业加快转型升级。积极加快项目建设步伐，2019年4月28日，洛玻集团第三代信息显示超薄基板玻璃生产线成功点火，标志着"洛阳浮法玻璃工艺"又跃上一个新台阶，洛玻集团在高质量发展道路上又迈出了坚实的一步。洛玻集团在濮阳投资建设的光电材料项目一期建设即将竣工，研发中心项目正常推进；宜兴新能源一期技改项目完成，投入生产；合肥新能源丝印生产线项目与凯盛光伏CIGS配套丝印盖板玻璃产品生产磨合完成，已正常接单生产；桐城新能源原片生产线、深加工1、2线先后完成技改，投入生产，深加工4线采用漂浮式钢化技术，调试出光伏双玻组件用2mm全钢化玻璃产品，填补安徽省内空白。

强化绿色发展，加大安全环保整改落实，安全环保工作不断提升

谢军同志坚持习近平安全发展理念和生态文明思想，注重绿色发展，持续加大投入，强化监督管理，采用先进技术，淘汰落后产能，节能减排和生态环境保护工作成绩突出，被河南省生态环境保护厅推举为"河南省玻璃行业绿色发展协会"会长单位。在安全环保工作中夯实基础，细化责任，强化现场监督检查，深化隐患排查治理，问题整改落实率100%，实现了安全、消防"零死亡、零事故"，环保零突发事件，达标排放。

加强党建文化、企业文化建设，打造创新型人才队伍

谢军同志坚持党对国有企业的领导不动摇，充分发挥党组织领导核心和政治核心作用，保证党和国家的方针政策、重大部署在国有企业的贯彻执行。加强党的政治建设，坚持党委前置研究"三重一大"等重大决策问题，不断强化"三基建设"，积极践行党建工作"四个结合"，推进"三大工程"，洛玻集团党委被评为中国建材集团先进基层党组织，实现了党建工作和企业经营发展双提升。积极践行"创新、绩效、和谐、责任""敬畏、感恩、谦恭、得体"的企业文化，加快创新型人才队伍建设，选拔了一批优秀的青年骨干为公司后备干部，同时大胆起用年轻骨干，一批70后、80后年轻骨干走上重要岗位；2人荣获第十四届全国技术能手称号，多人荣获安徽省2019年度"江淮杰出标兵"、安徽省"技术领军人才"、洛阳市"河洛工匠""洛阳市工人先锋号"等称号。

积极履行社会责任，关注民生工程，关心社会事业

谢军同志关注民生工程，大力支持并全力推进"三供一业"改造移交，实现了"三供一业"的全部改造移交；积极争取政府支持，洛玻棚户区改造项目一期手续《国有土地使用证》等五证全部办理完毕；遗留的职工房产证办理问题取得明显进展，110户业主拿到新办理的不动产证；关心困难职工，慰问困难职工、劳模50人，救助全国、省劳模5人，帮扶救助困难党员20人、职工78人次，坚持开展"金秋助学"活动，为生活困难员工子女上大学送助学金。积极开展扶贫工作，选派一名优秀青年干部到云南省昭通市绥江县中城镇绍廷村开展驻村扶贫；定点帮扶汝阳县王坪乡宝丰村，向宝丰村山林散养鸡脱贫攻坚项目提供专项资金10万元，并做好跟踪扶持和指导，受到该村干部群众好评。积极奉献爱心，组织党员干部、劳动模范和离退休老同志自愿为武汉抗击新冠肺炎疫情一线捐款共计215059.66元，为打赢疫情防控阻击战贡献力量。

谢军同志长期从事玻璃生产技术研发和管理，对浮法玻璃生产、玻璃深加工和科技管理等方面都具有较强的创新力和扎实的理论功底，是玻璃行业的技术专家。近年来，谢军同志担任多个企业的党政主要负责人，从生产技术，到经营管理再到党建思想政治工作，各方面业务都很熟悉，积累了丰富的工作经验，是一位复合型的企业负责人。

谢军同志思想政治素质过硬，能够认真学习贯彻习近平新时代中国特色社会主义思想和党的十九大精神，牢固树立"四个意识"、坚定"四个自信"、做到"两个维护"；事业心、责任感强，工作中勇于开拓创新、大胆管理，决策能力和执行力强；工作不畏辛苦，勤奋踏实，工作业绩突出。

点评：谢军同志担任中国洛阳浮法玻璃集团有限责任公司副董事长、总经理以来，围绕企业生产经营和改革发展，按照中国建材集团"保增长、重优化、抓改革、强党建"的工作方针，以效益提升为中心，强化管理和科技创新，积极实施转型升级，加快发展新材料、新业态和绿色发展，加强文化建设，切实履行社会责任，使洛波集团焕发了青春。

初心如虹耀世，创新似火燎原

——记中国中材国际工程股份有限公司副总裁、中国中材国际工程股份有限公司（南京）总经理 印志松

印志松，男，汉族，上海人，1968年11月出生，中国共产党党员，硕士研究生，教授级高级工程师。现任中国中材国际工程股份有限公司副总裁，中国中材国际工程股份有限公司（南京）总经理，苏州中材建设有限公司总经理；南京市对外经济技术合作协会会长，江苏省开发区协会一带一路国际投资促进会副理事长等职务。1989年参加工作以来，先后荣获昆山市优秀共产党员、苏州市开放型经济工作先进个人等荣誉，任"鲁班奖"工程项目经理，享受国务院特殊津贴，是国家一级建造师，我国建材行业著名专家。

开拓市场，布局海外

印志松同志负责总承包市场和海外市场开拓工作期间，贡献突出，在水泥工程技术装备和工程建设领域，设计建设的工程，创造了一系列中国第一和世界领先的纪录。他先后负责了菲律宾、越南、阿联酋、沙特、伊拉克、苏丹、安哥拉等国外多条水泥生产线建设项目。其中，由他负责的越南福山水泥公司5000t/d水泥生产线（中国水泥行业在海外竣工的首条5000t/d工程总承包项目，获境外工程"鲁班奖"）以及阿联酋UCC10000t/d水泥生产线（中国水泥行业在海外竣工的首条万吨水泥生产线，获中材集团科技进步特等奖）的成功建设，为提升我国水泥工业的技术和工程建设水平进入世界先进行列做出了积极贡献，取得显著的经济效益和社会效益。他本人于2001年获得昆山市优秀共产党员，2002年昆山市青年岗位能手，2004年苏州市开放型经济先进个人，2006年中国材料科工集团劳动模范，2010年"鲁班奖"工程项目经理等一系列荣誉，其负责的"走国际化创新发展之路树SINOMA一流国际品牌"获2018年度全国建材企业管理现代化创新成果一等奖。

作为国资委"走出去"的排头兵，公司从2002年开始大规模实施国际化战略。2004年，公司以工程总承包模式进入中东，开始与国际上知名的水泥公司——洪堡、伯利鸠斯、拉法基等同台竞技，并凭借优秀的设计、先进的技术、成套的装备、可靠的施工和优质的服务，赢得了海外客户的认可，SINOMA成为国际知名品牌。

卓越管理，抓住市场，攻坚克难，提升项目履约能力

印志松同志主管的公司EPC项目工程管理工作，每年实施项目几十个，新开工项目十几个。设计管理上，以保供为着力点，实施月度节点计划，将任务具体分配到个人，确保进度可溯、可控；采购工作上，以降本增效为出发点，积极应对大宗材料价格持续上涨带来的影响，充分引入竞争、尝试本

地与第三方采购等方式，有效降低成本；项目管理上，继续提升计划管理能力，建立里程碑进度控制系统，及时预警纠偏，有效控制履约风险；施工管理上，大力推进属地化，积极引进当地优质的分供方。

在印志松同志的努力下，公司各部门分工协作良好，保证了项目履约。其中越南成胜项目比合同工期提前2个多月点火，越南龙山二期项目仅用15个月就点火，比合同工期提前2个月，较一期缩短1个月，得到业主和当地政府的盛赞。Bestway项目实现了21个月获得接收证书的履约目标，其集团首席执行官向公司致函感谢。

印志松同志以战略发展为引领，认真分析市场形势，紧抓水泥工程EPC主业，深耕当地，重点服务好优质大客户。落实"有限、相关、多元"发展战略和海外产业"246"发展规划，拓展延伸新产业项目，大力推进市场、组织、资源及管理的全方位本土化、属地化进程，形成新的经济增长点。每年新签合同额百亿元的生产经营业绩，持续保持了突出的市场占有率和品牌效益。他在深耕海外市场的同时，抓住国内二代水泥技术和产能置换等发展机遇，新签了一系列总承包、骨料、技改和安装等项目。

多元化发展，明确海外"246"战略

按照上级单位的战略部署，公司发展确立了三大方向（水泥工程、相关多元、新产业），明确了海外"246"发展思路。公司在印志松同志的努力下，在相关多元与新产业上都有了不同程度的进展。多元工程：以电厂为重点，进一步开拓了炼油厂项目、光伏发电等多元工程；智慧工业：智慧工厂管理、智能化工程建设工作平稳推进，伊拉克GCC智能化运营管理系统上线运行，开创了海外水泥生产运营管理新模式。2018年公司主办了中国水泥产业智能制造技术发展和应用成果研讨会。公司的多元发展得到了集团领导的高度认可。2018年11月，集团曹江林总经理带队到尼日利亚调研，参观了公司的尼日利亚基地、IBESE项目部、炼油厂项目，对公司的工作及海外"246"发展思路给予了高度评价与赞同，见证了大家把不可能变成了可能。

加强科研开发，提高技术水平

印志松同志以提高公司竞争力为出发点，成立了二代水泥技术攻关小组，大幅度调整、更新了所有专业的技术方案模板，并参照二代要求调整了所有技术指标，充分体现了目前水泥行业内的新技术、新装备；针对二代水泥技术对燃料替代率的要求，开展了相关技术及装备的研发。"适宜粘土矿／尾矿活化制备工艺设计及关键装备研发"获得战略性国际科技创新合作重点专项立项，获国家科研经费236万元。公司申请知识产权34项（专利32项、软件著作权2项），新获知识产权30项（专利28项、软件著作权2项）。7个项目获得集团及行业内的科学技术奖项、2个项目获得优质工程奖、5个项目获得优秀工程设计奖、印尼BAYAH万吨线项目通过了2018年中国建设工程鲁班奖（境外工程）评审。

创新安全管理，生产平稳有序

印志松同志认真践行"安全发展"核心价值观，牢固树立红线意识和底线思维，不断健全"党政同责、一岗双责、齐抓共管、失职追责"的安全生产责任体系和安全生产管理制度。签订安全生产责任书、逐级落实安全生产责任。同时不断探索创新安全管理方式，通过建立安全教育体验馆、体验区，把枯燥说教变为切身体验；推进"导师制"模式，使新员工迅速融入项目。编制危大工程名录，加强危大工程的方案审查与现场施工审查。进一步健全了公司境外安全保障体系。

履社会责任，树企业形象

响应国家"一带一路"倡议，改善当地生活环境、促进当地经济发展。经过多年实践，印尼子公司在劳务属地化方面，摸索出了一套符合印尼实际的劳务分包本土化用人模式。推行属地化，印尼BAYAH项目建设的高峰期，项目部雇佣的当地员工达到1400多人，中印员工比为1：3。BAYAH项目投入正常生产之后，在当地直接创造的工作岗位达1200多个。尼日利亚DANGOTE炼油厂项目，当地工人占82%以上。在大量聘用印尼员工的同时，子公司不忘做好员工关爱和文化融合工作。项目部为当地员工办理意外保险、社会保险、养老保险等；为防止由于文化差异和习惯不同可能导致争议或争端，建造中国和印尼员工交流室，定期举办员工交流会，促进了中国和印尼员工的和谐联动。

巴基斯坦子公司施工作业进行本土化推进，项目部税务申报缴纳全部本土化用人；施工管理过程中大力推进劳务、市场开拓，技术管理、行政管理本土化；现场施工大范围引进使用"成建制"本土施工队伍。

服务社区、参与公益、精准扶贫情况。公司积极组织员工参与集团"善建公益"基金募捐活动，南京与苏州、邯郸、浙江公司合计募捐善款19.55万元。选派挂职扶贫干部帮助脱贫攻坚，印志松同志多次前往现场看望挂职干部和调研脱贫攻坚，协助干部完成脱贫工作。组织开展"文明共建捡拾跑，呵护家园我先行"世界清洁日环保公益活动、"修德明道、锦心绣行、敬业乐业、筑梦圆梦"道德讲堂、职工趣味运动会、联谊球赛、"我们的节日""书香溢中材读书季""青年大学习""相约秣陵"青年联谊、"最美南京"义务植树、"改革创新、青年先行"等丰富多彩的精神文明、工会、团员青年活动。积极开展"送温暖"等帮扶活动，组织青年职工献血献爱心，走访慰问患病困难党员和职工，做好统战和侨联工作。

心存纪律，廉洁自律

印志松同志深入学习贯彻习近平新时代中国特色社会主义思想和党的十九大精神，牢固树立"四个意识"，坚定"四个自信"，坚决维护党中央权威和集中统一领导，坚决贯彻上级决策部署。以永远在路上的执着持续加强作风建设，锲而不舍落实中央八项规定精神，坚决反对"四风"。工作中，以身作则，勇于担当，坚持民主集中制原则，严格按照议事规则进行决策，廉洁从业，遵规守矩。在抓好业务工作的同时，注重抓好分管部门的党建与党风廉政建设工作，切实履行好"一岗双责"，坚持两手抓、两手硬。

作为公司的总经理，印志松同志在"创新型、国际型、价值型"企业创建过程中，不断深化走出去"国际化"战略发展的广度和深度，加大新产业发展步伐，精细化工程项目管理工作，在新时代、新征程中将会做出更大的贡献。

点评：中国中材国际工程股份有限公司副总裁，中国中材国际工程股份有限公司（南京）总经理、苏州中材建设有限公司总经理印志松，具有敏锐的国际视野，负责海外市场的开拓工作期间贡献突出，在水泥工程技术装备和工程建设领域，创造了一系列中国第一和世界领先的纪录。期待印志松和他的公司：初心如虹耀世，创新似火燎原，深耕"一带一路"，喜看中国梦圆。

再塑企业文化的主导者，绿色转型升级的先行官

——记邢台金隅咏宁水泥有限公司党委书记、董事长，邢台金隅冀东水泥有限公司党委书记、执行董事 李太功

李太功，男，1963年出生，中国共产党党员。自2016年始，先后担任邢台金隅冀东水泥有限公司总经理、党委书记兼执行董事，邢台金隅咏宁水泥有限公司党委书记、董事长。李太功同志参与创造的"以节能降耗为核心的能源管控中心的构建与实施""以提升顾客的满意度为核心的客户服务管理模式的构建与实施"等项目荣获全国建材企业管理现代化创新成果一等奖，"篦冷机节能技术改造项目"荣获全国建材行业技术革新奖三等奖。李太功同志曾荣获河北省建材行业优秀科技专家荣誉称号、石家庄市五一建功立业奖章、金隅十佳科技人员、金隅"四优"共产党员等荣誉称号。

企业基本情况

邢台区域党委于2019年10月，负责邢台金隅咏宁水泥有限公司、邢台金隅冀东水泥有限公司党的领导及党的建设工作。邢台金隅咏宁水泥有限公司是北京金隅和冀中能源强强联合成立的现代化水泥企业。拥有两条日产2500吨新型干法熟料生产线，配套9MW余热发电系统，年处置20000吨危险废物。2014年9月19日，北京金隅集团对邢台咏宁水泥有限公司进行托管。2015年2月1日，北京金隅集团和冀中能源股份有限公司完成股权交接。北京金隅股份公司控股60%，冀中能源股份公司参股40%。

邢台金隅冀东水泥有限公司坐落在河北省临城县，2018年通过资产重组，成为金隅冀东旗下全资国有企业，托管清河、宁晋、广宗3家水泥粉磨企业。公司现有总资产15亿元，拥有邢台市仅有的两条（临城公司、牛山公司各1条）日产4000吨新型干法水泥熟料生产线，分别配套12MW纯低温余热发电，采用当今国际最先进的绿色环保新型干法生产技术和工艺设备，技术装备精良，环保装备完善，在节能降耗、环境保护和资源综合利用率等方面均达到国内先进水平。可年产"金隅"牌低碱优质水泥260万吨，熟料400万吨，是中国北方最大的低碱水泥生产基地之一，是邢台市最大的水泥生产企业。2019年被工信部评为第四批"绿色工厂"，是目前邢台市唯一获此殊荣的水泥企业。

主要经营业绩

李太功同志自2016年始，先后担任邢台金隅冀东水泥有限公司总经理、党委书记兼执行董事以来，带领广大干部职工认真履行国有企业的职责使命，在持续发扬"老企业"优良传统的基础上，以改革创新的精神，破除影响和阻碍公司科学发展的陈旧观念、僵化思想、惯性思维、过时做法，使思想观念更加符合科学发展的要求。以强有力的举措，初步实现了重组后的融合，为推动企业持续健康发展

打下了坚实的基础，有力地促进了公司发展和效益提升。

坚决拥护并执行政府"蓝天保卫战"政策要求，克服错峰及重污染天气停机时间长、环保治超压力大、原料供应紧张等诸多困难，团结带领广大干部职工，积极践行金隅"干事文化"，开展各项工作。在基础管理、重点项目、转型升级、生产经营等方面取得了明显提升，经济指标完成情况稳中向好。公司先后通过了"五位一体"五项管理体系认证。2018年纳税额位列邢台区域内水泥企业第1名、邢台市纳税百强企业第36名。2019年被评为"2019中国最具成长性建材企业100强""2019中国和谐企业""2018－2019年度全国建材企业文化建设典型案例""河北省重合同守信用公众满意单位（重点推广单位）""河北省重质量树品牌守信誉百佳诚信企业（重点推广单位）""环渤海地区建材行业诚信企业（AAA级）"。

始终坚持科学发展，积极推进公司绿色转型升级

1. 深化环保治理，力求本质环保，打造环境友好型企业

李太功同志严格按照金隅集团"高端引领、近零排放"的要求，以"本质环保"为目标，先后投资近亿元实施了原料大棚、输送皮带廊道密封、自动堆积门、洗车平台、雾炮抑尘、喷淋抑尘、在线监测升级更新、破损路面修复、分级燃烧+SNCR技术改造、使用超低排放进口优质滤袋等环保提升项目，并购置了多台新型环保车辆，进一步实现了对无组织扬尘的深度治理，夯实了环保基础。同时，积极开展清洁生产审核工作，于2018年12月顺利通过审核。

2. 提高资源综合利用，吸收消化工业废渣，打造资源节约型企业

邢台市是建材大市，有大量的工业废渣和尾矿，形成较大的环境压力，李太功同志带领公司积极响应国家资源综合利用政策，主动为政府排忧解难，通过组织技术攻关，发挥水泥窑对工业废渣的无污染处置优势，优化原料配料方案，陆续实现了工业废渣在原材料中占比达61.69%，年可消纳工业废渣和尾矿约300万吨。

3. 推进协同处置项目，实现绿色发展，打造城市功能型企业

根据《中共邢台市委办公室、邢台市人民政府办公室关于印发〈邢台市城乡生活垃圾处理设施建设工作方案〉的通知》（邢办〔2019〕2号），正在加快实施利用水泥窑无害化协同处置500t/d综合固废示范项目，目前已完成了项目核准立项等前期工作。该项目借助金隅集团先进成熟的环保和固废处理技术，环保优势明显，可将垃圾和固废焚烧后产生的有害烟气和飞灰直接送入水泥窑系统，经高温高碱处理后确保完全无害化排放，彻底将垃圾和固废"吃干榨净"。

4. 积极探索应用超低排放控制技术

李太功同志带领专业团队多次召开研讨会，分析排放氮氧化物的产生机理，发现控制燃煤的波动及煅烧系统中的氧气含量，对氮氧化物的排放有很大影响，摸索出"稳定煅烧+分级燃烧+SNCR+系统密闭治理"的治理技术，有效控制了氮氧化物的排放，成功实现了氮氧化物排放低于50mg/m³的超低排放控制。

多措并举、建机立制，不断加大企业人文关怀

李太功同志始终坚持以人为本，牢牢把握企业发展为广大职工谋幸福的初心，紧紧抓住群众监督的着力点、民生福祉的出发点、安全生产的落脚点、队伍建设的关键点和担当作为的切入点，在多办实事、多办好事、多办美事上下真功夫，下硬功夫，切实维护了职工的合法权益，不断提升职工获得感、认同感、幸福感。

重组完成后，公司党委在李太功同志的领导下大刀阔斧进行改革，全员参与"五险一金"福利待遇、积极推进"大巡检制度""薪酬制改革""职工考勤及休假管理办法""职工经济技术创新创效管理办法"等制度，同时投入大量资金为职工建设"职工之家"、优化办公及生活设施、开展节日慰问、金秋助学、困难救助、夏送清凉、冬送温暖等活动，切实为职工解难题、办实事，凝聚人心，实现合心合力，职工对企业的认同感越来越强。

邢台金隅冀东有限公司在以李太功为书记的党委的坚强领导下，不断完善机构设置和规范制度流程，增强了广大干部职工对体制机制的认可，实现了制度融合；不断加大金隅文化宣贯力度，使金隅文化深入人心，达成共识；树立企业发展的美好愿景，明确建设绿色科学人文企业的发展目标，在广大职工中产生强烈的思想共鸣；不断落实以人为本的管理措施，增强了广大干部职工的归属感。以上强有力的举措，初步实现了重组后的文化融合，为推动企业发展打下了坚实的文化基础。

点评： 邢台金隅咏宁水泥有限公司党委书记、董事长，邢台金隅冀东水泥有限公司执行董事李太功，作为重组企业的党政一把手深深地知道，企业文化的融合与创新对企业的高质量发展的重要性；绿色发展与转型升级也是企业长期稳定发展的基石。李太功同志在这些方面做足了功课，为企业未来的发展打下了坚实的基础。

以身作则，走可持续发展道路

——记科顺防水科技股份有限公司董事长 陈伟忠

陈伟忠，男，科顺防水科技股份有限公司（以下简称科顺股份）创始人及董事长，1964年出生，大专学历，经济师。曾任原佛山市顺德县桂洲小黄圃水泥制品厂厂长、顺德市桂洲镇小王布精细化工厂厂长；1996年创立顺德市桂洲镇科顺精细化工有限公司，并任总经理；2003年起任科顺股份董事长。曾荣获中共广东省委统战部颁发的"中国特色社会主义事业建设者"，佛山市人民政府颁发的"佛山·大城企业家""湾区精神杰出企业家""中国房地产产业链领军人物"等荣誉。陈伟忠同时兼任的社会职务包括：中国建筑防水协会副会长、中国建筑业协会建筑防水分会副会长等。

经营管理

从顺德容桂一个小作坊式工厂，扩张到现在遍布全国10个生产基地、22家全资子公司、12家销售分公司、37个办事处、1000多家销售和服务网点的现代化综合建材企业，20多年来，在陈伟忠的领导和经营下，企业成长速度飞快。

1996年10月，陈伟忠以卓越远见和明智判断，进入建筑防水领域，创办科顺精细化工有限公司。1997年1月投产，仅用4个月的时间便生产出顺德地区第一桶环保型聚氨酯防水涂料，1998年，公司又斥巨资从国外进口卷材生产线，这在当时当地是第一条。

"三分防水，七分施工"，建筑防水效果的好坏，与防水施工关系极大。1998年，陈伟忠设立深圳防水工程公司，将防水产品与服务结合，为客户提供系统防水解决方案，得到市场与客户的一致认可。

2000年，在科顺创办3年多的时候，陈伟忠就引入职业经理人，这个举措当时在行业内是少见的。也是从这一年开始，科顺的经营视野从区域扩展向全国，从"坐商"转变为营销。2010年，科顺第一次面向高层经营人员实行股权激励；2012年，科顺的股权激励对象进一步扩大，涵盖了中层各类人员。

陈伟忠注重学习，为掌握现代化企业管理办法，他先后于2001年、2002年参加了顺德学校企业管理课程班和清华现代企业管理高级班学习并毕业。在2008年，陈伟忠再次出国进修，学习国外先进管理理念及防水技术，并将技术和理念引进科顺公司。

2018年，科顺股份A股上市，以资本助力，科顺股份发展速度更上了一个台阶。

企业家社会责任

陈伟忠坚定企业的可持续发展道路，因此，在保证企业稳定发展的同时，陈伟忠也积极践行社会责任。在企业成立之初，陈伟忠一方面积极抓企业发展，另一方面，也为当地教育、文化做出贡献。

科顺创办于顺德容桂，陈伟忠亦长于容桂，对于容桂，陈伟忠有特殊的情感。早期，陈伟忠为容桂诸多学校建设提供帮助——高黎小学、红旗小学、上佳市小学、小黄圃小学等，为这些学校的教学环境、学生及文体教育等进行资助。

达则兼济天下,在科顺快速成长壮大的同时,陈伟忠也将公益触角伸展至全国。践行国家精准扶贫,陈伟忠引导企业高管,考察广西坡那村、凉山木尼古尔村等贫困村落,在捐赠物资的同时,结合科顺企业的资源及优势,定点帮扶,制订可持续的扶贫策略。

陈伟忠致力于为容桂文化建设提供资助——容桂街道特色文化街项目、"科顺防水"新年怀旧金曲合唱晚会、"科顺杯"乒乓球赛,等等。

陈伟忠将社会责任理念灌输于企业文化之中,成立了科顺义工队。自成立义工队以来,已展开了诸多公益慈善行动——联合伍威权庇护所义卖、中秋为社区老人送温暖、组织公益徒步……,同时,陈伟忠也鼓励科顺全国各分支机构开展公益行动,各分支公司也积极践行陈伟忠的社会责任理念,根据自身条件和资源,在当地开展各项公益行动。

文化建设,可持续未来

陈伟忠非常注重企业文化建设,自创建企业之初,陈伟忠就对企业价值观进行了思考和梳理。随着企业逐渐发展壮大,陈伟忠组织在全公司范围内对企业使命、愿景、价值观进行了调研并重塑。至2019年底,科顺股份发展迈入全新阶段,陈伟忠也越发认识到企业文化的重要性,特引进专业第三方咨询机构,合力升级企业文化,现确定的企业使命为:延展建筑生命,守护美好生活;企业愿景:与人类美好建筑共百年;企业价值观:与长期同行者共创共享。

同时,陈伟忠也很关注企业人文,公司组建了羽毛球、魔方、瑜伽等俱乐部,每年召开"星动科顺""科顺文化节"等活动,为企业员工提供更好的工作与文化氛围。

守法经营,绿色发展

陈伟忠提出"技术科顺、诚信科顺、服务科顺"的三个科顺战略。诚信经营,是陈伟忠始终坚持且秉承的原则和精神。在陈伟忠的以身作则及领导下,科顺股份从2013—2018年连续6年荣获"广东省守合同重信用企业",连续多年荣获容桂突出贡献奖。

同时,陈伟忠致力于研发、生产绿色产品,2017年,科顺股份136款产品入选环境标志产品政府采购清单。

优胜劣汰,适者生存,无论个人还是组织,只有不断进化,才能获得持续生存的机会。新冠肺炎疫情影响下,投资增速下滑、消费增速放缓、外部环境不确定性有增无减……企业面临的发展环境似乎更加严峻,但挑战就是机遇,变革才有未来,当下,是防水企业的重要战略机遇期。防水市场前景依然广阔,企业发展未来依然拥有无限可能,中国经济正由高速增长向高质量发展转变,墨守成规、按部就班将不再适合企业的生存与发展,科顺也将持续转型升级,向"与人类美好生活共百年"的愿景不断进发。

点评:科顺防水科技股份有限公司是陈伟忠一手创建的企业,20多年来,从一家名不见经传的小型防水企业,发展至今,已成为有遍布全国的10个生产基地、22家全资子公司、12家销售分公司、37个办事处、1000多家销售和服务网点的现代化综合性建材企业,成为行业中的佼佼者。2018年科顺股份A股上市。这些成绩和数字的背后,凝聚了陈伟忠辛勤付出与心血。

以创新驱动发展，
加快企业实现高质量转型升级

——记中材建设有限公司执行董事、总经理 童来苟

童来苟，教授级高级工程师，现任中材建设有限公司执行董事兼总经理。1984年大学毕业并参加工作，历任中国建材建设唐山安装公司项目部工长、项目副经理、经营策划部经理、总经济师，2002年任中材建设有限公司副总经理，2008年任总经理，2011年任中国中材国际工程股份有限公司副总裁，2014年任中材建设有限公司董事长，2019年任中材建设有限公司执行董事兼总经理。

中材建设有限公司（以下简称中材建设或公司）作为具备包括项目勘察设计、设备制造及成套、物流运输、工程实施及管理、工厂调试与生产运营维护等完整的总承包业务链的大型工程公司，是我国建材行业实施"走出去"战略和EPC总承包模式的先行者，是率先进入国际水泥工程市场的开拓者和领先者。公司通过"走出去、站稳脚、塑品牌、创一流"四步走战略，积累了丰富的国际工程管理经验，建立了完整的EPC+总承包业务功能体系和标准化、程序化、模块化的项目管理模式，锻造了一支适应海外市场环境和项目执行的人才队伍，在国际市场上树立了良好的品牌形象和市场美誉度。

阔步前行正当时，经营业绩再攀新高

2019年，中材建设总体经营形势稳中有升，主要业绩指标持续向好，综合经济实力攀上新高。全年完成营业收入40.15亿元，利润总额5.15亿元，毛利率22.11%，与2018年同期相比分别增长11.31%、15.64%、5.69%，公司经营现金流和"两金"压降情况较好。

公司靠信誉打开市场，靠精品占领市场，先后有两项工程荣获中国建设工程鲁班奖，九个项目荣获中国建材工程建设优质工程奖、优秀工程总承包项目，"国际市场属地化经营管理"成果荣获2018年度全国建材企业管理现代化创新成果一等奖，公司还多次被评为全国优秀施工企业，连续多年获评工程建设诚信典型企业和社会信用"AAA"级企业资质。在童来苟总经理的带领下，公司发展后劲十足，国际化管理、属地化经营再上新台阶。

区域化协同发展，加强精细化管理，提升管理效益效率

公司大力实施区域协调发展，精心布局区域市场，区域经营按照"地域相邻、相对集中、统一管理"的原则，在阿尔及利亚、尼日利亚、赞比亚、俄罗斯等重点经营国家实施项目公司化、区域公司化，

构建区域经营格局,加快区域经营纵深高质量发展,由项目"承建者"向经济建设"参与者"转变,由"建设总承包商"到"综合服务运营商"转变。同时,加快子(分)公司建设和营地建设,努力将子(分)公司、项目部打造成为区域经营的生产运营中心和利润中心,实现资源共享、管理互通,进一步提高区域市场核心竞争力,为公司区域经营发展提供有力保障。

同时,公司注重"效益优先、效率优先",全面推进项目进度、质量、经营、风险等关键环节实施规范化、标准化、精细化、动态化管理,形成以KPI指标和毛利率管理为主线独具公司特色的EPC管控模式。项目建设实施矩阵式、全过程管控,实行以目标责任与运行指数POI相结合的绩效考核体系;项目管理以预算管理为主线,强化目标责任考核;强化成本控制和项目创新,通过提升设计优化、加强采购管理、控制物流发运货物容重比、现场施工注重新工艺、新机具使用、加强税务风险防控等途径多措并举降本增效。

以"数字化、信息化、模块化"为手段强化技术创新,提升核心竞争力

中材建设紧跟建筑工业化、智能化发展趋势,以市场为导向,坚持创新驱动发展,以突破主业关键技术和共性研发为重点,加强对新产业、新业态的研究,将科技创新提升到战略高度,激发公司发展活力。通过加强"数字化、信息化"建设,成立工程数字化中心,重点构建数字化模型,积极推动BIM技术和三维技术在项目设计与实施中的广泛应用,同时公司基于项目实施规划进度、成本管理等全面开展智慧施工,通过数字化设计达到由提升生产力到成为生产力的转化目标。另一方面,中材建设紧密结合公司业务发展,依托互联网+等信息化技术,提升精细化、集约化管理水平,进一步强化采购、物流、人力资源、项目管理、安全管理等全生命周期数字化管理信息平台建设工作,打造"十三五"战略落地的加速器。

围绕建材行业重点向高质量发展、补短板、发展高端的新兴产业的新形势,必须以科技创新为突破口,组建适应新兴产业的工程建设队伍。中材建设着力进行自主创新和集成创新,加强对模块化粉磨站的开发设计与应用,加快技术科研成果转化,注重产研结合,同时以增加企业核心竞争力和效益为目的,结合生产经营中的问题推进产研协同,激发企业内生动力,厚植企业发展软实力。

加快转型升级步伐,提升综合实力

公司坚持"国际化、多元化、产业化"战略引领,由单一传统EPC水泥工程总承包向"做优传统水泥工程、做大多元化工程、做强产业化发展"进行业务定位调整,深耕境外优势区域和属地市场,在巩固传统EPC工程优势的基础上延伸产业链和多元化发展,抓住产业化新机遇和建材制造新名片,逐步形成三足鼎立、均衡发展的业务格局。

公司结合集团战略、市场环境变化、企业自身转型发展需要,谋篇布局,创新"走出去"发展模式,进行适应性的国际化组织优化变革,在有条件有市场的国家将项目公司就地转型开展属地化经营,目前公司已成立12家属地化公司并投入运营,效果明显。水泥主营业务方面通过产业链优势和业务升级、创造、培育增量市场;多元工程业务方面利用属地资源优势,拓宽项目获取渠道,深耕市场;产业化发展方面通过制订营销策略,构建中高端营销网络,实现规模化经营,占领市场。真正做到因地制宜有侧重、统筹协调有组织、突出专长适度多元地延伸产业链,抓住业务转型和产业变革的交汇机遇,

致力打造新产业、新业态、新模式，将属地化经营与当地资源、发展急需进行紧密对接，用长期扎根思想进行业务结构的长期规划，实现系统布局、规模经营、集约管理，由"走出去"向"走进去"转变，由"走进去"向"可持续"转变。

发展EPC+"1+N"新业态、新模式，扩大市场增量

中材建设在大力拓展传统水泥和多元工程市场基础上，为进一步扩大市场增量，按照业务归核化原则，积极发展新业态，由传统EPC模式为主向EPC+"1+N"的新营销模式转变，努力拓展EPC+F（融资）、EPC+OM（运营维保）、EPC+L（属地化）等新业务模式。

EPC+M业务主要指在做好EPC工程的同时，从单纯的提供产品服务向提供一条龙服务转变，提升产品服务的附加值，发挥公司主业特长、贴近水泥客户、定制中材建设特色化工程服务深耕水泥工程市场、打造工程服务"根据地"，建立"快速反应部队"。EPC＋O业务利用产业链优势和业务升级、创造、培育增量市场，在开放中分享机会和利益，实现互利共赢，例如在尼日利亚和BUA集团合作开展了矿山和水泥厂生产线的运营合作，取得了非常显著的经济效益，成为公司一个稳定的利润贡献点。EPC+F业务主要是用好金融工具，补齐国际竞争短板，目前在赞比亚CAC项目上取得了突破性的进展。EPC+L（属地化）指中材建设通过各子（分）公司的属地化经营管理运作，可深入推进公司深耕细作属地市场，并能有效利用属地资源，是公司成功实现业务承揽的有效途径，同时也是确保承揽质量、降低成本的有效手段。

倡导绿色环保，促进可持续发展

公司于2005年加入全球契约组织，始终坚持"绿水青山就是金山银山"的发展理念，推动形成绿色发展方式，探索环境治理新模式。公司负责总体规划和主体设计的中建材赞比亚建材产业园项目，工艺设计采用了多项有别于传统工艺的技术，简化流程、降低能耗，厂区内各项粉尘、噪声、废气环保指标均优于保证值和相关排放标准，成为中国在海外的首个以循环经济、完整产业链为发展模式的建材产业示范项目；公司通过研发同时适用于多种性状废料的窑头与分解炉燃烧器、窑尾多级燃烧器喷嘴、计量喂料机、智能分拣装置及配伍系统，改进防腐蚀耐火材料，开发在线成分监测系统等，实现了废弃物安全处置与资源化全利用，目前公司有多条协同处置废弃物的生产线投入生产应用；公司加强包括废塑料、碎纸、碎轮胎、整轮胎、动物肉、绒毛、污泥、木屑、锯屑、纸浆、咖啡壳等替代燃料的技术研发，并有多条替代燃料生产线成功投入生产应用，替代燃料率20%～87%。在新建的水泥项目中，有些已经同步建设了水泥窑协同处理替代燃料系统。

公司把企业经营与环境保护作为有机整体，坚持走"低能耗、低排放、高技术、高效益"发展道路，在强化水泥主业竞争力的基础上，注重科技创新，通过新技术、新工艺的应用，实现了能耗大幅下降，环保污染物稳定达标排放的目标。

加强企业文化建设，增强软实力

公司文化建设紧密围绕各项生产经营任务，对内凝聚人心，对外塑造形象。强调责任文化的建设，

把项目部当作展示企业责任文化的阵地,加强责任文化管理体系建设。作为以海外业务为主的"走出去"企业,在不断增强企业"硬实力"的同时,积极打造企业"软实力",不断挖掘总结自身优秀文化因素,主动学习借鉴跨国企业的先进经验。公司还于 2014 年荣获全国建材企业文化建设"优秀案例"和"示范单位"两项奖励。

公司积极开展"匠心传承、工匠带徒"传帮带活动,践行工匠精神;为全体在职职工、退休职工办理平安住院安心保险和补充医疗保险,加强人文关怀;开展"职场女性形象定位"三八讲座活动,书画、摄影大赛活动,健康运动知识讲座活动,消暑活动,并举办羽毛球基础培训班等,愉悦了员工身心;积极举办健身文体活动,切实丰富了员工业余生活。

积极履行社会责任,树立优质品牌形象

公司在发展中秉承中国建材集团"善用资源、服务建设"的核心理念,积极践行集团"创新、绩效、和谐、责任"的核心价值观,坚持"为当地经济作贡献、与当地企业合作、与当地人民友好相处"三原则,在项目所在地开展公益事业,加大人才属地化,为当地劳动力提供大量就业岗位,追求市场、环境、社会的协调共赢,持续加强与联合国全球契约组织的沟通与交流,认真履行作为全球契约组织成员的责任和义务。

春潮奔涌,大浪淘沙,岁月的河流永不停息,改革的趋势是不进则退。公司坚持稳中求进工作总基调,坚持绿色发展理念,坚持以创新驱动发展、以改革赋能发展、以国际化促进发展、以党建引领发展,推动企业的高质量和可持续发展,不断增强企业的竞争力、创新力、控制力、影响力、抗风险能力,为将公司建设成为"规模适度、效益一流、事业有成、待遇优越、受人尊重"的国际一流综合性工业工程公司而努力奋斗。

点评: 在经济"新常态"下,童来苟凭借着坚韧不拔的精神、非凡的毅力和敏锐的洞察力,带领中材建设全体员工以管理提升为手段,深化改革,以创新驱动发展,加快转型升级,积极履行社会责任。公司经营业绩逐年提升,实现了持续、稳定、健康的发展。

开拓进取，勇于创新，
全力推动高质量科学发展

——记内蒙古冀东水泥有限责任公司党委书记、执行董事 焦留军

焦留军同志从 2014 年 11 月开始担任包钢冀东水泥有限公司总经理，2018 年 12 月起担任内蒙古冀东水泥有限责任公司执行董事、党委书记。焦留军同志拥护党的方针政策，具有较强的政治素质，德才兼备。任职期间，领导企业取得了良好的经营业绩，并在管理创新、转型升级、绿色发展、文化建设、化解过剩产能方面做出了重要贡献。

2015 年前，受多种因素影响，包钢冀东水泥有限公司连年亏损，企业发展前景黯淡。焦留军同志担任总经理后，大刀阔斧实施改革创新，对外想方设法开拓市场，提高产品销量，对内实施精细化管理，降低生产成本，2015 年当年即实现大幅减亏，同比减亏 7800 万元。2016 年实现扭亏为盈，当年营利 726 万元，2017 年营利 1388 万元。焦留军同志同广大干部职工一道，经过三年的艰苦奋斗和辛勤耕耘，让一个濒临倒闭的企业起死回生，经济效益大幅提升，发展前景趋稳向好。

2018 年 12 月，焦留军同志被任命为内蒙古冀东水泥有限责任公司党委书记。内蒙古冀东党委作为金隅冀东水泥内蒙古区域党委，领导管辖 6 个水泥生产企业、2 个营销公司，熟料产能 750 万吨，水泥产能 1100 万吨，员工 1441 人。2019 年，在区域党委领导下，各企业围绕生产经营，找差距、补短板，生产经营形势持续改善，区域整体实现了大幅减亏，企业效益和运营质量显著提升。其中，包头冀东水泥有限公司、冀东水泥阿巴嘎旗有限责任公司实现历史性盈利，内蒙古冀东水泥有限责任公司实现大幅减亏。

大力实施管理创新，建立科学高效的管控模式

焦留军同志积极探索创建区域管控模式，按照发挥区域资源最大效力原则，加强基础管理，不断创新区域管理模式，优化工作机制，全面提升运营质量，提高区域企业整体竞争实力。

为发挥区域专业一体化管理优势，实现专业技术资源统筹共享，给区域党委"三重一大"决策提供技术支持，区域党委成立了专业管理委员会和八个专业技术委员会，即生产工艺、机械、电气、发电、矿山、质检、物资、安全环保专业技术委员会。以专业技术委员会为抓手，统筹优化区域人才资源，开展专业对标，促进管理提升。

加强区域物资采购和煤炭直采工作。通过实施煤炭直采降低采购价格，提高煤炭质量；粉煤灰、脱硫石膏、铁矿石、氨水、编织袋等实行区域统招统采后，都取得了较好的效果，降本增效十分显著。

加快转型升级，推动企业高质量发展

焦留军同志非常重视企业转型升级，推动区域内企业实现良性可持续发展。比如，包钢冀东水泥有限公司利用包钢集团产生的水渣等废弃物生产水泥，加大了固废利用的力度，大力发展循环经济。内蒙古亿利冀东水泥有限责任公司、内蒙古伊东冀东水泥有限公司坚持做城市的净化器、政府的好帮手，在生产中大量消化工业废渣，全年约170万吨，经济效益和社会效益十分显著。

坚持绿色发展理念，加强生态文明建设

焦留军同志带领班子成员坚持绿色发展理念，强化环保工作的法律意识、红线意识。结合区域企业实际情况，组织实施了多项环保项目技术改造，均达到了预期效果。包头冀东水泥有限公司窑尾电除尘设施的改造成功，彻底解决了窑尾排放超标问题，不仅解除了企业的生存风险，而且还获得政府补贴资金114万元。内蒙古亿利冀东水泥有限责任公司全年污染物排放达标，其中二氧化硫和颗粒物排放低于国家标准50%，排污费按照减半征收。

目前，区域内企业内蒙古冀东、包头公司、亿利公司、伊东冀东绿色工厂已通过自治区审核，正在组织申报国家级绿色工厂。

重视文化建设，增强企业发展动力

企业文化是企业发展过程中逐步形成和培育起来的、具有本企业特色的企业精神、企业使命、管理理念等，是企业员工普遍认同的价值观、企业道德观及其行为规范。

焦留军同志带头践行金隅"干事文化"，大力营造干事文化氛围，建立健全鼓励干事、支持干事的工作机制。坚持正确的用人导向，形成鼓励干事、善待挫折、激励成功、宽容失败的浓厚氛围。通过企业文化建设，提高员工工作积极性，激发创业热情，增强凝聚力，从而迸发巨大能量，助推企业健康快速发展。

履行社会责任，打造国有企业良好形象

金隅冀东水泥内蒙古区域企业自觉遵守国家有关法律法规，合法经营、照章纳税，承担法定责任和义务，并接受政府的监督和管理。

区域党委着力强化战略思维、提高战略定位，积极发挥大型国有企业的市场引领作用，推进行业自律和市场协同。在地方政府的领导下，协调促进出台冬季错峰生产方案并坚决执行，为化解过剩产能、节能减排做出了重要贡献。

点评： 企业管理好坏突出"严"字和"细"字，内蒙古冀东水泥有限责任公司党委书记、执行董事焦留军，注重加强基础管理，不断创新区域管理模式；加快转型升级，推动企业高质量发展；坚持绿色发展理念，加强生态文明建设；重视文化建设，增强企业发展动力；企业在他的带领下，走向了健康发展的轨道。

在企业高质量发展征程上阔步前行

——记凯盛晶华玻璃有限公司党总支书记、总经理 田文顺

田文顺同志，男，汉族，1964年8月出生，山东陵县人，1987年8月参加工作，1991年11月加入中国共产党。新加坡南洋理工大学研究生毕业，硕士学位，高级经济师。获得中国优秀企业家、全国建材行业劳动模范、全国建材行业优秀企业家、全国日用玻璃行业优秀企业家、中国建材企业文化突出贡献人物、山东省优秀企业家、山东省"富民兴鲁"劳动奖章获得者、山东省轻工业建国60周年功勋企业家、山东省优秀青年知识分子、德州市首席专家等荣誉称号。田文顺同志自2016年至今任凯盛晶华玻璃有限公司（以下简称凯盛晶华）总经理。近年来，在上级党委、政府的正确领导和亲切关怀下，田文顺带领广大干部员工与时俱进，开拓创新，推动了玻璃产业转型升级，公司实现了高质量发展。

夯实管理、规范企业运作

凯盛晶华始终坚持与时俱进，推动管理转型。推进组织精健化，确定了生产车间及后勤管理部门的组织架构和定员定编。员工一人多岗，各部门推行联合办公，加强制度体系优化。以央企的标准建章立制，规范运作。推进管理精细化。细化六项生产指标，推行ERP信息化管理、精益5S管理、质量认证三体系建设、看板管理等。公司管理制度汇编成册，操作规程、岗位职责制作上墙、厂区宣传栏安装、设备责任到人。每周开展设备、微电、窑炉、工艺、安全环保、夜间值班六项大检查。每周司务会各部门汇报全部用PPT演示；每周经理会，班子成员研究重要问题。每天召开生产班前例会，协调解决生产问题。推进经营精益化。一是抓生产。公司请进来，走出去，外请集团内的生产专家来厂指导生产，派遣骨干人员去先进单位学习交流，加强对标学习，互相学习借鉴，不断提高技术操作水平。开展技术比武，全员学技术。进一步规范工艺作业制度，实现了各项工艺控制的精细化、规范化。目前质量和成品率稳定在双90%左右。二是抓销售。销售紧跟市场节奏，保持合理价位，扩大销量，降低库存，增加回款。销售工作向精准定位转变。逐步摸索实现订单式生产，经济效益突出。三是抓供应。参加集团集中采购，供应处千方百计寻找优质供应商，确保了各种原材料的稳定供应。四是抓财务。夯实"两金压控"工作，减少应收账款，降低库存，确保资金及时回笼。

新旧转换，促进企业转型升级

凯盛晶华绿色建材产业园项目是山东省德州市"退城进园"典型项目、对接央企强企示范项目，也是山东省新旧动能转换重大项目。整个项目总投资30亿元，规划占地1000亩，实行总体规划、分

期建设。项目一期 600 吨超白玻璃基板项目已于 2018 年 8 月 19 日建成投产。把企业做大做强，才能有更长远的发展。在一期项目以超白超薄玻璃为主的基础上，凯盛晶华适时启动 800 吨高档浮法玻璃生产线，规划了二期以铜铟镓硒和碲化镉发电的电子玻璃等突破发展、引领潮流的潜力项目，叫响"高端玻璃看德州"的名片。未来五年，公司全力打造一个百亿级绿色建材工业园，建设三个基地——中国建材高新技术成果转化基地、京津地区包括雄安新区的玻璃集散供应基地、中国建材高端玻璃示范基地。

绿色发展，打造无烟工厂

过去，企业靠质量赢得了客户，未来，凯盛晶华将坚持高端、绿色、智能、高效的发展理念，把绿色智造做大做强。公司打造玻璃产业的样板工程，力求产品向高端化发展，不仅要无人，还要无烟。2019 年 8 月份，新组建的凯盛晶华玻璃有限公司迁至新厂，全国首条"宽板慢速"玻璃生产线正式投产。可生产国内最薄的超白玻璃，应用于高档建筑节能玻璃外墙、太阳能光伏背板、汽车玻璃等。不仅产品升级，为实现节能减排，仅环保设施就投入了 8000 万元。该生产线以天然气为燃料，实行两级脱硫，两级脱尘，一级除硝，烟气排放基本看不到，排放标准提前达到 2020 年的国家标准，在节能减排方面走在了同行业的前列，为山东省的碧水蓝天做出了突出贡献。

文化融合，打造命运共同体

凯盛晶华是由中国建材凯盛科技集团与晶华集团合资组建的一家混合所有制企业。两家企业历史形成的管理模式、思想状况、厂风厂貌不一样。同时，凯盛晶华的员工，都是原来老公司招聘的员工，虽然都是骨干人员，但是他们年龄不同、学历不同、条件不同，思想也各有差异。新公司成立后在企业文化理念、管理方式上调整力度较大，企业全部按照央企的要求建章立制，管理更严格，要求更细致。公司成立以后积极融入中国建材集团，通过打造"共融"文化，实现了央企和民企文化理念的高度融合，实现了企业文化与发展目标、文化优势与竞争优势的和谐统一，为公司的持续、快速、健康发展提供了强有力的文化支撑。

公司深入学习贯彻落实习近平新时代中国特色社会主义思想和党的十九大精神。践行中建材"创新、绩效、和谐、责任"的企业文化。领导干部讲"责任、修养、境界"，中层干部讲"职守、专业、一流"，广大员工讲"敬业、爱岗"，使广大职工增强了价值认同、观念认同、目标认同。公司对广大员工进行深入系统的企业价值观、人生观和职业道德教育，给职工讲形势、讲任务，宣传企业的美好前景，千方百计激励职工的勇气和信心。党政领导干部挂靠车间，与职工交流谈心，力所能及地为职工办好事、办实事。同时通过开展劳动竞赛、技术比武、业务培训、合理化建议、文体活动等，倡导团队精神，切实建设了一支纪律严明、敢打硬仗、能打胜仗、攻坚克难的铁军。

总经理田文顺带领广大员工夜以继日，顽强拼搏，全力协调推进 600 吨超白玻璃基板项目进度。在各级组织和领导的关心帮助下，在全体员工的共同努力下，确保了项目顺利建成投产。2018 年 8 月 19 日一次引板成功，投产 4 个月，实现产量 109.25 万重箱、收入 6941.98 万元、利润 1684.42 万元，圆满完成集团利润计划。

履行责任，营造内外和谐的环境

企业主动承担社会责任，营造企业内部与外部的和谐环境，致力于追求企业价值、员工价值、股东价值和社会价值的和谐发展。一是与股东和谐相融。使企业创造更多的利润，使投资者获得更丰厚的回报。几年来投资者的回报实现了健康、平稳增长。二是与用户和谐相融。用户是企业的命运，品牌是企业的命根子。凯盛晶华过硬的产品和完善的服务就是对用户诚信的最好诠释。现在"晶华"品牌已成为响当当的金字招牌。凭借巨大的品牌影响力，凯盛晶华已成为全国重要的超白超薄玻璃生产基地。三是与员工和谐相融。公司维护员工根本利益，保障员工安居乐业，公司租用了公交车，接送工地职工上下班，方便了职工，确保了交通安全。新建了职工食堂，为职工提供免费工作餐。绿化美化环境，逐步改善职工工作和生活条件，不断提升职工群众幸福感、归属感和获得感。四是与合作伙伴和谐相融。在企业的生存原则中，"竞争"为"合作"所包容。企业和同行间既有竞争又有合作，但更重视合作。公司特别重视上下游企业和合作伙伴的利益。许多供应商和销售商在与凯盛晶华的合作中成长壮大。五是与社会和谐相融。凯盛晶华始终坚持"产业报国、回报社会"的经营宗旨，积极参与"善建公益"捐款、"圆梦大学"助学、德州百姓大舞台公益活动，近两年的时间累计捐款10余万元。

点评：凯盛晶华玻璃有限公司党总支书记、总经理田文顺曾多次荣获省、市及行业的优秀企业家称号，他具有丰富的企业管理经验。凯盛晶华通过新旧动能的转换，促进了企业转型升级，提高了企业的竞争力；通过文化融合，打造命运共同体，提升了员工的认同感；通过技术创新和产品创新，打造"晶华"的品牌，使其知名度和美誉度得到了很大提升！

弘扬正道文化，续写隐形丰碑

——记山东龙泉管道工程股份有限公司董事长、总裁 付波

付波，男，汉族，2004年毕业于吉林大学商学院工商管理专业，曾任建华建材（黑龙江）有限公司、建华建材（吉林）有限公司总经理。现任山东龙泉管道工程股份有限公司（以下简称龙泉股份）董事长兼总裁。自参与龙泉股份管理工作以来，他积极探索转型发展的新方法，依靠团结务实的领导集体，不断运用创新的运营方式，完善企业制度，以及内部管理机制，带领团队克服困难，努力奋斗，使公司实现了从粗放型管理到精细化管理的转变，并始终保持快速发展的势头，企业实力不断增强。付波于2018年获得"全国建材行业优秀企业家"的荣誉称号。他始终坚持以"用户第一，信誉至上"的企业宗旨为指导，带领龙泉股份依靠科技进步，创新经营，不断开拓市场，使龙泉股份取得了飞跃发展。

隐形的丰碑 稳步前行

在付波的带领下，龙泉股份一直致力于工业化、城市化进程中区域输水、城市供水工程，以及大型火力发电厂和核电站的循环水管道工程等基础设施建设。龙泉股份是国内较早开始从事预应力钢筒混凝土管（PCCP）生产的企业之一，经过十余年的发展，现已成为国内建材行业生产用于国家大型水利工程建设、跨流域调水工程建设的预应力钢筒混凝土管系列产品的龙头企业，是中国混凝土与水泥制品协会副会长单位、中国腐蚀与防护学会副理事长单位，在行业内享有较高的知名度。公司参与了国家标准《预应力钢筒混凝土管》GB/T 19685－2017、《混凝土输水管试验方法》GB/T 15345－2003、行业标准《预应力钢筒混凝土管接头用型钢》JC/T 1091－2008、《带钢筒混凝土顶管》《预应力钢筒混凝土管（PCCP）工艺技术规程》《城镇给排水工程预应力钢筒混凝土管施工规程》等标准的制修订等工作。

多年来，公司稳居我国PCCP行业第一集团行列，通过成功中标国内一系列标志性引水输水工程管材供应合同，公司产品销往全国各地，从而提高了品牌知名度，树立了良好的公司形象。

加强科技创新，向创新要效益

付波领导龙泉股份以来，着重培养员工的科技意识、质量意识和创新意识，截至2019年6月30日，公司及子公司拥有注册商标14项。

公司通过引进高端技术人才，加大研发投入力度，在PCCP设备研制、设计、开发等方面进行了持续性的创新工作，为促进PCCP行业的发展做出了较大贡献。在管道使用工况、使用条件、管道水流特性、水力计算、内外压荷载等方面积累了大量的经验。公司质量与技术研发中心于2010年被淄博市科技局认定为淄博市预应力钢筒混凝土管工程技术研究中心，2011年被山东省经济和信息化委员会认定

为省级企业技术中心，2012年被淄博市发展和改革委员会认定为淄博市工程研究中心，2014年被山东省发展和改革委员会认定为山东省工程研究中心。

截至2019年6月30日，其子公司已取得专利技术共142项，其中发明专利26项、实用新型专利116项，产品创新、质量创优，并于2018年获得"苏博特杯"混凝土与水泥制品行业技术革新奖二等奖，混凝土与水泥制品行业技术革新奖三等奖。

围绕着石化领域所需的高压临氢管件和核电领域所需的核级金属管件进行了持续的产品与技术研发，形成了雄厚的技术积累，并打造了包含研发体系、研发团队、研发工具、技术开发、系统设计、应用技术等环节在内的一整套技术创新与产品研的发管理体制，使技术进步成为公司提升核心竞争力的强大动力。经过多年的开发与创新，公司在成型加工、热处理技术、表面处理（不锈钢铁素体污染清除工艺）和综合性能测试方面形成了自己的核心技术，并得到稳定可靠的批规模化生产，能够为客户提供高精度、高品质的高端金属管件产品，确立了公司在业内的技术优势。

脚踏实地 转型发展

21世纪是知识经济时代，科技进步日新月异，知识迅速更新，市场竞争日趋激烈，付波深知，面对新形势、新领域、新事物、新情况，企业要在竞争激烈的市场竞争中实现持续、健康、快速发展，就要积极应对当今市场的转型发展。

公司在转型发展期间建立以成本和资金、技术和质量以及营销和市场为核心的内控管理体系。并且高度重视企业管理工作，严格质量管理和过程控制。采用先进的办公系统网络式管理，真正达到了企业异地集成化管理、进销存一体化的管理、有序分层的文档管理、内部信息发布和多样化办公流程等管理体系，避免了生产经营场所分散所带来管理不足的风险。

针对我国输水工程区域分布广、预应力钢筒混凝土管运输半径受限的业务特点，龙泉股份率先在业内实现了异地承接工程及快速建厂。目前，公司已在全国十余省区建设了PCCP生产基地，产品销售半径覆盖东北、华北、华中、华东、华南及西北等地区，已形成以山东淄博本部所在地为基地的开拓环渤海经济圈市场、以全资子公司辽宁盛世水利水电工程有限公司为基地的开拓振兴东北老工业基地市场、以全资子公司常州龙泉管道工程有限公司为基地的开拓长三角经济圈市场、以河南分公司为基地的开拓中原崛起市场、以广东龙泉水务管道工程有限公司为基地开拓珠三角经济圈的业务布局体系，为深入、持续拓展我国重点引水工程区域市场奠定了良好的基础。

创新业态 绿色发展

付波将环境保护作为公司可持续发展重要支柱，引领公司发展水污染防治工程、"海绵城市"、城市地下综合管廊等基础设施建设。公司先后通过了质量、环境、职业健康安全管理体系认证，以及欧盟的PED认证等；是"守合同重信用"企业、"中国建材优秀企业"和"山东工业突出贡献企业"；其"颜神龙泉"商标是山东省著名商标，中国驰名商标。真正实现经济、社会和环境的可持续发展。

以人为本 无为而治

天得和以清，地得和以宁，人得和以生。付波始终坚持公司"以人为本，无为而治"的企业管理理念。

通过实际行动让员工们感到公司"视人才为财富，以人为本，尊重并培养每一位有才华的人"。

2019年是龙泉股份"企业文化学习与制度建设年"。公司从态度、知识和技能三方面内容着手，通过总部系统培训班、公司级培训、部门内训、晨读等培训形式，不断激发员工潜力、提高组织业绩、增强公司人才储备库，逐步完善人才梯队建设，推动企业发展。为了在转型发展阶段快速提升高层管理人员经营管理能力，推动战略发展的专业执行力，提升文化认同度，特开展"领航计划"，培养一批认同公司企业文化，与企业价值观一致的高层管理人员。通过培训，提升了各系统人员专业技能，提高了员工工作质量，培养出越来越多的复合型人才。

定期进行企业文化为主题的福利活动，"团建拓展""员工生日会"等多样的活动形式，使每一位员工体验活动的同时能够切身实地感受到公司"坦诚、阳光、简单"的工作氛围，认同"走正道，负责人，心中有别人"的企业文化核心，体会到公司对待人才的重视、尊重。

目前，龙泉股份已拥有一支开放包容、锐意创新、具有国际视野的精英团队，拥有一大批高素质的专业技术人才和企业管理人才。

饮水思源，回报社会

付波深知企业的发展与政府的支持、社会的关心是分不开的，并带领公司积极响应国家的各项政策，大力发展在"跨流域调水工程、城乡供水水源工程、农村饮水安全工程、综合利用水利枢纽工程、高效输配水、节水灌溉技术推广应用"中广泛应用的PCCP管道及相关工程技术。公司已先后为南水北调系列配套工程，东北供水工程，新疆供水工程，鄂北水资源配置工程，辽宁大伙房水库系列输水工程，江苏引长江水系列工程，广东甲湖湾电厂循环水工程，郑州电力管廊工程，印尼庞卡兰苏苏燃煤发电工程，中石化、中石油、中海油系列重点工程，秦山核电站，岭澳核电站，巴基斯坦恰希玛C2工程，大连恒力石化等重点工程提供产品，在行业内树立了良好的信誉和形象。

砥砺前行，再创辉煌

未来，龙泉股份在付波的带领下，将积极把握我国在工业化、城市化进程中区域输水、城市供水工程以及大型火力发电厂和核电站的循环水管道工程等基础设施建设带来的长期发展机遇，深耕PCCP市场，积极拓宽产品应用范围和领域，将PCCP产品延伸应用于电力、石化等新领域，进一步提升产品的市场占有率和业内的竞争地位，成为国内最具竞争力和影响力的PCCP生产企业。在此基础上，牢牢把握水污染防治工程、"海绵城市"、地下城市综合管廊等城市基础设施建设以及新型城镇化建设项目为管道行业发展带来的可预期的新机遇，围绕混凝土制品和相关下游领域的增量市场需求，积极培育和拓展混凝土排水管等新业务，丰富和优化产品结构，增强盈利能力和抗风险能力。

发展无止境，前进永不停，面对未来市场新的要求，龙泉股份在付波这位杰出的企业家的带领下，在社会各界的大力支持下，一定会取得更加丰硕的成果，铸就更大的辉煌。

点评：山东龙泉管道工程股份有限公司董事长、总裁付波是一位较年轻的职业经理人。**他学识渊博，企业管理经验丰富，在加强企业内部管理、转型升级、科技创新、绿色发展的同时，特别值得称道的是，他对企业文化的作用理解得比较深刻，并付诸实施，希望他在"弘扬正道文化，续写隐形丰碑"方面取得更大的成就。**

不断创新，推动企业高质量发展

——记内蒙古天皓水泥集团有限公司总经理 王春林

王春林，男，现年50周岁，出生于内蒙古乌兰察布市，现担任内蒙古天皓水泥集团有限公司总经理。王春林同志于1986—1990年在内蒙古建材学院学习水泥工艺专业，1994年9月—1998年6月在内蒙古工业大学学习机电一体化专业，2011—2013年参加内蒙古大学EMBA总裁培训。

王春林同志于1990年7月—1998年9月在内蒙古察右前旗红岩水泥工作，先后任技术员、车间主任、生产科长、副厂长。1998年9月—2000年1月任乌兰水泥集团生料制备工段长。2000年1月—2002年2月任乌兰水泥集团机修车间副主任。2002年2月—2003年3月任乌兰水泥集团集宁分厂厂长。2003年3月—2004年1月任乌兰集团呼市分公司经理。2004年1月—2006年3月任乌兰水泥集团丰镇分公司经理。2006年3月—2009年10月任乌兰水泥集团岱海分公司经理。2010年开始至今任内蒙古天皓水泥集团有限公司总经理。

王春林同志是个精明强干、极富梦想的人，在他的带领下，内蒙古天皓水泥集团有限公司被中国建筑材料企业管理协会评选为"2019中国建材500强"和"2019中国建材和谐企业"，并被推选为中国建筑材料管理协会品牌建设分会副理事长单位，被内蒙古人社厅、工信厅、水泥协会联合推荐为内蒙古地区全国建材行业先进集体。

狠抓安全工作，确保安全局面

王春林同志始终坚持"安全第一，预防为主"的安全生产方针。在抓好经济效益的同时，狠抓安全生产工作，紧紧围绕"抓落实、严考核、重实效"的九字方针，开展了行之有效的安全管理工作。全年全公司实现人身伤亡事故"零"指标；全员安全教育率100%；事故隐患整改率100%。

一是安全生产责任落实到位。逐级签订了《安全目标责任书》，并健全了厂、车间、班组三级安全网。落实了安全生产奖惩考核制度，安全目标明确，责任压解到位。设立了独立的考核机构，对《安全目标责任书》中规定的责任制完成情况实行随机抽查考核，考核结果与工资相关联，从而提高了职工重视安全、保障安全的责任心和积极性。

二是强化安全管理工作。在检修过程中，公司所选用的外协施工单位必须审查其公司资质，严格按照施工预案和防护措施进行组织施工。在施工过程中，存在危险作业时协调公司安环部专职安全员进行现场监督检查安全防护设施。

三是加强安全领导。各公司均成立了以总经理为组长的安全工作领导小组，每周五下午进行安全、设备、卫生联查，对存在的问题及时提出，限期整改，并且落实整改责任人，到期进行复查，落实奖罚。

建设有特色的水泥企业文化新模式

王春林同志认为,今天的中国水泥企业规模由小到大,技术创新能力不断提升,市场集中度越来越高,产业链逐渐延伸,在长期的企业管理和市场竞争中,面对现实的产能严重过剩和未来的行业转型升级,如何丰富和提升公司的水泥企业文化,是一个新课题。所以,公司从以下角度出发,建设具有"天皓特色"的水泥企业文化新模式。

一是企业使命:以卓越的产品质量,打造伟大的事业,开创美好的生活。

二是事业目标:立足水泥行业,发展新型建材,通过持续地提供卓越的产品与服务,成长为内蒙古区域的领先企业,进而向中国知名企业迈进。

三是管理理念:规范运作,精细管理,持续改进,不断创新。

四是经营理念:以市场为导向,以客户为中心,快速地反应,积极地行动,以双赢的模式实现企业价值最大化。

五是服务理念:以服务提升品牌价值,以服务建立永久的客户关系。

六是合作理念:与我们的合作者结成利益共同体,协同销售,建立多赢关系的商业生态体系。

七是人才理念:提倡团队协作,同时给员工以充分的发展空间,最终实现员工、团队、企业的共同发展。

八是人格理念:尽心做事,诚信做人。

一个强大的可持久发展的企业,它的灵魂与精髓,归根到底在于它的文化内涵。深化改革,奋力开拓,企业文化伴随着企业发展壮大,在继承中前进,在前进中创新,在激烈的市场竞争中不断增强其市场竞争能力,形成了具有"天皓特色"的强势文化,创建了一个从内到外整齐划一的团队,促使企业稳步健康快速和谐发展。

降低生产成本,强化节能减排

王春林同志是一个优秀的企业家,在发展企业的同时,不断加大公司环保整治力度,确保环保设施始终完好,满足日常治污控制需要。2018年投资约2亿元对两条熟料生产线生料系统辊压机、终粉磨、变频器、窑头收尘器和脱硝系统进行了改造,对原材料进行了仓化、棚化改造,对包装机装车系统进行了改造,大大降低了粉尘污染和噪声污染,实现了达标排放;同时,企业专门成立了安全生产和环境保护监督部,安装了各种环境监测和环境保护装置;在各公司厂区道路两侧空地种植了灌木和松树,部分区域建设了护坡及挡墙,厂区草坪重新进行了种植,使各公司厂区绿化率达到了43%,同时均取得了ISO 14001环境体系认证。

2018年,企业重点实施了3个项目:一是6000t/d熟料生产线配套9MW纯低温余热发电项目,4月7日调试并试运行,于8月1日起正式运行,吨熟料生产成本降低9元/吨;二是年产800万吨精品砂石骨料项目于2017年立项,总投资8000万元,该项目对矿山水泥用石灰石剩余部分综合利用于生产骨料,满足了市场需求,降低了生产成本,提高了矿山利用率,延长了矿山服务期限,提高了企业综合效益;三是建设水泥窑协同处置危险废物10万吨/年项目。

强化企业内部管理，积极践行全新管理模式

王春林同志坚持开展改革创新，实行集团总抓、策划、监督，各公司落实、创新分配的模式调动全员积极性。为了充分发挥绩效考核的激励导向作用，充分调动全体干部、员工工作积极性和主动性。2018年将生产任务完成率与员工工资、年终奖金关联，一旦完成生产任务的80%，全体员工就可获得当月100%的绩效工资；完成生产任务80%以上，员工即可拿到绩效奖励；100%完成生产任务年薪人员即可获得奖励。

不断研究，提高产品质量

王春林同志历来重视品牌的建设与维护，带领全体人员不断进行技术创新，开发新产品，狠抓产品质量。在质量管理上，公司水泥熟料生产线和水泥粉磨生产线均采用国际上先进的新型干法水泥熟料生产工艺和半终端粉磨技术，并拥有设备先进的水泥化验室和商品混凝土实验室，严格质量控制过程，确保水泥熟料、水泥、商品混凝土的质量；同时，公司有水泥专家、混凝土专家组成的售后服务队伍，为广大客户提供优质的服务，曾多次被国家相关部门评为全优单位。

履行社会责任

王春林同志始终没有忘记共产党员的本色，在公司发展的同时，还主动承担社会责任，积极投身社会公益事业。公司现有职工895人，每年都要向社会招收各类人才到企业工作，并在自治区、市、县劳动部门举办的劳务招聘会、人才交流会上推出竞聘岗位和用工需求，面向社会公开招聘，有效帮助解决当地就业难的问题，促进了当地社会效益与企业经济效益得到提高。引进优秀人才，搭建人才培养平台，推进人才发展机制创新和优质团队建设，为企业发展奠定了坚实的基础和源源不断的动力支持。

同时，公司于2017年捐助桦树沟村委发展村集体经济资金2万元；2018年4月捐助老牛湾镇中咀梁村发展村集体经济资金2万元，10月参加清水河县"精准扶贫"农特产品展销会暨扶贫日捐助仪式并捐款5000元；2018年公司赞助帮扶清水河县普通高级中学相关助学资金30万元；2018年5月赞助准格尔旗龙口社区经济产业10万元；6月赞助准格尔旗龙口社区水泥2.45万元；11月赞助准格尔旗龙口社区饮水工程2.55万元；2019年3月赞助准格尔旗龙口社区居民帮扶款1万元；8月赞助盖梁村饮水工程1万元；9月赞助前沟子社3万元。

提高产品质量，提升服务品质，提高市场影响力

经过多年的创新创业，以集团董事长和王春林总经理为核心的天皓集团公司，加快结构调整和转型升级步伐，正在形成研发制造、市场营销、新型建材、环境工程、砂石骨料、商砼服务、物流配送、技术咨询等完整产业链条。通过集团近年来在产品研发工作中的不懈努力，产品性能及质量得到了很大提高，受到了市场的高度认可，目前集团公司在呼和浩特市地区水泥市场占有率已达35%，集团公

司参与的大型工程、重点工程市场占比已达 40% 以上。

为有力打赢"蓝天保卫战"、打好"污染防治攻坚战",为全面打造"北京蓝天计划"做出贡献,满足人民日益增长的优美环境需求,公司着力扩大铁路通道运能供给,提升多式联运发展水平,加快建设现代综合交通运输体系,促进物流降本增效,填补京津冀地区建设对水泥的需求量,提高公司产能利用率。

展望未来,王春林同志将继续坚定不移地推进集团公司结构调整和转型升级,利用公司生产成本低、生产能力稳定、地理区位优势、资源储备丰富和产品质量高等多方位优势,提升服务品质,提高市场影响力,以最好的产品,最优质的的服务,最满意的团队,回馈客户的信任,支持京津冀地区绿色发展,为社会多做贡献,努力走出一条质量更高、效益更好、结构更优的发展道路,打造绿色、环保、节能、创新、高效、可持续发展的新时代企业。

点评:不断创新,推动企业高质量发展,是内蒙古天皓水泥集团有限公司总经理王春林的不懈追求。在他的推动下,通过生产工艺技术的创新,产品质量和品牌的提升,践行全新的管理模式,强化环保和绿色发展,履行社会责任和企业担当,内蒙古天皓水泥集团有限公司成为自治区的先进企业。

奋力推动公司转型升级和高质量发展

——记冀东水泥铜川有限公司党委书记、执行董事 韩保平

韩保平，男，1963年5月生，中国共产党党员，陕西铜川市耀州区人，大学本科学历，高级经济师。曾任陕西秦岭水泥（集团）股份有限公司董事会秘书、董事会办公室主任，唐山冀东水泥股份有限公司董事会秘书、董秘室主任等职。2016年12月起担任冀东海德堡（泾阳）水泥有限公司（区域党委）党委书记，现任冀东水泥铜川有限公司（区域党委）党委书记、执行董事，冀东水泥凤翔有限责任公司董事长，冀东海德堡（泾阳）水泥有限公司和冀东海德堡（扶风）水泥有限公司副董事长（日常实际负责人），全面负责本区域上述企业党政工作。

韩保平同志旗帜鲜明地坚持党对国有企业的领导不动摇，对合资公司党的建设不放松，坚定深化国有企业改革、加快转型升级和创新发展的理论自信，驰而不息加强思想政治教育。该同志锐意进取、开拓创新，为企业发展做出了巨大贡献，取得了显著的效果和突出的业绩。

以韩保平同志为主要负责人申报的《党委领导下的区域化管理创新模式与实践》成果荣获"2018年度中国建材企业管理现代化创新成果"一等奖；韩保平主持创作的《战略重组文化深度融合开新花》荣获"2018－2019年度全国建材企业文化建设典型案例"，韩保平荣获"2018－2019年度全国建材企业文化建设突出贡献人物"。

企业简介

金隅冀东水泥陕西中南部区域（以下简称区域）是北京金隅集团股份有限公司旗下，隶属唐山冀东水泥股份有限公司管理的陕西关中地区行使区域管理职能的管理架构，目前管辖冀东水泥铜川有限公司、冀东海德堡（泾阳）水泥有限公司、冀东海德堡（扶风）水泥有限公司、冀东水泥凤翔有限责任公司、冀东发展泾阳建材有限责任公司5家企业和陕西金隅冀东水泥经贸有限公司日常党建工作。

冀东水泥铜川有限公司前身是国家"一五"计划156个重点项目之一——陕西省耀县水泥厂为主发起成立的股份制公司——陕西秦岭水泥（集团）股份有限公司。1956年建厂至今，从湿法生产到干法生产，历经扩建、改制上市、破产重整和重大资产重组，现为唐山冀东水泥股份有限公司全资子公司。作为国家多年的水泥重点骨干企业，公司目前拥有两条日产2000吨新型干法生产线，一条日产4000吨和一条日产4500吨新型干法生产线，设计年水泥生产能力600万吨。国家权威建筑设计单位在重大项目设计中，多指定采用公司产品。公司先后获得国家水泥质量监督检验中心全国第十六次水泥品质检验大对比全优奖、铜川市质量管理先进企业荣誉称号、铜川市五一劳动奖以及全国建材企业文化建设优秀成果奖等多项荣誉。

冀东海德堡（泾阳）水泥有限公司是由冀东水泥公司与德国海德堡水泥集团全资子公司海德堡水

泥控股香港有限公司合资成立的合资企业，拥有两条水泥及配套余热发电生产线，年水泥熟料产能400万吨。冀东海德堡（扶风）水泥有限公司是由冀东水泥公司与海德堡水泥控股香港有限公司、扶风法门寺水泥有限公司合资成立的合资企业，拥有一条日产4000吨、一条日产5000吨新型干法水泥生产线及年产140万吨骨料系统。冀东水泥凤翔有限责任公司是由冀东水泥公司与陕西省天柱水泥制造有限责任公司出资组建的新型干法水泥生产线，年产水泥220万吨。

主要事迹

1. 开创党委领导下的区域化管理模式，奠定了公司盈利能力和发展质量的战略基石

韩保平带领公司党委摸索出了党委领导下的区域管理创新之路，实现了党委领导下区域化管控模式的理念创新、制度创新、机制创新和方法创新，区域化党建生产经营工作取得突破性进展，有效解决了党对企业的领导，日常党建工作实现了规范化管理；对外形成了良好的营商环境，区域协调产销协同发力，积极推动市场自律，不断提高产品质量和客户服务水平，进一步增强了产品核心竞争力；企业日常生产经营管理协调顺畅，安全环保等管理迈上了新台阶，历史遗留难题逐步化解，积极实施窑协同处置项目和新项目建设，实现了传统水泥企业的转型升级，为陕西区域企业整体健康持续发展奠定了良好基础。

以党委中心组为学习平台，统一思想，努力提高干部、党员的政治觉悟和理论水平。韩保平带领公司党委始终坚持以深入学习习近平新时代中国特色社会主义思想为首要任务，围绕生产经营中心工作，统一思想，凝聚共识。聚焦思想学习、理论研究、工作改进，坚持问题导向，抓住薄弱环节，科学谋划加强和改进党的建设与生产经营管理工作的思路举措。统筹推进厂处级领导干部在线学习、专题读书活动，严格落实领导干部上讲台讲党课制度，起到了以上率下的良好效果。

立足企业现状，构建党的建设、经营管理和专业管理架构，全面提高区域各企业盈利能力。韩保平主导推行"以客户为中心，以销售为龙头，工厂全力支持配合的市场化运作机制"，健全了区域产销策略会、专业对标会、经营分析会、月度经营筹划、动态跟踪协调等经营研判和沟通机制，围绕市场、客户及政策导向，统筹利用区域资源，及时沟通解决产销突出问题，精准研判市场动向、精细谋划盈利方案，动态跟踪平衡调整确保完成目标，实现效益最大化。铜川公司2017年扭转了连续多年巨额亏损的局面，实现了经营性盈利，2018年铜川公司实现利润总额1.2亿元，区域实现利润10亿元；2019年铜川公司预计实现经营性利润2.33亿元，创企业建立以来的历史纪录。韩保平始终严格执行"三重一大"决策制度，切实做到"把方向、管大局、保落实"，形成了常态化的党委集体决策机制，将党委会决策作为董事会、经理层决策重大问题的前置程序，把加强党的领导和完善现代企业治理体系统一起来，形成了治理主体各司其职、协调运转、有效制衡的公司治理机制。

实现区域管理组织化。由党委委员统领区域党建及经济发展工作，推动区域一体化经营运作和专业管理，区域党委委员分别承担区域物资、技术、质量与协同处置、项目建设、安全环保、党建、工会等专业管理职责，以党委办公室（党委组织部）、党群和纪检监察部、企业管理部三个区域职能部门为抓手，统领区域党建及经营发展工作；整合区域优势人力资源成立区域"物资采购协同、生产技术、质量管理、安全环保、成本管控"五个专业小组及窑协同处置项目组，开展区域专业管理跟踪，推动区域管理规范化、资源共享、对标补短、服务支持、督导促进等工作。《辊压机终粉磨生产石粉改造项目》荣获陕西建材行业技术革新奖二等奖，《研发道路水泥新品种》《缓凝水泥生产》荣获三等奖。

紧密围绕区域经营管理中心和企业可持续发展，构筑良好的营商环境，提升企业品牌价值。韩保平带领企业按照"政府好帮手，城市净化器"的思路，积极与地方政府和省水泥协会良性互动，及时了解政策，采取对策，与销售和市场无缝对接，企业获得省、市"劳动关系和谐企业"称号。围绕产销策略、经营计划、产品质量、售后服务等方面建立了常态化的区域性对接沟通机制；注重抓好事关全局性的大事要事，解决难事。围绕铜川公司生产经营、搬迁、产能置换、万吨线建设及骨料项目建设等重大事项，克服了多项难点问题，解决了错峰生产问题，畅通了上山物流路线，保障了正常生产经营，完成了铜川公司产能置换、退城入园相关事项，为新建万吨线、山上新建骨料机制砂项目赢得了地方政府支持，推动企业的转型升级和持续健康发展迈出了新步伐，按照最先进的环保、能耗和排放标准规划建设万吨线。推动企业投入巨额资金实施环保提升项目，达到国家标准和要求。

坚持以党建工作引领和促进生产经营管理。以落实各级领导班子履行"一岗双责"为重点，加大考评测评力度，完成领导班子、厂处级领导干部、中层骨干人员、党支部书记的述职测评工作；加强人才培养和梯队建设，实施人力资源和干部一体化管理和配置，修订下发干部和人才有关管理制度，严格考核管理，大胆提拔年轻干部，对不合格的干部坚决免职，对违纪的干部及时降职、严肃处理，实现"能上能下、能进能出"的干部管理新机制；努力强化对基层党支部日常党建基础管理，规范化党支部工作标准，增强战斗堡垒作用；选树宣传典型，激励员工践行金隅文化；落实廉政责任，加强党风廉政建设，做好效能监察工作，促进企业提高工作效能。

2. 加快企业转型发展，持续提升创效能力

铜川市政府为落实省委、省政府"把铜川打造成西部传统产业转型升级示范市"的要求，加快推进资源枯竭型城市经济转型发展，在耀州区规划建设惠塬工业园区，要求公司从耀州区城区搬出，按照"退城入园"方式进行产能置换，建设新线。韩保平带领大家围绕企业搬迁、产能置换、万吨线建设等重大事项，经过积极沟通最终赢得地方政府支持；启动实施退城入园项目，按照最先进的环保、能耗和排放标准规划，建设应用第二代新型干法水泥技术装备、采用工业4.0标准的全智能化万吨生产线，打造引领行业、国际一流的智能化标杆工厂，促进企业转型升级；鼓励创新驱动，坚定"科技兴企"，积极研发水泥新品种；号召企业积极申报高新技术企业，努力提升公司核心竞争力；以新发展理念为指导，支持和配合信息化、智能化，积极搭建与企业发展战略相匹配的信息化平台；开展宝鉴山废弃矿山资源综合利用，骨料（一期）年产300万吨机制砂项目顺利建成试产即达标，当月实现盈利。

3. 狠抓绿色矿山建设，多措并举实现节能减排

公司深入践行"绿水青山就是金山银山"的发展理念，贯彻落实国家关于生态文明建设的决策部署，加强对标学习，积极稳妥地推进绿色矿山规划建设，不断充实公司可持续发展的战略内涵，努力实现企业绿色发展的新突破；投入巨额资金实施环保提升项目，环保基本达到国家标准和要求；按照最先进的环保、能耗和排放标准规划建设万吨线。

4. 狠抓企业文化建设，实现战略重组文化深度融合

韩保平同志高度重视战略重组文化传承与深度融合，从2016年金隅冀东战略重组以来，把原陕西大区"日日进步，持续改进"，"谋划新篇、提质增效、勇于夺冠"的理念有效传承，与"想干事、会干事、干成事、不出事、好共事"金隅干事文化和"信用、责任、尊重"的核心价值观等优秀文化深度融合，形成了以"守红线、高效率、优服务、强党建、求卓越"为核心的创新工作思路，营造出"快乐工作、完成目标、成就自我"的工作氛围。积极开展企业文化及其建设工作，实施企业文化凝聚力工程，

规范、推广、正确应用企业文化三个识别系统，形成独具特色的企业文化体系，促进企业文化管理文化上台阶；对企业文化理念、精神、制度、行为进行案例分析、研究，制订相应的对策。由于战略重组效应显现和干事文化融合的力量，企业文化建设形成了以干事文化为深度融合重点的先进文化理念，促进了区域在市场开发和拓展中的品牌优势的发挥，使金隅冀东水泥的品牌效应不断持续释放，金隅主品牌和冀东子品牌形成放大的叠加效应，社会影响力大大增强，市场不断拓展，水泥销量不断增量，区域核心竞争力、社会品牌认可度、社会形象不断增强。

加强党对企业文化建设的全面领导，积极培育价值共识，实现价值引领，组织开展企业文化研讨活动，形成具有区域特色的企业文化体系，取得了丰硕的成果。区域党委《战略重组文化深度融合开新花》荣获2018—2019年度全国建材企业文化建设优秀成果案例奖，韩保平同志荣获2018—2019年度全国建材企业文化建设突出贡献人物奖。

5. 以履行社会责任为己任，积极助力政府脱贫攻坚

韩保平同志具有极强的社会责任感和使命感，高度关注社会民生，热爱社会公益事业，以履行社会责任为己任。通过企业帮扶、扶贫捐赠等方式积极回馈社会。2018年公司荣获铜川市耀州区脱贫攻坚"万企帮万村"优秀单位荣誉称号；2019年作为脱贫攻坚决战之年，公司积极响应政府关于"积极发挥建材企业的资源优势，优先保障建材资源供应，全力支持区政府脱贫攻坚工作，积极履行脱贫攻坚的社会责任"的号召，扶贫捐赠水泥400吨。

点评： 冀东水泥铜川有限公司党委书记、执行董事韩保平同志旗帜鲜明地坚持党对国有企业的领导不动摇，对合资公司党的建设不放松，坚定深化国有企业改革、加快转型升级和创新发展的理论自信，加强全体员工的思想政治教育。他锐意进取、开拓创新，不仅党建工作有声有色，也带领企业取得了前所未有的经济效益，为企业发展做出了巨大贡献。

再创鲁南新辉煌

——记鲁南中联水泥有限公司党委副书记、总经理 刘金柱

刘金柱，男，2007年毕业于曲阜师范大学地理科学专业，参加工作以来从一名普通科员干起，一步一个脚印，先后担任枣庄中联办公室主任、枣庄中联行政人事部部长、总经理助理、枣庄中联总经理，现为鲁南中联水泥有限公司党委副书记、总经理。十余载的工作，刘金柱同志积累了丰富的企业管理经验，铸就了他坚毅、务实的性格，形成了他在工作中出类拔萃、敢为人先的职业素养。

自刘金柱同志担任总经理以来，企业厂容厂貌焕然一新，人员气势激奋昂扬，大环境井然有序，小班组融洽和谐，树立了良好的对内对外形象，企业运行质量整体提升，经济效益再创新高。

紧盯目标，抢抓机遇，创造最佳业绩

上任鲁南中联总经理以来，刘金柱同志认真贯彻中国联合水泥、淮海运营管理区的决策部署，坚持"价本利"经营理念，以经济效益为中心，狠抓鲁南产业圈建设，强化一体化经营，做好水泥熟料，扩大骨料生产，推进水泥制品、商混搬迁、海外技术服务等项目建设，以"三精管理"为目标，扎实推进绿色工厂、绿色矿山建设，坚持不懈实施精细化管理提升，较好地完成了各项目标任务。其中，销售水泥增幅19.46%，销售骨料增幅144.24%。

构筑创新高地，推动公司发展转换新动能

刘金柱同志深化鲁南产业圈一体化建设，推进"水泥+熟料+骨料+商混+水泥制品+技术服务"六位一体经营发展模式，实现集办公管理自动化、生产管控自动化、设备管理自动化、公共信息自动化为一体的智能化企业，将鲁南中联打造成为一个"绿色""创新""高质量"发展的水泥企业。

一是集中力量建设商混站搬迁项目和高端湿法水泥制品项目。商混站搬迁项目投产后，将显著增强市场掌控能力，同时为水泥制品项目提供原材料，形成"满足内、拓展外"的营销体系，逐步提高"中联水泥+"品牌影响力。

二是全面推进绿色工厂、绿色矿山建设。绿色矿山创建方面，完成2号骨料线整体场地硬化及矿山整体环线道路的修建；对1号、2号骨料线设备周围实施硬化约500平方米。同时逐步形成矿山一体化生产园区，包含两条年产200万吨的骨料线、两个年产240万立方米的商混站、两套水洗砂生产线；利用鲁南中联火车运输优势，对菏泽、安徽等地骨料市场进行拓展，同时降低了骨料运输成本，大大增加了公司的盈利。

三是坚持不懈推进技术创新，取得显著效果。近年来，刘金柱同志组织实施了技术升级改造项目

20多个，他鼓励员工创新，积极组织技术人员总结、提炼工作成果，2017—2019年公司在中国建材集团及全国建材行业技术革新奖评比中获得15个奖项，其中一等奖1项，二等奖5项，三等奖9项；截至目前公司拥有授权专利19项，其中发明专利1项。他大力推进建设高新技术企业，现已申报至省科技厅。

抓住"一带一路"机遇，持续推进"走出去"战略

刘金柱同志根据集团公司"六个1"的战略理念，紧抓历史机遇，依托技术、人才优势，积极拓展海外项目，探索"EPC+投资+管理+服务"走出去模式，逐步打响"中联"技术服务品牌。目前，有5个已签合同的项目正在运营，下一步将继续拓展土耳其项目、阿根廷项目、南京凯盛印尼项目、山西西山华通项目等海内外项目。

深化"三精"管理，推动精细化管理水平提升

为扎实推进"基础管理提升"活动，刘金柱同志将2019年定为"鲁南中联基础管理提升年"。一是统筹规划、逐步完善，制订了100项基础管理提升计划措施并严格实施，从点滴做起，全面提升基础管理水平；二是绿化美化硬化，职场靓丽添光彩。同时，公司举办了"鲁南产业圈企业思维共振研讨会"，开展了三次课题丰富的主题培训，接受培训1500余人次，全面推动全员精细化。

大力推进绿色矿山建设，促进公司绿色可持续发展

公司马山矿绿色矿山已通过验收，朱家山－狼山矿也正在准备申报评审绿色矿山工作。积极响应错峰生产政策，严格执行错峰生产措施。2019年，组织申报绿色工厂并通过工信部认定；集中力量做污染土项目的建设，为公司绿色可持续发展奠定了基础。

以人为本构筑服务高地，履行社会责任，用行动扛起央企担当

上任以来，刘金柱同志把关心员工生活、改善员工工作环境、提高员工福利待遇作为重要工作来抓，积极打造"和谐企业"。公司充分发扬企业民主，进一步完善职代会制度，保障员工参政议政的民主权利，搞好厂务公开、民主监督，提高企业行政的透明度。着重强化工会各专门委员会职能作用，本着员工的事情，员工办，凡是涉及员工福利、利益的事项，均由工会各专门委员会和职代会进行决议和落实。同时还出台系列政策，逐步改善和提高员工待遇与福利；积极组织开展困难员工帮扶救助工作，每年有近百名特困员工及员工遗属得到公司救助，每年救助资金近10万元；积极落实上级工会组织员工疗养政策，每年拿出专项资金组织一线员工赴青岛疗养；为了让员工有一个安全和谐的工作环境，坚持落实好"春送慰问""夏送清凉""金秋助学""冬送温暖"四季服务；为了方便员工，把闲置的汽车车库重新利用起来，进行装修，统一配备更衣柜，改造成生产员工集体更衣室，并配置了大型洗衣设备；为了方便员工停车，公司结合光伏发电项目，修建了停车场，即取得了经济效益，又方便了员工。

为履行国企的社会责任，扶贫济困，按照枣庄市委工作部署，选派优秀党员干部到枣庄市贫困村

庄担任了6轮"第一书记",帮助贫困村庄脱贫致富,提供资金、物资为帮扶村庄修路、打井、建设党员活动场所等解决了帮扶村庄的实际困难。同时,还组织人员对帮扶村庄的贫困家庭进行入户调查,详细了解家庭实际困难,积极提供精神和物资帮扶,每年中秋、春节等传统节日,组织人员走访慰问困难党员群众,为他们送去米、面、油等生活必需品。2018年又选派一名科技副镇长帮助企业驻地乡镇脱贫致富,助推美丽乡村建设。

点评: 鲁南中联水泥有限公司是行业的知名企业,多年来在行业的管理、技术开发、人才的输出等方面做出了很大的贡献。现任党委副书记、总经理刘金柱同志是一位80后年轻领导,他传承了老鲁南人吃苦耐劳的奉献精神,在新的历史时期,带领企业转型发展,绿色发展,创造鲁南新的辉煌!

坚持改革创新，推动行业升级

——记陕西煤化新材料集团有限责任公司党支部书记、董事长 张世清

张世清，男，汉族，1965年出生。2017年4月担任陕西煤化新材料集团有限责任公司党支部书记、董事长以来，张世清同志大胆创新、锐意进取，充分发挥国有控股企业技术、资金、管理规范和民营企业决策高效、机制灵活的双项优势，引导企业在工作中求新求变，为推动企业高质量发展增添了不竭动力，引领砂石骨料行业走向绿色规模化发展之路。

求新求变 当好企业掌舵人

陕西煤化新材料集团有限责任公司（简称陕煤新材集团）成立于2010年7月，是陕西国有大型骨干企业，陕煤集团的子公司，主要从事石灰石资源高效开发利用，生产石灰、砂石骨料和轻质碳酸钙。2015年以来，先后拥有陕西富平、泾阳、蒲城、乾县、韩城、汉中6家子公司和1个项目部，资源总储量近10亿吨。

（一）尊重知识，尊重人才

作为企业领头人，张世清同志不断引导广大职工增强主人翁意识，他坚持创新、绿色、高效发展理念，勇担社会责任，充分挖掘企业发展潜力和创造力，寻求新思路、新技术、新产品、新业态，以真诚的态度、过硬的产品质量占领市场，服务社会发展。

生产型企业的生命力在于务实，也同样离不开突破性的创新创造，企业给了每个个体充分发挥个性的空间。张世清意识到，今天的时代已经不是爱迪生的时代，技术的复杂性、产品的复杂性，必须依靠团队协作才能攻克，企业在尊重人才、尊重知识、尊重个性，为每个员工搭建充分发挥才能的平台的同时，要求员工高度团结协作。

（二）敬业奉献，团结奋进

不搞偶像崇拜，不推崇个人主义，强调集体奋斗。张世清同志要求所有员工必须坚持合作，走集体奋斗之路。锐意进取的新材人，不拘泥于现有产品与服务形式，在工作中不断求新求变，积极拓展业务新领域，充分挖掘潜力和创造力，寻求新思路、新技术、新产品、新业态。

什么人能做好工作？就是有强烈的敬业精神，有奉献精神的人，张世清努力去发现这样的人，在企业发展中提倡员工超越自我，以真诚的态度，在技术研发、设备采购、生产发运、售后服务等每一个细节中倾心而为，以过硬的产品质量占领市场，全力满足客户的最大需求。

（三）创新发展，打造企业文化

文化是企业发展的灵魂，对推动发展、促进团结有着非常重要的作用，企业要适应经济发展形势，赢得市场核心竞争力，就必须超前谋划文化建设。他坚持从管理中提炼文化，以文化促进管理，以求新求变的思维方式，建立与发展相结合、与管理相协调、与人本相呼应、与品牌相促进的全新文化发

展体系。在张世清的带领下，公司各项事业焕然一新，突飞猛进，员工奋斗热情空前高涨，为企业发展树立了良好的对内对外形象。

敢于担当 推动企业新发展

在张世清同志的带领下，陕煤新材集团积极响应陕西省委省政府号召，按照"资源整合、总量控制、转型升级、节能减排、清洁环保"的总体要求，大力推动石灰石矿产资源整合，推动陕西砂石骨料行业向集约高效、绿色环保的工业 4.0 时代转型升级，打造全国砂石行业标杆企业，服务国家级及省级重点工程和重点项目建设，为陕西地方经济社会高质量发展提供强大动力。

（一）立足长远，科学谋划发展战略布局

在人们的固化思维模式中，"尘土飞扬""粗犷""简陋"等字眼就像是砂石企业的代名词。近两年，在陕西省秦岭、关中等砂石矿山大面积关停的大背景下，张世清同志秉承"出淤泥而不染"的情怀，认为作为国有控股企业，更应该严格按照国家绿色矿山建设要求，高标准推进安全环保工作。他坚持以"引领行业实现转型升级 向绿色产业发展"为发展目标，以高质量石灰、建筑砂石骨料、轻质碳酸钙为主要产品定位，以渭南、咸阳、西安周边、延安东南部地区为主要市场，带领企业布局建设渭南—铜川基地、咸阳基地、陕南基地三个生产基地，高标准打造"智慧矿山"，亮出"智能名片"，给了这个行业全新的定位。

（二）脚踏实地，打造砂石行业标杆企业

近年来，在张世清同志的带领下，陕煤新材集团充分发挥国企和自身资源优势，努力打造"四个样本"，不断推动企业高质量发展，为促进砂石骨料行业转型升级奠定了坚实的基础。

1. 坚持绿色发展，打造行业"绿色样本"

陕煤新材集团用实际行动践行绿色发展理念，一是引进了纯电动非公路宽体自卸矿车，该新能源矿车可通过电流输出与矿车运输原动力减少约 80 万升燃料排放，实现节能减排，仅此项每年在运输上就能为企业节约资金 200 万元；二是严格履行环保职责，建立了矿山环境保护与土地复垦基金专户，始终坚持边开采边治理原则；三是各项目在生产线建设期间均对进矿主要道路铺设管道，配置了矿山自动洒水喷淋系统，从根本上消除了道路扬尘，避免重复洒水造成的水资源浪费；四是积极创建绿色矿山，真正做到"开采一点、保护一片，开发一时、保护一世"，切实走好绿色矿山建设之路，打造生态文明"绿色样本"。

2. 坚持科技创新，打造"智慧矿山样本"

陕煤新材集团旨在打造绿色矿山、智慧矿山、数字矿山，目前信息化管理已普遍投入公司生产运营、市场营销、综合管理等各环节。一是借助互联网平台实现线上交易。2020 年 4 月公司产品在陕西煤炭交易中心的网上交易平台上竞拍成功，这也是中国砂石骨料产品首次采用互联网线上竞拍的方式进行交易，标志着中国砂石骨料的销售与互联网的融合发展，有效解决了线下交易时间和成本高、运行效率低等问题。二是智慧矿山初具雏形。富平薛镇项目生产线全部采用新型计算机控制系统进行分散控制、集中操作、分级管理、产品发运，项目生产运营已基本实现自动化，泾阳土地岔项目在富平项目的基础上进行了再升级，更多地引入大数据分析，启用了智能物流系统，实现砂石骨料自助计量、自助放料和无人值守。

3. 坚持质量优先，打造"精品工程样本"

产品质量是公司发展的根基，是全面打开市场的前提，张世清同志对标国内外领先技术，按照"引进来、走出去"的步骤，进一步提高生产效率，确保产品质量。一是邀请专家走进来，共同探讨技术改进方法，对生产运行、设备操作、工艺流程等情况进行深入研究，专家与公司技术人员共同分析研究设备工作原理、操作注意事项、判断故障方法。二是公司技术人员走出去，深入学习国内外先进技术，全方位了解先进生产线的生产工艺、运行状况、产品质量、环保措施等，不断优化工艺流程，完善控制技术，确保项目运行达到国内先进水平，从而提升产品质量。

4. 坚持立足长远，打造"学习型企业样本"

快速掌握技术的能力是企业发展的核心，张世清同志着眼长远，谋划未来，全力建设学习型企业。一是注重内部学习培训。从企业管理到专业知识，从传统书本学习到手机端便携式学习，公司自上而下形成了浓厚的学习氛围。二是搭建学习平台。在公司内部为充分发挥骨干员工"传、帮、带"作用，制订了"师带徒"人才培养计划，为促进后备人才队伍建设奠定了基础。三是创新人才培养模式。在鼓励干部自学的同时，委派管理人员参加西安交通大学管理学院CEO（总裁）、EMBA特训班，并将此项工作作为一种常态，持续开展下去。

培养人才 谱写时代新篇章

在人才管理方面，张世清同志强调以责任结果为价值导向，力图建立一种自我激励、自我管理、自我约束的机制。通过管理者与员工之间持续不断地设立目标、辅导、评价、反馈，实现绩效改进和员工能力的提升，在他的带领下，陕煤新材集团已经形成了一套完整的人才培养和管理体系。

（一）让学习成为一种习惯

进入陕煤新材的新员工都要接受入职培训，对新员工来说，入职培训过程就是一次再生经历。培训不再是在新员工入司或出现问题后的救火，培训是员工掌握技能的手段，是企业提高员工受雇能力的责任。在张世清看来，培训绝对不仅仅限于岗前培训，培训计划应覆盖全员。为了保证团队时刻充满激情与活力，企业内部形成了一套完整针对个人的成长计划，有计划地，持续地对员工进行充电，让员工能够及时了解行业的最新进展、新方法、新策略。

（二）培训内容系统化、多样化

公司有专门培训岗位和培训计划。一方面，培训不再是拾漏补缺，不再是临时的安排，而是按照计划有条不紊地开展培训计划；另一方面，组织建立内部培训人员队伍，并拥有外部智力支持机构和培训师队伍，主要培训形式是实行在职培训与脱产培训相结合，自我开发与教育开发相结合的开发形式，传统教育和网络教育相结合。

（三）培训的效果有严格考核评估

绝大部分企业在讲师培训结束后，既不考试，也不评估。张世清十分重视培训效果的检视、考核和评估。他提出，新员工在进入公司前进行系统培训，培训后要进行严格的任职资格考试。另外，培训的结果与晋升、加薪相挂钩，纳入组织考评体系。

完善的制度体系，为企业转型发展升级提供了制度保障；先进而特征鲜明的企业文化，又为企业发展注入了不竭动力。在张世清同志的带领下，陕煤新材集团正不断融入新技术、新理念，以先进的企业文化引领企业高质量发展，争当全国砂石骨料行业转型升级的先行者和领路人。

点评：改革创新，说来容易，但是真正做起来，做得好确属不易。张世清同志大胆创新、锐意进取，坚持以人为本，善于发现人才、培养人才、利用人才；他还特别重视企业文化的建设和发展，引导企业在工作中求新求变，为推动企业高质量发展增添不竭动力，引领陕煤新材集团走向绿色规模化发展之路。

做大写的人

——记山东鲁阳节能材料股份有限公司董事长 鹿成滨

"人",虽然只有简简单单的两笔,却支撑着整个世界。一名企业家,如果忽略了做人的文章,就难以担负起历史所赋予的重任。

鹿成滨是那种让人看一眼便难以忘记的人:黑黝黝的面庞,眉宇间透着精明和睿智,说话掷地有声,浑身洋溢着一种正气和力量。这位铮铮硬汉,自1986年担任山东鲁阳节能材料股份有限公司(以下简称鲁阳)董事长以来,以其卓越的管理才能和高尚的情操,赢得了社会各界和广大用户的广泛赞誉,先后荣获"山东省劳动模范""山东省优秀乡镇企业家""全国优秀乡镇企业经理"等荣誉称号,并兼任中国绝热材料协会副会长,中国耐火材料行业协会副会长。

做人,要做有"智"之人

鹿成滨26岁就担任沂源县节能材料厂厂长,材料厂是鲁阳的前身。当时企业沉疴缠身,不但工艺设备落后,而且士气低迷。企业处在"三无"状态:无技术、无资金、无市场,亟待解决的问题层出不穷,经过充分分析与调查研究,鹿成滨选择首先从解决工资发放入手,各方求援,补发了拖欠职工的工资,给职工吃了颗"定心丸"。其次,在调研中,鹿成滨发现了影响企业生存的根本症结——市场开发不力,产品没有真正形成销售网络。为此,他将市场突破的重心放在了油田保温市场,并马不停蹄地奔赴胜利油田进行攻关。凭着自己的真诚和执着,鹿成滨从最初进不了胜利油田大门,到成为胜利油田保温材料独家供应商,鲁阳成功迈出了通向市场的第一步。也可以说,鹿成滨的这一招,使节能材料厂起死回生。多年来,执着创新的鲁阳人在鹿成滨的带领下,很快成为国内同行业的"领军人物"。然而,鹿成滨并没有满足于此,而是向世界顶尖技术发起挑战,他坚信市场是"试金石",而技术是基石,鲁阳要发展,必须"市场创新与产品创新齐步走",他制订了"开发一个新产品,撬动一个新行业,形成一个新市场,做成一个大蛋糕"的创新工作思路,使市场与技术成为驱动鲁阳前进的双轮,从而保证了鲁阳产品争雄市场,阔步前行。

这些年,鲁阳用于技术创新的资金超过10亿元,回报也不可小觑。目前,鲁阳自主研发的宽幅双面针刺毯生产工艺与装备、陶瓷纤维背衬板连续化生产工艺与装备、陶瓷纤维板全自动生产技术、硅酸镁纤维生产技术、大流量甩丝成纤技术具备世界先进水平。拥有国家级企业技术中心、博士后科研工作站、产品研究所、产品应用设计所,以及目前国内唯一的省级陶瓷纤维工程技术研究中心。在科研人员方面,有国内陶瓷纤维泰斗级的专家为公司长年进行指导,并已形成了以中青年专家为主,老、中、青三代有效结合的科研队伍,研发的氧化铝纤维模块、陶瓷纤维复合模块等产品达到世界先进水平。特别是近年上市的新产品——硅酸镁纤维毯,不仅是最先进的无机纤维产品,而且是当今最新型的节能环保材料。据有关部门估算,使用1吨该产品,每年可减少二氧化碳排放524吨、二氧化硫排放1.7

吨。该产品是普通硅酸铝纤维的更新换代产品，是真正的环保绿色材料。

公司已拥有118项专利和54项技术成果，是国家863计划协作单位、陶瓷纤维国家标准的主起草单位；生产的陶瓷纤维纸、陶瓷纤维建筑隔热板产品被认定为"国家重点新产品"；含锆纤维毯被认定为"国家级新产品"。

汉朝的班固有句名言："智者，知也。"鲁阳的成功就在于领头人鹿成滨是一个"智者"，他敏锐地感知市场需求，并能迅速为实现这一需求付诸行动。

做人，要做守"信"之人

鹿成滨始终坚信：人是影响一切的因素，一个优秀的企业必须"以人为本"。所以，他在职工面前从不摆架子、不居高临下，在日常工作生活中总能善待每个人，总是积极听取职工意见，解决职工疾苦，力求在企业营造一种家的氛围。

"言必行，行必果"是鹿成滨的行为准则。对涉及职工利益的每一件事，他都做到一诺千金：建立健全了各项保险制度，为职工办理了养老保险、医疗保险、工伤保险、失业保险和生育保险；为职工建造了"鲁阳小区"，这是全县第一个以公司名字命名的小区；配备了专门接送职工孩子上学、放学的大客车。近年来，为了响应国家节能减排的号召，也为了进一步提高职工福利，公司争取资金300余万元实施了住宅小区节能改造和生产线电阻炉废热利用改造，每户职工每年可节约取暖费用2000余元。

2006年，公司职工周国虎患白血病急需治疗，然而高额的医疗费用让他一筹莫展。鹿成滨得知后，立即发起了爱心捐款活动，仅一天时间就筹款13万余元。面对这些救命钱，这个在病痛面前没有皱过眉的堂堂七尺男儿落泪了……事后，鹿成滨亲自起草方案，成立了重大疾病基金会，专门为患重大疾病的职工提供资金救助。如今，大病初愈的周国虎再次回到工作岗位，他要用自己的实际行动表达对集体救命之恩的感激。企业的人性化管理、健全的保险措施和福利待遇让职工吃了"定心丸"，极大激发了职工扎根鲁阳、干事创业的激情。

做人，要做重"义"之人

从踏入鲁阳的第一天起，鹿成滨就把"先做人，后做事，不做则已，做就做好"作为自己的工作方针，并不止一次地在职工大会上说："咱鲁阳公司讲求实在，就是要实实在在做人，实实在在做事，不能有愧于我们做人做事的原则，这也是我们鲁阳公司企业文化的核心。正因如此，鲁阳公司才能立于不败之地，才能创造百年企业与恒久品牌。"凭借着他的实在和真诚，鲁阳人渡过了一次次难关，跨过了一道道障碍。

1991年，中国陶瓷纤维技术专家崔之开教授被鹿成滨的人格魅力吸引，与鲁阳公司签订了技术合作合同，帮助公司建设CBC-I型连熔连吹针刺毯生产线。当时的节能材料厂，技术与生活设施都相当不完善。细心的鹿总尽其所能修建了一处澡堂，供崔教授使用。澡堂建好以后，由于电力供应原因，晚上经常停电。于是，在简陋的澡堂里出现了一幅动人的情景：企业的一把手在小小的澡堂门前，拿着手电筒为专家照明。就是这平凡的一幕，给崔之开留下了深深的印象，在此之后的不同场合，崔老都这样说："我还能要求什么？沂蒙山虽然落后，但鹿总让我们看到了什么是真诚，在黑暗的澡堂里，这点光是微不足道的，但我非常感动，能够为鲁阳发展贡献一分力量是我的骄傲！"就是凭借这种真诚朴实的态度，鲁阳公司成了一座引凤的"巢"，一批又一批的人才接踵而至，为鲁阳更快更好发展奠定了坚实的基础。

做人，要做有"责任"之人

鹿成滨有一颗慈悲的心，在关爱员工的同时，他多次讲述这样一种理念：鲁阳在国家稳定的大环境下得到成长壮大，就必须为国家作贡献，为社会分忧解难。正是在这种理念的支持下，这些年来，鲁阳公司用自己的实际行动，坚持不懈地服务社会、回报社会。

沂源县很多乡村的校舍破旧不堪，早在1998年，鲁阳公司就决定每年拿出10万元，解决一个自然村的校舍改造问题。截至目前，已有7个贫困村的校舍在鲁阳的资助下得到较好修缮，近2000名学生有了窗明几净的校舍。2006年，鲁阳公司又拿出100万元，在县重点中学——沂源一中设立鲁阳奖学金，用于奖励那些品学兼优、家境贫困的学生。

鹿成滨始终认为，企业发展了，就要更多地回报社会。2000年，公司拿出2000多万元，在当地建成一处大型果菜交易市场，解决了附近40多个自然村有果无处卖、有菜无处销的大难题，使农民收入有了保障。2004年公司20年厂庆之际，在鹿成滨的倡议下，鲁阳公司决定，把开办庆祝大会的100万元节省下来，捐助修建一处老年活动中心、一处少年文化宫，为当地精神文明建设和社会公德弘扬尽到自己的义务和责任。自2006年开始，公司斥资1000余万元修建了一条环山路。2008年5月，公司以单位、个人的名义多次为汶川地震灾区捐款，捐款额达100余万元。2009年5月至今，公司在淄博市委、市政府倡议下开展的"慈心一日捐"捐款活动中，每年捐款30万~50万，用于慈善公益。

沂源是个人口大县，劳动力过剩问题相当突出。目前，鲁阳公司拥有员工2000余人，每年吸纳大、中专毕业生近百名。近10年来，公司先后接纳复员退伍军人近200名，其中近一半已成为公司骨干。而且，鲁阳公司把一些残疾人能够胜任的岗位空出来，专门用于吸纳残疾人就业，至今已有49名残疾人成为鲁阳大家庭中的一员。公司关心弱势困难群体的务实行动，受到当地政府的好评。

鹿成滨是一位卓越的企业领导人和企业管理者。他常说："要想做好一个人，首先得树立自己的'品牌'。商场上，打造商品的品牌是经商之道；在做人处世中，打造出自己优良的品牌是做人之道。只有树立起良好的信誉、打造出良好的做人品牌，并不断为之增光添彩，你才能够拥有成功的人生。"

"假如你有100万元，你会做什么？"这是鹿成滨向众多应聘者及员工提得最多的问题。他始终认为，物质是生存必需的，但物质并不是唯一的，在满足基本生活需要之后，人就应该努力把意识提高到一个更新的层次，否则就是一个低级趣味的人。正是基于此，在市场经济大潮中，鹿成滨能够每日以坦荡的胸怀和明亮的笑容示人，这不能不说是一种境界，他正用自己的青春和执着书写着大写的人字。

点评：山东鲁阳节能材料股份有限公司董事长鹿成滨把"先做人，后做事，不做则已，做就做好"作为自己的工作方针。鲁阳公司的成长，一路伴随着他们实实在在做人、实实在在做事的原则，这也造就了鲁阳企业文化的核心。正因如此，鲁阳公司才能立于不败之地。**鹿成滨凭借着实在和真诚，用大写的人字支撑起了自己的信誉人生和鲁阳公司的现在及未来！**

唱响绿色高质量发展主旋律

——记中建商品混凝土有限公司党委副书记、总经理 程敦竹

人们心目中的混凝土搅拌站，一直都是一副扬尘飞灰、污水烂泥的"脏乱差"形象。可有一位"爱讲究"的"打土人"偏偏"不信邪"，以二十余年的不懈努力，将一座座"蓬头垢面"的混凝土搅拌站变成了清新靓丽的绿色智慧工厂，让一个令人嫌弃的"粗鄙行当"变成了热门行业。这位执着的"打土人"就是长期致力于混凝土行业绿色高质量发展的先行者、2020年度"中国建材行业优秀企业家"、中建商品混凝土有限公司（以下简称中建商砼）党委副书记兼总经理程敦竹。

日前，程敦竹接受《中国建材报》独家采访，详细介绍了中建商砼推动混凝土绿色高质量发展所取得的成功经验，同时分享了他本人探索混凝土企业绿色转型的实践心得。

"转型"植入"绿色基因"

"就像一个人，正常情况下，没有谁愿意将自己打扮成一副邋遢相。混凝土企业也希望有一个干净清爽的形象。"程敦竹说，"其实，混凝土行业一直在随着建筑业不断'演变进化'，一直在朝着清洁生产、绿色发展、智能生产模式转型升级。"

程敦竹告诉《中国建材报》的记者，早先建筑用混凝土和砂浆都是在建筑工地现场搅拌，扬尘、污水、废渣的排放对环境影响很大。在此背景下，预拌混凝土和预拌砂浆才作为"新兴行业"应运而生，但起步都是作为建筑施工企业的"辅业"。中建商砼的前身，就是建筑央企中建三局旗下几座微不足道的搅拌站。

作为基础设施建设领域的一支重要队伍，中建三局拥有良好的创新"基因"，对有利于企业发展的尝试和探索从来都是持支持态度。事实上，早在2002年，程敦竹从进入混凝土行业的第一天起，就在琢磨混凝土的清洁化生产。尤其担任基层厂站负责人后，在公司领导的大力支持下，他更是放开了手脚，大胆摸索创建绿色厂站。

万丈高楼平地起。从基层一步一步成长起来的人，记忆最深的往往是基层那段经历。如今已是中建商砼党委副书记、总经理的程敦竹，感怀至深的也是他在武汉青山和长沙的预拌厂工作的那段难忘时光。在基层厂站工作的几年时间里，他主动请缨，承担了"绿色厂站"建设示范的重任。2010年，在青山厂率先实现料仓全封闭管理、砂石及污水回收循环处理等，在湖北市场探索走上绿色环保预拌厂建设的示范之路；2012年，从长沙预拌厂的规划开始，除更加优化预拌厂的功能布局外，率先安装了粉尘和噪声监测装置，对砂石料仓、搅拌楼、运输皮带等生产部位实施封装，后续又进一步完善了砂石分离、雨水收集、浆水循环利用等系统……在长沙建成的芙蓉北预拌厂为中建商砼获评"全国绿色生产企业"的第一例，其后投产的武汉青山（春笋）预拌厂，是中建商砼探索建设全国首家"中国

建筑绿色混凝土产业示范基地"的力作。这个"装在盒子里的搅拌站",也是武汉市首个全封闭绿色环保型搅拌站,实现了零污染、零排放、低噪声。

程敦竹说,也正是在"绿色厂站"建设示范的基础上,整个中建商砼营造了一种绿色转型的良好氛围,并逐步总结出一整套环境保护制度体系、绿色生产保障体系,为企业迈向绿色高质量发展奠定了坚实的基础。2016年,中建商砼正式成立绿色生产领导小组和工作小组,全面推进绿色生产各项工作;2018年10月,公司专门成立了绿色发展部,将环境保护、节能减排、绿色生产相关工作作为绿色发展部核心职能,构架起完整的环境保护制度体系,并在此基础上进一步健全工作机制,加强考核监督,将环保合规性、固体废物管理、星级厂站建设等环境保护相关指标纳入各单位经营目标责任书考核,营造出浓厚的企业绿色品牌文化和管理氛围。武昌厂、经开厂等4家单位荣获全国"绿色清洁生产示范企业"称号。永丰厂、马尾厂、长通厂和太原厂4家单位荣获全国"预拌混凝土绿色示范工厂"称号。

创新打造"硬核"实力

发展才是硬道理。程敦竹认为,一家现代企业的生存和发展必须立足于创新。只有持续不断地创新,方能打造出企业立于不败之地的"硬核"实力。

作为中建商砼党委副书记、总经理的程敦竹,坚持以"初心"引领企业创新。他协助公司党委书记一道,厘清企业的发展思路,研究制订了"区域行业内最具影响力的混凝土企业(规模最大、竞争力最强、品牌最响)"的企业目标愿景,以国家生态文明建设战略为指针,以智能制造和绿色生产发展为抓手,努力探索预拌混凝土企业绿色高质量发展之路。

从基层"绿色厂站"创建,到整个企业集群建设,程敦竹始终是企业创新的组织者、引领者和先行者。据了解,经过20余年的发展,中建商砼已拥有25项达到国际先进和领先水平的科研创新成果、115项国家专利、14项省部级及以上工法,30项成果荣获省部级及以上科技奖。在高性能混凝土、特种混凝土的生产开发和施工应用方面,该公司始终走在行业前列,并获评了国内混凝土行业首个"国家企业技术中心",多个项目获得湖北省政府和中建集团重大科技专项支持。

依托重大科技课题,中建商砼先后成功开发出废弃物无害化处置和资源综合利用等一系列新技术新工艺。其中,绿色液相研磨技术、干渣池中废干渣资源综合利用技术、废渣掺合料性能提升技术、再生骨料生产工艺和集配应用技术、新型绿色助磨剂配比优化工艺等应用效果明显,大大加快了企业绿色转型的步伐。

程敦竹积极主导企业品牌文化融经营于一体。他主张通过优化专业结构、区域结构、客户结构,促进中建商砼的业务和品牌突破了基础设施领域的局限。通过聚焦高端项目,承建武汉中心、武广客运专线武汉站、天津117、天河机场T3航站楼、东湖通道、福州海峡艺术文化中心、阿尔及利亚大清真寺、马来西亚富力公主湾等一大批重点工程,中建商砼以实绩塑造了行业"领头羊"的形象。通过实施跨区域和海内外市场并举的经营战略,中建商砼目前已形成湖北、福建、江西、江苏、安徽、山西等核心区域市场,同时开拓了阿尔及利亚、马来西亚、柬埔寨等海外市场,实现年签约合同额过百亿、产量跨越千万方,初步形成"国际大商砼"的"硬核"实力。

优化全产业生态链

混凝土"绿色厂站"建设，为改善城乡生态环境做出了重要贡献，同时也改善和提升了企业及混凝土行业的形象。但程敦竹认为，要真正实现混凝土行业绿色高质量发展，不能止步于此，而应进一步构建完整、适宜的绿色混凝土产业生态链，从根本上优化各种资源要素的配置，形成和谐共生的产业生态。

据程敦竹介绍，中建商砼历届领导班子都十分注重产业生态链的建设。近两三年，公司依照《混凝土搅拌站规划标准图集》，大规模开展了绿色生产基建设施的升级改造。公司明确列出了各预拌厂的不符合项和升级改造清单，完成零星基建及绿色生产设施升级改造工作182项。为积极响应国家"无废城市"建设号召，公司及时启动了"无废厂站"的试点建设，与"标杆厂站"建设工作捆绑，同步推进，从"推进清洁生产、控制'三废'产出""提升处置效率、加强内部消纳""推动多点创新、引导绿色发展""推进绿色生活、倡导文明办公"四个方面，已形成可复制、可推广的建设示范模式，并将通过建设绿色商砼产业园，不断改善产业生态链。

程敦竹说，现代混凝土企业内在"显性"生态链的重心在于各种资源要素与先进生产技术的有机嫁接；而外在"隐性"的生态链则是信息化、智能化与传统经营模式的融合创新。包括电商在内的智能化平台建设无疑是混凝土企业外部生态链的核心所在，"它彻底突破了传统经营的时间和空间限制"。

2017年4月，中建商砼在行业内率先上线了首个全国性的商砼电商平台，直营、加盟、集采等成为该电商平台的"关键词"。"指尖上的商砼"正在全国叫响，并取得软件著作权7项。截至2019年年底，中建商砼电商平台业务已覆盖全国25个省、53个城市、160个预拌厂。公司还开发了行业首款客服工具"好砼智"APP，进一步提升了客户体验。与此同时，中建商砼智慧工厂建设成功入选了工信部智能制造试点示范项目及住建部科学项目计划。

程敦竹表示，在5G技术日益普及的今天，中建商砼将与时俱进，不断完善、优化混凝土产业的生态链，持续放大自身"预拌混凝土绿色生产集成技术"成果和品牌，将企业做精、做强、做大。

点评：在程敦竹同志和历任中建商砼领导班子的共同努力下，公司始终把握正确发展方向，彰显央企担当，长期致力于推动产业发展，把绿色环保升级视为中建商砼的核心竞争力，借此推动企业的高质量发展，现在中建商砼公司已经成为中国混凝土行业绿色环保示范企业。

坚守初心担使命，凝心聚力谋发展

——记阳泉冀东水泥有限责任公司党委书记、执行董事 许利

许利同志，男，汉族，1968年6月生，中国共产党党员，工学学士学位，高级工程师，河北怀安人，现任北京金隅集团阳泉－太原区域党委书记，担任阳泉冀东水泥有限责任公司（以下简称阳泉公司）执行董事，左权金隅水泥有限公司（以下简称左权公司）执行董事，岚县金隅水泥有限公司董事长，山西双良鼎新有限公司（以下简称双良公司）副董事长以及山西省建材协会副会长等职务。作为企业掌舵人，许利同志坚持"创新驱动、绿色发展"理念；积极维护行业利益，使所辖企业发生了"跨越式"进步；同时担当社会责任，努力让水泥企业成为"城市净化器、政府好帮手"，向环保产业方向发展。特别是不断推进科技进步，阳泉公司实现回转窑综合技改，年增收5000万元以上，自行研发低碳脱销排放，年节约成本700余万元。作为党员，他不忘初心，牢记使命，做到了促就业稳增长，提升企业员工幸福感。在他的领导下，区域公司利润大幅提升，实现企业经济效益跳跃式发展。阳泉、左权、双良公司利用回转窑协同处置危废项目都已进入实施阶段，预计投入资金达1.3亿元。届时，年可处理危废10万吨。区域内几家企业多次获得省市级荣誉称号，阳泉公司先后获"阳泉市五一劳动奖"，省建材优秀企业和环渤海地区建材行业"AAA"级诚信企业等荣誉。左权公司员工李祖能获"山西省特级劳模"等荣誉。

他是拥有丰富知识和经验的专业人

许利同志毕业于唐山工程技术学院硅酸盐工程专业，1993年进入河北宣化水泥厂工作，历任化验室质量调度、车间技术员、质量处副处长、化验室主任和车间主任等职务；2004年加入河北宣化黄羊山水泥厂，历任车间主任和董事长等职务；2009年担任张家口金隅和宣化金隅水泥厂副总经理；2017年调任金隅冀东水泥阳泉－太原区域党委书记。曾荣获河北省功勋职工荣誉，组织过《铁精尾矿在P·O 42.5水泥中综合利用技术改造》和《用矿渣立磨混合粉磨复合粉技术改造》等攻关项目，先后5次荣获北京金隅集团科技进步三等奖的荣誉，不仅有丰富的专业知识和关键岗位锻炼的机会，还获得了丰富的管理经验，是一位成长于基层的领导人。

他是一名优秀的共产党员

作为企业的掌舵人，许利同志始终贯彻党的十九大精神和习近平新时代中国特色社会主义思想，实事求是，统一思想，凝聚共识。区域党委成立以来，在集团党委坚强领导和支持下，牢固树立"四个意识"，不断增强"四个自信"，坚决做到"两个维护"，切实发挥党委把方向，管大局，保落实。

同时强化"两个责任"和"一岗双责",把党风廉政建设与经营工作同步推进,明确监察机制,实现党风廉政全覆盖,营造良好的干事氛围,一心一意带领全员心往一处想,劲往一处使,稳量提价,提质增效,实现企业经济效益历史性突破,创造性地激发企业活力,极大地鼓舞了士气,让员工享受到满满的幸福感。许利同志是一名优秀的共产党员,是为员工谋幸福的带头人。

他是一位有远见卓识的掌舵人

为适应快速发展的企业形势,了解企业间差距,许利同志坚持"走出去,请进来"的工作方法,先后组织企业高、中层和骨干人员到集团内外的承德金隅、涞水冀东、金隅鼎鑫、永吉环保、琉水环保、广灵金隅、闻喜冀东和中联、山水等多家调研学习。同时积极邀请节能、工艺、智能化等领域的专家和同行业企业管理人员到企业进行指导交流。通过走入优秀企业学习,邀请领域专家指导,同行业企业交流方式。加强内部管控,开展企业对标、区域对标、行业对标,从中学习先进,找出差距,挖掘潜能,取长补短,革新技术,不断提升企业经济技术指标水平。多次调研生产经营过程中,各部门协作中存在的衔接问题,提出专业人做专业事,责任到人,精细化管理。

他是一名真抓实干的执行人

企业的成长离不开员工的努力,更离不开真抓实干的执行人。许利同志以"以人为本、控降成本、统一干部管理、统一物资采购、统一质量管理"为抓手,顺应改革发展形势,发挥区域优势,不断扩大与周边企业沟通协调,稳步推进协同平台强效运转,摆脱市场不良竞争现象,使得区域性市场健康发展,打开了水泥销售量价齐升,经营提质增效,企业利润节节攀升的好局面。同时根据"共性统管、个性直管"的原则,先后成立了创新工作室,举办技能竞赛,推动技术创新,左权公司的"李祖能职工创新工作室"获得2015－2016年山西省工人先锋号的荣誉。这些成绩的取得是一名共产党员真抓实干精神的体现。

他是一名攻坚克难的领头人

为实现"创新驱动、绿色发展"的理念,创新破难,驱动企业高质量发展,公司2018年3月组织成立了企业科技创新委员会,下设生产经营管理、企业经营管理、财务资金管理等九个专业组,加强企业创新能力。2018年6月以先进技术管理带头人,成立了三个创新工作室,对生产中重点和难点问题,组织开展技术攻关、技能培训、技术创新、管理创新和学习交流等活动,实现了熟料脱销系统技术改造,对熟料脱硝系统喷枪位置、压力、选型以及氨水泵的频率进行改造,NO_x浓度排放浓度由原来的$320mg/m^3$降低到$150mg/m^3$,吨熟料降低氨水使用费用3.3元/吨。2019年2月再次对脱销系统进行自主技术改造,对氨水喷枪数量、喷枪角度调整,进一步降低吨熟料氨水使用费用,获得了阳泉市"五小"竞赛三等奖。2018年申报软件著作权4项,实用新型专利8项,已取得4项软件著作权证书,6项专利证书,实现了企业创新增效,共创共赢。

他是一名紧跟时代发展的领路人

目前大数据应用越来越受重视，为推进两化融合体系和智能化工厂建设，公司上线窑专家系统和磨专家系统，提供熟料、水泥生产智能辅助和数据支撑，为生产平稳运行保驾护航，应用大数据对入磨生料进行在线分析检测，在线质量，掌握物料性能变化，及时调整配比。同时健全智能物流系统，在原智能发运系统基础上，增加无人值守系统，减少人工参与程度，提高发运效率，降低安全风险，促进生产全流程智能协同控制技术、生产智能监测及预警技术的集成应用。推进智能传感器、智能仪器仪表、在线检测设备、智能化除尘设备应用，实现水泥生产过程数字化、可视化，逐步打造水泥智慧工业4.0时代。

他是一名有社会责任感的企业家

目前供给侧结构性改革正稳步推进，环保和节能成为今后发展的重心，根据习总书记生态文明建设和"绿水青山就是金山银山"的绿色发展理念，公司坚持以绿色发展推动企业高质量发展，不断加强生态建设和环境保护。特别是阳泉公司加大绿色工厂建设、绿色矿山建设，推动厂区绿化、美化、亮化"三化工程"，通过植树造林新增绿化面积近15700平方米，厂容厂貌焕发新颜，利用生产淡季和检修期间复绿面积已达1.41公顷。建设厂区能源管理系统，对全厂电力系统进行监控和分析，对用电量进行记录，对比发现异常现象和节能关键节点，为节能降耗工作提供数据支持，通过数据分析，针对性进行技术改造，降低生产中的能源消耗和环境污染。

2019年6月，阳泉公司同阳泉市生态环境局和阳泉市广播电视台共同举办"不忘初心、牢记使命、美丽金隅、我是行动者"6·5世界环境日大型文艺环保专场活动，邀请社会各界参与，展现了良好的企业形象，为阳泉市的生态环境建设进行了很好的宣传。这是一次积极响应政府号召，宣传保护环境，主动缩减产能，发挥带头作用，倡导行业自律，改善居住环境的活动，是一个企业的社会责任感的体现，也是一个企业家的社会责任感体现。

面对新时代，阳泉区域公司更要进一步发展壮大，为社会做出更大的贡献。许利同志肩负着光荣的使命，责任重大，要全面提高党建水平，团结带领全体干部职工，不忘干事初心，牢记做优使命，建设一流强企，创造一流业绩，开创工作新局面，再造发展新台阶，为水泥行业进一步发展，为金隅集团进入世界500强做出更大的贡献。

点评： 阳泉冀东水泥有限责任公司党委书记、执行董事许利同志，有比较丰富的基层企业工作实践，同时又有企业家的战略眼光。他坚持"创新驱动、绿色发展"理念；积极维护行业利益，使所辖企业发生了"跨越式"进步；大力推进企业向环保产业方向发展；不断推进科技进步。作为党员，他不忘初心，牢记使命，在他的领导下，区域公司利润大幅提升，实现了企业经济效益跳跃式发展。

以央企风范引领企业高质量发展

——记泰山中联水泥有限公司党委书记、总经理 魏振超

魏振超，男，汉族，生于1965年7月，1987年7月参加工作，1991年加入中国共产党，2017年4月至今任泰山中联水泥有限公司（以下简称泰山中联）党委书记、总经理，工商管理硕士学历。他具有超前的发展理念和改革意识，面对竞争激烈的市场，自担任公司主要负责人起，带领公司领导班子成员团结协作、开拓创新，以习近平新时代中国特色社会主义思想为指导，力推党建精品工程和精细化提升管理，逐步形成一套符合泰山中联自身实际的管理体制和发展模式。近年来，他始终以高度的责任感和强烈事业心，把党建工作和精细化管理贯穿于公司生产经营始终，公司生产经营及安全环保效益持续攀升，水泥、熟料单日产销量等关键性指标屡创新高，达到建厂以来历史最高纪录；职工收入明显增加；出厂容厂貌焕然全新，工作环境融洽和谐，员工风貌激奋昂扬，文化氛围、人文气息浓郁的良好局面。为公司生产经营、精神文明建设、绿色环保、可持续发展做出了积极贡献。

泰山中联水泥有限公司是中国联合水泥集团有限公司核心企业之一。公司建有2500t/d级和5000t/d级新型干法熟料生产线各一条。年熟料产能232.5万吨、水泥产能310万吨、商品混凝土产能90万立方米。公司建有水泥余热发电CDM项目，下设2座石灰石自备矿山，年设计生产能力350万吨。

2018年实现净利润过亿元，实现纳税近亿元。公司先后荣获"百年匠星"中国建筑业特色品牌优质材料设备供应商、中国建材集团"先进基层党组织"、泰安市国资委"红旗党支部"、全国"模范职工之家"等称号。

制订新形势下企业发展战略规划，优化产业结构调整

1. 注重体制、机制创新，机构精简重组，优化人力资源配置

在魏振超的领导下，泰山中联一是学习借鉴中联先进企业的管理经验，建立完善了"六部二室二车间六个分公司"的机构改制格局。二是完善、制订、修订管理制度130多项，夯实基础管理。尤其是施行定岗、定编和定员方案，完善薪酬管理及绩效考核制度，充分体现了贡献与报酬对等。三是建立全新的用人机制和分配机制。魏振超通过实施全员岗位大竞聘，充分发挥了人才优势，为实施企业持续和谐发展战略提供了坚强的人力支撑。四是与中国建材商学院合作，先后组织了"卓越领导力特训营""金牌班组长特训班"，提升管理能力，为培树卓越的企业家精神和打造卓越品牌，推动企业高质量发展提供了坚实的智力支持。

2. 整合市场资源，实施产业优化升级措施

魏振超带领泰山中联紧紧围绕"稳价、降本、收款、压库、调整""效益优先、效率优先"的经营原则，实施优化产能利用率、降低生产成本、以竞促合提高产品价格、提高市场占有率等多措并举，

公司充分利用现有两座自备石灰石矿山的优势，实施水泥＋一体化经营，规划骨料和制砂生产线，在公司本部以及宁阳和莱芜区域打造百万立方商混生产线。

3. 大力开展创高、创优活动，助力效益提升

在魏振超的领导下，泰山中联近年来呈现出产销两旺的喜人景象，2018年10月水泥产、销量分别为16.4万吨和18.2万吨，创历史同期最好水平。公司总部3台水泥磨2019年4月6日生产P•O 42.5水泥7685吨，日产量创历史新高纪录。

实施供给侧结构调整措施，确保产品保值增值

1. 注重营销创新，提升产品营销及服务质量

在魏振超的领导下，一是成立"营销办公室"，积极配合营销，稳价、涨价、拓量，均超额完成年度计划指标。二是完善发运流程，安装地磅防作弊系统，改进传感器，推行磅室无人值守，提升发运质量。三是协助运营区对营销业务部实施人员监管，提高了营销服务效率。四是对厂区及厂外泰山大道部分路段全面整修，公司营销发货工作人员及保安队24小时为客户提供服务，为产品及原材料运输安全通畅提供了有力保障。五是在公司南门运输干道安装了2套电子大屏，不间断滚动播出安全告知和企业宣传视频，为传播企业安全生产理念，营造安全和谐氛围，树立企业良好的外部形象发挥了重要作用。公司2019年4月份水泥发运量突破万吨大关，创建厂以来历史最佳纪录。

2. 加强采购管理，降低采购成本

在魏振超的领导下，一是严格落实采购管理制度，招标议标，阳光采购。源头把关，实行不合格退货制度，确保采购物资合格率100%。二是对原材料货源实施厂家直供，减少中间环节，避免了物流差价，保证了进货质量。三是对原材料进货实行相关部门联合验收，并将验收质量与绩效工资挂钩，同时加快信息化建设，积极探索推进网上采购模式，提高了采购质量。

3. 规范仓储物流管理，取得新成效

魏振超制订了《物资验收及仓储管理办法》《人员及车辆进出厂管理规定》等制度，规范采购、仓储管理。取消二级库，将物资仓储纳入资产财务统一管理，降低了库存，减少了资金占用。

实施党建管理创新，打造党企融合新格局

魏振超倡导树立争先创优的企业风尚，塑造优秀的企业文化，坚持以各类文体娱乐活动为载体，不断提高员工幸福指数，提升了企业核心竞争力。

一是贯彻民主集中制原则和"三重一大"决策制度，落实"一岗双责"，分解落实党风廉政建设任务。

二是组织建设有了新的起色。魏振超创新党建管理体制，实施"1＞1，1≤N"（1大于1，1包含N）党建管理模式，同级托管新泰中联党委，一个党支部管辖多个部门或分公司，提升党组织引领作用，带动企业健康和谐、高质量发展。党支部由12个合并为8个，2018年发展新党员16名；2019年发展党员22名。

三是党建宣传和企业文化建设工作深入开展。每月编辑两期《党建简报》，宣传党建和生产经营工作。魏振超以党建文化引领企业文化为先导，优化整合党建文化和企业文化资源，以厂区宣传牌板、电子滚动大屏、公司内外网站、三级党课教育、季度评先树优、开展"不忘初心，牢记使命"主题教

育等系列活动为载体，成为党建文化和企业文化的一大亮点，正逐步转化成企业发展的无形的生产力。公司申报的企业文化成果被评为全国建材企业管理典型案例。魏振超同志先后荣获2018年度全国建材企业管理创新突出人物；2018－2019年度全国建材企业文化建设突出贡献人物称号。

四是党建引领作用显著增强。魏振超提倡每月开展主题党日活动，适时开展员工生日福利实施、员工活动日、冬季送温暖、夏季送清凉、节假日走访慰问、困难帮扶救助等活动，将公司对员工的关爱落到实处；每周开展"党员奉献日"活动，发挥党员先锋模范作用；每周组织四部门联合巡查，提高了制度执行力；每月组织党建及企业文化专项检查并纳入支部月度绩效考核，夯实了党建基础工作。

五是党企融合逐步深化，党建带工建、团建作用明显增强。魏振超带领公司党委通过实施食堂工作打分评议、评聘工人技师、岗位标兵、技术能手、评选红旗机组、开展技术比武活动等形式，充分发挥了工人先锋队和共青团作用，进一步挖掘了生产骨干的潜能，体现了强大的基层生产力。公司党委申报的党企融合典型经验获2018年度全国建材企业管理现代化创新成果二等奖。

技改创新、产品质量和资产管理取得的成效

1. 依托科技管理平台，着力实施技改创新增效益

魏振超始终坚持自主研发、致力于技术创新，以服务客户为第一宗旨的现代化科技型企业，以科技创新带动效益提升。2018年，完成自动化控制等新技术应用项目18项。获得中国建材集团技术革新奖2项，获得国家实用新型专利授权10项，目前已累计获得专利授权53项。

魏振超通过实施技改创新项目，有效治理了跑冒滴漏和污染排放，净化了环境，环保和社会效益显著；提高了设备运行的技术和安全性能，安全效益明显；提高了工作效率，减轻了员工劳动强度，延长了设备使用寿命，生产效益突出；降低了电力和材料消耗，降低了配件采购费用和维修成本，经济效益可观。

2. 强化产品质量从源头抓起，实施全过程控制，使质量管理实现新的跨越

在魏振超的领导下，熟料后期强度低的问题获得突破。两次获得中国建材水泥化学分析大对比全优奖。

3. 完善财务管理制度，实行预算管理、计划管理，保障生产经营活动有效组织与协调

魏振超贯彻集团压减工作部署，制订实施方案，细化压减指标，确保实现全年压减工作目标。2018年缴纳各种税金近亿元。公司成立陈欠款清理办公室，制订下发压减工作考核方案，清理三年以上陈欠款数百万元，七项压减指标每周调度确保完成。

节能和资源利用主要做法及取得的成效

注重发展循环经济，实现了资源综合利用。一是为充分利用水资源，魏振超对主要耗水机台、场所实行定额考核，减少了水资源浪费；在余热发电废水外排口前设立一个100立方米水池，对排放废水充分利用：作为二线循环水和增湿塔补充用水，每月减少水井取水3000立方米以上，作为厂区道路洒水和部分草木灌溉用水，每月利用废水2000立方米以上。二是水泥生产线充分利用炉渣、矿渣、粉煤灰、脱硫石膏等工业废渣，他在水泥生产、熟料配料等方面，采取科学配方，对粉煤灰、水渣、微粉、脱硫石膏、石灰石等废料作为原料进行充分利用。

安全和环保主要做法及取得的成效

1. 持续推进安全标准化创建

魏振超注重维护安标创建成果，推进"两个体系"建设，完善了组织架构。他坚持组织综合大检查，发现问题全部落实整改。他组织了以"生命至上，安全发展"为主题的安全知识竞赛、安全演讲、板报展、视频培训、应急预案演练、消防演练等多项活动，营造了浓厚的安全教育氛围。他积极鼓励员工报考注册安全工程师，公司现有20人取得了执业资格，是中联水泥下属企业中国家注册安全工程师最多的企业。他优化培训方式，提高全员安全素质。他坚持执行岗位日常巡查、部门自查、公司大检查和安环办专项检查的安全检查体系。通过安全隐患排查，大大降低了安全事故率，近年来无一起人身、设备事故，营造了良好安全生产环境。2018年4月通过"双重预防体系"市级标杆企业验收。

2. 注重生态环保，健康绿色发展

一是大力实施"绿色发展"长远规划。魏振超积极践行"生态优先，绿色发展"，抓住植物生长的有利时机，带领泰山中联积极组织大规模的植树绿化、美化活动，加快"绿色工厂""花园式工厂""无尘工厂"建设进程。他持续组织党员、入党积极分子在厂区10余片绿地开展党员奉献植树绿化活动。让绿色发展理念深植于广大干群心间，形成推动生态文明建设的合力，不仅展现了泰山中联党员干部和员工队伍吃苦耐劳的精神面貌，增强了党性意识和团队凝聚力，而且还深刻践行了绿色发展理念。2019年以来，公司总部共新增苗木种类33个，栽植各类苗木33000余棵，新增草坪面积约6500平方米，复垦绿地约15000平方米。

积极推进"绿色矿山"建设。魏振超将生态重建与矿山生产紧密结合，在玉皇堂山和爵山两矿山实施环境绿化、资源开发及综合利用、节能减排、科技创新及数字化矿山等项目建设。他引进有实力的矿山开采队伍，新增种植绿色植被2种，新增树木苗木8个种类约74800棵，新增绿化面积约23000平方米。

二是推进职场治理，提升精细管理。魏振超大力实施"蓝天行动方案"，现场环境面貌得到明显改善，曾两次在中联水泥精细化管理提升检查中名列小组第一。一是按照处理跑冒滴漏、清理设备设施、治理厂容厂貌、保持治理成效的"四步走"战略，制订方案、排定计划、责任到人、落实考核。二是建设原燃材料大棚，禁绝露天存放。三是对生产线脱硝、收尘系统及水泥包装机进行改造，安装喷雾装置，达标排放，净化环境。四是每月组织全公司精细化综合大检查，持续改进。五是积极响应行业限产压库政策，2018年错峰停窑161天。

下一步，魏振超同志将带领泰山中联在中国建材集团和中国联合水泥的正确领导下，认真贯彻落实"保增长、重优化、抓改革、强党建"的工作方针，全面落实"稳价、降本、保量、压减、优化"经营措施，以价本利理念为核心，以"水泥+"一体化运营为依托，以结构调整为抓手，以党建工作为保障，深入推进"三精"管理，全面提质增效，开创高质量发展新局面，确保完成各项经营目标任务。

点评：泰山中联水泥有限公司党委书记、总经理魏振超具有超前的发展理念和改革意识，面对竞争激烈的市场，带领公司领导班子成员团结协作、开拓创新，以习近平新时代中国特色社会主义思想为指导，力推党建精品工程和精细化提升管理，逐步形成一套符合泰山中联自身实际的管理体制和发展模式。

"生态水泥"的变形记

——记陕西生态水泥股份有限公司党委书记、董事长 张超晖

张超晖，男，汉族，现年54岁，陕西澄县人，中国共产党党员，正高级矿建工程师，历任陕西煤炭建设公司第五工程处处长、陕西煤炭建设公司副总经理、陕西煤业化工建设（集团）有限公司总经理，现任陕西生态水泥股份有限公司党委书记、董事长。

陕西生态水泥股份有限公司是经陕西省国资委批准合作设立的国有大中型水泥企业，隶属陕西煤业化工集团有限责任公司。公司成立于2011年3月21日，注册资本金10亿元，是由陕西煤业化工集团有限责任公司、陕西钢铁集团有限公司和陕西德龙循环经济投资有限公司三方共同投资组建，主要从事水泥、矿渣超细粉、砂石、骨料、白灰、机制沙及纳米碳酸钙等产品的研发、生产和销售，新型节能建筑材料的研发、管理及技术咨询与服务，商业贸易、物流服务、商品混凝土的生产和加工，是陕西省建材行业的骨干企业。公司总部位于西安市未央区，拥有全资、控股企业6家，在职员工1000余人，资产总额42.6亿元。

公司自成立以来，依托陕煤集团水泥产业基础，抓住国家"淘汰落后产能、加大节能减排、发展循环经济"政策机遇，聚合了陕煤集团、陕钢集团和陕西循环经济工程研究院各方在产业、资金、资源、技术方面的优势，通过投资新建、收购兼并、资产托管、关闭落后产能等途径，大力发展绿色、生态、环保建材，初步形成了"以水泥及相关产业链为基础，以砂石骨料产业为支柱、以白灰和纳米碳酸钙及高端建材产品为效益，以物流+体系为保障的闭环全覆盖"立体发展产业格局。目前拥有富平日产4500吨熟料新型干法水泥生产线两条、黄陵年产100万吨水泥粉磨生产线一条，高陵年产60万吨矿渣粉生产线三条、汉中年产40万吨的矿渣超细粉生产线一条、年产60万吨碳酸钙粉生产线一条，正在投资建设富平、泾阳、乾县等多个石灰石矿产开采、骨料加工点。

公司生产的"华山牌"水泥连续几十年保持出厂"双百"合格，是国家首批通过产品质量和质量体系认证的水泥产品。2016年荣获陕西省名牌产品，是陕西省及周边地区重点建设项目的首选推荐产品。

自2017年张超晖担任生态水泥公司党委书记、董事长以来，回顾这三年多公司发展历程，数字的变化标注出企业运行发展的良性轨迹。2016年，营业收入4.89亿元，全年亏损7854.09万元；2017年，营业收入7.94亿元，全年亏损2964万元；2018年，营业收入8.95亿元，实现利润7100万元，职工工资人均收入较同期增长17.8%。

谁都不曾想到，如今生态水泥这个"优等生"，在几年前还一度陷入并购重组的危机之中。2015年至2016年间，国家宏观经济持续下行，水泥价格一路走低，行业形势一年比一年复杂，企业亏损范围持续扩大。在陕煤集团公司坚持不懈"去杂归核"，坚定不移淘汰落后产能，深入推进体制机制改革的内部大环境中，生态水泥作为其下属的水泥板块，虽划分为"可治亏"单元，但与其他企业并购重组，"去和留"却成了水泥人当时最不愿意面对的现实。

企业未来的发展，重组后人员的去向成为职工茶余饭后谈论最多的话题，还有部分职工因为生计

原因而选择另谋出路，一时间"内忧"与"外患"让生态水泥公司陷入了两难境地。

"那时候，辛辛苦苦一个月下来也只能拿到一千多块的工资，最困难时，基本的生活费都无法按时发放，"一直在发运车间负责装车的李师傅感叹。"水泥卖的本都包不住，卖的多亏的多。"售价与成本倒挂成为当时生态水泥公司生产经营中最为突出的问题之一。

要么绝地反击，要么坐以待毙。

2017年8月，以张超晖同志为核心的生态水泥公司新的领导班子临危受命，如何稳定职工队伍，增强发展自信，尽快走出亏损"泥潭"，便是搁在他们面前的首要问题，而以建材板块产能弥补关中地区煤炭调整退出后的GDP更是集团公司赋予新班子光荣而艰巨的历史使命。他带领领导班子成员在公司所属各单位进行了一个多月的集中"入户会诊"，针对"一企一策"逐一研判。查摆企业发展短板，校准企业发展航向，以更加明确清晰的思路破解队伍"心"问题，逐步引导职工思想的转变到行动的统一成为破解难题的着力点和突破口。

"产品结构单一，转型创新动力匮乏；队伍凝聚力不强，后续活力不足……"在2017年9月的干部大会上，张超晖准确把握行业态势，直指企业发展症结，客观分析问题短板，明确改进思路及措施。并首次提出了以"水泥及相关产业链为基础的横轴、以白灰和纳米碳酸钙及高端产品为效益的纵轴，以物流＋体系为闭环全覆盖的产业群的立体发展格局"。同时确立到2020年年末，达到骨料产能5000万吨，白灰产能400万吨、纳米碳酸钙产能10万吨，力争实现产值50亿元，实现利润5亿元，职工收入翻一番的奋斗目标。

近几年，生态水泥公司在"治亏创效"征途中，推动企业高质量发展，实现企业管理提升、科技创新、优化服务、"智造"转化速度明显加快。经过两届班子和全体干部职工的不懈努力，水泥人悄然上演了一场精彩绝伦的"变形记"，尤其是在2017年第四季度，全公司整体实现盈利，同时还创造了"月产熟料37.11万吨，单日销售2.5万吨，单月销售53.2万吨，当月盈利1136万元"四项新纪录。到后来这两年，这些记录又多次被刷新。

近年来，在张超晖同志的带领下，陕西生态水泥股份有限公司通过原材料优选、混合材掺加比、煅烧优化、建筑垃圾等废弃物优化利用、加快新型干法水泥窑处理城市生活垃圾、余热发电、尾矿治理、固废利用等课题研究大力开展管理和科技创新，充分利用"XDL水泥熟料煅烧新工艺"技术优势，完成了烟气治理超低排放提标验收工作，并取得第三方认证。2018年颗粒物平均排放4.41mg/m³，二氧化硫平均排放8.52mg/m³，氮氧化物平均排放98.45mg/m³，三大排放指标限值已达到国家示范单位标准，名列陕西省前茅。

入主生态水泥公司以来，张超晖同志高度关注科技创新方面的问题并提出以"科技创效益、技术赢未来"的发展理念。以此为基础，生态水泥公司在科技创新方面屡获奖项，其中"工业废渣水泥生料配料的研究""中热水泥生产技术研究"分别获得陕煤集团科技进步三等奖；"利用钢渣改善熟料易烧性""工业固体废物在水泥生产中的综合利用"分别获得陕西建材行业技术革新二、三等奖；"微纳米碳酸钙生产技术开发"荣获陕煤集团职工创新成果二等奖。2018年，获得陕煤集团"科技工作先进集体""弘朝科技杯"全国第十六次水泥化学分析大对比全优奖、全国建材行业优秀质量管理小组、全国建材行业质量认证活动优秀企业、水泥生产企业优秀标准化化验室、"中国绿色建材产业发展联盟2018年利废新材料示范企业"、绿色典范企业、环保突出贡献奖、全国建材企业管理现代化创新成果二等奖、陕煤集团科技工作先进集体等荣誉，2018年成功入围中国建材企业500强，位列278位。

公司紧紧围绕张超晖同志提出的"打造陕西省循环经济产业集团"目标，立足陕煤集团和陕西地区，调研、统计、分析各种固体废弃物的种类、数量、产量及分布情况，梳理、分析和寻找技术突破路径。针对煤矸石制备微晶玻璃和磷石膏改性生产水泥缓凝剂技术已取得实质性突破，并进行了中试和大线试验验证，目前结合陕煤集团老矿区产业盘活升级，对拟建矿区地已调研多次，项目进入可研完善阶段，正在有序推进前期工作。

张超晖同志十分关心企业文化的建设和发展。在企业文化建设过程中，始终遵循"三统一"原则，既续写陕煤集团的文化精髓，又突出生态水泥公司的个性特征，组织开展"文明单位"创建，"最美员工"评选，通过劳动模范、先进工作者、先进集体的评先树优，切实将社会主义核心价值观融入生产经营和日常管理中，建成了职工阅读休闲吧、健身房、篮球场、羽毛球室等多个活动场所，丰富职工的业余文化生活。在坚持继承、巩固、创新、提高的基础上，吸收传统文化精华，汲取现代管理文化精髓，聚人心、引领发展形成了和谐的企业文化，促使企业在高质量发展中不断向前迈进。编制了包含企业文化核心理念、价值目标、管理哲学、行为规范与精神追求等内容的《企业文化手册》和《员工手册》，形成了具有生态水泥公司特色的企业文化理念体系。以思想观念引领行为方式的转变，紧紧围绕职工关心的焦点问题和热点问题，掌握职工思想动态，理顺职工情绪，开设董事长信箱、微信公众号架起干群沟通桥梁，逢年过节坚持下基层看望一线职工，及时听民意、解民困、暖民心，营造了积极和谐的"生态"文化，以"贴心事、暖心事"凝心聚力，汇智提神，在提升职工幸福指数同时，让企业发展更具"温度"，保证了和谐职工队伍的建设。以文体活动为龙头，组织开展"放歌生态，砥砺前行"文艺汇演、"华山杯"羽毛球比赛、职工钓鱼比赛等，不断丰富职工业余文化生活，培育和谐、团结、奋进的团队精神，公司精神文明建设迈出新步伐。近年来，先后被陕煤集团评为"文明单位""模范职工之家""模范职工小家"等，被陕西能源化学地质工会评为"厂务公开职代会四星级单位"，和谐企业建设成果显著。

在公司发展过程中，张超晖同志时刻不忘回报职工、回报社会，坚决打赢脱贫攻坚战。对内不断完善"扶贫帮困"机制，坚持"冬送温暖、夏送清凉、金秋助学"活动，2017年帮扶困难职工85户，发放慰问资金11.6万元，2018年帮扶困难职工90户，发放慰问资金23.6万元。积极在打赢脱贫攻坚战中，贡献"生态"力量，吸纳属地村民36人就业，捐赠近20万元为富平县曹村镇中沟村村民修建村道，捐赠勉县茶店镇脱贫攻坚办公室3万元，正是通过种种举措，实现了企业和地方和谐发展新篇章。

"十三五"期间，是陕西生态水泥股份有限公司改革发展、调整产业结构、转型升级的关键时期，公司在社会各界的大力支持下，本着"共创共赢"的发展理念和"自强不息强者胜"的企业精神，稳步发展水泥及相关产业链，快速推进砂石骨料建成达产，形成规模化、集约化和环保化的矿山集群，加快实施白灰和碳酸钙及高端建材产品建设，提质增效，创建优质建材基地，积极建立"物流＋贸易＋金融＋销售＋互联网"的保障体系，努力打造陕西省一流建材集团企业，为助推陕西工业经济增长和追赶超越发展做出新的更大的贡献。

点评：陕西生态水泥股份有限公司党委书记、董事长张超晖，近几年来带领公司在"治亏创效"征途中，推动企业高质量发展，实现企业管理提升、科技创新、绿色发展、优化服务、"智造"转化速度明显加快。在他和全体干部职工的不懈努力下，生态水泥公司悄然上演了一场精彩绝伦的"变形记"。

勇担使命，不负韶华

——记成县祁连山水泥有限公司党委书记、总经理 于波

于波，男，1967年生，山东淄博人，中国共产党党员。历任中国建材集团旗下甘肃祁连山水泥集团股份有限公司（以下简称祁连山股份）漳县祁连山水泥有限公司总经理，2015年1月任职成县祁连山水泥有限公司党委书记、总经理（以下简称公司）。

于波同志凭着13年总经理和党委委员的丰富工作经验，以脚踏实地、求真务实的工作作风，身先士卒、率先垂范的领导风范，团结带领党政班子成员，顺应改革形势，稳定职工队伍、锤炼管理干部，不断完善企业制度，完善内部经营管理机制。运用精细化管理手段，立足可持续健康发展，抓作风转观念，抓改革促生产，各项工作取得长足进展，水泥窑、磨部分指标达到国内同行业先进水平。公司多次荣获祁连山股份"文明竞赛先进单位"称号，于波同志荣获"2018年度全国建材企业管理创新突出贡献人物"称号。

坚持以效益为导向，企业经营业绩快速增长

创造绩效是企业文化的核心，是企业的使命与担当，更是企业生存与发展的前提。近三年，于波同志始终坚持贯彻中国建材集团"价本利"经营理念，促进经营精益化管理取得实效。他坚持"以销定产"经营原则，加强产销协调，抓好产销预测，实现精益营销，确保售价合理稳定。2017年，实现单日水泥出厂量1.7万吨以上，单月水泥出厂37万吨以上的最好水平，赢得用户口碑，品牌形象得到显著提升。2018年10月，创造了单月实现利润3700万元的历史佳绩，提前两个月完成了全年1.8亿元的利润指标任务，企业在区域市场的竞争力与引领力进一步增强。2019年，公司已实现利润2.51亿元（截至2019年9月底），连续4年利润超亿元，上缴税收6000万元以上，为地方工业经济发展做出了积极贡献。2018年，公司被陇南市评为"诚信守法示范企业"，多次被成县县委政府评为"纳税先进企业"。

坚持精细化对标管理，实现高质量运行目标

在全面看齐行业先进技术指标和全面分析公司现状的同时，于波同志提出了以提高生产运行技术指标为主攻方向，着力提升生产运行质量，降低生产运营成本，促进企业核心竞争力的生产运营管理思路，助推企业生产运营指标提升。

2015年5月，4500t/d水泥生产线仅用时8天半就实现了达产，当月顺利实现达产达标试生产运行考核，创造了甘肃省水泥行业新建生产线达产达标最快纪录，公司4500t/d水泥生产线建设成为系

统内新建生产线样板工程。

他坚持生产经营指标周对标、周预警；月对标、月总结，定期分析和诊断，择机整改和解决的对标管理机制。主动看齐行业先进，对生产运行指标进行对标分析，查找影响企业可控生产成本的窑、磨主机台时运行质量，能耗、吨熟料发电量等八大主要经济技术指标。对不达标的指标，组织专业委员会分析原因、制订措施予以解决，以指标对标倒逼可控成本的降低和主机设备的相对连续运转，提升了企业生产运营管理水平。

公司两条水泥干法生产线，1号熟料生产线设计产能3000t/d，实际产能达到3500t/d，超出设计值16.7%；2号熟料生产线设计产能4500t/d，实际产能达到5700t/d，超出设计值26.7%。2015年，公司被中国建筑联合会授予"节能减排示范企业"，成为西北地区第一家获得此项殊荣的水泥企业。

2017年，在于波的带领下，公司组织开展水泥窑连续运行100天劳动竞赛活动，持续推进精细化管理，增强设备连续运转能力。两台水泥窑运行分别打破历史纪录，其中3000t/d水泥窑连续运行达到88天、4500t/d水泥窑连续运行120天，创造了祁连山系统内水泥窑连续运行最好水平。2018年，公司坚持"提指标、稳运行、降成本、增效益"根本遵循，持续狠抓运行管理，4500t/d水泥窑连续运行天数达到122天，保持了水泥窑主机高效运行记录，主机运行质量、效率显著提升，生产运营管理设备"长周期"运行理念进一步巩固。

于波坚持将生产经营管理和安全管理工作深度融合。在他的带领下，公司上下为安全生产标准化一级企业创建营造氛围，建立健全各项安全管理制度，不断强化隐患排查治理，推动落实安全教育培训。2015年10月，公司被国家安监总局评为"安全生产标准化一级企业"，成为国家安监总局自2015年开放评审工作后，第一家通过现场评审的水泥企业。几年来，公司以安标体系的有效运行为抓手，以"打造区域内最有竞争实力的水泥企业"和创建"花园式工厂"为目标，进一步完善安全管理体系，2018年11月通过了安标复审。

在以总经理于波为首的领导班子的带领下，在全体员工的共同努力下，企业在实现安全生产的同时，自2015年10月通过安标评审以来，已经实现无损失工伤工时日1350多天，安全生产工作取得了佳绩。2018年3月，公司被中材股份授予"安全生产先进集体"荣誉称号。2017年，公司应邀在陇南市委、市政府组织的全市安全生产工作会议上，介绍安全生产经验。2018年10月17日，公司受到应急管理部办公厅邀请，于波代表工贸企业在杭州参加第九届国际安全生产论坛会议，并作主旨发言。企业安全生产标准化建设心得体会发言，受到与会人士的高度赞誉。

坚持科技创新创效，提升企业核心竞争力

于波始终坚持"向科技创新要资源，以技术进步实现降本增效"的理念，组织专业管理人员针对1号、2号生产线水泥工序电耗差异，充分发挥2号线水泥粉磨系统台时产量高、工序电耗低、效率好的优势，投资700多万元实施了一线生产线熟料向二线生产线转运粉磨输送系统技术改造项目，每年可节约水泥粉磨成本220万元以上。针对水泥窑锤式破碎噪声大、故障率高、维修频繁的现象，将锤式破碎改为辊式破碎，实现单机电耗降低50%的同时，还解决了噪声大、故障率高、维修频繁的瓶颈问题。大胆使用陶瓷闸板和陶瓷磨辊新材料、新技术，有效解决了三次风闸板及煤磨磨辊磨损快的问题，使用寿命提升了一倍以上，降低设备维护维修费用50%以上。

2016年5月，一线煤磨陶瓷辊套的应用和生料磨锁风喂料器技术改造项目分别被甘肃省建材行业

协会评为技术改造项目二、三等奖。窑头密封装置技术改造项目被甘肃省建材行业协会授予"全省建材行业技术革新二等奖"、中国建材集团技术革新一等奖。

于波同志针对调度员、中控操作员制订了峰谷用电实施办法和考核细则，制作避峰生产时间提示钟，悬挂在调度和中控操作岗位，用于随时提醒调度员、中控操作员做好避峰生产工作的有效执行，最大限度采用避峰生产，减少电费支出，每年可节约电费支出200万元以上。

为全面贯彻落实中国建材集团"水泥+"业务发展理念，积极延伸公司产业链条，公司利用矿山废石建设年产120万吨机制骨料项目已于2019年9月16日开工建设，2020年第一季度建成。该项目立足长远、起点高，力求打造区域内智能、绿色、环保型骨料生产示范线。

坚持绿色和谐发展，严守生态安全底线

于波始终坚信，作为央企属地子公司，要把履行中央决策部署和地方协调推进生态环境保护有机结合，做到知行合一，绿色发展，守法经营，守住生态安全底线，把牢环境保护"闸门"。

他主抓节能降耗和清洁生产工作，两条生产线配套建设"6+7.5MW"纯低温余热发电，加强电站日常运行管理，两台发电机组单机发电量均达到34kW•h/t熟料以上，实现了清洁生产，达到了节能减排的目的。

2016年投资220万元，改进生产线废水循环利用设施，将原有120t/d处理能力的生活污水处理设施，改造为500t/d生活污水处理站，处理后的生活污水用于余热发电用水和厂内洒水降尘、绿化浇水，实现了厂内污水外排工作的"零排放"管理。

按照当地政府对协同处理工业垃圾的要求，于波主动与当地锌冶炼企业沟通，通过论证、试生产，成功研制出利用当地工业铅锌尾矿资源进行配料生产水泥产品，为消除铅锌尾矿污染当地水源的潜在安全隐患，做出积极贡献，实现了社会效应与经济效益的"双赢"。2018年，公司荣获甘肃省"清洁生产示范企业"荣誉。

于波用实际行动践行绿色发展理念，提出了打造"花园式"工厂建设目标任务，持续投入资金开展厂区绿化美化工作，种树3000余株，绿化面积9.32万平方米，企业"花园式"工厂建设得到当地政府好评。2018年10月，公司被工信部评为第三批"国家绿色工厂"。2018年，被甘肃省环保厅评为"环境标准化A级企业"。于波非常重视绿色矿山建设，秉承"绿水青山就是金山银山"的绿色发展理念，坚持每年投入资金，对矿山已开采台段进行覆土种草种树，推进生态恢复治理，矿山已采面绿化面积1.32万平方米。公司绿色矿山建设，被当地政府列为生态恢复治理示范矿山。

坚持以党建为引领，推动企业高质量发展

于波同志带领全体党员干部群众深入学习贯彻党的十九大精神，坚持宋志平董事长"党建强则生产经营强"的党建工作思路，推行"党建+"模式，并开展"强根基、重行动"党建品牌创建活动。以基层组织工作质量提升年活动抓手，致力于"打造区域内最有竞争实力的水泥企业""建设花园式工厂"战略目标，2016年，公司党委被甘肃省政府国资委评为"先进基层党组织"，同年，于波同志被甘肃省政府国资委评为"优秀党务工作者"。2018年，公司党委"强根基、重行动"党建品牌，被中国建材集团党委提名为党建"优秀品牌"；2019年1月，被中国建材集团授予"六星企业"荣誉称号；

2019年7月，被中国建材集团党委授予"先进基层党组织"荣誉称号。

在企业经营管理不断取得成绩的同时，于波不忘践行央企责任、社会责任，积极树立央企社会新形象。根据国家精准扶贫要求，积极响应当地县委县政府"百企帮百村"号召，带领党委成员多次入户走访指定点帮扶对象，实施一地一策精准扶贫，投入数十万元，对特困家庭房屋进行维修，解决困难群众"两不愁两保障"问题。设立精准扶贫水泥代销点，通过代销水泥，增强村集体自身造血功能，真脱贫，脱真贫，实现"集体能增收、村民得实惠，政府能减负"的帮扶目的，切实树立"受人尊敬的中央企业"社会新形象。2018年，荣获成县县委、县政府"社会帮扶先进单位"称号。

天道酬勤。于波同志心系职工、情牵企业，将生产经营工作与安全环保工作、党建工作深度融合，在各环节、各领域，以精神的力量为载体，互为促进，互为依托，以优秀的员工队伍、骄人的经营业绩、花园式现场环境，将成县祁连山水泥有限公司打造成区域内最有竞争实力的水泥企业。

点评：成县祁连山水泥有限公司党委书记、总经理于波同志具有极强的事业心和企业经营管理能力。他凭着多年担任企业领导的丰富工作经验，以脚踏实地、求真务实的工作作风，身先士卒、率先垂范，顺应改革形势，稳定职工队伍、锤炼管理干部，不断完善企业制度，运用精细化管理手段，立足可持续健康发展，抓作风转观念，抓改革促生产，各项工作取得了长足进展。

践行使命，浇筑百年伟业

——记北京金隅混凝土有限公司党委书记、执行董事 张增彪

张增彪同志1995年7月毕业于南京林业大学木材加工专业，并入职北京金隅天坛家具股份有限公司；1996年8月至2007年4月历任北京天坛家具公司质量管理部副部长、部长，副总工程师，副总经理职务；2001年1月至2003年6月在北京大学光华管理学院在职学习，获得工商管理硕士学位；2007年4月任北京金隅集团战略发展部常务副部长；2012年11月任赞皇金隅水泥有限公司党委书记；2013年12月任石家庄金隅旭成混凝土有限公司公司总经理；2017年12月任金隅冀东（唐山）混凝土环保科技集团有限公司副总经理；2019年3月任北京金隅混凝土有限公司党委书记、执行董事。

作为企业主要负责人，张增彪注重将经营管理工作与现代企业文化进行有机结合，积极培育独具特色的企业文化，用文化指引人、引领人。在践行金隅文化的同时，针对企业特点，他提出了"高标准经营、精细化管控"的经营理念，引导广大职工将其作为衡量生产经营管理水平的重要标准，以此创出品牌、赢得市场。坚持以新发展理念引领企业健康创新发展，以国企的责任使命担当，积极服务首都"四个中心"建设。

张增彪团结公司领导班子，带领全体员工，内外功兼修以业绩回馈企业，回馈社会。2019年全年产销量501.36万立方米，同比增长23.6%；营业收入20.06亿元，同比增长23.9%；应收账款回款率102%，消化处理历史遗留潜亏8000余万元，实现企业近3年来首次盈利，各项经营指标全部超额完成任务。其中顺义站全年产销量27.86万立方米，同比增长228%，实现利润367.75万元，建站11年来首次实现盈利。

创新引领，奠定健康可持续发展

面对混凝土行业诸多历史遗留问题困扰及复杂的市场环境，张增彪在完善企业内部基础管理尤其是风险防控工作提升自身竞争力的同时，接受市场挑战，推动行业协同，引领行业自律，实现北京混凝土市场健康可持续发展。

一是推动混凝土价格理性回归。随着政府对运输行业超载的治理力度不断加大，环保压力日益增强，原材料供应极度紧张，生产成本大幅增加。我们以精准保供服务与可靠产品质量为依托，多措并举、攻坚克难，在三个月内通过两次调价，北京区域混凝土普通C30价格自2019年年初的390元/立方米上涨至470元/立方米。价格的理性回归，保证了行业的合理利润空间，也确保了混凝土质量稳定，大大降低了工程质量风险。

二是推行结算方式调整。在行业协会的主导下，自2019年11月15日起，北京金隅混凝土严格落实结算方式调整工作，即取消图纸结算，将结算方式全部变更为小票或过磅结算方式。结算方式的调整，是改变行业规则的一件大事，对整个行业在质量控制、节能减排、经营管理、经济效益等方面都将起

到积极的推动作用。截至目前,北京金隅新签混凝土合同已经全部实现了小票结算。

三是全面提升合同质量。合同条款无节点、无封口、周期长是北京混凝土市场长期以来的通病,也成了应收账款的最大风险。2019 年,公司大力推动合同质量提高,借助行业协同之力,推进混凝土市场的公平交易。目前,新签合同基本实现了月付款 70%,结构封顶付至 90%,末次供应完毕 6 个月付清余款。同时明确过程有效结算时点及最终结算时点,严格禁止无明确节点及付款条件不合规的合同签订,从源头上对应收账款的风险进行防控。

现代化引领,打造智能化企业发展模式

张增彪同志大力推动产业升级,以转型高端智造为使命,有序推进信息化、智能化工作融入企业管理,力求摆脱当前经营模式粗放,加快打造管理一体化、决策数字化、供应链协同化、企业生产智能化的领先企业。

一是持续推进企业信息化建设。在实现企业操作系统和办公软件全面正版化基础管理上,加强网络设备升级改造,实现站点网络具备两种以上接入方式,防止传输问题导致生产中断;探索建立公司城域网,实现网络互通,为生产数据实时备份筑牢网络基础。

二是探索建设现代化工厂运营。为推动混凝土从"制造"全面升级为"智造",在 ERP、OA 办公平台的高效运营,搭建北京区域网络管理运维无人值守一期基础工程,持续优化岗位,精简冗员,提高劳动效率,2019 年度精简冗员 320 人以上,所属 9 个在产站点全部完成信息化标准化站点对标工作,目前用工人数控制在 880 人以内。通过提升工厂设计水平、改进生产工艺和设备,优化生产流程,充分运用物联网技术和智能制造技术,强化生产服务全流程监控,树立预拌混凝土产业在城市化发展中的高端制造形象。

技术引领,加强质量管理保增长态势

质量是企业的生命,张增彪要求全面提升质量管理水平。合理推进产品质量定位,全面提升质量"红线"意识,有效增强资源保障,弘扬倡导"工匠精神"。

一是技术创新奠定新发展基点。2019 年公司申请专利斜屋面混凝土组合物及其制备方法、水泥胶砂振实台、自动混凝土搅拌装置等 17 项,在权威混凝土期刊发表 5 篇论文。开展"高石粉含量机制砂与天然砂混合使用试验""清河站铁标 F350 混凝土研发""预拌混凝土在京沈高铁项目中的应用""浆水及砂石分离后浆体的合理再利用"等科研项目的研究及应用。

二是践行使命浇筑百年伟业。通过广泛调研与实地考察,长期试验与配比优化,科学解决了公转铁机制砂石的搭配使用问题,以 17.19 万吨的使用量率先超额完成建委下达的"绿色"砂石骨料使用指标,充分发扬了国企担当,守护好祖国绿水青山。

改造升级,实现企业绿色转型生产

张增彪提出目前公司生产过于依赖自然资源,寻找替代资源是要攻破的课题;要通过降能耗改善污染;要通过站点绿规改造,降低排方量污染,推动站点可持续发展。

一是全面实现搅拌站绿色生产设备改造。2019年，全面推动所属9个生产站点基础设施改造及设备设施升级。改造历时4个月，共计投入800余万元，完成了对中控室下移、喷淋及密封的改建、螺杆空压机、雷达料位计、收尘设施等设备的升级、太阳能路灯、太阳能热水器节能设备的安装及易污染区域监控设备。改造后，生产区域全部封闭，生产设备低碳节能、低噪声、低排放，废水、废渣可循环利用，实现混凝土产品生产组织全过程、物料转化全过程的绿色生产及零排放，全面实现绿色、低耗、智能化生产。

二是打造绿色原材料采购及再利用功能。针对水泥矿山毛石石粉无法使用的问题，公司积极肩负消耗能源功能，通过优化调整配合比等技术手段不仅变废为宝，而且使单方成本降低3元～4.5元。

以文化为引领，积极践行国企使命担当

张增彪始终将坚持文化引领看作是企业可持续发展的思想保障。他结合企业及行业特点，提出了"高标准经营、精细化管控"的经营理念；以人工劳产率为导向，打造公平的干事创业平台；以绩效考核为引导，激励干部职工干事创业激情。一年来，北京金隅混凝土人凝聚智慧，勤勉尽责，攻坚克难，为企业事业发展提供坚强动力。

一是发挥头雁效应。公司领导班子坚持以习近平新时代中国特色社会主义为指导，对标"高标准经营、精细化管控"工作要求、集体交流研讨、广泛调查研究、到生产一线走访解题，主动去碰"老大难"、啃"硬骨头"，在应收账款控降、历史遗留问题解决、冗员精简等重点工作中不断突破，以实实在在的工作成绩取信于职工。

二是积极履行社会责任。紧紧围绕首都城市战略定位，在"疏解整治提升"中做出国企表率，疏解整治3家低效能企业退出，在服务首都"四个中心"建设中积极体现国企价值。积极支持社会公益事业发展，实施精准扶贫，捐赠30万元用于美丽乡村建设。2019年企业独立运行初期，在各类专业技术管理人才短缺的情况下，依然输送青年技术骨干支援雄安新区建设。

从引导混凝土的"绿色革命"到开启砂石料"公转铁"的模式，张增彪同志积极响应国家政策，在建设绿色供应链工作中做好执行者、响应者，承担国企责任，打造绿色采购链，守护祖国的绿水青山。

点评：北京金隅混凝土有限公司党委书记、执行董事张增彪，积极倡导"高标准经营、精细化管控"**的经营理念；以创新为引领，奠定健康可持续发展优势；以质量为企业的生命，全面提升质量管理水平；以文化为引领，凝聚金隅混凝土人的合力与智慧。他以国企的责任使命担当，浇筑百年伟业为自己追求和长远发展的目标。**

创新品牌管理，履行社会责任

——记佛山欧神诺陶瓷有限公司董事长 鲍杰军

鲍杰军，男，1962年7月出生于江西景德镇，武汉理工大学管理学博士，现任佛山欧神诺陶瓷有限公司（以下简称欧神诺）董事长，归然书院院长，佛山市政协常委，景德镇陶瓷大学客座教授、硕士生导师。曾任中国建筑卫生陶瓷协会副会长，广东省人大代表，佛山图书馆第一届理事。

1978年，鲍杰军考入景德镇陶瓷学院攻读陶瓷机械专业，自此与陶瓷结缘。毕业后留校任教十年，从事了大量科研活动，拓宽了专业视野，也积累了丰富的技术经验。

1992年，鲍杰军进入广东工作，后与同窗好友卢勤白手起家共同创办科达机电股份有限公司（以下简称科达机电）。先后独立或主持设计了中国第一台磨边机、第一台抛光机和第一台大吨位压机，使科达机电成为中国陶瓷装备界第一家上市的龙头企业，实现了陶瓷装备全面国产化的梦想。

"温文尔雅，说话逻辑清晰，像一位大学老师。"这是陶瓷行业对他的评价，他敢为人先，先后参与创建了两家上市（科达机电，欧神诺）企业，是引领佛山陶瓷行业健康发展的代表人物之一。

1998年，鲍杰军涉足建陶制造业，创办了欧神诺。从首创雨花石开始，欧神诺多次推动抛光砖产品的升级换代，树立了在抛光砖领域的创新领跑地位。作为行业第一批国家高新技术企业，拥有国内最大研发中心、多次推动产品技术革命，可谓实至名归。

2000年，鲍杰军在业界首次提出"建陶时装化"，对行业的理论性研究拉开了序幕。2006年，鲍杰军成为应邀在世界最高论坛上发表主题演讲的第一位中国企业家。2007年，鲍杰军主持完成的软科学课题《中国建陶行业发展战略研究》获得部级科技进步二等奖。2008年年初，鲍杰军历经两年撰写修改，出版了行业专著《中国智式》，在业界引起极大关注，并被业界人士评价为"行业研究的开山之作"。

其中2007－2019年，鲍杰军先后出版个人专著书籍《中国智式》《现代企业逻辑》《人生半旅之感悟》《全价值经营》《迭代——全球视野下的中国建陶大局》。

鲍杰军作为佛山江西商会的领袖，有太多优秀的特质：睿智、儒雅、谦虚、正直、智慧，担任江西商会会长以来，带领会员团结奋进。怀着对教师职业的一份情怀，鲍杰军一直没有离开过教师岗位。在2016年佛山成功建成赣商大厦，创立归然书院。

加强企业文化建设，增强软实力

企业常谈"以人为本"，可是"以人为本"渐渐地成了一句口号，行动中走走过场却忽略了其本意。企业往往要求员工做奉献，要求他们为企业服务。实际上，做企业的也要考虑员工的需求，不光关心员工的工作，还要关心员工的生活，员工的成长。真正的以人为本就是要让每个人的需求都得到满足，获得幸福感，在没有得到满足时，也能够有宣泄的途径，从而使社会变得和谐。

企业文化反映了经营者的需求和价值观,但是必须把个人行为转为企业行为,企业文化宣传的目的就是增强员工对企业的认同感与自豪感,让员工得到了合理的精神满足和物质回报。虽然每个企业家都有不同的需求和价值取向,企业文化和行为方式也各有不同,但是真正的以人为本是一样的,那就是善待自己,同时善待员工。

积极履行社会责任,树立优质品牌形象

企业承担社会进步的责任,是企业家高素质的表现。第一个层次是满足消费者的需求;第二个层次是带动行业的健康发展;第三个层次是推动社会的进步。当企业能达到如此高度时,其社会属性才可得到理想的彰显,企业才会平稳快速发展。

从 2016 年开始举办诺动计划至今,公司连续多年为向偏远地区以贫困儿童和留守儿童为主要服务对象的群体提供包括图书绘本、体育器材在内的教育资源的补充,同时向存在一定经济困难的留守儿童家庭提供一定的生活物资支持,对该类群体提供教育支持服务,改善他们的生活和学习环境,促使他们可以通过阅读图书和体育运动获得身心的健康成长。

创新和规范经营是企业发展之道

企业要承担推动行业发展的责任,要以企业家精神为指引。欧神诺成立之初,如何在激烈的竞争中脱颖而出,是摆在公司面前的第一个难题。对于技术出身的管理者而言,首先想到的就是产品创新。高定位必须有高起点,欧神诺首先投入巨资建立了业内领先的建陶研发中心。从雨花石的一鸣惊人开始,持续的创新,让欧神诺成为高端瓷砖的领导者。

欧神诺最大的优势是什么?是规范。2007 年欧神诺经营出现困难、暂停上市计划时,仍然能够坚持规范化经营方向。正是因为长期规范经营的基础,使企业能够合并上市,快速融入资本市场。欧神诺的规范,不仅仅体现在依法纳税,更重要的是建立了良好的法人治理结构,使得企业经营决策变得井井有条。2018 年,欧神诺成为上市公司。

点评:从大学老师到上市公司董事长;从学者到企业家;从理论到实践的嬗变,是佛山欧神诺陶瓷有限公司董事长鲍杰军近 30 年的不凡历程。他以饱学之识,致力于企业的创新发展,致力于品牌打造,致力于履行社会责任与担当!

坚守"实业精神",谱写转型发展华章

——记富春控股集团有限公司总裁 张樟生

张樟生,男,浙江富阳人,富春控股集团有限公司(以下简称富春控股集团)总裁。曾主导富春控股与原公司杭州加气混凝土厂(现名:浙江杭加泽通新型建筑节能新材料有限公司)的并购重组以及后续企业的转型发展规划与建设,期间兼任杭加新材总经理,在建材行业拥有超过25年的管理经验。

在蒸压加气混凝土(AAC)行业,"杭加"已经成为行业高品质产品的代名词,尤其是AAC板材更是傲视群雄。作为富春控股集团旗下四大核心产业之一,杭加新材现已成为驰名中外的建材品牌,并致力于成为全球绿色建筑体系的引领者和集成服务商。

杭加新材之所以能够实现腾飞巨变且充满传奇色彩,"杭加"品牌之所以能够宝刀不老、雄心常在,这绝非一蹴而就,与一位重要的人物密不可分,他正是富春控股集团总裁张樟生。

在广大员工心目中,张樟生总裁是一个雷厉风行、求真务实的实干型企业家,他经常教导员工,要脚踏实地,有责任、有担当,每一件事都追求精益求精,抓实到底,执行到位,不流于形式,并将"实业精神"作为"富春精神"的内核之一。他不仅是这么说的,更是身先士卒将其付诸实际。

革故鼎新,开启杭加重组转型新篇章

杭加新材始建于1976年,其前身为杭州加气混凝土厂,曾被列入国家"六五"期间重点建设项目。2004年,富春控股集团总裁张樟生凭着对建材行业、市场的深刻认知以及对于实业投资的初衷,带领团队,着手对杭州加气混凝土厂进行并购重组。

在以张樟生总裁为核心团队的参与下,历时半年多紧张有序的筹备,终于在2004年12月完成了对杭加公司的战略重组。同时,他要求公司创新品牌、创新管理,带领技术研发人员开发研制加气建材新产品和配套辅材,并推进产品应用技术的革新,为企业的转型升级注入了新的活力。彼时,"HJACB"和"HJAAC"两个品牌的新品的应用技术开始接轨国际先进标准。

为了深度推进杭加的转型升级发展,张樟生毅然决然地开始对杭加做出建材生产住宅部件化的产业升级规划,蓄志为中国新型建筑产业的发展作贡献。2008年11月,富春控股集团在杭州富阳渔山斥巨资建设新型建材与住宅部件化产业园。张樟生总裁又开始带领大家对杭加进行了脱胎换骨式的大规模技术改造和产业升级。"HJACB"和"HJAAC"品牌与产品质量也随之再上一个台阶。

至此,杭加产品从建筑主体结构的商品混凝土、建筑围护结构的加气砌块与板材,延伸至室内装饰的新型装饰材料的提供,到建设项目提供臻于完美的产品施工一体化综合服务,杭加富阳住宅部件化基地的雏形初步形成。公司可以规模化生产PC+AAC复合整体墙板、钢板+AAC复合剪力墙板等一系列专利产品集,集建筑、科技、艺术、创意和生态等多元素于一体,成功完成从制造业转向"制造业

+服务业"双业发展模式的转变。2012年，公司在富阳建成投产第一条国内自主设备生产AAC板的生产线，可年产60万立方米加气混凝土砌块、20万立方米加气混凝土板材、1.5万吨高精度PC（预制混凝土）模具模台。

2016年，在张樟生的主导下，富春控股集团对杭加建材再次进行了战略的调整，朝着行业领军企业的目标进行重新布局，并进行了一系列新的改革：组建新"军团"，引进一大批在业内有着较深造诣的技术型人才，并着力激活人才机制；同时强势推进产品工艺技术改革，打破独家代理商制度。如此，杭加的发展再次被"盘活"。

椽笔绘图，部署杭加国内建立50条产线

我国经济已由高速增长阶段转向高质量发展阶段。国家发展改革委、工业和信息化部印发的《新型墙材推广应用行动方案》指出，到2020年，新型墙材产量在墙材总量中占比将达80%，新建建筑中新型墙材应用比例达90%。另一方面，加气混凝土作为一种具有竞争优势的绿色环保墙体围护结构用材，在装配式混凝土结构和钢结构建筑中的应用尤为广泛。AAC板材行业已经站在了一个新的风口下！

为牢牢抓住历史的风口，推动杭加在新的产业格局下取得新的突破，2018年，张樟生对杭加大胆地提出了"五年战略规划"，以全新视野进行战略布局，计划五年内在国内布局50条AAC板生产线。

这些生产线，旨在高起点、高站位、高标准地发展国家鼓励及推广的新型装配式绿色环保建材，力争建成国内新型装配式建筑部品部件墙体材料行业的龙头企业，实现一流的生产线装备自动化水平、一流的信息化管理水平和一流的产品品质。

杭加作为一家加气混凝土材料企业，能做出如此大的拓展，无疑称得上一个壮举，也在很大程度上彰显了张樟生作为一名实干型企业家的广阔襟怀和格局。

在"五年战略规划"的指引下以及张樟生孜孜不倦的主导下，杭加新材依托富春控股集团及众多合作伙伴，逐步从华东向全国扩张，在国内实施了生产基地网状化战略布局，市场和营销网络覆盖全国大部分区域。目前，杭加湖北基地、广东基地等多个项目已经开工建设，AAC制品产能将突破200万立方米。

重质求效，带领杭加做行业"超级行家"

在张樟生的严格要求下和杭加团队的努力下，近年来，杭加逐步建立了完备的技术体系，在产品配方、应用技术领域及专业装备上取得了"板材专用黏结剂发明专利"等30多项发明及实用新型专利，其中，产品配方、板材专用黏结剂、PC+AAC整体外墙板专利技术等技术成果在行业内名列前茅。公司更是系统解决了AAC板材在住宅内隔墙应用中容易开裂的行业难题，填补了国内技术空白，成为国内首家在民用建筑中推广应用AAC板材的企业。

杭加先后通过ZSO 14001环境体系认证、ISO 9001质量管理体系认证、ISO 14001环境管理体系认证、OHSAS 18001职业健康安全管理体系认证、中国环保产品认证、中国绿色环保产品认证，生产的杭加"HJACB"和"HJAAC"牌蒸压加气砌块、蒸压加气板材被认定为杭州市名牌产品、浙江省绿色建材产品、江苏省新型墙体材料推广项目、浙江省建设科技成果推广项目。

当前，杭加新材的加气混凝土制品最能体现行业的"硬核"技术水平，其防火、抗震、保温隔热、

绿色环保、安装便捷、施工精度高等性能优势更为突出。而这些优质产品，蕴含着一名企业家的无限情怀！

2017年起，公司的销售额增长幅度高达260%，AAC板材的年销量位居全国前三名。公司与万科、碧桂园、绿城等国内近百家知名行业"大腕儿"开展了商务洽谈和战略合作。AAC板材等产品远销澳大利亚、印度、新加坡、菲律宾、巴基斯坦、斯里兰卡、马尔代夫、新西兰等众多国家，广泛应用于各类住宅、商业、工业等建筑，并获得国外用户的普遍好评。当前，公司产品的年出口量占年产量的20%以上，位居行业前列。"杭加"已成为全球最畅销加气混凝土品牌之一、百家知名房企及物流地产指定品牌、中国核电唯一指定品牌、万科集团全国集采单位。

功夫不负有心人，希望和努力总会转化为金灿灿的成果。"2019年中国建材企业500强""2019年中国最具成长性建材企业100强""2019年度中国墙体屋面及道路用建筑材料产品质量信誉模范企业""浙江省重质量守承诺创品牌暨首批三满意单位"……在杭加新材的展厅里，整齐陈列着一排排烫金的荣誉奖牌，每当张樟生来到杭加展厅指导工作时，看到这些来之不易的成果，他脸上总会露出了欣慰的笑容，同时更能看出他对富春控股集团建材板块未来发展充满了无限希望！

点评： 富春控股集团有限公司总裁张樟生以高起点、高站位、高标准地发展国家鼓励及推广的新型装配式绿色环保建材——加气混凝土砌块、板材，公司现已成为我国新型墙体材料行业的龙头企业之一。他坚守实业精神，求真务实而不乏创新发展的激情和勇气，谱写了富春控股集团转型发展的华章。

改革创新,助力宇虹高质量发展

——记潍坊市宇虹防水材料(集团)有限公司副总经理 郑智海

郑智海,男,汉族,山东寿光人,中国共产党党员,注册资产管理师。郑智海于 2008 年 7 月毕业于山东财政学院东方学院。2008 年 5 月至 2016 年 6 月,担任招商银行寿光支行业务经理;2016 年 7 月至今,担任潍坊市宇虹防水材料(集团)有限公司(以下简称宇虹集团)副总经理;2019 年 12 月当选为中国建筑材料企业管理协会品牌建设分会第一届理事会副理事长。

郑智海自担任宇虹集团副总经理以来,以"为生产经营服务,为职工生活服务"为宗旨,把构建平安、和谐企业作为工作的指导方针,在工作中坚定信念,不断开拓进取,一直以务实的工作作风、有力的经营举措,饱满的工作热情、过人的胆识和气魄,致力于推动中国建筑防水行业技术进步和企业健康持续发展,带领企业在激烈和严峻的市场竞争中,稳步前进,赢得市场、赢得客户、赢得荣誉。

2019 年宇虹集团继续坚持稳健经营、保持战略定力的理性发展思路,坚持以高质量发展为主线,积极应对内外部环境变化,整合发挥内外资源优势,调整经营思路,创新管理模式,强化创新意识,全面推动各项工作做实做深,实现了稳中有进的奋斗目标,尤其是稳增长成效显著,主要经营指标再现两位数增长。

锐意进取,勇于改革,推动企业稳步发展

宇虹集团在郑智海的带领下,锐意进取,勇于改革,顺应改革形势,推进集团化经营,全面整合企业优势,建立了现代企业制度。郑智海同志凭借过人的魄力和胆识,独特的经营管理手段,创新思维,带领团队克服困难,努力奋斗,始终坚持以质量求生存,以扩大规模求发展。目前,公司已发展成为集防水材料的研发、生产、销售;防水工程设计、施工;防水技术咨询、服务于一体的国家高新技术企业。公司先后荣获防水防腐保温工程专业承包壹级资质、行业领军企业、建筑防水行业科学技术奖——工程技术奖(金禹奖)金奖、中国建筑防水行业质量奖金奖、中国建筑防水行业 AAA 信用等级企业、中国建材企业 100 强、中国民营建材企业 20 强、中国建材和谐企业、山东省守合同重信用企业、市长质量奖、潍坊市隐形冠军、全国建材企业文化建设示范基地、山东省"诚信建设示范企业"、环渤海地区建材行业"知名品牌"、全国建设行业科技成果推广项目(防水专项)等荣誉。公司通过了多项认证,包括 CRCC 铁路产品认证、中国环境标志产品认证、质量管理体系认证、环境管理体系认证、职业健康安全管理体系认证、安全标准化体系认证等。

近年来,公司纳税额逐年大幅增长,增加了地方财政收入,同时解决了当地近 600 人的就业问题,为当地富余劳动力的有效转移做出了积极贡献,带动了地方经济的发展。

率先垂范，不断学习，积极推进企业文化建设

郑智海同志热爱祖国，拥护党的路线、方针和政策，提高思想认识和业务水平。郑智海积极倡导企业文化建设，率先垂范，带头学习企业文化建设方面的知识和理论，带头践行企业文化。他牵头公司高层领导每年至少开展两次企业文化培训，人力资源部针对新员工设计了企业文化培训课程，大力宣传企业文化内涵和精髓实质，切实增强广大干部职工文化自信和加强企业文化建设的自觉性和主动性；组织公司有关部门通过微信、网站、会议、宣传册等各种形式传播企业文化，还通过经销商、供应商年会、团拜会等方式向相关方传播企业文化。

他富有责任感、使命感，有奉献精神，他思想活跃，不断更新创业观念，艰苦奋斗，努力创业，取得了突出的经济效益和社会效益。

开拓进取，不断创新，构建企业科学发展文化

技术研发、创新对企业发展壮大至关重要，通过科技创新，实现差异化，形成核心竞争力是防水企业做大做强的必由之路。宇虹集团在20多年的发展历程中深谙此道，孜孜不倦。郑智海带领宇虹集团实施创新驱动战略，始终把科技创新作为推动企业快速健康发展的核心竞争力，注重自主创新能力建设，拥有"国家住宅性能研发基地""中国建材科研总院苏州防水研究院潍坊宇虹研发应用中心""山东省弹性体防水材料工程技术研究中心""山东省企业技术中心""山东省'一企一技术'研发中心""潍坊市工业设计中心"等。2019年，宇虹集团科技创新再结硕果，获批建设潍坊市弹性体防水新材料重点实验室、潍坊市弹性体防水新材料工程实验室；同时，宇虹集团还与北京建筑大学共同建设了"建筑防水与防腐应用技术研究中心""防水防腐材料应用大学生暑期校外实践教学基地"两大平台。各类创新载体的争创和建设，强化了宇虹集团科技创新能力。截至目前，宇虹集团共拥有十余个国家、行业、省、市级研发创新平台。

实验室建设是企业抓科技创新的重要举措。2019年，宇虹集团新生产基地实验室顺利通过中国建筑防水行业标准化实验室认定。配备了各类试验及检测设备近100余台（套），其中包括国内先进的仪器多台（套）。实验室配备了30名大专以上学历且经验丰富的专职人员。标准化实验室的建设，极大提升了宇虹集团的产品研发创新、质量检测能力。

科技创新持续投入换来丰硕成果：宇虹集团先后完成科研成果35项；申请国家专利49项；主持、参与制订国家、行业、团体、企业标准等31项；科技成果累计获奖34次，"AUT""领略""宇虹世界"等36项商标先后注册成功。科技创新为宇虹集团产、销、利、税实现年年大跨越，提供了坚实的基础和保障作用，确保了宇虹集团在行业中的领先地位。

转型升级，绿色发展，作转型发展的先行者

郑智海积极响应国家转型升级、新旧动能转换战略，进一步增强生产能力，扩大生产规模，提升生产效率，优化产品结构，提高产品产能。2019年，宇虹集团新建2.2米宽幅高铁专用改性沥青防水卷材生产线成功投产，此外还通过技术创新改造升级完成了两条聚氨酯防水涂料生产线。至此，宇虹集团台头新生产基地全面投产运营，产能提升20%。

截至目前，宇虹集团共拥有处于行业领先水平的生产线24条，总体年产能达防水卷材1.88亿平方米、防水涂料10万吨。产品种类也进一步完善，可完全满足铁路建设、地下综合管廊、机场、核电站、市政、工业与民用建筑等工程对各类防水材料的不同需求。

2019年，除了生产规模进一步扩大，产能进一步提高外，郑智海力促装备升级，对公司原有生产线进行技术改造和升级，实现提质降本，产品核心竞争力进一步得到提升。

郑智海始终把生态文明理念融入企业生产经营全过程，始终恪守可持续发展承诺，努力践行绿色发展，从研发、设计、生产、销售新型环保防水材料实现全产业链绿色化，用绿色引领高质量发展。通过引进先进的生产工艺和技术，推动资源综合利用；加强设备节能管控，节能降耗；自主研发新型环保设备，确保各项污染物全部达标排放，获得"山东省清洁生产企业""环境保护先进单位""治污减排工作先进单位"等荣誉。

诚实守信，合作共赢，助推企业健康稳定发展

郑智海始终坚持"诚实守信、合作共赢、超越自我"的核心价值观，把用户满意作为第一标准，打造了稳定、忠诚的客户群体。在郑智海的带领下，公司始终坚持诚信不欺、言而有信、以诚待人、兑现承诺的市场准则，营造了良好信誉，赢得了社会各界支持，拥有了长期战略合作伙伴。

他率先垂范，建制度推诚信，通过各种宣传渠道，坚持开展普法宣传、法治宣传教育；不断强化各级管理人员和职工的诚信观念，培育诚信文化，塑造诚信形象，增强各级经营管理人员和职工的诚信观念和信用素质。在郑智海的带领下，宇虹集团建立了遍布全国的销售网点，设立经销分公司、工程分公司共69个，各地代理商近700家。公司先后与恒大、中海、万科、远洋、万达等全国40多家地产企业建立了长期的战略合作关系。同时，致力于高速铁路等国家战略性基础设施项目和海外市场的拓展，产品远销欧洲、非洲、东南亚等20多个国家和地区，产品大规模用于青藏铁路、沪昆高铁、兰新高铁、哈大高铁、北京地铁、乌克兰大使馆、安哥拉大使馆等国内外大型工程。

以人为本，文化传承，创建和谐企业文化

近年来，宇虹集团发展迅猛，销售收入实现了跨越式增长。在公司快速发展的同时，坚持以职工为本，积极履行社会责任，倾心公益事业，努力回报社会。

1. 坚持以人为本，充分发扬民主管理

郑智海坚持以职工为本，完善劳动保护制度，始终把维护职工利益、满足职工需要，以良好的环境吸引人、留住人作为干事创业的出发点和落脚点，着力于提高职工工资和福利待遇、切实改善员工办公环境、注重企业文化建设，打造"职工之家"。让集团一般职工月工资过万，为职工建设公寓楼，定期组织职工旅游休假等，一系列举措，让企业凝聚力和职工归属感大大加强，以实际行动切实维护好企业和职工的根本权益，关心职工生活，建立稳定协调的劳动关系，促进职工和企业和谐发展。

2. 倾心公益事业，努力回报社会

郑智海高度关注公益事业，将社会责任牢牢铭记于心，以高度自觉的行为，积极参与和谐社会构建，把公益活动融入企业中心工作。亲自参与策划、开展公益活动，组织员工积极参与公益事业，设立"公司助困基金"，以10万元为基数随企业效益增长逐年递增。救助金主要作为职工及其子女婚育贺礼、

子女上学、残疾职工康复治疗和困难职工救助的基金。

2018年寿光抗洪救灾工作时,他在积极组织开展东、西两个生产基地自救的同时,时刻心系灾区受灾群众,积极组织全体员工开展"抗洪救灾献爱心"捐款活动,专项救灾捐款547300元,其中企业捐款510000元,职工捐款37300元。

郑智海还致力于企业周边的新农村建设,捐资修路,与周边庄建立了"一对一帮扶"关系。援建台头镇郑辇村:组织企业职工到郑辇村里开展"义务劳动一小时 清理卫生美家园""义务劳动一小时、干干净净过中秋"等活动;每年捐出大量的资金支持新农村基础设施建设与文化建设,改善农村基础设施、活跃农村生活、营造健康文化氛围,推动农村物质文明与精神文明建设双重发展。实行"就地招聘员工"制度,解决当地就业问题;每年都对台头镇文化艺术节进行赞助,多次组织或参与扶贫助困、捐资助学、助老等活动。

点评:宇虹集团在郑智海的带领下,锐意进取,勇于改革,推进集团化经营,全面整合企业优势,建立了现代企业制度。郑智海同志凭借过人的魄力和胆识,独特的经营管理手段和创新思维,以企业文化和科技创新为抓手,带领团队克服困难,努力奋斗,实现了宇虹集团高质量、跨越式发展。

行业创新的追梦人

——记北京坚构创新科技有限公司董事长 袁亮国

袁亮国同志，曾任原鲁南水泥厂烧成车间主任，副总调度长，鲁南中联水泥有限公司副总经理、总经理，后调入中国联合水泥集团有限公司担任副总经理兼总工程师，从事水泥制造业工作40余年。2017年他去职从商，成立了技术研发、工程总包、设备制造于一体的北京坚构创新科技有限公司，公司打造集团化管理模式，根据各业务板块的技术特点，又先后成立了北京坚构节能技术股份有限公司、北京坚构节能工程有限公司、威海坚构机械有限公司三家所属子公司。因在行业技术创新领域的突出成绩和经营业绩，袁亮国同志先后受邀、受聘兼任中国建筑材料企业管理协会品牌建设分会副理事长、中国混凝土协会理事，中国砂石协会理事等职。

一流创新型企业的塑造

在袁亮国的带领下，公司自成立之日起，便驶入了创新发展的快车道。公司立志于建材行业的技术创新，做行业技术进步的典范。以"坚持思维创新，构建绿色工厂"为企业宗旨，确立高效节能、环保领先的经营理念，以科技创新为手段，长期专注于行业前瞻性技术研发应用。

袁亮国导入"国企的规范化管理"，并以"民企的灵活机制"，建立了公司完善的公司管理机制，以管理创新、制度创新和技术创新为手段全面推进企业创新工作。公司与国内20余所专业机构、大专院校建立了合作关系，共同推进技术研发。公司与国内外10余家知名设备生产企业强强合作，用世界最先进的设备保障项目生产的高效运转。2019年公司承揽项目辐射山东、山西、江苏、四川等地，项目总承揽额达到4亿元，实现了连续三年业绩翻番的总体经营目标。公司的"坚构"品牌创新技术得到了行业内企业的高度认知。

公司始终注重项目的规范化管理和高质量施工，始终坚持安全零事故的管理目标。项目进度管理、施工质量管理、现场管理、人员管理都得到了被服务单位的一致好评。

公司建立了科学的人才激励机制，内部人员劳动关系稳定，行业优秀人才不断加入，团队技术创新能力、综合管理实力、项目服务质量不断提升，为公司的优质发展奠定了坚实的基础。

公司于年内通过了质量、环保、安全和职业健康的三体系认证。

站在行业技术创新的最前沿

在袁亮国的领导下，公司始终站在行业技术创新的最前沿，多项技术取得突破性成果。

1. 水泥窑协同生活垃圾处理

现在国内干法水泥回转窑协同处理生活垃圾系统，都是把垃圾燃烧的烟气送入分解炉内做无害化处理，此方案由于烟气及烟气携带的钾钠及氯离子同时也进入了预热器系统，会对窑系统的煅烧产生了较大的影响。一是烟气量的进入造成窑系统煅烧用风量的降低,连带的是影响窑的产量。二是烟气带入的钾钠及氯离子会造成预热器系统产生结皮而影响窑的长期运行。同时由于各地对处理垃圾的补贴较少,造成企业亏损。

袁亮国带领团队成功研发了一种干法水泥回转窑协同处理生活垃圾系统,并成功获得了发明专利。他创造性地提出了烟气与窑内的废气等量置换的思路,有效地解决了对窑系统风量及有害物对窑系统产生影响的问题。同时对置换出的高温废气进行了高效的利用,产生了较大的经济效益。

2. 高效能砂石骨料线

随着环保要求日益严格,机制砂石骨料迎来广阔的市场空间,小乱散砂石骨料企业逐渐退出,大型化、规模化、环保化的砂石骨料生产线发展迅速。国内大型水泥集团中,骨料业务均为其盈利重头部分,国内各大水泥集团当前也在积极布局砂石骨料行业,延伸产业链。水泥企业进入砂石骨料行业既能对矿山低品质原料进行高效利用,又能取得可观的经济效益。由此,袁亮国对砂石骨料生产线技术进行了创新研究,从以下三个方面着手,其一,工艺流程的优化促进行业减排;其二,智能制造的跟进实现砂石行业的管理飞跃;其三,大型装备的研发引领砂石产业升级。

最终开发出国内技术领先的砂石骨料生产线,与常规的规模化的骨料线相比:投资降低20%以上,电耗降低30%以上,占地面积降低70%以上,产生了较大的经济效益。

3. 再造世界领先水平的示范线

袁亮国以曾亲自主导规划建设的泰安水泥生产示范线为范例,以创新的思维和视角,全面分析了再造世界领先水平示范线的改进方向和两个大创新目标。

一是以流程优化为手段,实现标煤耗92kg。他以精确的计算数据,分析了预热器及窑筒体表面散热损失、窑头废气热损失对煤耗的影响。讲述如何通过烧成系统设备改进、保温材料升级、废气再利用等方法,把系统内的资源吃干榨净。并就怎样隔热保温、降低热量损耗提出了具体方法。

二是以技术创新为杠杆,创造烧成"零"购电。袁亮国同志提出,"零"购电不是独立的窑系统的"零"购电,要从石灰石破碎开始梳理,通过工艺系统的优化改进,生产设备的技术更新来实现烧成大幅度降低电耗,同时全面优化余热发电系统及能源高效利用来实现全系统的"零"购电。他把工艺改进的方式、设备更新的主要项目进行了全面提升和优化。

4. 基于智能制造的绿色无人工厂

袁亮国结合北京坚构建材多年来在智能制造方面的探索和实践,规划了智能工厂通过对智能仪表、智能控制、智能管理、智能运营的全面革新,并最终汇集形成了生产经营的智能决策。他建立的坚构方案形成了三大智能集成点,即全供应链的横向集成、全价值链的端到端集成和全自动化的纵向集成,并形成了智能工厂的架构、智能网络结构。北京坚构建材在方案设计中始终坚持四个目标:一是提升自动化水平。提升基础自动化投用率,实现三磨一烧、余热发电、脱硫脱硝优化控制,稳定生产过程、提升产品质量、降低人员劳动强度,减少人员需求。二是提升设备管理水平。实现设备的健康、高效运行,提高设备的运转率,降低维修成本;进行预测性维护,减少故障的发生。三是提升能效、节约能源。建立关键能耗设备的用能模型,提升设备能效,减少人为浪费,实现综合节能。四是提高精细化管理水平。利用大数据,建立标准化、规范化的管理模型,建成科学化、数字化的管理与考核体系。提高精细化管理水平,提升企业管理效益。并最终实现"智能工厂、无人工厂"的终极目标。

推进六大核心技术方案

技术创新是企业发展的原动力，多年的积累，一年来的不断研发和实践，公司技术不断推新，现已推出了六大创新技术改进方案，坚构科技蓄势待发。

一是高效能砂石骨料线技术：与现有常规骨料线比，吨产品电耗降低30%，占地面积仅为1/5，约为同规模投资的80%。

二是水泥磨20度电耗技术：通过技术改进，水泥分步电耗降低4～6kW·h/t，水泥磨电耗降到20kW·h/t。

三是熟料烧成"零"购电技术：经过工艺优化和技术创新，实现熟料生产系统的"零"购电。

四是水泥窑协同处置生活垃圾技术：由目前的水泥窑协同处理生活垃圾年亏损1500万元转为年盈利2500万元以上。该项目已获国家发明专利。

五是智能制造，无人值守方案：智能制造实现了流程上的重大突破，新建项目可实现生产全过程无人值守；老线改造，成效显著。

六是大型骨料筛分机：自主研制生产国内第一台特大型骨料筛分机（2400t/h），产能是现有筛分机能力的5～6倍。

"坚构技术"得到行业广泛赞誉

2019年，袁亮国先后受邀参加了由中国建筑材料企业管理协会主办的"2019年全国建材企业管理创新大会"，中国管理科学院主办的"第十二届中国管理科学大会"，中国水泥网主办的"2019中国水泥智能化高峰论坛暨第十一届国际粉磨峰会"，品牌金服机构Asiabrand发起的"第十四届亚洲品牌盛典"，砂石骨料网组织的"2019中国砂石行业绿色发展峰会"，中国建筑材料企业管理协会主办的"2019 中国建材企业发展论坛暨2019中国建材500强系列活动发布会"等活动。作业特邀嘉宾，他在会上先后做了"再造世界领先水平的水泥示范线、坚构智能制造""砂石骨料行业升级""再造世界领先水平的水泥示范线""智能制造促进质量升级"等专业技术报告，得到了与会行业专家、企业代表的高度赞誉，"坚构品牌"永争第一的信念得到一致共识，"坚构创新技术"被行业企业广泛借鉴，推动了行业的技术升级。

坚构科技的社会责任担当

袁亮国总结坚构科技的社会责任就是体现项目特色的"安全、环保、智能、降本"。

安全就是要让项目顺利推进，施工质量一流，客户用着放心。从施工方案到设备选型，都要按着高标准要求，施工中把安全关，交付后不留隐患，对客户、对自身负责。

坚构努力推进智能制造，目标实现生产现场的无人化管理。把员工从过去繁重的体力劳动中解放出来，从事智能的管理或服务工作，为被服务企业员工创造了更加安全、舒适的工作环境。

点评：北京坚构创新科技有限公司董事长袁亮国是一位在水泥制造行业工作40余载的老兵。他竭其丰富的生产经验，融入公司的科研开发和生产经营之中，卓有成效。通过不断地技术推新，坚构科技厚积薄发，袁亮国先生正在把行业创新的梦想变为美好的现实。

强管理，促创新，助推企业高质量发展

——记浙江南方水泥有限公司总经济师，兰溪诸葛南方水泥有限公司党支部书记、总经理 张长江

张长江，男，汉族，1962年7月出生，中国共产党党员，安徽亳州人，工程师，现任浙江南方水泥有限公司总经济师、兰溪诸葛南方水泥有限公司支部书记、总经理。2008—2018年连续11年获中国建材集团南方水泥有限公司优秀管理者；并获2013年度浙江省建材行业优秀企业家，2013年兰溪市双优评选优秀企业家等荣誉。

兰溪诸葛南方水泥有限公司于2008年3月31日加入南方水泥，自2011年始，在总经理张长江同志的带领下，积极开展精益生产和整洁工厂创建活动，提高基础管理水平，经过多年努力，企业经营业绩、厂容厂貌、员工精神面貌不断走上新的台阶。

强化管理，提升企业效益

本着"抓管理，降消耗，控成本，增效益"的原则，在上级公司的支持和帮助下，通过全体员工的不断努力，公司各项经济技术指标逐年改善。2019年生产熟料178.22万吨，生产水泥251.39万吨；销售水泥250.15万吨；余热发电量5874.95万kW·h；营业收入84797.57万元，实现净利润15720.3万元，上缴国地税7240.84万元。

科技投入，促进企业进步

公司每年制订技改计划，投入大量的资金对节能、提高效益、改善环境的工艺和设备进行技改，特别是高压电机变频、辊压机、页岩破、矿粉仓、分解炉扩容等项目的技改，节能降耗效果明显，窑尾烟气脱硝技改和全厂收尘器改造，使氮氧化物排放达到国家标准，为公司创造了很好的经济效益和社会效益。

回馈社会，履行社会责任

公司每年为周边村庄新农村改造和集镇建设捐助水泥400吨，到镇养老院慰问，捐赠200斤食用油和1000斤大米。2008年向汶川地震灾区捐款17890元。2009年向玉树捐款14331元；2012年慈善捐款15万元；2013年向雅安地震灾区捐款7190元；2014—2016年"五水共治"捐款100万元；为社会困难家庭自发捐款累计42150元。2019年向中建材"善建基金"捐款507700元。

弘扬企业文化，助推企业发展

张长江同志始终不渝地贯彻落实中国建材企业文化，是中国建材文化的践行者和推动者。他热爱本职工作，热情很高，常常告诫公司员工，特别是党员干部，要以身作则，乐于奉献，展现央企的胸怀和责任。他引导党员干部自觉践行中国建材集团的"创新、绩效、和谐、责任"的核心价值观和"敬畏、感恩、谦恭、得体"的行为准则。他通过实行合理化建议制度，解决员工关心的问题。他依托党建工作平台推动企业文化建设发展，提高企业凝聚力和职工向心力，提醒党员干部保持党员先进性、履行党员义务。

整洁工厂，描绘绿色发展规划

公司自2018年4月开始开展精益生产和整洁工厂创建活动，创建工作按计划稳步推进，到2019年年底，已完成所有二星级岗位创建和跑冒滴漏治理、设备见本色及清理积料等专项整治工作；完成建筑物美化，设备美化和其他美化亮化。主干道路、物流道路、参观道路、巡检道路、绿化带、排水沟等工作将于2020年12月31日完成，届时工厂将被打造成"在产状态下的工业旅游项目"。

张长江同志通过近10年的努力，带领公司走上了一个新的高度，提高了企业形象，营造了良好的发展环境，为公司的发展做出了较大贡献。

点评：浙江南方水泥有限公司总经济师，兰溪诸葛南方水泥有限公司党支部书记、总经理张长江，始终坚持"强管理，促创新，助推企业高质量发展"的经营理念；坚持以企业文化与中国建材高度融合，使企业实现了转变，为兰溪诸葛南方水泥有限公司的健康发展奠定了坚实的基础。

从"黑"到"灰"的精彩转型

——记山东申丰水泥集团有限公司党委副书记、总经理 牛迎东

牛迎东，男，51岁，中国共产党党员，本科学历，1989年参加工作，在素有"鲁南煤城"之称的山东枣庄从事煤炭采掘、机电管理等工作30年。2018年9月，根据工作需要调任山东申丰水泥集团有限公司担任党委书记、总经理至今，在从"黑"（煤炭）到"灰"（水泥）的职业生涯转型中，牛迎东完美诠释了一名共产党员的责任和担当，带领申丰水泥全体干部员工开启了企业高质量发展的新时代。

改革创新激发内生动能

山东申丰水泥集团有限公司始建于2004年，现有2条日产5000吨新型干法熟料生产线、5条百万吨级水泥粉磨生产线和两座9兆瓦低温余热发电机组，石灰石资源储量3.2亿吨，是山东省单体规模最大的水泥生产企业。

2018年9月6日，牛迎东同志到任申丰水泥后迅速适应角色转换，全面融入企业管理，在欣喜企业产销两旺的同时，也敏锐地发现了干部员工在精神状态、市场开发、安全管理等方面存在的问题，在充分调研的基础上，陆续实施了一系列改革措施。在团队建设方面，针对部分干部员工骄傲自满、争先进位精神不足的实际，他顶住压力推动实施了关键岗位和营销团队全员竞争上岗，一批长期扎根一线、工作业绩突出的"黑马"员工脱颖而出。同时，出台了《督导问效管理办法》，成立了厂规厂纪纠察队，探索实施了具有申丰特色的"两考一评"模式，引燃了干部员工真抓实干、勇于超越的创业激情。在市场开发方面，牛迎东在2018年年底前瞻性地提出了"东扩、西固、西北延伸、向南挺进"的营销战略，重新优化整合了6大驻外办事处。2019年上半年成功"收复"了冬季错峰期间丢失的菏泽、亳州等传统市场，持续扩大在商丘、济宁等"边缘"地区的市场份额，其中豫东、鲁西等办事处水泥销量同比实现翻番式增长，成功打造3个"超2亿元"办事处，全年水泥销量较2018年增长26%、吨产品售价同比上升27%，在与海螺、中联、山水等行业龙头的同台竞争中赢得客户青睐，成功中标鲁南高铁、京台高速改扩建、枣菏高速公路等重点工程，极大提升了申丰水泥的品牌美誉度。在安全管理方面，他将煤炭企业"严、细、实"的安全管理理念嫁接到水泥企业，将亲情文化、孝文化融入日常安全教育，创新实施了"全层级自主管理"模式，带领公司保持了安全生产的良好态势。

放大优势加速转型升级

"资源、装备、技术和区位交通是支撑申丰水泥实现高质量发展的四大优势，我们要多做文章、做好文章！"2018年年初，牛迎东同志基于申丰水泥特点，大胆提出了"申丰2.0+行动计划"，依托"一

矿、两窑、五磨"大力推进水泥窑协同处置、新技术应用、新产品开发、新业态打造等重点工程，全面加快企业转型升级步伐。

水泥窑协同处置飞灰固废项目是公司加快新旧动能转换、培育企业后发优势的标志性工程。2018年以来，牛迎东带领项目组一班人密集奔走在环保部门和环评单位、设计单位之间，通过大量细致工作，顺利完成公司注册、环评备案、实验室建设等工作，取得了枣庄市生态环境局的正式批复，成为全市唯一一条获准拟建的水泥窑协同处置飞灰固废项目，该项目一期工程竣工后具备每年 7 万吨的飞灰及工业固废处置能力。在智能工厂建设方面，牛迎东主动对标全椒海螺、泰安中联等行业标杆，先后实施了水泥生产操作智能化改造、永磁电机智能驱动、高压变频空水冷却等技改项目，其中，生产操作智能化改造项目实现了对生产过程中喂煤、喷氨、通风等关键环节的自动控制，生产系统故障率下降 30% 以上，每年可节约标煤 2600 吨、降低电耗 130 万度。在新产品研发方面，牛迎东充分发挥 20 余年的机电设备管理经验，对公司现有水泥粉磨系统进行综合改造，利用辊压机小循环系统成功生产出细度可调节的石粉，2018 年 4 月，又成功实施了钢渣复合粉生产项目，为公司培植了新的利润增长点。为应对每年冬季错峰生产对公司营收造成的巨大冲击，2018 年年初，他确立了以"加大骨料产能释放"为核心的经营思路，利用错峰停窑时间对矿区废石资源进行了集中开发利用，在完全错峰停窑的情况下，取得了"不亏反盈"的历史性成绩。2019 年，公司营业收入、利润、税费分别突破 12 亿元、4 亿元和 2 亿元大关，均创申丰水泥历史最优水平。

提高站位推动绿色发展

面对更加严格的环保政策，牛迎东同志团结带领公司干部员工不等不靠、主动出击，坚持"厂区与矿区并重、生态与发展共赢"的理念，大力推进绿色矿山和绿色标杆企业创建，走出了一条资源节约、环境友好的绿色发展之路。

对标《山东省区域性大气污染物综合排放标准》和《枣庄市打赢蓝天保卫战实施方案》等有关要求，大力实施环境治理和提升工程。2018 年以来，累计投资 1500 余万元实施了脱硫管道、皮带廊道、物料堆场、破碎机口和脱硝系统环保改造，新增雾炮机、洗车机、洒水车 20 余台套，依托 ERD+ 燃煤饱和蒸汽催化燃烧脱硝等新技术，制定了优于山东省第三时段大气污染物排放浓度的限值，2019 年累计获得环境保护税减免 149 万元，提前达到了山东省第四时段对氮氧化物、二氧化硫和颗粒物三大排放指标管控目标，带领公司加速迈向"超低排放型企业"。与此同时，大力推广和使用粉煤灰、煤矸石、脱硫石膏等替代资源组织生产，全年累计获得国家资源综合利用退税 4600 余万元。作为一名有着 22 年党龄的共产党员，牛迎东同志深入贯彻落实习近平总书记"绿水青山就是金山银山"理念，亲自挂帅成立了公司绿色矿山建设指挥部，累计筹措资金 2000 余万元先后完成主运道路硬化 1000 余米、铺设喷淋管道 20000 余米、硬化卸料平台 5500 余平方米、栽植侧柏 1500 余株、建设自动洗车平台两座、升级标识标牌 180 余块，同时配套实施了远程视频监控、环境在线监测、装备升级换代、关键节点绿化等工程，并于 2018 年 11 月顺利通过省专家组初评估。

融合提升培育特色文化

山东申丰水泥集团有限公司 15 年的发展进程，经历了艰苦创业、整合重组、央企托管和市属国有企业全面接管四个重要阶段，期间也接受了不同企业文化的洗礼。"虽然现在的申丰是由山东泉兴能源集团接管经营,但是我们要尊重企业的历史,要在包容、融合和创新中培育具有申丰特色的企业文化。"面对公司企业文化的"复杂性",牛迎东给出了"包容""融合""创新"的解决方案。

如今,当你走进申丰水泥厂区,既能看到曾经投资建设申丰的山东丰源集团留下的标识标语,也能看到中国联合水泥托管经营期间留下的文化印记,更能看到泉兴能源集团先进文化在公司的传承和发扬。2018年上任伊始,牛迎东提出了建设"诚信申丰"的理念构想,通过举办诚信文化沙龙、组织诚信文化宣讲、开展诚信承诺践诺等活动,积极构建企业与员工、干部与员工、员工与员工、企业与客户之间的"四大诚信关系",形成了相互信任、相互依存、携手发展"诚信共同体"。2018年,公司成功上榜"厚道鲁商"品牌形象榜,成为全市唯一获此殊荣的水泥企业。同时,牛迎东借力"全面素质提升年"活动,提出了党员领导干部"三项能力"和"四个条件"的基本文化素养,促进了各级管理人员工作作风持续转变、综合素质不断提升。在践行企业核心价值观方面,2019年,牛迎东以"劳动光荣、工作神圣、生活快乐"12字方针为引领,大力弘扬劳模精神、劳动精神和工匠精神,建成了机电和工艺技术研究室,先后有两人被授予区级、市级"劳动模范"荣誉称号,10人被授予"山东省建材行业技术革新能手"称号。始终秉承"以职工为中心"的发展理念,在他的亲自关怀和推动下,公司全面实施了中夜班津贴制度、更新并增加了员工通勤班车、职工餐厅增加了牛奶水果等食品供给,2019年,公司人均月工资收入同比增长963元,钱包鼓起来的申丰人干劲也更足了。

担当作为践行社会责任

"国有企业是党领导下的企业、是人民的企业,履行社会责任是国企的天职。"2018年7月,牛迎东在公司首届企地共建座谈会上说道。他是这么说的,工作中更是这么做的。

枣庄市润丰港务有限公司是申丰水泥旗下的子公司,距离申丰水泥本部仅15千米,是公司销售物流系统的重要一环,承担着大宗物料购进和熟料水泥等产品快速南下的重要职能。然而,刚刚到任申丰水泥不久的牛迎东却接到了一则"拆除令",由于该港口位于京杭运河主航道,按照省、市、区关于环境治理和河湖清障的有关规定,润丰港需要限期退出并彻底拆除。一时间,公司上下争议不断,有人劝他"再等等""出去协调协调"。然而,牛迎东在认真研究上级政策后,坚持以大局为重、以环境为重,毅然做出了"立即拆除!"的决定,不到一个月的时间将昔日繁忙的港口彻底拆除,得到了地方党委、政府和行业主管部门的高度评价。身为公司党委书记,牛迎东始终把困难群众的衣食住行挂在心上,2019年投资150余万元帮助驻地黄庄村修复了两千米的水泥路,每逢春节、中秋节等传统节日,都亲自到驻地镇村敬老院、学校和困难家庭走访慰问,并协调安置困难群众就业10余人。此外,按照枣庄市脱贫攻坚行动的有关精神,与80千米外的山亭区水泉镇李庄村贫苦户建立了帮扶关系,与峄城区徐楼社区党支部建立了共驻关系。在2020年新冠肺炎疫情期间,牛迎东同志在做好公司防疫工作的同时,还带头捐款捐物,累计募集抗疫资金12.3万元用于支持地方抗疫。同时,在峄城区2019年度经济社会发展总结表彰暨"重点工作攻坚年"动员大会上,牛迎东同志被区委、区政府授予"峄城功臣企业家"荣誉称号。

点评:从"黑"到"灰"的精彩转型,不仅是山东申丰水泥集团有限公司党委副书记、总经理牛迎东工作的变动,也是他带领企业创新实施"全层级自主管理"模式;充分利用企业的优势,加速转型升级;在包容、融合和创新中培育具有申丰特色的企业文化;坚持绿色发展和社会责任,推动企业不断跃上新的台阶的跃迁。

用创新和实干助推企业可持续发展

——记昭通昆钢嘉华水泥建材有限公司总经理 安东

昭通昆钢嘉华水泥建材有限公司成立于2010年8月，是由云南水泥建材集团（昆钢控股与华润水泥合资组建）与美力（香港）企业有限公司共同投资组建的合资企业。拥有设计能力为2500t/d水泥熟料新型干法生产线和配套的4.5MW余热发电站，每年可利用余热发电2480×10⁴kW·h，生产线于2012年12月点火投产。公司位于云南省昭通市大关县寿山镇。2018年9月，公司回转窑及水泥磨实施改进型检修和技术改造，目前公司已形成日产3200吨、年产熟料90万吨、水泥年产120万吨的生产能力。

安东，男，汉族，1966年11月出生，中国共产党党员，辽宁开原人，历任河南平顶山水泥厂办公室主任、河南天瑞集团南召水泥副总经理、重庆彭水茂田水泥总经理，现任昭通昆钢嘉华水泥建材有限公司（以下简称昭通昆钢嘉华）总经理。

安东同志自2014年7月任昭通昆钢嘉华总经理以来，立足企业发展实际，面对企业内外部环境发生的深刻变化，积极顺应经济发展规律，以实现"区域竞争力领先，行业同规模标杆"为企业发展愿景，通过生产线技术改造，有效发挥现有产能；苦练内功，实施6S管理和精益管理，强筋健骨；精准博弈上下游两个市场，牢牢把握资源掌控的主动权；将"凝聚正能量，打造新常态"为企业核心价值观的"闯关"文化体系融入企业物质和精神文明建设全过程，企业连续六年实现跨越式发展，为企业实现可持续发展助力添彩。

攻克难关 降本增效

云南昭通盛产无烟煤，然而因其挥发分低、燃烧速度慢，通常很难应用于回转窑的熟料煅烧，众多水泥企业宁可使用昂贵的烟煤。如何发挥无烟煤的区域资源优势，趋利避害，成为生产优质熟料、降低生产成本的重要课题。

2014年9月，昭通昆钢嘉华在总经理安东的带领下，通过工艺技术改进、关键设备改造、配料方案优化、操作方法调整等管理手段，走过了部分、大部分、全部使用无烟煤的创新之路，经历了不断认识、不断改进、不断完善的精进过程，一举攻克了"低发热量、中高硫、纯无烟煤煅烧优质熟料"的技术难关，年节约成本1000余万元。纯无烟煤成功应用，只是生产经营各环节降本增效的缩影。

目前，昭通昆钢嘉华使用纯无烟煤煅烧优质熟料，实现了产量大幅提高、能耗指标改善、产品质量稳定、熟料成本降低的精益生产。2018年，公司"回转窑纯无烟煤煅烧提产降耗改造"获全国建材企业管理现代化创新成果二等奖。

理念支撑 博弈市场

营销工作需要先进的理念和完整的体系作为引导和支撑。总经理安东在对滇东北市场深刻剖析的基础上,在三类型市场(核心市场、稳定市场、竞争与调控市场)定位理论的指导下,创建"一二三四"的营销管理体系。

"一个渠道"就是高度重视经销渠道。"二个唯一"就是在经销商与公司营销理念高度一致,能够完成销售任务的前提下,在约定区域内设定唯一的经销商,要求经销商必专销西麟水泥。"三个保护"就是对经销商区域保护、价格保护、利润保护,保证经销商获取合理收益。"四位一体"就是以"合同约定、区域编码、市场稽查、电子检查站"管理手段为核心的市场秩序管理体系。

几年来,公司不断根据市场的变化,适时动态调整三类型市场定位,坚定执行"一二三四"营销管理策略,保证市场把控有度、市场操作有序、市场管控有道,实现了"大销售拉动大生产,大生产促进大销售"战略目标,开创了全产全销、高产高销、高价高销的新局面,2019年实现产品销售118万吨,再次创造历史最好水平。

抢抓机遇 掌控资源

石灰石矿山是水泥企业的"粮仓"和"生命线",对水泥产品的质量和成本起着举足轻重的作用,同时矿山开采要有效规避存在的安全风险,国家逐步加大了对矿山安全生产的管理力度,要求矿山开采施工单位具有较高的资质等级。此前在工程建设实际招投标过程中,私营业主借用他人资质投标中标后,造成开采成本高,现场管理乱,存在停产整顿的巨大风险,给公司生产经营管理造成十分被动的局面。

回收矿山管理主动权迫在眉睫,但实施起来却异常艰难。消息刚一传出,公司主要领导就受到了各种或明或暗的劝阻与威胁。面对这样的危险和艰难状况,总经理安东毫不惧怕和退缩。对于明的劝阻,晓之以理,动之以情;对于暗的威胁,宁愿做他们口中的"小人、坏人、敌人、仇人",也心无旁骛,坚决回收矿山。

2017年12月31日,矿山回收当天,天气异常寒冷。总经理安东带领员工奔赴矿山,做最坏的准备誓死回收矿山。或许是政府的积极介入、或许是股东的有效协调、或许是公司的浩然正气,矿山得以顺利回收。交接过程平稳有序,未对连续生产造成丝毫影响,大家眼含泪花,激动万分。矿山成功回收同时实现外委专业化管理,降低石灰石生产成本,消除资源掌控的经营风险,矿山管理走上了规范化道路。

强筋健骨 基础提升

一个企业要想得到长足的发展,不但要靠员工的共同努力,还必须要有一套过硬的基础管理体系。2015年7月,公司实施了"6S"管理,总经理安东适时提出了"8个6S"作为工作的指导方针:
提高认识、转变观念,我要6S;加强宣传、学习培训,掌握6S;
结合现场、研究问题,善用6S;实质动作、具体操作,实践6S;
群策群力、全员参与,创新6S;真刀真枪、奖罚并举,激励6S;

制订标准、规范管理，持续 6S；优美环境、优良素质，分享 6S。

通过标准定置、目视管理，规范生产现场；通过知识竞赛、演讲比赛，提高学习效率；通过领导带头、分片包干，保障实施效果；通过树立典型、观摩互动，保证齐头并进；通过细化目标、兑现奖惩，促进责任落地。告别了办公场所杂乱无序、难见本色的设备设施、随处可见的违规行为、跑冒滴漏的生产现场，让公司有了一个整洁有序的工作生产环境。

"6S" 管理实施的成功，成为昭通昆钢嘉华基础管理从量变到质变的里程碑。

2016 年 8 月，公司适时导入"精益管理"和"TPM 活动"。通过红旗设备维护，实现初级清扫和自主保全；通过专业保全到位，把脉设备状态和运行质量；通过 OPL 单点课程，分享实战经验和技术心得；通过三现地图绘制，了解设备特性增人机感情；通过改善提案发布，总结成功案例和运维成果。精益活动纵深推进，精益思想开花结果。"患利转换、迂直相辅"的精益采购，"管控八耗、降本增效"的精益运营，"质量成本、客户定位"的精益品质，"产品结构、平衡产销"的精益营销，"市场眼光、整合观念"的精益资源等精益管理理念，已全方位融入公司的生产经营过程中。

提产降耗　内涵技改

2018 年以来，昭通昆钢嘉华紧盯行业发展趋势，全面分析 2500t/h 熟料水泥生产线的生存现状，总经理安东果断做出"内涵技改、提产降耗"的重大决策，经过反复调研、论证，与山东棱角建材科技有限公司实施技改合作，从分解炉扩容降阻到旋风筒出口降温，从稳定煤磨入口温度到篦冷机篦板结构优化，从调整水泥磨钢球级配到优化磨机用风，从打散机更换锥体到稳流仓倒锥安装，忙而不乱，急而不慌。点火投料后，回转窑日产突破 3200 吨，比设计产能提高 28%，熟料综合电耗同比下降 8.6kW•h，两台水泥磨台时产量大幅提高。摈弃大改大换和高额投入传统做法的内涵式技改，实现了日产 2500 吨～3200 吨熟料水泥生产线的精彩蜕变，在公司发展史上，写下浓墨重彩的一笔。2019 年，生产熟料 90 万吨，水泥 118 万吨，再创历史最高纪录。

文化铸魂　植根践行

总经理安东一向高度重视企业文化建设，用文化凝聚人心，用思想汇聚力量，解决企业中存在的实际问题，站在对企业、对职工、对股东、对社会高度负责的立场上，用开阔的视野审视企业发展方向、发展动力和发展方式等一系列重大问题，择文化建设之路，施文化管理之策，谋文化强企之举。被誉为"峭壁上的昆钢嘉华"，坐落于云南昭通的大关县，这里是"锁滇扼蜀"出川入滇的咽喉要道，古老的商贾客栈记录着古人"闯关"的传说，正如企业生产经营的"闯关"一样，公司也必须直面苦、累、险、难，用信念和执着、智慧和勇敢闯过了生产经营的道道"大关"。2018 年年会上，公司的企业文化宣传片《闯关》面世，引起了公司上下的强烈反响，在上级管理部门、股东方及社会获得广泛赞扬。《闯关》以俯瞰视角和地域特色、历史内涵和美丽的传说、员工风采和非凡业绩几个方面，系统地、全方位地总结和展示昭通昆钢嘉华自建厂以来全体员工的精神风貌和奋斗历程，《闯关》更是企业文化体系建设过程的沿革展现，系统诠释了"坚定、实干、睿智、诚信"的"闯关精神"形成的脉络，从此"闯关文化"公司给企业文化建设注入了新的活力并被全体员工所接受认同。企业文化建设和生产经营管理是企业的一对翅膀，有机结合，相互兼顾、相互促进，企业文化建设的纵深推进，用价值观、理念引领生产经营，惠及企业管理的全过程，大大促进了生产经营的持续健康发展。

昭通昆钢嘉华始终站在时代发展的前沿，善于接纳新思想，卸载旧观念，善于引进先进管理方法，创新实施新技术，让员工和企业一起成长并与时代同行，彻底纠正满足现状、故步自封的不良习气，让朝气蓬勃、迎难而上成为公司生产经营的主旋律。团队的进取精神释放的潜能让企业发展全面向好。

如今，昭通昆钢嘉华在总经理安东的带领下，企业经济效益连续六年跨越式的增长，2019年实现利润1.5亿元，企业面貌焕然一新，员工薪酬、福利大幅提高，员工自豪感、归属感、获得感显著提升。

2020年，昭通昆钢嘉华将继续踏着坚实的脚步，结合区域资源、市场需求和自身优势，用团队建设汇聚合力、以人才培养注入活力、靠转型发展催生动力，积极推进"危废协同处置""智能工厂建设"，全力打造"四化"现场，驰骋于绿色、智能、高质量发展的新时代。

点评： 昭通昆钢嘉华水泥建材有限公司安东总经理是一位懂管理、善管理、会管理的企业家。他适时提出了"8个6S"作为工作的指导方针：择文化建设之路，施文化管理之策，谋文化强企之举，诠释了"坚定、实干、睿智、诚信"的"闯关精神"；以变应变，主动求变，用创新和实干助推企业可持续发展，砥砺前行。

以三精管理提升为抓手，深度挖掘一体化经营潜力

——记泰安中联水泥有限公司党委书记、总经理 齐勇

齐勇，男，现任泰安中联水泥有限公司（以下简称泰安中联）党委书记、总经理；泰安中联混凝土有限公司党支部书记、总经理。齐勇同志于2016年4月调任泰安中联起，全面推进公司生产线智能制造、两化融合项目推进工作，带领泰安中联以"四一流"（工艺一流、技术一流、环境一流、形象一流）的标准，建设智能化工厂。实现了矿山开采智能化、原料处理无均化、生产管理信息化、过程控制自动化、生产现场无人化的要求，利用现代化综合技术带动水泥工艺的升级，进而全面提升水泥工业的整体素质，实现了水泥生产有效的转型和技术升级。

2017年12月齐勇同志获评山东省两化融合先进个人荣誉称号；2019年5月获得2018年度全国建材企业管理创新突出贡献人物称号；2019年8月由齐勇同志牵头创建的《以三精管理为抓手深度挖掘一体化经营潜力》的创新成果，荣获2018—2019年度全国建材企业文化建设经典案例。

泰安中联水泥有限公司是世界500强企业中国建材集团旗下水泥业务板块之一中国联合水泥集团的核心企业，作为中国联合水泥集团投资建设的世界级低能耗示范线，是中国建材集团"一带一路"参观走廊上的窗口企业。

泰安中联项目总投资8亿余元，占地440余亩，于2013年5月开工建设，2015年3月1日点火投产试运行，现有一条日产5000吨新型干法熟料生产线，同步配套7MW超低温余热发电机组、年产100万吨水泥磨及年产200万吨骨料生产线，主要产品为高标号42.5、52.5散装水泥、熟料及砂石骨料。公司于2015年获选工信部"智能制造试点示范"企业（全国46家中中国水泥行业唯一一家），2016年11月被工信部评为"水泥行业基于在线监控的管控集成试点项目"，2018年通过工信部"绿色工厂"评价。

泰安中联自2015年投产运行以来，通过不断优化生产技术管理、提升智能制造水平，生产技术指标及经营水平稳步提升，其中熟料产量由105.77万吨/年提升至118.86万吨/年，水泥产量由48.6万吨/年提升至107.23万吨/年。能耗、电耗等技术指标连年突破设计水平，其中熟料标煤耗由99.98kg/t熟料下降至94.5kg/t熟料，熟料综合电耗由49.01kW·h/t熟料下降至45kW·h/t，因此于2017年、2019年连续两次被国家工信部评选为全国重点用能行业能效"领跑者"，并一直处于行业前5水平。公司经营业务盈利水平连续稳步增长，净利润由2016年的2177.43万元突破至2019年的1.85亿元，而资产负载率则由2016年的79.31%下降至2019年的51.22%。

泰安中联严格按照集团公司"做强水泥、做优商混、做大骨料、做好综合利用"的发展思路，深化"水泥+""商混一体化"协同优势，以日产5000吨熟料生产线为依托，上下游延伸产业链，开展熟料、水泥、骨料及商品混凝土等建材领域资源整合、优化，基本形成了集年产155万吨熟料、100万吨水泥、

200万吨砂石骨料、300万立方米商品混凝土及5200万度发电项目的产业链集群。

通过持续健康稳定发展，优化产业圈资源良性运作，泰安中联努力探索出一条以整合矿山资源、产品稳步拓量、发展水泥及矿石资源衍生产业、大力推进生态环保项目的新型绿色产业圈发展之路。公司系统筹划中长期经营规划，明确三年内生产经营侧重方向，努力打造有区域竞争力的产业经济体，即在济南、泰安、聊城、济宁周边，以泰安中联为中心，向周边辐射200km，构建"排头兵"产业圈企业。全力推进凤凰山钙质资源综合利用项目（年产2000万吨高钙骨料生产线）、水泥磨扩能项目（新增水泥产能82万吨／年）、水泥窑协同处置危废项目（年处理能力10万吨）及商混搬迁站建设项目（年新增产能80万立方米），践行央企社会责任、拓展新增利润点，实现年销售收入过20亿元，年利税水平超6亿元，净利润突破4亿元，从而构建集大型砂石骨料基地、水泥熟料、商品混凝土及衍生产品为一体的综合全产业链绿色建材产业园。

2019年3月15日，召开中建材集团驻泰企业高质量发展调度会议，并初步拟定了战略合作框架协议，进一步推进了政府与泰安中联的深入合作。

为贯彻落实中国建材集团三精管理提升工作方针，切实提升公司精细化管理水平，推动企业稳步、健康发展，公司将"三精管理"提升工作纳入企业年度重点工作管理。以职场管理提升为抓手，以现场综合治理、职场定置化管理、绿色矿山建设、智能制造提升等作为推进重点，持续推进生产、现场职场的清理、清洁、整理、整顿工作，企业整体形象及管理水平逐年提升。

在现有人员的基础上，进一步优化岗位设置、压减人员配置，目前公司干部、职工95人，通过组织架构、岗位职能不断精健、合并、压缩，实现生产人员50人配置，居于国内行业领先水平。

泰安中联日产5000吨熟料水泥生产线充分体现了互联网+、信息化、智能化和污染物防治等先进的现代化综合技术，实现了水泥工艺和制造的全面升级，通过智能矿山、智能物流、智能质控、智能设备管理及巡检、智能生产、智能远程控制六大智能控制及能源管控手段，实现了水泥工厂智能制造，引领了中国水泥工业的智能化发展。

一是矿山开采智能化。通过建立矿山地质三维模型、中子活化在线分析技术、采矿车辆GPS调度系统等先进技术，合理调配采矿点，确保进厂矿石符合控制要求，取消了传统的大型预均化堆场，缩短了工艺流程，减少了占地、降低了电耗、节约了投资。该项技术是国内水泥行业首创，它的实现必将在我国水泥行业起到示范引领的作用。

二是物流智能化。智能物流系统对进出厂物料的输送、称重及记录统计进行高效管理。相关信息能即时以短信的形式反馈到客户手机。

三是质量控制系统的智能化。全厂采用在线分析仪对原燃材料的质量数据进行检测，数据自动进入专家优化智能系统，作为智能控制系统的重要调节参数参与控制，以保证生产过程的最优和产品质量的稳定。尤其是原煤自动检测系统实现了全过程无人介入，消除了人员参与带来的不确定因素，维护了企业利益。

四是设备管理及巡检的智能化。设备管理系统通过大数据分析，对设备运行状况进行分析和诊断，实现故障提前预警、设备故障分析、维修计划自动生成，从而更为科学地进行设备有序管理。其中智能巡检是通过记录和分析被巡检设备的运行状况，及时生成派工单消除设备隐患，减少设备事故。

五是生产过程智能化。全厂配备了窑、磨各工序的专家优化系统，实现系统生产的操作稳定，而且还能保证在最佳产量能效状态下运行，并能实现自决策、自执行、自优化的操作功能，确保系统的产量、电耗、产品质量实现不断优化，大幅度降低操作员劳动强度，减少用工。

六是智能远程控制系统。通过互联网＋移动终端及大数据计算，将生产实时画面、设备停机记录、报表、历史趋势、交接班记录等生产信息，自动生成各类生产报表、统计报表，并能安全地发布到互联网，公司领导及相关管理人员可随时随地查看，及时了解生产情况，并可远程指导生产。

另外，能源管控系统能够实时采样、记录企业生产过程中关键设备的生产运行指标及水、电、煤、气等能耗数据，根据各个电气设备能耗数据进行分析总结，实时考核，提高相关工作人员工作效率的同时，实现能源信息的科学管理，促进先进的技术改造工作，增强企业的竞争力。

点评：泰安中联水泥有限公司党委书记、总经理齐勇，全面推进公司生产线智能制造、两化融合项目推进工作，带领泰安中联以"四一流"（工艺一流、技术一流、环境一流、形象一流）的标准，建设智能化工厂，实现了矿山开采智能化、生产管理信息化、过程控制自动化、生产现场无人化的要求，以三精管理提升为抓手，深度挖掘一体化经营潜力，实现了水泥生产有效的转型和技术升级。

拳拳赤子心，殷殷报国情

——记中复神鹰碳纤维有限责任公司董事长 张国良

张国良，男，1956年出生于湖北黄梅，中国共产党党员，教授级高级工程师职称，享受国务院特殊津贴，博士研究生学历，毕业于武汉理工大学机械制造及其自动化专业，国家"万人计划"科技创业领军人才。现任中复神鹰碳纤维有限责任公司（以下简称中复神鹰）董事长兼连云港鹰游纺机集团有限公司董事长、党委书记。张国良同志在近40年的职业生涯中拼搏进取，砥砺前行，在国产高性能碳纤维及其产业化方面做出了突出贡献，开创了国产碳纤维发展的新局面。

不忘初心，勇于承担社会责任

张国良同志作为一名卓越的企业家，对社会责任有着高度担当和坚定付出，始终秉承"达则兼济天下"使命感，在带领中复神鹰不断创新发展的同时，不忘反哺社会、回报社会，积极参与公益事业。张国良同志在呼伦贝尔做商务考察时偶然发现这里的官兵常年饮用严重超标硬质水，他从南到北的奔波，不到两个月就出资改善了部队的净水设备，让北疆子弟北兵喝上了净化水。为此，《内蒙古日报》《解放军报》《战友报》相继刊登文章，表达了部队官兵对张国良的感激之情。2010年，张国良被评为"江苏省拥军模范"。公司每年都向连云港社会福利院捐款捐物，带着职工去看望孤儿和老人，资助50名贫困大学生，春节都会向市其他困难企业职工捐献一大笔资金。同时，公司为灌云县受灾群众送去了50万元救灾款，并帮助50户百姓修起被大雨冲垮的住房。在2008年汶川地震、2010年的青海玉树地震、2013年7月甘肃定西地震中，公司分别向灾区捐赠了价值300万元的毛毯，并在第一时间内派车将毛毯送到了地震灾区。公司每年都会捐资300万用于支持国家体育事业发展。用于赞助困难企业、资助困难职工、捐赠社会福利事业、科技拥军、支持城市建设等捐资捐物近5000万元。在担任全国人大代表期间，张国良同志认真全面的履行法律赋予的权利和义务，为国家建设献言献策尽了最大的责任，共提交各种议案、建议和意见70多件。他还抽出大量时间参与社会调查，倾听群众呼声，解决群众提出的疑难问题。企业和个人都受到省市有关部门多项表彰和奖励，其个人多次被授予"爱心市民"荣誉称号。

发展新材料，为国争光

碳纤维是一种新型高科技材料，由于其强度比钢大，密度比铝小，具有良好的导电、导热和耐腐蚀性，被广泛用于航天航空、交通、医疗、纺织及国防等领域，与国民经济发展和国家安全密切相关，尤其在航空航天和国防军工领域更是占有不可替代的地位。国内的碳纤维研究虽然进行了30多年，一直无法实现产业化。张国良同志不是国内第一个提出要研发碳纤维的企业家,此前却没有一个成功的案例,碳纤维技术难度实在太大。即使如此,有着最朴素爱国情愫的张国良同志就是想为国争光,改变我国在碳纤维领域受制于人的局面。

2008年以来,张国良带领科研技术人员迅速掀起一个自我设计、自我制造、自我安装、自我调试的碳纤维生产线的攻关战役。从项目论证、设计、设备制造,到调试、探索、改进,经过不到8个月奋战,建成了首条具有自主知识产权的千吨线,其研发设计、制造技术填补了国内多项产业化空白,打破了发达国家的行业垄断,综合技术达到国际先进水平。

2011年带领团队完成了对公司二期的干喷湿纺工艺改造,攻克了干喷湿纺批量化生产的技术难题,实现了干喷湿纺生产线的连续运行,解决了国内干喷湿纺纺丝的高技术壁垒,填补了国内空白,大大提升了公司的国内外影响力。

2013年在其带领下中复神鹰成功实现SYT45(T700级)批量市场供应,"干喷湿纺SYT45高性能碳纤维工程化关键技术及设备研发"项目通过了中国纺织工业联合会组织的省部级技术成果鉴定,项目总体技术已达到国内领先水平,产品达到了国际同类产品先进水平。该项目于2013年12月获得了科技进步二等奖(单线千吨级高性能碳纤维生产装备及技术开发项目)、2015年获得了连云港市科学技术进步奖一等奖。

2014年在其带领下,生产线运行稳定性大幅提高,产品品质获得市场认可,逐步挤入日本碳纤维生产商的市场参与竞争。2015年作为第一完成人参与的"千吨级高强型、高强中型干喷湿纺高性能碳纤维关键技术及产业化"于8月10日通过了由中国纺织工业联合会组织的科技成果鉴定,项目总体技术已达到国内领先水平,产品性能与国际同类产品相当。此外,中复神鹰是国内唯一一家千吨级T700-12K碳纤维产业化技术被评为7级的企业。

2016年,作为第一完成人,"千吨级干喷湿纺高性能碳纤维产业化关键技术及自主装备"项目荣获2016年度中国纺织工业联合会"纺织之光"科学技术奖一等奖,此项目建成了国内首条千吨规模T700/T800级碳纤维生产线,产品对提高我国军用高性能碳纤维自主保障能力、支撑国家战略性新兴产业发展具有重要的战略意义。该项目成果于2017年12月荣获国家科学技术进步一等奖。

2018年带领团队实现了T1000级碳纤维工程化技术,取得突破性进展,完全自主研发的百吨级T1000碳纤维生产线实现投产且运行平稳。这标志着我国高性能碳纤维再上一个新台阶,迈入了向更高品质发展的新时代。12月,成功研发并实现了M40级高性能碳纤维的中试技术,并成功向世界推出SYM40(M40级)碳纤维产品,标志着我国高模碳纤维领域再次突破封锁,实现了自主供应。

创新,引领企业发展的第一动力

张国良同志作为企业的科技带头人,带领团队致力于碳纤维的技术进步和产品创新,最终站在了2017年度国家科技进步奖一等奖的领奖台上。他是我国碳纤维自主研发和规模化生产领域技术创新的专家和带头人。张国良同志带领中复神鹰通过一系列核心技术的自主创新突破,自主开发了干喷湿纺高性能碳纤维技术,突破了大规模原丝聚合,高分子量、高取向度、高速纺丝与高速均质碳化等关键工艺技术,设计研发了关键生产装备,引领国内碳纤维行业进步。他主持完成国家项目6项,取得系列创新成果,获得国家科技进步一等奖1项(排名第一)、何梁何利基金科学与技术创新奖、俄罗斯国家工程院"格里什曼诺夫"金奖;获授权中国发明专利26项、实用新型专利28项;以第一作者出版专著1部，合著专著1部，发表论文16篇。

一是成功研发了湿法碳纤维规模化生产关键技术，建成了千吨规模T300级碳纤维生产线，使国产碳纤维首次实现了大批量供应的跨越式发展。依托该成果，建成了我国首条湿法千吨规模的T300级碳纤维生产线，在民用市场，成功替代进口广泛用于体育、建筑等基础复合材料领域，开创了我国碳纤维大规模生产的新局面，改变了我国碳纤维几乎完全依赖进口的被动状况，有力地推动了国产碳纤维及先进复合材料等行业的发展。

二是突破了干喷湿纺碳纤维核心技术，实现了T700/T800级高性能碳纤维千吨产业化，技术与产品性能达到世界先进水平。

三是设计制造了具有完全自主知识产权的大型碳纤维成套生产装备，实现了国产化碳纤维装备的自主保障，构建了我国碳纤维产业化的全套生产技术体系。依托该成果，建成了4套聚合装置、7条纺丝线和9条碳化生产线，其中有国内最大的原液聚合装置、国内单线规模最大的干喷湿纺纺丝线和碳化生产线。在立足于成套装备国产化的基础上，中复神鹰快速形成6000t/a的碳纤维产能，成为国内规模最大的碳纤维生产企业，且单位产能投资降低50%以上，提高了国产碳纤维国际竞争力。

建设企业文化，以人为本，提升企业未来的竞争力

张国良同志坚持以人为本的管理理念，营造和谐的企业文化。他深知优秀的企业文化能凝聚士气，提升企业的核心竞争力。公司每年都会组织丰富多彩的文体活动，2019年9月，公司举办了"奋进新时代"为主题的朗诵比赛，职工积极踊跃报名，伴着铿锵的旋律，参赛职工紧扣工作实际，表达他们爱岗敬业、奋斗进取的劳动热情。为庆祝中华人民共和国成立70周年，贯彻落实"工厂一切活动都要有规矩，有了规矩一定要按规矩去做"的管理理念，2019年8月，公司举行了以必答题、抢答题、风险题、附加题为四个环节的制度汇编知识竞赛，进一步激发了广大职工学习制度的热情。此外，公司专设体育活动场所，每年积极开展羽毛球、排球、篮球、乒乓球、拔河等体育竞赛活动，活跃了职工业余文体生活。在加强内部的宣传导向方面，张国良同志组织创立公司内部刊物，职工积极投稿，记录公司发展历程的重大事件，传达领导精神，加强企业内部工作、思想等方面的信息交流。

发展绿色经济，节能环保，人人有责

张国良同志带领公司坚持走一条节约资源、保护环境的绿色发展之路。他认为，目前我国已成为碳纤维生产和消费大国，虽然取得了引人瞩目的成就，但是在节约资源、降低能耗方面仍存在不足，生产过程精细化程度不高，缺失针对性的节能减排措施，巨大的市场需求和生产规模呼唤更加清洁、环保的制造方式。

围绕碳纤维生产过程中产生的废水、工业废气和固体废弃物的问题，张国良同志指出以下几点：一是加强生产环节的废水废气处理；二是按照相关规定处理碳纤维固体废弃物；三是增强企业节能减排管理能力；四是通过溶剂循环、焚烧热能循环和蒸汽热能循环实现能源循环利用。

在节能方面，有以下措施。

1. 管道保温

凡用热、用冷设备及其管道，全部采用新型保温材料。传统的保温材料为玻璃棉制品，其传热

系数为 0.04W/m² · K，采用新型的保温材料其传热系数仅为 0.0284W/m² · K，按管径 DN100，介质温度 150℃的管道计算，其热损失减少 28.5%。

2. 厂区照明

车间照明灯具选用 40 瓦节能型灯管，为常规耗电量的 20%；厂内所有道路照明均采用优质的 LED 路灯，耗电 30 瓦照明效果同于 150 瓦普通路灯的照明；采用声控和光控开关节约电能。

3. 余热利用

新风改造：碳化 T-9 号线氧化炉为箱式氧化炉，因特殊结构及工艺需要，氧化炉进出口分别设计气体密封。前使用 600 千瓦电加热器加热室内空气加热至 180 度送至气封内每天能耗 5000 元左右。采用低炭炉废气焚烧热量回收再利用及蒸汽加热两种方式。将低炭炉焚烧炉排废管改造双层夹套式，环境风从夹套流过充分吸收管壁热量达到空气预热的目的、根据新风换热的实际需求将匹配的蒸汽换热器安装在新风电加热器前面实现了二次预热的目的。

点评：中复神鹰碳纤维有限责任公司董事长张国良，作为全国人大代表，具有拳拳赤子心，殷殷报国情，并身体力行，在国家出现大的灾害时，他和企业、员工都慷慨解囊，奉献爱心。他主持研究的碳纤维高技术生产线和制品，填补了国家的空白。几年来他完成国家项目 6 项，取得一系列创新成果，获得国家科技进步一等奖 1 项（排名第一）、何梁何利基金科学与技术创新奖、俄罗斯国家工程院"格里什曼诺夫"金奖；获授权中国发明专利 26 项、实用新型专利 28 项。

坚持守正创新，奏响时代强音

——记北京金隅节能保温科技（大厂）有限公司党委书记、执行董事 耿利军

耿利军，男，1968年出生，中国共产党党员，1992年毕业于武汉工业大学管理工程系，同年分配到金隅建机公司工作。曾任金隅森德散热器西北区域经理、上海三明公司副经理兼党支部书记、金隅商贸党委书记、纪委书记。2015年担任北京金隅节能保温科技有限公司总经理。2016年节能保温公司与金海燕公司整合后担任节能保温（金海燕）公司总经理，2018年任节能保温（金海燕）公司党委书记、执行董事。2019年3月，任节能保温科技（大厂）有限公司区域党委书记。2017年在金隅集团一年一度的基层党组织考核中，公司在一百多家企业中名列前茅，实现了经营和党建的比翼齐飞，公司党委被评为2017年度金隅集团"四强党组织"。2018年获得集团"四好领导班子"称号。耿利军本人获得2018年度全国建材行业优秀企业家称号。

破冰前行 业绩攀升

在2015年耿利军临危受命于节能保温公司开始，他带领班子成员，始终围绕"做实产业、做强管理、做优产品"中心任务，依托集团协同优势，为公司高质量发展接续奋斗，企业的经营业绩蒸蒸日上，大幅攀升。不仅为刚投入市场的金隅星岩棉确立了国内前三的品牌知名度，而且金隅岩棉产量和销量实现了比翼齐飞。金隅岩棉的销量连续三年以不低于40%的速度飞速增长，成为行业内的标杆企业。同时曹妃甸年产3.5万吨岩棉生产线项目从获得批复到筹建落成仅仅用了13个月，4月21日电炉点火成功，标着节能保温公司实施"走出去"发展战略迈出了最坚实、最为关键的一步。2017年到2019年，公司连续三年全面完成了集团下达的经济指标任务。

管理出效益 盈利是天职

2015年1月耿利军出任节能保温公司总经理。当时的节能保温公司，虽然引进的是世界先进、国内领先的意大利生产线，但由于投产才两年，设备故障时有发生，产品质量不稳定，市场推广举步维艰境，企业严重亏损。车间、库房到处都堆满了滞销的产品，员工士气低落。

在金隅体系内有着多年营销和管理经营的耿利军初到公司，首先和班子成员一起分析了公司内外部环境及产品的优势，高屋建瓴提出了方向自信、生产自信、渠道自信、发展自信，他让员工坚定信念，因为"我们有世界上最先进的生产线，有国有企业最好的文化传承，有最能吃苦干事的金隅人，我们没有理由不营利！"

他大会小会上最常说的一句话就是"盈利是企业的天职"。信心比黄金重要，但更重要的还是战术上的重视。为了盈利这个目标，他勇于创新，有的放矢出台了一系列措施："三大五结合"的营销战略健全了渠道建设、提高了品牌知名度；"全员销售方案"激发了所有员工施展拳脚的销售热情；抽调生产、质量、销售人才成立技术支持部，使销售部能够集中精力做好短期项目攻关及项目运作服务及账款回收工作；制作了岩棉产品销售手册，手册中囊获了销售合同、客户信用管理、客户接待流程、产品优势对比、工程案例等一系列制度及内容。另外，他要求相关部门对营销部门进行全员培训，使大家在销售推广过程中充分、准确的展示企业及产品优势，大大提高了项目成功率；颁发《专业技术人员聘任管理办法》，为专业技术人员的晋升打开了通道；"合理化建议"奖励的落实调动员工献计献策的积极性。在国际市场上开拓上，从2015年起耿利军就未雨绸缪，前瞻性地让金隅岩棉通过了英国劳氏船级社认证，同时参加了韩国海事展，为产品打入国际市场奠定了坚实的基础。耿利军加大产品出口攻关力度。通过开展国外展会宣传、拜访国内进出口公司、完善出口渠道方面做了大量且有成效的工作。目前，公司两产品销往北美、东南亚多个国家。产品应用涉及内隔墙、夹芯复合板屋面用棉。

从2015年4月生产、出库创历史新高之后，公司就开始了一个接一个的突破。特别是2017年4月，金隅岩棉月产量较历史最好水平提高13.13%，创出生产线投产以来的最高月产量，月生产成本较历史最低月成本下降9.34%，创出新低。

2016年6月，经集团研究决定，多年亏损的金海燕公司与节能保温公司整合。面对这样一个烂摊子，就在大家都为耿利军揪心之际，他却率领班子成员谈笑自若地完成了两个企业各项工作的完美对接。一方面，他抓住任何正式的、非正式的场合，向员工阐释整合的意义，来化解员工心结。另一方面，对部门及人员开始了一种你中有我、我中有你的体制重建，两家企业的员工宠辱与共，成为血融血亲的一家人。在他的主导下，统一修订了10项包括工资在内涉及员工切身利益的管理制度，极大调动了金海燕员工的工作热情。

致力转型升级 打造行业标杆

北京金隅节能保温科技公司是金隅集团（股份）下属的全资子公司，是在集团单向产品做强、做大的经营理念指导下，顺应国家节能降耗政策，于2011年将原星牌公司重组为专门研制、生产节能保温墙体材料的科技公司，注册资金3亿元。公司致力于节能、环保、绿色建材的研发、生产及应用推广，目标是成为中国新型节能环保建材规模生产和系统推广的引领者，主要产品有岩棉保温板、粒状棉、玻璃反射镜三大类产品。

近几年公司发展态势迅猛，一路高歌。金隅星岩棉的产品性能远高于国家及行业标准，产品质量已处于国内领先水平。在产品品质、生产技术、品牌影响力、市场占有率上已成为行业的领跑者。产品广泛应用在北京城市副中心、雄安新区、北京新机场、清华大学、北京城市老旧小区改造等重点工程和重点项目中，具有极高的品牌知名度和美誉度。但作为一个高瞻远瞩的企业家，耿利军没有满足现有的成绩，而是放眼未来，制订了2016－2020年五年发展规划，立志到2020年年末，将节能保温公司发展成中国绝热节能材料行业前三名、北方地区岩棉行业综合实力第一、并在国际相关行业领域具有一定品牌影响力的知名企业。

为进一步适应国家绝热节能保温行业的发展导向政策，加快推进实施节能保温公司市场区域布局的长远发展战略，2018年3月，节能保温公司7万吨岩棉保温材料项目落户于曹妃甸，该项目分两期建设，一期总投资 1.6 亿元，已于 2019 年 4 月 21 日成功点火，经过一段时间的试运行，生产线已经达产，产品质量稳定，已经开始连续不断地为市场供应优质的金隅岩棉。曹妃甸与大厂现有生产线遥相呼应，在解决现有产能不足的同时，进一步巩固了京津冀地区行业市场，并辐射东北、西北市场，对于产品出口韩国等东北亚国家也具有独特的地源优势。

践行国企责任 坚持绿色发展

公司注重诚信建设，守法经营，多次获得"北京市守信企业"称号。2016、2018、2019 年度，公司获得环渤海地区"诚信企业"称号；2017 年获得首都文明单位称号；2018 年度获得首都劳动奖状称号。

在清洁生产方面，公司在大厂金隅园区和曹妃甸的两条岩棉生产线均采用电炉作为原料熔化设备，和国内绝大多数使用冲天炉相比，在熔化过程中能够实现较少的 CO_2 排放，且基本不会产生 SO_2 等有毒有害气体；在产品固化阶段采用节能固化炉，使用天然气作为加热能源，不仅实现了热风循环利用，节约能源，而且在生产过程中不会产生对环境有害的气体；使用电炉对原料进行熔化，在成纤过程中产生 20% 左右的废渣，废渣收集后可作为原料添加入电炉继续进行熔化。废渣的循环利用不仅节省原料用量，而且保证不会产生固体废弃物对环境造成污染和破坏。

在环境保护方面，公司每年不断对环保加大投入，通过长年开展规范化服务、现场管理达标、小区专项治理活动，使各项责任制得到有力落实。企业内部环境始终做到干净整洁，三季有花四季常青。金隅岩棉于 2015 年 6 月通过清洁生产审核评估验收，金海燕玻璃棉于 2016 年 10 月通过清洁生产审核评估验收；2017 年 8 月获得廊坊市环保局资金奖励岩棉一万五千元、玻璃棉两万五千元；公司排污许可证每年按时监测取证，未发生环保方面的负面曝光。2018 年，公司投入巨资在大厂岩棉、曹妃甸岩棉生产线和玻璃棉生产线都投入烟气 VOC 治理设施，两种产品生产线都被环保部门列为 A 类企业，基本不会因为污染天气停产了。

文化引领 凝聚合力

2018 年 1 月耿利军开始担任公司党委书记、执行董事。在他的倡导下，公司办公楼、车间、会议室等显著位置到处都展示金隅文化和干事文化，向员工灌输先进的企业文化，规范公司企业文化视觉识别系统，征集企业广告语"保温新坐标"，编制了新的《企业文化手册》。他注重团队文化，倡导员工要真诚地为身边每一个同事的点滴进步喝彩。他有识人之智、用人之明、容人之量，他说人才是公司最宝贵的财富。在他手上，一批年轻的生产、销售业务骨干脱颖而出；他还围绕公司人才战略规划，大力开展"干群面对面"交流活动。他不仅要求各党支部书记要与本支部的大专及以上学生每月进行一次谈话，而且要求自己要做到一年有 10 次和各党支部抽选出来的 5 名基层员工进行一次零距离交流，给予基层员工实实在在的关心和帮助。他倡导学习文化，本人手不释卷，除了公司每年都为员工推荐读一本好书活动，还创建了职工书屋，而每逢出差遇到好书，他都会买好几套送给公司那些同样爱读书的人。他充分发挥党支部的战斗堡垒和党员先锋模范作用，除了集团每年创先争优评出生产经营管理方面的先进人物和先进集体，公司内部还每年评选出"十佳团员青年"；每个季度评选出"党员之星"，发放奖杯，极大地鼓舞了员工干事创业的积极性。

在员工权益方面，公司做到厂务公开，每年召开两次职代会。为了保障职工身体健康和工作环境的指标达标，每月按时发放劳保用品，每年对工作环境进行现场检测，并安排职工每年进行职业健康体检。认真组织劳动竞赛，全方位关心职工生活，做好职工投保互助保险；建立《职工帮扶专项基金管理制度》，帮扶有较大困难的职工家庭；定期对职工进行体检。坚持冬送温暖下送清凉活动；对员工婚丧嫁娶都派人进行探望慰问；开展职工喜闻乐见的迎新春棋牌赛活动、庆元宵、健步走、足篮球比赛、羽毛球比赛等文体活动，活跃了职工业余文化生活。

点评：北京金隅节能保温科技（大厂）有限公司党委书记、执行董事耿利军，受命于危难之时，创业于奋斗之中，成就于制度之信，转型于发展之际，凝聚于文化之源。在他的带领下，企业已成为中国保温材料行业的知名企业，品牌的知名度和美誉度得到了很大提升，社会效益和经济效益也一路高歌。

不忘初心，砥砺前行，追求卓越，不负韶华
——记贵州西南鱼峰水泥有限公司总经理 李贺冲

李贺冲2001年7月至2007年11月任水城拉法基瑞安水泥有限公司（原贵州水城水泥厂）磨工、生产调度、中控操作员、值班经理；2008年5月至2009年8月任黔西南州兴义泰安水泥有限责任公司车间副主任；2009年9月至2013年6月任贵州惠水西南水泥有限公司项目指挥长助理、总经理助理；2013年6月至2015年6月任贵州省松桃高力水泥实业有限公司总经理；2015年6月至2017年9月任贵州福泉西南水泥有限公司总经理；2017年10月至今任贵州西南鱼峰水泥有限公司总经理。

李贺冲的工作历程及实践经历是一个不断学习成长和创新引领的奋斗过程。特别是其担任各公司总经理以来，其工作才干及领导能力更是得到了充分发挥和展示。在李贺冲的带领下这几家企业在生产经营管理方面都有了质的飞跃，各项经济及能耗指标均名列地区同行翘楚，同时也得到了贵州西南水泥及广西鱼峰水泥集团公司管理层的高度肯定和评价，称其为不可多得的讲政治、讲原则、敢担当、敢创新、有思想、有办法的青年优秀管理者。

2001年7月参加工作以后，爱摸索、好学习、勤奋刻苦的他就受到车间和公司领导的关注和培养，从各基层岗位一步一个脚印锻炼起，2009年9月开始担任贵州惠水泰安日产7500吨水泥熟料生产线项目指挥长助理、总经理助理一职，开始在重大工程及项目管理中崭露头角、施展才华。但要说到其主要工作业绩和贡献，限于篇幅，我们从2013年6月15日李贺冲被派往刚刚联合重组进入中国建材集团旗下贵州西南水泥有限公司的松桃高力水泥公司主持工作时开始说起。

松桃高力水泥公司是一家民营企业，位于贵州与湖南花垣、重庆秀山相邻的松桃苗族自治县，地处偏远，经济及基础设施比较落后，员工300余人，中高层管理人员和技术骨干来自全国各地，员工没有归属感，与管理人员矛盾较多，生产成本较高且不正常，未能和当地村民建立良好的村企关系导致堵工厂现象时有发生。针对该企业情况，李贺冲先积极深入基层了解，与所有管理人员和大部分员工沟通交流，经充分调研发现，公司领导和中层管理人员互不信任，中层管理人员也各自"留一手"。管理人员主要来自外地，不够了解当地民俗文化，员工技能和整体文化素质不高，相同岗位、相同技能水平的员工工资外地来的就比当地的高很多，这样就造成了当地员工有被歧视的感觉，有抵触情绪，没有归属感，甚至常常发生员工殴打管理人员的现象，这样又导致管理人员怕被殴打而不敢放开管理的问题，所以整个公司的生存经营管理不能正常有序开展。

了解问题根源后，李贺冲逐一和管理人员单独谈话，了解他们思想动态，打消他们疑虑，加强团队意识的培训，并要求尊重当地民俗习惯，尊重员工，了解员工诉求和帮助他们解决工作和生活中的实际困难。再通过开展多层次和不同规模的培训，提高了员工工作技能的同时更让他们转变了观念。

与此同时李贺冲积极和当地政府、村民沟通，建立良好的政企村企关系，充分发挥央企优势，加强企业文化宣传学习，完善各项管理制度，公平公正，奖惩分明，提高员工积极性和主动性，优化冗

员 70 人，规范内部管理的同时积极协调好外部关系，使公司有一个良好的生产经营环境，较短时间内完成了从民营企业向央企的转型升级。于 2014 年实现了建厂投产 4 年以来的最高产销量，水泥成本在原来基础上降低了 80 元/吨，净利润 8300 余万元，上缴税收 5600 万元的好成绩！为当地经济建设和财政收入做出了较大贡献，获得了西南水泥有限公司 2014 年度"先进成员企业"称号。

根据工作需要和突出表现，2015 年 6 月至 2017 年 9 月李贺冲被集团公司调任贵州福泉西南水泥有限公司总经理，该公司地处贵州省黔南州福泉市，有一条 3200t/d 水泥熟料生产线，周边群雄盘踞，竞争激烈，有行业标杆海螺、红狮、台泥，还有民企明达水泥和豪龙水泥，100km 运输范围内产能达 1600 万吨，市场更是被运输距离仅仅 40km 的年产 400 万吨水泥的贵定海螺水泥全覆盖。2015 年正值国家经济进入新常态，工程建设速度放缓，在原煤价格上涨、市场需求下滑、水泥产能严重过剩恶性竞争加剧，销售价格跌至历史最低谷情况下，紧密团结经营班子、各部门通力协作、克服了各种困难，深度降本，熟料成本同比降低 35 元/吨、水泥综合成本同比降低 40 元/吨，远低于周边竞争对手，最终扭转了 2015 年亏损严重的劣势，在 2016 年实现盈利 1529 万元，带领贵州福泉西南水泥有限公司获得西南水泥有限公司 2016 年度"先进成员企业"称号。李贺冲在企业经营管理中，主要举措有以下几个方面。

一是在人事管理及机构变革方面。2015 年他到任福泉西南水泥后就积极组织开始实施"三定"优化工作，在人事管理上致力于就如何优化工艺布局，如何减轻员工劳动强度等方面进行探讨。在李贺冲的带领下公司上下通过共同努力于 2016 年 9 月福泉西南公司率先实现了从传统水泥企业二级部门"7+2"到"3+1"的组织机构优化工作，在满足"四班三运转"的工作模式的前提下员工总数从 2015 年年底的 214 人优化至 190 人，劳动生产率得到大幅提高，人工成本大幅下降。重视干部培养和带领核心骨干人才，为贵州西南水泥有限公司培养输出一名总经理、一名副总经理和六名中层干部，成为西南水泥有限公司率先推行"3+1"组织机构的试点企业。

二是在生产管理方面。他创新性地通过技术革新、加强专业技能培训、原燃材料替代等工作的开展，相继推行了高硫高热值原矿煤煅烧、篦冷机风量优化、低导热砖应用和最佳工况分析，通过工艺上的改进优化、精细化操作及对原煤质量的严格管控，标煤耗从 2016 年 9 月开始稳定在 103kg/t 以下，熟料综合电耗达 54kW·h/t、吨熟料发电量、水泥熟料掺比、氨水成本等也一直排名西南水泥成员企业前列，达到了同类企业的先进水平。

同时他充分利用瓮安和福泉的区域优势，无论在生产上还是销售上均进行统筹调控，根据市场需求统一安排生产，根据生产情况统一调控维修时间，统一原燃材料采购招标，实现"人力、物力、社会"资源的共享，从而使瓮安玉山水泥、福泉西南水泥从 2016 年困境崛起，实现福泉西南水泥扭亏为盈、贵州瓮安玉山水泥减亏增效脱困（2015 年被列为中国建材集团特困企业处僵治困的对象）的好成绩。

三是在销售管理方面。面对周边行业强大的竞争对手和日益萎缩的市场及严重的产能过剩问题，李贺冲认真分析和了解市场，实现了通过打造都匀战略区和福泉瓮安核心区，积极开展市场竞合，达成共识，并采用"错峰生产、量价同推"等方法，共同拉动量价和利润。通过努力协调，福泉西南水泥产品在福泉市的市政工程占有率高达 95% 以上。李贺冲还打破常规实施全员营销，亲自带领经营班子身先士卒，积极协助，开展保价、增量工作，将全员营销理念外延，成立水泥发运服务提升小组、水泥产品质量提升小组、行政和财务服务小组等产销一体化服务，发动公司全员营销，支持营销，为营销团队攻坚克难提供了强有力的保障。2016 年通过不懈努力，公司年销量同比上升了 34%，从 2015 年的 88 万吨上升到 2016 年的 118 万吨，达到了历史最高水平。

2017年9月李贺冲临危受命被调任贵州西南鱼峰水泥有限公司（原贵州黔桂西南建材有限公司）总经理一职，该公司下辖三合水泥、金州水泥、金久水泥、三合建材、拓达商砼共5家企业，面对该公司2017年1到8月亏损1.02亿元的生产经营不利局面和股权变更对广大干部员工造成的较大心理压力，面对前所未遇的困难和复杂局面，李贺冲认真思考、主动作为，严格按照公司股东会及董事会提出的稳定队伍、扭亏为盈的任务目标，团结带领公司新一届领导班子，一方面深入基层做好员工思想工作，鼓舞员工士气。另一方面抢抓市场机遇，狠抓内部管理，大胆创新、克难攻坚。2017年9到12月，带领公司团队，在水泥市场竞争激烈的艰难困境中，实现净利润1.08亿元，顺利实现了扭亏为盈和平稳过渡的任务目标，打了一个漂亮的翻身仗。

2018年李贺冲亲力亲为、再接再厉，勤勉务实地带领公司团队开展各项工作进一步夯实基础、争创奇迹。他积极主导实施精简机构、中层管理干部重新竞聘上岗，企业总人数由2017年的903人优化到现在的669人，且管理更加高效。他采取强化生产管理、优化生产运行方式、重点指标组队攻关、下大力气进行安全环保升级、聚焦采购降本财务降本、全力推动区域市场协同稳量保价、加强双方股东的企业文化融合等系列重大举措。克服了各下属公司检修力量薄弱、原燃材料涨价及采购困难、雨雪持续时间长、市场需求乏力、环境治理压力大、融资困难等诸多不利因素，圆满地完成了集团公司下达的各项生产经营任务目标。在生产安全、节能环保、企业文化建设等方面都取得了显著成绩，全年实现利润3.05亿元，广西鱼峰集团综合考评达"优"级，为公司股东及广大员工上交了一份满意的答卷，并先后被广西鱼峰集团、广西北部湾港务集团评为先进企业称号。

在这期间，他还使长期经营不善的下属商砼企业进入良好的经营状态，控制风险的同时实现了盈利。三合墙材公司更是由建厂以来的持续亏损也实现了扭亏为盈，从原来年亏损额上千万元到现在的盈利300余万元。

李贺冲的工作能力和领导才干是突出和卓越的，其个人也多次被贵州西南水泥有限公司和广西鱼峰集团有限公司评为"优秀管理者"。但是在这些成绩面前他并没有感到骄傲和自满，仍然每天坚持不停加强学习和忘我工作，从未想过要停下前进的脚步。

点评： 贵州西南鱼峰水泥有限公司总经理李贺冲，有多个企业的历练，他管理的企业，大多在偏远地区，无论是在民营企业，还是在国营股份制企业，他都表现出甘于吃亏，肯动脑筋，创新管理，勇于奉献的精神，使企业扭亏为赢，走向健康发展的轨道。他真正做到了不忘初心，砥砺前行，追求卓越，不负韶华的人生追求。

笃定前行，创新发展

——记福建金牛水泥有限公司董事长、总经理 章旭升

章旭升（又名章文），福建"五一劳动奖章"获得者、三明市优秀共产党员、三明市人大代表、三明市第四批优秀人才、福建兰溪商会会长，福建金牛水泥有限公司（以下简称金牛水泥）董事长兼总经理。

牢记初心和使命、心无旁骛做主业

章旭升同志拥护中国共产党的领导、热爱祖国、热爱人民。2005年积极响应国家关于水泥行业结构调整政策，从浙江兰溪到福建三明，克服闽北交通、市场、资源等方面的诸多不足，在将乐县投资新建大型旋窑水泥生产线，发扬"敬业奉献，追求卓越"的企业家精神，投身新时代新福建建设。公司于2005年在将乐建设第一条日产2500吨熟料新型干法水泥生产线，不到一年时间，日产2500吨熟料新型干法水泥生产线建成投产，第二年又建了一条日产2500吨熟料水泥生产线，成就了金牛水泥的惊人发展速度。

十多年以来，章旭升董事长心无旁骛做主业、一心一意谋发展，开拓创新，苦心经营。凭着"要干就要全力以赴，要做就要做得最好"这份金牛精气神，公司不断发展壮大，现已成为以专业生产高标号水泥为主，商品混凝土搅拌站和环保科技相配套的大型建材集团企业，在三明、福州、南平等地拥有六个现代化水泥生产基地、六家混凝土搅拌站和两家环保科技公司，总资产超过40亿元，员工达2000多人，水泥年产能超1000万吨，位居福建省前三强，被列入福建省百家重点工业企业和省级龙头企业，2019年荣登福建省民营企业制造业50强、福建省民营企业100强（成为三明市唯一一家入选企业）。章旭升同志也荣获三明市"2018年突出贡献企业家"称号。

注重绿色建设、实现高质量发展

章旭升同志自觉践行"绿水青山就是金山银山"的发展理念，注重环保投入，积极推进绿色工厂、绿色矿山建设。

几年来，公司在做强主业的同时，顺应国家节能环保产业发展的需求，着眼于将水泥工业打造成为绿色生态环保产业，不断进行绿色工厂的建设，在着力采用先进的环保设施和工艺的基础上，又先后进行了窑尾除尘电改袋、脱硫脱硝等方面的技改，所有排放指标均优于国家环保的要求（其中氮氧化物国家标准400毫克，金牛水泥公司为280毫克以下，粉尘排放三明地区国家标准为30毫克，金牛水泥公司为20毫克以下），同时，公司不断推出5S星级车间样板，加强厂区的美化绿化等景观改造，把企业打造成为当地城市发展的融合体。

在绿色矿山建设方面，严格按照"边开采、边治理"的要求开展绿色矿山建设，加大矿山在环保和生态方面投入，各项指标达到绿色矿山建设标准，仅2018年就投资3000万元，建立各类沉淀池，建成截水沟4000米，硬化道路5000米，并配备洒水车，按照边开采边治理的要求，对矿区边坡和排土场的边坡进行治理，完成复绿面积达30万平方米。工厂矿山像花园、成果园，彻底颠覆人们对传统水泥企业的原有认知，充分展示了章旭升同志的环保高度和人文情怀。

近几年，固废处理和资源综合利用已成为国家发展的一大课题，更为建材行业带来了新的历史使命，章旭升同志率先带领研发团队，开展利用水泥窑协同处置飞灰工作，金牛水泥成为福建省首家处置固废企业，有效处置了诸如三明"金利亚"生活垃圾、发电飞灰（属危废）等，使传统建材企业变身成为城市发展的净化器，实现企业与环境的和谐发展。

坚持技术创新、推进智能智造

章旭升同志致力于打造同行业同类型企业最优的范本，采用先进的新型干法工艺和装备，同时配套建设纯低温余热发电，每年都安排5000万元以上的资金进行技术升级，同时，积极推进智能制造技术的普及，深度融合信息化与工业自动化，企业ERP系统、设备在线监测系统，能源管理系统、一卡通、GPS物流跟踪自动检测设备、客户手机下单等一系列先进物联网智能技术在公司得到了广泛的应用，迈出了金牛水泥创新驱动、智能转型、绿色发展的坚定步伐。每项经济技术指标均达到同行业领先水平，吨水泥可比电耗由80多度降至50度左右，熟料可比标煤耗从130kg降至105kg以内，表现出了卓越的管理理念和经营能力。

章旭升同志倡导"要干就要全力以赴，要做就要做得最好"企业文化，建设创新型、进取型人才团队，强化团队建设，崇尚"工匠精神"，重视管理团队的学习和培训，实施校企合作战略，鼓励技术研发和产品创新，企业形成了良好的激励创新创造创业的氛围。

章旭升同志带领金牛水泥全力打造"制造＋服务"的新产业形态，以先进的工艺、卓越的品质、优质的服务、完善的销售网络以及强大的生产保供能力，辅以覆盖售前、售中、售后的全方位、专家级的技术服务，形成同质化行业中独特的个性化产品和服务特征，建设服务型制造企业。这几年，公司产品在市场上表现出强劲的热销势头，章旭升董事长一再强调"越是市场好的时候，越要重视产品质量"，在强化"为客户创造价值"的理念的同时，尤其强调服务前置，让客户对金牛品牌充满信任。公司产品持续赢得客户的信任，市场占有率不断提高，产品在向莆铁路、京福铁路、京台高速、福州地铁等一大批国家和省级重点工程中使用。

在与上下游经销商合作的过程中，追求"共同成长，共创共赢"的目标，甄选规范经营的、依法经营、有规模有实力的供应商进入公司的合作伙伴，在商业过程中对双方的工作方式、办事程序达成共同认可，进一步彰显金牛水泥的"牛的纯朴""求真务实"的形象，共同探索新形势下新的商业模式，形成文化融合，运作良性、合作稳定的战略关系。

不忘回报社会，牢记责任担当

十几年来，金牛水泥规模日益壮大，并且带动了当地其他相关产业，助推当地经济的发展，成为企业各所在地的纳税大户和重点企业。

责任创造价值。章旭升同志说："心无旁骛做好企业，就是最大的责任。"2018年，金牛水泥销售收入40亿元，在三明市境内上缴税收1.7亿元，2019年，金牛水泥上缴税金总额达3.2亿元，连续多年上缴税收列将乐县首位、三元区前茅。而金牛水泥延伸出来的上下游产业链条正在越拉越长，在八闽绿水青山之间，创造出越来越多的社会价值。

在企业发展的同时，章旭升同志不忘回报社会。一方面重视提高职工收入，每年加薪10%，公司成为当地员工收入较高的企业。并且，在企业招工时，积极响应国家"精准扶贫"号召，优先招入贫困家庭的员工。另一方面章旭升同志积极承担社会责任，参与社会公益事业，配合政府开展扶贫和其他各项社会公益活动，包括抗震救灾、抗洪抢险、扶贫援助、乡村改造、镇企共建、慰问乡亲等，2020年新冠肺炎疫情对企业造成了严重的影响，但金牛水泥在做好自身疫情防控的同时，还向将乐当地政府捐款50万元。几年来，公司各项捐助总额超过600万元，彰显了强烈的社会责任和人文情怀，受到各级政府和群众的一致好评。

点评： 福建金牛水泥有限公司董事长、总经理章旭升心无旁骛做主业、一心一意谋发展，开拓创新，苦心经营，凭着"要干就要全力以赴，要做就要做得最好"这份金牛精气神，使公司不断发展壮大，展现了优秀企业家的自信和追求。

功不唐捐，玉汝于成

——记福建南方路面机械有限公司董事长 方庆熙

福建南方路面机械有限公司（以下简称南方路机）是工程搅拌全领域整体解决方案的专业服务商与制造商，中国工程机械搅拌领域的领军企业。企业创建于1991年，总部坐落于海上丝绸之路起点、历史文化名城——福建泉州，分别在泉州高新产业园、台商投资区和武汉经济开发区设有三个生产基地，总占地面积50多万平方米，是一家长期专注于搅拌设备研发、制造及服务的国际化品牌企业。

南方路机创建近30年来，在董事长方庆熙的带领下，一直秉承"做专、做精、做好、做久"的企业理念，坚持以客户需求为导向、以技术研发为核心驱动力，深耕于搅拌领域，以搅拌为核心，从沙石到道路、从沙石到建筑，产品链涵盖了破碎筛分、整形制砂、水泥混凝土搅拌、沥青混合料搅拌、干混砂浆搅拌、建筑垃圾及固体废弃物的回收处理，致力于成为工程搅拌领域整体解决方案的专业提供商与服务商，不断为用户提供最佳产品、最佳方案和最佳服务。

专注搅拌、专精研发

创业之初，方庆熙就寻找高精技术，专注高端产品的研发生产，他亲自考察欧美市场，向世界顶尖品牌学习，聘请全球专业人才为南方路机所用。

质量，企业的生存之本；环保，企业持续发展的唯一出路。正是因为对国内市场的信心和对技术研发的坚守，南方路机的产品赢得了客户的认可、同行的尊重、市场的回报。在方庆熙的领导下，如今的南方路机可谓是工程搅拌全领域整体解决方案的专业服务商与制造商的代名词，在国内水泥搅拌、沥青搅拌、干混砂浆、整形制砂领域率先树立了国产品牌的绝对优势，逐步占领高端市场，并在国际市场上与一流技术保持同步。

在全环保商混搅拌设备方面，方庆熙坚持以用户需求和科技创新为导向，构建了一个高效节能、绿色环保、环境舒适、无人值守、信息化控制的人性化绿色建材智慧工厂，特别是在混凝土搅拌站生产中的绿色环保措施，更是备受行业及用户推崇。南方路机研发的全环保型商品混凝土搅拌站是现代搅拌技术、环保技术、信息智能技术及城市艺术的高度融合体，集中体现在设备运行过程中绿色环保、低碳节能、高效节能、信息智能化等方面，生产过程中的各种排放量（气体、液体、固体）和噪声等符合国家规定的标准。

在干混砂浆研发方面，为了求取"真经"，方庆熙亲自考察欧美市场，学习世界顶尖品牌，聘请全球专业人才，采百家之长为我所用。早在2000年，方庆熙就敏锐地捕捉到干混砂浆这一新兴产业将有非常好的市场前景。于是，方庆熙果断决定，进军干混砂浆领域。南方路机作为国内最早介入干混砂浆生产设备领域的厂家，历经十几年干混砂浆领域的锤炼，攻克特种砂浆生产时重重难题，针对特种砂浆生产时的特性，因需而异的制订合理的设备工艺，赢得了国内外众多干混砂浆生产厂家，尤其是众多国际知名的砂浆巨头的认可，成为特种砂浆厂家的理想选择。

环保、再生是未来的发展趋势。在建筑垃圾处理方面，南方路机在 bauma CHINA 2018 举行了盛大的新品发布会，隆重推出两款最新研发的产品——淤泥造粒生产线与 RESCO-10 干式再生骨料还原系统。南方路机在建筑垃圾处理领域将在不断吸收既有的精髓、不断创新，坚持循环再生，为用户提供绿色建材全产业链整体解决方案，助推产业可持续健康发展，为客户、为社会创造更高价值。

如今，高效低耗无污染已成为国家对搅拌行业的强制标准，南方路机通过搅拌行业上下游产业的系统整合，为用户提供绿色建材全产业链整体解决方案，对有限资源充分利用，通过技术改进提升及创新，减少利用天然资源，促进企业的可持续发展。2014 年，南方路机被港珠澳大桥施工方选定为制砂设备的唯一采购方，南方路机为其设计制造的精品集料生产线，展现了国际最高水准的集料加工技术，实现集料破碎、整形、筛分、颗粒表面石粉去除、石粉含量控制、细集料筛分、细集料比例调节、石粉收集、精细化控制等技术要求，引领了国内外的集料生产标准。

践行环保理念，推动建材行业的绿色环保生产应用

南方路机作为专业的沥青搅拌设备研发制造商，如何让沥青搅拌站更环保、更节能一直是南方路机在努力的方向。方庆熙很早就察觉，沥青搅拌设备制造业是一个非常小、也非常精细的产业，它对企业专注度和专业度的要求非常高，涉及的面也非常广，在一定程度上代表着国家产业的发展水平和制造业的制造能力，要求从事沥青搅拌设备制造的企业，必须尽可能地专一、专注，不能过多涉足其他行业。另外，沥青搅拌设备制造业属于发展非常成熟的传统行业，国外沥青搅拌设备制造业为中国沥青搅拌设备制造业的发展提供了可供借鉴的对象，国内企业在产品、技术和产业未来发展方向上都应向国外同行学习，尽量少走弯路。

南方路机全环保沥青混合料搅拌设备，环保标准严格，从沥青、骨料的存储、输送、加热、搅拌到卸料出厂全过程实现环保化作业，有效控制生产过程中产生有害烟气、粉尘飘逸和高能耗问题，为正面临污染困扰的沥青混合料生产企业提供了行之有效的解决方案。

南方路机厂拌热再生设备，采用再生技术，对废旧沥青路面材料进行回收循环再利用，将市政道路改造中产生的废旧沥青料就地消化利用，节约资源。旧沥青混合料在加热和烘干过程中，会产生大量的蓝烟和废气，南方路机热再生干燥滚筒，不让这些尾气直接排入大气，而是让其经由烟道进入烟气沉降装置，使颗粒物沉降，再进入原生干燥滚筒，将尾气回收二次燃烧，彻底消除有害废气。

南方路机全环保沥青混合料搅拌设备，环保标准严格，从沥青、骨料的存储、输送、加热、搅拌到卸料出厂全过程实现环保化作业，有效控制生产过程中产生有害烟气、粉尘飘逸和高能耗问题，为正面临污染困扰的沥青混合料生产企业提供了行之有效的解决方案。

为行业人才发展作贡献

做专做精，不断创新，始终是南方路机发展的信念所在。南方路机以工程搅拌为核心，扩展产品研发方向，同时在研发上不遗余力。在企业发展中，南方路机董事长方庆熙认为企业理念，特别是产品和品牌的定位非常关键。从趋势上看，市场是逐渐发展的，从低端到高端，但最终一定是到高端。

因此南方路机致力于打造工程搅拌领域全产品链第一品牌，在研发投入上遵循两个"不低于"原则，即研发人员占公司员工总数不低于25%、研发费用投入占公司销售收入不低于8%，南方路机目前已拥有13个室内实验室、5个室外试验场。

同时在方庆熙的领导下，南方路机成立了行业内唯一的搅拌学院。南方路机搅拌学院，是南方路机基于20多年专注搅拌的技术研发、工程案例、行业发展等方面的沉积，倾力打造的工程搅拌行业专业交流平台，以工程搅拌为核心，融汇材料研究、搅拌技术、装备制造、搅拌站赢利管理等各个领域，贯通矿山破碎、原生/再生骨料加工、工程搅拌、建筑垃圾综合处理等全产业链各个环节。南方路机搅拌学院有效整合国内外行业科研机构、大专院校的成果资源，并紧密结合具有行业指导性的实践经验，为终端客户的终端产品，提供源源不断的创新理论、经验与价值；同时为行业的各种实用型技术提供一个交流平台、为行业培育各种层次的实用性技能型人才。

倡导企业文化建设，履行企业社会责任

南方路机时刻牢记员工、客户、供应商、代理商的利益，把他们作为长期发展的战略合作伙伴并时刻将社会的责任铭记心中。南方路机时刻追求员工价值及其成长的最大化，不懈努力地发展高效的团队及工作环境，并为拥有优秀的员工而感自豪。倡导积极、有效的沟通行为，为沟通创造环境；提倡积极、主动的工作态度，鼓励创新；时刻牢记服务意识，不断追求服务能力的完善与提升。

为用户提供增值服务，助力用户实现价值最大化和价值再造，这是南方路机一直不断努力并矢志践行的。2017年南方路机搅拌学院成立。目前，学院已成功组织举办沥青混合料搅拌设备操作管理、干混砂浆生产线建设及装备技术、机制砂设备实操与管理维护等多期培训班，应行业协会和客户邀请，派出高级讲师组织开展超过上千课时的培训（讲座），为客户创造价值，为行业技术交流发展和人才培养贡献才智。

同时南方路机热心社会公益事业，2020年新冠肺炎疫情期间，南方路机向泉州丰泽慈善总会捐款100万元，向湖北仙桃红十字会捐款100万元，全力支持湖北抗击疫情，同舟共济渡过难关。

"功不唐捐，玉汝于成"。作为扎根搅拌业30年的"老人"，方庆熙自1991年担任南方路机董事长至今，在改革浪潮中，他秉承"敢为天下先，爱拼才会赢"的福建企业家精神，紧随时代步伐，不断求"变"、求"新"、求"和"，正是因为对国内市场的信心和对技术研发的坚守，南方路机的产品赢得了客户的认可、同行的尊重、市场的回报。在方庆熙的领导下，如今的南方路机已发展成为工程搅拌全领域整体解决方案的专业服务商与制造商。

点评：福建南方路面机械有限公司董事长方庆熙具有鲜明的优秀企业家特质，他眼界开阔，敢为人先，善于决策，秉承"爱拼才会赢"的福建企业家精神，不断追求卓越，坚持创新发展的理念。30年辛勤地努力，功不唐捐，玉汝于成，终于成就了"工程搅拌全领域整体解决方案的专业服务商与制造商，中国工程机械搅拌领域的领军企业"之美名。

勠力同心创伟业，三精管理铸辉煌

——记郑州瑞泰耐火科技有限公司党委书记、董事长 李泉侑

瑞泰科技优秀管理者，郑州瑞泰耐火科技有限公司（以下简称郑州瑞泰）党委书记、董事长李泉侑，带领郑州瑞泰开拓进取一年上一个新台阶，如今的郑州瑞泰已经成为行业的典范、国家绿色制造的标杆企业。

李泉侑同志具有坚定的政治觉悟、丰富的企业管理经验，连任四届新密市人大代表，曾获新密市劳动模范、郑州市五一劳动奖章获得者、郑州市优秀共产党员、中国建筑材料研究总院"优秀经营者"等称号，连续5年被瑞泰科技股份有限公司授予"优秀管理奖"。

勇于担当，攻坚克难创业路

李泉侑同志沐浴着改革开放的春风，用辛勤和汗水书写出人生的光辉篇章。

他1979年参加工作，1991年，李泉侑在国营新密市东方耐火材料厂负资产651万元的困境之下扛起了厂长的担子，带领一班人马，不畏艰险，进行大刀阔斧的改革，使企业经营逐步好转，扭亏为盈。根据国家的有关政策和区域经济社会发展的实际，2001年对原有的"国营新密市东方耐火材料厂"进行了股份制改造，成立了股份制企业"河南火宝耐火材料有限公司"。

2011年1月，为使公司得到长足发展，河南火宝耐火材料有限公司与瑞泰科技股份有限公司合作，共同出资组建具有强劲活力的新公司——郑州瑞泰耐火科技有限公司，达到了"央地企业"成功对接。2012年，为适应市场需要，扩大生产规模，郑州瑞泰投资1.8亿元，建设了河南省重点工程项目"国家863环境友好碱性耐火材料生产线"。加入瑞泰科技公司后企业快速转型升级，郑州瑞泰插上了腾飞的翅膀，企业的发展实现了新跨越，成为年产值六亿元的中大型耐火材料企业，在全国耐火材料行业中名列前茅，厂区面貌焕然一新，干部员工意气风发，科技创新成果取得重大突破，实现了股东、员工和社会多赢。

科技创新，专利产品创品牌

李泉侑常讲：质量稳定是生存的根基，塑造品牌是发展的保证。为满足市场需求，提高性能指标，延长使用寿命，李泉侑带领科研小组对耐火材料制品进一步向深层次研究，研发的镁铁铝复合无铬尖晶石砖、低导热多层复合莫来石砖等绿色、节能新产品陆续投放市场，取得了明显的节能环保效果和经济效益，得到了用户的一致好评，达到水泥企业生产过程的节能、降耗、环保的要求。其中低导热多层复合莫来石砖荣获中国建筑材料联合会科技进步二等奖，河南省科技进步三等奖，郑州市科技进

步一等奖,且低导热多层复合莫来石砖制备技术及在水泥回转窑上的应用经国家建筑材料联合会及河南省科技厅委员会专家鉴定一致认为"该成果填补了国内外空白,总体技术达到国际领先水平",其产品远销越南、巴基斯坦、法国、土耳其、墨西哥、哥斯达黎加、刚果、秘鲁等多个国家和地区。

绿色引领,节能环保促发展

全面推行绿色制造是《中国制造 2025》提出的战略性任务。李泉侑身体力行,率先垂范,带领公司管理团队把绿色发展融入公司生产的全过程,从体系构建、产品研发、工厂改造等方面践行绿色制造,力求实现生态系统和经济系统良性循环,实现经济效益、生态效益、社会效益有机统一。

1. 创建绿色工厂

郑州瑞泰在李泉侑的带领下,积极构建严格的环境管理体系,完善环境管理架构,并在生产管理各环节贯彻国际、国内标准,不断提高管理水平。在我国耐火材料行业率先制订了绿色工厂管理体系文件,发布了《绿色工厂创建目标和实施方案及考核办法》。顺利获得了"质量管理""环境管理""能源管理""职业健康""安全标准化"五个体系认证证书。公司以质量、生态、环境、能源、职业健康、安全体系为依托,全面开展了绿色工厂创建工作。于 2017 年 8 月,荣获工信部第一批国家级绿色工厂示范单位,是全国耐火材料行业首家绿色工厂。

2. 研发绿色产品

几年努力,获得了两项重大发明成果。

一是水泥窑用环境友好碱性耐火材料——"镁铁铝(无铬)尖晶石砖",取代了传统的镁铬砖,彻底解决了六价铬离子对环境及人体的危害,获得国家发明专利 4 项,为河南省名牌产品。

二是自主研发的低导热多层复合莫来石砖,是环境友好"节能产品"。该产品在大型水泥回转窑使用,窑体温度可降低 60～80℃。每生产 1 吨水泥熟料可降低标煤用量 1.5kg。低导热复合砖不仅为水泥企业降低了生产成本,更为大气污染治理做出了贡献。

3. 实施绿色化改造

一是安装除尘设备,解决无组织排放。

为了进一步打造良好环境,减少无组织排放,公司先后投资,建成 6000 多平方米密闭式原料库,所有原料入库保存。配套安装了 69 台脉冲滤筒除尘器,5 台车载移动式除尘器,1 套高压喷雾设备,2 台移动高压降尘雾炮机。不仅解决了粉尘的污染问题,同时收集的粉尘重回生产线再利用,做到了既不污染环境,又节约了能源,降低了成本。

二是种植花草树木,美化生态环境。

"能绿化决不硬化"是公司一直坚持的生态建设理念,公司投资种植香樟、桂花、银杏等 20 多个品种乔木树,各类灌木、草坪,做到了三季有花,四季常绿,绿化率达 30%。

三是深度治理,超低排放。

2018 年年初,为了深入贯彻落实国家环保治理要求,积极应对严峻的大气污染防治形势,在李泉侑的带领下,针对隧道窑燃烧工艺特性,最终确定"干法脱硫、袋式除尘、SCR 脱硝"的烟气治理工艺,最终实现氮氧化物 $\leq 50mg/m^3$,二氧化硫 $\leq 35mg/m^3$,颗粒物 $\leq 10mg/m^3$ 烟气超低排放标准。

2019 年 9 月郑州瑞泰先后荣获"河南省绿色引领企业""郑州市环保标杆示范企业"等称号,真正成为耐火材料行业绿色引领标杆企业。

三精管理，提升经营业绩

郑州瑞泰积极践行中国建材集团"三精管理"的管理功法，建立更加精干高效的组织结构，成本领先的生产管理体系和效益优先的经营管理体系。结合公司实际建成了高效、规范、科学的企业管理体系，企业先后通过了 ISO 9001:2015 国际质量管理体系认证，ISO 140001:2015 国际环境管理体系认证，OHSAS 18001:2007 职业健康体系认证，ISO 50001:2011 能源体系认证。

如何把"三精管理"做细做实？公司开展了一系列的创新实践和探索尝试。

在"组织精健化"方面。通过对岗位、职责的重新梳理，对岗位进行合理化配置，调整了人力资源结构，提高劳动生产率，促进了员工与企业共同发展。

在"管理精细化"方面。立足成本、利润等关键指标管控，充分开展绩效对标，用数字说话。尤其降本方面，通过对原料、运费价格、再生资源利用等方面考核控制，全面落实降本增效，逐步实现从数量到质量、从速度到效益的转变，成本控制效果明显。

在"经营精益化"方面。一是根据市场形势变化及时调整销售策略。顺应时势，了解市场需要，开展技术交流，把郑州瑞泰的技术优势介绍给客户，充分发挥新产品效能，让新产品为下游客户创造价值，解决客户的难点、焦点，让市场选择郑州瑞泰。二是全力推广全线总包业务和海外市场业务。全线总包业务已成市场导向、大势所趋，充分利用总包服务来拓展市场，通过增值服务来占领市场；随着国内市场萎缩、行业恶性竞争加剧，拓展海外市场是企业生存发展的必由之路，深入海外市场的调研，了解各国各地区的市场信息、竞争状况、市场容量，近三年连续开发海外客户三十多个，年营业收入人民币5000多万元，为出口创汇做出贡献。三是响应中建材集团"降两金"的经营方针，及时开展"减应收账款、减存货"的压减工作，兵分几路促收货款，控制赊销，扩大市场，督促产品发运，降低企业经营风险，连年来均能完成集团下达的压减指标。

通过践行三精管理，使得组织精健高效，管理更加精细化，经营更加精益，郑州瑞泰经营业绩稳步提升，经营业绩连年被瑞泰科技评为"A+"和最佳业绩奖，李泉侑本人连年被瑞泰科技评为"优秀管理者"。

加强党建，凝心聚力暖人心

李泉侑作为郑州瑞泰党委书记，他始终坚持党建和经营发展两手抓两促进，坚持围绕中心，服务大局，在守初心中增定力，在使命担当中破难题，在找差距中明方向，在抓落实中见实效，充分发挥党委"把方向、管大局、保落实"作用。

以李泉侑为中心的领导班子成员政治立场坚定，在重大事项上态度鲜明、立场坚定，在政治上、思想上、行动上均与党中央保持高度一致，能正确处理各种利益关系，业务实绩显著，得到了广大员工的一致认可，为企业发展提供了强有力的组织保证。

公司党委在推进公司战略实施、科技创新、转型升级等各项工作中发挥思想引领作用，按照国有企业党建工作会议精神要求，在抓好党组织自身建设的同时聚焦党组织发挥作用，做到政治领导、思想领导、组织领导三者有机统一，勇于探索和尝试新的模式和方式，引领公司发展航向。

2018年，为了进一步促进郑州瑞泰高质量发展，提高市场竞争力，提升公司智能制造水平，安装配套机器人，自动给料，自动检测、自动摆放、自动包装等智能化设备，"硬件"设施标准高、配套全，智能化装备水平达到行业领先地位。

郑州瑞泰作为中国水泥工业用耐火材料无铬化的创新者和推动者，对新常态下促进耐火材料行业调整结构、转型升级、发展绿色耐火材料具有较强的示范带动作用，积极打造"业绩良好、管理精细、环保一流、品牌知名、先进简约、安全稳定"的"六星企业"，致力于发展成为国内领先、国际知名、客户满意、高度负责的一流耐火材料企业，为中国水泥、有色行业的发展做出更加积极的贡献。

展望未来，李泉侑董事长必将带领郑州瑞泰全体员工秉承"以客户为中心，以创新为动力"的经营理念，在瑞泰科技总部"瞄准高端、整合行业、面向全球"的发展战略指导下，满怀激情、团结一心、砥砺前行。美好的愿景一定能早日实现！

点评：郑州瑞泰耐火科技有限公司党委书记、董事长李泉侑，以三精管理为核心，带领郑州瑞泰技术创新、产品创新、转型升级、绿色发展，不懈地开拓进取，使企业一年上一个新台阶，如今的郑州瑞泰已经成为行业的典范、国家绿色制造的标杆企业。

以身作则、以人为本，推动企业全面可持续发展

——记四川华西管桩工程有限公司董事长 李先勇

李先勇，男，汉族，1974年8月出生，四川江油人，1997年7月参加工作。中国共产党党员，大学本科学历，高级工程师。

李先勇同志自参加工作以来，一直秉承着求真务实、开拓创新的信念，致力于设备管理、技术研发、工程管理、生产经营管理等工作，业绩突出，表现优秀。近年来，他带领华西管桩公司在营业收入和利润水平上均实现高速增长。在集团内年度考核表现优异，曾荣获华西集团"2014年度优秀共产党员"、华西建材公司"十周年荣誉员工""二十周年荣誉员工"等荣誉称号。带领的管桩公司荣获华西集团2014—2018年度先进单位荣誉称号。

十年磨剑奠定坚实基础

1997年6月，李先勇同志毕业于西北建筑工程学院机电系机电一体专业。毕业后进入四川第十二建筑工程公司混凝土分公司，任工长岗位。次年，集团内混凝土业务整合，他被调入新成立的四川华西混凝土工程有限公司（现四川华西绿舍建材有限公司）工作。

1998年至2007年间，他历任技术员、设备科科长、材设处设备主管、副处长、搅拌站站长等职。工作期间，他踏实肯干，从一名基层技术管理人员一步一个脚印逐步成长。

在技术管理岗位，李先勇同志总是严格要求自己，精益求精，力求达到最优。当时互联网还不发达，各种技术书籍成为圈内硬通货，他求知若渴，总是一遍又一遍不知疲倦地学习。操作中遇到不能解决的问题就虚心向师傅和其他同事学习。他深知生产性企业要提高生产效率，设备运转正常是关键保障，作为设备技术管理，责任重大，他不敢有半点马虎。经过多年的磨砺，他在材料和设备技术管理方面的能力与日俱增。

在站点管理岗位，李先勇同志把安全、质量和效益作为主要管理抓手。安全是企业的生命线，尤其像混凝土这样的企业，生产、运输和施工各个环节都存在较大的安全隐患，如何确保整个站点的安全，是他作为站长的首要责任。他认真研究站点存在的风险隐患，制订隐患排查措施，加大"一岗双责"的考核力度，让全体站点管理人员安全意识大幅上升。他管理的站点，在各年度考核中，成绩名列前茅。

质量是企业发展的根本。混凝土行业鱼龙混杂，大大小小的站点无数，很多企业为追求高利润，节约成本忽视质量问题，存在一定的质量隐患。国有企业必须严格遵守国家和行业标准，承担应有的社会责任。由于李先勇在实验室从事过技术配方工作，又有多年的设备管理经验，因此在生产各环节质量把控方面很有经验。他一直以高质量、高标准要求，对各环节检验一丝不苟。凭借出色的质量和

优质的服务，华西混凝土品牌在市场的知名度越来越高，获得越来越多客户的认可。

在确保安全和质量的同时，如何提高产能、提升效率成为各站点的重要任务。混凝土市场竞争激烈，没有一定的规模效益，市场竞争就没有话语权。那个时候，加班加点成为常态，他身为站点领导，第一责任人，以站点为家，经常为了抢任务放弃周末和节假日。那段时期，各项建设工作蓬勃发展，混凝土需求旺盛，华西混凝土公司产量快速上涨，市场占有率越来越高，在西南市场的知名度越来越大。

这十年，是他从一个学生到职业人转变的十年，是他奠定基础的十年。这十年技术和管理的储备，为他以后走向更高层级的管理岗位打下了坚实的基础。

临危受命挑起责任担当

随着社会的发展，企业单靠一种产品，竞争力很难长期保持，产品多元化发展提上日程。作为华西集团内建材集成商，华西建材围绕水泥基系列的产品开发正悄然开展。

2007年，公司开始筹建华西管桩公司，华西管桩是华西集团第一家混合所有制企业，公司主营混凝土预制桩的生产和施工。那个时候，混凝土产品相对成熟，无论规模和利润都有保障，在混凝土公司工作待遇较高，很多人不愿意放弃这样的工作环境。从事新业务，意味着承担一定的风险，但李先勇深知，一个企业要有发展，必须要不断开拓新业务，开拓新业务就需要有人去探路。就在这样的关键时期，他临危受命，被派往华西管桩公司，负责公司前期筹建工作。

新厂筹建工作异常艰辛，选址、建厂、安装设备调试等都需要大量的人力投入，经过几个月的艰苦筹建，原本杂草丛生的地方建起了崭新的厂房。他没有停下脚步，马上又投入到管桩的生产研发中，经过他和团队的努力，公司第一根管桩顺利出炉。

接下来，李先勇同志作为班子领导，分管生产厂和第一项目部。针对生产厂的工作，提出了"加强成本管控、提高生产效率、提升产品质量、降低安全事故"的工作思路，并建立了以成本、效率为导向的考核办法；通过"行业交流找差距、内部讨论定措施、加强检查促落实"，将生产厂的成本、效率、质量、安全等管理工作目标梳理清晰、工作责任落实到位、工作措施制订到位、工作检查督促到位，确保了生产厂工作目标的实现。

2013年是公司施工转型的推动之年，管桩公司成立了集销售、施工一体化的项目部管理模式，并开始逐步推进以项目部为业务自主体的单边平台管理模式。接手分管项目部工作开始就面临巨大的挑战，李先勇同志没有气馁，积极和销售人员深入开展市场调研，并积极组织对每一个工程信息进行分析、论证，参与每一个工程的合同洽谈，逐步对市场有了准确的判断，合同签约率快速提升；同时根据部门人员情况和订单情况，阶段性的实施全员营销工作，通过他与第一项目部全体员工的共同努力，市场开拓取得较大的突破。2013年全年新签订单量、实际完成销量、施工量等均取得较好成绩。在开拓市场的同时，为确保已承接工程的合同履约，赢得良好的市场口碑，他多次深入施工现场，了解施工进度、质量、安全情况，积极与客户沟通，及时解决存在的问题，赢得了客户对华西品牌的认可和赞赏。

受房地产市场变化等大环境影响，管桩市场竞争加剧，公司在大成都范围内的业务受到一定影响。2014年，公司瞄准川南市场发展机会，准备在宜宾投产建立子公司，他又再次临危受命，主动承担了外派的任务。

在他的带领下，经过设备安装，反复调试等辛苦的工作，宜宾公司很快投产，产品顺利投入市场。这期间，他担任宜宾公司总经理。经过经几年的发展，公司在川南管桩市场的占有率超过90%。宜宾公司与成都公司南北呼应，共同发展，为公司持续发展和走出去提供了宝贵经验。

卓越管理引领企业发展

因工作需要，李先勇同志2016年从宜宾公司回到华西管桩公司，任总经理。面对新的压力和挑战，他没有退缩，立即投入到公司的各项管理工作中，从组织机构调整、人才梯队建设到目标责任考核等各个方面入手加强公司内部管理，在市场方面，他主张的"大市场、大客户、大项目、新技术"经营思路得到贯彻执行，公司经营业绩逐年上升。

管桩基础施工是公司主要的竞争优势，他带领主要团队深挖施工潜力，加大对钻孔植桩的研究，公司成功申请2项专利技术。

在企业管理过程中，他还特别注重风险管控，加强债权债务的管理。年度资金回收率均超过100%，在建工程履约效果好，公司资金链流畅。同时，他特别注重老工程款的回收工作，通过几年的努力，公司老工程款应收债权明显下降。

经过十余年的发展，公司面临着更高水平发展的迫切需要。2018年，华西管桩公司作为四川省国资深化混改的试点企业，李先勇同志作为本项工作的牵头人。经过努力，取得了较好成绩，通过探索完善法人治理结构，厘清决策权和决策程序，放宽了投融资管理，解决了企业投融资难题。充分与市场接轨，解决国企传统的用人机制和薪酬制度的弊端，激发企业活力。探索完善法人治理结构，做到既能充分发挥国企的资源优势，又能发挥民企的市场化运营优势，从而实现企业健康快速发展。

近年来，绿色发展理念融入社会各个方面，华西管桩公司作为国有企业在生态环境保护、节能降耗等方面积极履行社会责任，主动升级改造生产和施工设备，加大环保投入，走可持续发展道路。

点评： 四川华西管桩工程有限公司董事长李先勇一直秉承着求真务实、开拓创新的信念，在他的职业生涯中，有多次创业、创新的经历。正是由于他不畏艰难，不计较个人得失，勤奋好学，以身作则，提高了企业管理水平，同时推动了企业全面可持续发展。

勇立潮头、敢为人先，做优秀的国企领路人

——记北京金隅天坛家具股份有限公司总经理 李鹤

李鹤，女，1974年2月出生于辽宁昌图，中国共产党党员，1997年参加工作，先后担任天坛公司家具城经理、总经理助理、商用营销中心总监、副总经理，现任北京金隅天坛家具股份有限公司总经理。曾荣获金隅集团经济技术创新先进职工、北京奥运立功标兵、十佳共产党员、四优共产党员、优秀金隅员工、十佳销售人员等荣誉称号，2019年，牵头完成的《文以载道发展为本，以文兴企承责社会》项目荣获2018—2019年度全国建材企业文化建设经典案例。

经营业绩方面

2016年担任北京金隅天坛家具股份有限公司副总经理、商用营销中心总监，当年营业收入79371万元，利润总额1475万元，上缴税金总额5180万元。

2017年担任北京金隅天坛家具股份有限公司副总经理、商用营销中心总监，当年营业收入84183万元，利润总额330万元，上缴税金总额4831万元。

2018年5月起担任北京金隅天坛家具股份有限公司总经理，当年营业收入96144万元，利润总额1389万元，上缴税金总额3661万元。

2019年担任北京金隅天坛家具股份有限公司总经理，1—10月营业收入97009万元，利润总额5004万元，上缴税金总额4914万元。

自担任企业主要负责人以来，带领公司从收入水平由之前连续10年徘徊在6.5亿左右上升到目前超过10亿。

管理和科技创新方面

李鹤同志任职期间，管理方面既注重以党建为引领，融入中心、服务大局，又重视不断建立现代企业制度，通过制度规范化、产品标准化、管理科学化，加强统筹全局能力。以企业大学为平台，公司党委多次组织中层干部教育培训活动，完成了上年度中层领导干部民主测评工作；按照集团关于所属企业选拔任用中层领导人员办法，重新修订实行《公司选拔任用中层领导人员办法》，严格执行动议酝酿、民主推荐、考察、讨论决定、公示等程序步骤，将对党忠诚、工作尽责、德才兼备、成绩突出的干部重点培养、优先提拔任用，同时加强干部考核与监督管理，进一步强化公司党委主体责任的落实。成立离退休干部工作领导小组，加强公司老干部各项工作顺利推进。

为解决企业人才结构断层的重点问题，公司党委大力弘扬金隅干事文化，加大对年轻高素质人才的选拔任用，积极提供干事创业平台和发展机会，把内部发掘培养、注重实践锻炼作为干部成长成才

的主要渠道，同时通过校园招聘，吸纳 108 名本科应届毕业生加入队伍，通过制订《应届毕业生培养管理办法》，规范了年轻干部晋升渠道，构筑起公司后备人才力量的"蓄水池"。

转型升级、发展新材料和新业态方面

为响应国家及北京市政府疏解"非首都功能"战略部署，李鹤同志带领天坛家具公司顺利完成由北京西三旗搬迁至河北大厂金隅工业园区的转型与升级任务，实现了国内最快完成工厂转移、复产项目。近两年，带领团队研发了博悦、天脉、悍客等新办公家具产品，研发了"北欧 17°"等新民用办公产品，丰富了企业产品线。同时，天坛家具在河北唐山曹妃甸成立天坛木业科技有限公司，着力于中（高）密度板、刨花板生产制造，实现了产业向上、下游延伸。

成立适老事业中心，打造适老行业第一品牌；专项拓展、服务、研发、品牌传播；服务于全国的适老项目；一年后销售收入过亿元。打造过亿级的上海分公司，对标北京的商用营销中心，匹配相应的资源；试点上海区域成立直营业务部，辐射长三角区域以经销的模式；对接现代办公销售职能。调整板块的业务结构占比，加大直营拓展。利用好集团内外部资源；加强对京津冀及城市副中心、冬奥会、亚投行等重点项目的过程把控；关注通州公共配套建设；重点关注税务、各地纪委及党校等系统；有计划拓展学校、医院、娱乐、酒店板块。挖渠道资源的同时，建立服务标准及服务模式，指导帮扶经销商提升竞争优势，为经销商赋能。

优化组织架构及考核模式。合理分配内部资源，优化人员结构。发挥资源的集中优势，重点在新零售、全屋定制等方面发力；充分发挥运营管控职能。加强新零售销售模式。提升新业务组拓展能力，打通线上线下各平台全方位、全渠道，实现立体销售。优化渠道布局，在石家庄、太原等地建立标杆示范门店，建立可复制的盈利模式，提升品牌影响力。打造大家居全产品链。持续完善全屋定制系列产品。确定全屋板式定制产品系列、配套活动家具系列；完善全屋定制体系（含人员、产品、包装等）建设工作，以客户为中心，扎实做好市场销售、上门测量、方案设计、送货安装、售后服务等环节的基础工作。以环渤海店开业为契机，着力在天津市场发力。通过各种媒体，加大宣传力度，全面打造天津市场的品牌影响力。

绿色发展方面

李鹤同志任职期间，带领天坛家具将"全心全意打造绿色产业链"作为企业的核心环保理念，在国内率先选用世界最先进的、三维扫描、自动涂饰水性漆的双机器人面漆循环涂饰线，可不使用油性漆，从而极大降低 voc 排放，实现产品全过程环保；使用国内及国际最先进的绿色能源综合利用体系（即生物质、太阳能、地源热泵综合应用能源站），将废物利用与创新应用有机融合。天坛家具荣获绿色环保卫士认证、中国环境标志产品认证、中国环保产品认证、绿色选择推荐厂商等荣誉。

文化建设方面

李鹤同志任职期间，带领公司将 2019 年定为企业文化复兴元年，秉持"以文兴企"观念，坚持将企业文化建设与党的文化建设方略保持高度统一，与集团核心文化理念环环相扣，与公司生产经营工作交织行进。2019年年初，成立企业文化建设工作领导小组，党委书记带头制订年度企业文化建设方略，战略发展部按照时间节点牵头执行。

一是梳理整合天坛家具63年发展历史，追本溯源、统一思想。2019年2月，前往国家历史档案馆、首都图书馆，通过翻阅历史资料、查看国企大事记，探寻北郊木材厂20世纪岁月影记；2019年3月，通过登门访谈北京市建材工业局、北郊木材厂、天坛家具公司退休老干部、老职工，回忆、记录往昔旧事年历。以时间为主线，以故事为串联，梳理出1956—1997年公司发展脉络，形成五个历史阶段的故事简介。

二是层层开展企业文化专题讨论，广纳良策、凝聚共识。2019年3月，在管理团队中组织召开企业文化宣贯会，以历史大事记培训为出发点，以"读史可以知兴替"为落脚点，通过小组讨论的形式，深入探究天坛不同历史阶段经营状况的影响因素，总结出助推企业发展的10大要点。2019年6—7月，结合新时代国企党的文化建设理念，吸收"不忘初心，牢记使命"主题教育活动成果，对当前企业使命愿景、核心价值观、企业精神进行重新考量，制订修改方案。

三是更新试行《新版企业文化手册》，愿景统一、步调一致。将企业文化细分为核心层、理念层、物质层，以分组形式进行研讨，形成了新时代公司的新使命、新愿景、新核心价值观，新人才、廉洁、安全、环保、服务、质量、产品理念以及商用、民用、龙顺成、玛金莎、爱乐屋、金隅北木、天坛木业新的品牌宣传语。

由公司领导班子主要成员牵头、广大干部职工共同参与完成的《文以载道发展为本，以文兴企承责社会》项目荣获2018—2019年度全国建材企业文化建设经典案例荣誉，公司文化建设与中心工作齐头并进，进一步实现了思想统一、步调一致。

履行社会责任方面

李鹤同志任职期间，带领公司将坚持党的领导、加强党的建设作为企业发展的"根"和"魂"。认真贯彻新时代党的建设总要求，把党委会研究讨论作为经理层决策重大问题的前置程序，并完善了《公司章程》；贯彻落实《金隅集团党委重申关于进一步加强企业严格执行"三重一大"决策制度的通知》要求，成立公司"三重一大"决策制度执行情况自查工作领导小组，全面梳理完善各项管理制度；通过重新修订执行《公司党委会议事规则》《公司经理办公会议事规则》，依法合规落实会议各项程序，建立科学合理的民主决策机制，实现了党的领导与公司治理有机统一。

李鹤同志带领天坛家具公司坚守国企品质、勇担社会责任。任职期间，领导天坛公司出色完成了北京城市副中心建设的家具供应工作，产品质量、服务水平受到市委市政府的重点表扬；圆满完成了中华人民共和国成立70周年国庆庆典大型活动的服务工作，得到了国庆庆典指挥部的充分肯定；天坛公司下属北京龙顺成中式家具有限公司为天安门城楼内家具进行传统工艺修补加固，为国家大型活动贡献了国企责任担当与力量。

点评：北京金隅天坛家具股份有限公司总经理李鹤带领天坛家具公司坚持党的领导，管理方面既注重以党建为引领，融入中心、服务大局，又重视不断建立现代企业制度。她在企业转型升级、发展新业态、绿色制造、企业文化、改革创新等方面建树颇多。她勇立潮头、敢为人先，是一名优秀的国企领路人。

以科技创新驱动标准砂公司高质量发展

——记厦门艾思欧标准砂有限公司党委书记、总经理 孙志胜

孙志胜，男，汉族，1964年11月出生，河北人，研究生学历，中国共产党党员，教授级高级工程师。1986年12月参加工作，曾任海南昌江、秦皇岛浅野、天津振兴项目副经理，冀东磐石、铜陵海螺2×10000t/d项目经理，中材国际沙特分公司总经理兼SPCC（EPC）项目经理、中材建设有限公司总经理助理，现任厦门艾思欧标准砂有限公司党委书记、总经理。

他参与建设的北京水泥厂项目获得优质工程银质奖；铜陵海螺万吨线是中国第一条、世界第四条万吨线，对中国水泥工业发展具有里程碑意义，项目获优秀工程勘察设计奖；沙特SPCC项目是中材国际总部签订的第一个海外项目，具有里程碑意义；获"2018－2019年度全国建材企业文化建设突出贡献人物"等荣誉称号。

三十余年来，孙志胜同志始终能坚守初心、扎实工作、勇担使命，凭着对企业的热爱和强烈的责任感，把自己的理想和抱负都倾注在他所热爱的事业上。

自2017年担任厦门艾思欧标准砂有限公司党委书记、总经理以来，在公司面临原料砂断供、收入利润急速下滑、发展停滞等问题的形势下，孙志胜积极思考、深入基层、走访市场，经过充分调研论证，提出了"稳固砂源、拓展市场、创新发展、强化党建"的工作总基调，明确了公司定位，按照"相关、多元"的原则，确定了"标准砂+"的多元化发展战略，坚持在发展中解决问题的思路。在此基础上，他狠抓市场拓展和经营管理工作，对公司生产线进行技术改造，将落后的生产线改造成世界最大最先进、自动化水平最高的标准砂生产线；加大科技创新力度，启动多项科学研究并取得实质性成果。2017年扭转了快速下滑的经营局面，实现经营业绩的止跌回稳，2018年成功实现营业收入和利润同比增长10%；2019年实现营业收入同比增长43%，利润总额同比增长105%，使公司进入高质量发展的轨道，公司进入"2019中国最具成长性建材企业100强"，获"2019中国和谐建材企业"称号。

守初心，将党建与企业发展融为一体

作为国有企业领导人员，孙志胜始终把政治工作放在企业发展首位，坚决贯彻执行党的路线方针政策，按照党中央对国有企业的要求，按照两个"一以贯之"的原则经营管理好企业；在个人履职中严格做到将管理与制度执行有机结合，遵守党的政治纪律和政治规矩，对组织讲实话道真情，向上级汇报企业情况时做到实事求是，客观看待成绩，理性分析不足；坚持以上率下，努力在公司形成求真务实的良好氛围。

一是高质量开展"不忘初心、牢记使命"主题教育。作为党建工作第一责任人，带领党委班子坚持把学习贯彻落实习近平新时代中国特色社会主义思想和十九届四中全会精神与落实上级党委决策部

署结合起来，与研究解决影响标准砂发展的重大问题、破解职工最关心最直接最现实的问题结合起来，切实树牢"四个意识"，坚定"四个自信"，坚决做到"两个维护"。自主题教育开展以来，公司党委迅速传达贯彻集团、股份党委和股份公司第一巡回指导组有关要求，研究工作难题，部署工作任务，有力推动主题教育往深里走、往心里走、往实里走。通过多种方式和载体动员广大党员干部先学深学，原原本本学原文、读原著、悟原理，学习近平新时代中国特色社会主义思想，学习近平系列讲话，悟透理论精髓，筑牢共产党人的初心。

二是高质量推进基层党组织建设工作。孙志胜同志始终坚持用党的最新理论成果武装头脑、指导实践、推动工作，牢牢把握新时代基层党建的要求，亲自抓、带头做、负总责，以党的政治建设为统领，以提升组织力为重点，着力抓主业履主责，抓重点补短板，抓落实促提升，高质量推进基层党组织建设。开展"强化党员意识、发挥先锋作用"系列活动：开展无偿献血、在职党员积极参加社区志愿者活动等，营造"工作在单位、服务在社区、奉献双岗位"的积极氛围。

三是高质量推进企业文化建设工作。孙志胜同志高度重视企业文化建设工作，他认为，企业文化建设是企业在长期经营生产实践中逐渐培育与塑造而形成的日趋稳定独特的企业价值行为和企业健康向上、和谐发展的强大精神动力。带着这样的思路，他坚持将企业文化建设与公司使命及经营方针相融合，不断丰富充实文化内涵，根据公司坚持社会责任重于经济利益的经营理念，提出了"责任、品质、创新"的企业核心价值观和"品质稳定，持续供应，善用资源"的经营方针，传承了体现自身特色的"砂子虽小、责任重大"的公司使命，积极践行标准砂（实物标准）稳定、长期供应的社会责任。同时，通过企业文化上墙、宣传栏、网站、创办企业内刊等途径与平台，大力宣传企业文化内涵和精髓实质，切实增强广大干部职工文化自信和加强企业文化建设的自觉性和主动性。

近年来，公司党员干部和员工队伍思想觉悟和精神面貌发生了积极变化，形成了积极向上、担当有责的舆论氛围，为公司高质量发展凝聚了奋进合力。孙志胜同志被评为"2018—2019年度全国建材企业文化建设突出贡献人物"。

担使命，做推动公司高质量发展的实干家

孙志胜认为，作为一名党员领导干部，就是要敢担当、有作为，有多大担当才能干多大事业，尽多大责任才会有多大成就。按照"稳固砂源、拓展市场、创新发展、强化党建"的工作总基调，通过深入推进"三精管理"、积极推动"科技创新、产研结合"等行之有效的措施，开创了企业高质量发展新局面。

1. 深入推进"三精管理"迈出新步伐

一是组织精健化。通过生产线技改，减少员工16人，减少班组4个，劳动生产率提高50%；通过服务外包和实行内退制度，减少11人、班组2个。

二是管理精细化。公司以创建"六星企业"为目标，在精益营销、精准财务、集中采购、信息化管理、科技创新等方面推动公司精细化管理工作，达到了"六星企业"要求。

三是经营精益化。他积极践行"价本利"理念，认为效益是企业追求的价值，提升价格和降低成本是实现利润的重要手段，为兼顾社会责任和公司效益，他深入市场一线调研，多方积极沟通，适时调整标准砂备案价格，体现标准砂的实际价值，为公司下一步高质量发展奠定了基础。

2. 改革创新、转型升级再上新台阶

他始终将改革创新作为企业加快发展的不竭动力，积极开展科技创新工作，注重产学研结合。并开展《中国 ISO 标准砂粒度自动化检测替代人工检测的可行性研究》《中国 ISO 标准砂用机制石英砂整形及特征参数研究》等 8 项科研项目及研究工作；获得《一种用于标准砂的落料装置》等 8 项实用新型专利授权。

采用荧光分析仪等设备替代手工分析方法，实现实验数据的及时上传、统计分析，降低作业强度，提升检测水平，改善作业环境。

他积极开展机制砂代替天然石英砂的研究工作，多次调研机制砂整形设备及矿山原料，《中国 ISO 标准砂用机制石英砂整形及特征参数研究》取得实质性成果，该成果验证了机制砂整形后用于标准砂原料砂的可行性，为解决原料砂供应问题奠定了基础。

3. 大力推进企业绿色发展取得新进步

他深入践行党中央倡导的绿色发展理念，加大企业环保治理投入和技改升级建设。2018 年，进行生产线技改，更换除尘设备，烘干生产线采用天然气替代焦炭作为燃料，减少污染物排放。2019 年，导入环境管理体系认证和进行清洁生产审核，在公司大力推动绿色发展理念；要求生产管理人员转变观念，变"被动降本"为"主动降本"，苦练内功、深度挖潜，公司基础管理水平得到大幅度提升，能耗明显降低，吨标准砂综合能耗同比下降 35.4%；万元产值综合能耗（现价）同比下降 55.07%。

做表率，积极履行央企社会责任

国有企业是国民经济的重要支柱，中央企业是国有企业的主力军、排头兵，肩负着重要而广泛的社会责任，积极履行社会责任是央企肩负的光荣使命，也是央企做强做大做好、回报社会、造福人民的必然要求。在孙志胜的领导下，公司积极履行央企社会责任，以实际行动践行"改善人民生活，促进社会发展"的企业社会责任观。

一是积极开展扶贫帮困。对内，多途径识别困难职工，全面掌握职工致困原因、困难程度、家庭收入等信息，确保困难职工帮扶精准到位，重点做好子女助学、"六一"赠书、生活救助、医疗救助等帮扶工作。同时，积极响应上级号召，参与精准扶贫，在国庆等传统佳节，向集团定点扶贫基地采购物品为员工发放节日慰问品，实现员工关爱和定点扶贫的完美结合。积极组织员工和企业参与"善建公益"基金捐款计 20 万余元，用实际行动践行集团文化，弘扬公益精神。

二是提升员工幸福指数。近年来，他坚持"企业是人，企业靠人，企业为人，企业爱人"的文化理念，时刻体现对员工的关爱。积极加大对公司内部生活设施改造升级的投入：职工宿舍装修、食堂改造、安装空调、丰富职工活动室设备等，职工群众生活环境进一步改善；同时，坚持企业发展成果与广大职工共享，上调员工社保、公积金缴交基数，推动建立年金和年休假制度，职工人均收入实现与企业经营效益协调增长；积极创新培训管理机制，促进员工成长，员工幸福感、获得感和成就感进一步增强。

2020 年年初，根据公司科研课题获得的突破性进展，及时将"稳固砂源、拓展市场、创新发展、强化党建"的工作总基调调整为"创新发展、拓宽砂源、稳定供应、强化党建"，增强企业竞争力、创新力、控制力、影响力、抗风险能力，突出高质量的创新是高质量发展的基础和不竭动力。

企业的发展变革离不开企业家的引领，提倡企业家精神，也是我们这个时代所需要的。孙志胜同志作为一名企业家，他以习近平新时代中国特色社会主义思想为指引，弘扬爱国敬业、遵纪守法、艰苦奋斗的精神，弘扬勇于创新、敢闯敢试、敢为人先的精神，弘扬履行责任、敢于担当、真诚奉献的精神，不忘初心，牢记使命，砥砺奋进，努力为标准砂公司高质量发展做出新的更大贡献！

点评：厦门艾思欧标准砂有限公司党委书记、总经理孙志胜始终把政治工作放在企业发展首位，坚决贯彻执行党的路线方针政策；他加大科技创新力度，启动多项科学研究并取得实质性成果；他注重企业文化，关心员工的生活，履行央企的社会责任，带领公司取得了卓越成就。

求真务实，勇攀高峰

——记临澧冀东水泥有限公司党总支书记、执行董事 马强勇

马强勇，男，汉族，现年43岁，大专文化，工程师，中国共产党党员，河北定州人，现任湖南省常德市临澧县临澧冀东水泥有限公司党总支书记、执行董事。马强勇同志从1996年以来，先后担任唐山冀东水泥股份有限公司制造车间烧成工段操作员、三班班长，冀东海德堡（扶风）水泥有限公司烧成工段段长、熟料车间主任助理、熟料制造分厂副厂长（牵头）、总经理助理、副总经理，唐山冀东水泥股份有限公司唐山分公司副总经理。2016年年底，受北京金隅集团股份有限公司的委派，调往临澧冀东水泥有限公司任党总支书记、执行董事。在此期间，他多次被评为"先进工作者""优秀党员""陕西省劳动模范"。他是一个"台阶式"的干部，一步一个脚印地走出了自己的精彩人生，也走出了一个企业发展壮大的道路。

马强勇同志始终不渝地坚持党的原则，政治立场坚定。公司在马强勇同志的带领下，在经营业绩、企业管理、科技创新、企业绿色发展、文化建设和履行社会责任等方面取得了重大突破，多次荣获"优秀企业""先进单位""全国建材先进集体""纳税信用A级单位""环境守法企业"等荣誉称号。公司2018年位列常德市工业规模企业纳税第六名，临澧县工业规模企业纳税第一名，是临澧县历史上唯一一家税收过亿元的企业。在公司跨越式发展壮大中，他做出了巨大贡献，主要表现在以下几个方面。

经营业绩

他积极推进党建品牌建设，加强党建工作载体创新，推动党组织融入中心工作发挥作用，实现公司又好又快发展。天道酬勤，付出总有回报，在他的正确领导下，经全体员工的共同努力和奋斗，2017年至2019年10月实现水泥、熟料销量707万吨，水泥熟料产量、销量屡破历史纪录。利润总额大幅提升，2017年至2019年10月，公司实现利润6.73亿元，盈利水平屡创历史新高。

管理和科技创新

在他的倡导下，公司始终坚持改革和创新相结合，以企业管理创新和技改技措为重点，积极进行了一系列富有成效的探索。

（一）在管理方面

以改革的思路抓管理，立足于管理创新、制度创新，向管理要效益。通过实施加强内控管理，深化细节管理、制订经济责任制等措施，逐步建立健全了一套适应公司稳步健康发展的管理制度和管理机制。

一是确保压实责任，有效推动全面从严治党要求落地生根。他以新形势下国企树牢"四个意识"、

坚定"四个自信"、坚决做到"两个维护"为引领,进一步完善党总支议事制度,明确权力运行流程,厘清业务流程管控体系,以制度流程约束经济业务行为,完成党建写入公司章程工作。在他的引领下,组织修订《支委会议事规则》《"三重一大"决策制度》等党建制度,梳理物资采购、招投标和煤炭进场监督等业务制度;研究重大决策事项,做到了所有"三重一大"事项应上尽上和集体决策;改革中层考核体系,与公司中层签订了《目标责任书》,把全面从严治党融入公司生产经营管理工作,同步推进落实;对新提职干部严格执行《所属企业选拔任用中层领导人员》制度规定,保证人选政治合格、作风过硬、廉洁不出问题。

二是严格落实"一岗双责"。带领班子成员认真履行分管领域党建工作的领导责任,形成党总支统一领导,他负总责,分管领导分工负责,党支部具体负责,层层落实、步步推进的工作格局。履行整改责任,结合集团巡查、党建考评工作,逐项对照,逐条整改,逐条销号,完成办公用房面积超标、差旅费补贴报销、违规乘坐交通工具等问题的整改,以责任落实推进党建工作做实。

三是确保挺纪在前,有效推动党风廉政建设。坚持深耕细作,保证"两个责任"落实到位;坚持深化教育,强化纪律红线意识;坚持运用好"四种形态",持续抓好党员领导干部作风建设;坚持源头治理,推进效能监察工作。由于严肃党规党纪,临澧公司至今未发生违规违纪人员。

(二)在科学技术创新方面

"我们将坚定实施创新驱动发展战略,以培育壮大新动能为重点,加快推进临澧冀东实现高质量发展。"马强勇同志高瞻远瞩,主动接受先进的水泥生产技术和工艺,积极推进各专业自主创新,按照可持续发展的生产方式,在节能减排、低碳经济、绿色环保方面取得显著成绩。

1. 通过技改挖潜,降低生产成本

一是完成立磨循环风机变频改造项目,降低单磨电耗约1kW•h/t,每年节约降低电费100万元。原料立磨(降压损)节能技术改造项目获得2017年度北京金隅科技进步三等奖。

二是完成水泥B磨改造,通过合同能源管理合作模式,水泥B磨电耗同比降低2.5kW•h/t,全年节约用电量117万kW•h,给公司综合收益达38.41万元。

三是完成熟料系统空压机变频改造目,实施后节电量达16%,2017年可节约电量29.28万kW•h,产生效益17.5万元。

四是完成篦冷机换热效率改进、预热器C1翻板阀改造、石灰石搭配方案优化等技改技措手段,实现吨熟料标煤耗98kg和窑台时251.6吨两项历史新高,其中吨熟料标煤耗位列集团第一。

五是在全国环保管控压力趋严,原主要脱硫材料干渣资源断供,无法从生料配料中添加煤矸石的形势下,他率领生产运行部、设备部狠抓技术攻关、优化生产工艺,在保障窑高产量的情况下,从分解炉单独使用并增加煤矸石添加量,稳定在12t/h,全年添加6.1万吨煤矸石,折合标煤8500吨,最大限度地降低用煤成本,每年降低用煤成本达273万元。

2. 率先在区域内实现了超低排放

随着脱硫、封堵等技改项目投入运行,SO_2排放由以前的$100\sim200mg/m^3$降到了$10\sim30mg/m^3$以内,彻底解决了SO_2排放超标、无组织排放等影响企业生存的环保风险。

3. 严守环保红线,引领区域发展

他始终严守环保红线意识,使公司在常德地区首家提前两个月实现超低排放,环境污染事故为0,通报及行政处罚为0,环保信访投诉事件为0,被省环保厅评为"环境信用合格企业"。

发展新材料和新业态

2018年,在马强勇的领导下,经过周密的分析和科学的论证,公司确立了发展战略,积极进行以水泥窑协同处置危废为目标,力争打造公司新的发展平台。该项目已经取得常德市人民政府批复和完成环评公众参与听证会,密切结合当地环保政策积极快速向前推进该项目的开工建设。

绿色矿山建设是一项庞大、复杂、长期的系统工程。他牢固树立"生态优先、绿色发展"理念,主动适应、主动就位和主动作为,坚持开源节流并举,注重生态建设,创新矿产资源管理方式,促进资源开发与矿区绿色发展、生态保护和谐统一,打造"天蓝地绿、山清水秀"的良好生态环境,为临澧县生态文明建设做出了贡献。在他的带领下,公司完成矿山截水沟及挡墙、轮胎维修厂房修建、开采了边坡进行绿化治理、绿化区域自动喷淋管道架设等工作。湖南省环境保护厅根据验收结果进行评估并对评估结果在湖南省自然资源厅网上进行公示。

在第48个"六·五"世界环境日来临之际,他组织演讲团队,参加常德市临澧县举办的"冀东·顶春"杯"六·五"生态环境主题演讲比赛。此次演讲比赛旨在提升全民环保意识,让公众更多地了解环保、支持环保、参与环保。公司深入贯彻环保理念、坚持绿色发展,为建设和谐美丽幸福新临澧做出来应有的贡献。

文化建设和履行社会责任

"作为国有企业,履行文化建设和社会责任是国有企业对国家、对人民、对社会负责的直接体现。"马强勇积极践行核心价值观,创新公司宣传文化和思想政治工作。坚持以《北京金隅党委意识形态工作责任制实施细则》精神为引领,进一步深化公司核心价值观的提炼,不断丰富内涵和外延。引领干部职工践行企业核心价值理念,正确处理个人利益与企业利益的关系,积极支持企业改革,自觉适应提质要求,勇于创新创效。完善《通讯组制度》,向集团及股份等上级报刊积极投稿;组织开展"不忘初心跟党走,忠诚金隅争一流"职工宣讲、《关于开展"我与改革开放共成长"主题征文》活动;邀请地方党校专家讲授党课《弘扬青山精神、续写时代篇章》。一系列活动的开展,让干部职工真正在思想上解惑、在精神上解忧、在文化上解渴、在心理上解压,为做强做优做大公司凝聚起强大精神力量。

保障员工权益,以协调理念推动员工企业共同成长。为使公司的劳动关系和谐稳定的发展,严格按规范执行员工公积金、养老金、医疗保险、失业保险的缴纳、支取。另外,积极响应常德市医疗互助活动精神,组织全员参与医疗互助,给广大员工特别是困难职工提供了一份额外的保障。

奉献点滴爱心 彰显国企责任。他积极主动地投入到回馈社会、服务民生实践行动中,多次组织为临澧县慈善事业进行捐款、向临澧县城区饮水工程民生项目供应石灰石等。

开展慰问帮扶工作。逢春节、端午、中秋等国家传统节假日,坚持向职工发放米、油等生活慰问品,特别是2019年还积极响应集团工会《关于做好北京市受援地区消费扶贫和公益扶贫工作的通知》要求,采购一批价值4万余元的扶贫产品作为节日福利发放,既落实了国有企业脱贫攻坚的重大责任,又做好了职工节日慰问工作,起到一举两得的效果。凡是遇职工婚、丧、产、病等情况、职工子女考上大学、职工退休等,公司都会组织代表进行慰问,送去关心。

围绕和谐稳定大局面,促进群团工作协同发展。他始终坚持"企业改革发展成果与职工共享"理念,增加夜班奖励，提高夜班人员待遇；对在岗员工进行职业健康体检；定期研究解决工会、共青团工作的重大问题，准确把握新形势下党的群众工作规律，赋予工会和共青团组织更多的资源和手段，把群团活动纳入党建主题活动，增强群团工作的政治性、先进性、群众性，充分发挥好党联系职工群众的桥梁和纽带作用。

荣辱不惊，只有事业才是永恒的，只有发展才是硬道理。马强勇同志靠着他的智慧和胆识、执着和诚信，铺就着企业发展的基石，带领员工发扬"艰苦创业，开拓创新"的精神，坚持"以人为本，追求卓越"的经营理念，在带动企业健康快速发展的同时，实现企业员工和社会的进一步协调发展。在肥美的临澧大地上，马强勇同志正用他的雄才大略描绘着一幅水泥事业的宏伟蓝图。

点评： 临澧冀东水泥有限公司党总支书记、执行董事马强勇是一位从生产一线班组、车间成长起来的企业领导人。他对水泥企业生产、经营、管理、技术、工艺、设备都十分熟悉，在企业的管理中，他坚持党的领导，具有大局意识，在环境保护、绿色发展、企业文化、社会责任等方面，勇于担当，诚为一位"有勇、有谋"的优秀企业家。

让老企业焕发青春的企业领导者

——记四川省玻纤集团有限公司党委书记、副董事长、总经理 韩东

韩东，男，汉族，生于1971年10月，籍贯四川仁寿，硕士学历，中国共产党党员，高级政工师、经济师、注册采购师、项目管理师，现任四川省玻纤集团有限公司（以下简称四川玻纤）党委书记、副董事长、总经理，兼任上海分公司经理、四川天泉电子材料有限公司董事长、四川天润玄武岩科技有限公司执行董事（法人代表）。该同志曾荣获"2019年全国建材企业文化建设突出贡献人物"、2015年度"德阳市优秀企业经营者"称号。

韩东同志从事玻纤行业工作27年，在担任公司主要领导后以集团"团队、创造、成就企业以成就自我"的企业价值观，秉持"真诚实在、艰苦奋斗、持之以恒、永不松懈"的企业精神，充分发挥党组织的领导核心作用，积极顺应经济新常态，竭力将企业的发展战略、管理理念、管理手段融入企业改革发展、转型发展全过程。他积极探索创新的运营方式，完善现代企业制度，加强精益管理，有效提升了企业的科技创新、管理创新能力，实现了管理规范化、精细化，卓有成效地使企业在当前经济下行压力和玻纤行业持续低迷的困境下实现了改革发展、创新发展、转型发展、高质量发展。

公司已成为中国西南地区玻璃纤维产业集群的领军者；中国最齐全的高中档系列电子级玻璃纤维布生产企业；中国电工绝缘和电子玻纤材料的重要生产基地之一；中国连续玄武岩纤维的引领者；享誉国内外的无机非金属纤维新材料专业供应商。

公司先后荣获"全国建材行业先进企业"；2017中国轻工业百强企业；2019中国建材企业500强，2019中国玻璃纤维企业10强；2019"德阳市质量强市示范单位"等荣誉称号。

营销创新，逆势突围，经营业绩连创新高

韩东同志担任主要领导之初的2015年至2016年，玻纤行业陷入历史最低谷。面对严峻形势，他创新经营管控模式，科学研判，通过实施产品结构调整，外拓市场抢订单，内抓管理降成本，优化市场布局，踩准市场节奏等措施，企业在逆境中实现了销售收入连创新高。公司2018年实现营业收入6.15亿元，创公司历史最高；2019年实现利润总额3491万元，比2015年增加3375万元；资产负债率67.26%，比2015年降低5.54%。

精耕细作优化市场布局。一是建立了以市场为中心的反馈应变预测系统。该系统建立后，加大对市场信息收集力度，并对信息开展多角度、深层次的分析研究，公司适时制订前瞻性的营销决策，顺应市场理性调价，降低了主导产品电子布的营销风险。二是通过严格审核年度销售计划、月度销售计划实现产销无缝对接，近几年合同完成率均达到100%以上。三是积极开发新客户，近几年共开发60余家。四是积极拓展海外市场，特别是工业织物系列新品的拓展，为企业赢得更大的增长空间。

创新经营机制，探索模拟市场经营模式。针对企业"老生产线"中用人较多，劳动生产率低的状况，企业2017实施模拟市场经营模式。这种模式使生产车间更贴近市场，进一步调动了生产车间在组织生产中的主动性和灵活性，将生产车间由单一的生产中心，转变为适应市场需求的利润中心。

统筹谋划，强力推进，改革创新硕果累累

全面推行三项制度改革。2015年公司就按照省委省政府要求，完成三项制度改革。一是建立了精干高效的组织管理体制，实现了组织机构和工作岗位优化设置的重大调整。公司管理机构由原来的33个减少到25个，减少了24.24%。中层干部职数由原来的64人减少到49人，减少了23.44%。通过定岗定编工作，公司办公室人员共精简30人，精简比例为12.66%。二、三线辅助岗位共精简95人，精简比例20.31%。二是经过竞聘上岗，优化了人力资源配置。这次改革中，共免职中层管理人员39人，内部公开竞聘中干18人，其中9名年轻的同志走上了中层管理岗位。在改革中建立的能上能下、竞争择优的选人用人机制，为各级管理人员提供了公平、公正、公开的竞争环境，同时，中层管理人员的年龄结构、知识结构得到了较大改善，营造了年轻优秀人才脱颖而出的良好氛围。三是多渠道安置3项制度改革产生的富余人员。公司通过发展解决富余人员，近年共分流安置富余人员330余人。四是创新绩效考核体系，改变分配方式，大大激励了员工的工作激情。

积极推行股份制改革。2018年完成四川省玻璃纤维厂（以下简称川纤厂）国有1600万股权划转工作，完成川纤厂运输公司注销工作，完成对川纤厂、实业开发总公司、罗江分厂清产核资工作，成立了四川省玻纤集团有限公司实业开发分公司，办成了有利于公司转型升级创新发展的大事。2019年增资扩股工作如期完成，盘活土地资产2.47亿元，实施老线退城入园，为公司老线搬迁和玄武岩项目铺平道路。

通过一系列的创新改革，企业有力地突破了长期制约集团发展的深层次体制机制障碍，为公司新一轮转型升级、创新发展注入了源源不绝的动力。

攻坚克难、持续提升，精益管理推进落地生根

2016年韩东同志果断决策，引进实施精益管理，坚持"精而管用""废、改、立"的原则，从现场安全管理、自主维护、专业保全、员工成长与建设、精益生产五个维度开展精益管理工作。以检查、总结、考核、评比为抓手，推进精益管理形成闭环。持续改善，边学习边实践边改进，从而达到提高设备综合效率和员工综合效率的目标，实现"管理出效率、管理出效益"。他亲自挂帅精益管理项目，担任推进委员会主任，每月参与月度汇报及考评，并对精益管理中出现的问题进行点评，将精益管理作为促进企业管理提升，实现企业年度方针目标的重要手段和有效途径。不断完善相关的检查、评比、考核、激励制度。注重加强精益管理理念宣贯、培训，发动全员积极参与精益管理，让全员都来发现问题、分析问题、解决问题，在推行精益管理过程中，构建精益文化，找准企业"管理提升""提质增效"的切入点，促进提质增效升级。

精益管理项目实行后，公司在现场管理、设备管理、质量管理、成本管理、安全环保管理等方面均有很大提升。通过一期试点、二期扩展到2019年全面推行精益管理，已初步形成一套适应企业自身的精益管理体系框架，并逐步与三体系深度融合，达到精益管理的规范化、信息化、精细化。2017年、2018年四川玻纤经济效益屡创历史新高，现场管理焕然一新，产品品质同比提升6%，低成本竞争优势凸显，连续三年降本共5100万元。

转型升级，强势突破，科技创新成绩斐然

在韩东同志的带领下，公司坚持科技创新和体制机制创新双轮驱动，通过强化创新人才培育、加大资金支持、实施科技创新专项奖励、推动科技成果转化等方式，实施创新驱动发展战略，有力推动高质量发展。

狠抓创新平台建设。四川玻纤通过创建国家高新技术企业、工业化和信息化两化融合示范企业、省级技术中心、德阳市玻璃纤维研究重点实验室、德阳市院士专家工作站、点检技能大师工作室等研发平台，开展产学研密切合作，与清华大学、四川大学、西南科技大学建立合作关系，在玄武岩连续纤维中试等领域取得明显成效。

敢为人先，开展连续玄武岩纤维池窑拉丝生产工艺技术研究。2019年8月顺利完成连续玄武岩纤维池窑拉丝中试项目，项目平稳运行1年，成功生产出9微米～17微米多种规格连续玄武岩纤维，开机率和设备运转率超98%，改变了传统坩埚法工艺，同比降低生产成本超20%，且产品品质稳定，力学性能优异，经行业专家评审鉴定达到国际先进水平。

加大科研投入。公司核心研发人员不断增长，研发经费投入已由2015年的1012万元提升到2019年的4230万元，是2015年的4.18倍，仅连续玄武岩池窑拉丝中试项目就投资近亿元。

重视知识产权。公司拥有发明专利14项，实用新型专利28项，专有技术12项。

聚力突破，再展宏图，无机非金属新材料产业园项目建设卓有成效

韩东同志着力布局无机非金属材料产业园，坚持"转型升级发展壮大玻纤新材料和加快培育发展玄武岩纤维新兴产业"并重的总体思路，聚力"项目建设、创新驱动、改革改制、产品市场"攻坚突破，通过项目建设，发展新材料和新业态，推动企业加快转型升级。

狠抓环保覆膜滤材项目。项目系自主研发，成功实施年产200万米耐高温除尘过滤材料产业化建设项目。新开发高端滤布、宽幅玻纤织物新增创收1100万元/年。该项目荣获"四川省科技进步三等奖"。项目的成功，使公司成为我国中西部最大的高温除尘过滤材料生产基地。

自主研发连续玄武岩纤维池窑拉丝工艺技术。2019年3月项目获得成功，企业成为全世界首个采用先进池窑法工艺生产玄武岩纤维的企业，这是世界玄武岩纤维生产史上的一次重大技术创新，为我国和全球连续玄武岩纤维技术发展做出突出贡献。项目获得国务院国资委"熠星创新创意大赛"优秀奖。

推动玄武岩纤维产业化项目，布局抢占连续玄武岩纤维发展新高地。目前，正在组织实施投资5.3亿元的省重点项目年产3万吨连续玄武岩纤维池窑生产示范线产业化项目，将把连续玄武岩纤维技术优势转化为企业竞争优势、效益优势、发展优势。项目成功后，公司将成为全国最大的连续玄武岩产业化基地。

加快新旧动能转换，推动产品更新换代和结构调整。启动了年产3万吨玻纤池窑冷修扩容项目、老线转型升级项目。淘汰固定资产净值为21031万元的玻璃纤维生产线一条，淘汰旧设备370台套。

完善体系、履职尽责，绿色发展成效显著

近年来，公司投资新建和改造废水、废气、能源循环利用等多个环保项目，工业垃圾等固废全部

由有资质的公司或机构进行妥善处置,严把"出口"关。同时对所有原材料进行理化检测,确保产品质量安全,把好"进口"关,实现了安全、消防"零死亡、零事故",环保零突发事件,达标排放。2019年公司通过"三级安全生产标准化企业"复审。

精准助力,以人为本,勇于担当社会责任

秉承"富裕员工、成就员工、回报社会"的企业使命,韩东同志非常关注民生工程,勇担社会责任。

一是扎实助力脱贫攻坚。韩东同志带头开展脱贫攻坚对口帮扶困户1户,公司每月派专人到罗江区慧觉镇明月村、龙王村联系协调精准扶贫开展工作。为积极支持德阳市扶贫攻坚工作,先后捐助款项65万余元。

二是做好日常员工的关心关爱工作。2019年开展元旦、春节送温暖慰问活动,共为161人发放慰问金11.73万元。为公司在岗职工发放2019年春节慰问品1950份。继续开展探望慰问伤、病员工和员工生日祝贺两项"暖心"活动,共探望生病住院职工231人次,公司出资近10万元购买保温杯,为全体职工送上生日祝福。继续开展员工互助互爱活动,全年共慰问生病职工298人次,发放慰问金16.66万元。

主动作为,精准施策,打赢抗击新冠肺炎疫情攻坚战

面对疫情严峻形势,韩东高度重视,反应迅速、科学谋划,决策果断,冲锋在前,立即成立公司疫情防控领导小组,坚决贯彻习近平总书记"坚定信心、同舟共济、科学防治、精准施策"的总要求,坚持"确保公司员工和家属生命安全及身体健康;确保企业生产经营正常"总体目标,以"一手抓防疫防控,一手抓生产经营"为总体原则,迅速制订了疫情防控工作实施方案。疫情防控领导小组多次召开会议研究疫情防控和排查工作,全面动员,全面部署,果断决策,勇于担当,层层压实责任,科学组织实施,多措并举,群防群控,筑牢疫情"防火墙",打响了抗击新冠肺炎疫情攻坚战,实现了"疫情防控、生产两不误"。

在他的领导下,公司未发现一例新冠肺炎疑似病例和确诊病例,企业生产经营正常,省重点项目——年产3万吨连续玄武岩纤维池窑生产示范线顺利复工。他组织公司向罗江区政府捐款10万元用于疫情防控,组织公司225名党员第一时间响应中央号召捐款16942元,同时协助社区和扶贫村开展疫情防控工作。

党建引领、群团跟进,企业文化不断丰富

韩东同志坚持以党的思想政治建设为统领,党政工团齐抓共管,利用VI系统、文化展览室、安全教育室、橱窗画报、微信公众号、广播新闻、OA系统等媒介和各级各类会议、培训、职工文体活动开展企业文化宣传建设。2017年公司获得四川省"讲理想、比贡献"先进集体。2019年《用精益文化铸企业管理之魂》获评2018—2019年度全国建材企业文化建设经典案例。韩东获得"2018—2019年度全国建材企业文化建设突出贡献人物"称号。

新机遇催人奋进,新征程任重道远。面对未来市场新的要求,韩东同志作为一名优秀的企业家、

党务工作者,在工作中始终正确把握时代发展的要求,科学地判断形势,从全局性、前瞻性、战略性的高度思考问题、把握方向。相信四川玻纤在韩东同志的带领下,在社会各界的大力支持下,一定会取得更加丰硕的成果,铸就更大的辉煌。

点评: 四川省玻纤集团有限公司是一家老国有企业,在党委书记、副董事长、总经理韩东同志的带领下,根据企业的实际情况,大刀阔斧地开展精细化管理,营销管理创新,生产技术与工艺设备更新换代,企业的转型升级跃上了新台阶,各项措施的并举,推动四川玻纤这家老企业焕发了青春。

标新立异，匠心独运

——记安徽珍珠水泥集团股份有限公司董事长 高峰

高峰，男，汉族，35岁，安徽凤阳人，中国共产党党员，博士，现任安徽珍珠水泥集团股份有限公司（以下简称珍珠集团）董事长。

长风破浪会有时，直挂云帆济沧海

高峰2001年7月－2008年7月就读于安徽农业大学，资源与环境科学专业毕业，获得硕士研究生学位，2008年9月－2011年7月就读于中科院南京地理与湖泊研究所，获得博士学位，2011年9月－2012年9月于中科院南京地理与湖泊研究所担任助理研究员一职，主要从事太湖、巢湖水体污染控制与治理科技重大专项的研究与治理，期间在国内外科技期刊发表论文十多篇。

2012年，带着坚持不懈的勇气与信心，高峰回到了生他养他的家乡——滁州凤阳。

珍珠集团是一个以水泥生产为主业，集矿山开采、建筑骨料、商品混凝土、环保新型干混砂浆、高端纳米碳酸钙生产销售、房地产、环境检测治理、固体废物处置、金融投资典当、物流运输等服务于一体的大型民营企业。

公司成立于1993年3月，注册资金3.5亿元人民币，年产"皖珍珠"优质水泥1000万吨。旗下有安徽珍珠水泥集团股份有限公司（母公司），凤阳中都水泥有限公司、凤阳珍珠水泥有限公司、淮南珍珠水泥有限公司、凤阳新安钙业有限公司、凤阳县中都商砼有限公司、广西汇宾钙业科技有限公司、凤阳中都投资有限公司、安徽珍昊环保科技有限公司、安徽珍晟环保节能检测有限公司、安徽珍昊物流运输有限公司、安徽滁州中都典当有限公司、凤阳珍珠小额贷款股份有限公司、滁州中联水泥有限公司（占股10%）等多个公司。

集团所处位置西临合徐高速公路，北临310省道凤淮公路，距淮南、蚌埠和凤阳各27千米，交通便利，矿产资源丰富。

"有志者，事竟成"，在社会各界人士关心和长期支持下，在高峰带领下，在全体员工的共同努力下，通过技术改造和设备优化，凭借优质的原料、丰富的生产管理经验、严格的质量、环境控制体系和科学的管理方法，公司建立了企业自主创新的管理体系，具有较强的行业竞争能力。集团于2017年销售收入237824万元，利税34230万元；2018年销售收入305250万元，利税40964万元。2019年销售收入372367万元，利税71900万元。公司2014年跻身安徽民营企业50强，2016年荣获"安徽省最佳品牌企业"荣誉；2018年勇创辉煌，荣获滁州市先进集体、中国水泥熟料产能50强企业称号；2019年荣获十强民营企业等荣誉称号。

须教自我胸中出，切忌随人脚后行

为顺应时代潮流，加大企业产品和服务的差异性，积累企业的战略资产，大幅度降低企业生产经营成本，提升企业竞争力，高峰积极推进企业创新的进程，进行技术与管理的双重改革，双管齐下，成效颇丰。

高峰为推进企业与环境绿色协调发展，公司特成立安徽珍昊环保科技有限公司，投资49800万元，建设利用水泥窑协同处置工业固体废物项目，其中危险废物10万吨/年，市政污泥2万吨/年，污染土2万吨/年，一般固体废物6万吨/年。依托水泥生产线处置危险废物，所有物料进入窑内在高达1450度高温焚烧，即使二噁英也能完全分解；固化金属元素于硅酸盐物料当中；采用高效干法除氯系统有效降低有害气体排放，排放浓度远低于国家要求的限值标准。

利用水泥窑协同处置技术处理各企业生产过程中所产生的固体废物，有效解决"垃圾围城"问题，"变废为宝"助力可持续发展，真正实现固体废物处置的"减量化、无害化、资源化"。

企业"绿色发展"一直在路上，高峰致力于将现有水泥生产基地打造成"花园式工厂"，为了确保花园式工厂建设工作落到实处，公司将绿色发展理念纵向延伸，实行节能环保网格化管理，加强内部精细化管理，打造干净、舒爽的花园环境。提出了以"有土见绿、四季常青、三季有花"的标准打造花园式厂区，组织专业人员对厂区绿化进行总体规划、设计，加大资金投入，开始优化配置适应现场气候和立地条件的园林植物，不露黄土，见缝插绿。

针对水泥生产过程中所产生的废气、废水，均配套完整的处理设施，节能减排。对于生产产生的废气，现在所有水泥生产线均配套建设了除尘器排气筒，并配备采用低氮燃烧技术+选择性非催化还原技术SNCR脱硝处理工艺的脱硝系统，实现达标排放；对于所产生的废水采取循环利用原则，将废水直接用于路面除尘，避免二次扬尘。

为实现节能降耗源头施治，申请了省级数字化生产车间，将数控设备与工艺设计系统、生产组织系统和其他管理系统的信息进行集成，形成综合信息流自动化的集成制造系统。从整体上改善生产的组织与管理，实现生产过程实时调度，物料自动配送，高效配置生产资源，减少浪费，实时管控生产流程，实现全流程电子信息化、数字化管理。

致富思源，奉献社会

高峰认真学习习近平总书记系列讲话精神，铭记党恩跟党走，砥砺前行作表率。致富思源，公司积极参与省、市、县工商联、扶贫办所开展的精准扶贫行动，并针对周边村庄的现状，开展扶贫工作。自2016年8月以来，珍珠集团为凤阳县教育奖励金出资66万元，10月为滁州慈善协会捐赠5000元，2017年3月为红十字会捐赠1万元，公司对周边村庄8个村子的五保户、困难户、军烈属共计82位给予43800元资金支持和慰问帮助。同时对十几位家庭困难的高中生每年每人每月无偿提供600元生活费，对所有员工子女考上大学的给予3000元～5000元奖励。2018年为席岗村捐赠10万元，为"珍珠集团凤阳国际马拉松大赛"总冠名捐赠200万元，2019年为"凤阳名中都国际马拉松赛"总冠名捐赠300万元，春节期间慰问周边贫困户及员工子女考上大学奖励，并先后荣获"全国'万企帮万村'精准扶贫先进民营企业"、2017年"百企帮百村"精准扶贫先进单位、"滁州市优秀工业企业""滁州市十强民营企业"等荣誉称号。

修身处世，一诚之外更无余事

"一切企业事业单位，一切经济活动和行政司法工作，都必须实行信誉高于一切。"信誉高于一切，这就是发展市场经济必须遵循的一个重要原则！企业的诚信是它的一种无形资产，带来的绝不仅仅是效益，更重要的是，诚信代表着一种企业精神、企业文化，代表着企业形象。

高峰一直坚持"诚信为本"的经营理念，使企业先后荣获安徽省"诚信环保企业""安徽省AAAA级信用企业"、安徽省"守合同重信用"企业等光荣称号。同时，在生产销售过程中也秉持诚信待人的信念，视顾客如上帝，以诚相待，使企业成为"安徽省最佳品牌企业""安徽省名牌产品""安徽省著名商标"。并荣获凤阳县"政府质量奖"。

在工作生涯中，高峰处处、时时、事事严格要求自己，与人为善、工作热情，为事业贡献自己全部的力量是他的人生信仰，实事求是、任劳任怨、吃苦在先、享受在后是他的工作态度，在职期间还担任滁州市工商联合会副会长、蚌埠学院客座教授、安徽科技学院特聘教授、安徽省青年企业家协会理事、安徽省企业品牌促进会副会长、滁州市青年商会会长，并荣获"安徽省行业品牌创新人物"，安徽省"光彩之星""安徽创业创新领军人物"，安徽省制造业优秀企业家；滁州市"全市优秀共产党员"等称号。

他带领珍珠集团以"服务政府，奉献社会"为宗旨；以善待员工、节能降耗、社企和谐为核心内容；以"制度管人，流程管事，标准考核"为管理原则；以思想理念、规章制度、工作方法日日新和时时新为创新理念，让卓越的企业文化得到全体员工的认同，凝聚人心，使公司上下同欲，工作同心，推动企业持续、健康地向前发展。

"功崇惟志，业广惟勤"开拓创新、牢记使命，不忘初心、砥砺前行！坚信在高峰的带领下，集团将迈上新的征程，开创新的辉煌！

点评： 安徽珍珠水泥集团股份有限公司董事长高峰是一位学者型企业家，博士毕业后回归家乡企业，奉献自己的聪明才智，回报社会和家乡父老。他以"须教自我胸中出，切忌随人脚后行"的个性，引导企业创新；以"修身处世，一诚之外更无余事"的信念，打造企业的诚信；以"致富思源，奉献社会"的原则，将大爱遍洒凤阳大地。

大力弘扬新时代金隅精神，坚定不移走绿色发展之路
——记邯郸金隅太行水泥有限责任公司党委副书记、经理 李晶

李晶，男，1981年6月出生，汉族，河南息县人，大学本科学历，工程师。2002年参加工作，2007年7月加入中国共产党，现任邯郸金隅太行水泥有限责任公司党委副书记、经理。

面对国家经济新常态和水泥行业发展新态势，他以勇于担当、勇于变革、勇于创新的金隅精神，大力推动改革创新实践，不断丰富新时代企业自身特色科学发展道路内涵，努力创造时代价值，坚持以国企的责任使命担当，积极服务富强邯郸美丽邯郸建设、峰峰矿区"1231"发展战略，在绿色矿山建设、区域市场协同中彰显国企新风范，坚持以"政府好帮手、城市净化器"的绿色低碳创新发展模式，以价值经营、价值创造服务回馈社会期待，坚持以打造"智能旅游式"工厂，打造了冀南区域"创新发展"新标杆。通过一系列改革创新实践，使邯郸金隅太行水泥有限责任公司这个拥有60多年历史的传统国企，在全面可持续发展道路上不断创造新业绩，迈入跨越式发展的历史新阶段，为区域转型提升、创新发展做出了贡献。

创新引领，厚植高质量发展新优势

李晶始终将改革创新作为企业加快发展的不竭动力，不断明确"绿色化、智能化、科技化"的发展理念，致力构建新的产业发展格局。以公司研发中心为依托，围绕产业发展需求，建立科技研发和成果转化体系，从实验室走向生产线，打通科技成果转化"关键一公里"；牵头成功研制出轨枕专用水泥，推动产品向着产业链和价值链高端不断攀升，该产品获得河北省首届质量创新成果（项目）发布会一等奖。

他注重绿色智能发展，积极推进工业和信息化的深度融合，大力推动智能工厂建设，成功应用永磁直驱技术，引进能源管理系统，使公司成为绿色、循环、低碳发展的转型升级先行者，使传统产业借助科技创新继续展现出服务新时代要求的特殊价值；围绕水泥专家系统、信息系统安全防护和OA办公系统升级等项目建设展开工作，2018年公司被评为工信部两化融合贯标国家试点企业、河北省工业控制系统信息安全试点企业、河北省互联网与先进制造业融合发展重点企业等。

他始终坚持创新是引领发展的第一动力，大力推进创新工作，倡导制订了《区域全员创新管理办法》，开展"中层领导干部创新创效"项目，每名领导干部每年至少开展一次创新项目，年初立项，年底考核，在企业减员增效、节能降耗、管理提升等方面成绩显著，进一步增强了企业的核心竞争力；充分发挥技术研发专业团队优势，《水泥助磨剂智能化配方体系研究》《微晶衬板应用技术研究》入围金隅集团2018年重点科研项目，取得科技奖励55万元。

变废为宝，致力发展循环经济

李晶提出"垃圾是放错了地方的资源"的新概念，并大力推动创新研发水泥窑协同处置废弃物，打造了具有世界级领先水平500t/d水泥窑协同处置生活垃圾示范线项目，使其成为引领水泥行业转型升级的绿色标杆，2019被中国环境保护产业协会列为重点环境保护示范工程。目前，协同处置生活垃圾工程不仅能保证峰峰矿区垃圾实现日产日清，公司还积极与周边地区协商，协助改善周边县区垃圾围城的难题，在2018年与磁县冀南新区、雄安新区签订了垃圾处置协议，未来将实现15.5万吨生活垃圾的处置能力。在他的大力倡导下，传统水泥企业的优势转化为城市环境服务的利器，真正使公司成为"城市净化器、政府好帮手"。

面对邯郸市主城区禁煤大形势，为扭转邯郸金隅太行建材公司经营被动局面，他主动作为，带领邯郸金隅太行建材公司有关人员积极开展清洁材料替代燃煤方面的调研、试验、论证等工作。2018年12月，邯郸金隅太行建材公司成功实施了"煤改气"工程，保证了建材公司稳定经营。

践行绿色发展理念，做企业绿色转型发展的有力领跑者

他始终坚持"使命金隅、价值金隅、责任金隅"的发展理念，围绕区委、区政府"1231"发展战略，带领企业在绿色可持续发展的道路上不断向前。在他担任经理期间，公司自筹资金千万元，配合区委、区政府实施峰峰矿区区域内废弃露天矿山综合治理，建设山体公园，通过开展爆破抑尘技术研发和引水上山工程项目，国家级绿色矿山生态恢复治理一期、二期工程，矿山生态环境得到明显改善；实施5200亩荒山、1000亩生态园区景观建设，营造高颜值城市后花园；完成矿山边界绿化，编制《绿色矿山建设发展规划》及《自评报告》，成功入选国家级绿色矿山名录。绿色发展理念始终贯穿于矿产资源开发利用全过程，绿色矿山格局逐步形成。

他以"引领行业标准，共同提升区域生态水平"为目标，以"坚决打赢蓝天保卫战"为工作要求，应用当前国际最先进的技术，对颗粒物、NO_x、SO_2、噪声、水等污染物进行深度治理，达到近零排放；高标准打造厂貌厂容，成为碧水蓝天、花鸟环绕、绿草成茵、绿色出行、宜游宜乐的美丽工厂；构建资源的循环产业链，每年利用矿山废弃尾料、工业粉煤灰、矿渣、钢渣、脱硫石膏、建筑垃圾400余万吨。

抓党建、促发展、积极推动企业文化建设

廉洁自律是对党员领导干部最起码的要求，作为公司党委副书记、经理，他牢记责任，时刻绷紧廉政建设这根弦，认真学习新的《中国共产党纪律处分条律》等党内规章，从严要求自己。严格遵守组织和企业制度，按原则办事，在重大决策上，不搞独断专行，按照《经理办公会议事规则》集体研究决策。对党风廉政建设重要环节亲自协调、重要事项亲自督办，2018年积极参加公司党委举行的倡廉警示、以案论纪等活动，亲自到分管的邯郸建材公司、成安水泥公司等上廉洁党课，带头签订干部廉政承诺书。同时，修订完善了《采购管理办法》和《合同管理办法》，在促进公司党风廉政建设工作的同时，营造风清气正的良好干事氛围。

安全标准化一级创建工作是一项综合性、系统性、长期性工作。自2017年11月启动一级安标创

建工作以来，在他的统筹安排下，公司从制度建设、现场管理、设备设施等方面，全面提升安全管理水平；创建先进的企业安全文化，形成了独具特色的企业安全文化体系。2018年6月荣获河北省安全文化建设示范企业荣誉称号，2018年10月顺利通过了CTC公司专家组的现场预评审，满足正式申报水泥企业安全生产标准化一级企业的条件。

在制度建设和管理体系方面，以集团党委第五巡察组巡察情况反馈意见为指导，全面排查，认真梳理，举一反三。主导修订并下发《采购管理办法》《合同管理办法》《备用金管理制度》《差旅费管理制度》等一批制度。成功通过了质量管理体系、环境管理体系换版认证，同时完成了测量管理体系和两化融合管理体系的认证工作，提升了企业科学管理水平。

助力精准扶贫，彰显国企责任担当

社会责任是企业存在的基础，也是竞争力的核心。他带领邯郸金隅太行以高度的社会责任感，积极践行贯彻国家精准扶贫、乡村振兴战略，为地方经济发展贡献力量。

一是精准扶贫，使贫困人民过上幸福生活。作为邯郸市驻村扶贫单位，他始终牵挂贫困地区人民，组织精兵强连续派出两批6人次到邯郸市魏县郝中村进行扶贫，多次到结对扶贫村调研指导工作，制订切实可行的脱贫方案，2019年确定的微工厂缝纫加工项目，以加工手套（来料加工模式）赚取加工费，已完成各种注册营业执照、税务登记等手续，获得扶贫资金11.4万元，为成功带动扶贫村顺利脱贫打下坚实基础。

二是主动承担社会责任。为方便企业周围村民出行，先后多次出资对街王庄道路、新村道路和北门专用公路进行修建，解决周边村庄出行困难；2020年新冠肺炎疫情期间，积极履行社会责任，利用公司垃圾处置生产线无害化处理疫情期间产生的废弃口罩，成为废弃口罩处理定点单位，为打赢疫情防控阻击战做出贡献。

此外，他还积极支持社会公益事业发展，号召公司全力配合峰峰矿区"博爱一日捐""环境宣传日"主题活动，以实际行动传递爱心，为构建和谐社会做出更多贡献。

路漫漫其修远兮，吾将上下而求索。在国家进入新时代，企业开启新征程的时刻，邯郸金隅在这样一位年轻有为的经理领导下，将会以崭新的精神面貌、超前的思想观念，锐意创新、拼搏进取、朝着企业发展的新目标迈进。

点评：邯郸金隅太行水泥有限责任公司党委副书记、经理李晶是一位80后企业领导，他有强烈的责任心、事业心，带领太行水泥这个有60年历史的老企业，开展创新驱动，绿色发展，循环经济，抓党建和企业文化，致力精准扶贫，取得了骄人的成绩。他以"路漫漫其修远兮，吾将上下而求索"的精神，带领企业朝着新的目标迈进！

以科技创新引领企业发展，以工匠精神筑造企业未来

——记中国耀华玻璃集团有限公司副总经理、总工程师 逯芳

逯芳同志1990年4月进入中国耀华玻璃集团有限公司（以下简称耀华集团）工作。1992年4月起，历任国家建材局秦皇岛浮法玻璃工业性试验基地浮法车间技术员、主任、副厂长、厂长。2000年4月起，任耀华集团副总经理、总工程师。30多年来，他始终坚持科技创新，带领团队完全独立自主研发了中国首条高硼硅浮法玻璃生产线，填补了国内空白。逯芳同志先后获得国家政府特殊津贴，河北省第四批优秀专家，2008年度全国建材行业劳动模范等多个荣誉。

耀华集团以玻璃生产为主业，目前主要产品包括防火玻璃、超薄浮法玻璃、Low-E浮法玻璃、在线镀膜玻璃等，拥有5条浮法玻璃生产线、2条硼硅玻璃生产线。浮法玻璃总产能1650万重箱/年，硼硅玻璃产能16000吨/年。由逯芳同志负责的秦皇岛弘华特种玻璃有限公司（以下简称弘华公司），是耀华集团子公司。逯芳同志作为主研人员带领团队经过长期刻苦钻研，不断攻坚克难，终于在弘华公司建成一条完全独立自主研发的中国首条高硼硅浮法玻璃生产线，是国内第一家成功开发出具有完全自主知识产权的，使用全电熔窑熔化工艺和浮法工艺生产2毫米~20毫米厚度的硼硅浮法玻璃生产线。实现了硼硅浮法玻璃工业化生产，结束了中国的高硼硅浮法玻璃全部依赖进口的历史。2003年3月公司投产第一条30t/d硼硅浮法玻璃生产线生产。经过不断调整、改进、提高，产品质量不断提升，市场不断扩大，利税不断增加。2018年，公司完成了第二条硼硅浮法玻璃生产线建设，于6月20日点火投产，目前，产品质量已接近了德国肖特公司水平，产品畅销国内外，深受客户青睐。

刻苦钻研，填补国内空白

为贯彻落实耀华集团公司发展规划，进一步改善企业产品结构，逯芳开始全身心地投入到国际玻璃技术的尖端领域硼硅酸盐玻璃板技术研发工作领域，2007年6月攻克了全部系统性技术问题，生产出国内第一块硼硅酸盐板玻璃，在初步掌握硼硅玻璃板的成型性能和其他工艺参数的基础上，通过对硼硅酸盐玻璃电熔窑及相关生产设备的技术改造，生产出了2毫米~10毫米的3.3硼硅浮法玻璃。成为国内第一家成功开发具有完全自主知识产权的硼硅酸盐浮法玻璃全套生产工艺的，也是继德国肖特、美国康宁之后，世界上第三家能够生产此类产品的企业。企业产品质量达到了DIN ISO 3585：1999《3.3硼硅酸盐玻璃·特性》规定的国际标准，填补了国内空白公司。

2011年6月"浮法工艺生产硼硅玻璃工业化成套技术及产品应用开发"通过了中国建筑材料联合会鉴定。结论是：该成套技术的开发，打破了国外对我国该产品的长期垄断，填补一项我国在这一领域内的空白，对我国平板玻璃产业结构调整和产业升级，提高我国特种玻璃领域的国际竞争力意义重大。

他又潜心研究，带领团队相继研发了硼硅4.0防火玻璃、硼硅2.6浮法玻璃、铝硅浮法玻璃并获成功。

同时，积累了大量的工艺技术参数，储备了具有自主研发的核心技术，具备了市场产业化的生产能力，建立了可操作性的市场推介体系，为打造耀华高强防热玻璃产业化基地奠定了坚实基础。2019 年以来，硼硅一线技改项目一直在积极推进，该项目日熔化 45 吨，将开发生产硼硅 4.0 防火玻璃，于 2019 年年底投产，打造耀华集团新的利润增长点。

攻坚克难，荣获多项专利

逯芳同志自 2017 年至今担任国家级技术中心主任，主管耀华国家级博士后工作站和河北省镀膜玻璃技术创新中心。三年来，逯芳同志以前瞻性思维和辛勤努力，不断加大技术中心科研经费投入，以国内外"深、高、特、新"产品为开发目标，使得耀华集团在新产品方面做到了"试验一代、生产一代、储备一代"的新局面，为传统玻璃企业向高新技术企业的转型升级闯出一条新路。

逯芳同志组织带领技术团队成立了"降低玻璃破损率综合技术""提高办理澄清质量的研究""微气泡机理研究""玻璃板变形研究""高拉引速度在线镀膜技术及设备""颜色镀膜玻璃""裸包玻璃集装箱装柜工艺"等课题组，他亲自参与并组织课题组对现有影响企业生产的技术问题进行克难攻关。三年来技术中心解决了玻璃微泡、玻璃表面微观变形、超宽浮法玻璃薄玻璃变形翘曲、裸包装柜等多项难题。并发表了多篇论文，获得专利 17 项。同时他还参与了《平板玻璃》《建筑用硼硅酸盐防火标准》和《夏热冬冷地区居住建筑节能设计标准》的制订工作。这些专利和论文均来自生产实践中获得的宝贵经验。

随着平板玻璃的发展和国家的政策调控，玻璃市场供大于求，传统浮法玻璃经营越来越难。从传统玻璃浮法技术向节能及高科技方向转型成为必然趋势，为了把握未来市场，逯芳同志组织技术人员对高硼硅浮法玻璃、曜石黑玻璃、水晶黄玻璃、高透在线阳光控制镀膜玻璃、高铁用低透在线阳光控制镀膜玻璃这些重大科研项目进行研究并成功开发。他明确了电助熔技术、光致变色技术、透明陶瓷技术、防爆发电玻璃、特种颜色玻璃技术等新技法，为传统玻璃产业赋予新技术含量，为企业发展指明了方向，对我国传统玻璃行业产业转型升级和结构调整发挥了积极的助推作用。

凝心聚力，坚持以身作则

逯芳对企业始终保持着一种高度负责的精神和务实进取的工作作风。多年来，他每天都工作 10 个小时以上，从未休过节假日。在新产品研发阶段，全身心扑在生产线上，亲力亲为，呕心沥血，令人敬佩。在日常管理中，他坚持以人为本，注重企业文化和人才队伍建设，"严""爱"统一，关心干部职工的思想、工作和生活，开展深入细致的思想政治工作，积极帮助他们排忧解难，增强职工的安全感、幸福感。以富有人情味的管理，换来了全体职工尊重和爱戴，增强了企业的向心力和凝聚力。

习近平总书记指出"我们中国共产党人干革命、搞建设、抓改革，从来都是为了解决中国的现实问题"。为广大科技工作者提供了不断改革、创新的理论基础，作为集团主管技术的负责人，作为一名党员干部，逯芳同志他能够认真学习党的十九大报告和习近平系列讲话精神，不忘初心，牢记使命，发挥正能量，影响和带动广大员工建功立业。在工作中，他坚持实事求是的工作作风，力求将各项工作落在实处。技术来不得半点虚假，他坚决反对形式主义，做表面文章。技术进步是他不懈的追求，他总感觉时不我待，抓紧每一分钟把硼硅玻璃生产、质量一步一步推进、提升。他真抓实干、务求实效，发扬"白加黑""五加二"的精神,在硼硅二线引板期间,年纪58岁的他,曾连续7天7夜守在生产线上,指导生产玻璃达到基本稳定。他用实际行动诠释了新时期合格党员的标准。

宝剑锋从磨砺出,梅花香自苦寒来。逯芳同志科学管理下的弘华公司取得了诸多荣誉:通过自主研发获得实用新型专利15项;2015年首次获得河北省高新技术企业认证;2016年,荣获"河北省名牌产品"荣誉;2017年,荣获"河北省工业企业研发机构(技术中心)C级证书";2017年11月,荣获河北省"专精特新"中小企业奖等。逯芳同志潜心钻研玻璃生产工艺,致力于企业的技术进步和创新,在企业的产业升级中充分展现了他过人的才华,成为玻璃行业中的技术带头人。

目前,耀华集团以重组工作为契机,借助央企广泛的资源和平台实现企业转型升级。根据秦皇岛城市规划发展的要求,耀华集团正在积极谋划二次退城进园搬迁工程,新园区将以"新、特、优、精"产品为重点,建设硼硅系玻璃、深耕特种颜色玻璃、发展优质汽车玻璃。耀华新产业园计划投资总额35亿~40亿元,拟在2022年,即耀华百年华诞之际,建设6条硼硅玻璃生产线及相关深加工产业、2条浮法功能玻璃生产线、2条世界领先水平的高端颜色浮法玻璃生产线。项目全部建成后,耀华集团可实现年销售收入30亿~35亿元,其中,硼硅玻璃将占15亿元,利润总额3.5亿元,上缴税金2亿元。职工人均收入在秦皇岛制造业中排名前列。在新的发展道路上,逯芳同志将继续探索,在促进企业经济经济效益稳步提升的同时,肩负起应尽的社会责任和义务,为促进企业和社会的共同发展、和谐繁荣而努力。

点评:中国耀华玻璃集团有限公司副总经理、总工程师逯芳是一位专家型企业领导。他始终以科技创新引领企业发展,以工匠精神筑造企业未来。在他的带领下,研制成功了高硼硅浮法玻璃、曜石黑玻璃、水晶黄玻璃、高透在线阳光控制镀膜玻璃、高铁用低透在线阳光控制镀膜玻璃等新技法,为传统玻璃产业赋予新技术含量,为企业发展指明了方向,对我国传统玻璃行业产业转型升级和结构调整发挥了积极的助推作用。

攻坚克难，砥砺前行

——记江西兴国南方水泥有限公司党支部书记、总经理 张义品

张义品、男、1962年10月出生，中国共产党党员，江西工学院机械制造工程系本科毕业，江西财经大学MBA结业，高级工程师，江西万年县人。35年水泥行业从业经历，曾担任江西水泥厂设备科技术员、烧成车间副主任、主任、机动处处长、水泥厂副厂长；江西万年青水泥股份有限公司1号窑技改指挥部技术处副处长（正处）；新疆黑孜韦水泥厂副厂长；万年青玉山指挥部副总指挥；瑞金筹建指挥部常务副总指挥（主持工作）；瑞金万年青水泥公司监事会主席、纪委书记（负责党务工作）、水泥厂副厂长、党纪委书记；江西水泥有限责任公司工会主席；江西永丰南方水泥有限公司总经理；江西南城南方水泥有限公司总经理等职务，现任江西兴国南方水泥有限公司党支部书记、总经理。

张义品同志在大学毕业风华正茂的年龄进入水泥行业，到现在年逾半百，辗转于祖国的东南西北，从企业设备科技术员做到企业总经理，用他自己的话说：我喜欢这个行业，我愿意为他奉献一切。他做到了！同时也先后多次获得了江西水泥厂"节能先进个人""先进民兵工作者""先进工作者""优秀共产党员"；江西省建材工业公司"新长征突击手""设备管理优秀管理者"；共青团上饶地委"优秀共青团员""优秀共产党员"；江西省经济委员会"设备管理优秀管理者"；新疆黑孜韦水泥厂"优秀共产党员"；优秀援疆干部；江西省集团公司"综合工作先进个人"；抚州市五一劳动奖章；南方水泥优秀管理者荣誉称号。

2017年3月调任江西兴国南方水泥有限公司（以下简称兴国南方），兴国南方是2013年与宝华山集团联合重组后中国建材旗下的成员企业，拥有一条熟料生产线和二条年产200万吨水泥粉磨生产线，并配有一套12兆瓦的余热发电系统。张义品调入的时候正是兴国南方最艰苦的时候，苦到了等"米"下锅，石灰石资源枯竭严重告急，新矿山开采不具备条件，由于历史遗留问题，政企关系微妙，周边关系复杂、企业严重亏损，可谓是到了举步维艰的局面，但张义品没有胆怯、没有退让。

张义品说："只要用心去面对问题，不找借口，问题总会有解决的办法"，他深知要解决石灰石保供、处理地方关系及扭转企业亏损局面，不是一件简单的事，不是说在嘴边而是靠行动。他迅速做出决策。

不等不靠，谋新矿山开发，推进优化升级项目，精心组织谋划，解决石灰石资源瓶颈问题及优化升级项目全部提上议事日程

100万吨水泥粉磨优化升级项目已经通过政府备案并且环评已经批复；100万吨骨料线项目已经通过政府备案，环评已经批复；商混搅拌站项目正与城投公司洽谈合作意向；"水泥+熟料+骨料+商混"一体化经营新动能基本形成。

大石岭新矿山皮带长廊道路铺设完成，皮带长廊建设正在推进，有望彻底解决制约生产的石灰石资源瓶颈，为兴国南方持续发展提供保障。

以降低成本和费用为突破口,深入推进管理改进和技术改进,不断提升企业成本竞争力,扭转亏损局面

为切实抓好工作落实,加强深化管理,节约生产成本、降低消耗,迅速成立了"降低煤耗""降低熟料综合电耗""提高水泥磨产量""提高吨熟料发电量""提高熟料质量""降低熟料料耗""降低脱硝成本""降低配料成本""降低吨熟料石灰石成本"九个技术攻关小组,各小组针对各项经济技术指标实际情况,查找原因,每周定期召开技术研讨会,制订工作计划和具体改进方案,并总结分析改进效果。2017年上缴利税2339.01万元,2019年上缴利税6000多万元,实现连年翻番;各项指标均得到明显改善,尤为突出的熟料综合电耗由原来的59.6下降到现在的52左右,水泥磨电耗首次闯入30kW•h/t大关;取得明显成效。

采用勤走动,多汇报的方法,建立定期走访机制,维护好公共关系

面对复杂的周边关系及多层次的历史遗留问题,张义品同志积极采取应对措施。一方面建立定期的周边村组、政企沟通走访机制,建立村企关系协调领导小组,主动对接和处理周边关系,有效化解了公司与周边村民的紧张关系。避免因公共关系维护不力而带来的企业运营成本的上升。另一方面关注民生焦点问题,捐资民生工程,为罗带村组修水沟,为厂区周边修桥修路捐水泥等,主动承担社会责任回报社会,得到了政府的认可、村民的支持,因公共关系维护不力引发的堵门、堵矿、堵地磅、堵路现象几乎没有了。确保了村企、政企的关系稳定,积极争取社会各界的理解和政府的支持,提高了企业在当地的影响力。

强化员工安全、环保、危机意识

坚持"安全第一、预防为主、综合治理"的方针,加强员工安全意识教育,提升员工的安全、环保意识。在矿山管理上紧抓抓安全生产不动摇,夯实基础,强化培训抓教育,严格责任抓落实。2017年,兴国南方荣获县安全生产先进企业荣誉称号。

面对新形势下的环保要求,不等不靠,加强环保培训和设备排查,提高员工环保意识,严控二氧化硫、氮氧化物、粉尘等要达标排放,确保对生产现场粉尘、噪声污染的综合治理,投资58万元实施窑头、窑尾烟气在线监测系统升级改造,落实节能降耗,打造资源节约型、环境友好型、社会责任型企业。

夯实党建基础管理,打造党建品牌,助推精益管理上台阶

夯实基层党建工作,建设党员活动室,打造红色党建品牌,提升党员干部的思想政治觉悟,增强党组织的凝聚力和向心力,增强党员干部谋事创业的主动性和积极性,发挥党员的先锋模范带头作用,引领辐射到精益生产管理过程中,助推精益管理上新台阶。

没有退路,因为关系到企业的生存,几百号人的工作着落;没有怨言,任劳任怨为公司的发展运

筹帷幄。有谁能体会到他心里的压力有多大？有谁能理解到他肩上的担子有多重？张义品没有气馁、没有退缩，沉着冷静，坦然面对，因为他知道，兴国南方的发展任重而道远，新矿山的开采在等着他，前面的困难在等着他，面对困难迎难而上方显人格魅力。

点评：江西兴国南方水泥有限公司党支部书记、总经理张义品，深耕水泥企业30余年，在祖国东西南北各地水泥企业默默奉献。他不畏艰难，迎难而上，任职兴国南方以来，他以党建为引领，克服了矿山资源的瓶颈，沟通与地方政府、村庄的关系，深入技术创新与降费增效，强化安全与绿色发展；带领企业不断攻坚克难、砥砺前行！

匠心做防水，务实做企业

——记四川蜀羊防水材料有限公司党支部书记、董事长 骆晓彬

在岁月的更迭中，有一位防水人，他在商海浮沉数十载，如风凛冽，如云奔涌，如山巍峨，如海壮阔。风云席卷的背后，是和煦温柔；山海壮丽的根基，是踏实宽容。如今，他不忘初心、牢记使命，荣耀加身之时，怀揣的依旧是一颗赤子之心，他就是蜀羊防水董事长骆晓彬。

骆晓彬同志，男，现年52岁，汉族，中国共产党党员。现任四川蜀羊防水材料有限公司（简称蜀羊防水）董事长、党支部书记、成都市工商联常务委员、四川省崇州市政协委员、四川省崇州市工商联副主席、中国建筑防水协会副会长、四川省建筑防水协会执行会长。

如果说20世纪80年代是甘霖初降后一场充满野性的万物生长，那么20世纪90年代的中国，则开始真正走进规则与差异化的竞技场。骆晓彬同志选择了在这个时候走出体制，怀揣着创建一家领先的防水企业的远大抱负，白手起家，勇敢追梦、不懈奋斗。虽历经坎坷，但最终脱颖而出，展现出优秀中国特色社会主义事业建设者的别样风采。

创新技术研发是企业发展的原动力

20世纪90年代初期，建筑业的迅速崛起，对防水材料的要求也进一步提升，同时也给防水企业的发展带来了新的契机。在创业的初期，骆晓彬同志便深知企业如果不具备技术创新能力，将永远处于被动地位，最终被市场所淘汰。自蜀羊防水创立以来，一直坚定走"自主研发为主，产、学、研相结合"的科研道路。以市场为导向，搭建技术中心，每年研发投入占公司销售收入的5%，科研经费投入占比远超大多数同行。

不忘初心、砥砺前行。蜀羊防水的每一项研发及技术改进，骆晓彬同志都亲自主持或参与研发工作，将工匠精神贯穿研发工作的始终。特别是在攻克新型强制喂料结构配料罐、环保型聚氨酯防水涂料、抗裂防渗混凝土管材的制备方法、保温隔热复合片材的制备工艺等关键技术期间，骆晓彬同志亲临一线，带领研发团队夜以继日，以实验室为家，终于打通了关键技术节点，并取得了国家发明专利。

经过20余年坚持不懈地研发、创新，蜀羊防水收获颇丰。2012年10月，经四川省经信委、省科学技术厅、省财政厅、地税局及成都海关部门批准，蜀羊防水技术中心升级为四川省企业技术中心，共计发表技术论文20余篇。2014年，技术中心实验室被评定为全国防水行业标准化实验室，参与制定GB/T 23457－2009、GB 12952－2011、GB 27789－2011、GB/T 19250－2013等多项国家标准编制工作。2015年10月，蜀羊防水获评高新技术企业认证，同年获评建筑防水行业技术进步奖。2017年5月23日，在十五届中国国际屋面和建筑防水技术展览会上，蜀羊防水与中国建材科研总院苏州防水院共建"研发应用中心"正式签约，标志着"院企合作"又迈出了更坚实的一步。通过骆晓彬同志主导搭建

的研发平台，蜀羊防水已经拥有国家专利 100 余项，其中 60% 的专利成果都进行了技术转化。国家、省、市质量监督管理部门多年对蜀羊防水产品进行国抽、省抽检验，蜀羊防水主要产品（服务）质量合格率 100%。符合中铁检验认证中心产品认证实施规则的要求，获得了 CRCC 产品认证证书和中交交通产品认证中心的优秀认证产品证书（CCPC）。

如今，蜀羊防水已成功走出四川，产品销往全国和国际市场，已成为"中国制造"的一张名片。在国家建设项目基础设施领域的深耕细作：成都双流国际机场、成都地铁、贵阳地铁、广西铁路、六沾铁路、成都二绕高速、宜巴高速、北京电力隧道、成都电力隧道、宝成线桥面等国家基建项目上成就了一个又一个不朽的经典。除此之外，蜀羊防水在家居防水领域、建筑防水修缮领域亦是蒸蒸日上。

骆晓彬同志带领的蜀羊防水经过 20 余年的磨砺，拥有了自主创新的士气和志气，下大力气攻克前瞻性技术，抢抓新一轮科技革命和产业变革机遇，成了驱动防水行业创新发展的重要力量。

打破束缚建立现代企业管理体系

在中国经济飞速发展，企业差异化日趋明显的时代，蜀羊防水如何从跟跑到领跑？骆晓彬同志用实际行动给出了答案。

在蜀羊防水管理体系的建立和发展中骆晓彬同志打破了传统的束缚，建立起了以激励为前提，人本化的管理制度，最大限度地发挥组织内部的创新能力。倡导国际先进的体系标准，持续改进和优化流程以提供高质量的产品和优质的服务。蜀羊防水在 ISO 9001：2008 国际质量管理体系的基础上建立了一套适应市场经济规律的科学管理制度和完整的操作规程、实施标准、操作方法，形成言有据、行有规、查有迹的质量管理模式，并于 2009 年 6 月，质量、环境以及职业健康安全一次性通过体系认证审核并获得认证证书。2014 年获评中国建筑防水行业质量奖认定、2019 年荣获了政府质量奖。

转型升级打造可持续发展新业态

近年来防水材料市场缺乏创新，品质参差不齐，产能严重过剩，防水设计不合理等问题日益凸显出来，这是当代防水人迫切需要解决的问题。于是骆晓彬同志带领全体员工逆水行舟，迎难而上，将蜀羊防水由单一的防水材料供应商向系统化防水服务商转变。打造了"优质产品＋创新研发＋专业施工"相结合的系统化防水服务。

骆晓彬同志充分利用宏观政策、抢抓机遇，在一带一路倡议的推动下，西部市场迎来了更多的发展机遇。蜀羊防水加快了战略布局的步伐，成为西部率先走出去的防水企业。2019 年 8 月，北新建材与蜀羊防水联合重组，蜀羊防水将为彻底解决渗漏这个行业痛点做出表率和示范，新的发展转型之路，将促进整个建材防水行业健康有序发展。

绿色发展大力提升企业发展质效

骆晓彬同志积极推进绿色企业行动计划，加大企业绿色环保投入，将"绿色"的理念注入公司 VI 设计、生产、服务、科技、文化等五个方面，量化细化创建目标，进一步落实责任，加大绿色企业创建工作力度。为推进绿色企业创建工作，蜀羊防水不断推陈出新，建立"周反馈、月通报、季总结"

工作机制，及时研究、协调、解决创建过程中面临的困难和问题，并给予分管绿色发展工作的相关人员决策上的"一票否决权"，确保绿色企业创建工作有效运行。

2011年8月，蜀羊防水卷材产品符合中国环保部颁布的环境标志产品技术要求HJ455-2009，并获誉"中国环境标志产品认证证书"（十环认证），标志着蜀羊防水在生产、使用和处理处置过程中符合环境保护要求，与同类产品相比，具有低毒少害，节约资源等环境优势，也使得消费者更易于了解和选购。

2015年，蜀羊防水投资550万元建设两套总处理量为35000m³/h的生产废气处理系统，建成后的处理系统对产生的废气经处理后达到《大气污染物排放标准》B16297-1996排放要求，较之前的废气处理系统，处理率达到98.5%。自蜀羊防水成立以来，累计环保投入超过2000万元，先后投资购置进口烟气、粉尘、气体分析检测仪、重金属监测等环境监测设备，大幅提高了企业对污染物排放的自检自查能力。

在骆晓彬同志的严格要求下，截至2018年年底，公司已完成设备升级改造108台/套，总资金投入超过1300万元。经过技术升级改造，公司原有设备在排放控制、质量控制、操作便捷性等方面都有了明显提升，达到了节能降耗、提高生产力之目的。

塑魂文化建设提升核心竞争力

企业文化是企业的灵魂，是企业最核心的竞争力。蜀羊防水在多年的发展和积淀中，去伪存真，在企业文化建设方面逐步形成了一套适合公司发展、系统全面、员工认可的文化体系。骆晓彬同志在创立公司之初就明确提出"专业为基，诚信为本，服务至上，价值致远"的文化理念，以丰富多彩、形式多样的工作和活动做支撑，将企业文化这一软实力转化为公司发展的内在动力，以文化发展促进公司发展，推动战略目标的实现。

以人为本，提升员工能力素养。在骆晓彬同志的积极倡导下，公司加大人才队伍建设，积极践行"团结、创新、诚信、进取"的企业精神，结合不同层级干部员工的岗位胜任力要求、个性需求等，量身定做培训方案，开展全员、全方位的立体教育培训，全面、持续提升员工综合素质和专业能力。公司培训覆盖率100%，经公司培训合格的专业技术人员60名，高级工程师、建造师20名，管理人员48名，这些人员在各自的岗位上发光发热，为社会、行业创造出优异成绩。

公司每年坚持开展体育比赛、学习红色文化等活动，激发员工活动热情和生活激情，打造出了一支"招之即来，来之能战，战之能胜"的员工队伍。倡导和谐风尚，助推行业新风，营造行业清风正气，提振干事创业的精气神。骆晓彬同志不仅在公司内部有打造了一支作风优良、不偏不私的员工队伍，在行业内也树立了求真务实、廉洁高效的企业家典范。

担当构建长效机制，履行社会责任

企业作为一个经济组织，需要承担的是社会责任，为社会提供优质的产品和服务，为改善人们的生活质量做出贡献。"修合无人见，诚心有天知"，骆晓彬同志说："企业在履行社会责任方面，应从最基础的做起，制造好的产品，提供好的服务，保护环境，善待员工，尊重客户，然后从企业的角度尽自己能力来促进我们整个社会的和谐发展。"

"致富思源，富而思进"。目前，蜀羊防水是中国防水行业的一流防水企业。作为一名有社会责任感的企业家，骆晓彬同志一直满怀一颗感恩回馈社会的心。他要求开展的兴教助学、帮贫扶困、救灾助残、爱心捐赠等活动，深得广大群众、社会公众信赖。

2008年至今，蜀羊防水先后向汶川地震灾区、玉树地震灾区、雅安芦山地震灾区捐款捐物累计达数百万元；同时，公司长期资助贫困中小学生及在校贫困大学生，帮助他们完成学业；对本土贫困家庭、孤寡老人、老党员、养老院、福利院等提供爱心救助，捐款捐物也累计达到数百万元。

除此以外，骆晓彬同志正在着力构建企业履行社会责任的长效机制，探讨研究驱动企业履行社会责任长效机制的因素，从而避免企业履行社会责任短期化、随意化的现状。从企业对自身、对社会的合理期许出发，科学地把财富和社会责任结合起来，实现人、社会、环境、公司相得益彰，和谐共赢。

蜀羊防水现已成为一流的防水企业，拥有四川崇州、四川眉山、陕西咸阳、江西九江四大生产基地和西南、西北、华中、华南、华北和华东六大运营中心，成为西南第一，防水行业十强品牌。并获得了国家重点高新技术企业、国家"守合同重信用"企业、四川名牌企业、成都市百强民营企业、四川省政府采购诚信供应商，荣获政府质量奖、全国房地产500强首选供应商、中国建材企业200强企业、中国防水材料10强企业，多项工程项目荣获建筑防水领域最高技术奖项"金禹奖"等多项荣誉。

我国防水行业还处于"大行业、小企业""行业集中度较低"的状态，为推动防水行业高质量发展，骆晓彬同志积极推动蜀羊防水与中央企业中国建材集团所属上市公司北新建材联合重组，把蜀羊团队整体带到世界500强央企的大平台。

2019年8月26日，北新集团建材股份有限公司与蜀羊防水联合重组，这无疑是中国防水行业一个里程碑事件。北新建材是全球最大建材企业中国建材集团旗下绿色建筑新材料产业平台。北新建材作为集合了"中国工业大奖""全国质量奖"的全球最大建材公司的央企上市公司，经过三年的研究和筹划进军防水领域。雄关漫道心如铁，横波千秋志旷野；英才大略共和谐，勇立潮头绘长河。重组后的蜀羊防水成为防水行业第一家央企。蜀羊防水将联合北新建材的央企信用优势、资源优势、品牌优势、资本优势、聚集人才等优势，用3年的时间去实现防水业务跃居行业前3名的目标。为中国防水行业质量性能提升、技术创新、彻底解决渗漏这个行业痛点做出示范表率和贡献。

未来，骆晓彬同志将不负厚望，带领着蜀羊防水在中国建材集团、北新建材的带领和帮助下，积极推动北新建材"一体两翼、全球布局"的发展战略，持续提升蜀羊防水的品牌知名度和美誉度，进一步做大做强，为中国防水行业健康发展，修复行业生态，开启中国建筑防水行业新局面贡献力量。

点评：四川蜀羊防水材料有限公司党支部书记、董事长骆晓彬以其过人的胆略和博大的情怀，放弃体制内的舒适工作，投身防水行业的洪流。20余年潜心付出，不懈地追求，带领蜀羊防水由单一的防水材料供应商向系统化防水服务商转变，成为行业的佼佼者。2019年与央企北新建材完成重组。正所谓：**雄关漫道心如铁，横波千秋志旷野；英才大略共和谐，勇立潮头绘长河！**

勇于创新担重任，智能装备有新篇
——记蚌埠凯盛工程技术有限公司总经理 叶坤

蚌埠凯盛工程技术有限公司（简称蚌埠凯盛，英语简称 BBKS）是中国建材国际工程集团有限公司全资子公司，成立于 2004 年 7 月，坐落于安徽省蚌埠市高新技术产业开发区中国凯盛科技园内，占地面积 255 亩，建筑面积 5 万平方米，现有玻璃成套装备生产能力 30 条/年。目前是亚洲著名的玻璃装备制造集成商和龙头企业，是国家工信部智能制造系统解决方案供应商，国家工信部单项冠军产品企业。公司集科研开发、设计、制造、安装及技术服务为一体，以市场为导向，为国内外用户提供各种生产规模、高质量的信息显示玻璃、汽车与建筑玻璃、高硼防火特种玻璃、太阳能光伏压延玻璃等生产线的非标机电装备。公司产品已在国内外逾百条生产线投入使用，并出口到俄罗斯、韩国、土耳其、保加利亚等十几个国家。

作为中国建材旗下装备板块的核心企业，蚌埠凯盛工程技术有限公司自 2004 年成立以来能迅速发展壮大，能在激烈的市场竞争中取得长足进步，靠的是一批有理想、有能力的领导人，带领企业走上依靠科技创新和科学决策的健康发展之路，叶坤同志蔚然在列。

职业经历、社会评价和经营业绩

叶坤同志 1988 年 7 月以优异的成绩毕业于重庆大学机械制造专业，毕业后就加入了蚌埠玻璃工业设计研究院设备所，在所里他从学生做起，一步一个脚印，夯实基础，勇攀技术高峰，顺其自然地成为技术专业组副组长；1998 年蚌埠凯盛工程技术公司的前身蚌埠玻璃工业设计研究院华裕机电公司成立，成立之初困难重重，叶坤同志却奋不顾身，踊跃加入新公司一线部门——生产技术部，任副部长一职；次年叶坤同志因工作优异直接升任部长一职，带领部门人员奋战在第一线，披荆斩棘，砥砺前行，成绩斐然；2004 年，公司正式更名为蚌埠凯盛工程技术有限公司，叶坤同志历任蚌埠凯盛工程技术有限公司总经理助理、副总经理、常务副总经理等职务，于 2014 年正式接棒，成为公司总经理，全面负责公司日常生产经营管理一切事宜，为企业的做大做强做优起到了引领作用。

叶坤同志是安徽省技术领军人才，入选省科技厅、经信厅专家库，也是河北省、江西省科技厅省外专家库成员，个人荣获专利 21 项，其中发明专利 7 项；安徽省科技进步四等奖一项；中国建材行业部级科技进步二等奖一项；超白压延光伏玻璃退火窑获中国建材集团科技进步一等奖（2011 年度）；新型浮法厚玻璃压边装置获建材集团"中国联合装备杯"三等奖；第十二届全国建材机械行业技术革新奖获三等奖，荣获多项集团技术革新奖。个人也被中国建材集团公司评为优秀共产党员，"十一五"期间被授予"十佳共产党员标兵"荣誉称号，两次被中国建材国际工程集团有限公司授予劳动模范光荣称号。

叶坤同志主管蚌埠凯盛以来，锐意进取，廉洁自律，发展思路清晰，经营业绩突出，公司主营产品市场占有率逐年上升（已达行业第一），近三年（2016－2018年）公司高速发展，各项财务指标均超过同行水平，近三年销售收入年均增收超过1.1亿元，年均增幅达到33%，利税年均增长达到15%，2019年销售收入超过6亿元，利税超过9000万元。

叶坤同志是一个"台阶式"的领导干部，一步一个脚印地走出了自己的精彩人生，也走出了一个企业发展壮大的道路。蚌埠凯盛工程技术有限公司在叶坤同志的带领下，在企业管理模式，科技创新竞争力、企业规模和效益等方面取得了重大突破。

以研发为动力，在创新中求发展

2014年以来，在叶坤同志的带领下，蚌埠凯盛工程技术有限公司始终坚持走自主创新之路，以加强科研团队建设，积极调整企业产业结构为抓手，不断提升产品的质量水平和服务水平，促进了产业升级，促进了企业生产减耗增效。近年来，在他的主导下，蚌埠凯盛工程技术有限公司科研团队发展迅猛，目前拥有安徽省战略性新兴产业技术领军人才3人，大专以上员工193人，本科117人，教授级高级工程师4人，高级工程师22人，工程师42人，科研团队实力雄厚，研发人才梯队建设配备合理，并制订了《科技成果开发及其转化奖励办法》《浮法玻璃专利申报奖励办法》《公司科技项目奖励办法》等一系列的管理办法，建立了合理的激励措施制度，充分调动科研、生产人员的积极性，鼓励广大员工创新。

除此之外，公司每年还投入超过3700万研发费用。强有力的研发投入保证了创新成果的持续增长，目前企业已累计拥有专利156项，其中发明专利36项，进入实审阶段的发明专利超过40项。计算机软件著作权28项。并且每年新申专利超过50项，起草编制企业标准27项，参与编制1项国家标准《浮法玻璃拉边机》GB/T 36054－2018，蚌埠凯盛工程技术有限公司已成为行业标杆。

科学决策，实现跨越式发展

通过对技术发展趋势和市场需求分析，叶坤同志凭借着自身先进的管理理念和技术优势，制订了一系列决策，通过这些科学的决策，公司完成了由原有的传统浮法玻璃装备制造向优质浮法玻璃装备，新能源光伏超白压延玻璃装备，电子信息超薄浮法玻璃装备、环保脱硝装备等高端玻璃装备科研、制造为一体的转型。科学的决策，率先占据了行业发展的制高点，得到了跨越式的发展，实现了巨大的经济效益，目前蚌埠凯盛已成为亚洲最大的玻璃装备制造集成商，占有了国内外高端优质浮法玻璃装备制造的70%的市场份额，成为行业标杆。

公司退火窑、拉边机、压延机、冷端生产线及控制系统等关键核心装备，大部分产品的技术水平已达国际先进水平，部分达到世界领先水平，打破了国内高端玻璃装备长期依赖进口的格局，填补了国内空白。例如，自主研发的超薄信息显示浮法玻璃退火窑，产品性能指标达到国际领先水平，利用该产品已生产出世界最薄的0.12mm超薄浮法信息显示玻璃，与之配套产品中，"超薄触控玻璃关键技术与成套装备开发及产业化"荣获2018年中国工业大奖；"超薄信息显示玻璃工业化制备关键技术及成套装备开发"获得2016年国家科学技术进步二等奖；"超薄浮法电子玻璃关键技术及成套装备的开发与运用"获2016年安徽省科学技术奖一等奖。蚌埠凯盛工程技术有限公司在中建材集团的战略指引下，已经逐步由原来与世界强者跟跑、并跑转变为领跑。

体系、品牌建设为基石，风险管控、定期评价相结合，实现可持续绿色发展

蚌埠凯盛在叶坤同志的带领下始终践行绿色可持续发展战略，建立了完善的标准体系，企业2014年通过了GB/T 19001－2008质量管理体系、GB/T 24001－2004环境管理体系、GB/T 28001－2011职业健康安全管理体系三项认证，2017年通过二级安全标准化认证，2019年通过两化融合体系贯标认证，企业获批为安徽省标准化示范企业，为企业的绿色可持续发展保证了活力。

叶坤同志重视品牌建设，成立了以自身为主的品牌推进领导小组，确定了设计、生产、销售、服务、宣传等品牌建设重点过程，将品牌建设作为促进市场营销、提高产品和服务水平、推动公司发展的重要手段，在人员、资金等方面给予充分的支持。

过去公司都是沿用集团公司的商标，为了更好地适应市场竞争发展，公司拥有自己的独立商标势在必行，叶坤同志亲自组织开展LOGO设计、商标设计、商标注册、名牌产品申报、广告宣传等工作，协同广告公司参加产品外观设计、公司宣传片、宣传画册、公司网站等评审工作，促进品牌建设也取得了突出的成绩，公司"平板玻璃退火成套装备"荣获蚌埠知名品牌，并对"BBKS"和"凯盛装备"两个商标开展了注册工作，为企业的可持续绿色发展打下坚实的基础。

为强化风险意识，不断推动和确保公司持续发展。叶坤同志一方面组织公司建立了较为完善的风险管控体系，制订了《合格供应商管理办法》《采购控制程序》《不合格品控制程序》《装备制造控制程序》《特殊过程控制程序》《质量风险控制程序》《环境因素识别和风险评价控制程序》《危险源辨识与风险评价控制程序》等一系列程序文件，覆盖经营管理全程，并在程序中明确各部门风险防控责任。另一方面要求公司每年定期组织人员进行安全质量等相关风险管控方面的培训，增强员工风险防范意识，每年进行一次内审，及时解决各种风险问题，两相结合，保证企业持续健康发展。近年来，公司无任何重大质量、环境和职业健康安全事故及投诉情况，这点上叶坤同志功不可没。

叶坤同志不仅在风险防控上推动和确保持续经营，同时在用人机制上实行德才兼备，无德无才坚决不用、无德有才限制录用、有德无才培养使用、有德有才委以重用，积极储备人才，为公司永续发展培养领导者和接班人，保证公司健康持续发展。

除此之外，叶坤同志根据集团公司战略要求，客观分析玻璃装备产业市场需求和国内外经济发展形势，在每年年初根据自身情况，制订年度战略目标，围绕年度战略目标制订年度工作计划和KPI指标，各部门根据公司年度战略目标制订的年度工作计划和KPI指标，层层分解落实，签订各级《绩效目标责任书》，实现公司战略目标、KPI指标的顺利完成。

叶坤同志组织编制了《内审控制程序》和《管理评审控制程序》，并定期要求公司组织开展内审和管理评审工作，寻求和发现质量改进的机会，评价公司各职能部门关键绩效指标完成情况，实现公司战略目标；对审核过程中发现的不符合项组织责任部门采取纠正和预防措施，并跟踪验证措施实施效果，坚持持续改进，以保证公司绿色可持续发展的战略目标实现。

坚持以人为本，培育特色企业文化

叶坤同志在带领蚌埠凯盛工程技术有限公司建设企业文化过程中，始终坚持"人本管理"的原则，构建"为了人、关心人、培育人、重视人、尊重人、依靠人、凝聚人"的人文氛围。关心员工生活，

切实解决员工的实际困难，完善员工保险体系，缴纳"五险一金"；坚持困难职工日常救济、伤残职工救助和节日福利等工作；利用科技创新和科技投入降低员工工作强度和改善工作环境；积极组织员工喜闻乐见、寓教于乐的文体活动，开展书画、歌舞、演讲和球类、棋牌类等比赛。扎实推进群众精神文明创建活动，提高了公司文明程度和全体员工的思想道德建设，使企业制度建设、精神内涵得以巩固和加强，培育了具有蚌埠凯盛工程技术有限公司特色的优秀企业制度。

履行央企社会责任，造福社会

身为一名优秀的共产党员，身为央企的优秀领导干部，叶坤同志以身作则，组织员工踊跃参与各种赈灾活动、爱心活动；公司还与石台县结为定点扶贫单位，自2016年以来，已从该县购置扶贫物资、产品达30余万元；除此之外，每年都组织义务献血活动，每次国家发生大灾，员工重病住院等，他总是在第一时间组织捐款；公司先后与蚌埠市青年志愿者协会、蚌埠市第一实验小学建立长期的帮扶关系，积极参加各类公益活动，履行央企社会责任，造福社会。

叶坤同志坚持"不忘初心、牢记使命"，干事创业敢担当，为员工、为客户服务解难题，清正廉洁做表率，荣辱不惊，只有事业才是他永恒的追求。凭借他的智慧和胆识、执着和诚信，铺就着企业的发展基石，带领员工发扬"艰苦创业，开拓创新"的精神，在带动企业健康快速发展的同时，实现了企业和社会的和谐发展，在中国建材行业这片沃土上，书写着属于蚌埠凯盛工程技术有限公司的辉煌。

点评：蚌埠凯盛工程技术有限公司总经理叶坤主管蚌埠凯盛以来，锐意进取，廉洁自律，发展思路清晰，经营业绩突出，公司主营产品市场占有率逐年上升。他坚持以研发为动力，在创新中求发展；他推进以品牌建设为基石，实现可持续绿色发展；他坚持以人为本，培育特色企业文化；他履行央企社会责任，造福社会和员工，书写了蚌埠凯盛工程公司跨越式发展的新篇章。

不忘初心担使命，开拓创新促发展

——记北京玻钢院复合材料有限公司总经理 王嵘

王嵘，男，汉族，生于1968年9月，籍贯陕西，中国共产党党员，硕士学历，教授级高级工程师。现任北京玻钢院复合材料有限公司董事、总经理；北京玻璃钢研究设计院有限公司（以下简称北玻院）党委委员，董事、总经理。

王嵘同志，1991年入职北玻院，29年来坚守初心，默默付出，从技术人员到公司总经理，脚踏实地，与这个历史悠久的科研院所共同成长。无论在基层还是作为企业负责人，王嵘同志都满怀强烈的责任感和使命感，坚持以科技创新作为企业的核心竞争力，以服务国家战略和行业关键技术领域发展为己任，为我国建材行业的发展贡献力量。

在科研生产一线，他以技术创新为追求，勇于承担具有挑战性的项目与新产品研制任务。先后组织、主持完成了十余项国家"863"项目、国防科工局军工配套项目和数十项新品任务，他所率领的技术团队，在针对融合多种工艺复杂产品技术攻关的过程中，形成多项专有技术。在圆满完成科研任务的同时，研制成果在多个国家重点武器型号上得到验证与应用，满足了武器型号的配套急需，取得了显著的经济和社会效益。个人曾获建筑材料科学技术一等奖，建材行业科技进步二等奖，中材集团科技进步二等奖，3次荣获国防科学技术三等奖，获省部级科学技术奖6项，授权专利7项，发表学术论文10余篇。

在企业经营决策中，他坚持用科技创新引领企业高质量发展，把握行业脉搏，运筹帷幄，带领公司经营团队及全体员工，紧紧抓住国家改革发展的战略机遇，坚持稳中求进，持续推进产业结构升级和优化产业布局，各项工作取得了优异成绩。近年来，公司先后获得"全国建材行业新兴产业示范企业""中国航天突出供应商""中国航空工业集团十大金牌供应商""2018年最具成长性建材企业100强"等荣誉称号。

克服风险挑战，经营业绩持续攀升

王嵘同志自2017年担任公司总经理以来，面对供给侧结构性改革、环保政策趋严、中美贸易摩擦、成本上涨等影响因素，不惧挑战，带领经营团队外抓市场开发，内促管理创新，通过建立"高层领导＋中层干部＋技术人员"的三位一体营销机制，形成"技术－生产－质量－客户维护"的全链条责任制，树立"管理体系一体化"理念，持续优化成本管控等举措，公司各项核心指标连创新高。

2017年到2019年，公司主营收入从4.77亿元提升至5.62亿元，特别是2019年主营收入同比增长近15%；利润总额从4000万元提升至7100万元，年均复合增长率21%；股东关注的核心指标净资产收益率均保持在12%以上；资产负债率为54.05%，位居同行业优秀水平。

两大核心业务板块表现亮眼，2019年先进复合材料产业利润总额同比增长17%，新签合同额同比增长50%；工程复合材料产业利润总额同比增长31%，新签合同额同比增长76%。

坚持双核驱动，科技创新成果丰硕

王嵘同志坚持以科技创新促进技术进步，以机制创新推动科技成果产业化，布局核心技术领域重点研发方向并推进工程化进程，带领公司员工在各领域潜心攻关，致力于将公司打造成为健康、高效、多平台创收、行业影响力居首的科技型企业。

在他的倡导下，设立公司科学技术委员会，王嵘亲自挂帅，为科技发展战略规划、重大科技决策、重大科研项目管理与技术开发，以及产业结构优化升级提供决策支撑。先后配套出台《科技成果奖励办法》《学科带头人评聘制度》《创新创效活动管理办法》《创新工作室实施方案》《北玻大工匠选树实施方案》等引导性激励政策，激发科研与生产一线人员的创新创效热情。

组织设立面向全社会的"青年科技创新基金"，同北京航空航天大学、北京理工大学、北京化工大学等高校合作，打造产、学、研、用相结合的科技创新体制，开展单元技术联合攻关，加快研发进程，增加公司技术储备。

试点混合所有制改革，以电力复合材料科研成果为依托，引入科技骨干投资入股，注册成立北玻电力复合材料有限公司，实现科技骨干长期激励。

自王嵘同志任职总经理以来，公司已累计投入研发经费近1亿元，年均科技投入保持在6%以上，获得授权专利50项，其中发明专利40项以上，获得省部级及以上奖项12项。公司制订的13项"十三五"关键技术攻关方向，10项已得到重点突破，随之带动轨道交通复合材料、大型复合材料模具、电力复合材料等产业方向快速崛起，航空复合材料、深海耐外压复合材料等前沿技术研究处于国内领先地位。

推进能力建设，夯实企业发展基础

王嵘同志带领团队坚持推进公司"一个中心，两个基地"的总体战略布局，着力开展能力建设，为实现公司高质量发展提供保障。

近年来，公司先后建设10个固定资产投资项目，累计投资达2.1亿元，是"十二五"期间的2.2倍。立足中关村延庆园区建设的先进复合材料产业基地，通过基础设施更新，保障能力得到提升，先进复合材料存量业务市场占有率持续保持，核心产品占据绝对市场优势。

2017年，公司启动工程复合材料产业布局调整，用时仅10个月即实现产业转移与投产；山东滕州科技产业园的建设、运营成效显著，被列为滕州市示范工程。目前，工程复合材料产业市场收入规模已达到"十二五末"的2倍，风电叶片大型复合材料模具牢牢占据国内市场领先位置。

两个基地建设不仅标志着公司产业发展之路迈上了新台阶，更是带来了生产能力实打实的提升，面对2020年年初突如其来的新冠肺炎疫情，公司从容应对，有效地抵御了疫情的冲击与影响，在保障疫情防控不出问题的前提下，按时按质按量完成产品交付，严格遵守自身承诺，获得了客户的认可与感谢。

强化职能管控，运营管理体系逐步完善

在企业经营管理中，王嵘同志顺应改革形势，创新思维，凭借过人的魄力和胆识，独特的经营管理手段，不断完善企业经营管理机制，带领公司员工勇往直前、披荆斩棘，为实现高质量发展、创新

发展不懈努力。

优化人力资源体系建设，完善薪酬与激励机制。秉承以人为本的基础理念，形成了公司职能优化、薪酬体系优化的系统思路，细化完善专业技术人员培养评价机制和管理骨干选拔培养机制。持续加大人才培养力度，近年来引进博士5人（在岗博士累计达10人），引进硕士55人，联合培养工程硕士22人；持续加大行业内技术专家的培养和推荐力度，新增享受国务院政府特殊津贴待遇2人，累计10余人获选进入上级及行业专家库，多次代表公司参加各类评审评价，提升了公司综合影响力；持续提升薪酬待遇，与2015年年末同口径相比增幅达51.4%，更有部分骨干技术员工收入实现了翻倍增长。

强化精细化，开展职能管理流程再造。以信息化建设为载体，以精细化管控需求为基础，通过流程优化与管理变革，量化产品成本、质量管理等精细化管理指标，实现KPI指标可溯化，同时促进管理流程的规范化、标准化与工作效率的提升。在质量、安全、环境等方面，推行扁平化管理，强化公司职能部门监管与服务职能的同步落实，职能部门相关业务专员除负责本部门职责外，岗位直接"落地"到生产一线，分片负责，起到提升体系管理人员业务水平和强化现场管控的目的。在质量、安全、环境等方面，近年来未发生重大事故，安全环保实现零处罚。

践行绿色发展理念，履行企业社会责任

王嵘同志作为企业负责人，致力于将企业打造成为科技创新引领作用强、绿色产业培育能力突出、带动地方区域均衡发展的支柱企业。按照"创新、协调、绿色、开放、共享"的发展理念要求，公司秉承以科技为先导，坚持科学发展、绿色发展。

为全力践行安全环保发展理念，公司不断加大投入，近年来累计投资近3000万元，使硬件设施全面提升。在制度建设、队伍建设、体系建设方面全面看齐先进，走在前列；推进风险分级管控和隐患排查治理双体系建设，持续开展"安全生产月"、宣传周、"打非治违"等活动。2017年，公司成为北京市首批"一企一标，一岗一清单"编制试点单位，安全与环保指标监测全部达标。

在全面保障职工各项权益、完善协商协调机制、推动企业与职工共建共享等方面积极推进，公司紧紧围绕生产经营和改革发展的中心任务，对重要事项及时予以公开，增加工作透明度，让员工参与管理和监督，进一步调动和发挥了广大员工的积极性、创造性。坚持以人为本，保护员工的切身利益，荣获"北京市和谐劳动关系单位"称号。

公司坚持依法诚信经营，维护相关方利益，促进并带动当地经济发展。荣获工商行政管理总局"守合同重信用"企业公示资格，"守合同重信用"公示是政府对企业信用的一种综合评价，是企业诚信经营，良好形象的有力说明。因为优秀的信用纪录，良好的经营状况，强大的盈利能力，公司被认证为AAA级信用企业。

多年来，王嵘同志带领经营团队积极支持并参与社会公益活动，致力于将发展成果回馈社会，实现公司与社会的和谐发展，树立良好的社会的形象。自中国建材"善建公益"基金正式启动，他率先垂范，按照积极参与、量力而行的原则鼓励干部员工积极参与募捐，充分发挥表率作用，为公益事业做出了应有的贡献。在企业经济效益向好发展的同时，公司注重改善、提高员工生活质量。改善社区周边环境，家属区"三供一业"移交改造工作按期完成，提升了家属区生活条件；促进延庆地区经济发展，减轻政府就业压力。

面对新冠肺炎疫情，王嵘同志一方面靠前指挥，带领干部员工做好公司疫情防控及复工复产工作，

一方面从各部门抽调50余人组成执勤小组向本地社区报到，支援社区防疫工作，公司及社区未发现一例新冠肺炎确诊病例。

坚持党建科学引领，凝聚企业发展动力

王嵘同志注重发挥基层党组织的领导核心与政治核心作用，坚持推动党建和中心工作深度融合，以高质量党建引领公司改革发展。

2019年开展的"不忘初心，牢记使命"主题教育活动中，他充分发挥领导带头作用，通过专题学习、授课辅导、会议交流、动员部署等形式，强化党员干部的理想信念和行动自觉，进一步提升战略思维、创新思维，促进了党建与业务工作的深度融合。

坚决落实"两个一以贯之"要求，明确把党组织研究讨论作为董事会、经理层决策重大问题前置程序，确保"三重一大"决策权责清晰。进一步规范管理，突出党委党风廉政建设主管责任，优化纪委监督权限，确保"两个责任"落地。

坚持党管干部、党管人才原则。持续加大优秀年轻干部的选用力度，健全完善后备干部培养机制；建立完善政治素质考察制度，建立干部廉洁档案，提高选人用人把关力度。

公司生产经营及党建工作取得令人欣喜的成绩，其中滕州公司荣获"滕州市五一劳动奖状"《实施党支部622目标管理实践》荣获全国建材企业文化建设典型案例。

在王嵘同志的带领下，北玻公司将更加紧密地团结在以习近平同志为核心的党中央周围，继续实施创新引领战略，"重塑"研究型院所体系与机制，持续提升军民两大核心产业能力，只争朝夕、不负韶华，在公司高质量发展道路上迈出新的步伐。

点评：北京玻钢院复合材料有限公司总经理王嵘从技术人员到公司总经理，脚踏实地，孜孜以求，无论是工作在基层还是作为企业负责人，王嵘同志都满怀强烈的责任感和使命感。他秉承以科技为先导，坚持科学发展、绿色发展的理念，不忘初心担使命，开拓创新促发展，带领企业走向了新的辉煌！

测绘地理信息的卓越领路人

——记中国建筑材料工业地质勘查中心甘肃总队副总队长，天水三和数码测绘院有限公司执行董事、总经理 陈重奎

陈重奎，男，汉族，1965年7月出生，甘肃省定西市人，中国共产党党员，大学本科学历，1989年6月参加工作，现任中国建筑材料工业地质勘查中心甘肃总队副总队长，天水三和数码测绘院有限公司执行董事、总经理。陈重奎三十年如一日的坚守，成功打造了"三和数码"这个测绘地理信息产业优秀品牌！在他的带领下，三和数码从只有10余名队员的小测量队发展成为"国家级高新技术企业"和"全国测绘地理信息产业百强企业"，仅仅用了10年时间，缔造了一个专属于"三和数码"的品牌传奇！

怀着一腔在测绘地理信息行业内做一番事业的激情，时任总队测量队队长的陈重奎多次和总队长高学渊探讨发展方向，于2006年挂牌成立了天水三和数码测绘院（现更名为天水三和数码测绘院有限公司，以下简称三和数码）。

三和数码成立以来，陈重奎带领三和数码人内强素质、外塑形象，以科学管理为基石，以诚信服务为依托，始终坚持科技创新，不断拓展业务领域，从基础测绘延伸到地理信息工程。现在的三和数码已经发展为集基础测绘、软件研发为一体的国家级高新技术企业。业务涉及国土资源整治、城乡规划建设、地理信息开发、智慧城市建设、地理国情监测、地下管线普查等诸多领域。拥有甲级测绘资质、土地规划甲级资质，以及信息系统集成及服务、软件开发三级资质。先后通过ISO 9000质量体系认证、环境管理体系认证、职业健康安全管理体系认证，测绘地理信息生产总值持续稳定增长。2016年至2019年，连续四年荣获"国家测绘地理信息产业百强企业"荣誉称号。一个具有强大影响力、竞争力和服务力的"三和数码"测绘地理信息品牌正在逐步发展壮大。

服务至上扩市场，夯实根基创品牌

建院伊始，陈重奎身先士卒，带领三和数码人抱团出击、通过和大公司合作规划测量、文物测量、土地调查等多个重大项目，不断强化学习，积累经验。

2007年，第二次全国土地调查工作全面启动。陈重奎敏锐地察觉到，这对三和数码来说，是难得的机遇，更是在甘肃测绘行业内打响品牌、占据市场、证明实力的绝佳时机。于是，一鼓作气签下甘肃省13个县的城镇土地调查和14个县的农村土地调查项目；也就在这一年，三和数码开始发展壮大。2009年12月底，项目数据库全面建成，并顺利通过市级、省级检查和国土资源部核查，赢得了甘肃省国土部门的一致好评。

随后几年，定西、平凉、天水、陇南等地区地形图测绘、基本农田划定、土地整治规划、土地变更调查、

农村集体土地确权登记颁证、地理国情普查、农村土地承包经营权确权登记颁证等项目络绎不绝。三和数码用实际行动践行着"技术引领行业、服务引领行业、产品引领行业、品牌引领行业"的服务理念，实现了"干一项工程、创一块牌子、赢一方信誉、交一方朋友、创一片市场"的目标。

组建优秀团队，创造动力源泉

优秀的团队是企业可持续发展的一个动力源泉。

在团队建设中，三和数码始终以"敬事礼人、尚同敏行"为企业核心价值观，秉承"敬贤礼士，才尽其用"的人才理念，坚持"人才强企"战略，建立"事业留人、待遇留人、感情留人"机制，执行按岗取酬、按责取酬、按技取酬和奖惩分明的考核制度。在不断提高员工薪资待遇的同时，坚持把合适的人放在合适的岗位上，多管齐下，搭建人才成长平台，培育人才成长沃土，努力为员工提供更多的升职空间，使员工自我价值得以实现。

另一方面，三和数码坚持"走出去，引进来"战略方针，每年分批派出业务骨干，到北京、武汉等地的高新测绘企业交流学习，先后有 30 多人与国内测绘前辈刘先林院士、李德仁院士沟通座谈，了解掌握最前沿、最尖端的测绘技术，并将高精尖的测绘技术带回三和数码，进一步推动三和数码的科技创新。

转型升级求创新，技术引领促发展

在夯实基础测绘的同时，三和数码积极向地理信息空间框架和各类管理平台建设方面拓展，努力推动测绘地理信息产业转型升级。

2012 年，在充分调研的基础上，三和数码果断引进"无人机摄影测量技术"，将其应用于农村集体土地确权登记颁证试点项目，引领了甘肃省测绘技术由传统转向现代的变革，并于 2013 年成立无人机航测队。同时，重点布局智慧城市产业，引进国际领先的 Trimble MX8 车载移动激光扫描测量系统，参与完成"数字定西""数字天水"等市级数字城市地理空间框架建设，以及智慧天水时空信息云平台建设、平凉市"一张图"核心数据管理平台建设等项目。

在测绘地理信息平台建设方面，三和数码先后研发了"三维地下综合管网系统""SHSM 编码测图系统""地质灾害预警监测指挥系统""地理空间数据管理系统""数字景区虚拟仿真平台"等测绘地理信息应用平台及系统 18 项，获得国家新型专利 4 项、软件著作权 17 项。依托甘肃省科技厅、国防科工委、九三学社甘肃省委员会，成立甘肃省测绘工程技术研究中心、高分对地观测系统天水分中心、九三学社专家工作站，在基础测绘、智慧城市建设、地理国情监测、测绘应急保障等重点工作上取得了一系列新突破、新成效。

紧抓机遇促跨越，"三和数码"振翅翔

目前，三和数码有各类技术人员 424 名，其中，国家注册测绘师 17 名。取得民用无人驾驶航空器经营许可证，从业资质涵盖测绘地理信息产业所有业务。

近几年，三和数码紧抓时代机遇，改组无人机航测队为集无人机研发、销售、培训、飞行为一体

的无人机研制中心。自主研发多款高端无人机产品,广泛应用于气象监测、环境保护、遥感航拍、电力巡线、应急救援、侦查救援、石油巡检、国土资源执法、农业植保等领域,并实现了多种装备的集成挂载和应用。同时,积极拓展AOPA培训业务,严格按照内外业一体化流程和培训体系,提供无人机全产业链综合服务;学员通过考核后为其颁发AOPA证书。

三和数码在甘肃省乃至西北地区无人机产业发展中起到了举足轻重的作用,"三和数码"品牌也逐渐飞得更"高"更"远"。

社会责任勇承担,砥砺笃行乐奉献

近年来,三和数码组织了形式多样、丰富多彩的测绘法宣传活动,协办甘肃省第五届"三和数码杯"工程测量技能大赛、"三和数码杯"甘肃省测绘地理信息行业首届无人机测绘技能竞赛等大型赛事,多次参加国家、建材集团、甘肃省测绘技能大赛,先后有两位员工荣获"甘肃省五一劳动奖章"。另一方面,与多家高校建立"企校合作"友好关系,设立了"三和数码"奖学金,为企业和社会培养了一大批优秀测绘人才,荣获"测绘地理信息高技能人才培育突出贡献奖"。

三和数码勇于承担社会责任,先后参与并完成定西市岷县、陇南市文县等地泥石流、堰塞湖等地质灾害应急救灾和监测工作,在应急救援、侦查救援、气象水文测绘等方面做出了突出贡献,被中国人民解放军民兵预备役编组为"无人机侦察分队"和"测绘分队"。随着队伍的不断壮大和应急救援能力的不断提升,三和数码与甘肃省应急管理厅和天水市消防支队签订应急救援战略合作协议,为全面保障社会公共安全提供了新的契机。陈重奎因此被评为"天水市践行爱国奋斗精神优秀人才",并被授予"甘肃省高层次专业技术人才"称号。

坚定信念塑文化,砥砺前行勇争先

在陈重奎看来,三和数码的每一名员工都是"咱自家人"。因而,他主张塑造"家文化",创办员工阅览室、活动室,慰问困难员工并为其捐款;不断强化员工食堂和宿舍管理、设立员工生日礼物基金,为员工营造"家"的温馨环境,时时处处关怀员工身心健康,为员工营造和谐、轻松、公正、公平、进取、团结的环境,使三和数码真正成为员工的依靠,让员工有"我是三和数码千分之一,也是三和数码百分之百"的自豪感,从而提升员工认同感。

另一方面,三和数码积极参加甘肃省测绘地理信息行业职业技能竞赛,并取得了优异成绩;定期举行知识技能竞赛,举办职工文艺晚会,开展各类文体活动,组织对困难职工的捐款活动,形成了"积极进取,团结互助"的企业文化氛围,让员工与三和数码一同成长,也增强了凝聚力和向心力。

不忘初心勇向前,凝心聚力强品牌

新时期,陈重奎带领三和数码不断深化国有企业改革,以党的十九大精神为引领,聚焦中国建材集团和地勘甘肃总队战略布局,聚焦质量和效益,聚焦市场区域拓展,聚焦科技创新,聚焦党建文化,聚焦"四化"转变,特别在"企业化""市场化"方面推动体制、机制转换,布局新的商业模式。三和数码平凉分院、定西分院、青海分院、宁夏分院、陇南分院、兰州分院,以及无人机研制中心等分支机构相继成立,建立起了立足天水、辐射西北的地理信息产品服务网络,在增强企业影响力的同时,为地方建设提供了强有力的技术支撑。

新时代赋予新使命,新征程召唤新作为。在陈重奎的带领下,三和数码测绘地理信息工作者将以习近平新时代中国特色社会主义思想为指引,深入贯彻落实党的十九大精神,着力提升测绘地理信息供给能力,拥抱新时代,践行新思想,体现新作为,做出新贡献!

点评:三十年如一日的坚守,成功打造了"三和数码"这个测绘地理信息产业的优秀品牌,"国家级高新技术企业"和"全国测绘地理信息产业百强企业",这是中国建材地勘中心甘肃总队副总队长、天水三和数码测绘院有限公司执行董事、总经理陈重奎带领团队交出的一份优秀答卷。

引领水泥行业创新发展的开拓者

——记济宁中联水泥有限公司党委书记、总经理 陈兴龙

陈兴龙同志，男，山东曲阜人，50岁，现任济宁中联水泥有限公司（以下简称济宁中联）总经理、党委书记。济宁中联前身为韩国大宇水泥，于1997年7月建成投产，2012年加入中国联合水泥集团有限公司，是中国联合水泥全资子公司和中国建材股份有限公司水泥业务板块的成员企业。

陈兴龙同志从1991年12月进入曲阜水泥厂，先后担任了班长、生产科长、审计员、车间主任、粉磨企业经理，在此期间，该同志多次被企业和当地政府评为先进工作者、劳动模范、优秀共产党员，2012年被评为"济宁市劳动模范"。

2012年，陈兴龙同志进入济宁中联担任副总经理职务并全面主持企业经营管理工作，他团结带领广大党员干部职工在六年时间里开拓出了一条改头换面转变身份、大胆改革挖掘潜力、苦练内功谋求生存、积蓄力量厚积薄发、扭亏增盈提质增效、压减托管布局市场的改革之路。时至今日，济宁中联已由单一的熟料生产线逐渐发展壮大为集石灰石开采、骨料（机制砂）产销、熟料基地、水泥产销、商混产销为一体的产业经济体。由于工作业绩突出，陈兴龙同志于2017年先后被任命为济宁中联党委书记、总经理，2014年和2016年被中国建材党委评为"优秀共产党员"，2015年被评为"山东省安全生产工作先进个人"，2018年和2019年，连续两年被评为中国联合水泥"十佳"年度人物。

从事水泥行业的近30年，陈兴龙同志从一名普普通通的车间工人，逐渐成长为企业的经营管理者。在陈兴龙同志带领下，济宁中联实现了由外资企业向中央企业的华丽转身，完成由小到大、由弱变强的成功蜕变，一步步将济宁中联引领打造成行业典范和集团标杆，成为中国联合水泥和中国建材集团的骄傲。

勇挑重担，探索外资企业改革之路

全资收购大宇水泥并成立了济宁中联水泥有限公司，开启了中国水泥行业重组外资企业的首个案例，如果把重组收购当成手术案例的话，没有任何"临床经验"的陈兴龙同志便是这首个手术的"一把刀"，为快速转变企业身份，实现企业平稳过渡，他做了大量卓有成效的工作。

1. 快速融入中联文化

陈兴龙同志把在曲阜中联多年的管理经验运用到实际工作当中，将原企业先进的企业文化保留下来，同时与中联水泥企业文化有机结合，兼收并蓄，博采众长，循序渐进、张弛有度植入中联文化，引导广大职工转变思想观念，积极融入中联文化，实现了由"打工者"向"主人翁"的身份转换，广大职工成了企业发展参与者、建设者、推动者、贡献者，凝聚力和向心力大大增强，工作热情持续高涨。

2. 大胆进行薪酬改革，精简机构，精干人员

为了打破原企业"大锅饭"的平均分配机制，合理分配和调节职工工资收入，陈兴龙同志将中联

的绩效文化导入到薪酬改革中来，随着绩效考核制、竞聘上岗制相继出台实施，广大职工在公平、公正、透明的舞台上自由施展发挥才能智慧，营造了百舸争流、百花齐放的良好氛围。除此之外，为进一步推进减员增效工作，防范"大企业病"，陈兴龙同志积极推进实施机构精简、人员精干，将职工数量由 430 人减员精干到现在的 302 人，合理精简合并机构部门，工作效率显著提升，职工收入普遍增长，机构数量和职工数量虽然减少，但更加趋于合理，工作效率和劳动生产率大幅提升。

3. 大刀阔斧进行技术改造升级

济宁中联 7200 吨熟料生产线，建成之时的"亚洲第一线"，目前仍是山东境内产能最高的生产线，在成立之初，日均产量仅有 6800 吨，标准煤耗高达 107.5kg/t，综合电耗高达 62.4kW•h/t，生产技术指标已大大落后于同行业水平，为最大限度挖掘设备潜力，优化工艺技术指标，快速降低能耗和成本，提高企业效益，陈兴龙同志率领全体干部职工先后实施了窑尾喂料气力提升泵改造、窑筒体辐射热利用、篦冷机改造、收尘器改造、脱硝项目、DCS 系统升级等十几项技术升级改造项目，相继配套建设了余热发电项目和骨料生产线，各项生产技术指标屡创历史新高，当前熟料日均产能保持在 7450 吨，标准煤耗稳定在 100kg/t 左右，综合电耗为 53kW•h/t 左右，

把握机遇，洞悉市场，培植新的利润增长点

公司矿山石灰石资源储量丰富，保有储量约 9100 万吨，石灰石品质优良，这也是韩资企业在此选址建厂的重要原因之一。加入中国联合水泥以来，企业作为单一熟料基地的短板日渐凸显，在前几年经济下行、行业亏损的大环境下，价格持续下行，库存消化压力巨大，加上沉重的财务负担，企业生产经营举步维艰。为解决这一突出难题，陈兴龙同志在公司大张旗鼓开展以增加效益、节约开支、降低成本为主题的"增节降"活动，鼓励全体干部职工积极献言献策，通过实施技术改造严格控制生产成本，同时紧紧抓住市场机遇，培植新的利润增长点，为企业的生存与发展做出了殷实贡献，提高了企业抗风险能力。

1. 建设骨料线，提高盈利能力

抓住政府关停治理零散骨料厂的有利时机，2015 年年初建设了一条产能为 200 万吨／年的骨料生产线，当年就产销 144 万吨，实现利润 430 万元，使企业尝到了甜头，陈兴龙同志不满足于此，2016 年通过技术革新，新增骨料产能 60 万吨／年，盈利水平大幅提升，2018 年骨料产销实现 243 万吨，实现利润 4212 万元，在企业最为困难的时期，骨料业务无疑成了企业生存发展的坚实保障。

2. 建设机制砂项目，丰富盈利手段

河沙作为建材行业的主流材料正日益走向枯竭，为积极履行社会责任，节约河沙资源，陈兴龙同志在经过大量的市场考察和试验论证之后，2018 年 4 月投资建设了一条产能为 60 万吨／年的机制砂生产线，全年累计产销机制砂 38 万吨，实现利润 660 万元，在集团公司大力推行产业一体化的背景下，陈兴龙同志站在产业经济体的高度，将机制砂优先内供产业经济体内的商混企业，大大提高了终端市场的盈利水平。

另外，为进一步丰富产品结构，提高市场占有率，陈兴龙同志还在市场上试验投放了机场熟料、低碱水泥、缓凝水泥等建材产品，丰富了企业的盈利手段，广受市场认可与好评。

发挥企业自身优势，实施创新驱动战略

1. 构建以铁路运输为核心的现代化货物集散中心

随着国家加快建设现代综合交通运输体系，推进以减少公路运输量、增加铁路运输量为主要内容的"公转铁"运输结构调整的战略步伐越来越快，陈兴龙同志充分发挥企业得天独厚的铁路资源优势，抓住公路超限治理有利时机，对内实施装车系统改造升级、开通敞顶箱专列，持续提高发货效率和货运吞吐量，对外加大铁路沿线市场开发力度，抢抓高铁、市政基建、房地产等工程项目，将铁路资源优势无限放大，降低了运输成本，提高了产品销量和企业盈利能力，改善了现场作业环境，为环保治理做出了贡献，可谓"一举多得"。

2. 将精细化管理做出特色

按照中国建材集团深入开展精细化管理提升的工作要求，陈兴龙同志作为企业一把手把精细化管理提升工作摆在突出位置。他深知精细化管理提升是企业综合实力的窗口，充分结合公司实际情况，以"人无我有，人有我优"为工作原则，围绕生产现场和办公职场大力开展以"早、细、精、实"为核心内容的精细化管理提升，在做好"常规动作"的同时，更多地开发创新"自选动作"，塑造了企业特有的精细化管理文化内涵，同时他还将精细化管理理念融入生产经营各个环节，将管理效益转化为实实在在的经济效益，在集团公司组织的各项检查中均取得优异成绩，并多次受到集团公司领导的褒奖和兄弟单位的好评。

3. 党的建设与企业经营管理实现深度融合

陈兴龙同志担任企业党委书记和总经理职务以来，严格落实"一岗双责"和"两个责任"工作要求，牢固树立"四个意识"，始终与党中央决策保持高度一致，坚持党建工作与生产经营工作两手抓，两手硬，相互促进，相互融合，建立并完善党建KPI考核体系，将党建工作与绩效考核挂钩，指导各部门成立党支部，支部书记一手抓党的建设，一手抓日常工作，切实将党建工作渗入到生产经营工作的各个环节当中，有效发挥了党建催化作用和战斗堡垒作用。

由于党建工作扎实有效，富有特色，济宁中联党委多次被中共济宁市委、中共泗水县委授予先进基层党组织荣誉称号，熟料部党支部、窑操作岗分别被中国建材集团党委授予"五好党支部""党员先锋岗"荣誉称号。

大力发展循环经济，创建绿色生产企业

1. 建设余热发电项目，提高能源利用效率

公司余热发电项目于2014年年初建成运行，装机额定容量为9MW，将熟料烧成系统废气余热的90%进行回收发电用于熟料生产，占到生产用电的近50%，降低熟料成本约13元/吨，截至2018年年底累计发电2.52亿度，节约用电2.39亿度，减少CO_2排放20万吨，综合效益每年多达2400多万元。

2. 实施技术改造升级，推进节能降耗、减排增效

2013年通过将原系统的备用提升机拆除更换为喂料胶带提升机，吨熟料综合电耗降低1.7度，每年节约电费120万度，吨熟料标准煤耗降低1.8kg，每年节煤达4410吨，每年增加效益达600余万元；同年，通过技改将熟料生产线窑头窑尾电收尘器改为袋收尘器，使窑尾粉尘排放量由50mg/m³降低至15mg/m³以下，2018年年底又实施了窑尾收尘器超净排放改造，粉尘排放量进一步降低到5mg/m³

以下；2013年他率先在企业投资建设了NO_x脱硝项目，NO_x排放量由800mg/m³直线降低至260mg/m³，2018年年底又实施应用了脱硝超低排放技术改造，NO_x再次降低至180mg/m³以下，NO_x排放浓度和排放量降低30%以下，脱硝项目每年减少NO_x排放2000多吨，为大气污染防治做出了突出贡献。

3. 贯彻绿色生产理念，开展绿色矿山创建工作

根据山东省关于在全省进行绿色矿山创建的工作要求，严格落实市、县两级国土主管部门及中国联合水泥下发的《矿山管理提升工作实施方案》的具体规定，陈兴龙同志将环保治理、规划开采、绿化复垦三者有机结合，将精细化管理理念植入到绿色矿山创建工作当中，累计复垦15公顷，种植树苗3.6万棵，边坡整治4.6万平方米，投资1400余万元进行了矿山道路硬化、购买降尘设施，经过大量工作，绿色矿山创建工作取得显著成果，多次受到中国联合水泥领导的认可和肯定，并作为绿色矿山示范企业多次接受兄弟企业和政府部门的观摩。

4. 从严从紧抓安全管理与环保治理

陈兴龙同志作为济宁中联安全生产第一责任人，对全公司安全生产工作负总责。他以"零事故、零伤害、零新增职业病"为年度安全管理目标，把安全生产工作摆在重要位置，不断夯实安全基础管理，持续推进安全标准化建设和"双重预防体系"建设，为企业生产经营提供了强有力支撑，2013年底公司顺利通过了国家一级安全标准化验收，安全管理工作一年一个新台阶，安全管理水平稳步提高，自公司成立以来，未发生一起安全类事故，安全生产形势持续稳定向好。

建设"现代化工厂"

为了使生产和安全保卫工作做到到点到线，依托点巡检系统，加大设备巡检力度，增加巡检频次，不仅保障了设备稳定高效运行，也降低了设备故障率。

通过自动计量，过磅速度提高两倍，保证了物流顺畅，实现了过磅数据与采购、销售、财务的无缝衔接，促进了计量业务的规范化、标准化、电子化、集成化。

QCS系统以自动化控制为基础，提供智能化、信息化整体解决方案，实现丰富的数据统计及分析功能，通过自动化系统与优化控制应用，避免了人为因素造成的产品品质的波动，生产过程得到了更好的控制，极大减少了人员参与度和劳动强度。

突破创新管理模式，快速推进产业一体化进程

坚持市场化道路、坚持创新型发展战略，积极探索符合公司实际的发展路径，以管理整合提升效益，济宁中联分别在2017年和2018年先后压减托管了三家粉磨企业和三家商混企业。在陈兴龙同志的坚强领导下，济宁中联逐步构建起"以商混经营为抓手，以水泥销售为基础，以骨料生产为支撑，以熟料产销为杠杆"的一体化市场协同模式，通过最大限度提升终端商混盈利水平，并由终端商混市场带动倒逼水泥、熟料、骨料销售，"水泥+"经营模式初具成效，2017年企业实现了扭亏增盈，打了一场漂亮的翻身仗，2018年实现利润1.28亿元，盈利能力大幅度提升，提质增效效果显著，圆满完成集团公司下达的经营任务指标。

在以陈兴龙同志为核心的领导班子管理经营下，济宁中联在短短的几年里从一个负债累累、产能单一的亏损企业一跃成为管理先进、效益优良的优胜企业，在当地政府眼中，济宁中联不仅是经济发

展支柱企业,更是一个积极履行社会责任的绿色工厂,连续多年被泗水县政府评为先进单位。在企业成立的六年里,累计实现销售收入29.26亿元,实现利润2.78亿元,上缴税金1.54亿元,为集团公司发展和地方经济发展做出了卓越贡献。

2018年,济宁中联先后荣获"济宁市安全文化优秀单位""济宁市劳动争议调解示范单位""济宁市青年文明号""山东省4A级劳动关系和谐企业""山东省模范职工之家""山东省新时代特色企业文化建设先进单位""全国企业文化建设先进单位"、2018年"弘朝科技杯"全国第十六次水泥化学分析大对比"全优奖"等多项荣誉。

开拓进取,求实求新。陈兴龙同志始终致力于打造世界一流水泥企业并为之不断努力和奋斗,不断引领水泥行业向快速、健康、高质量发展方向迈进,正是凭着多年来这股创新精神和实干精神,他团结带领济宁中联全体干部职工让一个历经20年风雨的老企业重新焕发了勃勃生机,实现了由外资企业向中央企业的华丽蜕变,为中国建材集团和中国联合水泥战略发展贡献了自身的智慧和经验,为水泥行业由外资企业向中央企业华丽蜕变提供了先进案例。

点评: 一个历经20年风雨冰霜的老企业;一个从外资企业转身的国有企业;一个从亏损变为盈利的企业;一个单一的水泥制造企业变为水泥+(水泥制造、骨料生产、商混等)企业,这些成就的取得,得益于济宁中联水泥有限公司党委书记、总经理陈兴龙高超的管理经验和他的睿智,他不愧是水泥行业创新发展的开拓者。

践行初心使命，坚守责任担当

——记重庆市忠州曼子建材集团有限公司党支部书记、董事长、总经理 陈克祥

陈克祥，男，汉族，在职研究生学历，中国共产党党员，工程师，现任重庆市忠州曼子建材集团有限公司（以下简称曼子建材集团）董事长、党支部书记。忠县第十二届、第十三届、第十四届党代表，忠县第十四届、第十五届、十六届人大代表。

陈克祥同志于1986年5月参加工作，一直从事水泥、预拌商品混凝土制造行业，从国有企业到民营企业，先后在班组长、厂生产办主任、副厂长、厂长、总经理、董事长等岗位从事生产经营工作。先后担任重庆市第二届人大代表，中国水泥协会第五届、第六届理事，重庆市水泥行业协会第二届、第三届副会长，重庆市中小企业协会副会长，重庆市建材工业经济发展促进会理事，忠县工商联（总商会）第十届、第十一届、第十二届副主席（副会长）等社会职务。2010年以来，陈克祥同志先后投资成立重庆市忠州曼子建材集团有限公司、忠县祥鑫建材有限公司，专业从事预拌商品混凝土研发、生产、销售，目前已经建成了先进的预拌商品混凝土生产线4条，年生产能力达160万立方米；集团总注册资本金2000万元，总资产18000万元，现有员工186人。

陈克祥作为曼子建材集团的领头人，强化政治引领，把"四个意识"落实到岗位上和行动上，带领企业由小变强，成为忠县商品混凝土行业的领军企业，忠县工业领域的支柱企业。

不忘初心，永跟党走

陈克祥同志坚持以一名共产党员的标准严格要求自己，牢固树立政治意识、大局意识、核心意识、看齐意识，坚定道路自信、理论自信、制度自信、文化自信，坚决拥护中国共产党的领导，热爱社会主义祖国，深入学习贯彻习近平新时代中国特色社会主义思想和党的路线、方针、政策；自觉遵守国家法律法规和有关规章制度，依法经营；他把"永远跟党走"作为公司和个人一切行动的指南，着力打造以"忠诚厚道、开拓创新、勇于担当、成人达己"为核心内涵的企业文化。维护各方合法权益，把职工利益放在第一位，把安全、质量、环保放在第一位，企业和谐稳定。

公司党组织、工青妇群团组织健全，陈克祥同志从经费上、班子配置上，大力支持公司党支部、工会、共青团的工作。党支部把党建工作与企业生产经营有机结合，把党建活动与企业文化建设有机结合，保证了党组织生活正常化和经常性，党员活动室成为强化党员教育、提升党组织凝聚力和战斗力的活动阵地，使企业价值观成为企业与员工的思想有机结合，企业在激烈的市场竞争中发展壮大，塑造了良好社会形象。公司党支部被授予"四星级非公党建示范点""先进基层党组织"等荣誉称号。

勇于开拓，创新发展

陈克祥同志认真贯彻落实"创新、协调、绿色、开放、共享"五大发展理念，重视企业创新和绿色发展，企业环境保护，环境绿化好。主要生产工艺采用微机全自动控制生产技术；拥有国内一流的云板混凝土生产企业专项试验室、国内领先的质量检测设施设备、完善的检测手段和严格的检测制度。产品检验强度合格率100%，交货检验强度合格率100%。公司产品广泛应用于忠县及周边区县重点道路、桥梁工程、市政建设、高层建筑工程等重点工程，完成了以忠县电竞城、第二行政中心、公租房、烽烟三国、玉溪二桥、玉溪三桥、天鹅湖岸商住楼等为代表的数百例工程，为提高城市品位，建设忠州美丽的家园做出了应有的贡献。

公司以科技为动力，不断加强科技创新，企业技术改造及新产品开发，不断促进企业产品升级和绿色环保，年均投入科研经费达500多万元。公司获得"高利用率的废水循环回收系统"发明专利授权1项，"三级砂混凝土的砂石分离装置""废水回收过滤系统""混凝土原料配比生产混合系统"等实用新型专利授权14项。公司开发的绿色节能C30标准砼、绿色环保C35标准砼被认定为高新的技术产品。公司在废水处理方面获得"高利用率的废水循环回收系统"发明专利1项，"废水循环回收水池""废水回收过滤系统""废水回收管道"实用新型专利3项。公司在厂区全覆盖建设粉尘防治喷淋清洗系统，工厂各区域道路、植被定时自动清洗，环境优美，员工工作环境舒适。

陈克祥将产品质量作为企业的生命线，健全质量管理体系，强化质量管理，产品合格率达100%。公司自主研发的"忠州牌"C10、C15、C20、C25、C30、C35、C40、C45、C50、C55、C60预拌商品混凝土全部荣获"重庆名牌产品"称号和"重庆知名产品"称号。2018年，曼子建材集团公司被认定为"高新技术企业"。

2017年，集团实现产值11118万元，利润1025万元，纳税723万元；2018年实现产值13542万元，利润1320万元，纳税862万元；累计上缴税金达5000万元。

诚信经营，信誉良好

陈克祥同志认真执行国家各项方针政策，建立健全企业财务核算、安全标准化体系、环境体系、职业健康体系等企业管理体系和制度，守合同、重信用，遵守国家法律法规，照章按时缴纳各种税费，其领导的企业和个人均无违法违纪行为和不良信用记录，深得社会各界好评。陈克祥同志被评为"2018年度重庆市优秀企业家""2016－2017年度中国混凝土行业优秀企业家"（渝东北地区唯一一位）、2017年被中国中小企业协会评为"优秀企业家"；曾获重庆民营经济十大风云人物、重庆市优秀民营企业家、忠县中国特色社会主义事业建设者、优秀企业经营者、优秀共产党员、优秀党务工作者等荣誉。他所领导的公司连续多年荣获"全国混凝土行业优秀企业""重庆市混凝土行业优秀企业""重庆市守合同重信用企业""忠县十强企业""忠县常青树企业""县优秀民营企业""县环境保护先进企业"、县A级纳税企业、县"常青树"企业、劳动保障守法诚信A级企业、县级文明单位等荣誉称号。

顾全大局，勇于担当

作为县域经济的一名普通民营企业家，陈克祥重义轻利，他想到的不仅仅是自己公司的生存和发展，他心里装着全社会的共同发展，同时想着的是为政府减负，减压。2003年，国营忠县水泥厂和忠县卫星水泥厂，负债累累，职工队伍涣散，企业濒临破产，举步维艰，工厂几百人面临下岗。在此危难时刻，陈克祥积极响应县委、县政府号召，激流勇进，勇挑重担，主动参与国有企业改制，多方筹资收购了两家水泥生产企业，并且想尽一切办法，迅速恢复生产，安置职工再就业300多人，确保生产持续、员工队伍稳定、社会稳定，企业重新焕发生机。2009－2010年，为支持忠县重点招商引资企业——重庆海螺水泥公司新上生产线，无偿让出排污指标，主动关闭了生意红火、效益良好、总资产达15000万元的两个水泥生产企业，并从产业链上找突破口，积极寻求产业转型升级，新投资9500万元建立两个预拌商品混凝土搅拌站，并成为全县重点工业企业和纳税大户。

致富思源，回报社会

陈克祥同志在大力抓好企业生产经营的同时，积极履行社会责任，吃水不忘挖井人，大力回馈社会和广大人民群众，致力于全社会的共同致富，大力参与到国家脱贫攻坚以及乡村振兴战略中来，大力支持各项公益事业。2003年以来，陈克祥在各类社会公益赞助、乡村公路建设、社区建设、资助贫困学生、养老院、精准扶贫、捐资助学等各类活动中捐款捐物近1000万元，受益对象达1.5万人。在精准扶贫中，陈克祥同志带队深入帮联的忠县三汇镇开展情况调研5天次、参与研究制订产业发展规划12天次、慰问困难群众35人次、采购农产品6.8万元、安排就业20人、实施项目3个、直接捐款捐物95.8万元，带动40人实现脱贫。2012年，公司出资在县慈善会设立"曼子公益慈善基金"，资助公益事业3项，资助新农村建设19项，资助贫困学生440多人。他所领导的企业先后荣获"市扶贫开发工作先进集体""重庆市精准扶贫先进集体""忠县十大慈善企业""忠县爱心企业"等荣誉称号。

以人为本，关爱员工

企业坚持以人为本，积极保障职工合法权益，与全体员工签订劳动合同，按照规定缴纳社会保险费用，与员工的关系和谐；充分发挥工会组织作用，利用节假日开展文体活动，每年支出工会活动经费10万元；举办员工集体生日活动，每季度为过生日员工举行茶话会，参加员工生日晚宴，并亲自送去慰问贺卡和慰问金；每年组织优秀员工及家人参加春节期间外出旅游和夏季集体消夏避暑纳凉活动，不仅增进了与员工之间的交流，也拉近了员工与公司之间的距离；鼓励员工建言献策，增强企业凝聚力；重视人力资源开发和管理，注重员工的培训学习，每年为员工讲课4次以上，并将中层干部和优秀员工轮流外派学习。通过开展丰富多彩的活动，有效提升了员工的凝聚力。

点评：重庆市忠州曼子建材集团有限公司党支部书记、董事长、总经理陈克祥同志是一位民营企业家，他心系国家、心系社会、心系人民，有宽阔的家国情怀。作为曼子建材集团的领头人，他强化政治引领，把"四个意识"落实到岗位上和行动上，带领企业由小变强，成为忠县商品混凝土行业的领军企业，为地方、社会、企业员工做出了突出的贡献。他不愧为"践行初心使命，坚守责任担当"的楷模！

廉洁实干求创新，群策群力勇担当

——记厦门路桥翔通股份有限公司党委书记、董事长 巫升柱

巫升柱，1970年10月出生，中国共产党党员，博士研究生，教授级高级会计师，中国混凝土行业优秀企业家，现任厦门路桥翔通股份有限公司党委书记、董事长，兼任漳州路桥物资发展有限公司董事长。巫升柱大学毕业后一直从事工程建设产业链财务管理和经营管理工作，2012年通过专业拔尖人才引进加入厦门路桥集团后，为厦门路桥集团的经营转型升级做出了突出贡献。特别是2015年7月至今出任厦门路桥翔通公司主要负责人后，实现了专业知识与经营管理双提升，在管理和科技创新、转型升级、发展新材料和新业态、绿色发展、节能减排、促进企业文化建设、履行社会责任等方面业绩突出，获得了各级组织和利益相关各方的高度认可。

坚定不移坚持"一个总目标"，
全力打造"翔创砼匠"党建品牌，强化国有企业党建成果

巫升柱作为厦门路桥翔通公司的党委书记，深入贯彻习近平新时代中国特色社会主义思想，全面加强党的建设，坚定扎实履行党委主体责任。提出"党建引领经营，经营提升党建"的总目标，严格按照《中国共产党支部工作条例（试行）》规定，建设坚强战斗堡垒。确实落实纪委监督责任，强化对党员执纪问责力度，严格按照干部管理相关规定，签订《廉洁从业承诺书》，做到忠诚、干净、担当。全力打造"翔创砼匠"党建品牌，开展"一支部一品牌一特色"活动。2018年，翔通公司党委被路桥集团党委评为"先进基层党组织"。2019年，建设完成了公司"翔创砼匠"党建宣传阵地建设，抓好两大学习平台，实现"学习强国"全体党员全覆盖，厦门党建E家齐推进，继续组织开展新思想"大学习"、引导党员学原文、读原著，落实党委理论学习中心组学习制度、"三会一课"制度等多样化党建工作。

秉持"安全发展和绿色发展两个经营理念"，
实现公司健康运营

坚持"一以贯之治企"安全发展。坚守安全发展是公司经营的生命线，严格贯彻"党政同责，一岗双责，齐抓共管，失职追责，守土尽责"，努力实现"安全目标责任化、安全运行标准化、安全检查透明化、安全教育制度化、安全管理全员化"。每年均未发生重大人员伤亡事故。

坚持"绿色可持续发展"。努力践行绿色发展承诺，以绿色生产、智能制造为突破路径，推动建材主业高质量发展。2016—2019年，分批推进厦门、漳州、泉州等基地提升绿色混凝土改造，加大绿色混凝土供应商的覆盖面，10个混凝土基地全部达到绿色生产标准，基本成为所在区域的行业标杆。

公司权属 10 家混凝土、3 家外加剂和 1 家供应链企业关键业务模块全部实现上线运行，外加剂生产基地生产系统数据自动化对接，加快新生产线实现智能化升级。绿色生产、智能制造效应已初步显现，企业市场竞争力和盈利能力全面提升。

坚持"三大业务"协调发展，确保公司可持续健康活力

1. 转变岗位管理思维定位，实现各项业务健康发展

吨位决定地位，商品砼销量屡创新高。厦门路桥翔通公司作为福建混凝土行业的龙头市场化企业，凭借市场规模效益，经过详细分析和经营实践提出了"廉政建设常态化、安全管理全员化、市场拓展一体化、成本控制精细化、管控模式信息化、团队管理专业化"的六个经营方向，秉承成为混凝土绿色环保供应商的典范，取得了稳健骄人行业业绩，为厦门路桥集团培育进入资本市场的权属企业奠定了良好的基础。翔通公司被评为"2018 中国混凝土与水泥制品品牌十强""2016－2018 年度中国混凝土行业优秀企业""2017－2018 年度"中国混凝土行业绿色生产示范企业""2017－2019 中国建材企业 200 强"等荣誉称号，2019 年公司《坚持党建文化引领，奋力推进翔通前行》荣获 2018－2019 年度全国建材企业文化建设典型案例。2016 年、2018 年，巫升柱同志连续两次被评为中国混凝土行业优秀企业家，2019 年荣获 2018－2019 年度全国建材企业文化建设突出贡献人物奖。

2. 坚持科技创新兴企，争创行业技术领航

公司致力于科技创新、工艺研究、产品开发、知识产权申报和保护，坚持自主研发、大胆创新，截至 2019 年年底，公司拥有专利 39 项，其中发明专利 9 项，实用新型专利 30 项。公司参编福建省两项地方性行业标准，不断提高"行业话语权"。2018 年，江西迪特公司、厦门建科公司两家权属外加剂企业分获第四届全国混凝土外加剂应用技术大赛一、二等奖；厦门建科公司荣获"厦门市科技小巨人"称号。2019 年，公司与厦门理工学院合作的省重大产学研项目荣获"福建省科学技术进步奖"二等奖；研发中心与建科公司组队参加第五届"友邦杯"全国混凝土外加剂应用技术大赛荣获合成技术组二等奖及复配技术组二等奖。

公司积极开展"产学研"合作。以科研成果产业化为着力点，逐步从依靠资源和低成本劳动力等要素投入转向科技创新驱动。与厦门理工学院合作开发的"海洋环境下高性能混凝土制备关键技术及其产业化"项目通过 2018 年度福建省科学技术奖答辩；与江西建材院合作开发的"聚羧酸系高性能减水剂适应性分析及应用研究"项目通过验收评审，项目成果得到进一步推广应用。委托南京水利科学研究院开发的"厦门第二东通道桥隧海工耐久混凝土研究"成套关键技术取得了突破性进展，形成专有技术成果。与厦门大学材料学院交流"硅酸锂系－硅烷系渗透型复合防护涂层"项目，完成项目合作可行性报告。

3. 供应链业务夯实基础控风险，稳健经营谋发展

坚持两个区域市场布局，增强贸易业务转型升级。漳州物资公司以服务"一带一路"和粤港澳大湾区两个战略市场布局，同时以信息化助推业务一体化，真正实现管理出效益的良好局面。漳州物资公司荣获漳州市 2015－2017 年度"纳税大户"、漳州市 2015－2017 年度"经济建设贡献奖"、漳州市 2015－2017 年度"守合同重信用"单位、福建省 2016－2017 年度"守合同重信用"单位荣誉，蝉联 2015－2019 年"中国钢贸企业百强榜"，2018 年荣登中国建材榜百强第 12 位，2019 年荣登中国建材榜百强第 11 位，比 2018 年名次上升了一位。

真抓实干,推动翔通公司高质量发展

1. 重启厦门路桥翔通公司IPO,尽快实现资产证券化

2017年,为实现厦门路桥集团经营主业建筑材料板块重返资本市场,推动其IPO重启工作,2018年7月已进入厦门证券局辅导备案期,继续做强做优做大混凝土产业,继续引领福建省内混凝土行业龙头地位,做好服务优质工程建设。

2. 灵动运用资产收购战略,增强公司发展后劲

2015年10月,基于公司厦漳泉混凝土行业战略布局,快速启动了对漳州区域宝达混凝土公司位于漳州芗城、南靖、漳浦、龙海四个混凝土生产基地的收购,从股权收购、分立收购到最终选择资产收购等三种方式商谈,最后通过新设四个公司规避潜在的经营风险,成功实现了公司发展的二次扩张步伐,经过2017—2019年三年经营,四个基地公司经营收入和利润总额保持年均复合增长趋势。

3. 注重经营产业布局,实现闽浙赣区域联动

2016年11月,基于公司产业链衍生的第二主业外加剂业务,通过与江西建材科学研究院横向科研合作,收购江西迪特科技有限公司股权后的科技成果产业化,实现了外加剂业务快速扩张,2018年进入了福建省外加剂业务第二位,有效增强了品牌价值和产品销售多元化。2019年江西迪特公司在第五届全国聚羧酸减水剂技术交流大会暨混凝土外加剂应用技术大赛取得一个项目一等奖的好成绩。

打造翔通机制建设,提升员工竞争力,培养管理团队凝聚力

推动翔通公司问责机制、激励机制和考核机制建设,夯实翔通公司经管体系。坚持党建文化引领企业文化,认真实干工作,推动翔通公司高质量发展。

持续以"翔通杯"试验技能大赛和技术创新论坛为载体,锻造出一批翔通工匠,让创新意识、创新思维成为成就企业发展的内在驱动力。

充分调动全体员工个体智慧,确保薪酬等福利处于行业中上水平,让全体员工共享公司发展成果,锻造"匠心、协同、创新、共赢"的核心价值观。

坚持责任担当引领,树立品牌社会影响力

厦门路桥翔通自成立以来,面对跌宕起伏的市场形势,砥砺践行"建设美好生活"的经营理念,秉承"匠心、协同、创新、共赢"企业价值观,坚定不移、群策群力做大做强主业,公司营业收入、利税持续增长。2003至2019年,厦门路桥翔通及权属企业在厦门市纳税总额累计超过6亿元。

厦门路桥翔通作为混凝土行业龙头企业,承担了大量重点项目混凝土供应任务,从基础设施建设到产业园区建设、从安居工程到国防工程、从道路桥梁到海底隧道,公司始终充当主力军。近几年,混凝土原材料供应紧张、价格不断攀升,甚至出现"无米下锅"。原材料短缺导致混凝土生产供应不足,给企业带来前所未有的困难。巫升柱同志带领翔通人积极应对,主动作为,想方设法解决原材料短缺带来的冲击,充分发挥规模效应,区域内搅拌站全面协同,生产资源统一调配,全力以赴保障重点工程混凝土供应。先后圆满地完成了翔安隧道、集美大桥、杏林大桥等数十个重点工程混凝土供应任务,目前仍在服务于海沧海底隧道、翔安新机场快速路、轨道交通等重点工程。

作为国有企业,积极响应组织要求,勇于担当社会责任。厦门区域公司按照厦门市建设局要求,组建了以党员为骨干的三个防汛抗台风应急小分队,遵照组织要求,及时到岗,做到党员"亮身份、做承诺、当先锋、树形象"。开展党员一面旗,党员先锋岗活动。基层各党支部加强与所在社区党组织的社企结对工作融合,共同开展安全生产、自愿服务等主题党日活动。

　　巫升柱同志专业技术水平突出,业绩卓著,在福建省工程建设和财务管理等领域具有重要影响力,所负责企业连续多年位居福建省同行业首位,为厦门路桥翔通公司的健康、快速发展做出了较大的贡献。

　　点评: 厦门路桥翔通股份有限公司党委书记、董事长巫升柱具有较高的专业技术水平。他任职以来,实现了专业知识与经营管理双提升,在经营业绩、管理和科技创新、转型升级、发展新材料和新业态、绿色发展、节能减排、推进企业文化建设、履行社会责任等方面业绩突出,他以"廉洁实干求创新,群策群力勇担当"的精神,引领企业攀登新的高峰。

倾情服务中玻，无怨奉献职场

——记威海中玻镀膜玻璃股份有限公司总经理 叶志会

叶志会，男，汉族，辽宁本溪人，1970年12月出生，中国共产党党员，大学本科学历，高级工程师。1994年7月参加工作任威海平板玻璃厂技术员，1998年4月任山东蓝星玻璃集团管理部副部长，2000年12月任威海蓝星玻璃股份有限公司管理部部长兼总经理助理，2003年9月任威海蓝星玻璃股份有限公司副总经理，2011年9月任南京远鸿特种玻璃有限公司总经理，2012年5月任中玻蓝星（临沂）玻璃有限公司总经理，2017年4月被任命为威海中玻镀膜玻璃股份有限公司总经理。

俗话说，有付出就有收获，他先后被评为"山东省建筑材料行业技术革新能手""全国建材行业劳动模范"。

加快新旧动能转换，提升企业经营利润

叶志会始终坚持以雄厚的研发力量、丰富的制造经验、科学的经营理念和管理方法、精益求精的精品意识、完善的售后服务和高素质的员工队伍，建立公司卓越的质量信誉和品牌形象。坚持实施品牌战略，扩大产品影响力，全面提升企业综合竞争力。在发展中牢固树立品牌意识，构建品牌战略，培育自身品牌，全面提升产品与企业的综合竞争力。

2017年，公司实现主营业务收入117717万元，利润1649万元，上缴税金4583万元；2018年，实现主营业务收入116149万元，利润20582万元，上缴税金6948万元；2019年因对一条生产线进行了为期7个月的升级改造，受其影响主营业务收入99001万元，利润11323万元，上缴税金3264万元。在他担任公司总经理的这3年，公司主营业务收入缓步提升，尤其是2018年利润同期增长率高达11.48倍。

近年来，在中央环保"限产令"的政策制约下以及整个玻璃市场惨淡的大背景下，作为公司最高管理者的他始终坚持以高质量的产品为核心要求来进行生产与管理，公司每年顺利通过ISO体系认证并获得IQNET认可资格。他积极响应威海市委市政府的战略发展要求，不断加强自身技术创新，促进动能转型升级。

实施产品差异化发展战略。近年来，公司充分利用产学研组合体，研发先进的镀膜工艺技术，通过设备升级改造，扩大易洁膜玻璃、阳光控制镀膜玻璃、TCO导电膜玻璃的技术优势；通过差异化的产品经营避开普通平板玻璃产品的恶性竞争，使公司有了更广阔的发展空间。

高度重视产品的质量提升。经过其摸索参数指标，积累经验，现锡槽改板0.5mm范围厚度，镀膜可以不停气正常转换，降低生产损失的同时节约了生产成本，提高了镀膜比例。目前在线镀膜的生产周期基本稳定在40小时上下，单周期已突破60小时以上，最高可达80多小时，根据生产计划在满负荷运作状态下，镀膜比例可达到95%以上，为企业在行业竞争中打下坚实基础。

镀膜玻璃作为公司的主打产品,在行业内有较高的品牌影响力,他要求要紧紧地抓住这种优势,不断提升产品品质,保持并扩张镀膜产品的市场份额,同时加大镀膜产品的开发力度,积极研究镀膜新品种,开创新的利润增长点。

在2018年10月份,公司将原有稳定的传统生产线停工,投入1亿元依靠自主研发的技术和设备对其进行全线改造,改造前的生产线都是人工切裁、人工装箱,现已升级成全自动化的机器生产,实现安全生产效率提升的同时也节省了人工成本。

坚持新发展理念,加快建设技术创新型企业

叶志会先后参加了两条500t/d浮法在线镀膜玻璃生产线的建设和一条生产线的搬迁改造,每条线建成后都亲自参与指挥烤窑点火直至稳定生产,并创下13小时合格产品下线入库的试生产记录。

他还负责主持公司颜色玻璃的转换工作,通过色料配方的设计、工艺参数的改变和多次改色实践,总结出一套科学完善的控制方法和转换效率的经验公式,减少了颜色转换过程中的花板的数量。此外,通过改变配合料的氧化还原性来增加色料的着色能力,以达到节约色料的效果。上述技术的研发、应用推广,使公司走出了独具特色的产品结构差异化之路,受到国内外玻璃行业知名大公司的广泛关注。

公司与杭州蓝星新材料有限公司、浙江大学联合承接了《浮法在线低辐射、TiO_2系列复合薄膜玻璃成套技术与设备开发》项目,他参与了在线低辐射镀膜的调试和生产,组织调整了锡槽成型制度和对流状况,减小横向温差,满足成型和在线Low-E镀膜纵向温度要求,确保在线低辐射镀膜玻璃的稳定生产。该项目2005年5月通过"863"项目专家组验收,2007年12月该项技术和产品通过建材行业鉴定并荣获2008年建材行业科学技术奖(科技进步)一等奖。2014年3月他参与了总投资为3538万元的《在线sun-E节能镀膜玻璃成套工程技术与装备开发》项目的半工业、产业化试验及生产,2016年10月该项目获得中国建筑材料联合会科学技术成果鉴定。

公司每年由于霉变玻璃造成的损失达几百万元。针对这一问题,最有效的办法是在玻璃上涂防霉液,但喷涂防霉液的装置成本较高,面对这种状况他利用毛细管作用原理设计制造了在线防霉设备,经过反复试验,实现了在线对玻璃板表面涂敷防霉液。该设备投资仅1万多元,设备运行费用每年仅几百元,防霉效果良好,减少了对玻璃表面的磨伤和破坏,应用于公司多条生产线上,为公司节约设备投资100多万元和设备每年运行费用20多万元。

他以身作则,紧紧围绕"精致城市 幸福威海"的工作部署,牢牢把握"产城互动、三生共融"的发展理念,结合公司生产实况,抢抓机遇,坚持改革创新驱动,建设中玻(威海)新材料科技产业园项目,新材料产业园与现中玻科技园将构成"一体两翼"布局,实现"一区两园"新旧动能转化项目双翼联动,从而形成技术领先、特色鲜明、具有市场竞争优势的全链条玻璃产业聚集区。

坚持绿色发展,推进节能环保生产

根据山东省住房城乡建设厅、山东省质量技术监督局等部门下发的《民用建筑外窗工程技术规范》(DB37/T5016-2014)、《关于进一步加强民用建筑外窗工程质量管理的通知》政策标准,公司创建了节能门窗生产线项目,引进了韩国LG公司技术,并与其在材料供应、品质管理、系统窗标准、品牌推广等方面展开合作,借助其品牌影响力进入国内外门窗市场。该项目现已完工并投产,新增30个就

业机会，创造了企业新的经济增长点。

积极推进节能环保工作，为公司生产经营提供保障。依照环保部门要求完成清洁生产审核报告，审核提出清洁生产方案 13 个，总投资 2194.5 万元，共获得经济效益 608.85 万元；完成排污许可证的申领工作；为提高治理水平，公司对三条生产线实施了 NID 循环半干法脱硫改造，该设备的投入运行使污染物治理效果在目前达标的基础上得到进一步提升，同时也实现了污染物治理设施的一用一备，为大气污染物的稳定达标保驾护航。

合理利用余热，促进区域循环经济发展。近年来，公司不断加强窑炉综合节能技术改造，大幅度提高了能源利用效率。公司积极探索采用热交换方式，将高温烟气回收并输送到余热锅炉，利用烟气的高温将水加热成蒸汽应用于发电及生产、生活用气。为提高公司余热回收利用效率，推动区域经济的发展，公司与毗邻企业协商达成能源供给协议，在满足企业自身生产、生活用气的同时，将余热回收产生的富余蒸汽及水循环过程中产生的热水外供其生产使用，实现了优势互补、合作双赢。

以身作则，践行企业文化建设

叶志会在工作中着重加强企业文化建设，秉持"追求卓越，创造完美"的核心理念，以身作则，践行企业文化。

他提倡企业文化是一种积极的有利于企业发展的精神支撑，认为积极的企业文化能够表达员工对企业的认同，使员工形成对企业的归属感，让其在注重自我利益的同时更考虑企业利益，这样就可以为企业创造更大的利益和价值。另外，积极的企业文化也可以留住人才，加强企业内部平稳，增强企业抵御风险的能力，这也利于企业变革和企业多样化的发展。

2005 年 12 月的威海遭遇了百年不遇的暴雪，许多学校、工厂为此长时间停课、停产。公司的厂房被大雪压塌，物流严重受堵，员工上班受到了极大的影响，但玻璃产品的生产性质是不能停产。在暴雪使上班的交通严重受阻的情况下，当时的他身为公司常务副总，带领员工冒着随时可能被风雪吞没的风险，深一脚浅一脚地从威海市区步行走到工业新区的生产园区，全程 20 多千米历时 6 个多小时。这一去，就因不畅的交通和值班员工一起在公司里坚守了 20 个日日夜夜，因为他坚信只要有他在，受困坚守的员工才会有主心骨，才会有坚守的力量。

作为公司管理者，热衷于培养新人，向年轻人传授多年的生产工艺实战经验，讲述职场生涯的点点滴滴。他认为青年是企业的未来，是企业的希望，加强人才队伍建设对处于转型期的企业非常重要。他提倡实施导师带徒计划，认为师徒结对子要教学相长，互帮互助。导师们不仅要培养徒弟学技能、学技术的本领，更要培养他们树立正确的人生观、世界观、价值观。他希望通过导师带徒计划，让青年人立足本职岗位，注重实践，提高能力，创新业绩，拼搏奉献，开拓进取，在火热的工作实践中创造出亮丽的青春。

牢记"社会公民"的身份，坚持履行社会责任

公司作为构成社会有机整体的基本单位，不仅要追求利润，也必须考虑社会的整体利益和长远发展，他牢记"社会公民"的身份，始终坚持履行社会责任，高度重视依法管理，秉承"质量第一、信誉至上、诚信守法、持续创新、以人为本"的经营管理宗旨，主动适应市场行情的变化，主动谋求公司长远发展。

在企业不断发展的同时积极履行公共责任、公民义务及恪守道德规范。

在公共责任方面，把环境保护和降低能源消耗作为工作中的重点，积极创新，持续改进。公司先后累计投入近 2 亿元，经历了"湿法脱硫—半干法脱硫—脱硫脱硝一体化"的改进，逐步实现了污染物一用一备和达标排放。在道德行为方面，制订了员工道德行为规范。在公益支持方面，他率先垂范，员工积极参与，积极回报社会。

作为公司总经理，他根据国家政策、自身行业特点及发展需要，履行相应的必要的公共责任。公司谋求企业与环境的和谐发展，在取得合理利润与经济效益之下，积极投入先进设备和科技。通过对公司在企业运营中可能给社会造成的危害影响进行风险识别，并严格遵照各种相关的法律和法规，采取各种有效的治理措施，使之达到法律法规要求，维护社会公共利益。

他秉承"为我们的生活添光彩"理念，不仅致力于用玻璃产品和服务来为实现用户利益和为社会的发展做出贡献，而且还将责任延伸到对整个社会事业的关注，为需要帮助的群体增添生活的光彩。慈善捐赠一直是他坚持的回报社会的重要途径，公司工会与威海市总工会、威海市慈善总会以及威海市红十字会等保持紧密联系，随时了解各项捐助政策和目标，制订并实施捐助计划。近年来公司分别通过认捐基金，慈善一日捐活动，拥军、拥警捐赠，组织员工义务献血等途径来回报社会。

点评： 威海中玻镀膜玻璃股份有限公司总经理叶志会同志倾情服务中玻，无怨奉献职场。他始终坚持以雄厚的研发力量、丰富的制造经验、科学的经营理念和管理方法、精益求精的精品意识、完善的售后服务和高素质的员工队伍，建立公司卓越的质量信誉和品牌形象。企业在他的带领下，全面提升了产品与企业的竞争力，发展前景一片光明！

干事创业，担当有为

——记德州中联大坝水泥有限公司党委书记、总经理 孙勇

2007年11月，德州中联大坝水泥有限公司（以下简称德州中联）成立，孙勇担任公司党委书记、总经理；2014年起兼任中国联合水泥济泰片区主任；2013年10月至2017年3月兼任泰山中联水泥有限公司（以下简称泰山中联）党委书记、总经理；2017年3月至2018年3月兼任泰安中联混凝土有限公司（以下简称泰安中联混凝土）党委书记、总经理。

当代的艾柯卡

德州中联的前身是德州晶华集团大坝水泥有限公司，由于经营不善，连年亏损，资不抵债，企业到了濒临破产的边缘。2017年11月，由中国联合水泥兼并重组成立德州中联，孙勇临危受命出任党委书记兼总经理。

十余年来，孙勇锐意改革，大胆创新，砥砺前行。取得了骄人的经营业绩：一年时间德州中联扭亏为盈，三年的时间利润过亿，一度成为中国联合水泥管理标杆企业，中国建材集团董事长宋志平曾给予"事在人为"的高度评价。公司水泥产量、销量年年超过150万吨，年利税突破2亿元，成为地方利税大户。资产总额从公司成立之初的不足8亿元增加到2019年10月的20.5亿元，真正实现了国有资产的保值增值。

同样，他曾兼管的泰山中联同样曾是一停产、亏损企业，他接管后，当月实现净利润900万元，扭亏为盈，次年实现净利润过亿元，接下来几年的时间里，泰山中联的管理水平和盈利能力一年一个新台阶。

由于出色的管理能力，2017年4月，受中国联合水泥委托，他兼管泰安中联混凝土。当时的泰安中联混凝土多个站点已停产，企业经营难以为继的。他仅用了三个月的时间，就使各站点全面启动，生产经营步入正轨，仅用了一年的时间就使企业扭亏为盈。历史总是那么相似，又一个神来之笔。

2018年，他的主要精力再次回归德州中联，将德州中联水泥与混凝土两个公司合二为一，发挥产业链优势，使近年业绩平平的德州中联再次焕发强大的生机。多次临危受命，多次力挽狂澜，从这个角度讲，他就是中国当代的艾柯卡。

管理创新的行家里手

一名真正共产党员的使命感，使他义不容辞地接手一个个濒临破产的企业。但如何做好生产经营，他还是颇费心思的，好在他有多年管理企业的经验，更有实事求是的辩证唯物主义思维方式。每到一

个企业，他都是先搞调查研究，并结合自己多年的企业管理经验，搞出一套适合该企业的管理办法。

初到德州中联，他经过深入调查研究，并结合自己多年的管理经验，适时推出有针对性的管理办法。他选择和职工站在一起，给领导干部立规矩，提出了公司领导干部约法三章：第一，身体力行，以身作则。凡是要求别人做到的，自己一定首先做到，凡是要求别人不做的，自己坚决不做。第二，廉洁从业，不谋私利。不利用职务之便干涉公司各类业务。除自己廉洁从业外，还要约束好身边人员。第三，真抓实干，务求实效。为企业干实事，为职工办好事。

约法三章的提出和推行，犹如一枚重磅炸弹，炸翻了成立之初的德州中联这潭死水，炸醒了昏睡中的德州中联干部职工。它开启了德州中联管理创新，干事创业之门。其深入推进落实，理顺了"政风""民风"，鼓舞了干部员工干事创业的劲头，为企业生产经营正常化并进而驶入快车道奠定了良好的基础。在"约法三章"的基础上，各种管理方法和管理措施也相继出台，新的管理体系也逐步形成和完善。

由于煤的价格高、用量大，在熟料成本中起到了举足轻重的作用。为控制好煤的质量和价格，实现阳光采购，他要求7部门抽样，9人监督封样送检，即"79"管理模式。由于该模式实现了多部门监督，密封送检的方式，既避免了相关人员作弊，更重要的是确保了客观公正的检验结果，为采购到质优价低的原材料，降低生产成本起到了巨大作用。该管理模式获得"全国建材行业管理现代化创新成果"二等奖。

企业文化引领高质量发展

作为中国建材和中国联合水泥的下属企业，他主张企业文化建设要秉承上级公司的企业文化理念，同时也必须尊重实际，因地制宜形成独有特色的企业文化理念体系，使两个并行的文化体系相互融合，实现1+1＞2的效果。

以快乐为切入点，实现文化的融合和提升。秉承中国建材"创新、绩效、和谐、责任"的核心理念，突出快乐文化主题，他提出了"以人为本，快乐工作，和谐发展"的企业文化理念。在他倡导的企业文化理念里，时时处处充分体现了"快乐"的文化内涵，在德州中联解读和诠释"快乐"的最直接的四句话，就是"节日有晚会，假日有活动，人人搞体育，处处有歌声"，构筑起企业内部积极向上的群体氛围。多年来，德州中联始终在快乐中体味着工作和生活的乐趣，在高昂的精神境界里，激发着员工的工作热情。"五一""十一"职工运动会，"三八"妇女节的各种技艺比赛，"端午节""中秋节""元旦""元宵节""除夕""春节"，这一个个中国传统文化节日，被德州中联融入企业文化之中，同时也将亲情文化与中国建材三力文化巧妙结合，最终达到"向心力、亲和力、凝聚力"的提升。

把"快乐"的企业文化内涵与弘扬"红色主题"文化活动相结合，与生产经营性学习和员工休闲有机结合。将"3·5志愿者服务日""清明节""五四青年节""七一""八一"等这些具有鲜明红色意义的节日，融入公司开展的公益性活动和红色教育之中，树立起员工的社会责任意识，乐于担当的意识，同时无形中也树立了良好的企业形象。

多年来，他所倡导的企业文化一直引领着德州中联在高质量发展的道路上稳步前行。

建花园式工厂，引领绿色发展

作为企业管理内容的一部分，他提出了"创建绿色生态企业"和"创建节能企业"的目标，力争打造花园式工厂。

多年来，德州中联在搞好生产经营的同时，不断在节能环保方面投入巨资，在环保方面转型升级。2008年，公司投资7000万元建设了具有当时先进水平的余热发电项目，成为当地余热发电的领军企业。该项目完全利用回转窑尾气余热进行发电，既节能又环保，运行多年来，产生了巨大的经济效益和社会效益。公司还投资2000多万元进行收尘器改造，将电收尘改为袋收尘，真正实现了"零排放"。公司在减排方面的投资一直没有停步，目前公司在污染物排放方面，远低于国家控制指标，处于行业领先水平。

2019年年初，公司顺应国家大势，结合实际情况，积极稳妥地成功运作"公转铁"，极大地减少了运输车辆对大气的污染和对道路安全的威胁，产生了巨大的社会效益。同时，汽运转铁运还大幅度降低了原材料成本，为企业带来较好的经济效益，2019年公司共降低采购成本3000万元。

建设花园式工厂，公司一直在路上，未曾停步。公司成立之初就加强顶层设计，进行了整个厂区的绿化规划。2018年下半年，公司再次进行绿化升级，实现了花园式工厂的梦想。同时，他在整个公司推行精细化管理提升工作，公司的整体管理水平，包括环保工作、亮化工作、整体形象都得以显著提升。蓝天白云下绿树成荫，鲜花点缀着青草，绿意盎然；建筑、设备一尘不染，明窗净几；道路上的斑马线清晰可见；喷泉、景观更增加了花园式工厂的气息；微风吹过，湿润的花香扑面而来。

孙勇及其领导的德州中联一直全力践行"绿水青山就是金山银山"的理念。

"水泥+"项目建设引领产业升级

2018年下半年起，孙勇又把眼光放到了企业的产业升级和高质量发展上。经过充分调研、考察、论证，十大项目的构想相继形成并逐步付诸实施。一是"公转铁"项目已成功运作并逐步升级，将开通集装箱业务，并建设配套的环保大棚，使公司原材料采购这条生命线畅通无阻。二是利用公司的两条回转窑协同处置废弃物项目已于2019年下半年开工建设，该项目包含5个车间，其中污泥处置车间已于11月14日投产运行，其余车间也将陆续建成投产。该项目的持续运行将"吃掉"德州及周边地区大量危废废弃物，为环保事业带来巨大的贡献，产生巨大的社会效益。同时也将创造年上缴税金5000万元的经济效益，为地方经济发展贡献力量。三是真空绝热板新材料的开发，实现了企业的转型升级，也将实现微硅粉等资源综合利用，创造社会效益。目前，该项目已进入设计施工阶段。可以预见，其建成投产将给公司的转型升级、给企业的可持续发展带来不可估量的推动作用。四是辊压机改造等技改项目也正在紧锣密鼓地进行着，这些技改项目的竣工投产，将减少能源消耗，大幅度降低水泥制造成本，给企业带来良好的经济效益。五是产业链升级相关项目也正在持续推进，优化商混站布局已经逐步展开，德州经济开发区、平原、庆云、齐河几个商混站已经产生良好的经济效益；绿色矿山、骨料生产、干混砂浆、PC构件、矿渣微粉等项目也正在紧锣密鼓地有序推进……

产业升级永无止境，项目建设没有终点，相信，德州中联可持续发展的道路会越走越远，越走越宽阔。

不忘央企的社会责任

公司成立之后，在孙勇的领导下，德州中联扭亏为盈，并且经营状况持续稳步提高，职工收入也连年稳步提高，从某种程度上说，稳定了就业，稳定了地方社会秩序。由于良好的经营效益，德州中联每年上缴利税基本稳定在辖区前三名，成为德州市利税大户。资产总额也大幅度提高，真正实现了资产的保值增值，实现了股东利益最大化。"公转铁"的成功运作、危废项目的建成投产，无一不为当地的环保事业做出了巨大贡献，产生了巨大社会效益。

另外，孙勇还热心社会公益事业，他所领导的德州中联为汶川地震灾区、玉树地震灾区等积极捐款捐物。每年学雷锋日，公司团委都会组织团员青年去敬老院慰问、义务劳动、送礼品。公司还积极开展"慈心一日捐""善建公益"活动。

他心怀使命，担当有为；他不忘初心，砥砺前行；他为党的伟大事业而忠诚奉献；他选择与职工站在一起，故而有无穷的力量。他在干事创业的道路上，从一个成功走向又一个成功。

点评：一个真正共产党员的使命感，一个优秀企业家的宏大追求，使他义不容辞地接手一个个濒临破产的企业，并使之扭亏为盈，他就是德州中联大坝水泥有限公司党委书记、总经理孙勇。他忠诚奉献、锐意改革、大胆创新、担当有为，带领企业不断地前行，创造新的佳绩！

改革创新谋发展,青年才俊显身手

——记江苏沂淮集团总经理 陈进

陈进,男,硕士学位,中国共产党党员,出生于1987年9月,2010年7月毕业于南京中山大学,2011年3月—2014年11月就读于美国拉文大学,学习国际贸易,学成回国后进入江苏沂淮水泥有限公司任营销部经理,因业绩突出半年后任江苏沂淮新型材料有限公司总经理,现在任江苏沂淮集团总经理并任江苏省建材协会副会长,宿迁市企业家协会、建材协会副会长,沭阳县青年商会、慈善总会副会长。

社会评价

近年来,公司相继荣获江苏省行业排名前十强,宿迁市A级诚信纳税单位,"十佳诚信企业",优秀党建示范点、"帮困助学"先进单位、江苏省建材行业协会先进集体、宿迁市民营企业50强、沭阳县政府纳税大户、江苏省民营科技企业、江苏省2A级质量信用企业等荣誉,是宿迁地区目前最大的生产52.5级高标号水泥企业;主导产品沂淮牌水泥先后荣获江苏省名牌产品、江苏省著名商标称号;江苏沂淮水泥有限公司荣获社会责任江苏典范榜、共享公益企业、全国建材行业先进集体荣誉、2019中国建材企业200强。陈进本人也荣获江苏省第四届"百名诚信之星"、江苏省建材行业协会先进个人、宿迁市"十大青年企业家""宿迁市劳动模范"、宿迁市"双千工程"本土千名人才第二层次培养对象、沭阳县"十佳文明市民","优秀党务工作者"等荣誉,是宿迁市企业家队伍里的青年才俊、后起之秀。

经营业绩

沭阳县沂淮水泥有限公司成立于2005年,2012年陈进就任公司总经理,利用他在国外学到的先进经营理念建立了现代企业制度,对企业进行了脱胎换骨的改造,使企业的面貌焕然一新,逐步走向了高速发展的快车道。

2012—2015年公司在淘汰能耗高、污染严重的三台磨一台窑的基础上,先后投资3.8亿元,技改了4条高效、环保、节能水泥粉磨生产线,年生产能力由公司成立之初的4.4万吨提高到现在的220万吨。2015年又在淘汰两条能耗高生产线的基础上,于沭阳临港新城经济开发区,投资2.6亿元,技改一条年产100万吨水泥生产线,该生产线引进国外先进生产工艺,采用日本小野田与鹏飞重工联合制造的智能立磨、筒磨设备,生产过程采用DCS中央控制室监控系统。自动生产线的台时产量达到270吨,水泥单耗电27度,是江苏省首条水泥粉磨节能示范线,节能指标居国内领先水平,是江苏省首条水泥粉磨节能示范线,荣获江苏省两化融合试点项目、示范智能车间项目荣誉。

为谋求更大的发展空间，2014年公司升格为江苏沂淮水泥有限公司，以该公司为母公司，成立了江苏沂淮集团。2016年，集团在沭阳县临港（高墟）工业园，投资2亿元成立了江苏沂淮新型材料有限公司，公司位于古泊河北岸，占地面积108亩。依托集团技术水平和研发创新平台，建成年产120万吨城市固体垃圾及矿渣微粉生产线。年产值达到2亿元，进一步壮大了集团的力量。

2018年，集团在江苏沂淮新型材料有限公司北侧，再次征地110亩，投资1.2亿元建设一条年产100万吨高钙石生产线，产品主要用于火力发电厂等燃煤企业脱硫脱硝使用，目前该项目已基本建成，计划在11月试生产，项目正式投产后，预计可实现年产值2亿元，上缴税收1500万元。

目前江苏沂淮集团主要产业为水泥制造、新型材料研发、金融、物流、贸易五大板块。母公司江苏沂淮水泥公司，8家全资子公司，1家参股公司——沭阳县农商行。2019年集团实现销售收入10.15亿元，上缴税收3286万元。

管理和科技创新

创新是企业发展壮大的力量源泉，陈进就任总经理以来，十分重视技术创新工作，公司先后设立了修旧利废奖、更新发明奖、合理化建议奖等多种奖项，激励员工积极探索、勇于创新，鼓励职工发明创造。成立了沂淮研发中心有限公司，与盐城工学院、山东大学、武汉理工大学建立了密切的校企合作关系，聘请了张长森、叶正茂、李延波、黄赟、张建华等专家教授，形成研发实力雄厚专家团队，创新团队建设采取引进高层次人才、选派企业科技、建设骨干参加人才培训、招收研究员等多种形式对团队人才进行分层次培养，使团队成员的研发水平和科研竞争力明显提高。同时，公司制订了一系列管理和运行机制，用新的分配制度和考核、评价、激励、引导等机制，激发创新团队的创新热情，通过加强管理模式和内部运行机制的建设，提高了团队工作效率，增强了团队凝聚力，发挥团队的创新潜能。

企业在人才队伍建设方面，始终把培养拥有技术过硬、创新能力强和品质好的技术队伍作为工作的主要任务，把有技术、能力、创新、事业心强的技术人员看作是企业的第一财富。通过公开招聘，对口进行人才交流和招收大专院校毕业生等多种方式引进人才，并且采取"送出去，引进来"的培育方式，不断加强公司人才培养。公司研发中心的自主创新研发团队目前21人，其中博士4人，研究生2人。

苦心经营终得回报，集团的创新工作取得了丰硕的成果，获宿迁市职工科技创新新成果奖两项，获宿迁市十佳革新改造创新成果奖一项，十佳节能减排奖一项，2个市级新产品荣获立项，申请了3个发明专利。公司研发中心先后被认定为"宿迁市企业技术中心""市级工程技术研究中心"，2016年被省科技厅认定为江苏省研究生工作站，获江苏省科技型企业称号。沂淮牌水泥荣获江苏省名牌产品、江苏省著名商标称号，公司被评为江苏省水泥（粉磨）前十强企业，宿迁市建材协会会长单位。

转型升级

公司成立之初只有能耗高、污染严重的三台 $\phi1.83\times7$ 米球磨机、一台 $\phi2.5\times10$ 米机立窑，陈进任总经理后，艰苦奋斗、锐意进取，先后淘汰了三台老旧的球磨机和机立窑，新上了两台 $\phi2.6\times13$ 米、两台 $\phi3.2\times13$ 米新型球磨机，2015年又将两台 $\phi2.6\times13$ 米生产线淘汰，技改为 $\phi3.8\times13$ 米的水泥生产线，成为江苏省首条节能粉磨示范性，两化融合水平达到新高度，水泥综合电耗由 40kW•h/t 下降到 27kW•h/t，年生产能力由不足 4 万吨提高到现在的 220 万吨规模，是宿迁地区规模最大的水泥生产企业。产品档次不断提升，公司成立之初只能生产用于普通建筑的低档次 32.5 水泥，通过技术创新和设备更新现在不仅能够生产出高层建筑用的 42.5 水泥，铺设道路水稳垫层的缓凝水泥，还能生产 52.5 级高标号水泥和低碱水泥，专门用于大型桥梁、高速公路、高铁等重点工程，是苏北地区唯一一家生产 52.5 高标号水泥的生产厂家。实现了产品从中端等级向高端等级的提升。产品市场不断扩大，产品销售范围由普通建筑工地逐渐向大、中型工程延伸，沂淮牌水泥应用于 245、344、326 省道、宿新高速公路、205 国道、淮沭河特大桥、柴米河大桥、京杭运河泗阳成子河大桥、京杭运河宿迁七号桥、盐连高铁、连镇高铁等大型重点建设工程。2019 年年初，集团再传喜讯，沂淮牌水泥又成功中标徐连高铁 3 个标段工程，标价近 3 亿元。

绿色发展

多年来，公司一直注重绿色发展，在生产系统各个产尘点安装了近 70 台收尘器。为了有效控制各个扬尘点的粉尘，工艺设计中全部采用密闭设备和密闭式的储库，含尘气体经除尘设备净化后有组织的排放，对生产过程中的扬尘点均采用袋式收尘器，经除尘后的排放浓度均符合国家排放标准。在此基础上，2019 年又购置了超低值排放收尘袋，收尘效果低于 10mg/m³，低于国家标准 20mg/m³ 排放值。

公司配备洒水车 4 辆，全自动洗车机 6 台套。所有运输的车辆都配备覆盖水泥篷布，车辆出厂前篷布盖好，系好绳索后保卫科才能放行出厂。在生产车间用泡沫板制作移动隔音围墙，生产的时候全部封闭，维修的时候打开，以减少对外部环境的影响。

增加植被，美化环境。公司在厂房的周围及道路两旁等凡能绿化的地带均尽量种植以参木、灌木、草坪相协调的品种，并在厂区内建有 2 个自喷式洒水的花园，加强厂区环境的绿化。同时加强对工业废渣的综合利用，2018 年消解粉煤灰、燃煤炉渣等工业废渣 62 万吨，为地方环境保护做出了应有的贡献。公司拥有一条江苏省节能粉磨示范性，节能效果经中国建筑材料工业规划研究院能效评估中心测试水泥综合电耗 27.3kW•h/t，水泥能耗指标达到国际先进水平，居国内领先地位。

文化建设和履行社会责任

扶贫济困、乐善好施，是中华民族的传统美德。民营企业，是党的改革开放政策的受益者和地方经济发展的创业者，多年来，公司一直坚持量力而行、尽力而为积极扶弱济困，不断回馈社会。2007 年，公司一次性向沭阳县慈善总会捐赠人民币 100 万元；2014 年为沭中高三年级白血病患者刘艮利捐款 6 万元；2015 年，发动和动员集团全体员工为单位职工梁增民患有白血病的 4 岁女儿筹集善款 8 万元，资助庙头镇冷庄村因车祸致伤的黄亚男、龙庙庄塘村烧伤的张琳、颜集镇颜集村烧伤儿童吴毛毛（监护人吴金科）、官墩镇戴山村因病致残的周培，不但为他们送上了 5000～10000 元数额不等的慰问金和生活用品，还为他们送去社会的温暖和关爱。近年来，公司向沭阳县怀文小学、县残联、残疾人联合会捐款捐物近 200 万元。2018 企业向贫困学生、弱势群体捐款 26 万元，向慈善总会捐款 18 万元，并在成立宿迁（沭中）教育基金会，出资近 10 万元，向沭阳乡贤协会捐款 16 万元，向省私个协会"光彩行动"捐赠学生用品等，总捐款 70 多万元。资助庙头镇聚贤村刘笑、李恒镇署洪村张慧等 10 名贫困大学生上学等一系列的爱心助学活动，也使一些因家庭困难而上不起学的学生圆了自己的大学梦。为此公司被授予"慈善之星""帮困助学先进集体""尊师重教先进集体"等荣誉称号。

　　点评：江苏沂淮集团总经理陈进是一位年轻的企业家，他有海外留学的背景，才思敏捷，又不乏企业家沉稳务实的担当。他利用在国外学到的先进经营理念建立了现代企业制度，对企业进行了脱胎换骨的改造；他大力推进企业的科技创新和新业态发展；他注重企业的绿色发展和履行社会责任。在他的带领下，企业的面貌焕然一新，逐步走上了高速发展的快车道。

水泥行业的弄潮人

——记沂水山水水泥有限公司总经理 董传辉

董传辉，男，汉族，1970年9月出生，中国共产党党员。1986年1月至1999年4月在51411部队服役，担任汽车连班长；1999年4月至2008年7月，济南市长清区崮云湖街道办事处炒米店村担任村委主任；2008年8月至2012年2月在沂水山水水泥有限公司担任综合办公室主任；2012年2月至2012年11月山东山水建筑材料有限公司办公室任职；2012年11月至2014年8月在淄博山水水泥有限公司担任总经理助理；2014年8月至2015年9月在山东水泥厂有限公司东商混站担任站长；2015年9月至2015年12月乐陵山水水泥有限公司担任销售经理；2015年12月至2016年1月在昌乐山水水泥有限公司公司担任总经理；2016年1月至今在沂水山水水泥有限公司担任总经理一职。

在职期间工作务实、业绩突出，尤其是在沂水山水水泥有限公司任职期间，个人先后被沂水县人民政府授予"沂水县优秀企业家"称号并被选为沂水县人大代表，被山东省水泥行业协会授予"2018年山东省水泥行业协会自律优秀表现奖"，被中共临沂市委、临沂市人民政府授予"临沂市劳动模范"称号，被中共临沂市委授予"优秀共产党员"等荣誉称号；带领公司先后获得了县"功勋企业""沂水县政府质量奖提名奖"、县环境保护工作"友好型企业""全国能效领跑者""国家安全生产一级标准化企业"、全球清洁能源管理洞察奖、"振兴沂蒙劳动奖状""爱心企业"、国家第四批"绿色工厂"等荣誉。

经营业绩

2016年以来，公司在他的领导下，生产经营发展良好，各项生产指标稳步提高，企业稳定繁荣。

2016年工业总产值为28788.23万元，同比上年增长22.23%，利润总额4276.13万元，应交税金为3367.78万元，同比上年增加94.17%。

2017年工业总产值为31442.54万元，同比上年增长1.33%，利润总额5153.79万元，应交税金为4497.34万元，同比上年增加33.54%。

2018年工业总产值为36987.67万元，同比上年增长14.76%，利润总额10617.09万元，应交税金为7001.28万元，同比上年增加55.68%。

2019年工业生产总值为39222.25万元，同比上年增长6.04%，利润总额12402.50万元，应交税金为6445.79万元，同比上年减少7.93%。

管理和科技创新

1. 管理创新

自 2017 年 7 月开始，重新整理修订了《沂水山水管理制度汇编》，为公司健康发展提供了制度依据；2018 年充实完善了部分财务流程制度，主要包括《加强仓储物资的管理规定》《废旧物资管理的补充规定》《规范工程项目结算的规定》等，进一步完善了公司的流程管理；同年，又制定并推行《人才管理制度》，为职工的考核、晋升、提拔提供平台，提供依据，实行学历、职称补助，激励职工学习进取精神进一步健全了公司制度，规范了管理流程。

在生产经营管理方面，2018 年制订"四抓三保两创一带"经营发展指导方针。四抓：抓生产指标，抓利润指标，抓流程管理，抓指标考核。三保：保设备运转，保产品质量，保职工收入提升。两创：创建安全生产一级标准化企业，创建一流企业所必备的基础。一带：推行"师傅带徒弟机制"。在此方针指导下，公司实现了高速发展的良好局面，各项指标均超额完成，并于 10 月 11 日顺利通过安全生产一级标准化现场评审验收。

2019 年制订"一二三"经营发展指导方针，一巩固：巩固安全生产一级标准化，保持企业安全发展常态化。二加强：加强推行师傅带徒弟，做好才人储备；加强善待职工工作。三创建：创建绿色矿山，创建绿色工厂，创建一流企业。2019 年度公司得到全面发展，可谓硕果累累，全年无安全事故。与济南大学签订了产学研合作协议，9 月被国家工信部评为第四批"绿色工厂"示范单位，年底后沟矿山绿色建设通过县市国土资源部门审核。

2. 技术创新

作为新时代的山水人从不缺乏创新精神，集团、运营区每年都推出改革创新思路，引领时代潮流。

公司在创新浪潮中不断完善自我，粉煤灰仓项目、高效真空系统和硅胶球清洗系统技改、生料磨旋风筒改造项目、窑头电收尘技改项目、脱硝系统项目、窑尾回灰仓项目等大型技改项目的完成，磁悬浮风机、空气悬浮风机、永磁电机等技术的应用，标志着沂水公司一直走在节能降耗和提高环保要求的道路上。

付出总有回报，沂水山水在环保降耗、节能增效方面的投入，收到了良好的效果，2019 年 4 月被全球能源部长级会议工作组授予"全球清洁能源管理洞察奖"；9 月被全球清洁能源部长级会议能源管理工作组中国组授予"2018－2019 年优秀能源管理案例"称号。

绿色发展

打赢蓝天碧水保卫战、拥抱绿色低碳新生活是沂水山水不断追求的目标。在董传辉的带领下，自 2016 年年底开始全力打造公园式工厂，经过近三年的努力，逐步把公司打造成了一个布局规整、绿草茵茵、绿树成荫、清水萦绕、鸟语花香的公园式工厂，并于 2019 年 9 月被国家工信部评为"第四批绿色工厂"示范单位。

为深入践行"绿水青山就是金山银山"生态文明建设重要理念，2018 年开始，董传辉带领公司组织实施了"后沟水泥用灰岩矿Ⅰ、Ⅱ矿段矿山地质环境治理恢复和土地复垦项目"。该项目在临沂市国土资源局、沂水县国土资源局、当地政府有关领导和专家的关心支持下，按照设计要求，精心组织，规范管理，严把质量，目前已顺利完成Ⅰ、Ⅱ矿段相关工作，申请绿色矿山建设工作已通过市级审核，并报送省自然资源厅备案，等待审批。

企业文化建设

企业文化是一个企业在长期的发展过程中形成的共同理想和价值理念，既是企业的精神财富，也是企业的综合实力体现。沂水山水在发展过程中，十分重视企业文化的建设，并积极融合到生产经营活动中。

（一）党建文化建设

沂水山水的发展得到当地政府和上级党组织的高度重视和大力支持，尤其是自接管以来，更是给予了无限关怀和帮助。沂水山水一贯坚持以"党建工作指导生产经营，生产经营促进党建建设"的发展理念开展各项工作，公司生产经营稳步推进，取得了良好的经济效益，充分带动了当地经济的发展。

公司于2018年年底着手建设了党建文化展厅，面积约260平方米。展厅由党员政治生活馆、公司发展历程、公司综合发展现状、公司民主管理以及廉政建设五部分组成。它不但体现了党组织对企业发展所起到的引领作用，更体现了企业在上级党组织的领导下，奋发图强、激流勇进、蓬勃发展的壮美画面，同时也成为公司党建工作的宣传阵地，赢得了当地政府、上级党组织以及社会各界的一致好评。

（二）善待职工

沂水山水工会工作有序开展，尤其是在善待职工工作方面，更是按照集团的要求，深入开展，日趋完善。各类福利待遇、文体活动、教育培训、基础设施等得到进一步加强。职工之家建设完善，设备设施、规章制度齐全，环境舒适。善待职工工作，温暖了职工的心窝，提高了职工的凝聚力和向心力，坚定了职工奉献山水的决心和信心，促进了企业的健康、稳定、持续的发展。

一是职工之家场所建设。

为满足广大职工日益增长的精神文化追求，创造一个温馨、休闲、舒适的娱乐环境，在董传辉的带领下，公司着手打造了面积近400平方米的职工之家文化场所，内设职工书屋、书画室、卡拉OK室、妈妈小屋、活动大厅、理发室等，各类设备设施齐全。同时还建设了室外塑胶篮球场地和羽毛球场地、健身场所各一处。

二是文体活动的开展。

沂水山水把公司文化建设当成一项重要工作来抓，时时刻刻为职工着想，营造浓厚的企业文化氛围。为了加强与职工的沟通、拉近与职工的距离，沂水山水每年都要组织各类文体活动活跃职工的工作激情。"唱响新山水、欢歌迎元旦"卡拉OK大赛、庆祝三八妇女节跳绳比赛和转呼啦圈比赛、"庆五一、迎五四"羽毛球比赛和篮球比赛、庆祝端午节"趣味运动会"、优秀职工"沂山一日游"、龙园亲情一日游、"党群一心、政企联欢、不忘初心、放飞梦想"庆五一活动、"我的厨艺 我做煮"厨艺大赛、沂水片区篮球友谊赛、鲁东运营区樱桃采摘活动，等等，无不体现了公司的用心。

三是福利待遇。

公司福利是公司文化建设不可或缺的一部分，沂水山水的福利丰富多样，如给职工发放生日购物卡、每月提供午餐补助、三八妇女节给女职工提供节日福利、清明节免费发放鸡蛋、夏季给职工发放防暑降温物品（降温药、降温茶、绿豆汤、瓜果等）等，让职工获得了家庭般的温暖和满满的幸福感。

为全员缴纳"五险一金"，签订劳动合同，保障职工利益。提供学历、职称补助，激励职工进取。

不忘初心,回报社会

企业致富不忘本,不忘人民,不忘社会,作为一名企业负责人、人大代表、优秀共产党员更要时刻践行全心全意为人民服务的思想。有义务和责任带领公司积极参加各种公益活动,尽责社会,奉献爱心,形成了良好风气。

积极响应沂水县"百企帮百村"精准扶贫活动,向沂水县富官庄镇旺峪村无偿提供200吨水泥,帮其硬化村庄道路;2018年5月积极参与沂水县委、县政府组织的"大病救助专项基金"捐款活动,捐助现金30万元;积极参与捐资助学活动,向富官庄镇中学捐助10万元;帮扶高桥镇徐家牛旺村,捐助帮扶资金15万元;2019年8月再次参与沂水县委、县政府组织的"大病救助专项基金"捐款活动,并捐助现金30万元;2020年3月组织"山水有情、大爱无疆"抗击疫情捐款活动,等等。

沂水山水水泥公司在各级政府的关爱和支持下,在全体干部职工的共同努力下,生产经营秩序良好,生产效益逐年提高,各项经济及技术均处于较好水平,在提升当地经济和企业规模发展上达到"双赢"。公司上下有信心,在总经理董传辉的带领下,沂水山水水泥公司一定会再立新功,再创佳绩!

点评:沂水山水水泥有限公司总经理董传辉任职期间,工作务实、业绩突出,成就斐然。先后被中共临沂市委、临沂市人民政府授予"临沂市劳动模范"称号;带领公司先后获得了"功勋企业""友好型企业""全国能效领跑者""爱心企业"、国家第四批"绿色工厂"等荣誉。这些荣誉的背后,洒下了多少董传辉和沂水山水水泥全体员工的汗水呢?

全心全意，追求卓越

——记保定中联水泥有限公司党支部书记、总经理 郝志江

保定中联水泥有限公司为中央企业中国建材集团旗下中国联合水泥全资子公司，位于顺平县安阳乡贾各庄村，距离雄安新区90千米。公司于2018年11月8日正式成立，是按照中国建材"服务雄安、建材先行"战略部署和重组运营河北金隆水泥顺平熟料生产线资产而新成立的企业，注册资本3亿元，目前总资产10亿元，现有一条5000t/d熟料生产线+12MW余热发电系统。公司自2019年4月1日进入试运行以来，截至2019年年底累计完成产值2.78亿元、税收4506万元、利润总额6721万元，实现当年投产、当年达标、当年盈利，并荣获"河北省科技型中小企业""2019中国和谐建材企业"等荣誉称号。

郝志江同志作为保定中联水泥有限公司（以下简称保定中联）党支部书记、总经理，上任伊始就以"业绩突出、环境优美、员工幸福"为初心和目标，始终把高质量、高标准作为企业发展的方向，严格落实"安全第一、预防为主、综合治理"的安全生产方针，全面提升安全生产、职业健康管理水平，在党建、企业文化、现场管理、安全环保及生产经营各个方面齐头并进，为公司安全生产平稳、有序发展做出了突出贡献。他早在安阳中联海皇水泥任支部书记、总经理期间，就带领企业连年实现盈利翻番，到2018年企业实现营业收入5亿元、利润总额超亿元。他再次被集团领导给予厚望，调任保定中联支部书记、总经理，在企业复工复产、技术改造、现场管理、规划建设、企业文化各个方面做出了突出成效。

坚持科技创新，打造高标准"智慧工厂"

郝志江同志任企业主要负责人以来，十分重视企业科技创新，不断加大科技投入，与河南瑞泰共同研制出了节能轻量化模块砖，并荣获国家专利（专利号：201710632853.0）。该砖投入使用可以让吨熟料节省实物煤耗10kg，推动了全国乃至全球耐火材料科技进步。在他的带领下，公司领导班子、部门负责人坚持深入现场进行查看，通过实地调查，改进工艺流程，改进设备防护，增加安全防护设备投入等措施，建立了高度智能化中央控制室，磅房无人值守系统，打造了高效、快捷、高标准的"智慧工厂"，为公司发展提供硬性基础。

在现代社会中，每个企业都在向"智慧工厂"迈步。在郝志江同志的带领下，无论是在海皇中联还是在2018年刚任职的保定中联，高端、智能、生态式智慧工厂始终是他追求的目标，两化融合成为企业基础管理的重要一环。在全面提高企业安全生产信息化应用水平、提高安全生产管理效率上，公司及时建立和运用安全生产预警平台系统，确保准确上传各类数据，开创了"在线CT设备管理"新模式，有效避免了定期检修或故障检修带来的大量人力物力财力的浪费，提高了设备运转效率，特别是安全、环保方面，他要求各部门坚持检查、总结、治理、检查、治理、总结，通过闭环循环式管理，在员工

教育培训、安全隐患排查、无组织排放、污染物在线检测等各个方面迅速提升管理水平，牢牢筑起了企业生产经营最重要的一道防线。

科学布局"水泥+"业务发展，有效提升企业核心竞争力

在做好生产经营同时，郝志江同志没有故步自封，而是凭借满腔热忱和激情，在企业可持续发展方面倾注了大量心血和汗水，用他的话说"要从建立百年老企着手，考虑几代员工的生产和生活"。在他的努力下，海皇中联从熟料到熟料、水泥、骨料全产业链，从亏损到年营利超亿元，保定中联在半年时间内，从破产四年一片荒芜到花园式工厂，从亏损到当年营利超5000万元，每一步提升无不印证着郝志江同志的智慧和努力。他加快推进企业"水泥+"业务规划及雄安新区战略布局需要，在保定中联又牵头成立项目推进小组，制订了翔实的《保定中联绿色建材产业园规划方案》，在未来三年内，将企业打造成为集水泥熟料、水泥、骨料、商混、装配式建筑、协同处置为一体的国际一流绿色环保型建材企业，形成一个年产值超50亿元，税收5亿元，利润10亿元的综合性建材产业园。其中重点推进的法国FCB先进水泥卧辊磨项目，则是在习近平总书记和法国总统马克龙的共同见证下，由中国建材集团和法国法孚集团共同签署协议，在国内引进的第一台先进水泥磨系统。

推进节能降耗，绿色发展，打造花园式工厂

郝志江同志一直秉承中国建材集团"善用资源、服务建设"的核心理念，遵守国家的法律法规，致力于经济与环境的协调发展，以创新驱动为先导，坚持绿色发展、循环发展和低碳发展，努力建设创新驱动型、质量效益型、制造服务型、社会责任型的四型企业。在持续提高企业经济效益的同时，他仅到保定中联半年时间内，就先后投入环保资金2000多万元，进行超低排放技术改造，根治"跑冒滴漏"，合理利用能源，保护周边环境，有效提高了主机设备系统稳定性，降低了系统能耗和污染物排放。在此基础上，他全面推进厂区生态绿化升级工作，提出打造花园式工厂，亲自带领员工种植各类苗木13000多棵，厂区绿化面积达到30000平方米以上，给员工创造了一个唯美的工作和生活环境，给周边群众提供了一座惬意的室外公园，受到了当地政府和群众的高度肯定和赞扬。

创建和谐企业文化，提高独特的凝聚力和向心力

郝志江同志特别注重"四化融合"，即将企业文化、党建文化、安全环保文化、廉洁文化融入各项工作中，本着企业是人、企业靠人、企业为人的原则，努力追求让职工与企业共同成长。他始终不忘自己在企业的"十二字"初心，关心职工的身体健康，极力为职工创造舒适、健康的工作环境，紧扣职工生产生活中普遍关心的问题，不断提高职工的幸福指数。针对保定中联职工大部分吃住在厂、餐厅就餐人数较多的实际情况，他投资8万多元为员工配备了自助餐硬件，中午按照八菜、两汤、两主食的标准免费供应，以动画片的形式制作了争做文明员工的宣传视频，为职工实实在在办事，拉近职工与企业之间的距离。他积极安排开展各类文化活动，丰富职工文化生活，充分提升了职工归属感，极大促进了员工凝聚力，营造了朝气蓬勃、奋发向上的企业文化氛围。

在海皇中联任职期间，他安排公司工会编写安全文化手册，人手一本，加强职工培训，注重心灵管理，

从知识、技能、素质、意识全面打造一支安全意识强、业务水平精、特别能战斗的职工队伍，逐步形成了从"要我安全"到"我要安全"的转变，营造浓厚的安全文化氛围。在他的努力下，无论是过去的海皇中联还是现在任职的保定中联，全体职工的心齐了、气顺了、干劲更足了，成为企业战无不胜、攻坚克难、所向披靡的关键所在。

勇于承担社会责任，彰显央企应有的担当和使命

他始终坚持低碳化生产经营方式，打造绿色环保企业，在他的努力下，保定中联在刚重组投产不足一年的时间内，循环经济项目"水泥窑协同处置污泥、污染土"项目就已立项并进入实施，为当地政府解决环境污染再次提供了一个渠道和途径。

他全力帮助地方政府扶贫攻坚，仅2019年企业就缴纳税费近4000万元。在提高政府财政收入的同时，他坚持通过各种方式对周边贫困户进行生活物资接济、就业指导帮助，公司出资养护和打扫周边群众出行道路，尽最大可能帮助当地周边群众就业和脱贫致富。保定中联成立一年多，已带动周边就业人数5000多人，充分推动了当地餐饮、运输及相关行业的快速发展，为当地经济发展、扶贫攻坚、结构转型起到了积极的助推作用。

在新冠肺炎疫情期间，他主动将公司库存煤炭燃料提供给地方热力公司，用以解决县城居民取暖问题，并组织员工捐款捐物，为抗击疫情起到了一个良好的助推作用。

有付出就有收获，郝志江同志凭着对企业、职工的热爱，对工作的严谨和执着，对事业的忠诚和满腔热血，通过一系列的努力和付出，无时无刻不影响和感染着每一位职工，锻造出一个坚强战斗集体，取得无数辉煌的成绩。他领导的企业先后荣获"河北省科技型中小企业""2019中国和谐建材企业""中国联合水泥集团优胜集体"等多项荣誉称号，其本人也荣获河南省总工会"五一劳动奖状""安阳市五一劳动奖章"、中国联合水泥集团2018"年度人物"多项殊荣。面对未来，尽管还有无数挑战和艰难险阻，但郝志江同志信心百倍，激情澎湃，他将迎着黎明继续战斗！

点评：保定中联水泥有限公司是一个新成立的企业，党支部书记、总经理郝志江上任伊始就以"业绩突出、环境优美、员工幸福"为初心和目标，始终把高质量、高标准作为企业发展的方向，在党建、企业文化、现场管理、安全环保及生产经营各个方面齐头并进，为公司安全生产平稳、有序发展做出了突出贡献。他全心全意，追求卓越的管理经营理念在保定中联得到了发扬光大。

绿水青山的践行者

——记甘肃华建新材料股份有限公司董事长 缑海荣

为改变自身命运和家庭穷苦现状，他积极进取，勇攀高峰，在事业征途上成果显著。但作为大西北的儿子，他始终不忘这片孕育他长大的土地，他用行动感恩于这片土地，造福于这方百姓，这就是绿水青山的践行者——缑海荣。

缑海荣，男，毕业于西北师范大学，经济学硕士研究生，1989年8月—1991年7月，于兰州外经委担任干部；1991年8月—1994年7月，在兰州进出口集团公司深圳公司担任经理一职；1994年8月—2004年1月，任甘肃森德化工有限公司经理。

现任甘肃华建新材料股份有限公司董事长，先后担任天水市工商联副主席、天水市第六届政协常委、中国砂石协会副会长、甘肃省中小企业联合会副会长、麦积区工商联常委；2010年7月荣获天水市优秀中国特色社会主义事业建设者；2011年5月荣获天水市劳动模范奖；2012年7月荣获甘肃省光彩事迹先进个人；2010—2014年连续五年被中国砂石协会评为"砂石骨料行业优秀工作者"；2014年被评为双联活动先进个人；2015—2017年，被中国砂石协会评为"优秀企业家"；2015年9月，被天水党外知识联谊会授予"五星建功人物之智慧之星"称号；2016—2017年，连续两年被评为"中国混凝土行业绿色环保年度人物"；2018年，被推选为2018年度中国砂石骨料行业"绿色发展先锋人物"。

2005年3月，缑海荣作为发起人，创建天水华建混凝土工程有限公司，并担任副董事长一职。该公司坐落在天水市麦积区高新科技园。

2012年以来，为了贯彻落实国家"创新、协调、绿色、开放、共享"五大发展理念，践行"绿水青山就是金山银山"发展理念，天水市加大对河道采砂的治理力度，天然砂开采开始逐步被禁止。同时，天然砂资源越来越少，甚至没有。而砂石骨料是国家建设必不可少的基础性原材料，天然砂石的替代品"机制砂石"应运而生。缑海荣审时度势，作为创办人，成立了天水华建工程新材料有限公司（2018年10月完成股改，更名为甘肃华建新材料股份有限公司），并任该公司董事长。在职期间，他尽职尽责、克己奉公，为企业的发展与壮大做出卓越贡献。

公司坐落在国家级天水经济技术开发区社棠工业园，注册资金1.45亿元，占地103亩。公司自成立之初就奉行"高起点规划、高标准建设、高效率运行"的宗旨。目前，公司已形成绿色矿山建设、精品机制砂石加工、高性能商品混凝土和预拌砂浆生产、建筑固废资源化利用、物流运输服务及装配式建筑六位一体绿色建材循环产业链。

公司矿山选址在麦积区伯阳镇南集村，岩石主要为中酸性火山岩，可开采储量达1亿吨以上。公司严格按国家有关部门的规范要求组织生产和加工，按国家绿色矿山的要求进行规划和建设，力争做到"绿色、节能、环保"。

年产200万吨机制砂石生产线、年产80万立方米高性能商品混凝土生产线和年产80万立方米预拌砂浆生产线，位于天水经济技术开发区社棠工业园南区。作为重要的绿色建材，机制砂石、高性能商品混凝土和预拌砂浆的推广应用，对贯彻国家绿色建筑行动方案具有重大的意义。

近年来，随着天水市经济社会快速发展，城市化进程加快，旧城改造、基础设施建设等产生的建筑固废物日益增多，城市建设每年产生的建筑固废物大约填埋近千亩土地。同时，传统的填埋处理方式，不仅占用大量土地，还污染城市环境，对地表水、深层水水质造成不同程度的影响。针对建筑固废物的处理问题，公司筹资设立了天水华建固废利用有限公司，选址在甘肃省天水市麦积区伯阳镇南集村98洞，建设建筑固废物资源利用化项目，目前该项目已在麦积区发改委备案登记，规划、环评等其他手续都在同时进行。

绿色环保工程新材料的运用将会有更广阔的前景，机制砂石替代天然沙石，让天然沙石这一自然资源回归河床和大自然母亲的怀抱，达到了保护不可再生资源的目的，实现废弃矿石、固体工业废弃物、建筑废料的综合利用，为天水城市基建及循环经济做出应有的贡献。

目前公司已被中国砂石协会选为副会长单位、中国机制砂石生产示范基地，连续四年被评为国家砂石骨料"先进生产企业"。公司是《建设用砂》（GB/T 14684－2011）、《建设用卵石、碎石》（GB/T 14685－2011）、《砂石行业绿色矿山建设规范》《高性能混凝土用骨料》《机制砂石生产企业检验室基本条件》《砂石骨料绿色生产与运输规程》等国家标准的制订单位之一。2010－2012年连续三年被中国砂石协会评为砂石行业"先进生产企业"；2012－2016年连续五年被麦积区安监局评为"安全生产工作先进企业"；2013－2014年，被中国砂石协会评为"砂石行业骨干企业"；被天水经济技术开发区评为"2014年度生产经营先进企业""2015年度纳税工作先进企业""2015年先进企业"；2015年4月，被中国砂石协会授予"全国砂石行业机制砂石生产示范线"荣誉称号；2015－2016年，被中国砂石协会评为"砂石骨料行业创新企业"。2017年公司荣获了"全国砂石骨料与混凝土产业一体化示范基地"称号，被评为"砂石骨料行业2017年度创新企业""甘肃省质量信用等级A级企业"，进入天水市"十强五十户"企业。2018年，被评为砂石骨料行业"优秀企业""企业文化先进单位"，同时也是甘肃省"专精特新"中小企业、"2019中国建材企业500强"。

作为行业的领军人物，他始终不忘所肩负的时代使命，积极打造行业模范企业，通过积极参加国内、国外行业学术交流，不断提升自己，引导企业改变生产经营模式，引进先进设备。与北京科技大学、北京建筑大学、华南理工大学、江苏建筑科学研究院、江苏苏博特新材料股份有限公司等先进团队进行产学研一体化合作，加大技术研发，以创新为驱动，成功研发出"全机制砂石混凝土"的生产应用技术，并在行业内进行了全面推广应用，很大程度上促进了机制砂石替代河沙的发展进程，推动了建材行业的转型升级步伐。

作为政协委员，缑海荣自履职以来，认真学习和贯彻落实国家各项政策、方针，不断提高自身参政议政能力和水平，积极履行政协委员政治协商、民主监督、参政议政的职责，保持"利为民谋，情为民系"的作风，时刻牢记自己的责任感和使命感。不断通过考察、调研等形式征集社会各项热点、难点问题，汇集民情，并通过政协委员会平台进行民意诉求反馈，实现一个政协委员应尽之责。他积极建言献策，先后提出《关于加强我市生态环境治理的建议》《关于尽快取缔或限制渭河流域采砂的建议》《关于天水市经济技术开发区管委会提高办事效率、改变机关作风的建议》《关于加强我市中小企业快速发展的思考》《关于加快推进我市建设用砂石非金属矿开发的建议》《关于加强天水国家农业科技园企业的环保达标治理的提案》《关于拆除渭河风情线违法建筑物的提案》《关于加快我市民营经济发展的几点建议》《关于规范我市混凝土行业市场管理的提案》《关于规范我市河道采砂的提案》《关于大力发展我市绿色建材工业的几点建议》等重要提案，这些提案的提出对城乡基础设施建设、工业发展，以及生态环境保护等方面起到了重大的推动作用。

在搞好公司生产经营工作的同时，他也不忘所肩负的社会责任和义务，积极投身于"扶贫攻坚战"工作中，发挥模范带头作用，在扶贫的道路上奋力前行。结合自身情况，多渠道、多领域、深层次地从根本上为贫苦户进行帮扶工作，为进一步推动天水市城乡经济快速发展、居民安居乐业贡献力量。

2011年年初，在建设南集采石场的过程中，了解到南集桥年久失修，给当地村民出行和子女上学造成极大困难，他捐资100余万元改造南集桥。2012年积极参与"联村联户，为民富民"，为麦积区甘泉镇、清水县、甘谷县捐赠水泥，折合人民币2万元。2012年参加"萤光送暖"活动，为贫困家庭捐赠现金1.1万元。2013年5月为缑杨村委会、缑杨小学捐赠办公用品，价值2万元，并且设立缑杨小学教育奖励基金、缑杨村敬老爱心基金。2013年7月天水遭遇了百年不遇的洪灾，为灾区重建捐款2.2万元。2014年在麦积区"村村通"乡村公路建设过程中，捐资10万元及200吨水泥用于当地乡村公路的建设。

此外，还耗资约1200万元修建了G310线伯阳至社棠公路产业扶贫路，目前道路已具备通车条件，极大地缩短了伯阳镇至社棠镇的距离，为周边百姓的出行提供便利。

在防控新冠肺炎疫情期间，他通过天水市慈善总会向疫区捐款50万元。

作为优秀的企业家，未来他将朝着助推行业转型升级、绿色发展和践行时代使命等方向继续砥砺前进，为改善天水生态环境，建设魅力宜居城市做出应有的贡献。

点评：砂石虽小，却是混凝土的骨料；大厦高耸，混凝土却是它的脊梁！甘肃华建新材料股份有限公司董事长缑海荣，有远大的理想和抱负，但他着眼于建筑的基石——砂石材料、混凝土制品的发展。在他的带领下，小产品做出了大市场，为企业、社会和行业的发展做出了自己的贡献。在企业大发展的同时，他助推行业转型升级、绿色发展、践行时代使命。

开拓进取结硕果，绿色发展创辉煌

——记安丘山水水泥有限公司总经理 李见中

李见中，男，1978年12月6日出生，1997年参加工作，2002年12月1日加入山水集团，现任安丘山水水泥有限公司总经理。参加工作20多年来，先后在水泥生产一线从事过岗位操作工、中控员、工艺主管、生产经理等工作，水泥生产知识和管理经验丰富，是理论与实践结合，技术与管理能力兼备，业绩突出的复合型人才。2010年，在中国水泥工业中控操作技术经验交流大会暨2010锦诚耐火中国水泥工业中控操作技能大比武中，李见中同志获得了"金牌"窑王的称号。2019年"五一"劳动节期间，安丘市总工会召开全市劳动模范表彰大会，表彰安丘市各级先进集体单位和劳动模范个人，李见中同志被授予"富民兴安"劳动奖章。在集团内部年度各类评优中，先后曾获得优秀员工、优秀经理人等多个荣誉称号。

开拓进取结硕果

在日常生产经营工作中，李见中同志坚决贯彻执行党的路线、方针、政策，模范遵守国家法律、法规，系统组织学习专业知识和管理理论，努力提高综合素质，保证创造更多经营业绩。他身先士卒，撸起袖子，扑下身子，深入生产现场、深入职工群众，及时了解职工思想发展动向，确保提前发现问题，及时解决问题。落实善待职工理念，为职工提供发展平台，提高生活幸福指数。严于律己、依法治企、守法经营，注重安全、环境与效益同步，确保生产经营稳定，职工安定团结，企业发展健康良好。自2017年李见中同志担任安丘山水水泥有限公司总经理以来，不甘落后严抓细管，创新倡导工作激情，以团结之心、实干之力、拼搏之劲带领公司全员学先进、找差距、补短板、创一流，激发了职工工作热情。坚持"客户至上"服务理念，落实质量、服务两手抓，提升了产品品牌，打造了品牌优势。持之以恒地坚持善待职工经营理念，不断满足职工对美好生活的向往，增强了凝聚力和向心力。紧抓集团发展机遇，积极组织创建"一级安标"、绿色矿山、申办绿色工厂企业，带领全员立足本职，拼搏实干，各项指标大幅度提升，实现了新跨越。2017年公司实现利润1.05亿元，上缴税金7676.7万元，获得市工业十强企业荣誉。2018年公司实现利润2.57亿元，上缴税金9197.4万元，获得全市财税贡献30强企业荣誉。

强化管理和科技创新

组织利用废石实施高镁熟料实验。高镁熟料的微膨胀性能消减混凝土的干燥收缩和化学收缩，提高混凝土的强度和耐久性。同时能够提高高镁低品位废石的综合利用率，变废为宝节约资源和成本，延长矿山的服务年限,促进企业的可持续发展,带来较大的经济效益和社会效益。公司在生产工艺和质量控制等各个环节的精细管理和周密组织下,根据熟料 MgO 含量,通过合理进行控制,满足压蒸安定性合格,取得高镁熟料生产实验成功。自 2017 年 7 月开始稳定生产 MgO 低于 6.0% 高镁熟料,经济效益显著,主要在矿山石灰石综合利用和延长矿山使用年限方面,总利润 8777.6 万元,纳税 2822.16 万元。高镁熟料的研发生产,年可综合利用高镁白云质灰岩 70 万~100 万吨,极大地提高了公司石灰石矿产资源综合利用率,提高了石灰石矿山的服务年限。该技术得到山东山水水泥集团有限公司高度认可,在集团内部,多次进行经验交流和推广,山东、山西、辽宁等省份多家公司来公司实地学习交流,为公司下一步的发展提供有力的数据支持。

紧抓机遇升级增效益

为紧抓新时代发展机遇,创造新的经济增长点,着力将公司打造成集熟料、水泥、骨料生产于一体的山水最大规模企业。安丘山水水泥有限公司是 2003 山水集团投资建设的日产万吨水泥熟料生产线,1 号线 2004 年 11 月投产运营,2 号线 2008 年 5 月投产运营。按照集团战略部署,2013 年又开工建设 1 条年产 200 万吨骨料生产线,2015 年已正式投入运营。在生产经营过程中,公司充分发挥万吨线优势,通过认真贯彻落实集团和运营区的指示精神,实施全面成本管理方案,严格执行错峰生产、加快新旧动能转换、不断开拓市场,开展劳动竞赛,充分抓住生产销售黄金季节,保证设备有效运转,连年实现了效益最大化。2019 年 10 月,公司依托内部熟料低成本优势,拟建 200 万吨水泥磨项目。项目投产后,依靠山水品牌优势及营销网络,可以深入开拓当地农村市场,且辐射诸城、日照、潍坊等市场,从长远角度分析,销售市场范围广,发展空间大,经济效益可观。

重视企业绿色和谐发展

根据国家绿色矿山工作要求,2018 年下半年,公司开始实施绿色矿山建设。成立了绿色矿山建设领导小组,明确了小组职责,组织编制了《建设规划》及《实施方案》,并按计划逐步做好边坡整理和裸岩复绿等工作。2019 年公司借绿色矿山建设机遇,进一步规范矿山开采秩序,加大安全环保投入,通过实施密闭输送加工技术、增设环保除尘设备设施、安装远程视频监控等新技术措施,为绿色矿山建设长效机制打下了有利基础。经过自评,北石岭石灰石 1 号矿、2 号矿,满足绿色矿山申报基本条件,符合非金属矿行业绿色矿山建设要求规定的指标和条款,具备绿色矿山申报条件。7 月,公司两座自备矿山分别以 85.9 分和 92.45 分的成绩,顺利通过山东省绿色矿山评估验收。

在企业发展的同时,公司坚持"企地和谐相处,保护矿区环境,促进地方发展,增加经济收入"的思路,以提高职工、当地百姓收入和生活水平为己任,努力实现造福一方,矿业报国的梦想。随着公司生产规模扩大,进出厂运输车辆现在可达 200 余辆,仅矿石运输一项每年就为当地带来收入 2000 万元以上。

加强企业文化建设

重视加强企业文化宣传、教育、培训等,最大限度地统一员工意志,规范员工行为,凝聚员工力量,为企业总目标服务，从而推进企业的发展。按照工会文件精神，每年春节期间，公司考虑困难职工的生活问题，积极进行走访慰问。职工生日、三八节、端午节、中秋节等一系列节日，安排做好节日职工福利发放和慰问工作。组织开展多样化文体活动，缓解员工的工作压力，让职工干事有激情。每年"五一""十一""元旦"举行拔河、跳绳、送鸡毛信、螃蟹跑、大合唱、卡拉 OK 赛等文体庆祝活动。加强职工培训，组织安全知识、技能比武等培训考核，提高职工文化素质和工作能力。2018 年公司 1 名职工取得注册安全工程师资格。2018 年度全省建材行业水泥中控操作员、维修电工职业技能竞赛中参赛职工发挥出色，最终分获水泥中控窑操作一等奖、二等奖和三等奖，维修电工二等奖等多项好成绩，公司获优秀组织单位荣誉称号。建立声觉视觉立体化安全宣传教育体系。公司结合实际情况，从生产现场到生活办公区域，建立宣传栏、安全标语、大型 LCD 液晶显示屏、横幅等。具体设立党建、安全和职业卫生宣传栏 110 处；岗位将责任制与操作规程上墙悬挂 204 个；现场张贴 6200 多处警示标志。

积极属行社会责任

一方面积极响应当地政府单位的号召，连年组织为当地慈善事业捐款捐物，用自己的实际行动诠释和谐社会，是公司上下共同奋斗的目标，是公司责无旁贷的义务。积极支持当地特殊教育事业，连年开展捐资助学活动。援助家乡受灾区建设，积极组织捐款。2018 年因为"温比亚"台风的影响，安丘市受灾较为严重。根据安丘市委《关于发动全市救灾捐款的紧急通知》要求，公司作为当地先进企业积极履行社会责任，充分展示山水企业勇于担当的精神风范，捐款 50 万元。另一方面大力发展循环经济，勇于担当社会责任。安装 SNCR 脱硝系统，减少生产中氮氧化物的排放。严格在线监测，加强环保基础管理和设备设施运行维护，及时修订管理制度，强化内部考核，公司废气及噪声均符合监测标准。实施余热回收减少碳排，积极落实节能减排创新项目，连年实现年度节能目标。积极开展碳排放核查，推动碳排放权交易，加强温室气体排放管控。2018 年以来，响应国家节能减排号召，签订《水泥窑协同处置固废（危废）项目合作协议书》，制订和实施推进计划，切实保证经济循环发展。

点评：安丘山水水泥有限公司总经理李见中，参加工作 20 多年来，先后在水泥生产一线从事过岗位操作工、中控员、工艺主管、生产经理等工作，水泥生产知识和管理经验丰富，是理论与实践结合，技术与管理能力兼备，业绩突出的复合型人才。他坚决贯彻执行党的路线、方针、政策，模范遵守国家法律、法规，他身先士卒，撸起袖子，扑下身子，深入生产现场真抓实干，使安丘山水水泥硕果累累，风光无限。

强化区域管控，精准运筹帷幄，奋力开创区域共赢新局面

——记冀东水泥璧山有限责任公司党委书记、执行董事 马庆海

马庆海，男，1972年3月出生，中国共产党党员，河北省唐山市路北区人，大学本科学历，工程师。曾任唐山冀东水泥股份有限公司葫芦岛项目组副总经理、承德冀东水泥有限责任公司副总经理、冀东水泥磐石有限责任公司副总经理、临澧冀东水泥有限责任公司党支部书记、总经理等职。2016年12月起，任冀东水泥璧山有限责任公司执行董事、经理。2018年4月至今，任冀东水泥璧山有限责任公司（以下简称璧山公司）党委书记、执行董事。

马庆海同志始终坚持党的领导不动摇，全面落实党对国有企业的领导，积极践行金隅集团"干事文化"，强化区域党委领导核心，以提升企业运行质量为方向，2018年开始区域各公司全线大幅营利，彻底扭转了投产以来长期亏损的局面，2019年1—10月区域提前完成全年利润目标，偿还总部借款4.93亿元，上缴各项税金1.94亿元。

以马庆海同志为主要负责人的冀东水泥璧山有限责任公司获2019年重庆市总工会"工人先锋号"荣誉称号；被评为2019年重庆市和谐劳动关系企业；获2019中国最具有成长性建材企业100强及2019中国和谐建材企业荣誉称号。

企业基本情况

冀东水泥璧山有限责任公司成立于2008年11月3日，是隶属于北京金隅集团旗下唐山冀东水泥股份有限公司的一家全资子公司，是重庆市大型水泥生产企业，位于重庆市璧山区，总资产约11.7亿元，年营业收入7.5亿元，年上缴利税8000万元，依托总部完善的产业链和雄厚的资金，发展优势得天独厚。其母公司是唐山冀东水泥股份有限公司是我国建材行业的大型骨干企业、国家重点支持的12家大型水泥集团和中国上市公司500强企业之一；其最终控股公司北京金隅集团有限责任公司，总资产2100亿元，年营业收入729亿元，多年来一直位列中国企业500强，是世界建材百强企业之一。

公司占地面积441.7亩，员工250余人，主要从事水泥、熟料和骨料生产和销售，主要产品有PC32.5R复合硅酸盐水泥和P·O 42.5R复合硅酸盐水泥。公司秉承"实践出真知"的理念，在实践中创造了一套适合现代化企业生产需求的管理体制，率先采用新型干法预分解生产工艺，拥有一条带10MW纯低温余热发电的4500t/d熟料水泥生产线和一座储量5233万吨大型石灰石矿山，可年产熟料143万吨；年产水泥200万吨，年产石灰石280万吨。年发电量为7220×10⁴kW·h，年供电量为6721×10⁴kW·h。

公司始终坚持信用、责任、尊重的核心价值观，贯彻"重实际、重创新、重效益、争一流"的金隅精神，以全心全意为用户服务为宗旨，努力打造水泥行业一流品牌。

主要事迹

（一）管理及主要生产经营业绩

1. 2019年截至10月重庆区域经济指标总的完成情况

利润总额：截至10月底重庆区域完成年利润的108.5%，全年预计超额完成利润指标。主营业务收入：1—10月重庆区域完成年收入的91.25%，预计全年计划完成率113%。产品销量：1—10月水泥熟料销量完成全年销量的85%，预计全年计划完成率105%。

2. 重点工作完成情况

深入推进"四位一体"管控模式，配合销售公司做好销售工作和行业错峰生产计划的落实，促进水泥价格稳步提升，区域水泥售价逐年提升，从2016年的196元/吨，2017年的255元/吨，到2018年373元/吨。坚持区域效益最大化原则，三家生产公司形成合力，收益最明显的是江津公司，截至2019年10月底实现利润1.17亿元，超过2018年全年1600万元，各项生产运行指标、发运效率显著改善，窑日产由2018年的3488提产至2019年10月的4200吨，增幅20%。

管控得力，区域各企业自身造血功能进入良性循环，销售利润率由负转正；成本费用率由超过110%降至目前70%附近；区域内借贷款由2016年底的32亿元降至2019年10月底的25亿元，璧山公司、合川公司资产负债率由2016年的接近100%降至70%以下；2018偿还总部借款2.83亿元，2019年偿还总部借款4.93亿元；区域企业年缴税金逐年增加，2016年4051万元、2017年6538万元、2018年16085万元、2019年1—10月19360万元。

3. 管理成效方面

坚持区域党委把方向、管大局、抓落实的指导思想，建立完善企业治理制度体系，以"三重一大"决策制度执行为抓手，夯实企业内部基础管理，成效显著。

璧山、合川、江津公司已完成质量、安全、环境、计量、能源五大体系认证。主动争取落实相关税收优惠政策、政府补助等项目获得资金支持，2017年—2019年10月底三公司共获得相关资金1755万元。在合川公司试点推行"壹号工匠"家装水泥，填补公司在重庆区域家装水泥市场空缺。2018年全年销售家装水泥16.7万吨，2019年1—10月销售20万吨。璧山、合川公司在2019年上半年集团会议中获得优秀企业评价，并于2019年培优企业达标审核中达标。积极推进三家公司绿色矿山建设，目前合川公司获得重庆市验收，并被重庆市规资局遴选入库全国绿色矿山名录。

（二）积极推动区域企业信息化、智能化建设

璧山、合川公司智能发运系统已投入使用。启动智能专家控制系统改造，提升生产智能化控制水平。推广阳光平台采购应用，采购业务上线率100%。

（三）推动绿色环保项目，促进企业转型发展

马庆海同志从无到有积极推进水泥窑协同处置项目。2018年璧山公司临时设施处置污泥创效580万元；2018年年底，璧山公司完成年处理9.5万吨的污泥和重金属污染土正式生产线建设。截至2019年10月创效936万元。合川公司2019年2月完成污泥处置临时生产项目建设并列入主城市政污泥应急处置点，截至2019年10月创效540万元。

（四）落实全面从严治党工作要求，重视意识文化建设

自 2016 年年底，集团党委宣布成立冀东水泥璧山有限责任公司党委管理重庆璧山公司、合川公司。2018 年为全面落实加强党对国有企业的领导，完成了"党建入章"工作，实现了书记、执行董事一肩挑，强化了党委主体责任。同年 12 月，集团党委对重庆区域做出调整，冀东水泥璧山有限责任公司党委，作为区域党委领导全面工作，领导璧山、合川、江津三家公司。一直以来严格落实集团党委相关工作要求，以党的十九大和习近平总书记系列重要讲话精神为指导，落实全面从严治党要求。主要从以下几方面开展相关工作。

1. 注重企业党组织建设，铸就企业发展坚实堡垒

2016 年年底企业党组织成立后，设立了公司党委及各公司党支部，迅速开展党建相关工作，建立了"三重一大"、党委会议事规则、经理办公会议事规则等相关制度，并及时修订更新，形成党组织制度汇编，充分发挥了党建引领作用，落实了民主集中制原则，确保在把关定向、引领发展、保障落实、队伍建设和环境营造中发挥政治核心和领导核心作用。2019 年结合集团区域党委工作意见迅速调整了区域企业党组织及党建部门设置，不断增强了党组织的战斗力、凝聚力和号召力，带动广大党员的主动性、积极性，为党建工作再上新台阶注入了活力。

2. 落实党风廉政建设责任制，营造风清气正发展环境

坚持"一岗双责"，坚持对新任领导干部廉政谈话制度和对党员干部及有业务处置权岗位的工作人员签订《廉洁从业承诺书》制度，增强拒腐防变的自觉性。公司党委在公司中层干部中实施签订个性化《全面从严治党主体责任书》《履职承诺书》、规范填写《纪实手册》。坚持开展反腐倡廉教育。对全体干部职工时刻进行廉政提醒，同时，不断创建更新《廉洁文化手册》，宣传教育公司廉洁文化理念，使廉政工作成常态化、体系化，维护了公司风清气正的政治生态环境。

3. 加强意识形态教育，凝聚思想共识，完成年度目标

注重企业广大干部职工意识形态教育，及时修订《意识形态工作责任制实施细则》制度文件，组织公司广大职工学习社会主义核心价值观的重要意义。同时，加强舆情监测，及时了解广大职工思想动态，引领广大干部职工积极向上的舆论导向，有效维护了企业在社会上的良好形象，提高了在重庆地区的优秀企业口碑，助推了企业经济发展。

（五）注重环保管控，承担社会责任

公司积极响应国家"建设资源节约型和环境友好型社会"的号召，在熟料水泥生产过程中运用先进技术，最大限度实现企业的社会效益和经济效益，是当地重点招商引资项目。

公司的水泥生产线采用新型干法窑外预分解烧成工艺技术，严格按照国家节能、减排、降耗、利废要求进行建设。公司高度重视生态环境保护，减少污染物的排放。窑头、窑尾烟气中颗粒物、NO_X、SO_2 等污染物排放浓度均大大低于国家规定的排放标准。

公司以水泥和环保建设、区域功能重新定位和经济跨越式发展为契机，有效拓展水泥产业链，推进资源综合利用和循环经济发展，大幅度提升区域市场的掌控力和盈利能力。在 2018 年投资建成水泥窑协同处置固体废物（污泥＋含重金属污染土壤）项目，具备协同处置固体废物 14.5 万吨 / 年的能力。壮大和发展了环保产业，履行社会责任，成为"政府好帮手、城市净化器"。

点评：冀东水泥璧山有限责任公司党委书记、执行董事马庆海同志始终坚持党的领导不动摇，全面落实党对国有企业的领导，积极践行金隅集团"干事文化"，强化区域党委领导核心，以提升企业运行质量为方向。他狠抓全面管理，精准运筹帷幄，各公司全线大幅盈利，彻底扭转了投产以来长期亏损的局面，给上级领导、地方政府和企业员工交上了一份完美的答卷。

南桐特种水泥公司改革发展的"领路人"

——记重庆市南桐特种水泥有限责任公司党委书记、董事长 何贤发

何贤发,男,1967年出生,本科文化,中国共产党党员,高级工程师。现任重庆市南桐特种水泥有限责任公司党委书记、董事长,系重庆市綦江区人大代表。曾获得中国品牌建设优秀人物、"全国社会科学理论实践成果"二等奖、重庆市QC小组活动优秀推进者等荣誉。

他忠于事业,不断进取,在短短几年间,将一个濒临倒闭的年产15万吨水泥的小水泥厂扭亏为盈,建成了重庆市最大的资源综合利用年产220万吨的水泥生产企业。南桐特种水泥公司原只有一条年产15万吨湿法水泥生产线,不论是生产工艺和生产能力都不具备市场竞争力。他积极谋划企业的远景,带领特水公司主动转型,二次创业。于2008年提出建设年产220万吨新型干法水泥生产线项目,走可持续发展之路。在他的带领下,项目历时一年两个月零二十一天就成功点火,并在短时间内就实现产销平衡,产销两旺。南桐水泥公司年产220万吨水泥生产线项目的建设,改写了该公司湿法生产工艺的历史,成为公司生存和发展史上的重大转折点,延续了企业的生命,为公司打造重庆建材基地奠定了基石。

在长期的实践经营过程中,他始终秉承"加强综合利用,发展循环经济,搞好环境保护,落实节能减排,依靠科技进步,实现持续发展"的生产经营思路,坚持"思路决定出路、人品铸就产品"的企业理念和"精益求精、用户至上"的质量方针,形成了一套完整、科学的质量管理体系,在他的引领下,企业实现健康良性发展。2018年,公司熟料产量达143万吨,实现水泥产量195万吨、石材产销量105万吨、余热发电量4117万kW·h,创造营业收入5.42亿元,争取国家优惠政策补贴1915万元,实现账面利润6722万元,完成计划的112%;企业安全环保达标,杜绝了环保事故,通过了国家质量体系认证、产品认证以及环境、职业健康安全、绿色产品论证,企业内实外美的局面全面形成。

用规范导航 以人为本充分彰显

在工作中,何贤发善于从纷繁的企业经营中分出身来,他冷静地认识到,企业要实现健康发展,必须树立以人为本的思想,让员工真正从心底爱上这个家,融入这个家,进而迸发出冲天的豪情与斗志,为此,他着力走好三步棋。

一是走好流程规范棋。坚持从维护员工的民主权利和企业的稳定发展,以积极参与企业管理为切入点,结合企业发展需要不断规范创新民主管理工作,尊重员工民主权利,发挥员工民主参与、民主监督作用,保证了企业重大决策的民主性、可行性。注重完善职代会制度。坚持和完善以职代会为基本形式的民主管理制度,并严格按照程序办事,坚持将《劳动集体合同》《工资管理办法》、工会经费使用情况、承包经营考核细则等重要事项交由职工代表讨论审核,做到多渠道、多层次、多方位的

参与，充分发挥了员工参与、监督企业管理的作用。

坚持企务公开制度。通过职工代表专委会、公司领导干部会、下发文件及宣传栏等多种形式进行公开，并通过收集员工群众意见和建议，对所公开项目按程序提供给公司党政决策时参考。对员工群众不理解的事项及时给予解释，监督和督促公司有关决定的贯彻落实。企务公开，使员工群众了解、掌握了情况、稳定了情绪、安心于生产，促进了生产经营的顺利进行。

二是走好岗位建功棋。始终注重团结和激励广大员工为实现企业发展建功立业，以发挥工会组织优势为切入点，要求工会组织深入开展经济技术创新和合理化建议、争先创优、岗位培训、技能大赛、劳动竞赛等活动，发动员工钻研业务、发奋工作，在公司的生产经营中发挥良好作用。他狠抓岗位练兵和经济技术创新活动，先后组织开展南桐水泥公司电工安全技能大赛。对团体比赛中脱颖而出的车间以及个人比赛中斩获前三的选手进行了表彰奖励，电力车间员工王能由于表现突出，被授予"岗位技术明星"荣誉称号。2018年，员工就积极主动地提出有关改进和完善企业生产技术与管理方面的具有进步性、可行性和效益性的合理化建议22件，采用17件，节约价值100余万元；技术革新项目9项，创造价值500余万元。

三是走好权益维护棋。他十分关心员工工作、生活，积极维护员工权益，时刻树立员工利益无小事的观念，认真履行维护职能，关心员工生活，想方设法为员工把实事办实、把好事办好。坚持筑牢安全防线，确保员工平安。通过与各基层工会签订群安工作责任状，有效强化各群监组织责任意识，坚持群安执法制度，查出安全隐患及时汇报整改。与此同时，工会紧密结合公司安全生产工作，创新实施《群监业绩动态管理办法》，以群安工作"七个好"对各基层工会实行群安业绩考评，即：群监组织建设好、群监制度建设好、群监安全业绩好、群监培训效果好、群监安全宣传好、群监事故预警好、群监统计工作好。有效促进群安工作规范化管理，标准化建设，提高群安网员监督检查综合素质，调动群监组织和群安网员安全监督工作的积极性、主动性，协助车间、班组共同抓好安全管理目标。

抓实典型辐射工程，用员工榜样"立"起来

大力弘扬进取精神，凝聚公司发展力量。积极开展争先创优、选树典型活动，大力营造比、学、赶、帮、超的制度和舆论环境，弘扬和倡导爱岗敬业、争创一流、艰苦奋斗、勇于创新的劳模精神，激励广大员工立足本职、勤学勤练、争当先进，为公司多做贡献，大力弘扬劳模精神和工匠精神，推荐评选出劳动模范、创效立功标兵、明星班组长、先进工作者多名。开展"最美工匠"评选活动，群众公认的化验室质检班班长刘小琼、熟料车间霍雨佳、电力车间张明脱颖而出，被冠以"南桐工匠"荣誉称号；深化劳模创新工作室创建，吸纳公司优秀创新人才参与，有6项创新成果转化为生产实践，创造经济价值近100万元。

多年来，在何贤发把"企业文化当作事业来办"的理念支撑下，公司发生了翻天覆地的变化，不仅培养了一支有理想守信念、懂技术会创新、敢担当讲奉献的员工队伍，企业创先争优的状态形成。广大员工以企为家，爱岗敬业，涌现了一大批不计个人得失、立足平凡岗位、奉献无悔人生的先进典型，他们中有的加班加点成为常态，有的轻伤不下火线，有的舍弃小家为大家，企业的正气大幅上扬，正能量满满，公司化验室在全国"弘朝科技杯"第十六次水泥化学分析大对比赛事中获得了全国性的优良奖，在矿业公司化验工比武赛中一举囊括了该项赛事的前三名，充分展示了员工们精湛的技术技能和扎实的理论功底，为公司争得了荣誉也为公司提高了声誉。同时，公司首次获得由中国煤矿体育

协会颁发的全民健身活动先进单位荣誉，获得中国煤矿体育协会授予的全民健身先进个人1人，中国煤矿文化艺术联合会、中国煤矿文化宣传基金会联合授予的全国煤矿文化艺术先进个人1人。

着眼未来，延伸建材产业链

作为南桐水泥公司领路人，何贤发按照重庆能源投资集团的发展与部署，做强建材板块，带领公司在初步转型成功的基础上，秉承谋事要实、创业要实的理念，在行业产能严重过剩、竞争日趋惨烈的情况下，主动适应经济"新常态"，进一步提档升级、延伸产业，做大做强建材板块，做优做富南桐水泥公司。目前年产120万吨砂石骨料生产线已投产，下一步将逐步建设危废处置、城市污泥废弃物利用项目，100万吨脱硫石粉项目，50万立方米干混砂浆项目，大型预制构件项目。通过延伸产业链，拓展品种结构，扩大生产规模，提升综合实力，成为重庆能源集团建材生产基地和重庆市资源综合利用示范基地，实现最佳的经济效益和社会效益，为地区经济发展和环境保护做出最大贡献。

竹密不妨流水过，山高岂碍白云飞。下一步，何贤发将继续注重丰富投入，注重标本兼治，努力使企业文化成为推动核心竞争力的强力助推。

点评： 重庆市南桐特种水泥有限责任公司党委书记、董事长何贤发，坚持"思路决定出路、人品铸就产品"的企业理念和"精益求精、用户至上"的质量方针，形成了一套完整、科学的质量管理体系，在他的引领下，企业初步走上了转型升级和健康良性发展得轨道。他坚持以人为本的思想，让员工真正从心底爱上企业这个家，融入企业这个家。企业文化的深入人心，使企业的凝聚力、向心力、竞争力得到了极大提升。

发展企业勇担责，回馈社会映初心

——记西安大明宫建材家居股份有限公司董事长 王天春

王天春，男，汉族，中国共产党党员，生于1963年1月，经济师，现任陕西省建材商会会长、西安大明宫建材家居股份有限公司董事长。作为一名优秀的民营企业家，改革开放以来，他凭借超强的判断力和稳健的经营思路，带领建材行业在地区创造了较好的业绩，受到社会各界的一致好评。

紧跟改革开放浪潮，大力发展民营经济，成为地区建材行业的领军人物

1981年，王天春积极投身乡镇企业的建设中，并创办了刘北扁钢厂，经过他的艰苦创业、效益倍增，后进入大明宫电器开关厂工作，任厂长。1989年他被大明宫乡政府任命为大明宫化工厂厂长、党支部书记。他通过市场调研、引进技术、更新设备、配套环保，使产品产量和质量大幅度提高，企业效益不断增长，职工收入显著提高。1996年企业销售额达700多万元，上缴税收80多万元。企业获"重合同，守信用""模范纳税户"等荣誉。在大明宫化工厂任职期间，王天春先后荣获"西安市乡镇企业家""全国农村青年星火带头人"等殊荣。

1997年，乡镇企业改制后，他建成了大明宫建材市场配套仓储、"天恒酒楼""金江花园酒店"等项目，年收入800多万元，缴税150多万元，被评为"西安市劳动模范"。

2007年11月，西安市人民政府发布了《关于大明宫国家遗址公园建设拆迁的公告》，面对拥有四十多个专业市场、两万多商户入驻、十万人就业的太华路沿线市场群，时任西安大明宫商会秘书长王天春同志首先组织广大商户座谈，使大家充分认识建设大明宫国家遗址公园是国家"十一五"遗址保护的重点工程，是市委、市政府的重大决策。同时提出了"先安置、后拆迁"的整体思路，号召大家"舍小家、顾大局、舍小利、求大计"，服从政府拆迁，支持国家遗址公园建设。他的提议得到了各级政府的大力支持，市场新址得以落实。

2008年，在他的有力带领下，整合组建了省区市三级重点项目——北三环大明宫建材家居批发基地，成立了西安大明宫建材家居股份有限公司，协助市、区政府顺利实现了"品牌不丢、产业不散、人心不涣"的目标，使从前管理松散的市场群发展成管理规范、客户满意、政府放心的现代商贸巨舰，实现了大明宫商圈的平稳过渡和持续发展，开创了全国市场群拆迁安置的新模式。公司快速实现万余商户平稳拆迁安置、近百万平方米的北三环大明宫建材家居批发基地迅速崛起并繁荣，成功打造了以建材家居流通为主，集经营展示、商务办公、休闲娱乐和交易加工为一体的现代化、多功能城市商业综合体。

社会评价

王天春有卓越的组织能力和管理能力。在他的带领下,北三环大明宫建材家居批发基地成为西北五省最大的建材家居交易平台。目前,基地年交易额 100 多亿元,直接解决就业岗位近 3 万个,带动周边 10 万余人就业,被确定为"陕西省建材家居博览会"永久性指定会址,先后荣获"全国建材流通行业先进集体""中国建筑装饰行业最具影响力建材家居卖场""陕西省文明单位""陕西省 A 级纳税人""陕西省创业孵化示范基地""陕西服务名牌"等多项荣誉称号。其个人也先后被授予"陕西省劳动模范""陕西省慈善人物""陕西省建材行业优秀企业家""陕西推动力领军人物""改革开放 40 周年西安市优秀民营企业家"等多项荣誉称号。

王天春同志作为一名共产党员,参加工作几十年来,始终立场坚定,坚持原则。其个人数次被授予"优秀党务工作者"称号,并当选为陕西省工商联常委、陕西省光彩事业促进会副会长、西安市第十六届人民代表大会代表、西安市工商联副会长、未央区连三届人大常委会委员、未央区劳模协会会长、未央区慈善协会副会长、未央区工商联副主席、未央区大明宫街道办非公企业党组织副书记等,所带领的企业党组织更是先后被评为"陕西省先进基层党组织""陕西省五星级非公有制企业党组织"等。国家、省、市、区相关领导多次到其任职的企业视察,并对企业的党建工作给予充分肯定。

经营业绩

在王天春的科学管理和统筹下,西安大明宫建材家居股份有限公司经济效益持续上升,自成立以来,公司累计为国家上缴各类税收 12.4 亿元,平均每年为国家交纳税收超过 1 亿元,所运营的北三环大明宫建材家居批发基地每年向国家缴纳各类税收 3 亿多元,目前累计约 35 亿元。北三环大明宫建材家居批发基地现有建材商户近 5000 家,建材商户年交易额超过 120 亿元。除此之外,作为陕西省创业孵化示范基地,帮扶建材企业 263 家,帮助他们筹集资金,推动建材行业的稳步发展。

管理和科技创新

自 2010 年 3 月北三环大明宫建材家居批发基地开业运营以来,王天春就以"繁荣兴市"为目标,凝心聚力,致力于将北三环大明宫建材家居批发市场建成西北地区最大的、以建材家居为主的超大型综合卖场。

首先,他提出"企业发展、党建领航"的发展理念。要求公司努力构造经济建设、精神文明和党建齐头并进的发展模式。公司党总支于 2010 年 3 月成立,结合党建工作要求和企业实际开展"三亮一公示""两培养,两促进""两学一做"等活动,企业党建工作受到了各界好评,实现了党建和企业发展相互促进的双赢局面。特别是通过积极开展活动,在广大商户中吸引了一批党员同志,探索出了一条流动党员管理的新路子。

其次,他提出"服务提升百天行动""一个坚定、两个提升"等具体工作办法,并将"服务提升"作为公司发展的生命线写入了公司历年工作大纲,坚持想建材商户所想、办建材商户所需、解建材商户所忧,排除基地建材商户的各类经营难题,稳定商户,培育市场,坚定发展信心。同时,强化基地内部管理,优化环境,完善配套,为广大商户经营、生活、交通提供便利。大力宣传,积极促销,着力营造良好的建材基地经营氛围。在他的带领下，公司每年投入近3000万元广告宣传费用，通过电视、广播、报纸、广告牌等多种媒体，广泛宣传市场，使"买建材，到北三环大明宫"在西北五省家喻户晓，人人皆知。

转型升级

在王天春的带领下，基地稳健运营，注重改革创新，首开"一次续租三年"的经营权，三年房租不变的经营模式，对省内各大建材卖场产生了极大的影响，并被学习效仿；首开"会展兴市"的运营模式，承办陕西省建材家居装饰材料采购节和陕西省建材家居博览会，加速了西北五省建材行业的大融合；首开"会展扶贫"的行业扶贫模式，为西北五省老百姓人居生活条件改善和幸福指数提升做出了应有贡献；首开"建材卖场消费维权"的售后问题处理模式，建成行业内首家消费维权服务站，为行业规范运作起到了带头表率作用；首开"整合家装新模式"，投入资金组建大明宫装饰，整合建材基地资源，发挥自身品牌优势，对接大型房地产公司，为建材商户销售开通新渠道。

除此之外，积极响应"一带一路"倡议，2018年6月，王天春同志带领省内建材行业精英40余人前往俄罗斯斯拉夫商贸集团进行考察，为中国建材走出国门做了尝试。为探索各经济实体协同共进，建材行业各产业链条联动共赢、各大行业品牌繁荣共享奠定了良好的基础。

2017年，以王天春董事长为首的董事会和公司领导层积极研究时局，以极大的魄力决定未来十年将投入400亿元进行转型升级。形成一轴、两带、两中心、五片区的规划结构，以创智硅谷总部、创业硅谷孵化中心、家居主题街区、智能体验馆、生命建筑、未来社区、未来大道、创意公园等为主体，在承载不同人群、不同需求的综合服务功能基础上，进一步构筑区域性高端服务业集聚区。逐步建成发展有序、功能互补、区域辐射功能强大的"硬科技"和"硬创意"双核驱动的产业综合体，成为大西安"百亿项目"的新贵族。

未来，公司将转型现有的纯贸易型建材产业，向建材销售和展示两方面进行升级，同时将实施产业链升级计划，推动互联网、大数据、人工智能和实体经济的深度融合，以"互联网+"为抓手，在中高端消费、绿色低碳、共享经济、现代供应链、人力资源等领域挖潜掘能，打造与城市未来发展紧密衔接的活力前沿。

绿色发展

值得一提的是，2014年，王天春响应国家节能减排的号召，创新思路、积极对接，完成了西安市最大的城市分布式屋顶光伏电站——北三环大明宫屋顶光伏电站项目的投资建设，项目总投资4360万元，利用屋顶面积约8.5万平方米，年发电量可达500万～600万度，可实现减排二氧化碳5万吨，节约标准煤1.5万吨，减排碳粉尘4万吨，为西安市治污减霾和北城地区良好的人居环境做出了贡献。

2018年以来，响应政府防尘降噪、环保治理工作要求，王天春董事长动员石材加工商户从转变思维入手，鼓励石材商户自我革新、与时俱进，倡导在石材加工厂房安装环保治理设备、办理环评审评手续，并按照办理环评资料要求，委托第三方检测机构进行污染物现状检测。现基地石材加工区域商户均已完成检测，在保证石材加工商户正常经营的同时，也为区域环境治理贡献了一份力量。

文化建设

关注工会、惠及员工,创建团结高效的文化氛围。

多年的企业管理工作使王天春深知,工会是办好企业的基础,抓好工会工作就是落实以人为本,是当今社会和谐、企业发展的保证。公司一成立,他立即搭起工会班子,设立了工会专职主席和工会委员,专设办公室,安排活动经费,保证工会工作健康开展。每年夏暑冬寒,工会组织慰问一线员工和保洁员,他都亲临现场、送发暑寒降温保暖用品。每年年终,他总忘不了公司贫困员工,要求各部门领导深入查访上报,给以困难补助。如今,员工子弟考上大学,公司也会给以补助鼓励。

为了活跃员工文化生活,他倡导公司每年都举办篮球赛、拔河、演讲、摄影等各类比赛并设立奖励名次;斥资打造员工之家,创建图书室、电影角、培训课堂等。同时,每年组织员工出外旅游,领略祖国河山美景、开阔视野、放松休闲、增长见识,使得员工的文化素质得到全面提高。他的各项做法,深受员工拥护和爱戴。

经过不断的完善,免费的就餐、住宿环境不断提升,员工工资、劳保福利、各类奖金等也是逐年提高,都促使员工无后顾之忧,能够安心工作,同时也极大地调动了员工工作积极性,形成了阳光奋进的职工队伍,建立了团结高效的文化氛围,促进了企业的发展。

履行社会责任

积极践行社会责任,带领本土建材行业做出了宏伟业绩。王天春同志认为作为一名企业家首先要懂得"饮水思源,回报社会",在他的带领下,企业先后为灾区、贫困地区、慈善协会捐款捐物近千万元,为改善周边落后设施投入上千万元。

2017年,王天春同志凭借出色的工作能力和卓越的领导力,当选为陕西省建材商会会长一职,随后带领商会广大会员及建材行业精英,为社会公益事业做出了应有的贡献。首先是紧跟国家精准扶贫的步伐,先后投入30余万元用于精准扶贫,有力地改善了贫困村组面貌;其次是在王天春同志的倡议下,陕西省建材商会于2018年4月30日举办了以"不忘初心,筑梦未来"为主题的慈善晚会,最终共筹集善款近130万元,都投入到了贫困村组的精准扶贫工作,为全面建成小康社会贡献力量!

谈到未来,王天春董事长豪情满怀:"下一步,北三环大明宫将下大力气提升服务,一方面为老百姓提供更多、更好的建材家居产品和装修服务,另一方面将为社会提供更多的创业机会和就业岗位,为建材行业发展、地区经济建设贡献力量。现如今,国家为企业创造了很好的环境,支持和帮助民营企业发展,所以我们一定会撸起袖子加油干,这是时代赋予我们这一代人的使命。"

点评: 西安大明宫建材家居股份有限公司董事长王天春具有卓越的组织能力和管理能力。在他的带领下,北三环大明宫建材家居批发基地成为西北五省最大的建材家居交易平台。王天春同志作为一名共产党员,始终立场坚定,坚持原则,发展企业勇担责,回馈社会映初心。王天春个人数次被授予"优秀党务工作者"称号,并当选为陕西省工商联常委、陕西省光彩事业促进会副会长、西安市第十六届人民代表大会代表、西安市工商联副会长等。

转型升级，精益生产，推动企业高质量发展

——记江苏横山南方水泥有限公司党支部书记、总经理 沈宝明

江苏横山南方水泥有限公司前身是常州恒耐水泥有限公司，于2012年9月1日加入上海南方水泥有限公司，依托于南方水泥优秀的管理模式及工艺管控，使公司产品质量及经营管理得到更大的进步。

为进一步推进常州市建材工业发展，实现企业结构调整、转型升级，公司实施水泥粉磨站节能技改项目，能耗指标较技改前降低6kW•h/t，生产能力由原来的年产35万吨转型升级为年产70万吨，年节电量约420万度，年处理固废能力增加19.8万吨，2018年实现营业收入17775.53万元，上缴税金429.48万元。本项目的投建是上海南方水泥在常州地区规划的重点布局，对提升区域的主导地位，强化定价话语权，优化当地水泥工业的产业结构，推动该区域的联合重组有着重要意义。

江苏横山南方水泥有限公司自加入上海南方水泥有限公司以来不断发展壮大，能在激烈的市场竞争中取得长足的进步，靠的是有一个好的带头人沈宝明，走的是依靠转型升级和不断创新的健康发展之路。沈宝明同志1990年参加工作以来先后担任淮海水泥厂技术员、机械工程师、团总支书记，中联巨龙水泥公司设备办技术主管，机电车间主任、书记，淮海中联矿山分厂副厂长、支委，制造分厂副厂长、副书记，矿山分厂厂长、书记，江苏南方水泥有限公司区域物资供应部副部长，江苏横山南方水泥有限公司副总经理（主持工作），江苏横山南方水泥有限公司总经理。在此期间，由于工作出色他多次被评为"先进工作者""优秀管理者""优秀总经理"。他是一个"台阶式"干部，一步一个脚印走出了自己的精彩人生，也走出了一个企业发展壮大的道路。

江苏横山南方水泥有限公司在沈宝明同志的带领下，始终坚持围绕"如何致力于提质增效，如何着眼未来提高企业核心竞争力，如何发挥领军作用深入推进水泥行业的供给侧结构性改革"的基本任务开展工作。紧盯安全环保质量、技改项目实施、党风廉政建设、年度生产经营4大目标分解落实全年任务；严格执行"涨价、拓量"政策、积极规范的组织开展节能技改项目、环保提标改造、精益生产精细管理等活动。围绕中国建材"善用资源、服务建设"的核心理念，准确理解领会上海南方区域公司决策，践行南方水泥"早细精实、干字当头"的工作要求。

持续巩固内部规范管理

沈宝明同志严格按上海南方区域公司规范的流程要求开展工作，依据制度同时结合自身实际情况，做好基础管理工作，坚持例会制度，不断提升内部管理水平。形成周会、月度会、总经理办公会及各项专题会制度，为横山南方形成科学合理、高效有序的管理机制，全面提升工作效率和经济效益提供了有力保障。

紧盯安全生产，提升现场环境，严控产品质量

沈宝明同志坚持安全培训、检查、考核、整改一体化推进的原则，形成闭环管理；将环保、质量管理与安全同高度落实工作。实现自加入南方水泥以来安全环保质量零事故。

在实施加辊节能技改项目期间，外协施工单位较多，针对项目特点，对外协施工人员进行安全培训，在安全上严格管控，落实责任，工地现场要求施工单位加设围挡，严格检查施工单位作业资格，保证施工安全和生产活动互不影响；经过共同把关，技改项目施工及生产活动中未发生任何安全险情。

在长兴苏南管委会的指导下，沈宝明同志在企业内部加大现场环保管理，向秦山南方、湖州南方学习取经，在巩固环境整治的基础上进一步提高：采取了整理厂区绿化、修复老旧设施、制造宣传标识、规范管路排布、密封输送设施，整治跑冒滴漏，定检收尘设施等措施，使厂区环境得以较大改善。

完成节能技改项目实施，实现企业转型升级

2017年年末，加辊节能技改项目进入实施阶段，严格规范按照南方水泥规定及设计方案，完成了土建施工、设备安装调试、磨内筛分改造等任务；沈宝明同志在兼任其他企业常务副总的情况下，在组织项目实施的同时协调生产，组织技改项目专项培训，在保证生产任务同时完成新系统的培训。调试期间，生产指标均超出预期，台时产量120t/h，工序电耗25kW·h/t，体现了"南方"人艰苦奋斗的精神，保障了全年任务目标的落实。

涨价拓量、超额完成年度销售目标

横山南方加辊节能技改项目进入调试生产后，产能得到发挥的同时给销售开拓工作提出了更大的挑战。沈宝明同志负责，从技改项目对接之前就不间断地对周边供需市场动态信息的收集，了解政府环保停限产落实、区域主要竞合企业生产库存销量、新增终端客户的需求等情况，对各类潜在客户进行分析，以便顺利消化技改后的新增产量，跟踪和开发更优质的客户，精准定价。

抓管理，提效率，降成本

在技改对接后，磨机的台产有了大幅增长，工序电耗降到26kW·h/t左右，而2019年的进厂熟料质量同比有所降低，三天、二十八天强度均偏低，给质量控制带来很大的难度。沈宝明同志对此问题组织专题解决，采用了调整配比、增设混料装置加掺矿粉等方法；同时降低水泥的粉磨细度，努力提高水泥强度；在结合技改工况不断优化工艺之后，保证了出厂水泥的质量，维护了"南方"品牌信誉。

加强供应管理，落实南方采购规范

沈宝明同志在组织物资采购工作中做到公开、公平、公正，严格执行上级招标目录及定价限价的规定，做好优质优价；从上海南方水泥月度原材料对标找契机，寻找差距，进一步优化采购；严把进厂原材料质量关，确保提供优质、优价的物质来满足生产经营的需要。

优化人力资源，提升组织绩效

沈宝明同志根据上海南方精益管理、组织优化要求，向先进企业学习，结合技改项目实施后企业实际，重点优化生产部门组织，设置职能室、化验室、运行管理（含中控）、维护管理等机构，试行后，跟踪试行情况，实时优化调整；号召员工"一专多能""取双证"，发挥管理人员、党员骨干的带头作用。优化试行期间，员工工作效率，设备可靠性均进一步得到提升。根据年度生产经营目标责任书，修订年度绩效考核制度，将年度KPI落实分解到部门、员工，继续坚持"有效益、有收入，有增长、保证稳定"的原则，让全体员工明确公司各阶段目标，在工作岗位上能更好地发挥作用。

廉洁自律，推进党群与企业文化建设

横山南方党支部在沈宝明书记的带领下开展党务工作，严格遵守党规党纪、"八项规定、五条禁令"等规定；执行重大事项报告制度，坦诚接受组织监督；严格按照南方水泥标准执行接待，不讲排场；坚持以身作则，忠于职守、廉洁自律，处处防微杜渐；发扬艰苦奋斗优良传统，开展支部建设，持续做好"两学一做"和学习党的十九大精神，参学人员扩大到主管以上骨干，把支部建设与公司经营密切联动。通过党群活动的开展，提升了南方水泥的形象，紧密了干群关系，提升了干部职工的精神风貌，增强了全体员工的凝聚力和向心力，为企业各项工作的顺利开展打下了坚实基础。

建设和谐企业，履行社会责任

公司在沈宝明同志的带领下，追求和谐发展，大力推进节能减排，通过生产线风机电机设备配备变频器，高压电机配置进相器，所有电机更换为节能电机等措施，实现能耗下降6kW•h/t，全年节电约420万度电。大力发展循环经济，技改后，全年增加固废处理量约为19.8万吨。坚持以人为本，促进员工与企业共同发展，规范保障职工权益，提升员工幸福指数。

点评：江苏横山南方水泥有限公司党支部书记、总经理沈宝明始终坚持围绕"如何致力于提质增效，如何着眼未来提高企业核心竞争力，如何发挥领军作用，深入推进水泥行业的供给侧结构性改革"的基本任务开展工作。近年来，他带领企业转型升级，精益生产，推动了企业高质量发展！

向着更辉煌的明天前行

——记山西中德投资集团有限公司总裁 程杰

程杰，男，回族，1985年10月出生，山西长治人，大学本科学历，中国塑协塑料异型材及门窗专委会的副理事长，四川省山西商会常务副会长，新津县工商联总商会副会长，新津县政协委员、常委，成都市青年联合会委员，四川省青年企业家协会理事，成都市工商联常委，中国青年企业家协会会员，四川省青年联合会委员，新津县新生代企业家商会副会长，现任山西中德投资集团有限公司（以下简称中德集团）总裁、四川中德塑钢型材有限公司董事长。

2008年9月，进入中德集团北京分公司从事营销工作，凭着扎实的理论基础，圆满完成了各项营销任务，工作能力得到了全面的提高。在北京任职期间通过其与团队的共同努力取得举世瞩目的奥运工程项目和青藏铁路项目。

2009年，年富力强、充满激情的程杰来到四川成都开始创业，成立了四川中德塑钢型材有限公司，出任总经理。公司成立之初，条件艰苦，环境恶劣，程杰带领四川公司全体员工，不畏艰辛，与恶劣环境做斗争。不但实现了当年建设当年投产，仅仅用了多半年的时间就圆满了完成了销售额1亿元的任务。

2011年底，原有的厂区面积已不能满足市场和生产的需求，根据发展需要程杰又带领公司在天府新区南区产业园新津新材料工业园区新建西南塑钢型材和塑料管材生产基地。项目总投资5亿元，于2012年7月开工，2014年4月竣工投产。现可年产塑钢型材4万吨，铝合金型材3万吨。总资产4.5亿元，员工500余人，可实现年产值约10亿元。

在经营过程中，程杰根据市场需求的不断变化，带领公司不断寻求转型升级，多元化发展。2015年，在不断地探索、交流和学习中，通过总结发现我国房地产市场呈现向热点"吸金"城市集中，工程项目向大型房开企业集中的态势，于是程杰提出开始与国内或地区有影响力的大型百强房开企业和大型门窗企业合作的"双大"营销模式。通过几年的营销实践，效果显著，达成了与恒大地产、富力地产、蓝光地产、新希望地产、北大资源、绿地集团、龙湖地产等国内房开龙头企业的良好合作关系，同时开展与西安高科、华厦建辉、大地阳光、上海迪探等国内大型门窗制作企业的合作。

2017年，为了改变公司单一产品经营模式，他又投资1亿元建设四川中德铝业有限公司，新的生产车间依托公司原有各项资源和优势，选用先进、实用、节能、可靠的生产设备。新的铝合金型材产品以高性价比、高质量参与市场竞争，满足了西南地区各类渠道与工程的市场需求，为推进公司的产业结构调整和经济增长方式转变做出了新贡献。通过不断地发展，四川中德塑钢型材有限公司现已成为在西南地区同时拥有塑钢型材和铝合金型材生产基地的颇具竞争实力和品牌影响力的现代化民族民营企业。

企业文化是企业的精神支柱，中德集团近20年发展，形成了以"五多、正己善为、两选三新、经营管理工作四大理念要诀"等为精髓的独具特色的管理理念和经营模式，是企业"对内统一思想，对外步调一致"的基本保障，也是中德员工应有的企业文化信仰。在企业经营过程中，程杰注重企业通过文化的力量开展各项工作，将"正己善为"作为自己做人做事的准则，将"两选三新"作为推动企业发展进步的动力，将"经营管理工作四大理念要诀作为"作为指导工作的方法和途径，将企业文化真正扎根落地，成为企业经营的原则，员工行为的守则，增强了企业"软实力"。

在公司发展的同时，程杰也非常注重产品研发与技术创新，并获得了1项发明专利及40多项实用新型和外观专利。生产的主要产品有塑胶共挤（双密封）、ASA（双色共挤）、铝塑复合（断桥隔热）、彩色覆膜等塑钢型材产品和建筑铝合金型材、幕墙铝合金型材等铝合金型材产品，深受广大用户喜爱。2009年10月，程杰带着中德型材参展西部第一盛会"第十届中国西部国际博览会"；2009年8月份，程杰带领中德型材公司作为中国塑料行业协会的协办单位在温江东方幸运城成功举办了"2009年中国塑料异型材及门窗行业年会"，年会期间中德人严谨认真的工作作风和中德型材优质的产品获得了行业以及同行的极大肯定。

为了推动塑钢行业在西南地区的发展。在生产过中程杰带领团队主导开发了共挤胶料生产项目，通过合理优化胶料配方，塑胶共挤产品在行业内仍属独有产品。主导开发了通体彩料回料均化项目，不但创造了经济效益，还节约了资源、减轻了环境影响。自主设计开发了P60-2Y、T60-1Y、T88-2X等一系列极具市场竞争力的创新产品，得到了行业的一致认可。不但为企业创造了效益，也推动了行业的发展。

在带领企业发展期间，程杰也不忘社会责任和慈善事业。相继为汶川地震抗灾捐款捐物120余万元，玉树地震抗灾捐款55000余元，雅安地震抗灾捐款5万元和价值10万元的粮油衣物等物资，并积极参与精准扶贫工作；为全国政协监督性扶贫调研点达州宣汉毛坝镇等希望小学更新更换门窗；通过新津工商联慈善会为巴塘、小金等精准扶贫捐款捐物。捐款及投入扶贫资金共计1000余万元。

身为一名年轻企业家，程杰在企业中以能想敢干被大家敬佩，即使前面是再大的山，面对再狠的敌人他也敢于亮剑，为自己的目标不懈奋斗。同时，他也这样要求他的员工，他经常说："我们都是年轻人，对外我们是上下级，对内则不分上下，有想法就要提出来，是对的就要去做，要做就做最好，言必行，行必果。年轻的团队只有这样才能有活力，有激情，才能做出更好的成绩。"每一个工作日，他都在严格要求自己，日事日毕。同时他一样以清廉和实事求是来要求自己的企业和员工，他常说做企业，首先不能违背国家政策，不能违法，不能违规，同时还要响应国家号召。企业想要长久就要实实在在做事，清清白白做人。

对于公司未来，程杰充满了信心。他说："我有信心做到西南地区行业第一。我们要在打造西南地区最大的塑钢型材和铝合金型材生产基地。"相信这个敢作敢为的年轻的企业家用他超前的理念，带着他充满活力与激情的团队，严格遵纪守法，继续保持旺盛的创业精神和创新能力，继续以务实勤勉的工作态度和优质高效的工作业绩靠自己的执着和雄心，迎来的必将是更大的成功与辉煌！

点评：山西中德投资集团有限公司总裁、四川中德塑钢型材有限公司董事长程杰是一位80后企业家，经过10多年企业和市场的历练，他羽翼渐丰，正充满激情地走在创新、创业的道路上。他是个敢作敢为的年轻的企业家，有超前的理念，充满了活力与激情，期待他靠自己的执着和雄心，向着更辉煌的明天前行，迎来的必将是更大的成功与辉煌！

凝聚力量，共谋发展

——记中国建筑材料工业建设西安工程有限公司执行董事、总经理 张志旭

张志旭，男，汉族，1969年2月出生，中国共产党党员，高级工程师，1994年在中国建筑材料工业建设西安工程有限公司参加工作，先后任技术员、项目经理、副总经理等职务，2012年8月任公司总经理，2016年1月任公司执行董事、总经理。

任职期间，他发挥企业家精神，克服困难，大胆改革，勇于创新，以爆破技术为核心优势，以安全生产为抓手，以绿色矿山建设为突破点，带领企业在行业困境中实现了高质量发展，取得多项专利，在行业内及社会上获得一致好评，为国家"一带一路"倡议及建材建设行业做出重要贡献。

经营业绩创新高

近年来，受国家经济结构调整及环保政策影响，建材行业发展整体呈收缩态势，但是张志旭同志带领全体干部职工，坚持稳中求进的工作总基调，持续强化管理，层层落实责任，推动公司取得了高质量高展，在企业形象、经济效益、产业转型等方面，取得了较好成绩。

首先，紧抓"一带一路"区位优势，立足西北，辐射全球，2016年收入5.04亿元，利润总额3400余万元；2017年收入5.05亿元，利润总额4500余万元；2018年爆破并提供矿石5000余万吨，同比增加4.28%，营业收入5.59亿元，利润总额5100余万元，上缴税收6500余万元，合同履约率100%，工程合格率100%；公司应收账款降低5.10%，其他应收款降低5.48%，预付账款降低6.16%，存货降低6.18%，资产负债率降低1.79%。2019年前三季度，实现营业收入5.73亿元，同比增长40%，连年全面完成上级下达的各项经济指标。

其次，做强做优采矿服务主业，紧抓"两材"合并有利时机，在巩固市场过程中确保增量，2018年新签订合同12个，2019年前三季度中标项目17个，优质项目数量呈增长态势，年采矿量大于500万吨的项目明显增加，项目分布由以西北为主逐步发展为向中、东部及沿海地区延伸的合理市场布局。

最后，坚持职工与公司共同发展，让职工共享企业发展成果，职工收入增长与企业发展保持同等趋势，各项目职工收入在项目所在地处于较高收入群体。持续提升项目员工生活水平，实行公寓化管理，营造温馨家庭氛围，增强员工归属感及荣誉感，形成员工与公司发展共同体。

管理创新上台阶

首先，担任总经理以来，张志旭致力打造现代化、科学化、规范化的管理模式，逐步实施由精细

化管理向"三精化"管理叠进的系列管控举措，打造了一支能吃苦、善战斗、敢创新的管理团队，形成了一套行之有效的决策、执行、跟踪、考核制度，通过制度规范和提升管理水平，结合新时代特征，提出了向信息化、向智能化迈进的管理方向，确保管理高效服务生产经营工作。

其次，围绕生产中存在的问题，鼓励创新。近年来，公司共取得专利3项。"矿山板喂机槽板变形探讨"项目获得专利，并获2018年度中国建材集团技术革新奖技术改造类二等奖。《浅埋软弱破碎围岩隧道施工技术》获得中国建筑材料联合会、中国机械冶金建材工会委员会"2014年度建材行业技术革新奖技艺工法类（C类）三等奖"。"一种PVC管改造的爆破装置"及"一种适用于湿陷性黄土隧道超前支护的导管装置"分别获得实用新型专利权。各项目积极参与生产降尘试验，在水袋爆破除尘、道路喷洒降尘、钻孔设备除尘等方面取得收到较好效果，2018年就有5个项目新建成运矿道路喷洒降尘系统，除尘效果较明显。公司连年获得中材矿山科技创新项目一、二等奖，一大批人员获得年度科技创新人员奖项。

最后，严格落实责任，安全生产再上新台阶。遵循环境、安全、质量、技术、成本的价值排序，牢固树立安全发展理念，层层落实安全生产责任，建设行为文化，实现物的本质化安全和人的本质化安全，任总经理期间，未发生轻伤以上安全责任事故。

夯实安全管理基础工作，创新安全管理。持续修订、完善各项安全制度及操作手册，重点落实基层安全管理，将安全管理融合到每个工序、每个岗位。结合各项目及各岗位情况，层层签订安全责任目标书，分解到具体工作中，通过安全检查考核确保落实到位。定期分享安全经验、分析安全隐患、研讨安全生产管理机制，将安全管理工作集严肃性、开放性、生动性于一体。

坚持安全检查常态化，实施安全日报制度，把隐患当事故对待，打造本质化安全作业环境。仅2018年开展专项安全检查33次，查出隐患212项并按"五定"原则进行整改，公司全层级组织安全教育培训5840人次，开展安全应急演练34次，参演人数735人次，累计安全投入959.87万元。

切实按照"双体系"要求开展工作，推动安全生产关口前移，形成了《风险分级管控体系》《隐患排查治理体系》《应急管理体系》和"现场建设图牌标准"等成果，旺苍分公司"双体系"建设成果受到国家应急管理部检查组表扬。

转型升级出成效

1995年，公司在行业内首创了采矿服务产业模式，并迅速成为行业商业模式，经历20余年发展，目前采矿服务传统产业正面临着政策限制、竞争激烈、价格下行等问题，进行产业转型升级成为破解这一难题的重要措施。

一是提出"采矿+"发展模式，积极实施产业转型升级。充分发挥公司爆破核心优势，在做强做优采矿主业的同时，成功进军建筑骨料制造产业；准确把握政策动态，及时取得地质灾害防治施工资质，成功延伸至矿山治理领域；努力开拓机电设备维修保运行市场。充分利用矿山施工总承包一级资质、营业性爆破一级资质等资质，发挥以爆破优势做强采矿主业，以采矿主业带动6大产业集群。

二是树立行业标杆，绿色矿山建设有新突破。积极响应绿色发展理念，将新发展理念与公司业态深度融合，先于国家绿色矿山建设规范出台前2年，在公司内部提出了建设绿色矿山的要求，部署人员进行绿色矿山理论探索，组织项目进行绿色矿山建设试点，派出人员到优秀矿山企业学习经验，形成具有公司特色的绿色矿山建设规范要求。

有序推进绿色矿山建设，抓好典型，形成经验，全面推广。大理分公司在最终边坡及采矿平台上进行覆绿，安装喷淋系统，呈现出绿草茵茵、鲜花绽放的生态矿山效应，已成为中材矿山的名片和行业标杆绿色矿山。2018年年中，漳县分公司持续加大绿色矿山建设，恢复植被147亩，种植树木45000棵，覆盖迷彩网4万平方米，硬化道路4000平方米，绿色矿山建设初见成效。目前，更多项目正在有序推进绿色矿山建设，打造公司安全、绿色、质量名片。

企业文化促和谐

张志旭带头弘扬"创新、绩效、和谐、责任"的核心价值观和"敬畏、感恩、谦恭、得体"的行为准则，传承中材西安人艰苦奋斗、无私奉献的精神，发挥党员先锋模范作用和团员青年的生力军作用，发挥好工会桥梁纽带作用，选优树强发挥典型、模范作用，通过积极向上的企业文化，凝聚力量，共谋发展。

始终坚持做一名合格共产党员，认真学习习近平新时代中国特色社会主义思想及习总书记系列讲话精神，严守政治纪律和政治规矩，作风正派，清正廉洁，认真落实"一岗双责"，严格要求班子成员及各级管理人员遵规守纪，坚持到项目讲党课，抓好生产的同时抓好党建，要求身边的人不搞特殊，营造"亲清"关系，将党建账与经济账合成一本账。

坚持在实现企业自身发展的同时，积极履行社会责任，以企业发展带动地方发展，为项目所在地解决大量就业问题；2018年派出一名扶贫干部前往云南省永善县进行对口扶贫，开展了卓有成效的工作；坚持开展公益活动，组织员工进行捐款，为贫困地区送去温暖和关怀。

面对困难他勇往直前，面对成绩他永不止步。他说："我们要紧握安全、绿色、质量三大竞争优势，做强做优主业，做大产业集群，只有我们不忘初心，坚守梦想，才能不断创新，在新时代开启新的征程。"

点评：中国建筑材料工业建设西安工程有限公司执行董事、总经理张志旭发扬企业家精神，克服重重困难，大胆改革，勇于创新，以爆破技术为核心优势，以安全生产为抓手，以绿色矿山建设为突破点，带领企业在行业困境中实现了高质量发展，赢得行业内及社会上一致好评，为国家"一带一路"倡议及建材建设行业做出了突出贡献！

融合发展促转型，锐意进取解难题

——记北京建机资产经营有限公司党委书记、执行董事 焦莉

焦莉，女，现年53岁，出生于北京市通州区，现任北京建机资产经营有限公司（以下简称建机公司）党委书记、执行董事。1982年参加工作的她，始终扎根基层企业，一路走来，她用只争朝夕的努力与拼搏，从一个柔弱的女子成长为一名企业的优秀掌舵人，撰写着自己的无悔人生，创造着企业的辉煌历史。

自2015年担任公司第一责任人以来，她以团结务实的领导作风，锐意进取，勇于创新，她顺应京津冀发展趋势，不断完善企业制度、完善内部管理架构与机制，凭借着过人的魄力与胆识，攻坚克难、努力奋斗。她带领广大干部职工克服重重困难，破解了一个又一个发展难题，创造了一个又一个令人称颂的佳绩。

激情奉献

焦莉同志对工作充满了激情，因为她深深地懂得：一名领导如果没有激情，就带不出一支好的队伍；一支队伍如果没有激情，就不会创造出优异的成绩。如今，已经53岁的她依然用无限的工作激情引领着干部职工一丝不苟地做好工作。

建机公司是金隅集团内一家比较特殊的企业，作为集团整合发展的平台，2004年起，陆续开始对30多家老旧国有企业进行整合，10余年的整合之路，让建机公司以卓越的经营业绩和独树一帜的融合发展之路，赢得了系统内的一致好评。焦莉自担任公司第一责任人以来，把企业转型发展作为自己义不容辞的责任，她把企业发展与支持京津冀一体化建设有机结合起来，得到了集团各级领导的好评和企业广大干部职工的高度赞扬。

焦莉同志处处与人为善，真诚待人、待事，在长期的工作实践中，铸就了她敢于吃苦、激情实干、甘于奉献的敬业精神，更养成她严谨细致、雷厉风行、扎实高效的工作作风，她始终坚持积极进取、谦虚谨慎、诚实做人的个人风格。企业的大事小情她都铭记于心，干部职工们每每遇到解不开的难题，第一个想到的就是向她寻求帮助，工作再忙她也不会把人拒之门外，总是竭尽所能地帮助身边的每一个人成长，她常说："我是从基层走出来的干部，深知大家遇到难题不知如何解决的彷徨，有时只要轻轻那么一点，很多问题就有了解决的思路与办法，如果总是自己闷头琢磨，说不定就要走很多的弯路，耽误了自己的时间不说，严重了甚至会影响企业的发展大局。"朴实无华的话语，诠释了她那颗扑下身子，全心全意为企业、为职工谋发展的赤子之心。

在处理好公司各项繁忙事务工作之余，焦莉同志更是心系职工，大力推进职工之家实体化建设，改善职工食堂用餐环境，每年都亲自带队慰问困难职工、离休干部及劳动模范等，将企业的温暖送到职工的心坎上。她常常与一线职工谈心、聊天。她常说："只有扎根深入到职工中，才能真正了解职

工的所思、所想，才能真正为职工解决实际问题，并帮助他们健康成长。"在她的身上，你能深深体会到作为一名从企业一线历练而来的领路人，她不但具有丰富的实践经验，更拥有敢于打破常规，屹立潮头进行改革的勇气！

履职担当

近几年，非首都功能疏解是北京的一件大事，京津冀协同发展，能否牵住疏解非首都功能这个"牛鼻子"是关键。焦莉同志带领建机公司积极对接非首都功能疏解，按照推动实施京津冀协同发展战略的要求，牢记国企责任担当，面对疏解清退任务数量大、难点多、历史久、情况复杂、时间紧的困难挑战，她深入现场，靠前指挥，强化组织领导，统筹周密部署，纵向指导、横向协调，采取强有力措施，依法合规有序展开各项疏解和清退工作。

2017年，建机公司的总体清退任务高达100多项，随着"疏解整治促提升"工作的逐步深入，建机公司的疏解工作也进入了"深水区"。很多有着多年疏解工作的老同志都犯了难，但是在焦莉同志的身上你看不到任何的畏难情绪。山再高，往上攀，总能登顶；路再长，走下去，定能到达。在艰巨的任务前，她又不分昼夜战斗在疏解第一线。经过建机人艰苦的努力与奋斗，用最少资金投入，基本完成了水机南厂区整体腾退工作；用时一个多月，果断关停清退了锁厂、北木菜市场、瀛海厂区、西六工业大院及土桥群租公寓等区域，往日散乱污的大杂院一下子变得整齐而宁静。在她的带领下，公司全面完成了集团下达100项出租清退调整任务，共清退商户205户、住户777户，疏解各类人员2800余人；腾空房屋面积9.5万平方米、场地5.2万平方米；拆除违章建筑1.3万平方米，较好完成了非首都功能疏解工作任务，得到了各级领导的充分肯定。

2018年，北京市疏解整治促提升专项行动不断向纵深推进，焦莉同志以高度的政治站位和国企领导人的责任担当，坚定遵循低端业态必须清退、安全隐患必须消除、违章建筑必须拆除的宗旨，认真贯彻落实集团下达的非首都功能疏解整治任务，她带领全体干部职工较好地完成了违建体量大、历史遗留问题多的北木菜市场、西砂燕脉和瀛海三利国际等难点违建拆除任务，彻底清退解决17家改制单位（个人）遗留问题。圆满完成国资委8项拆违挂账项目，按照集团调整要求全面完成2018年疏解整治任务212项。清退房屋12.7万平方米，拆除违建3.9万平方米，整治地下空间2096平方米，疏解各类从业人员2130人。

2019年，在焦莉同志带领下，全体职工认真贯彻落实集团下达的非首都功能疏解整治任务，积极采取有力措施，攻坚克难，强力推进。她积极与属地职能部门沟通，稳妥疏解了处在开发地块上的通州区芬芳幼儿园。在她的有力号召下，建机公司主动出击，借势借力，拆除了丰台红门双星大厦7000多平方米违建和北木展厅。同时，建东苑18号楼、27号楼涉及50余个商户需要调整经营业态，经过综合考虑，她果断对其进行了全部清空处理，为集团下一步战略安排打下了坚实基础。她充分利用法律诉讼手段，以诉、调相结合，成功收回丰台区西马场北里22号楼地下室、华联玛钢、北城检测、德胜石材等10处标的。一个个成绩的取得，都是她辛勤付出、不求回报的硕果，但她从来不谈自己的成绩，面对工作永远像个小学生一样孜孜不倦地学习。也许，正是这一品质，才使得她能够带领企业不断取得更大的成绩。

开拓进取

焦莉同志在工作中始终正确把握时代发展的要求，科学研判形势，从全局性、前瞻性、战略性的高度思考问题、把握方向。在工作上善于抓大事、抓主要矛盾，处理问题迅速果断，有较强地应对复杂局面和解决复杂矛盾的能力，能够统筹处理企业改革发展与稳定的关系。

1. 积极履职，确保工作取得实效

焦莉同志带领公司经营团队，规范经营管理，稳健运营存量资产。坚持对优质存量资产甄别权属资质，统一确定价位，严格控制租期，优化商户结构，合理配置业态，提供优质服务，创造良好环境，继续发挥区域市场价格引领、经营业态安全的良好示范作用，确保稳定出租率；公司80%以上合同租期控制为1年，该部分资产每年租赁收入稳中有升，租金单价递增率保持5%到20%，实现了国有资产保值增值最大化。以市场为导向，积极降控空置资产，盘活闲置资产，加大招租力度，采用多种招租形式，缩短空置周期，加速出租创收，近3年实现新租房产近3万平方米，新增租赁收入1900余万元。同时，焦莉同志积极探索实践，凭借多年的管理经验及敏锐的市场洞察力，提出应采取公司内部招投标方式租赁京体网球馆的决策，经过科学谋划，周密实施，取得良好结果，达到了预期目的，新合同年租金提高收入50余万元，为公司大规模资产出租实现收益最大化做出大胆尝试。

为加快闲置资产规划建设，改造升级不良资产，消除安全隐患，确保提质增效。2015年末，焦莉同志带领经营及规划部门对全公司闲置资产进行了全面梳理和可行性分析，制订5年改造升级规划。几年以来，先后对西三旗热力煤库、瀛海小厂房、顺三条8号院、原法拉姆车间、花家地西里332号楼、西砂西小院等工程项目（房产面积近1.2万平方米）进行装修改造升级，实现租金收入800余万元。此举增加了公司优质资产总量，增强了企业竞争优势和可持续发展能力，2017年实现主营业务收入1.4亿元。

作为老工业国企的建机公司还有个特色，在历史大背景下，存在60余户改制单位及个人。针对该类资产较分散，历史情况较复杂，原始资料不全，数百名改制职工尚未退休，资产现状存在安全隐患及其他不稳定因素，解决难度大的实际情况，为妥善处理改制单位（个人）占用资产，焦莉同志组织成立了专业领导小组，深入一线，下大力气对所占用资产和现状进行摸底调查，收集资料，建立信息台账；多次召开专题会，研究、制订改制单位（个人）占用资产合同到期回收措施，并分步妥善落实。截至目前，共完成了26家改制资产回收工作，平稳回收房产41733平方米、土地23370平方米，彻底解决了历史遗留问题，消除了安全隐患，增加了经营性资产存量，为后续再利用提高资产经营价值创造了有利条件。

除了采取多种增收举措，焦莉同志还把降控应收账款作为公司一项重要任务来抓。她责成专业部室下功夫对租金和水电暖等历史欠费情况进行了精确统计，亲自召开专题会，出谋划策，制订清欠措施，将欠费追缴任务落实到部门和责任人，明确催缴进度和完成时限，加大追缴力度。近3年，共回收各类历史欠款近3000余万元，公司应收账款总额大大降低，降控应收账款成效显著，实现了历史阶段性突破。

近几年，建机公司退休人员社会化工作也是集团下达的重点任务之一，直接关系到退休职工的切身利益，公司需要社会化的退休人员高达17460人。焦莉同志按照集团整体下达的任务，统一进行规划，充分调动一切可调动的力量，积极采取有效措施，按计划、按步骤全面统筹推进退休人员社会化移交工作。截至目前，已完成承诺书签订13548人，所属17家单位全部取得批复，共8917人；所有党组织关系均已转出；所有档案正进行数字化加工，已完成电子化档案7577人；截至2019年9月底前社保已转移7032人，新退休人员全部做到了随退随转，2019年退休人员社会化任务已全面完成。

2. 凝心聚力，以文化为引领融合企业健康发展

30多家企业整合到一起，绝非易事，因为这不是简单的相加求和，而是要实现"1+1＞2"的整合发展。要真正实现融合，必须有强大的企业文化为引领。面对诸多曾经秉承不同企业文化的干部职工，如何让大家从内心真正成为一家人，就成了摆在建机公司面前的一道难题。建机公司始终秉承"进了建机门就是建机人"的融合发展理念。每年根据公司经济指标、重点工作任务完成情况，对职工的工资和福利待遇等进行适当调整，并逐年缩小薪资差距。2015年，建机公司开始实施"八部二室"扁平化垂直管理新格局，并将本部搬迁至大兴区瀛海镇。在深化企业内部改革调整的同时，创新体制完善机制，增强企业融合发展动力；用新理念、新机制、新办法适应新常态，规范提升公司专业化管理水平。

在焦莉同志的带领下，公司上下对企业的核心价值观、经营理念、发展愿景、廉洁文化等再一次进行了提炼，为了大力提高公司企业文化建设，让职工自觉融入企业文化建设中，在本部办公区、活动区和各综合管理部、值守点，将企业核心文化制作成展板张贴悬挂，通过视觉宣传，提高职工对企业文化的认知度与认同感。并在公司宣传橱窗、内部刊物《建机通讯》上加大对企业文化的宣传报道，丰富企业文化建设内容，使职工在参与过程中把企业的核心文化理念内化于心，外化于行。

3. 分解责任，竭力解决历史遗留问题

建机公司因其特殊的发展背景，在整合众多老旧国有企业的同时，要面对的一大难题就是如何妥善解决好这些老企业的众多历史遗留问题。焦莉同志作为企业的领头人，以稳妥推进历史问题解决、化解新矛盾、不出现新的遗留问题为原则，在处理各种"疑难杂症"时从不推诿，在她的带领下，公司领导班子成员对重点历史遗留问题统一进行领导包案，强化责任，制订历史遗留问题解决方案，按轻重缓急逐步进行解决。选派经验丰富的同志成立信访办公室，专门负责信访接待工作。每年年初与中层以上干部签订《信访维稳工作责任书》，建立健全信访维稳工作机制，最大限度地将矛盾纠纷化解在基层。

4. 注重培养，提供人才强企支撑

企业的发展关键在人，建机公司的干部职工年龄普遍偏大，如何利用好这支队伍也是作为企业领导人焦莉同志必须攻克的难题。她以"责任、忠诚、学习、进取"为核心，不断加强对公司各类人才的培养。每年组织中层以上干部、普通党员到党校参加脱产培训，邀请名师教授为大家授课，不断提升干部职工的业务能力和工作水平。

焦莉同志常说："对干部的严管就是厚爱。"因此，她在严格要求自己的同时，也十分注重对干部的从严管理。每年对中层以上干部进行考核测评，从德、能、勤、绩、廉5个方面进行全面考察。

焦莉同志就是这样一位勇于拼搏、勇挑重担的国企带头人！成功只代表过去，展望未来，强者自会开拓进取，勇往直前！相信，在她的带领下，建机公司必将乘风破浪，在实现企业又好又快发展的航道上继续前行。

点评：北京建机资产经营有限公司党委书记、执行董事焦莉对工作充满了激情，因为她深深地懂得：一名领导如果没有激情，就带不出一支好的队伍；一支队伍如果没有激情，就不会创造出优异的成绩；在她的身上你看不到任何的畏难情绪，工作中遇到困难，她坚信：山再高，往上攀，总能登顶；路再长，走下去，定能到达。她任职以来，本着融合发展促转型、锐意进取解难题的精神，攻坚克难，取得了骄人的成绩。

乘风破浪潮头立，扬帆起航正当时

——记金隅（杭州）房地产开发有限公司总经理 吴建新

在金隅集团快速发展，不断开拓新局面的重要阶段，地产板块"走出去"战略也在全国核心一二线城市落地生根。近年来，为更好发挥集团化、专业化优势，金隅地产集团组建成立。金隅（杭州）房地产开发有限公司（以下简称金隅地产杭州公司）作为最早走出去的城市公司之一，至今已有10余年，吴建新同志自2011年8月起全面负责杭州公司的经营业务，在金隅集团和地产集团的指导下，与班子成员一起，带领团队稳扎稳打，伴随着城市发展，杭州公司逐渐成长成熟。

以品质谋求发展，以发展推动品牌深耕

截至目前，杭州公司共开发建设了金隅观澜时代（含2-D、2-FG公建项目）、金隅田员外、金隅学府、金隅中铁诺德都会森林4个项目，其中前3个项目（除2-FG外）均已竣工交付。目前在建项目4个，建筑规模近60万方。

1. 金隅品牌落杭城

2007年5月，金隅地产在杭州下沙沿江板块竞得第一宗土地，随后2009年在该板块再次竞得第二宗土地，总建筑面积近百万平方米的观澜时代项目应运而生，这是金隅品牌在杭州的首次亮相。该项目坐落于杭州经济技术开发区钱塘江北岸，占地31.2万平方米，分瀚庭、朗轩、云邸、天筑四个住宅组团以及2-D、2-G、2-F三个商业组团，是一座集酒店、商贸、居住、休闲于一体的大型城市综合体。观澜时代项目占据钱塘江北岸最美的江湾和湿地，拥享1300米一线浩瀚钱塘江景、2000亩原生湿地、46000平方米绿海长廊，自然环境无可比拟。同时项目紧邻之江东路，可快速到达钱江新城，通过德胜快速路、下沙大桥可快速通往全城，交通十分便捷。周边学校、超市、医院等生活配套一应俱全，是杭州东部宜居宜投资的首选优质住区。该项目凭借优质的设计及施工质量荣获2015年中国土木工程詹天佑奖－优质住宅小区金奖。

2010年11月，金隅地产再次竞得拱墅区半山田园板块金隅田员外项目，这是金隅地产在杭州开发的第二个重量级项目。项目地处半山田园板块，占地7.13万平方米，总建筑面积19.47万平方米，由21栋高层公寓围合而成，项目背靠966公顷的城北森林公园，形成"三山两湖五公园"的景观资源格局，项目整体规划设计也充分考虑地势起伏及周边景观视线通道，在小区景观布置上采用"中央核心景观＋组团景观＋自然景观结合"的多层次景观设计，利用地势变化营造出了人工湖面、叠水、小瀑布、汀步道等元素组合的中央溪谷景观。优越的资源优势让田员外在主城区的宜居性无可复制。

地产行业瞬息万变，在起起落落的市场环境下，吴建新同志带领团队学习研究当地标杆企业，克服"水土不服"，主动求变，通过准确把握项目优势和高品质产品呈现，抓住市场机遇，目前两个住

宅项目合计约 6000 户均已全部售罄并交付入住。通过金隅观澜时代的初次惊艳亮相，以及金隅田员外的品质初心再现，完美实现了金隅品牌在杭的落地与生根，也充分展示了北京金隅品牌国企的雄厚实力。

2. 开发学府迈新阶

金隅学府项目于 2013 年 6 月竞得，2015 年 9 月首次开盘，于 2018 年 5 月交付。作为杭州公司第一个高端精装项目，吸引了市场众多关注。吴建新带领设计团队从可研阶段就明确项目绝佳地段和优秀学区资源的显著优势，并在后续产品定位和建筑方案、精装设计中予以充分落实和强化，打造高品质住宅；针对杭州高端客户拥有多次购房经验和一定专业知识，且对户型设计和精装工艺有较高要求的情况下，通过多次市场调研，准确梳理客户敏感点，并在项目建设过程中严控质量，通过多轮培训和严格管理，要求施工单位落实标准，呈现最好的产品品质；在销售阶段，结合市场动态调整推盘策略，在强化项目卖点的同时，树立品牌国企形象，强化客户信心，销售一路向好；在交付前期，各专业协同，成立交付小组，通过培训、内部验收、流程预演、风险预警等多维度确保交付顺利进行，最终该项目以到访交付率 100% 交出了满意答卷。

金隅学府典雅的外立面效果、精致的园林景观、人性化的细节设计以及扎实的工程质量、良好的市场口碑已使其成为杭州市上城区的标杆项目之一，充分展现了金隅地产的高度国企责任感和品牌实力。该项目也获得了杭州市"西湖杯"结构优质奖和装饰优质奖。

3. 再续森林固品牌

2016 年 12 月，联合中铁建工集团竞得金隅中铁诺德都会森林项目，由金隅杭州公司操盘。该项目是继学府项目后，在钱江新城的又一优秀作品。在地产集团主导下，该项目规划围合式的 10 层高层住宅、以较低的建筑密度、大间距、大景观、大会所等，为业主提供最佳的居住体验，打造都市稀缺品质住宅；项目装修打破杭州市场传统精品住宅风格，以高级灰为基调，受到了市场的一致好评。项目于 2019 年年底实现毛坯验收，2020 年开始全面精装，2020 年底开始交付。

不论是观澜时代还是学府项目，杭州公司始终践行金隅集团的优良传统和国企责任，不断精益求精地改进产品、提升品质，杭州市场也越来越认可金隅地产的开发能力，相信都会森林的成功将会继续推动金隅品牌在杭州的高质量发展。

4. 提升优势稳发展

房地产市场复杂多变，因此挑战从不缺席。前几年因市场遇冷，观澜时代大户型、住宅项目底商一度成了难啃的骨头，吴建新带领销售团队通过不断挖掘产品价值潜力、多样化的渠道推广、灵活的销售策略等方式，成功突破项目去化难题化。下沙 2-FG 为文旅用地，多年未能启动，吴建新敏锐把握政策窗口期，通过与政府部门数十轮的沟通协商，最终突破酒店配建面积限制，地块得以成功盘活，于 2019 年年初开工。

2019 年 9 月，在金隅集团战略支持下，杭州公司在江干区新增 2 宗宅地，在调控从严、融资偏难的市场环境下，这次的战略布局强化了市场对金隅实力的持续关注，也提振了杭州公司的团队士气。两地块共计货值约 62 亿元，2020 预计销售 20 亿元，其余于 2021 年售罄。

以人才支撑发展，以发展带动团队提升

杭州公司 2008 年正式注册成立，彼时员工不足 20 人，50% 以上人员由北京外派。在金隅集团和地产集团的战略部署以及吴建新同志的带领下，随着多个项目的开发建设，员工队伍逐渐壮大，目前

员工已接近 70 人，员工属地化达 90% 以上。与此同时，相对稳定的人才队伍使得多个不同类型的项目操盘经验得以传承，并继续应用于新项目的开发，促进了公司的进一步发展，也为员工个人成长提供了更广阔的发展平台。杭州公司部门负责人近 90% 来自内部晋升，平均司龄 6.3 年，平均年龄 33.7 岁，骨干人才呈现年轻化特征。近年来，公司通过"强将计划"持续培养人才，并通过不断尝试，逐渐形成了极具企业自身特色的人才培养体系，为公司的未来发展提供了强有力的人才支撑。

遵照制度正确履职，严守纪律不踩红线

吴建新同志讲党性、守纪律，廉洁正派，为人随和，作为一名党员领导干部、城市公司负责人，严格按制度办事，按照党风廉政建设责任制要求，做到制度之内"不缺位"，制度之外"不越位"，切实履行好工作职责。务实的工作作风、优异的工作业绩，得到了集团和职工群众的广泛认可。乘风破浪潮头立，扬帆起航正当时。随着金隅地产杭州公司的持续深耕，金隅品牌在当地的影响力不断扩大，吴建新所带领的项目经营团队也从来不满足目前取得的成就，将以更加昂扬的斗志、发展的眼光、全局的意识和坚定的信念，努力实现金隅地产在杭州市场的可持续发展。

点评： 金隅（杭州）房地产开发有限公司总经理吴建新同志讲党性、守纪律，廉洁正派，他积极进取，努力开拓，始终践行金隅集团的优良传统和国企责任，不断精益求精地改进产品、提升品质。进入杭州市场以来，建设了金隅观澜时代、金隅田员外、金隅学府、金隅中铁诺德都会森林 4 个项目，得到了杭城市民的青睐，吴建新和他带领下的公司，将以"乘风破浪潮头立，扬帆起航正当时"的创业思维，继续前行。

时代担当记使命，砥砺奋进守初心

——记洛阳玻璃股份有限公司副总经理，中建材（宜兴）新能源有限公司党支部书记、总经理 杨伯民

杨伯民，男，汉族，江苏宜兴人，1967年11月出生，本科学历，高级经济师，1983年参加工作，1992年10月加入中国共产党，2011年1月加入宜兴市工商业联合会担任副会长，现任洛阳玻璃股份有限公司副总经理、中建材（宜兴）新能源有限公司（以下简称宜兴新能源）党支部书记、总经理。他拥有35年的企业管理经验，曾获"江苏省劳动模范""江苏省优秀企业家""宜兴市优秀党务工作者"等荣誉称号。

开拓进取，精准发力，引领企业效益逐年攀升

杨伯民把党建账和经济账合成一本账，他坚持"价本利"经营理念，积极践行"八大工法""增节降""三精管理"，坚持效率优先效益优先，坚持数字化的管理原则，紧盯KPI指标，落实好稳价、保量、降本、收款、压库、调整六项经营措施，建立以产业技术创新战略联盟为导向，积极探索协同创新、抱团发展的新模式，定向拓展优质客户，大力推广超轻薄双玻组件，快速占领市场。销售量、销售额、销售利润大幅增长，企业效益逐年攀升，实现了飞速发展。

2017年度公司累计销售收入28227万元，利润总额2105万元；2018年度实现报表销售收入3亿元，实际销售收入4.3亿元；2019年截至第三季度，公司合计销售光伏玻璃2043万平方米，同比增长48%，销售额同比增长45%。

精细管理，技术创新，助推企业持续高质量发展

杨伯民践行精细化管理，压缩管理层级，优化管理模式，将原来的9个部门精简到6个部门，遵循"大职能、宽领域、少机构"的机构设置理念，推行"大部室、小科室"制机构改革，并按照岗位、职责"双落实"要求，调整、优化职能职责，精准核定岗位编制，精简比例16.7%，薪资成本下降6.72%，社保费用下降16.69%，科学合理定编、定员，实现作风转变，工作效率提高。

科学技术是第一生产力，创新是引领企业发展的第一动力。为提高企业的自主创新能力，在杨伯民的带领和组织下，公司加大企业技术研发投入，完善技术创新体系建设，制订了《技术管理项目研发规程》等一系列规章制度，规范科技创新项目研发制度要求。

杨伯民抓住科技革命和产业变革的浪潮，在稳健中求进步，在发展中求质量，在改革中求创新，带领团队完成了多项技术改造。对一期项目进行了薄玻璃技术改造，同时具备了加工双玻组件面板和

背板双功能，更加灵活排产，时时保障产能，提升产能，增加收益。目前，公司已申请专利47项，授权发明专利1项、实用新型专利20项。

转型升级，超薄问世，护航企业迈向高端、领先世界

为积极落实国家"创建节约型社会，促进可持续发展"战略，顺应光伏产业发展趋势，杨伯民带领团队攻坚克难，终于在2017年4月6日成功开发出1.8毫米、1.6毫米、1.5毫米超薄系列光伏玻璃，实现了集团"差异化"竞争的经营策略，填补了世界空白，开创了光伏玻璃轻量化的新纪元，同时提升了我国光伏产业整体竞争力，为全球光伏行业的发展做出了重大贡献。为此，公司成功入选CCTV发现之旅《品质》栏目。杨伯民带领公司以创新之力诠释了科技的力量，让玻璃行业迈向高端，为建材行业供给侧结构性改革添上了玻璃的光芒。

抢抓机遇，发挥优势，增强企业核心竞争力

杨伯民通过混合所有制改革，充分发挥央企的实力与民企的活力。面对531光伏政策，他深入分析行业发展动向，认为双玻组件将成为光伏组件未来的主流产品，当前背板产能不能满足市场需求，组件企业对背板需求殷切，利润丰厚。为此，得到集团领导的大力支持后，加速建成了行业内首条年产650万平方米高效能背板玻璃生产线，具备激光打孔、丝印背板等先进技术，开拓了国内背板玻璃组合生产销售市场。2019年，公司随即继续投建740万平方米背板二线，进一步扩大产能，形成规模效应，进一步增强了公司的核心竞争力，努力实现"以500吨的产能创造1000吨的效益"的经营目标，为建设中国建材集团长三角光伏玻璃产业基地打下了坚实基础。

两化融合，智能制造，显著提升企业综合实力

杨伯民为实现精细化、专业化、扁平化的管理，深度贯彻"两化融合"，以智能制造为主攻方向，通过大数据、云计算、人工智能、区块链等新一代信息技术融入企业全过程，建立以工业通信网络为基础、装备智能化为核心的智慧工厂，培育以网络协同、柔性敏捷制造等为特征的智能制造新模式。在他的带领下，公司已经通过了工信部两化融合贯标管理体系认证，被评为"江苏省五星级上云企业""无锡市两化融合企业""无锡市智能车间"，并作为宜兴市唯一一家企业获批国家"工信部智能制造新模式应用项目"。

绿色发展，低碳环保，推动公司产业能效提升

杨伯民始终把安全生产、环境保护、节能降耗等作为最基本的责任，公司使用的全氧燃烧窑炉具有低能耗、低排放、高品质等优点，较普通窑炉节能30%，绿色环保，窑炉烟气排放指标远低于国家标准，优良品率达行业领先水平。他通过制订目标和具体指标等方式，结合各类管理措施和宣传手段，控制、减少能源、资源消耗；并定期对能源、资源的消耗进行监测。公司全面践行精细管理理念，实施降本增效、节能减排，相继开展了"窑炉工艺节能优化""包装用纸缩编减量轻薄化""严防死守，杜绝跑冒滴漏""钢化冷却风机增加水冷机"等一系列增节降措施。

和谐爱家，奉献团结，打造企业党建示范名牌

企业就像一个大家庭，有集体的温暖，更有凝聚的力量。当下，更多的企业越来越重视企业文化的构建，尤其是"家文化"以其独特的魅力吸引了众多企业。杨伯民一直以来都十分注重企业文化先进理念的建设，通过对"创新、绩效、和谐、责任"的深刻领悟，大力提倡"精忠、孝敬、尊爱、谦让、勤节、厚重、严教、康健"的风尚，"以厂为家、我爱我家"，探索实施以多元化活动载体聚心、以开放式组织生活聚人、以品牌化项目实施聚力的新模式。

公司在上级党委的领导下，围绕抓好党建促经营的工作思路，不断深入学习贯彻习近平新时代中国特色社会主义思想，牢牢把握新时代党的建设总要求，为企业经营发展提供坚强保障。公司党支部荣获无锡市"党支部标准化规范化建设示范点"、中国建材集团"五好党支部"等荣誉。

精准扶贫，回馈群众，勇于承担社会责任

杨伯民多年来积极投身公益慈善事业，从慷慨解囊到扶贫共建，从家乡新农村建设到关心鳏寡孤独，他的善举获得当地百姓的称赞。多年来，他把乐善好施、扶贫济困、尊老爱幼等中华传统美德看作自己至高无上的追求，一直持之以恒、孜孜不倦地以一种特有的社会责任感和使命感，关心着、支持着这项伟大的事业。

他结合公司产业优势、技术特长和人才优势，创新扶贫模式，助力精准扶贫，大力开展就业支持。2016年5月，杨伯民前往甘肃省建筑材料工业学校了解校内贫困家庭学生的情况，经过与校方沟通洽谈，达成引进甘肃学生至宜兴新能源就业的对接合作，实实在在助力扶贫。同时以党建带动工会，开展困难职工援助、金秋助学、公益献血以及响应中国建材集团号召积极参与"善建公益"基金捐赠等活动。

点评： 洛阳玻璃股份有限公司副总经理、中建材（宜兴）新能源有限公司党支部书记、总经理杨伯民，建立以产业技术创新战略联盟为导向，积极探索协同创新、抱团发展的新模式；他紧追科技革命和产业变革的浪潮，在稳健中求进步，在发展中求质量，在改革中求创新，诠释了科技的力量，让玻璃行业迈向高端，为建材行业供给侧结构性改革添上了玻璃的光芒。

咬定青山不放松，重整行装再出发

——记山东鑫达鲁鑫防水材料有限公司董事长 孙美峰

追求和拼搏是一对形影不离的孪生姐妹。有了美好和神圣的追求，才会产生努力拼搏的动力与目标。同时，不断的拼搏，则会不断使追求得到升华和完善，并使新的追求在拼搏中诞生，这种新的追求又诞生出新的拼搏与奋斗……山东鑫达鲁鑫防水材料有限公司（以下简称鲁鑫防水）董事长孙美峰，就是这样一个不断追求和拼搏的人。

首创鲁鑫 志存高远

万物始于春，1995年3月，乍暖还寒的时候，在山东潍坊这个以风筝之乡闻名的城市，山东鑫达集团新型塑料厂成立了。

当时，房屋渗漏是建筑物质量存在的一个顽症。石油沥青纸胎油毡是当时一种应用广泛的传统建筑防水材料，如质量符合国家标准，严格按施工规范准确施工，使用寿命可达10到15年。可这与建筑物的使用年限比起来，还相差甚远。而在当时，生产防水材料的厂家不少，但技术专业、质量过硬的却并不多。

带着一份责任去创业。

孙美峰认为，房子对老百姓来说是一辈子的大事，如果防水做不好，劳民又伤财。

"我既然要做，就不能为了蝇头小利而忘了做人做事的诚信。"

"建筑防水还是一个相对专业的领域，材料生产也好，工程施工也罢，都有一定的行业准入门槛。一个专业的、负责任的防水企业，应该为用户提供包括方案设计、材料选择、工程施工和后期跟踪的全过程服务。要做我就做防水业界的专家。"

为了这份初心，1998年，孙美峰注册"鲁鑫"商标，引进先进的高分子防水卷材生产设备。同年，公司产品获得国家重点新产品"阻燃型红泥塑料合金防水卷材"证书，并获得潍坊市科技进步三等奖。从此，防水业界多了一个响当当的名字——鲁鑫防水。

2001年，鲁鑫牌彩色复合增强PVC防水卷材荣获中国质量检验协会国家监督抽查好产品。

2006年，鲁鑫防水首批（换发证）获得国家监督检验总局颁发的"全国工业产品生产许可证"。

瞄准商机 执着追求

21世纪初，高分子防水产品的市场没有现在这么广阔，销路很难打开。特别是在北方，高分子卷材不像沥青类产品那样大众化，很难被接受。

孙美峰把市场推广的大部分精力集中在南方市场。有时为了见一个客户，她需要一直在一个地方守着。因为知道客户肯定要出来，但又不知道几点出来，就这样一直守到深夜的情况也有，很辛苦。

厦门翔安海底隧道是当时世界上断面最大的海底隧道之一。隧道所处位置的地质条件非常复杂，开挖隧道的海底存在大规模的软弱围岩、富水砂层、风化槽群（囊）等不良地质段，覆盖层非常浅，最薄处仅5.7米。且地下水位高，地下水丰富，因此该隧道的建设难度非常大，特别是整个隧道的防水问题，是一个难题。

2005年，厦门翔安海底隧道开建前期，在当时交通不发达的情况下，孙美峰多次和丈夫一起带着技术人员坐一天多的火车到厦门，背着样品见客户、谈业务。

经过孙美峰的不懈努力和鲁鑫公司PVC防水卷材的优异品质，鲁鑫防水成功中标厦门翔安海底隧道，供货量达30余万平方米。这在当时算是特别大的项目，对鲁鑫防水后来的发展具有里程碑意义。

此后，鲁鑫防水一路"开挂"。从兴建天津运载火箭基地，到北京水立方、青岛奥运会帆船基地，从哈尔滨地铁到乌鲁木齐轨道交通再到贵州隧道，施工范围可谓"上天入地、海陆空联合发力"，为我国建设工程做出了重要贡献。

深耕细作 工匠精神

长久以来，在高分子防水材料领域，我国与欧美发达国家存在较大差距。

欧美企业很注重产品的长期性能，对PVC、EPDM等高分子防水材料的户外应用耐久性研究，一做就是数十年，并不断将改进配方后的产品投入新一轮的长期试验中，通过试验积累有说服力的数据。

国内企业普遍追求的是"短平快"、以利润为第一目标，注重产品长期性能的企业不多，大部分中小企业设备投入能少则少，工艺能简则简，做出来的产品自然达不到国外先进水平。

"没有技术创新，不奢谈竞争，做制造业的尤其如此。"孙美峰表示，几乎每个企业都会谈"质量"，把各种关于质量的口号写在墙上，但企业工人是否具备工匠精神？产品质量需要工匠精神来支撑，"没有工匠精神，不奢谈质量"。

科技创新是企业发展的法宝，孙美峰深知这一点。所以这些年以来，她一直坚持：再穷不能穷研发，再省不能省原料。

无论在哪个发展阶段，鲁鑫防水从来没有放松过技术和人才。投资人才、投资技术是他们资源投入最重要的两个方面，当然还有投资装备——欲揽瓷器活，先备金刚钻。

公司成立的第四个年头，鲁鑫防水就从国外引进了先进生产技术，还对产品配方及生产工艺进行了优化改良，实现了与国外高分子防水卷材的质量接轨。

目前，鲁鑫防水拥有多条国际领先的高分子防水卷材、改性沥青防水卷材、防水涂料、排水保护板等生产线。

经过20多年的发展，鲁鑫防水已从最初单纯生产PVC防水卷材的小企业，发展成为以PVC、TPO等高分子防水卷材系统技术为特色，并涵盖市场上各主流防水材料品类，集科研开发、方案设计、生产销售和施工服务于一体的专业化防水材料系统供应商。

鲁鑫公司已获得国家专利29项，其中发明专利2项、实用新型专利27项；在不断提升科技创新能力的同时，积极参与国家和行业有关标准的制订，共参编标准15项。

鲁鑫防水还先后荣获中国驰名商标、山东著名商标、山东名牌、山东省首批中小企业"隐形冠军"、山东省"一企一技术中心"等荣誉。

此外，鲁鑫防水在产品布局、技术积累、市场渠道、品牌形象、内部管理、企业文化方面都有了长足发展，为企业下一步跨越发展奠定了良好基础。

慈善公益 回馈家乡

在当今社会，越来越多的企业家投身公益事业，为社会做出个人和企业力所能及的贡献。孙美峰也是如此。

孙美峰主动投身公益事业，将"慈善、公益"融入公司文化中，使中华民族乐善好施、助人为乐的传统美德念深入到每个员工的头脑中，并渗透到日常行为当中。

孙美峰在每年的重阳节和过年时常去看望贫困家庭的老人并送去大米、油、面粉等物资。近两年的洪涝灾害时，她又捐款3万余元并组织人员为灾区送去物资。2020年新冠肺炎疫情袭来，她马上组织捐献蔬菜到武汉并捐款1万余元。她为促进家乡的发展做出了积极贡献，受到当地政府和老百姓的高度赞扬。

孙美峰表示："回报养育我的土地，回报家乡的父老乡亲，这已经成为融入我血液里的责任和使命。"

顺势而为 坚定执着

近年来，随着竞争的加剧，需求侧也发生了重大变化，特别是百强房地产企业大多采取战略合作或集采模式，这就对防水企业的品牌、产品质量和服务提出了更高要求。

在孙美峰看来，只要踏踏实实做好产品与服务，埋头苦干，就能立足实业谋发展。

鲁鑫防水不断深化管理，采用多项举措捍卫自己的品牌。

一是在行业内率先提出不生产非标产品，宁可丢掉部分项目，也不"自毁长城"。当一些客户甚至是老朋友提出生产一些价格较低的产品要求时，鲁鑫防水坚决说"不"，从源头堵住扰乱市场的口子。

二是扩大规模，改进工艺配方，引进国外先进的高分子生产线。目前鲁鑫防水在江苏新沂的生产科研基地正在建设，届时鲁鑫防水的规模和实力将上一个更高的台阶，发展将更强劲。

三是成立鲁鑫学院，加大对各级人员的培训力度。从鲁鑫学院成立至今，公司定期开展培训活动，培训涵盖职业技能、生产技术、销售技巧、办公信息化、安全常识和人力资源及仪容仪表等多方面内容。在此基础上，公司鼓励员工外出深造，对获得各级职称和学历的人员，公司给予不同程度的奖励。

四是自制或定制专业工具，做到专业、专心，工程优良。工欲善其事，必先利其器，公司自制的如阴阳角施工所需的小工具、小配件和异型部位所需的施工工具达20多种，PVC施工工具箱、SBS施工工具箱和自粘工具箱中，焊枪、美工刀、钢锯、冲击钻、热熔枪等各种工具更是配套齐全。

除此之外，鲁鑫防水还向管理要效益。

首先，完善制度，提高全员素质。内勤人员实行以部门为单位的打分考核制度，营造奖罚分明、团结共进的良好氛围。销售人员则实行资源需求计划管理，即EIP模式，做到每层管理者有权限，上层管理者对项目进展情况、拜访客户情况、回款率及费用发生额都了如指掌，便于跟踪管理。

其次，加强与职工生活密切相关的后勤管理，提高员工的幸福指数，对职工的饮食等后勤服务进行了多项改进，赢得了员工的好评和拥戴。

20多年的努力，已经让鲁鑫防水从一家名不见经传的个体企业成长为防水业界的一颗明星，并且在江苏建立了生产基地，产品达到100多个品种，远销世界20多个国家和地区，谱写了民营企业致富的奇迹。

改革开放以来，无数如孙美峰一样的企业家起于微末，成于天时。投身防水行业20多年来，孙美峰和她的鲁鑫防水兢兢业业、砥砺前行，从齐鲁大地到走向全国，秉承"以呵护人类建筑安全为己任"的使命，不断完成自我革新的蜕变与升华，积聚坚实基础和雄厚实力，正在焕发出全新的力量！

点评：山东鑫达鲁鑫防水材料有限公司董事长孙美峰作为一名创业型的企业家，有敏锐的市场洞察力，她引领鲁鑫专注于高分子防水卷材领域。历经20多年的发展，鲁鑫防水已经成为技术特色鲜明，集科研开发、方案设计、生产销售和施工服务于一体的专业化防水材料系统供应商。她始终坚持以质量求发展的理念，多年的努力使鲁鑫防水成为国内高分子防水行业的著名品牌企业，先后荣获中国驰名商标、山东著名商标、山东名牌、山东省首批中小企业隐形冠军、山东省一企一技术中心等荣誉。

引领行业经营，创建一流企业

——记乐陵山水水泥有限公司总经理 崔书林

崔书林，男，汉族，1979年出生，现任乐陵山水水泥有限公司总经理，乐陵市政协委员、乐陵市工商联副主席、乐陵市新阶联副主席。任职期间立足本职工作，积极落实企业主体责任和社会责任，敬业奉献，扎实工作，注重理论学习，不断增强自身履职能力，带领全体干部职工取得了显著的成绩。期间被评为"乐陵市优秀共产党员""德州市优秀党务工作者""乐陵市劳动模范""乐陵市优秀政协委员"等。自2016年任总经理以来，企业首次实现扭亏为盈，2017年纳税1200余万元，2018年纳税2600余万元，截至2019年10月完成纳税2178万元。

加强文化建设，夯实科学履职的思想政治基础

组织进一步贯彻落实习近平总书记新时代中国特色社会主义思想专题研讨会议，共同研讨推动社会主义经济、文化繁荣兴盛理论，取得了思想上的统一和步调上的一致。充分借助政协会议和每月在公司组织开展的党员活动日，加强对党的理论知识的学习和理解，认真学习政协章程及政协会议重要文件精神，积极组织和号召身边的人一起学习，投身学习实践活动，边学习、边思考、边工作，组织全体干部、职工深入对照学习集团提出的"五个领先、五个反对"，坚决执行集团"引领行业经营、创建一流企业"的经营指导方针。通过学习，明晰了新时期党的路线方针和经济的发展趋势，对日常工作中适应新形势、开创新局面起到了指导性的作用。

廉洁自律，遵章守法，认真做到忠诚股东，公正廉明

加强企业廉政文化建设，从根本上解决廉洁自律问题，杜绝"吃、拿、卡、要"行为，保持员工队伍的清正廉洁，加强对党的理论知识的学习和理解，认真学习党的章程，在批评与自我批评中寻找差距。提高自身抵制腐朽思想侵蚀的能力，牢固树立了正确的人生观和价值观。积极学习集团文件精神，不断增强政治理论水平和廉洁自律素质，处处以合格党员的身份严格要求自己，虚心接受各方面意见、建议，及时认识到自身的不足，始终践行忠诚股东、善待职工、清正廉明、务实高效的宗旨，时刻自醒、自警、自励，把廉洁自律贯穿到本职工作中。严格执行集团各项规章制度，完善内部运行机制，强化廉政风险防控，切实做到权责清晰、用权透明，促进了内部管理的规范化、精细化发展，把权力关进制度的笼子里，让权力在阳光下运行。

立足本职，扎实工作，推动企业可持续发展

始终把生产、质量、环保三大安全作为公司工作的重中之重。新建完成原材料棚一万余平方米，所有原材料实现密闭储存、密闭生产、密闭发货，有效抑制了无组织排放；通过对高浓度及放风收尘器的改造，排放浓度小于 5 mg/m³，符合特别通道排放特别限制要求；完善防风抑尘墙，增加喷淋设施，购置道路洗扫车，有效改善了厂区环境，规避了环保风险。作为乐陵市环保工作先进单位多次在乐陵市电视台、手机台等新闻媒体宣传，增加了公司的社会美誉度。2019年投资260余万元对厂区美化绿化，着力打造"花园式企业"，实现了企业安全、和谐、绿色、健康发展，维护了乐陵市良好的企业形象，担负起了乐陵市永续发展应尽的社会责任。

推行5S精细化管理，现场管理就是运用科学管理思想、管理方法、管理手段，对生产现场的各种生产要素，进行合理配置和优化组合，通过计划、组织、控制、协调、激励等管理职能，保证现场按预定的目标，实现优质、高效、低耗、均衡、安全、文明的生产。

安全工作扎实推进，顺利通过了升级安全二级标准化验收过工作，风险分级管控、隐患排查治理的双体系工作有序开展，通过月查、周查、班前班后自查、专项检查、重点部位检查，持续排查安全隐患，并立即着手整改，实现安全风险和隐患网格化管理，形成了人人重视安全、人人管安全的良好氛围。

公司始终把质量安全作为公司发展的红线工作来抓，以质量拓市场，以质量保销售。全员参与质量管理，优化配比，稳定质量，打造区域内质量最好，出厂水泥质量合格率100%，自建厂以来未发生过质量事故。山水东岳品牌深入民心，得到了广大客户的信任和支持。

积极开展企业升级改造，完善生产工艺设备设施，挖潜降耗，增加企业效益，提升公司形象。按照集团提出的"生产技术抓升级"的指导方针，公司全员发动，积极组织推进大众创新、技术改造活动的开展，通过高浓度收尘改造及工艺调整，既规避了环保风险，又降低了风机转速约100转，降低电耗、优化水泥品种转换的工艺操作、包装机改造、辊压机电机无刷启动改造、提升机尾轮免维护改造均取得了良好的效果。

2019年伊始，在生产线投资49万元大力推进采用新的用电节能技术，目前大部分电机已更换为YE4超高效节能电机，完成总更换计划的75%，据测算，节电率在8%～9%区间。在他任职期间，先后完成了原材料棚建设、装车机收尘改造、喷淋设施建设、防风抑尘网建设、扬尘在线监测系统安装、消风管道加高、下料地坑平皮带口增建收尘设备、增设洒水车、洗车机、收尘车、增加绿化、硬化面积等各项工作，有效改善了厂区环境，进一步提高了产品的稳定性和适应性，在环境保护和质量管理方面都有了长足的进步。利用冬季检修期间，投资20万元对粉磨系统进行升级改造，主机设备水泥磨内更换新型防堵出磨篦板、阶梯衬板等，技改完成后提高磨内通风效果，减少水泥过粉磨现象，在稳定产品质量的同时又提高单位时间内产量。

始终贯彻"以人为本，善待职工"的经营理念

几年来，在公司经济效益屡创佳绩的情况下，为鼓励职工干劲，激发他们的工作热情，提高了职工工资和职工"五险一金"缴费基数和比例。同时在善待职工、关心职工的其他方面也做了大量的投入：职工生日发放鸡蛋等生日礼品、夜班人员提供免费晚餐等。改造了澡堂、卫生间、购置了洗衣机，

还重新调整了职工宿舍，安装无线网，开通数字网络电视。安装净水热水器。为改善住宿条件准备更换宿舍窗户，改造宿舍取暖系统，安装燃气炉取暖。冬季错峰生产期间，组织职工进行技术技能培训，提高职工的业务水平；三八妇女节请市妇幼保健院院长为女职工讲课送健康，并发放过节礼品；每年组织全体职工健康体检、外出参观学习；为改善职工伙食，科学搭配菜品，确保四菜一汤，荤素搭配，营养均衡，满足职工用餐需求。为让广大职工参与公司管理，每月组织职工民主生活会，为公司的发展献计献策。让职工吃得好、休息好、工作好。职工幸福指数不断提升。一直以来，公司都高度重视员工的身心健康，定期组织员工进行身体健康检查，以便更好地对员工的身体健康状况进行跟踪记录，确保每位员工都能以饱满的精神，健康的体魄投入工作中。

积极发挥企业优势，履行社会责任

公司先后组织完成乐陵市实验小学实践教育基地、朱集镇政府千年古枣树认筹活动、致远小学贫困学生捐助、精准扶贫开发区七里店村、精准扶贫云红街道办事处邢家村村办企业等系列工作。

立足本职工作，充分发挥政协委员、工商联副主席职能作用，围绕乐陵市错峰生产企业实际经营发展情况，向市委、市政府提出了一系列关于采暖季延缓错峰生产／错峰限产的可行性报告，得到了市领导的高度重视，并予以采纳。

点评：乐陵山水水泥有限公司总经理崔书林同志始终践行忠诚股东、善待职工、清正廉明、务实高效的宗旨；积极落实企业主体责任和社会责任，敬业奉献，扎实工作，注重理论学习，不断增强自身履职能力，带领全体干部职工创建一流企业，取得了显著的成绩。他本人也获得乐陵市优秀共产党员、德州市优秀党务工作者、乐陵市劳动模范、乐陵市优秀政协委员等荣誉称号。

不忘初心，牢记使命，开创转型发展新局面
——记大同冀东水泥有限责任公司总经理 陈敬

陈敬，1980年出生，中国共产党党员，研究生学历，2000年参加工作。曾获"2018—2019年度中国企业全媒体优秀工作者""三晋英才—青年优秀人才""创先争优"优秀共产党员等荣誉称号。作为金隅集团外派的第一位女经理，就任大同冀东水泥有限责任公司，她接任经理以来，践行并传承金隅干事文化，使公司业绩有了极大反转，不仅扭亏为盈并且实现利润两连翻。她本人在金隅集团党委、金隅冀东水泥党委和区域党委的正确领导下，主要负责大同公司生产经营管理工作。三年来，她深入学习贯彻十九大精神，自觉服从党委各项决策部署，紧紧围绕生产经营工作，稳中求进、持续攻坚、补齐短板、加快创新，较好地完成了金隅集团下达的各项任务指标。

生产经营持续向好

2017年至2019年10月，累计生产熟料661.18万吨，生产水泥565.1万吨；销售熟料233.97万吨，销售水泥567.38万吨；完成营业收入20.08亿元，实现利润3.62亿元。

市场营销稳步推进

坚持利润导向，配合营销公司拓市场、树品牌、强服务，推动市场营销工作。三年来，共参与或组织晋北区域发展创新研讨会30余次，熟料、水泥售价分别提高140元/吨和100元/吨。积极创新客户服务，主动走访客户，累计客服行程26.22万千米，送样253次，累计72.33吨，走访客户426次，服务236次。实施产销联动模式，定期组织产销对接会，协调解决销售环节中技术、服务各类问题，共同研讨市场需求，全力服务市场营销。建立特色营销文化，借力政府支持有关部门按商混、大工程等不同客户群体，开展入企交流活动，建立不同营销策略，与营销公司共同打造市场一体化服务。

安标一级成功创建

树立安全发展理念，对全厂安全基础设施及现场安全防护进行提标改造，成功创建安全生产标准化一级企业，持续开展内部自查及季度评审，严格按"五落实"要求进行整改反馈。开展入企安全教育、安全小品、网络答题等多形式特色安全教育活动，制订安全作业指导手册，汇编安全制度、法律法规及生产生活知识手册等。组织骨干人员开展注安培训，全面提升职工安全意识及安全管理水平。同时，启动矿山安标一级创建工作。

绿色发展成果明显

坚持绿色创新发展，实施绿色工厂、绿色矿山、绿色循环经济"三绿"建设，开展绿色工厂自评价，制订矿山综合利用及恢复治理规划，确保2020年达到绿色矿山要求。实施协同处置危废、污泥及废石综合利用项目，目前完成了污泥项目立项及废石综合利用项目可研报告编制工作。同时加强污染排放监测，保证有组织达标排放。开展环保升级改造，实施收尘器卸灰装置改造、更换氨水喷枪、加装车辆自动冲洗机、硬化矿渣堆场裸露地面等，强化无组织治理。

质量管理取得突破

以创建"质量标杆"为目标，深入开展熟料强度攻关工作，通过优化配料，均衡稳定用料、强化质量波动控制，提升设备可靠性系数等措施，使熟料28天强度最高达55.7MPa，实现了2013年以来的最高值。2019年首次实施了采区生产性勘探试验，开展岩相分析，制作了矿山石灰石质控分布图，有效指导生产，水泥稳定性得到逐步提升。成立省级技术中心和创新实验室，完成道路硅酸盐水泥、中热硅酸盐水泥等3个新品种研发工作。建立标准化试验室，获评晋北区域首家"优秀"等级企业。

项目改造提速升级

坚持"节约、低碳、效益"管理，结合公司发展实际，三年来，累计投入1.7亿元，组织实施40多个项目，重点推进2个大棚、矿山建设等项目，并对照培优标准，对标先进指标，对窑系统、水泥磨、生料磨、电气设备等生产系统进行技术改造，使生产运行不断优化。2019年以来，产量、电耗等10余项指标创历史最优，窑台时稳定在6000t/d以上，综合电耗实现52kW•h/t，生料磨电耗低于17kW•h/t，水泥磨综合电耗达到集团平均值76kW•h/t以下。

内部管控卓有成效

一是完成73套房屋产权证办理和历史遗留174亩土地征地及手续办理；协助营销公司推进陈欠款清缴，累计收回陈欠款1184.45万元；依法合规处置矿界范围内7处违规垃圾堆场、渣土倾倒点；完成爆破资质升级，增加炸药审批数量；推进《生产许可证》换证及扩项工作。

二是实施专业化、精细化、规范化、智能化"四化"管理，对现场仪表、设备等23类，后勤会务、档案等13类工作进行全面梳理，并分别制订相应管理手册，进一步实现规范化、精细化管理，达到管理强企。

三是组织职工开展创新创效工作，三年来，累计创新创效项目229项，参与人数1464人次，创效额1955.21万元，发放奖励48.54万元。获得23项实用新型专利，另有2项发明专利及16项实用新型专利得到受理，实现专利零突破。

四是加快人才强企建设，完善薪酬机制，制订全员素质提升计划，组织脱产培训，畅通学历及技术晋升渠道，截至目前，共有100多人取得相应学历及职称。

五是推行"双预"管理，制订费用定额、成本指标单耗等"双预八定十二控"管控模式，不断优化资金使用效率，达到全面预控目的。同时积极争取各类政策资金，三年来共争取各类政策资金奖励6400多万元。

六是按照"培优"标准完善公司提标方案，以优化各项指标为着力点，重点加强水泥成本、可比熟料综合能耗、可比水泥综合电耗、污染排放浓度等指标控降，不断稳控产品售价，加快产品研发创新，促进公司生产运行管控水平、企业盈利能力达到行业先进标准。

文化建设亮点纷呈

以金隅集团"干事文化"为指导，使干事文化体系在企业落地生根。

一是通过多途径宣传干事文化、企业文化。在公司内开辟1000平方米的企业文化长廊；创建公司官方微信公众号，截至目前累计推送企业文化及各类专业稿件数千篇，公众号关注人数大幅增加；创办《金隅大同之窗》内部报刊，为员工提供了方便快捷的信息传播渠道，员工内心情感得到反映，思想得到沟通；每年评选年度"十佳干事先锋"，激发员工干事创业的激情；每年开展的"劳动赞歌"文艺汇演，大力讴歌劳动，赞美劳动，营造劳动光荣、先锋自豪的良好氛围。

二是通过与鼎鑫、广灵、北水等先进企业对标交流学习、多次邀请专家到企进行技术指导，大同、广灵两家公司实现资源共享，进行技术、人才相互交流学习，达到了借智借力会干事的效果。

三是通过组织党员突击队、党员先锋岗、责任区、创新工作室，发挥作用干成事。集中50多人奋战89小时，完成抢卸水渣熟料近万吨，为生产提供了强有力的保障。

四是通过廉政风险防控、监督自查、廉洁承诺、廉洁文化，严守惩防不出事。初步建立廉政风险防控体系；设定中层干部、关键岗位廉政风险点，并订立岗位承诺，摆放于桌前，达到自我警示作用；组织廉政书画、摄影比赛，廉政座谈会等活动，多形式加强廉政教育。

五是聘请资深专家为公司做企业文化专题讲座，制订《员工爱岗敬业守则》《员工手册》《员工奖惩管理规定》《劳动纪律管理办法》等基本行为规范，在公司内部形成特有的员工行为文化，打造高素质的员工队伍，塑造一流文化品牌企业。

积极履行社会责任

企业发展离不开国家政策的扶持、社会公众的支持，回报社会也是企业应尽的责任和义务。多年来，公司一直把自身的发展和当地社会进步紧密结合起来，始终将热心公益事业、倡导时代新风作为重点工作之一。一是捐资助学。每年开展一次金秋助学活动、领导干部个人出资捐助大同大学8万元，党政主要领导资助品学兼优、家庭贫困的小学生直至其完成九年义务教育，筑牢关注民生、关心教育、关爱学子的德政工程。二是帮扶贫困。过年入户慰问困难职工、党员，对点捐资西韩岭村建档立卡困难户。三是实施村企和谐共建。帮助振享源煤站消纳废弃物、帮销本土产品牧同奶制品、与口泉村共建党员活动室等。四是回馈社会。积极帮助周边乡镇解决就业问题，劳务用工，提供岗位；为环卫工人、劳模车队夏送清凉；搭建爱心凉棚，服务中高考考生，助力大同市健步走、马拉松等活动。大同冀东一直把自身的发展和当地社会进步紧密结合起来，始终将扶残助困、热心公益事业、倡导时代新风作为重点工作之一，为此发挥自身作用，树立了良好的社会形象。

点评：大同冀东水泥有限责任公司总经理陈敬是一位敬业、爱岗、勤奋、敏锐、智慧、干练的女企业家。她不忘初心，牢记使命，致力于大同冀东水泥开创转型发展新局面；她坚持绿色创新，实施绿色工厂、绿色矿山、绿色循环经济建设，企业面貌焕然一新；她大力推动技术创新和质量管控，使企业竞争力大大增强；她积极推进金隅集团"干事文化"在企业落地生根，企业的核心竞争力得到增强；她热心公益事业，履行社会责任，诚为时代之楷模。

以三精管理为指引、全面提升管理质效

——记广德独山南方水泥有限公司党支部书记、总经理 周士海

周士海，男，1970年9月出生，浙江长兴县人，中国共产党党员。现任广德独山南方水泥有限公司总经理，高级工程师。自1994年开始参加工作，在水泥生产领域摸爬滚打了整整26年，从一名普通员工成长为生产厂长、化验室主任、副总经理，一步一个脚印。其间，周士海多次被评为"优秀共产党员""优秀管理者"等。

2019年1月，周士海进入广德独山南方水泥有限公司担任总经理职务，全面负责企业生产经营及各项管理工作。广德独山南方水泥有限公司为中国建材集团南方水泥有限公司旗下上海南方水泥有限公司成员企业之一。现有两条日产2500吨新型干法水泥熟料生产线和9MW纯低温余热发电机组。上任之后，周士海坚持以"三精管理"理念为指引，深入开展"早、精、细、实"管理活动，团结带领全体干部员工苦练内功、深挖内潜，走高质量、高效益发展道路，短短一年时间，实现了企业翻天覆地的变化。企业从厂容厂貌到各项技术指标、经营业绩均实现历史性突破，在行业内同类生产线中对标位于前列。由于成绩突出，2019年周士海被南方水泥有限公司评为"优秀管理者"，同时荣获2019年"中国建筑材料行业企业文化建设突出贡献人物奖"等荣誉。所在企业荣获南方水泥有限公司"最佳绩效奖"，被中国建材企业管理协会评为中国最具成长性建材企业100强。

不负重托、追赶超越，
重点聚焦"经营精益化"，经营业绩跑出加速度

2019年，全国水泥行业实行错峰生产已成常态，淘汰落后产能及加大环保投入成为趋势，水泥价格稳呈上升趋势较为明显，但西南、华南等地区新建线不断投入生产，水泥价格行情大幅波动时有发生，水泥行业仍有多重矛盾急需解决，如何保证水泥行业持续良性发展，不断推进行业迈向高质量台阶成为主题。面对水泥市场行情诸多不确定性因素，周士海立足实际，不等不靠，抢机遇、拼效率，着力于把各项工作做细、做实、做到位，特别对生产的薄弱环节早计划、早布置，充分调动公司基层管理人员的主观能动性和创造性，灵活授权、及时决策，促进了团队的高效运转。整个团队紧紧围绕生产中心工作，及时制订各项保证措施，精心组织生产经营，抓实目标分解和责任制的落实，克服了设备系统高负荷运行造成临修增多、道路治超、节能环保等诸多不利因素，确保了生产经营稳定持续。企业两条线均突破"百万吨"大关，熟料产量完成218.71万吨，同比增长15.1%；熟料销量完成222.05万吨，同比增长18.93%；净利润21593.63万元，同比增长14.5%。分别提前90天和60天完成年度产、销量和净利润目标，关键经营指标均实现历史性突破。

靶向发力、精准施策，
全面深化"管理精细化"，管理质效提升新高度

首先，坚持以对标管理为抓手，不断开展技术对标与现场交流，找差距、定目标、抓改进。通过对标数据的导向引领，在设备管理、工艺管理、现场管理、质量管理等方面深入开展动态分析、持续改善等工作，推进了企业部分技术指标达到行业内同类生产线先进水平。2019年全年，企业煤耗指标在区域同类生产线对标排名第一、电耗指标排名第二、制造成本排名第三；窑综合累计排名在区域企业2500t/d生产线中排名第一位。

其次，通过优化工艺操作，在物料级配上做大胆调整，促进物料的配比更趋于合理，增强易磨性的同时，使生产更加高效和稳定；通过系统用风的调整、三次风管的移位等措施，优化煤种的合理搭配等，进一步提高热效率，提高了煅烧质量，同时也为进一步降低煤耗、电耗创造了条件。2019年，窑台产同比提升2.18吨，实物煤耗同比下降5.14kg/t、电耗同比下降2.14kW•h/t。

最后，全面推行全员设备维护管理，推进TPM设备管理向纵深发展，夯实设备管理基础，有效提升设备管理水平，企业生产1线和2线分别自2018年11月、2018年7月运转至2019年7月大修，高负荷运转240天和350天。为维持设备的高效、安全运行，公司坚持以TPM设备管理工具为导向，深化设备的预知性维护管理，提前消除设备故障隐患；在有效实施三级巡检制度和TPM目视化管理的基础上，通过不断完善设备管理机制、优化设备管理看板，强化设备管理主体责任，实现设备巡检摄像头动态监控、适时穿插预防性临修等措施，使设备运行状况始终处于可控状态，为产能的充分发挥奠定了基础。同时，公司注重全员参与活性化管理，继续深入开展员工合理化建议评比活动TPM的深化以及全员的参与，有效保持和提升窑的运行可靠性。2019年，1#线窑可靠性系数99.39%，同比提升1.51%；2号线可靠性系数99.41%，同比提升0.25%，设备故障原因造成的停机次数同比下降60%。

剪枝修干、瘦身健体，
持续推进"组织精健化"，精简精干更有强力度

首先，按照"人员精干、组织精简"工作方针，周士海大力推进组织优化和人员精简精干工作，通过优化组织机构，减少管理层级等一系列措施，提升组织运行效率，进一步提升全员劳动生产率和提高员工收入，增强了员工的获得感，2019年，企业劳动生产率由8332吨/人，提升至10167吨/人。

其次，大力推进职工教育培训工作。通过教育培训，提升全员综合素质，为组织绩效提升提供可靠人才支撑。针对班组是企业管理基础的这一特性，将培训工作进一步细化，开展班组自主性的教育培训工作，2019年，累计培训3133人次，较同期增长21.3%。同时，鼓励员工通过自主学习、委外培训等方式提高自身能力，结合企业发展需要组织开展各类专业技术、技能取证培训等。2019年，公司先后有25名员工获得技师、高级技师、化验室检验证书和安全生产管理证书等。

量质并举、源头管控，
不断提升企业综合竞争力

一是从源头守住产品质量关，有效把控原燃材料进厂检测，强化工序质量控制，通过不断优化配

比方案，合理搭配砂页岩使用比例和烟煤使用，优化工艺操作、调整系统用风、稳定操作参数等，化验室与中控室加强沟通与配合，发现问题及时改进，确保全年产品质量可靠。二是积极参与建材协会、水泥协会相关行业标准制订评比活动等，2019年5月，企业参与了《安徽省水泥企业综合效能等级评价导则》和《安徽省水泥生产企业化验室达标评价规范》两项地方标准的编制工作；2019年7月，顺利通过标准化化验室验收，也是安徽省第四家通过的企业。相关工作的完成，对企业内部质量管控水平提升，增强企业美誉度，有很强的促进作用。

不弃微末、不舍寸利，
进一步实现常态化压减增效

一是积极向政府各级部门争取财税政策、政策性奖励和返还补助等，截至2019年11月底，通过税率改革实现降税755.61万元，获得年度失业保险返还补助3.7万元，办理税款缓缴节约财务费用82.5万元，节能节水环保设备抵减税款3.04万元，落实各项财政补助23万元，保险理赔约51万余元。常态化做好压减工作，完成压减应付款72.38万元。二是根据生产需求计划，合理安排物资采购，确保生产所需的同时，进一步压减库存，减少资金占用。三是严格物资领用管理，明确物资领用审批权限，进一步强化费用管控，有效控制成本，2019年，单位制造成本同比下降4.23元/吨，管理费用同比下降0.37元/吨。

积极主动、稳步推进，
大力改善现场环境面貌，企业形象全面提升

认真贯彻中国建材、南方水泥绿色生态发展理念，坚持绿色生态、协调发展，努力推进企业绿色制造体系。一是加快绿色矿山创建推进工作。绿色矿山生态环境综合治理工作基本完成，完善了矿山公园的规划和建设，道路硬化、终了边坡复绿等工作已接近尾声。矿山环境面貌及绿色矿山整体建设赢得了地方政府的高度认可，力争于2020年底通过国家绿色矿山名录遴选。二是按照南方水泥"整洁工厂""绿色工厂""美丽工厂"三步走的思路，按照"整体推进、分步实施"的工作方式，结合现场实际，大力开展现场改善整治工作。通过6S星级创建活动，广泛开展"定置、定岗、定责"工作，全面清除现场环境管理死角；积极抓好现场面貌的整体改善，对设计不合理及破损基础设施进行了完善修复，恢复其功能；从加大对厂区的绿化、美化、景观提升着手，使企业文化、党建文化更好地融入现场环境中，打造拴心留人的"花园式工厂"，现场环境面貌、管理面貌、员工精神面貌进一步改善。

综合施策、标本兼治，
安全环保工作平稳有序

周士海作为企业安全生产第一责任人，对全公司安全生产工作负总责。他以"零事故、零伤害、零新增职业病""零环保事故"为年度安全环保管理目标。一是突出自我安全防范。通过开展事故案例警示教育、安全常识"应知应会"、安全培训等多种形式的安全生产活动，逐步强化职工的安全责

任意识，提高全员安全防范意识和自我防范能力。二是突出过程执行监管。重点做好日常安全监督检查工作，严厉打击各类违章、违规行为，不定期组织开展安全环保大检查，对所发现的问题，明确措施、主体、目标及期限，并及时跟进检查。三是突出安全隐患治理。通过"查隐患、查违章、查不规范作业"等，把"物的不安全状态"和"人的不安全行为"纳入管控重点，实现把风险控制在隐患形成之前、把隐患消灭在事故前面，全面提升企业遏制重特大和较大安全环保事故防控能力。四是提高生态环境保护的政治站位。坚持发展绝不以牺牲环境为代价，认真执行国家、地方环保法规、制度，厂区各污染物均达标排放，环保在线监测系统运行可靠，管控有效。

2019年全年，企业安全事故为零，粉尘、氮氧化物全部达标排放，各环保在线监测系统、脱硫、脱硝设备运行良好，并以广德市最高分第4年获评安徽省环保诚信企业。

强根铸魂、牢记使命，
坚持"兴企"与"党建"双轮驱动，为企业发展提供可靠的组织保证

周士海同志同时担任企业党支部书记和总经理职务，严格落实"一岗双责"和"两个责任"工作要求，牢固树立"四个意识"，始终与党中央决策保持高度一致，坚持党建工作与生产经营工作两手抓、两手硬，相互促进，相互融合，建立并完善党建KPI考核体系，将党建工作与绩效考核挂钩，一手抓党的建设，一手抓日常工作，切实将党建工作渗入生产经营工作的各个环节当中，有效发挥了党建催化作用和战斗堡垒作用。2019年，按照集团党委、总部及区域党委的统一部署，作为党支部书记，周士海在认真抓好党内各项活动的同时，扎实开展"不忘初心、牢记使命"主题教育，及时发动公司全体党员、中层干部，举办读书班，通读《习近平关于"不忘初心、牢记使命"论述摘编》和《习近平新时代中国特色社会主义思想学习纲要》等重要文献。认真组织落实调查研究、问题检视、整改落实。在学习教育中，坚持把主题教育同全面完成年度任务目标、纵深推进三精管理、全力防控企业风险、全面提升工作本领相结合，抓好公司全年任务目标的落实，创造组织认可、员工满意、自己无愧的经营业绩，实现"兴企"与"党建"的双轮驱动。

点评： 广德独山南方水泥有限公司党支部书记、总经理周士海在工作中创新管理理念，不断健全和完善激励机制，调动员工工作的积极性；大力推行南方水泥"三精管理"理念，活用"精益生产""TPM设备管理"等管理工具，为企业的高质量发展当好"领头雁"和"主心骨"。面对复杂多变的市场，他立足实际，不等不靠，抢机遇、拼效率，确立了"争一流指标、创一流业绩"的目标。他坚持做"善用资源、服务建设"的践行者，带领公司取得了良好的社会效益和经济效益。

科技创新，驱动企业发展新思路

——记唐山冀东水泥三友有限公司总经理 张立华

张立华，男，1972年10月出生，大学本科学历，学士学位，1995年9月参加工作，2005年6月加入中国共产党，工程师职称，目前担任唐山冀东水泥三友有限公司经理职务。

张立华同志1995年参加工作以来，在多个水泥企业任职，曾担任唐山冀东水泥股份有限公司设备管理助理工程师；沈阳冀东水泥有限责任公司生产部部长；冀东海德堡（扶风）水泥有限公司设备部长；冀东海德堡（泾阳）水泥有限公司设备部长；冀东海德堡（泾阳）水泥有限公司设备主任工程师；冀东水泥凤翔有限责任公司生产副经理；冀东水泥凤翔有限责任公司生产副经理、党支部副书记；冀东海德堡（泾阳）水泥有限公司党支部副书记；冀东水泥凤翔有限责任公司生产常务副经理；冀东水泥滦县有限责任公司党支部书记、总经理；唐山冀东水泥三友有限公司经理等。多家企业的历练，使他成为水泥行业的行家里手，也使他的企业管理能力得到了很大提升。

张立华同志严格贯彻党的路线、方针、政策，积极参与各种政治学习及教育活动，在工作中，能够完全胜任本职工作，勤奋好学、吃苦耐劳、团结同志、勤于思考、善于总结，专业技术能力过硬，具有很强的组织协调能力，为公司改革发展、技术创新、转型升级、绿色发展及履行社会责任做出了突出的贡献。分别于2010年2月获得宝鸡市人民政府授予的"2009年度重大项目特别贡献奖"荣誉称号、2013年4月获得陕西省建材行业协会授予的"陕西省建材行业先进个人"荣誉称号、2014年度获得中共滦县县委、滦县人民政府授予的"2013年度滦县先进生产（工作）者"荣誉称号。

张立华同志利用多年积累的技术优势，参与武汉理工大学实验教学项目《2018年度国家虚拟仿真实验教学项目》，主要科研项目：过程装备成套技术、建材装备设计、粉体力学与设备，本人属于团队5个主要成员之一，承担典型设备建模指导任务，参与指导完成了《新型干法水泥工艺与装备虚拟仿真实验》教学项目等，方便了学校教学工作；作为2017年度金隅冀东水泥重点科研项目负责人，负责《道路基层用缓凝硅酸盐水泥开发》的研发。通用硅酸盐水泥细度大，早期强度高，收缩开裂严重，在路面施工过程中，基层开裂需要花费大量人力、物力进行修补和返工，损失巨大，道路基层用缓凝硅酸盐水泥既能调节凝结时间，又具有微膨胀性能的新产品，缓解道路基层的收缩和开裂，减少基层开裂性修补和返工造成的损失，具有良好的社会效益，目前已投入市场应用，达到了科技研发的目的，取得了良好的效果。

张立华同志始终把企业创新创效作为核心任务，以优质高效、节能降耗、环保提升作为一切工作的出发点，带领骨干技术人员求新求变、集思广益、攻坚克难，取得了突出的业绩。

2014年组织实施了冀东水泥滦县公司二线熟料生产线器头电收尘改造为袋收尘的技术改造项目，改造实施后，粉尘排放浓度由原来的100mg/m³降低到20mg/m³，达到了技术改造的良好效果和目的。

2015年组织实施冀东水泥滦县公司原料布煤上料系统的技术改造工作，解决了原煤直接铲车上料问题，节省了汽车倒运的费用，节约了生产成本，每年可降低成本约 40 万元。

2016 年组织实施冀东水泥滦县公司二期余热发电 12W 机组项目并网，一次性顺利并网成功，彻底解决了窑系统余热利用的问题，为公司节约了大量的生产成本，吨熟料费用可降低 17 元左右。

2016 年组织实施冀东水泥滦县公司水泥库顶电动闸板改造的项目，有效解决了水泥窜库的问题，保证了水泥产品质量的稳定。

2016 年组织实施冀东水泥滦县公司增加湿粉煤灰上料系统技术改造项目，将水泥配料中添加湿粉煤灰，实现了资源综合利用，达到了技术改造的良好使用效果。

2017 年组织实施冀东水泥滦县公司二期煤磨排风机变频技术改造项目，立项号：2017JG-JCLX02，改造完成后，每年节约电费 43 万元。

2017 年组织实施冀东水泥滦县公司水泥窑协同处置污泥项目，该项目投资 660 万元，2 个月完成了项目的建设施工并投入使用，当年为公司创造效益千万元，当年即回收了投资成本，达成了"政府的好帮手，城市的净化器"的目的。

2017 年组织实施冀东水泥滦县公司水泥回转窑系统增加智能专家系统的项目，包括窑头 EP 风机控制器，高温风机控制器，分解炉控制器，窑头喂煤控制器，煤耗优化控制器，产量优化控制器，质量优化控制器，篦冷机篦速控制器等，实现了软件自动控制操作生产的目的，节约了大量的劳动成本，同时由于系统的自动调整，且比较及时，煤耗和电耗也大幅下降。

2018 年组织冀东水泥滦县公司物流标准化项目，实现了智能化进出门管理和无人值守自助／自动计量的目的。从智能系统上实现了无人值守的目的，杜绝了人为因素的影响。

2019 年组织冀东水泥滦县公司一期余热发电化学水处理系统改造项目，实现了一级反渗透加混床处理系统改造成二级反渗透水泥装置，达到了工业水循环利用和零排放的目的。

2019 年组织冀东水泥滦县公司一线窑系统窑头热风循环再利用项目，从窑头排风机出口引出一条热风管道引入篦冷机冷却风机，循环利用热风至窑头 AC 炉，可提高温度 20℃，从而每年提高发电量约 85 万度，达到了理想的改造效果。

2019 年，张立华同志调入唐山冀东水泥三友有限公司后，带领技术人员成功获得 13 项实用新型专利。公司获评"环渤海知名品牌""环渤海技术创新型企业""河北省工业企业研发中心"等多项荣誉；荣获国家建材行业"质量认证活动优秀企业""优秀质量小组"等荣誉称号。

张立华同志在冀东水泥三友公司坚持技术改造创新，指标全面创优原则。在生产管控上注重内部挖潜、精细化管理，在技改技措和工艺调整上狠下功夫，多项生产指标，创造历史最优，创效显著，合计为三友公司创效 1572.84 万元。1. 组织实施二线原料磨工艺改造、排渣提升机节电改造等多项技改技措。2019 年 1 月－9 月，二线原料磨台时产量较 2016 年提升 14.13t/h；分步电耗较 2016 年下降 0.69 kW•h/t，降本 36.24 万元（电单价 0.5 元）。2. 组织实施二线窑系统分解炉改造、自主研发的窑头燃烧器改造、篦冷机篦板改造、二线煤磨热风管道改造等研发项目。二线窑台时产量较改造前提升 9.01t/h，提高产量 4.99 万吨，创效 62.97 万元（创利 13.45 元／吨）；分步电耗较改造前下降 1.43kW•h/t，创效 92.63 万元（电单价 0.5 元）；2019 年在限产停机频繁的情况下，二线窑台时产量较改造前提升 0.93t/h；分步电耗较改造前下降 1.51kW•h/t，创效 54.48 万元，项目合计创效 210.08 万元。

张立华同志在冀东水泥三友公司坚持环保提升创新，彰显国企责任原则。在生产管控上严守环保红线，适应新的环保产业政策，从技术创新改造入手，深入研究环境治理和环保提升各项有效措施，以创新助推环境提升。

张立华同志带领公司积极履行社会责任。按照唐山市残联进行按比例安置残疾人工作要求，缴纳残疾人就业保障金49247.39元，并在公司员工中组织开展"献爱心、一元捐"助残捐款活动。同年，在当地乡村振兴提升建设中，积极配合示范村的提升建设相关工作，为顺利建设环境美的文明祥和美丽村庄做出了贡献。

张立华同志积极组织冀东水泥三友公司开展文化建设的宣传学习。积极践行金隅干事文化，秉承"信用、责任、尊重"的核心理念，组织开展文化建设的宣传学习。为营造全体员工干事文化浓厚的氛围，利用厂区宣传橱窗、标语、大屏幕宣传干事文化，不断提升企业形象。深入贯彻宣传学习党的十九大精神，在新的征途中不断提高职工的思想政治水平，正确引领公司广大党员、职工以崭新的精神姿态，锐意进取，再创佳绩。建立健全各项规章制度，做到公司经营活动有章可循。通过制度培训及开展丰富多彩的文体活动，员工队伍建设更加稳定。

点评：唐山冀东水泥三友有限公司总经理张立华同志参加工作以来，在多家水泥企业、不同工作岗位历练，其技术水平、管理能力获得了较大提高。他在工作中勤奋好学、吃苦耐劳、团结同志、勤于思考、善于总结，专业技术能力过硬，具有很强的组织协调能力，为公司改革发展、技术创新、转型升级、绿色发展及履行社会责任做出了突出的贡献！

做商砼行业高质量发展的领路人

——记陕西宏基混凝土构件有限责任公司党支部副书记、总经理 田敏锋

田敏锋，现任陕西宏基混凝土构件有限责任公司（以下简称宏基公司）法人、总经理、党支部副书记。田敏锋出生于 1973 年 6 月，籍贯陕西合阳，中国共产党党员，高级工程师，一级建造师。1997 年 7 月长沙铁道学院建筑工程专业本科毕业。自 1997 年参加工作以来，他先后在中铁一局建安公司、陕西宏基混凝土构件有限责任公司任助理工程师、工程师、项目副经理、总工程师（高级工程师）、法人、经理等职。

以市场营销为龙头，不断细化工作机制

2019 年西安市商品混凝土的外部市场环境是市场竞争压力激增、混凝土价格降低、原料价格飞涨等。面对艰难困境，田敏锋迎难而上，逆境突围，坚持区域化经营，适时调整经营策略，通过采取经营开发与双清工作一同策划、一同部署、一同实施和一同考核等各种举措，使宏基公司走过了艰难而辉煌的一年。公司经营生产总体形势并未因为市场的严酷、惨烈而出现下滑，继续保持着平稳的发展势头。

他采取的具体措施。一是创新管理方式，提高管理效率。以"安全、经营、资金"三大风险控制为抓手，通过制度与流程的梳理和完善，逐步建立起以组织结构科学、流程管理顺畅、制度设置规范、控制程序精细为特征的全面风险管理体系。二是调整经营结算承包管理办法，提高经济效益。本着加大激励与加大风险相结合，放开经营与强化管理相结合的原则，以调动承包经营者积极性、提高企业盈利能力、增强企业发展后劲、提高职工收入为出发点和落脚点，不断创新和完善承包模式，科学界定责权利关系，实行利益与风险对等，权利与义务并存的经营结算承包制。三是进一步加强法务工作，以诉代清。充分利用法律手段，着力解决拖欠时间长，应收款数额大的债权。有效遏制新的拖欠，要严格按照合同约定，搞好在供项目的款项回收，较好解决了因长期资金短缺困扰公司发展的难题。正是由于一份忧患意识而适时制订的有效措施，使宏基公司在商砼行业的严峻形势下，在夹缝中抓机遇，创造了建站以来月生产量 7.2 万立方米的新纪录，全年新签合同 36 份，共计经营揽活约 3.3 亿元，工程量结算完成 100%，结算整体状况良好。实现了宏基又一次新的突破，使得公司发展劲头与潜力在不断增强。

以物资设备为源头，精打细算控耗防超

田敏锋同志坚持"优质服务，高效节支"的工作方针，加强物资管理，保证物资供应，控制成本开支，较好地完成了公司下达的各项任务。一是继续实行总工分管负责制，确保物资质量达标促进实验技术、设备利用率高。二是严格执行采购计划，确保了生产经营的顺利进行。三是加强采购管理，严格执行"货

比三家"，在比质比价采购原则的基础上，加大比质比价采购监督力度，增加采购的透明度。四是做好重点物资的预控和供应工作。五是建立物资调差、材料结算、拨付料款的会签制度，实现阳光采购，杜绝不良行为。六是严把原材质量、数量关。建立主材实物标准，实行物资人员验收追究制度。

在机械设备管理中，田敏锋同志通过积极实践，逐步摸索总结出一些行之有效的办法措施。一是加强设备管理，结合实际细化，标准化管理。二是引进新技术、新设备创新管理工作。为了解决搅拌站粉状材料仓储管理存在的易装错仓、易冒仓的隐患，经过市场考察及可行性认证，安装了搅拌站粉料的仓储管理系统，实现了网络化管理。三是加强对班组保管使用设备的管理，通过细化、量化设备管理工作内容，规范检查工作。日常工作中，加强对设备定人、定机、定安全责任的"三定"制度的检查落实，坚持每月开展一次设备专项检查，每季度开展一次红旗设备评比。截至2019年11月底自评红旗设备10台，奖励设备操作人员21人次。

以技术创新为动力，有效降低生产成本

田敏锋同志上任以来，一是整章建制，细化质量管理工作，制定了《宏基公司实验室精细化管理实施细则》并配套出台了《混凝土坍落度控制管理办法》《试验室安全质量控制奖惩试行办法》《关键工序检测作业指导书》《试验室工作细化分工细则》等一系列管理制度，确保质量受控。二是不断优化配合比。全面掌握进场原材料质量情况，不断优化混凝土配合比，确保产品质量受控，生产成本降低。三是借助创新工作室活动的开展将《预拌混凝土用机制砂的优选使用》作为技术改进项目，通过对大量不同产地机制砂的试验检测、控制机制砂石粉含量和与外加剂相容性指标，优选质量稳定的机制砂进行混凝土生产。2019年与2018年使用机制砂生产混凝土单方外加剂用量节约3.12千克，单方节约成本5.46元。全年累计节约资金约300万元左右。四是公司参编《再生骨料泵送混凝土应用技术规程》，根据工程性质和强度等级制订了《宏基公司再生骨料使用暂行办法》，通过技术创新研发，用再生骨料合理替代碎石骨料和细石骨料等主材（再生粗骨料于原碎石骨料相比每吨节省42元，再生细骨料于原细石骨料相比每吨节省7元），提高了公司的市场竞争力和企业利润率。五是C60高强高性能混凝土首次在地铁工程的应用，通过水泥选择、配合比设计、试配以及生产过程全控制，公司产品在地铁五号线阿房宫项目成功实现了C60高强高性能混凝土在地铁工程的应用，混凝土质量满足设计要求，和易性好、无裂缝，产品外观质量好。六是坚持顾客回访制度，通过下发满意度调查表，每月开展一次在建施工项目用户意见采集分析，以便采取相应措施，有利于服务方面的改善，不断提升公司信誉。

以安全环保为前提，为生产经营保驾护航

为确保安全受控，田敏锋同志采取了以下措施。一是进一步完善了安全管理体系，建立了以班组成员为领导，安全员、群安员、青安岗、部室班组负责人为成员的安全管理体系，并相应地制订了一些制度措施。二是开展了安全危险源排查梳理，建立了危险源清单和预控措施，采取公示、学习、教育方式做到深入班组、融入岗位。三是坚持每周、月进行全面安全质量专项检查，全年共开展安全大检查27次，组织消防演练一次，发现安全隐患、违规违章作业问题共30个，下发安全整改通知书30份，对整改情况进行复查，复查合格率100%。四是开展安全生产月主题活动，宣传"生命至上，安全发展"为安全月主题，扎实开展安全生产月活动，提高全员安全素质和责任，巩固公司安全管理体系。五是根据公司下达的班组长责任制的文件通知，制订了本公司的班组长安全质量责任制管理制度，分别签订了班组长安全质量责任书。六是制订2019年度安全培训计划。全年安全教育及安全知识培训进

行36次，新分配及转岗人员三级安全教育培训进行10次17人，教育考核880人次，平均考核分数90分。组织班组长学习《车辆交通事故典型案例分析》，要求每一个班组"身边无事故"，参加23人。

环境保护方面，为了响应国家建设绿色环保企业要求，田敏锋同志采取以下措施加强对厂区环境综合治理的管控部署。一是建立了以安全总监为分管领导，安全环保部为主控部门，环境综合治理班负责日常具体保洁、除尘工作的组织机构。二是制订了《开展治污减霾暨环境治理实施方案》，建立厂区环境卫生综合治理工作责任划分承包体系，从思想上控制生产过程的污染源，实行环保目标责任制，同时开展加强了日常环境保护力度，对部分厂区设施进行改造，做到污染从源头治理的工作要求。三是对原材料大棚未封闭区域进行封闭，对搅拌楼、维修车间及水泥储存罐全方位封闭，减少砂石料粉尘和噪声污染。

对厂区垃圾台进行了全面改造，减少垃圾物的扩散，专人每日对垃圾进行清运。厂区料场及院内设置喷淋装置，定时进行喷水，减少厂区内灰尘飞扬，洒水扫地车辆派专人不定时对厂区进行洒水清扫，废水废料集中收集处理。扩建了厂区门前道路，改进了大门口车辆冲洗装置，所有搅拌车辆出厂时必须经过洗车台进行车辆冲洗清洁后方可出厂，严禁带泥上路。设立了三级沉淀池，废水回收再利用，有效地解决了厂区污水排放问题，厂区环境综合治理效果得到明显改进。

以责任成本为标准，坚持做好双清工作

田敏锋同志要求财务部门做好公司各部门经费使用节超分析和年度经费预算工作。积极和甲方单位核对往来账目，为清收清欠创造有利条件。严格执行总公司资金集中规定。为了缓解公司资金压力，提高物资采购银行承兑的使用，提高了资金使用效率。积极申报宏基公司为高新技术企业，公司企业所得税由现在的25%降低为15%，大大降低企业税负。顺利完成各季度经营决算工作，按季度开展经济活动分析，严控成本，实现利润新突破。加强财务检查及企业内控管理力度，防范资金风险，加强对应收账款、其他应收款及现金的监控管理，使财务能真正起到监督的作用。

以党建工作为保障，凝心聚力促发展

田敏锋同志作为宏基公司经理、副书记，在学习上，他努力做到将理论学习与工作实践紧密结合起来，坚持用科学理论武装头脑，增强政治敏锐性，使自己始终与党中央在思想上、政治上、行动上保持高度一致。并且积极探索宏基公司发展的新机制、新方法、新思路，不断使自身思想素质和业务水平与宏基公司科学发展的客观要求相切合，有力促进了施工生产和经营管理的健康发展。

功夫不负有心人。在他的领导下，宏基公司2019年各项指标均获得大幅度提升。公司也在西安市"两类企业"信用等级评价中，获得混凝土预拌企业"AAAAA"级最高等级证书，并且连续三届获得"中国混凝土行业绿色生产示范企业""2019中国建材企业500强""高新技术企业" 西安市预拌混凝土行业"质量诚信双优企业" "陕西省AAA级信誉单位"等荣誉，作为陕西省首批"国家三星级绿色建材"标识的混凝土企业，宏基公司获得中铁一局建安公司2019年度"五好项目经理部"称号，他个人也获得2019年度中铁一局建安公司优秀管理者荣誉称号。

点评：陕西宏基混凝土构件有限责任公司党支部副书记、总经理田敏锋面对艰难困境，迎难而上，逆境突围，坚持区域化经营，适时调整经营策略。通过采取经营开发与双清工作一同策划、一同部署、一同实施和一同考核等各种举措，宏基公司克服了重重困难，经营生产形势总体向好。他不愧为商砼行业高质量发展的领路人！

深化转型，精益运营，推动企业可持续发展
——记建华建材（广西）有限公司总经理 胡敬阳

胡敬阳，男，汉族，中国共产党党员，出生于1973年5月30日，大专学历，现为建华建材（广西）有限公司、建华建材（梧州）有限公司法人代表、总经理。

开拓市场，扩大规模

2016年3月胡敬阳通过集团调动，担任建华建材（广西）有限公司总经理，接任之初，面临的最大困难和挑战是公司经营产品比较单一、产品竞争力不强和市场占有率不高，从而使得整个团队的信心不足和希望不高，公司经营存在一定困难。针对以上问题，胡敬阳没有退缩和气馁，而是直面解决，按照集团转型精神要求，梳理广西壮族自治区主要区域、领域的发展规划、中短期投资重点等，根据广西区域存在经济相对低迷，营商环境和思想观念较为落后、行业竞争激烈、市场机会切换快和季节性强的特点，制订"小公司、大区域"的总体思路，加速生态圈的资源搭建，紧抓信息源和项目信息管控工作，及时感知市场机会，同时紧抓团队建设不放松，在业务人员结构、能力结构、激励机制方面提出新思路，并加快产能配置布局，全面提升制造能力，如筹建新型构件车间、大直径管桩生产线C车间等。

为进一步提高公司产品竞争力和市场占有率，胡敬阳带领公司管理团队。一方面对公司产品进行精准的市场定位，积极做好新产品的研发，严把产品质量关，逐步提高公司的品牌和产品知名度，公司连续多年获得"广西名牌产品"荣誉称号。另一方面以植桩工法和劲性体推广为核心，因地制宜进行产品的市场推广，通过工法的推广扩大预制桩市场份额，例如南宁建工城1、2、7号地块项目，供货6万米，采用植桩工法，使预制桩在强风化砾岩得到应用；通过新产品推广提高市场占有率，例如柳州中海天钻二期桩基工程项目，推广新产品为超高强空心方桩，累计供货达到1.6万米。聚焦各区域重点推广方向和竞争策略，坚持转型不动摇，做大市场，做精领域，区域行业整合，提质保量，2019年营收较2018年增长29.32%，2018年相对2017年增长56.11%。

在胡敬阳的带领下，广西建华实现了由原来的两条生产线扩建到三条生产线和一条预制构件生产线，扩大生产规模的同时扩大市场，促进了建华建材（梧州）有限公司项目的落地，为集团在广西区域的战略布局打下了良好的基础。

助力转型，加速前行

建华建材（广西）有限公司从单一生产销售预应力混凝土管桩转型为向客户提供专业的混凝土预

制构件产品和技术解决方案。提供从地下基础工程到上部结构工程的全流程产品，如方桩、钢管混凝土桩、异型桩等桩基础产品，箱涵、管廊、顶管等管道产品，梁、板、柱、架、楼梯等混凝土PC部件，以及围栏、花架、桌椅、台面等各类混凝土装饰构件，产品广泛应用于民用建筑、工业厂房、铁路、机场、公路、水利、市政、电力通信、装饰装修等各类工程领域，并提供勘察设计、产品供应、施工管理、方案优化、工程应用咨询等系列标准化服务和定制服务。通过在全区推广旋挖引孔植桩、中掘工法和劲性复合桩的使用，提高预制桩使用范围，得到了市场大力认可；并且积极推动《植入桩基技术规程》在2020年颁布，联合广西区域主流设计院编制《广西壮族自治区建筑工程预制桩应用技术指南》，同时积极探索预制桩在岩溶地区应用工法，形成案例并复制推广。

2018年6月公司举行广西区域水利行业预制混凝土制品应用会议，并在次年加入南宁水利学会，实现水利领域的突破；借助广西区域的道路改扩建机会，在优化道路改扩建方案方面道路软基处理应用中积极推广劲性体代替CFG桩为其缩减工期，降低成本形成示范案例；在钦州至北海高速改扩建项目中推动"桩柱一体"试验落地，对产品技术进一步推广提供依据。2018年成功推进预制电力箱涵典型造价设计V2.1的编制，为预制电力箱涵在各个地方的推广奠定了基础。

内部实行降本增效管理，建立机制砂生产线，逐步实现原材料中机制砂高比例使用，减少对天然砂资源的依赖；对产能配置进行更新和改造，2018年初进行AB车间生产泵送线改造，2018年底新建新型装配式预制构件生产车间，2019年中新建一条大直径管桩生产线，同时完善分配、考评机制，激发全体员工的激情。

胡敬阳通过一系列管理动作和创新举措，促进企业营收连年增长，公司在经营管理和经营业绩方面都有了质的变化，实现了公司的转型发展。

践行文化，传承发展

学习学习再学习，培训培训再培训，在实践中不断学习，在学习中不断提升。胡敬阳十分重视企业文化的学习和实践，高度重视企业文化对公司的影响，重点推行以下几项工作。

一是作为讲师亲自授课，为管理人员讲解企业文化，包括《管理理念与企业精神》《企业用人八点启示》《提升管理水平，强化岗位责任》，等等。

二是每季度进行企业文化主题类培训。包括我为责任代言、制度建设、降本增效、企业文化研讨、辩论赛、建华诊所、企业文化考试，等等；并持续提升员工对公司的归属感和荣誉感，做好员工的维稳工作。

三是每月开展民主生活会或员工座谈会，体现总经理对各级员工的关心。在座谈会中，了解员工的需求与困难并快速做出整改，体现领导的关怀，促进公司管理的完善。

四是评选优秀文化践行使者，树立文化学习榜样。在企业文化的学习中，对各部门优秀的企业文化践行者进行表彰，促进企业文化的宣传。

企业文化是一种竞争文化，在这种竞争中，企业的信誉、形象、品牌和知名度已经成为企业不可估量的无形资产，在市场竞争中占据着十分显著的地位，企业文化建设是企业发展强大的内在驱动力量，优秀的企业文化对企业发挥着重要作用。所以，在企业文化建设中，设定合理有效的企业目标，满足既符合企业的利益，又符合绝大多数员工个人的利益要求，是集体与个人的双赢，从而坚定团队的信心与决心，促进整个团队力量的提升，提高团队凝聚力。

回馈社会，履行责任

兴企为民、回报社会，企业在社会上生存，既要本身创造财富和利润，也要履行社会责任。胡敬阳一直强调诚信经营，诚信发展，公司也连续多年获得"守合同重信用企业"称号。公司通过了质量体系、环境体系、职业健康及安全体系认证，是所在地区的纳税大户，累计创造税收超过 1.2 亿元，提供就业岗位 600 多个，为当地经济发展做出了突出贡献，获得了当地政府授予的"2019 年度支持县域经济发展突出贡献企业""2019 年度纳税突出贡献企业"等荣誉。同时，胡敬阳也积极投身于公益建设当中，主导和参与了资助钦北区贫困人员生活的活动；捐赠并慰问困难职工家属；为新冠肺炎疫情防控捐款等一系列活动，胡敬阳以各种形式回馈社会、造福人民。

通过胡敬阳不断的实践和努力，公司经营业绩在集团排在前列，不仅得到了集团的肯定，也得到了当地政府的认可。在取得优异成绩的前提下，胡敬阳也提出广西区域 2019—2023 年发展规划，为公司的发展明确了目标和方向，也为企业转型发展和二次创业奠定了坚实的基础。

点评：建华建材（广西）有限公司总经理胡敬阳，根据对广西市场的研判，制订了"小公司、大区域"的总体思路，加速生态圈的资源搭建，及时感知市场机会；同时紧抓团队建设不放松，在业务人员结构、能力结构、激励机制方面提出新思路，并加快产能配置布局，全面提升制造能力；他通过一系列管理动作和创新举措，促进企业营收连年增长，公司在经营管理和经营业绩方面都有了质的变化，实现了公司的转型发展。

创新理念,推动企业健康发展

——记包头蒙西水泥有限责任公司党支部书记、总经理 冯立军

冯立军,男,中国共产党党员,工程硕士学位,正高级工程师,1997年毕业于内蒙古科技大学,现任包头蒙西水泥有限责任公司党支部书记、总经理,包头市水泥协会秘书长。毕业后冯立军同志一直从事水泥企业生产、技术管理和企业管理工作,先后在内蒙古蒙西集团公司、内蒙古蒙西水泥股份有限公司、清水河蒙西水泥有限公司、鄂尔多斯双岭蒙西水泥有限公司从事科研技术创新、科研管理、项目筹建和企业管理等工作。2016年到包头蒙西水泥有限责任公司工作,自担任总经理以来,冯立军同志在工作中锐意进取、勇于创新,顺应行业发展形势,不断强化企业内功,完善企业经营管理体制,加强企业创新管理。在他的带领下,公司一举扭亏为盈,逐步走上了企业经营、管理规范化的绿色、健康、环保、可持续发展的道路。

冯立军同志在内蒙古蒙西集团及所属成员企业工作期间曾被内蒙古自治区党委、政府授予深入工农牧业生产一线有突出贡献的科技人员称号;获得了内蒙古自治区科技进步二等奖荣誉;入选内蒙古自治区"新世纪321人才工程"第二层次人选;2019年被中国硅酸盐协会授予"全国水泥粉磨领域杰出贡献人物"称号;先后参与的6项课题通过内蒙古自治区科技成果鉴定;参与的两个项目分别获得了鄂尔多斯市科技进步一、二等奖;先后取得了三项实用新型专利授权;被评为鄂尔多斯市优秀科技工作者;撰写的论文被评为内蒙古自治区优秀自然科学论文。

抓管理、促发展,创新管理理念、增强企业盈利能力

内蒙古蒙西水泥股份有限公司坐落在内蒙古自治区鄂尔多斯高原西部的蒙西高新技术工业园区(国家新材料成果转化及产业化示范基地、第一批国家循环经济试点产业园区)。

蒙西水泥公司自1994年成立以来,始终坚持"高起点、高科技、高产业链、高附加值、高度环境保护"的发展理念,励精图治、锐意进取,从最初年产30万吨水泥的小厂,发展成为目前全国大型水泥企业集团。

蒙西水泥公司先后被评定为内蒙古自治区级高新技术企业50强、环保十佳企业,国家首批火炬计划重点高新技术企业、中国建材百强企业、中国最具影响力水泥企业,是内蒙古最大的水泥生产企业,国家重点支持的大型水泥企业之一,为2013年度内蒙古自治区主席质量奖获奖企业(水泥企业唯一)。

包头蒙西水泥有限责任公司创建于1997年,是蒙西水泥公司的全资子公司。新建厂区位于包头金属深加工园区,占地面积187亩,总投资2.01亿元,年水泥产量200万吨。

2016年,冯立军同志就任包头蒙西总经理,面对内蒙古西部地区水泥产能严重过剩、市场竞争激烈、区域内水泥企业严重亏损等严峻经营局面,内抓管理、外促协同,坚定不移地贯彻"价本利"经营理念,

落实"稳价、保量、降本、增效"经营原则,保证了销售价格的稳定、上涨,奠定了近几年区域内水泥企业共同盈利的基础。对内抓好成本、质量管控,根据市场形势,合理预判价格走向;对外与区域内同行共同定价、限量。多管齐下,2016年公司大幅减亏,2017年开始扭亏为盈,并且实现利润连年增长,企业经济效益在所处区域名列前茅。

提升技术创新水平、提高产品质量,增强核心产品竞争力

冯立军同志是一名技术型管理人员,近年来参与了内蒙古蒙西集团的多项科研项目,通过科研人员的共同努力所有项目都达到了预期效果。完成了国家863计划课题"超重力法制备纳米活性轻质碳酸钙"的转化工作,项目通过了自治区科技成果鉴定,该技术被列入国家级火炬计划项目,获自治区科技进步二等奖、鄂尔多斯市科技进步一等奖;"高性能复合硅酸盐水泥"项目列入国家级火炬计划项目,被科技部认定为国家重点新产品;"高掺煤矸石生产复合硅酸盐525#R水泥"项目被认定为国家级重点新产品;"风积沙替代粘土质原料生产硅酸盐水泥熟料"项目列入国家级和自治区级火炬计划项目,获自治区科技进步三等奖,获得发明专利授权;"特低碱水泥"项目获得发明专利;"未自燃煤矸石替代页岩配料生产水泥熟料"项目获得自治区科技进步三等奖;"高性能绿色环保涂料""超细高白煅烧高岭土"项目被评为国家级火炬计划项目;"二氧化碳全降解塑料"项目被评为国家技术创新项目。

基于多项科研成果的支撑、国家及自治区科研项目的实施产业化,内蒙古蒙西集团公司被认定为国家重点高新技术企业;蒙西工业园区被确定为国家新材料成果转化及产业化基地;由蒙西集团公司主导的内蒙古蒙西高新技术工业园区被国家认定为循环经济产业示范园区;自治区知识产权局将蒙西集团确定为自治区专利工作试点企业;国家人事部批准蒙西公司设立企业博士后科研工作站。

在项目建设方面,先后参与了内蒙古蒙西水泥股份有限公司、阿荣旗蒙西水泥有限公司、鄂尔多斯蒙西建材公司、清水河蒙西水泥公司日产5000吨水泥熟料线、呼和浩特蒙西水泥公司、包头蒙西水泥公司年产200万吨水泥粉磨项目的前期调研及和项目的建设工作,取得了良好的经济效益。参与的内蒙古蒙西集团公司粉煤灰提取氧化铝项目是自治区甚至国家循环经济的示范,此项目蒙西集团拥有完全知识产权。

近年来,水泥行业整体产能过剩,产品同质化严重,企业生存和持续发展举步维艰。面对经营困境,作为包头蒙西水泥公司总经理的冯立军同志没有因循守旧,坐以待毙,而是积极转变观念,坚定走管理创新和技术创新之路,引领企业转型升级。发挥成本低廉、质量稳定和品牌知名的优势,大力向外拓展市场,几年来连续保持区域内32.5等级水泥产品家装市场80%的占有率,所生产的42.5、52.5等级水泥产品成为区域内所有重点工程的首选产品,成为区域内水泥产品价格的领跑者。

坚决贯彻生态优先、绿色发展为导向的高质量发展

冯立军同志始终高度重视绿色发展,坚持清洁生产。始终坚持以可持续发展为己任,将环境利益和环境管理纳入企业经营管理全过程,努力构建和谐发展的新型企业,达到企业经济效益、社会效益、环境保护效益的有机统一。公司先后通过质量管理体系认证、环境管理体系认证、职业健康安全管理体系认证。

2018年，国家环保督察组对内蒙古自治区环保工作进行督查，面对空前严峻的环保治理压力，冯立军同志超前谋划，在公司建厂伊始环保投资4600万的基础上，在粉尘颗粒物排放达标的前提下，投入资金对全厂收尘、装车系统进行了提标改造，各排放指标均优于国家标准；所有物料均实现了封闭储存、输送，全厂消灭露天堆放现象。公司的环保治理工作成效显著，亮点突出，公司厂容厂貌焕然一新，为内蒙古坚决打好蓝天、碧水、净土保卫战，坚决守住生态底线，筑牢我国北方重要生态安全屏障，让绿色成为内蒙古的永恒底色做出了应有贡献，体现了企业的社会责任与担当。

与此同时，他还积极做好资源综合利用，强化节能减排，转变发展方式，按照"减量化、资源化、再利用"的原则，根据包头市创建全国无废试点城市的总体要求最大化的处理工业废弃物，建立了固废在线监测信息系统，对于公司有能力处理的固废从进厂到输送、使用可以不留死角的监控上传数据，使粉煤灰、矿渣、脱硫石膏、钢渣等多种工业固废得到了综合利用，每年处置各种工业固废近20万吨。

加强党建工作和企业文化建设，增强员工凝聚力

坚持党的领导在企业经营管理过程中始终发挥着主导作用，企业文化建设是维护企业稳定、调动员工积极性的有力武器。冯立军同志作为党支部书记大力倡导开展党建文化建设，认真开展"两学一做"学习教育，深入推进习近平新时代中国特色社会主义思想和党的十九大精神学习的常态化、制度化，在公司大力营造浓厚的党建文化氛围，在支部学习中亲自讲党课，以实现中华民族伟大复兴中国梦的强大精神力量感召和鼓舞广大员工，不断增强"四个自信"，牢固树立"四个意识"。

冯立军同志在抓生产的同时，不忘企业文化建设，精心组织，依托党组织、工会组织，密切联系群众，党员积极发挥模范带头作用，以身作则，以实际行动影响广大员工积极作为、创先争优，公司涌现出许多先进集体和优秀个人——化验室被评为内蒙古自治区优秀化验室、一人当选地区政协委员、一人被评为包头市劳动模范。

为了适应新形势的发展，使企业能持久健康发展，他高度重视文化建设，不断优化公司岗位设置、处处体现员工价值，在用人方面始终坚持"能者上、庸者下、平者让"的用人原则，全面推行"绩效考核、多劳多得"的用人机制，大大增强了企业员工的存在感、危机感和竞争意识。同时，为提高员工业余生活质量，公司成立职工之家，投资建设篮球场、乒乓球台等运动健身场地、图书阅览室、网络等，购置了器材、电视机等。重新修缮员工宿舍、食堂和办公楼，更新了食堂用餐设施等。一系列改革，使企业员工的工作和生活环境得到了根本的改善，充分调动了员工的积极性和责任感，促使员工更大限度地将工作热情投入到企业的生产经营中。

勇于担当，承担社会责任

企业的存在感和价值感体现在社会各界对企业的认可，体现在企业对社会责任的承担。冯立军同志抓经营、促发展，企业盈利能力增强，利润增加对社会本身就是一种责任的担当，经济效益提升，多缴税收，体现的是社会效益。他上任仅一年，就带领企业扭亏为盈，开始为地方政府上缴税收，为地方经济发展做出了贡献。

上任后他狠抓安全标准化达标工作，2017年公司通过国家安全标准化三级企业标准验收，在当地水泥企业中起到了模范带头作用。不折不扣地落实国家环保治理政策措施，包头蒙西水泥公司是包头

市同类企业环保投资最大的企业，各项环保动态管控措施是区域行业的楷模。

冯立军同志带领的包头蒙西团队积极承担各种社会和公益义务，积极为"博爱一日捐"捐款；为"蒙西汇众慈善基金"捐款；为重病致困的员工、家属及同行其他企业员工捐款献爱心；多年来一直支持公司所在地的乡镇、村的基础设施和文化建设，每年都抽出一定资金进行赞助，鼓励所在村镇的各项发展建设；每年对于公司员工的子女升学、婚丧嫁娶都表示奖励和慰问；多年来一直承担公司周边部分居民区生活用水的供水义务。冯立军同志每次都带头献爱心，带动全体党员干部员工积极捐献善款，充分体现了"一方有难，八方支援"扶危济困精神和企业负责人的高尚品德。

冯立军同志勇于担当，任职以来，与全体员工团结一心，冲在前面，脚踏实地，把处于困境的包头蒙西水泥有限公司引上了良性发展的轨道；他担任包头市水泥行业协会秘书长以来，积极组织行业协同自律，共同发展，为行业的发展做出了贡献。他将继续以开拓创新、勇于担当和脚踏实地的精神努力奋斗，取得良好业绩来回报社会、回报股东。

点评： 包头蒙西水泥有限责任公司党支部书记、总经理冯立军同志在工作中锐意进取、勇于创新，顺应行业发展形势，不断强化企业内功，完善企业经营管理体制，加强企业创新管理。在他的带领下，公司一举扭亏为盈，逐步走上了企业经营、管理规范化的绿色、健康、环保、可持续发展的道路，为内蒙古自治区社会经济的发展和企业的兴旺做出了突出的贡献！

勇于担当甘奉献，实干谱写新华章

——记广灵金隅水泥有限公司副总经理 郭振全

郭振全，男，汉族，生于1966年7月，中国共产党党员，本科学历，工程师，现任广灵金隅水泥有限公司副总经理。自担任广灵金隅水泥有限公司副总经理以来，他紧密团结企业领导班子，充分依靠广大干部职工，在金隅"想干事、会干事、干成事、不出事、好共事"的干事文化引领下，坚持公司"销售做足、供应做底、生产做优、增量做满、做合法合规企业"的五做经营理念和"尽心尽力、尽职尽责、尽善尽美"的三尽工作原则，立足创办"精品企业"发展定位，积极探索水泥企业发展的新路子，不断运用现代企业运营方式，通过向创新和管理要效益，快速实现了广灵金隅的精细化管理，使企业实力不断增强，始终保持蓬勃发展的势头。

2019年10月，广灵金隅荣获2019年度"山西省优秀企业"称号，是山西省建材行业唯一一家获此殊荣的企业。由于郭振全同志领导能力强，工作成绩突出，曾先后荣获省、市"五一"劳动模范奖章、建材行业先进工作者荣誉称号，2015年荣获"全国水泥企业优秀总工程师"称号，2016年获评北京金隅集团"十佳科技"人员等荣誉称号。

石以砥焉，化钝为利

广灵金隅前身为一家新建民营水泥企业，在还没有试车投产的情况下，于2012年11月被北京金隅集团收购，同月，郭振全从河北赞皇金隅来到了山西广灵金隅，一头扎进生产现场，迎接他的是刺骨的寒风和漫天的扬尘。在对生产线情况全面摸排后，公司领导班子制订了要在当月完成试车及点火的任务目标，面对薄弱的生产基础，短缺的生产工人和恶劣的天气环境，说实话，主管生产的郭振全压力倍增。但在艰巨的任务面前，他凭借自己对水泥事业的执着与热爱，带领生产线上的干部职工埋头苦干，2019年11月25日，他亲手点燃了广灵金隅回转窑的第一把火，11月30日，颗颗被煅烧得红亮的熟料从回转窑中滚落出来，熟料出厂了，带走了他满脸的疲惫，换来的是他欣慰的笑容。而完成这一切，郭振全和他的团队只用了23天。

2015年，水泥行业因产能过剩，市场竞争激烈，广灵金隅也毫无意外受到了大环境的影响。面对着越堆越高的熟料外堆场，每个人的心里都是沉重的，而身为生产副总的郭振全则开始在生产系统积极策划，召开生产系统控本降耗专题会，通过鼓励干部职工小改小革和制订严格的控本降耗生产制度，当年实现了将每吨熟料成本成功的控制在了100元以内，达到了先进水泥企业的成本水平。他注重生产过程中的每处细节，深挖节能、降耗潜能，比如在预热器的密闭堵漏上狠下功夫，清烟室结皮的小门在每次清理完后都要用泥再糊好，哪怕是一个小时后再清理，但这一个小时内密闭堵漏工作也必须做扎实。正是源于他牢牢地抓住了这一小细节，使得台时煤耗及脱硝氨水的使用量大幅减少，对降低吨熟料成本起到了至关重要的作用。

君子务本，本立道生

2017年，广灵金隅借金隅冀东重组的大好时机，认真研判形势，按照"干事创业、全面提标"的经营理念，展现出了较好的发展态势，但郭振全并没有因为公司经营销售态势良好而满足，他说："不断优化生产工艺，加强生产管理，是我作为一个老水泥从业者的本，这个本不能丢！"于是他积极引导干部职工把"控本增效"的思想统一到促进企业的发展和完成工作目标上来，并结合企业实际，反复论证，制订切实可靠的技改措施，保证了企业各项生产任务目标的圆满和超额完成。

第一，是对生产线进行提产增效技改，生料粉磨系统经过不断的技术改造，从最初台时160t/h提高至现在的250t/h以上，生料电耗由最初23度降至现在的17.5度。广灵金隅回转窑设计能力3200吨，通过近几年不断的技术改造，由3600吨提高至4100吨以上，标煤耗由124 kg降到110 kg，熟料电耗由34度降到32度。水泥粉磨系统通过技改和陶瓷研磨体、新型衬板的应用，台时由最初的92.84t/h提高到现在的155.5t/h，水泥粉磨电耗由2013年的3.92kW•h/t降低到现在的30.06kW•h/t。第二，是新产品和新技术的应用，包括实时监控窑内煅烧温度高温数字看火电视，确保窑系统工况稳定；自动DCS中控操作系统，该系统通过对水泥生产装置连续的调节控制，获得多方面的经济效益，包括增加熟料产量、稳定质量、降低单位能耗、延长设备运行周期等；能源管控系统，通过对全厂的22千瓦以上的电机进行实时监控，找到能源精细管理的突破口，实现能源高效利用；回转窑气悬浮一次风机的应用，具有环保、节能、噪声低、维护量少、运行稳定优点，一台风机每年能够节约电费16500元。第三，加强产品质量控制，通过石灰石、生料在线自动配料系统的稳定运行，熟料合格率明显提高，熟料3天强度和28天强度稳定，基本很少受到物料波动而波动，年均熟料3天抗压强度30.1MPa、28天抗压强度56.3MPa。

远近兼顾，百世之利

"抓生产、促发展、管长远"是水泥建材行业面临的现实要求。摆在郭振全面前的不是水泥企业要高速发展还是要环境保护的单选题，而是给出两个标准答案的必选题。他深深明白现代"企业高质量发展"已不再局限于生产产品和创造利润，更重要的是勇于承担社会责任，为后世子孙留下绿水青山。

广灵金隅2016年投资3748万元，由郭振全牵头，新建了30000吨/年水泥窑协同处置危废工程项目，在他的积极运作下，该项目仅用了六个半月的时间就实现了当年批复、当年设计、当年开工、当年取证、当年投产，成为山西省第一家取得该经营许可证的水泥企业。截至2019年共处置危废20大类5.5万吨。投产近三年来，先后处理了大同市、大同县周士庄镇、广灵县环保局、阳高县环保局、大同市平城区安监局及忻州市繁峙县大营镇等危废应急物资，极大地解决了当地及周边地区危险废物不能处置的问题。

2017年，他开始以创建"美丽工厂""绿色工厂"、国家级"绿色矿山"建设为目标，通过制订企业绿化规划、完成矿山综合治理等举措，实现企业环境建设工作不断提档升级；通过这一系列举措，公司通过国家高新技术企业认证，被评为"省级企业技术中心"，通过国家经信委"两化融合"企业评定，获得全国首批"绿色工厂"，顺利创建企业"安全标准化一级"，产品被认定为山西省名牌产品。自此公司成功转型，踏上了可持续发展道路，蜕变为城市的净化器，政府的好帮手。

坤厚载物，健行不息

郭振全身为主管生产的副总经理，经常深入一线倾听职工心声，拉近与职工群众的距离，帮助职工解决实际困难，每当职工遇到难题，他都竭尽所能帮忙解决。员工生病，他亲自带去温暖，安抚病痛。员工家里遇到困难，他带头献爱心，并且做好后续的跟踪，时刻关注着困难员工的近况，及时给予帮助。每月开展职工"金点子"活动，认真听取职工的合理化建议，对职工提出的有效建议根据创效额给予一定奖励。鼓励和引导每一位干部职工积极参与企业改革发展，极大地激发了大家投身企业发展的热情，截至目前共收集干部职工经济技术创新"金点子"700余条，为公司创造效益1000多万元。

多年来，面对市场和企业发展环境的不断变化，新的挑战和压力不断出现，他深知唯有不断提高实际工作能力，才能适应新形势、新任务的要求，实现企业的高质量发展。作为企业的领导干部，切实履行"一岗双责"的职责，提高自身工作能力，他着重在实践中学习新知识，积累新经验，掌握新本领，他坚持学习党的十九大、四中全会精神，以及水泥企业管理知识、水泥生产技术，法律法规等。

他主持制订完善生产规章制度，提升内部生产管理机制。从制度设计、监督执行、考核落实、定期评价更新四个方面下手，不断加强生产制度建设，优化生产管理流程，促进生产管理科学化、制度化、规范化；大力培育特色企业文化，郭振全明白，广灵金隅在"外树形象、苦练内功"的发展过程中，离不开企业文化的强力助推，所以，他提出了要让企业文化内化于心、外化于形、形化于行的长远发展理念，让企业文化引领员工凝心聚力，不断推进企业的创新发展；员工是企业发展的财富，他利用每周组织生产例会后的时间，通过自学与培训的方式，营造一种学习沟通与交流的氛围，进行生产、技术、管理多方面的培训，同时选派部分优秀员工到兄弟单位学习考察，培养出一批合格的生产技术人才。

7年来，郭振全用汗水和技术谱写了一曲奉献之歌，也用辛勤和奋斗诠释了人生的价值，在广灵金隅发展的轨迹上留下了一串串闪光的足迹。回顾7年的工作，他深感与组织和群众的期望还有很大的差距。面对未来水泥建材行业更高的发展要求，他正不断思索、不断求新和不断开拓，他把全部精力都投入到他所钟爱的事业上，并将继续为这个企业默默耕耘、奉献，谱写出广灵金隅新的华章。

点评： 面对今天花团锦簇、绿草如茵、厂房洁净、生产有序的广灵金隅水泥有限公司，谁能想到7年前是一片杂草丛生、百废待兴的半拉子水泥工程。公司副总经理郭振全和他的团队，顶着凛冽的寒风，迎着漫天飞舞的沙尘，开始了创业之路，用辛勤和奋斗诠释了人生的价值，在广灵金隅发展的轨迹上留下了一串串闪光的足迹，他用勇于担当、甘于奉献的精神，谱写了一曲"广灵"的赞歌。

一把瓦刀闯天下

——记河南伟宸建设集团有限公司党总支书记、董事长 何金波

何金波，河南伟宸建设集团党总支书记、董事长。1994年，23岁的何金波带领一帮好兄弟背井离乡从四川老家来到豫西灵宝，凭着一个挎包、一把瓦刀踏入了竞争激烈的建筑市场，一转眼走过了20多个年头，昔日那个少不更事的农民工小伙如今已是豫西建筑市场的风云人物，让"伟宸"二字叫响崤函大地。

何金波，四川省阆中市人，现任河南伟宸建设集团党总支书记、董事长。回想起自1999年创业以来，在建筑市场摸爬滚打的20个年头，何金波的内心同样是百感交集。

走出茫茫大山

四川省北部的阆中市因勇猛果敢的张飞而闻名遐迩，"桃园三结义""喝断当阳桥"等传奇故事更是家喻户晓。20世纪70年代初，何金波出生于群山环抱的阆中市裕华镇永乐村一个农民家庭，父母给他取名叫"金波"，寓意"是金子迟早都会发光的"。

20世纪90年代的阆中农村比较贫困，何金波10岁失去母亲，只能与父亲和妹妹相依为命，父亲既当爹又当娘，没有母亲的家庭，日子过得相当艰难。记得有一次学校组织春游，父亲给他拿了一元钱让他在路上花，何金波看着手上这张皱皱巴巴的一元钱，心都在颤抖。老家到县城20多里路，年幼的金波一分钱也不舍得花，渴了就喝点小河沟里的水。回去把这一元钱交到父亲手中时，一向坚强的父亲流泪了，抱紧了金波说："好孩子，苦了你们了！我这辈子就是累死也要把你们兄妹俩拉扯大。"听到父亲这样说，他的心在滴血。

四川省位于丘陵地带，种地非常不方便，家里为了让何金波能继续上学，不得不让12岁的妹妹辍学在家干农活，他看在眼里，疼在心里。从那以后，他白天上学，晚上就到工地上去打工，挣点钱用来缴学费和生活费。16岁初中毕业后，他顺利地考入了高中，虽然当时功课门门优秀，但看到父亲和妹妹没日没夜地干活儿，他的心里难受极了！他决定辍学出去打工，要通过自己的努力，帮父亲挑起家庭重担。那年何金波才17岁，就到县城的建筑工地上打工，瘦弱的肩膀和10个手指不知磨破了多少层皮，皮磨破了，就用胶布缠住手指头继续干活；有一次连续加班三天两夜，最后累昏在工地上，直到第二天才醒过来，一天多时间啊！醒来后医生问他：你没有病怎么会昏倒。他没有回答，可是谁知道他是三天两夜没有睡觉啊！像这样的事情还有很多，这就是当时的何金波。

改革开放的春风吹拂神州大地，1994年，22岁的何金波开始自己创业，从家乡组织几个年轻人，几经辗转来到豫西灵宝市。他说当时最朴实的想法，就是打工挣点钱回家盖几间好房子和买辆摩托车，这就是当时的奋斗目标。蜀道之难造就了四川人吃苦耐劳、顽强拼搏、不屈不挠的秉性，何金波每天

和几个老乡奔波在建筑市场上，一个挎包、一把瓦刀开始创业，一路风尘，摸爬滚打，以诚信为本，以质量为命，用勤劳的汗水建起一座座高楼大厦。

天有不测风云。就在何金波和伙伴们满怀信心大干一场的时候，意想不到的事情发生了。1996年底，在三门峡开发区承建一处工程时，承包工程的建筑公司因为种种原因，在未支付任何工资的情况下，突然无影无踪。作为包工负责人，人家跑了，何金波不能跑，无奈之下，东挪西借凑足7万元，给工人发了工资。当时的7万元，对20出头的何金波来说简直就是天文数字，可能这一生都被这7万元债务给困住。这给了何金波迎头一击！他含着泪水离开了三门峡。

在哪里跌倒，就从哪里爬起。回四川老家短暂休整后，何金波不甘心又回到灵宝，组建起一支建筑队伍，脚踏实地，重新做起，先后承建了保险公司家属楼、环卫家属楼等数十栋工程，在激烈的竞争中逐渐站稳了脚跟。1999年寒冷的冬天给何金波留下了最为深刻的记忆，命运又戏剧性地和他开了一个大玩笑，正在承建的粮油加工厂住宅楼项目，一夜之间承包工程的老板卷走了工人们的血汗钱不知去向，留下一个半拉子工程和几十万元欠款。这一次的打击比上次更大、更猛烈。当时已经到了年关，工人们等着拿钱回家过年，何金波没有退路可走，于是回到老家变卖了所有家产，借遍了所有亲戚、朋友的钱，最后连最心爱的摩托车也卖了，才筹借到30多万元为工人发了工资。当工人拿到钱后，个个泪流满面，抱着何金波感激的话不知从何说起。当时的何金波，那种心情既悲伤，又感动，工人们拿了钱能够高高兴兴回家过年，却不知道他已经穷得一贫如洗！最后，一家人用仅剩的200元过了一个穷困潦倒的春节。

正是这两次沉重的打击"逼"着他走上了艰难的创业之路。于是，他下定决心，要成立自己的建筑公司，只有这样，工人们的工资才能得到保障。为提升管理能力和素质，何金波报考了平顶山工学院工程管理专业函授进修，并考取了工程管理项目经理资格证，这为今后的大发展奠定了基础。

一把瓦刀精神

都说农业难、农村苦，其实四处奔波的农民工才最苦最难。那是1997年的夏天，何金波承包的一个工程需要赶进度，他和妻子两人都在工地，没有时间带小孩。到了晚上一身疲惫地推开家门，发现孩子不见了。当时儿子才3岁多，一家人急疯了，顾不上吃饭和工友们四处寻找，晚上11：00找到孩子时，看到孩子脸上脏兮兮的，靠在街上一棵大树下面睡着了。何金波抱起孩子，泪眼蒙眬，愧疚不已，他觉得上对不起父母，中对不起家人，下对不起孩子。那时条件差，没有工棚，一家人住在地下室，床就是用砖块垫起来的竹架板。遇到晚上突降暴雨，"床子"时常漂在水面。农民工的生活有多辛苦，何金波体会最深刻！

人生路上，谁不是一边流泪，一边用阳光的心态在世间行走？谁不是把阴雨的事埋在心里，用快乐的笑脸面对他人？每天何金波和农民工兄弟在一起和谐相处，像个大家庭一样工作、生活，用一个共同的梦想将大家凝聚在一起，共同创业，共同发展。

他带领的这支队伍大多由农民工组成，来自天南地北，语言不同，性格不同，文化不同，管理难度大。如何为他们营造平安和谐的生活？何金波也是农民工出身，理解他们的不易，更愿设身处地为公司的长久发展和公司全体员工的幸福奉献自己。

为了牢固树立品牌，何金波于2000年组建了三门峡恒业建筑有限公司。为提升管理能力和业务素质，他通过三年夜以继日地自学顺利完成了本科学历考试；后又组建了灵宝市金地房地产置业有限责任公司，进军房地产开发，物业管理行业。2018年，公司升级重组为河南伟宸建设集团有限公司，具有房屋建筑工程总承包二级资质，员工1200余人。

在伟宸集团发展过程中，何金波深深地体会到，只有经过艰苦日子的磨砺，才知道"感恩"两个字的分量有多重！过去，农忙时经常因工人少影响工期，企业生产得不到保障。正当他困惑时，市非公党工委伸出了温暖之手。在各级非公党工委的组织下，何金波参观了非公党建工作开展好的企业。看到个别的个体户正是由于抓好了党建工作，才一步步发展壮大，取得了显著成效。正迷茫的何金波，看到了指路明灯。

抱着试试看的心态，他决定申请在企业成立党组织，推进党建工作。不料，班子成员都不同意他的想法，大家说做党建既花钱又费时费力，都说搞企业还是要来点实的，挣点钱才是真的。经过一番耐心劝说，先后分三批带领班子成员、项目部经理和机关人员到各地非公党建先进企业参观学习，边参观边讨论，人人交流学习体会，终于统一了思想，凝聚了共识。2012年6月，伟宸公司党支部经上级党委批准建立。最初仅有6名党员，经过不断学习和各级党组织的关怀，党员队伍迅速壮大。2018年7月，党员人数增加到69名，公司党支部升级为党总支，下设5个党支部，2个党小组。

在党建融合中，何金波带领一班人用热血和汗水凝聚成"一把瓦刀精神"，将司空见惯的一把瓦刀赋予新的内涵和可贵精神，它涵盖了艰苦朴素、不怕挫折、勇于担当、乐于奉献、诚实守信、质量是命六个方面。靠着"一把瓦刀精神"作基石，伟宸人诚实守信，精益求精，一步一个脚印，在激烈的建筑市场中站稳了脚跟，在不断成长的道路上放射出耀眼的光芒。工期闲的时候，公司把优秀的农民工留下来，与他们签协议、交社保，让农民工在党建学校学技术、学文化，使他们成了企业的主人，没有了后顾之忧，工作起来更加卖力。在党建的引领下，全体同志积极要求进步、自觉担当奉献，涌现出了一大批先进典型人物，其中79岁的共产党员刘可风受到了省级表彰，爱岗敬业模范姜航行被树立为先进典型，爱老孝亲模范王海峰"背母上班"的故事更是在灵宝金城成为一段佳话。

锻造铁军队伍

2019年5月，作为河南省非公企业代表，何金波参加了由中央组织部会同中央统战部、全国工商联联合举办，黑龙江省委组织部、中国石油天然气集团有限公司、铁人学院承办的为期六天的全国民营企业党组织书记培训示范班。

在铁人学院的每一天，他都被铁人精神深深震撼着。想起了创业之初，工地上没有塔吊，只能沿着斜坡把砂浆一包包运到龙门吊上，然后进行浇筑，在施工的关键时刻，何金波待在龙门吊上3天2夜没有合眼，渴了喝点水，饥了啃点干粮。如今再次重温铁人为国分忧、艰苦奋斗、忘我拼搏的精神，仍然有着不朽的价值和永恒的生命力，永远激励着他不断进取。

学习归来后，何金波立即将培训精神传达到每个员工，并将学习大庆精神、铁人精神活动与非公党建工作紧密结合起来，与"不忘初心，牢记使命"主题教育活动结合起来，在伟宸集团掀起轰轰烈烈的"学习铁人精神，锻造铁军队伍"学习热潮。

在学习大庆精神铁人精神活动中，他带领着伟宸人积极创新思路，把大庆精神铁人精神紧密融合到工作中去，创新了伟宸集团"六清四会"党支部工作法，举行知识测试和"大庆精神伴我行，我为伟宸添光彩"演讲比赛，编纂了《沿着铁人的足迹》一书，使大庆精神、铁人精神深入人心，凝聚力量，促进企业大发展。

伟宸集团充分发挥基层党组织作用，设立了党员先锋岗、党员示范岗、党员模范岗，开展了"打造优质先锋工程"等一系列活动。各党小组结合实际，不断创新党建新做法，激发了全员主动管理、争当主人翁的热情，党员队伍在工作中积极发挥榜样带动作用，使党的先进思想在一线工地遍地开花。2017年，伟宸集团党总支被灵宝市委组织部命名为"非公党建示范点"；2018年，又被命名表彰为"三门峡市党建工作市级示范点"；连年荣获三门峡市、灵宝市"先进基层党组织"光荣称号。

伟宸集团把党小组建立在项目部上，靠党建凝聚了人心，靠党建提升了质量，靠党建赢得了市场。非公党建工作围绕企业特色和亮点，不断探索创新，采取多种方式，大刀阔斧向前推进，以"星火燎原"之势迅速发展壮大，出现了"楼房建多高，党旗飘多高"的伟宸党建新现象，"党员亮身份，工作亮承诺"，发挥出党的基层堡垒的无穷力量和企业管理的崭新生机。

回望来时路，逐梦新征程。经过艰苦创业、市场历练、多方整合，如今河南伟宸已发展成为一家综合性现代化民营企业集团。伟宸人牢记党的教导，知党恩、听党话、跟党走，一把瓦刀铸党魂，党建引领促发展。"为了员工的幸福和企业的未来，我将奉献我的余生"，这是何金波对公司、对员工、对社会的郑重承诺！全体伟宸人在党建的引领下，奋发拼搏、积极进取，勇做行业排头兵，勇立非公党建新潮头。

点评： 河南伟宸建设集团有限公司党总支书记、董事长何金波的创业之路读来让人泪眼婆娑。他吃苦耐劳、顽强拼搏、不屈不挠、本分诚实的秉性，是他成功的主要原因。当年他一个挎包、一把瓦刀开始创业，一路风尘，摸爬滚打，吃尽人间甘苦；他以诚信为本，以质量为命，用勤劳的汗水，建起一座座高楼大厦，也为自己用阳光的心态在世间行走奠定了基石。如今，何金波和他的伟宸公司在激烈的建筑市场中站稳了脚跟，在不断成长的道路上放射出耀眼的光芒！

筑梦碧水蓝天的建材人

——记湖南润天实业有限公司董事长 谭春桥

谭春桥在三十而立之年，从湖南邵阳来到永州收购了一家机立窑企业，被当时"晴天光灰世界，雨天水泥马路"的脏乱不堪的环境深深地触动，他立志做一名碧水蓝天的筑梦人。经过近十年的艰苦创业，谭春桥所创办的湖南润天实业有限公司（以下简称润天公司）（从一家机立窑水泥企业改造成为粉磨站的单一产业，经过装备技术和产业升级改造，已发展成为集水泥、预拌混凝土、矿山开采、砂石骨料、参合料、碳酸钙、干粉砂浆、物流运输等于一体的建材全产业链企业，成为湖南省机立窑水泥企业实现产业转型升级的样板企业。）谭春桥被誉为"建材湘军"的青年明星企业家。

致力于企业管理创新

谭春桥带领团队结合实际，科学建立组织架构，创立了润天公司扁平化管理机制，以适应充满激烈竞争的市场环境。例如，在企业内部产业链上，企业既实行单元产业独立核算机制，又导入市场竞争机制，实现集团化对标管理，奖优罚劣，使效率优先成为企业管理的不二法则，也成了企业实现快速发展的坚实根基。

致力于创新企业文化

谭春桥清醒地认识到，要在复杂而多变的市场中赢得竞争优势，创新企业文化是根本保证。于是以诚信经营为核心内容的企业文化建设，在润天公司如火如荼地深入开展起来，如今"科学决策、精细管理、诚信经营、共建共享、服务社会"已经成为润天公司企业文化的核心内质。

致力于培育新时代企业家精神

谭春桥积极响应时代对企业家的呼唤，结合自身实践，创新企业家经营和发展思维，致力于自身建设，形成了企业利益与社会责任、企业发展与员工事业成长、企业效益增长与员工收入增长、企业社会效益和驻地社会经济发展等为命运共同体的企业家特质，受到了当地社会各界赞誉，成为湖南建材行业知名青年企业家。他将企业党建融入企业经营管理，实现同频共振，成为推动企业高质量发展的动力源泉。

致力于打造润天人才团队

谭春桥高度重视润天公司人才团队的培育，从人才培养、引进到使用，推动润天实业"人才培育战略"，经过近十年的发展，企业员工从45人扩大到495余人，其中各类专业人才占比由12.5%增长至当前50.65%，公司研发人员由2人发展到30人，这为润天公司的发展奠定了坚实的人才和技术基础。

致力于企业科技创新

2015年年底，公司研发生产的超微细尾矿粉，全面代替粉煤灰，广泛应用于混凝土搅拌站，收到良好的经济、社会和环保效益。2018年年初，承担湖南省科技厅高活性碳酸钙专项研发，产品广泛应用于建材、医药、生物等科技领域。2018年9月，建成投产的年产500万吨砂石骨料生产线，是湖南省第一家将DCS技术使用到砂石加工线，实现生产工艺全流程中央自动化控制，成为湖南省样板绿色矿山企业。当前，公司全产业链正在向高端化、绿色化、智能化、融合化转型集结，实现高质量发展。

致力于企业绿色环保发展

润天公司始终严格按照国家相关法律法规和产业政策，坚持科学发展和绿色发展，走向高质量发展之路。近4年来，公司每年投入上千万资金，先后实施了各子公司节能减排、装备技术和工艺改造，工厂环保治理和安全生产整治，工厂绿化美化和矿山复绿整治等一系列技改，开创了湖南省中小型建材企业清洁化生产先河。例如，公司旗下的润天建材年产500万吨砂石骨料生产线和矿山，矿山严格按照国家标准组织开采，边开采边复垦复绿。对砂石生产线实行全封闭，全线实现负压无尘生产，矿区内实行生产和生活分区规划和建设，成为湖南省非煤矿山的典范。公司旗下的润天水泥粉磨站，实行了封闭式环保改造，根治了跑、冒、漏、滴和脏、乱、差、噪现象，实现了环保清洁化生产。润天商砼实行环保站改造后，站内整齐有序，物流其畅，水归其流，成为当地混凝土企业样板工厂。

致力于先进企业文化建设

为了润天公司的长期发展，谭春桥立意为先，长期坚持实施企业文化发展战略，提升企业软实力。自2015年开展企业文化长廊建设以来，公司上下高度重视，先后对总部及各分公司全体员工进行了企业精神和企业文化认同培训，用企业精神、愿景使命和价值观凝聚全体员工思想，统一员工实现愿景使命的行动，形成了公司"科学决策、精细管理、诚信经营、共建共享、服务社会"的共同价值观。公司投资1000余万元建设新办公楼和改造职工宿舍和食堂；为全体员工缴纳了五险，让员工分享了公司发展成果；在提高了员工吃住质量的同时，每年开展一系列喜闻乐见和健康有益的文化体育活动等，建立起全体员工为之团结奋斗的精神家园。2020年，公司启动"管理年"元年，大力进行企业绩效管理、制度执行力、工作流程规范、润天企业文化的宣传贯彻，进一步提升润天公司的凝聚力和软实力。

热心社会公益事业

企业发展离不开各级政府和社会各界的支持，谭春桥长期关注民生，回报社会。公司自成立以来，累计解决待就业500余人，依法照章交纳国家税费，2019年度，润天公司实现工业生产总值3.41亿元，全年上交国家税收2254万元。

积极支持和帮扶济困

2018年，谭春桥帮助邵阳县五峰铺镇道路修缮及捐助路灯几百余盏，价值20余万元。
2019年，当地流行登革热期间，润天公司投资87万元购买大型雾炮车，每天在全市内喷洒药水。
2019年，谭春桥为祁阳县教育基金会募捐30万元，被评为祁阳县2017—2019年十佳重教模范。
2019年，润天公司支持公司驻地乡镇970万元修建了公路共7.3千米，支持当地精准扶贫工程。
近几年来，润天公司在教育、体育建设、走访困难群众方面投入60余万元。
2020年1月31日，为全力支援祁阳县新冠肺炎疫情防控，润天公司共捐助防疫资金100万元。
谭春桥和公司的善举受到了当地党委政府和社会各界的广泛赞誉。

点评：湖南润天实业有限公司董事长谭春桥同志经过近十年的艰苦创业，把一家机立窑水泥企业改造成为集水泥、预拌混凝土、矿山开采、砂石骨料、参合料、碳酸钙、干粉砂浆、物流运输等于一体的建材全产业链企业，成为湖南省实现产业转型升级的样板企业。他有创新企业家的经营和发展思维；他既关注企业利益也有社会责任，成为湖南建材行业知名的青年企业家。在他的引领下，公司正在向高端化、绿色化、智能化、融合化转型，实现高质量发展。

科技引领,创新致远,开创企业高质量发展新局面

——记武汉港迪智能技术有限公司董事长 向爱国

向爱国,男,汉族,1964年4月13日出生,湖北鄂州人,1986年毕业于武汉理工大学港口船舶电气自动化专业,工商管理EMBA硕士,高级工程师,现任武汉港迪公司集团有限公司董事长、总裁,武汉港迪公司有限公司董事长、总经理,武汉港迪公司传动技术有限公司董事长,武汉港迪软件信息技术有限公司董事长,武汉港迪智能技术有限公司董事长。

港迪公司总部和生产基地位于中国光谷,拥有占地80亩的现代化花园式产业基地,环境优美、功能齐全,拥有先进的研发中心、开放实验室、生产设备、产品检测仪器、标准的生产厂房。公司业务涵盖电气控制系统、高低压配电、驱动与自动化产品、智能系统、软件工程、机电工程总承包六大业务板块,相关产品广泛应用于建材、港口、造船、铁路、盾构、建筑、冶金、水利、电力、矿业、环保、石油石化、海洋工程等行业。

港迪公司是全国自主创新优秀企业、湖北省行业综合实力百强企业、湖北省分行业十强企业、湖北省创新型企业试点单位。"港迪"商标,被评为"湖北省著名商标",主导产品被评为"国家重点新产品""湖北省名牌"。港迪公司科研技术实力雄厚,拥有湖北省起重电气装备工程技术研究中心、武汉市高新技术研究开发中心,积极开发具有自主知识产权的核心技术和产品。技术上的不断创新和进步,使港迪公司始终保持着国内领先的技术优势,公司荣获"2019中国建材服务业100强""2019中国水泥行业智能信息化企业10强"荣誉称号。

向爱国在带领企业发展的同时,先后荣获"国家最具创新力企业家""湖北省改革开放三十年杰出人物""武汉市十大杰出创业家""洪山区科技创新领军人才""武汉市五一劳动模范""湖北省五一劳动奖章""武汉黄鹤英才(企业家)""优秀民营企业家"等荣誉,历任武汉市政协委员、洪山区政协委员、洪山区企联副会长、武汉市人大代表,拥有多项发明和实用新型专利,产业创新成果获得武汉市科技成果转化重大贡献奖。

重视科技创新和成果转化

向爱国高度重视科技创新和成果的快速转化,注重港迪公司科技创新、科技人才队伍培养、科研设施的建设工作,带领公司在电气控制系统的科技创新上取得了巨大成效,使港迪公司具备了很强的竞争实力和发展前景。他全面主持了公司各项工作的有效开展,在科技创新方面,立足于采用先进自动化控制技术改造传统起重设备控制、扩大经营业务的基础上,不断组织引进、消化吸收国内外先进技术,在行业信息化建设与系统集成优化设计等应用研发领域中不断创新。

主持多项科技创新项目

向爱国先后主持多项科技创新项目，主要包括不同调速控制系统的应用产品研究开发、谐波抑制与无功补偿设备开发、GD-V起重机电气监控系统开发、CMMS系统开发、远程诊断与测控系统应用研究等。

这些科技创新解决了大型、特种、多品种起重设备不同控制要求条件下新技术、新产品、新工艺应用改造，其中采用全变频控制系统解决了设备节能降耗、可靠稳定运行问题，采用GD-V、CMMS等监控系统提高了设备信息化水平，实现了设备技术运行状态与经济运行状态的有效结合；拥有多项专利，部分技术水平达到了国内领先、国际先进水平。

重视科技人才队伍建设

公司培养了一支非常优秀的科技人才队伍，与此同时在人才培养与引进方面内部建立了完善的人才培训体系；外部与大专院校建立了长期的人才引进机制，加强了与专院校与企业人才培养合作；每年从高校和社会上引进大批高学历、高水平、高素质的技术研发人员和管理人员来扩容研发与管理队伍，充实研发队伍。

重视科研硬件设施建设

在向爱国的领导下，公司科技创新硬件环境得到了极大提升，公司中心实验室是国内同行业中自动化设备最齐全的实验室，旨在进行工程项目中应用技术攻关，解决项目方案阶段工程现场的实际问题，并迅速形成科研成果，这是历年不断投入积累下的科研基础。

在研发产品质检方面，公司每年投入资金进行设备改造和升级，各类测试仪器仪表、综合测试台，入厂检验、出厂调试检验设备一应俱全，以保证产品入厂和出厂质量；另外用于市场开拓、技术设计开发、各类管理用计算机近400套，为各项科技活动的开展提供了便利的工作平台和保障。

重视激励机制建设与科研投入

公司建立了科技成果《创新奖励办法》和《科研项目奖罚管理制度》，奖励在新技术产品研发、工程技术攻关方面有突出贡献的科技人员，最大限度地调动科技人员的积极性和创造性，同时十分重视科技人员的职业培训；科研投入保证了科技成果的商品化、产业化转换，建立了良好的发挥人才潜能的软环境。

企业管理和科技创新卓有成效

向爱国秉承"科技创新、以人为本"的理念，不断完善创新体系和管理制度，提高全员创新意识，打造学习型企业，保障公司产品、技术的持续创新。他根据公司发展战略和产品结构，整合公司资源，加强创新能力建设，建立统一的软件平台。近年来，他带领公司科研团队研发联合储库抓斗天车自动控制系统、成品库智能化天车自动控制系统，取得多项软件著作权，解决了建材行业原料生产全过程自动化控制的技术难点，相关技术达到国内领先水平。

转型升级技术，引领行业新业态

向爱国率领公司技术团队对水泥联合储库生产技术进行智能转型升级，实现了行业原料生产全过程自动化控制。引领行业新业态，率先实现水泥联合储库作业无人化，降低了劳动强度，节约了生产成本，提高了产品质量。

在不断的摸索和总结创新中，港迪公司利用成熟的起重运输设备自动化作业的技术和经验，结合建材行业中大量使用起重运输设备的水泥联合储库和有色冶金行业中的原料矿石储库的工作特性，开发出专门针对该工况下行车的无人化和自动化作业方案，实现在原有需人工操作的抓斗行车的自动化作业，并在多家水泥集团公司和矿业公司应用，为建材行业的转型升级做出了贡献。

着力推动行业绿色发展

向爱国率领公司技术团队，创新和发展智能技术，为水泥行业实现"创新提升，超越引领"的绿色发展战略目标提供了技术支持和解决方案。帮助水泥生产企业创建具有原料无害化、生产洁净化、废物资源化等特点的绿色制造工厂，为行业的低碳绿色发展做出了应有的贡献。

建设具有港迪特色的企业文化

向爱国倾力打造具有港迪特色的企业文化，其核心是"品质与服务"。在品质方面，港迪公司追求技术先进和质量稳定，在服务方面，坚持"一个宗旨、三个承诺"，为客户提供高效、优质服务。港迪公司高度重视企业文化建设，坚持"以科学的理论武装人、以正确的舆论引导人、以高尚的精神塑造人、以突出的典型教育人"。港迪公司不断丰富和发展企业文化内涵，促进员工身心健康，增强员工团队意识，激励员工创新进取。不断发展的港迪文化，提升了企业形象和品牌影响力，凝聚了全体员工的团队意识和奋斗精神，成为推动企业稳步发展的强大动力。

切实履行社会责任

向爱国作为武汉市人大代表，发挥人大代表参与决策、监督协助、桥梁纽带的作用，积极参政议政、建言献策。向爱国支持教育事业，设立"港迪奖学金""实践教学基地"，累计为武汉理工大学的教育建设捐赠200多万元。2019年，向爱国带领港迪公司实现年产值逾10亿元，在企业发展的同时带动相关产业链的发展，为经济社会发展做出了贡献。港迪公司在自身发展的同时也带动了周边地区产业链的发展，每年与武汉五十多家小规模企业签订的合同金额近2000余万元，为这些企业的发展创造了市场。

向爱国在科技创新前沿以及国内外市场的拼搏中积累了丰富的产业创新、管理创新、企业文化创新经验，进一步推动港迪公司勇立潮头、争创一流，不断开创高质量发展新局面。

截至2019年，港迪公司在全国设有17个办事处及海外事业部，产品销售市场覆盖全国各地和海外地区。港迪公司始终坚持"一流管理、一流技术、一流质量、一流服务"的企业宗旨和"品质与服务"的核心文化，在为用户提供优质产品的同时，为用户提供优质的服务。

蓬勃发展的港迪公司，将不断开拓创新，继续朝着"技术现代化、市场多元化、生产精细化、管理科学化"的方向阔步前进，以振兴民族工业为己任，打造国际知名品牌！

点评： 武汉港迪智能技术有限公司是一家自主创新型高科技企业，在董事长向爱国的带领下，秉承"科技创新、以人为本"的理念，不断完善创新体系和管理制度，提高全员创新意识，打造学习型企业，保障公司产品、技术的持续创新科技引领，创新致远，开创企业高质量发展新局面！

实干型企业的带头人

——记辽宁富山水泥有限公司党委书记、总经理 姚润泉

辽宁富山水泥有限公司隶属于吉林亚泰集团建材产业,是辽宁省建材行业水泥、熟料生产销售的骨干企业,公司成立于2007年3月,注册资金2亿元,现有一条日产4000吨新型干法水泥熟料生产线,配有纯低温余热发电机组,安装了SNCR法脱硝装置。年产水泥熟料124万吨,水泥80万吨,并拥有一座储量达到1.6亿吨石灰石矿山。公司坐落于辽宁省中部灯塔市西大窑镇上缸窑村,公司占地面积635亩,现有员工217人,其中大中专毕业生154人,占职工总数的73%,专业技术人员32人,占职工总数的15%。公司先后通过了质量管理体系、职业健康安全管理体系、环境管理体系认证和产品认证,是国家水泥行业准入企业。

真抓实干,智慧经营,促进企业健康发展

2016年7月,姚润泉任辽宁富山水泥有限公司总经理以来,在三年多的时间里,凭借认真实干、诚信经营,带领辽宁富山水泥有限公司从激烈的竞争中走出一条具有品牌特色的发展之路,让"坚霸"水泥远销省内外,让企业职工手中的"饭碗"端得更稳。在抓生产质量和市场销售的同时,作为辽宁富山水泥有限公司的总经理,姚润泉坚持以人为本的管理理念,积极履行社会责任,注重环保投入,践行生产与环境和谐发展的可持续发展理念,为地区经济发展和环境建设做出了自己的贡献。他本人也因此被选为灯塔市工商联副主席、辽阳市第十六届人大代表,并获得辽阳市"五一劳动奖章""非公经济发展功勋企业家"等荣誉称号。

"为人要实诚,做事要实在,产品要真材实料,管理要说到做到。一个'实'字做好了,脚下的路就会越走越宽。"这是他做人的准则,也是做企业的准则,在三年多的时间里他率领全体员工扭亏为盈并实现快速发展。2016年,受建材行业产能严重过剩、整体经济下行的影响,公司亏损1380万元。2017年,他以"内抓企业经营、外创市场营销"为核心,以提高市场占有率为根本,以服务为标准,大力开发市场;以保安全、重环保、提质量、降消耗为重点,深挖企业经营潜力,仅一年便带领企业扭亏为盈,实现利润1161万元。2018年,他带领公司全体员工抢抓市场机遇,狠抓精细管理,实现利润842万元。2019年,他带领全员以"企业制造、市场创造"为主线,不断开拓市场,企业效益再创新高,实现利润4712万元。2020年,他又确定了创利6000万元的奋斗目标,他将亲自抓市场,以成本管理为核心,加强市场创造,智慧经营,实现企业健康发展。

穿透式管理,深挖成本潜力,提升产品核心竞争力

他非常重视技术创新工作,把技术创新工作列为公司的长远目标,组织制订了企业技术创新的发

展规划。2018年企业被授予辽宁省级技术中心荣誉，企业也成立了技术中心，加大对技术创新工作的科研人员、设备和经费投入，提高技术创新人员待遇，把技术中心经费支出纳入财务年度预算且逐年有增，以满足技术开发工作的需要，使企业的技术创新工作得到健康稳定的发展。

一是以先进的技术装备，引领行业技术进步。在技术装备方面，公司生产工艺先进，采用双系列低压损旋风预热器和新型高效分解炉组成的新型干法回转窑系统，配备新型篦冷机，多通道喷煤管，同过燃煤的预均化和生料均化，安装DCS集散型控制系统和余热发电技术，同时引进了生料连续在线分析仪、荧光多元素分析仪等国内先进设备，有效提高设备运转率和产品质量，确保水泥熟料、水泥的稳定生产。在他和工艺技术人员多年的辛勤努力下，富山的吨熟料发电量提高到35kW·h以上、吨熟料标准煤耗控制在104kg以下、吨熟料耐火材料消耗控制在0.35kg以下，吨熟料电耗控制在62kW·h以下都达到水泥行业先进水平。

二是通过自主创新、产学研合作、科技攻关、工艺改造等方式降低成本。高压变频改造项目、余热发电系统的改造、在线分析仪应用、煤矸石配料研发应用、篦冷机矮墙莫来石高强耐磨预制砖研发应用、三次风闸板研发应用、膨胀节的研发应用、窑尾烟室"水炮"形成器研发应用，共降低成本2000万元以上。

三是发展循环经济，加强资源综合利用研究，采用废渣配料生产熟料、水泥。通用优化配料方案，水泥和熟料的废渣掺加比例达到40%以上，年消耗选铁矿污泥、选硅矿污泥、煤矸石、粉煤灰、脱硫石膏等废弃物100万吨以上，年实现退税收入500万元以上，为社会和企业创造了可观的社会效益和经济效益，为本地区的资源在利用工作做出了突出贡献。

加强市场创造，提升市场占有率，企业创利能力得到提升

辽宁富山水泥有限公司以生产、销售水泥熟料业务为主。2016年，区域市场情况非常严峻，冀东、山水、天瑞以及辽阳水泥熟料生产企业众多，市场竞争异常激烈，加上当时行业协同还不完善，作为辽宁水泥协会领军企业，为构建辽宁建材行业协同平台，公司在销量、价格等方面做出了较大牺牲，导致公司当年销量和价格均未完成计划，当年亏损1380万元。2017年，在行业协同力度不断加大的背景下，姚润泉及时调整市场营销重心，通过资金、信誉、合作历程等方面对客户进行科学评价分类，选择资金链良好、规模大、信誉高、合作忠诚度高的重点客户进行深度合作，在保证销量的基础上，全力提升销售价格，通过努力，2017年当年实现利润1161万元，实现了扭亏为盈的目标。2018年，面对竞争仍然激烈的市场下，姚润泉在积极支持和配合行业协同的同时，充分发挥企业营销的主体作用，亲自带领营销人员跑市场、找客户，通过不懈的努力，2018年实现利润842万元。2019年，根据辽宁建材市场格局关系变化和季节特点，姚润泉提出了"保利润、提价格、稳销量"的工作思路，利用冬季错峰停产期间，通过深入调研掌握的市场信息和资料，同时通过多次协同座谈会，积极策划和布局销售价格，通过高价起步、平稳推进、阶梯调整的价格策略，进一步打通了南销渠道，全面完成了年初制订的激活目标，实现利润4712万元。

履行社会责任，打造绿水青山，社会、企业和谐发展

紧跟国家步伐，积极响应政府"蓝天工程"建设要求，成为全市第一家完成脱硝建设的水泥生产

企业。2017年，公司对生产系统收尘装置进行全面升级改造，保证各项污染物排放达到国家规定标准。组织生产车间通过革新改造对装车系统、输送系统污染重点部位进行治理。同时通过原材料堆场苫盖、利用发电系统废水进行喷淋降尘、各类物料运输皮带全封闭、厂区植树绿化等环保项目积极推进，无组织排放得到有效控制，国家各级环保督察及各类专项检查对企业环保管理水平都给予了高度评价。在他的指导下，富山公司4年内投入1200余万元环保资金，完成了环保设备设施的安装和改造，进一步降低了粉尘浓度，各项排放指标均达到了环保要求，建设绿色生态企业，为打造绿水青山贡献力量。

姚润泉认为企业的发展与当地经济建设息息相关，为了更好地解决当地人员的就业问题，企业招聘员工时首选附近农民，并为他们缴纳五险二金，定期健康体检，鼓励他们提升学历和劳动技能，有130名员工提升了学历，此举极大带动了当地农民的学习积极性。他带领企业党员与两个村子结成帮扶对子，帮助村子解决实际困难，他不仅为村里困难户送慰问品，还投入10万元为村里改造健身文化广场，使村民有了自己的休闲健身活动场地，凝聚和引导村民转变观念，提升村民的整体素质，出色完成了精准扶贫任务。

他不断完善企业薪酬分配体系，通过各项指标考核，提高职工工作积极性，同时，增强员工企业荣誉感。充分利用集团公司薪酬分配制度，结合企业生产经营实际，制订各类单项奖励机制，不断提高员工收入，员工收入累计增长20%以上。

姚润泉率领员工在三年多的时间里，使企业从亏损到扭亏为盈，又到快速发展，公司连续获得当地先进企业、优秀纳税企业荣誉，为社会、为企业履行了一名企业家的责任和义务。近几年，辽宁富山水泥有限公司的荣誉墙上奖状越来越多，"辽阳市五一劳动奖状""辽宁省满意产品""辽宁省满意企业""辽阳市脱贫攻坚贡献奖""纳税先进单位""安康杯竞赛优胜单位"等荣誉，既是对企业取得成绩的肯定，又是对他的鞭策。在国家进入新时期，企业开启新征程的时刻，他将一如既往地踏实前行，率领辽宁富山水泥有限公司全体员工，以崭新的精神面貌、超前的思想观念，锐意创新，拼搏进取，朝着企业发展的新目标大步前进。

点评：辽宁富山水泥有限公司党委书记、总经理姚润泉努力践行"实干兴邦"的理念。他坚信为人要实诚，做事要实在，产品要真材实料，管理要说到做到。一个"实"字做好了，脚下的路就会越走越宽。这是他做人的准则，也是做企业的准则，在三年多的时间里，他率领全体员工，脚踏实地，努力奋进，实现了企业的扭亏为盈。公司连续获得当地先进企业、优秀纳税企业荣誉。他默默地为社会、为企业履行着一名企业家的责任、义务和担当。

追逐梦想勇担当，砥砺奋进再起航

——记三门峡腾跃同力水泥有限公司副总经理、工厂总经理 王庆乐

三门峡腾跃同力水泥有限公司（以下简称腾跃同力）前身为义煤集团水泥有限公司，是2012年6月河南同力水泥股份有限公司并购义煤集团水泥有限公司后，新成立的同力股份全资子公司，公司注册成立于1998年12月18日，属国有控股企业。公司建设一条日产5000吨新型干法水泥生产线，可年产水泥熟料150万吨、水泥180万吨。

王庆乐，男，1973年10月出生，中国共产党党员，河南新乡人，历任河南省新乡水泥厂技改指挥部工程师、新乡平原同力水泥生产部部长、新乡平原同力水泥总经理助理、河南平原同力建材副总经理，现任三门峡腾跃同力水泥有限公司工厂总经理。

王庆乐同志自2014年7月任三门峡腾跃同力水泥有限公司工厂总经理以来，通过建立健全生产管理体系、经济责任制考核体系、干部选拔任用制度以及采购、安全环保、设备管理、生产管理、质量管理等各项管理规程，组织技术攻关，降低消耗等措施，实现生产成本每吨降低60余元，各项经济技术指标进入全国先进行列。

经济效益再创新高，职工收入稳步提升

2019年，腾跃同力不断更新发展理念，深化市场稳客户，经济效益再创新高。腾跃同力在王庆乐同志的带领下全年实现净利润1.51亿元，实现了建厂以来的最高盈利水平。全年共生产熟料106万吨；共生产水泥119万吨；共销售水泥119万吨；实现销售收入5.19亿元。腾跃同力连续五年荣获河南投资集团"年度优秀企业奖"。

在效益提高的同时，王庆乐同志努力提高职工的工资收入，2018年人均收入6.45万元，2019年人均收入7.38万元，人均收入较上年增长14.3%，实现了工资增长与劳动生产率提高基本同步，职工工资水平呈现出稳步增长的良好局面。

腾跃同力先后荣获中国建筑材料企业管理协会"2019中国和谐建材企业""2019中国最具成长性建材企业100强"荣誉；腾跃同力岚沟石灰岩矿山成功入选国家绿色矿山目录。

创新管理机制，激发团队活力

2019年以来，腾跃同力贯彻选人用人机制，深化岗位竞争。本着"事业为上、人岗相适、人事相宜"的原则，6月份实施了全体中层干部"带指标"竞聘上岗。通过面试答辩＋民主测评＋经营班子评议相结合的评价方式择优聘任，选拔了一批敢于负责、勇于担当、善于作为、实绩突出的优秀人才

到中层干部岗位上，其中中层正职30人、副职28人。建立了科学规范的后备干部管理体系，选拔培养满足公司长远发展需要的后备人才，其中90后4人，80后14人，储备了一支数量充足、专业配套、结构合理、素质优良的干部队伍。

2019年，腾跃同力在王庆乐同志的带领下，狠抓工作落实，提高工作效率；坚持防风险、促发展、强管控、狠落实，从生产运行、降本增效、环境提升等方面抓起，明确工作目标、落实责任主体、细化工作进度、严格督促落实，确保各项工作扎实开展，落到实处；持续推进"公司＋支部＋部门"三级效能监察模式，对管理过程中的风险点抓早抓小、查漏补缺，下发整改通知书10份，提出整改建议17条，节约资金1016.79万元，通过对公司重点、难点以及敏感点领域内的效能监察，将日常监督工作做实做细。

优化营销管理，创新营销机制

优化提升，调整营销组织架构。王庆乐同志结合市场变化，及时调整营销管理，2019年7月完成了销售系统组织架构的调整，水泥销售设立2大营销区、14个区域市场，骨料销售成立骨料销售部，完善了大区统筹管理、分区细化销售的运营模式，充分发掘了水泥及骨料销售潜力，全年骨料销量253万吨，毛利润9334万元。

创新管理，提升人员能动性。腾跃同力为促进营销人员"党建＋"管理，定期开展营销人员培训，将业务提升与党建工作相结合，将核心价值观、工作作风、廉洁自律等内容与培训相融合，以培训为契机，切实实现政治思想及业务综合素质的提升。制订营销人员考勤管理制度，通过人脸识别、高精度定位等技术手段汇总人员考勤日志，切实提高营销人员的纪律意识，打造一支政治思想素质过硬、作风优良、目标明确、信心坚定、形象良好的营销团队。

统筹谋划，提高盈利能力。腾跃同力积极实施战略营销，提前谋划和落实冬季错峰生产事宜，充分发挥大企业优势和规模效应，提前进行熟料储备和企业间熟料调拨等计划和部署，2019年冬季腾跃同力共储存熟料约12万吨，确保满足市场合理需求。同时，公司在错峰生产改善供需关系的背景下，及时调整水泥销售价格，保证公司利益最大化，2019年水泥平均售价381.94元/吨（不含税），同比升高34.96%，11月P•O 42.5水泥最高售价557.51元/吨（不含税），创建厂以来历史最高水平。

加强生产管控，夯实经营基础

对标管理常抓不懈，不断刷新历史纪录。坚持"对标－分析－改进－提升"的闭环管理，通过月度分析会、周调度会、日碰头会，不断完善对标指标体系。2019年8月王庆乐同志带领全体中层干部紧紧围绕公司生产计划，强化组织管理，狠抓工作落实，科学合理组织生产，创下熟料月产量17.06万吨、吨熟料电耗降至58.8kW•h/t、月发电总量600.35度的优良成绩，刷新了腾跃同力建厂以来历史最好成绩。

强调树牢成本意识，持续加强成本管控。因地制宜深挖潜力、采购价格稳中有降，面对当前运输标载执行愈趋严格，原材料呈现资源短缺和价格上涨的局面，王庆乐同志要求市场部和采购部深入调研市场、深挖物资源头，进行货源和替代原材料采购，利用硫酸渣替代有色金属灰渣，全年降低采购成本127.6万元；转变谈判技巧、疏通供应环节，积极配合确保供应高效畅通，原煤采购价格较2018

年降低 9%，节约采购成本 1349.4 万元。

加强质量过程管控，研究扩宽水泥品种。公司坚持以"质量最佳、成本最优、管理提升"为主线开展质量管理控制工作，完善水泥出库流程，加强抽样对比检验，确保水泥质量稳定。提前准备、精细试验、严格把关，2019 年 9 月在 P·C 32.5R 水泥取消前顺利实现了砌筑水泥 M32.5 的生产及销售，及时填补了市场空缺，满足了市场需要，为巩固水泥销售市场提供坚实的基础。

强化安全环保达标，维护生产经营大局

严抓安全管理，保障生产基础。面对安全工作的新要求，公司完善安全管理专项考核办法并严格落实，以提高安全意识为起点，以安全教育培训、安全生产月活动及安全观摩活动为载体，提升全员安全意识。2019 年 3 月启动双重预防建设工作，建立风险分级管控制度，运用 LEC 法（半定量安全评价法），对公司作业环境进行了风险分级并以红橙黄蓝四色在生产区醒目位置展示，2019 年 10 月矿山及厂区均顺利通过双重预防验收。

着重环保治理，深化环保达标。2019 年是环保管控最严格的一年，面对日益严峻的环保形势及日益增强的环保压力，公司不断加强环保内部管控，修订完善了《环保管理专项考核办法》《环保数据管控措施》，下发内部环保处罚通知单 26 份，罚款合计 36700 元。加大环保专项治理力度，完成了封闭式料场，实现了皮带廊、水泥熟料装车全封闭，加装高压喷雾抑尘系统，喷淋覆盖面积达 4.3 万平方米，杜绝了无组织排放现象，有效地强化了环保达标工作，降低了环保风险。

精心部署矿山开采，全面打造绿色矿山

坚持"绿水青山就是金山银山"科学发展理念，在绿色矿山创建方面进行了一系列有益探索，深化矿山环境恢复治理与开采并行前进，创建了"企业管理规范化、安全管理科学化、资源利用集约化、技术创新经常化、节能减排体系化、开采方式绿色化、土地复垦生态化"的"七化"建设标准，先后投入 1000 余万元用于矿山恢复治理、绿化施工建设，种植各类乔木 5000 余棵、灌木 12000 余株，绿化面积达 5 万余平方米，形成了"规划、布局、实施、督办"的绿色矿山创建工作机制。2019 年腾跃同力岚沟石灰岩矿山入选国家级绿色矿山目录，实现了可持续生产的发展之路，为更好地贯彻落实国家的政策和公司的长足生存发展打下了坚实的基础。

切实筑牢清洁生产，提升厂区环境面貌

腾跃同力坚持以"节能、降耗、减排、增效"为宗旨，学习行业先进企业经验，狠抓企业现场管理，做好"一手抓管理、一手抓提升"。成立环境提升小组，结合各区域环境情况制订环境提升方案，建立环境提升考核激励机制，从基础设施的改造、厂区绿化的提升、设备构筑物的亮化等方面着手，开展环境提升专项工作。重点部署厂区绿化，栽植雪松、樱花等花卉 1000 多棵，实现了厂区绿化全覆盖、绿植多样化的良好局面，公司着力打造的"开窗见绿、出门进园、三季有花、四季常绿、鱼翔浅底、鸟语花香"的绿色生态工厂初现峥嵘。

王庆乐是一名勇于担当的企业家，挑起企业改革创新的重任，带领企业走可持续发展的道路，让

企业成为城市共生体。2020年腾跃同力将在王庆乐同志的带领下，乘胜而上、奋勇向前、务实创新、精益求精、全力以赴、永攀新高！

点评：三门峡腾跃同力水泥有限公司副总经理、工厂总经理王庆乐通过建立健全生产管理体系、经济责任制考核体系、干部选拔任用制度以及采购、安全环保、设备管理、生产管理、质量管理等各项管理规程，组织技术攻关，降低消耗等措施，使企业经济效益得到了很大提升；员工收入同步增长；安全生产、绿色矿山建设等方面出现了"腾跃"式的发展。展望未来，他追逐梦想勇担当，砥砺奋进再起航！

做水泥行业高质量发展的服务者
——记江苏润丰建材有限公司总经理 朱银虎

朱银虎，现任江苏润丰建材有限公司董事长及总经理，朱银虎出生于1975年1月，籍贯江苏盐城。2014年注册成立江苏润丰建材有限公司并担任公司董事长、总经理。朱银虎同志带领润丰团队自2014年起开始从事水泥销售行业，一直兢兢业业，引领江苏润丰建材有限公司，由一个小企业发展成为在本地区同行中有一定影响力的中等规模的专业建材企业。2017年和2018年，企业荣获江苏八菱海螺水泥有限公司的"优秀供应商"称号，2019年全力转型，与中铁中交各央企合作，由单一的经营模式向多元化经营模式发展。

改革经营模式，实现企业转型及效益增长

2019年的转型计划开启了润丰公司的新纪元。这一年里朱银虎总经理带领他的团队与时间赛跑，与困难对战，不知疲倦地奋斗，就是为了能成功转型。刚开始他只是决定不再固守本分，只与本地市场上的客户合作，他决定要拓宽公司的市场，参加各大型水泥峰会，学习了解最新市场信息。成功了第一步，第二步的计划也就顺势而来，单一的货物供应链已经落后于市场，多元化才可持续发展，除了散装水泥销售，他开始考虑袋装水泥销售，满足小客户需求，吨袋水泥销售，满足国外客户需求，还有黄沙、石子、粉煤灰等一系列建筑材料的市场他都在一一考虑，并做出市场方案一一落实。

完善管理体系，实现企业规范化运营

考虑了多元化的经营范围，也要考虑需求量大、需求范围广的客户，与中铁中交合作则是润丰建材开启新纪元大门的金钥匙。成功靠的是百分之九十九的努力和百分之一的运气，很幸运朱银虎把握住了这百分之一的好运气。除了在公司运行市场方面，他在公司管理体系、文化建设和社会贡献方面也一项不落，面面俱到。2018年公司先后完善了环境、健康、质量体系的认证，润丰公司质量体系的建立不仅仅是为了通过ISO 9001的认证，更重要的是，从公司内部管理的实际出发，建立了一套公司管理规范化、标准化、实用化所需的质量管理体系，完善了公司的组织架构。一直以来，润丰公司都是按照这套体系来运行的。办公室文化也是他极在乎的，定期召开会议，对往期工作查漏补缺，对预期工作提出计划方针；定期更换办公室绿植鲜花，营造良好的工作氛围；定期组织员工聚餐，给予员工最好的福利。

不忘初心,牢记使命,积极主动回馈社会

2020年的春节,新冠肺炎疫情突如其来,为了防止疫情扩散,假期不断延长,经过了全国各地所有"逆行者"的努力,疫情终于有所缓和,部分工厂企业也开始复工生产。2020年2月20日润丰建材复工后,每日对办公室进行消毒,对公司进出人员进行体温测量和酒精喷洒消毒,严格按照防疫要求执行。除此之外,作为党员的朱银虎,看到园区负责人员每日为防疫斗争作贡献,又以个人名义捐赠10万元作为特别党费用于抗疫斗争。是的,是又一次,在此之前,他已经在2月14日通过网上银行以企业名义向武汉红十字会捐赠了5万元人民币,园区负责人称这份爱心是一位共产党的特殊党费。

践行"绿色发展"理念,促进水泥行业高质量发展

朱银虎不仅是公司的领路人,也是水泥行业的服务者。在朱银虎心中,永远有这样一句话"服务第一,用户至上,以市场为导向,以质量求生存"。他的愿望不仅是带领一个企业走向成功,他还希望引领行业健康发展。 在激烈的市场竞争中,润丰的产品从来不以低价参与竞争,高端的产品选择的是高端的用户。在追求产品性价比的年代,润丰的产品追求是产品品质的保证而不是劣质或降价。公司认为坚持提升产品品质,比降价更能满足用户的需求,也更符合供需双方的利益。他把行业比喻成一个大家庭,将行业中的企业比作家庭成员,如果家庭这个大环境不好,那家庭成员也过得不安稳,只有"大家都好了"才是真的好。他希望大企业做好引领带头作用,效益是企业追求的价值,提升价格和降低成本是实现利润的重要手段。他认为,若面对产能过剩局面时,只有"价本利"才能互利共赢,"量本利"只会造成两败俱伤。多年来公司凭借高质量的产品、良好的信誉、优质的服务,将各类建材产品销售给每一位客户。

朱银虎既是一名敢于改革创新的企业家,带领企业走向辉煌;也是一名行业的服务者,持续践行绿色发展,推动水泥行业高质量发展。一个企业的成长离不开企业员工的集体奋斗,当然更加重要的是离不开一名优秀的领导者,他就是一位优秀的领导者,一位优秀的企业家!

点评:江苏润丰建材有限公司总经理朱银虎给自己的定位是"做水泥行业高质量发展的服务者"。**他头脑灵活,思路清晰,善于决策,长于管理,面对水泥行业产能过剩和产业升级的现状,他坚持企业的创新发展和创新经营,践行绿色发展,不忘初心,牢记使命,回馈社会,为企业发展、为员工和社会贡献了他的光和热。**

让"中华老字号"焕发新活力

——记甘肃沙井驿建材集团有限公司党委书记、董事长 陈立亮

陈立亮,出生于1965年10月,大专学历,1994年12月加入中国共产党,2003年担任兰州沙井驿建筑材料有限公司副总经理、2014年担任甘肃沙井驿建材集团总经理、现任甘肃沙井驿建材集团党委书记、董事长,中国绝热节能材料协会副会长、中国建材绿色联盟理事、甘肃省建筑材料行业协会理事、甘肃省建设科技与建筑节能协会理事。

这是一家始建于1952年的"中华老字号"企业;1978年自主研发的半硬塑挤出工艺获全国科技大会奖;1984年国家统计局颁发"中国500家最大建材工业企业"证书;主导产品连续多年获国家"产品质量信誉模范企业"称号;"沙井驿"商标获甘肃省第三届著名商标;2009年9月"沙井驿"被评为兰州知名品牌60强;2016年,沙井驿鸿盛岩棉不负众望,捧回中国建材行业质量诚信品牌大奖,全国只有10家企业获此殊荣。

受命于危难之际

"雄鹰渴望蓝天翱翔,蛟龙渴望大海搏浪。"这是陈立亮常常说的一句话。

因国家重点工程兰渝铁路兰州枢纽编组站征占企业大部分场地,按照兰州市人民政府国资委的安排,甘肃沙井驿建材集团有限公司的前身兰州沙井驿建筑材料有限公司,于2010年年初生产经营全部停产歇业,原厂房、设备和设施全部拆除,生产设备全部处置,上千名员工歇业休息。企业舍小家为国家,代价是沉重的。为了支持国家重点工程兰渝铁路兰州枢纽北编组站工程建设,服从服务于国家铁路建设大局,企业主动将全部生产厂区用地让路于铁路编组站建设,自己则开始了艰苦的二次创业、异地重建和转型升级的艰难历程。

在此后的很长一段时间里,"沙井驿"逐渐淡出了人们的视线,有人甚至认为,沙井驿从此退出历史舞台!

2014年年初,完全脱胎换骨的甘肃沙井驿建材集团有限公司宣告成立,陈立亮出任总经理。上任伊始,经过大量的市场调研,陈立亮确定了"沙井驿"的品牌不能丢,建材饭碗要端好的思路。这使得在市场经济大潮中徘徊不定的沙建集团,在极短的时间内确定了企业的发展方向。也就是从这一天起,受命于危难之际的陈立亮不敢有半点懈怠,他带领企业领导班子审时度势,面对内外交困的严峻形势,结合企业的发展实际,本着为企业发展负责、为股东负责、为员工负责的态度,根据国家产业政策,依据市场需求,结合自身优势,迅速确定了"年产10万吨岩棉制品暨深加工生产基地"项目,并按照市政府国资委"出城入园搬迁改造"的总体规划要求,决定该项目异地建设。与此同时,迅速成立了子公司甘肃鸿盛岩棉科技有限公司,依托中材科技股份有限公司(原南京玻璃纤维研究设计院)技术

优势和自身的人才等优势，筹建年产10万吨岩棉制品暨深加工生产基地。2015年11月7日，甘肃沙井驿建材集团有限公司一期年产2.5万吨岩棉制品项目投产仪式，在临洮中铺工业园隆重举行，此举标志着沙井驿这个老企业异地重建转型升级取得突破性进展。

在抓紧抓好第一条生产线生产销售的同时，年产100万平方米的岩棉彩钢夹芯板生产线和年产10万立方米制块生产线，也投入试生产。为满足市场需求，扩大生产规模，2016年新建一期二线2.5万吨岩棉生产线也迅速投产。

老字号扬帆起航

2019年年初，陈立亮出任甘肃沙井驿建材集团有限公司党委书记、董事长。党政一肩挑，担子重了，责任也更大了，此时的陈立亮清醒地认识到，随着国家西部大开发战略的深入推进，沙井驿作为交通要道的优势更加凸显，国家级项目兰渝铁路编组站在此落户，兰州西北出口在此畅通，沙井驿现已成为兰渝铁路及陇海、兰新、兰青、包兰四大铁路干线和兰海高速的重要交汇处。随着一大批重点项目的建成运营，沙井驿已然成为兰州经济建设新的重要增长极。

陈立亮并没有沉浸在岩棉项目成功的喜悦之中，他迅速调整经营思路，结合国家节能减排、资源综合利用政策，要求沙建集团立足岩棉，做大做强。按照建筑节能要求，陈立亮积极与甘肃省建筑科学研究院合作，研制生产钢丝网复合岩棉板外墙外保温体系，可以做到建筑物高度100米，地震烈度八度和八度以下、新建、扩建和改建的工业和民用建筑，设计使用年限达到50年，这在甘肃省是首创。与此同时，与外墙外保温密切相关的岩棉彩钢夹芯板；以废渣、废料综合利用为主的岩棉砌块相继研制成功并投入生产；按照环保要求，岩棉工艺由熔炉改电炉生产已经提上日程，还将在建设岩棉无土栽培示范以及岩棉集成房屋方面大有作为。在全力推进项目建设的同时，沙建集团还积极与甘肃省建材科研院、甘肃省土木工程院、甘肃省农科院蔬菜所、兰州交通大学土木工程院深入沟通，达成产学研用联盟合作意向，充分利用科研院所、高校、设计单位的人才优势、技术成果，采用多种合作形式，密切跟踪国际岩棉行业前沿技术，应用成熟先进的新技术、新工艺，共同研发市场认知度好、应用范围广的岩棉系列产品，拓展岩棉新的应用领域。

以身作则走在前

作为企业领导人，陈立亮认真履行"第一责任人"的职责，处处以身作则带头学习，严格要求自己廉洁自律、公平公正。他带领一班人深入学习贯彻习近平新时代中国特色社会主义思想和党的十九大精神，树牢"四个意识"、坚定"四个自信"、坚决做到"两个维护"，贯彻落实新时代党的建设总要求，把党的建设摆在首位，切实履行"把方向、管大局、保落实"的领导作用，实施好企业"不忘初心、牢记使命"的主体教育，坚持新时代好干部标准，把政治素质考察摆在干部工作重中之重，大力培养选拔忠诚、干净、担当的高素质干部。

秉着"诚信、创新、发展、卓越、共享"的企业理念，陈立亮大力加强企业文化建设、培育富有现代企业意识、市场经济观念和团结、进取、积极向上的企业文化，使企业的凝聚力、激励力、约束力、导向力、辐射力大大增强，有力地促进了企业改革发展及生产经营工作。每年都能按时完成和兰州市人民政府国有资产监督管理委员会签订的责任目标书，企业发展稳中求进，稳步前行。

他结合公司实际情况制订"三项制度"改革实施方案,增强企业竞争力和综合实力,结合生产经营实际制订的《绩效工资考核办法》,极大地调动了员工工作热情和积极性,职工薪酬稳步提升,给予员工实在的获得感、幸福感。

规范市场稳增长

促成甘肃岩棉行业抱团取暖,陈立亮功不可没。

甘肃省内岩棉保温材料行业产能过剩、恶性竞争、以矿渣棉冒充岩棉板等乱象,给建筑市场带来风险。陈立亮规范市场有作为,充分展示国有龙头企业社会责任担当,发挥引领协调作用,主动作为,积极与行业内主要企业沟通交流,牵头筹建甘肃省岩棉保温材料行业协会,通过建立有效平台,大力宣贯国家标准,规范市场竞争行为,推进技术进步,提高产品质量,为推动岩棉保温材料行业供给侧结构性改革,推进高质量发展做出重要贡献。通过他两年多的不懈努力,甘肃省岩棉保温材料市场乱象得到初步遏制,行业诚信经营,规范发展的理念得到加强,为行业企业稳增长、调结构、增效益,促进可持续良性健康发展奠定了基础,受到政府有关部门和全行业的普遍称赞。

他不辞辛苦,不怕困难,全省奔波,与省内主要岩棉保温材料生产经营企业以各种形式反复进行沟通交流,仅为解决具体问题,有针对性的见面会就组织召开20多次。2020年3月10日,甘肃省建材行业协会在甘肃省临洮工业园区甘肃鸿盛岩棉科技有限公司召集甘肃沙井驿建材集团有限公司、景泰县诺克保温建材有限公司、甘肃双虎建材科技有限公司、甘肃贝斯特岩棉科技有限公司、兰州同仁实业发展有限公司、甘肃鸿盛岩棉科技有限公司等省内主要岩棉生产企业,召开甘肃岩棉行业复工复产工作座谈会暨岩棉保温协会成立筹备会。会议交流了各企业疫情防控和生产经营情况,研究了进一步加强岩棉行业疫情防控和有序推进企业复工复产相关工作,会议还分析了2020年甘肃省岩棉市场形势和行业面临的困难挑战,提出了应对的措施,并就筹备成立岩棉保温协会和新的一年进一步加强岩棉行业自律、规范市场竞争秩序、提高产品技术质量水平、促进高质量发展达成共识。而这一切,与陈立亮的辛勤努力是密不可分的。

强化管理增效益

面对全国建材行业竞争激烈的市场环境,陈立亮着手加强企业管理,搞好生产经济,将岩棉成棉率从以前的53.4%提高到62.1%,研制出农用岩棉,通过无土栽培试验车间推广农用岩棉;研制出轻集料混凝土空心砌块,性能达到国家"轻集料混凝土砌块"产品标准要求;研制出优质玄武岩纤维板,酸度系数达2.0以上,憎水率、导热系数、抗压抗拉强度均大幅度提升;邀请甘肃省建筑科学研究院专家编制钢丝网架复合岩棉板图集,经考察,钢丝网架复合岩棉板生产线于2020年正式投产。面对恶意竞价的市场环境,他迅速调整生产战略,进一步降低成本减少损耗;调整销售战略模式,并组织力量及时收回长期拖欠应收账款1200万元。与此同时,面对日趋严峻的环保要求,陈立亮坚持绿色发展理念,企业加大环保治理力度,进行环保设施改造提升,安装环保在线监控设备,废弃排放长期优于国家排放标准,获得甘肃省环境保护厅颁发的"环境保护标准化B级企业"。

企业发展了,陈立亮不忘扶危济困,他响应兰州市国资委号召长期积极精准扶贫,帮扶贫困村、苦难户,获得兰州市人民政府国有资产监督管理委员会颁发的精准扶贫"助力脱贫圆梦小康",以及"关心支持地方教育事业先进集体"等多项殊荣。

如今的甘肃沙井驿建材集团，在陈立亮董事长的领导下，早已今非昔比。企业通过进一步深化改革，实施集团化发展战略，延伸产业链，根据业务板块和市场走势，在做大做强主业甘肃鸿盛岩棉科技有限公司的同时，先后组建成立了以市场管理和物流为主的兰州顺达物业管理公司、以工程施工为主的兰州衡瑞建筑工程安装公司，形成了分进合击的独特优势，为企业长远发展奠定了良好基础，二次创业让"老字号"焕发出勃勃新活力。

点评：原兰州沙井驿建材厂隶属于市建材局的国有企业，多年来，为甘肃省和兰州市的经济社会发展做出了很大的贡献。随着国家铁路建设的需求，生产场地被征用，要异地迁建。甘肃沙井驿建材集团有限公司在党委书记、董事长陈立亮的带领下，从零开始，选项目、建厂房、订设备、搞安装、试生产、跑销售，使沙井驿建材厂这个"中华老字号"焕发了新活力！

诚信守正，创新致杰

——记宜章旺通混凝土有限责任公司董事长 邓正杰

64岁的邓正杰同志，早在1995年创办了郴州郴郊水泥厂，成为当时湖南省建材行业第一家民营企业，受到湖南省委省政府高度重视和支持，从此，他与建材工业结下了不解之缘。目前，他拥有7家中小建材企业，涵盖水泥、预拌混凝土、砂石骨料、矿粉、建筑施工、物流等产业，是湖南省郴州市家喻户晓的民营企业家。宜章旺通混凝土有限责任公司（以下简称旺通商砼）是他带领团队十几年精心打造的享誉全省建材行业的绿色商砼企业。

诚信守正，商誉至上

这是邓正杰坚守的人生信念，在商海几十年努力践行，率先垂范，久久为功，一以贯之，精心培育出了旺通商砼"科学决策、精细管理、绿色发展、奉献社会"的企业经营理念。他始终坚持"宁可他人负我，我绝对不负他人"的道德观念，认识创办企业的首要任务就是为用户创造价值，为社会提供质优价廉的产品。旺通商砼的合作伙伴，不管是房地产开发商，还是代理经销商，都是信守合同、守法经营的志同道合者。敢为人先，创新致杰。早在十几年前，邓正杰积极响应国家号召，成为湖南省第一个在县城创办预拌混凝土搅拌站的企业家。当时，他带领乡亲们创办的石米产业在深圳市场占有率高达90%，生意做得风生水起。2007年宜章县政府举办的回乡企业家座谈会上，在县城推广预拌混凝土成为热门话题之一。他带领团队成员南下深圳，北上长沙，深入到商砼企业考察生产经营，到建筑工地调研市场运行，到院校了解混凝土制备技术，与设备制造商洽谈合作事宜……在宜章县预拌混凝土市场经营权拍卖中，胸有成竹的邓正杰一举中标，大手笔投资兴建两条180生产线，引进深圳商砼企业先进管理模式，建立旺通商砼科学管理和决策创新机制，成为郴州市商砼行业的样板企业，邓正杰成为湖南在县城创办商砼企业的第一个敢于吃螃蟹的人。聚智聚人，共享发展。宜章县是湖南的南大门，资本流动春潮滚滚，人才流动随资逐浪。邓正杰在旺通商砼引进现代公司制度，创新企业股份制，让旺通商砼成为技术管理人员的事业平台，让员工分享企业发展成果，大大提升了企业凝聚力和向心力。旺通商砼的员工中，90%是"老字辈"，可以想见员工对企业的忠诚度是何其之高。质量为本，公平至上。邓正杰始终坚持以质量管理和成本定价为核心，致力于把企业做强做精。在2019年度湖南省混凝土行业大整治行动中，旺通商砼成为经营十几年无质量事故的行业"金字招牌"。尤其是公司信守对县政府的承诺，坚持价本利核算的营销策略，在湖南混凝土行业应收账款居高不下，而混凝土价格却涨声一片的当下，邓正杰始终坚持不赚快钱热钱，只赚良心钱的底线，旺通商砼坚持现款交易，平价经营（以C30为例，销售价格一直维持在350元/立方米左右，比郴州市场平均价格低了100元/立方米），其产量发挥率高达70%，成为湖南混凝土行业经济效益和社会效益最好的双赢企业之一，在当地享有良好商誉。在邓正杰的主导下，宜章县域混凝土行业没有产能重复建设，没有市场恶性竞争，既确保了行业高质量发展，又降低了当地工程建设采购成本，成为湖南全域混凝土市场的一股"清流"。

坚持科技创新，瞄准高质量发展

旺通商砼与有关大专院校科研单位合作研发出石米尾矿粉在预拌混凝土中的应用技术，提升了混凝土密实性能。创建企业高性能混凝土研发实验室，提升了高标号混凝土产品质量控制水平。加大企业科技创新投资力度，投资上百万元，研发特种工程混凝土。邓正杰同志高度关注我国建材工业发展大趋势，以高质量发展为统领，结合当地原料和市场需求，坚持以混凝土为主业，打造出涵盖水泥、混凝土、砂石骨料、尾矿粉、运输物流等一条完整产业链，不断推进企业转型升级，实现了机立窑水泥企业在淘汰落后产能中的"华丽转型"。高质量发展进一步推动了旺通商砼的上下游产业整体优势的充分发挥，打下了公司开创行业平价营销新风的坚实基础。在邓正杰领导下，旺通商砼经过十几年创业和发展，已经发展成为湖南省建材行业高质量绿色发展的样板企业，2018年获得省级绿色建材认证，成为当地绿色环保型混凝土搅拌站的典范。

坚持绿色发展，实现清洁化生产

邓正杰是"绿水青山就是金山银山"的践行者，他带领公司秉承绿色发展理念，高起点规划，累计投入上千万资金，根治混凝土搅拌站一切跑、冒、漏、滴和脏、乱、差现象。按照国家排污许可要求，投入500余万元，进行封闭式环保改造，做到严格达标排放。按照安全生产整治要求，实现工厂人车分流，安全生产意识深入人心。投入300余万元，对工厂进行美化绿化，营造出良好的生产工作环境。加大对工厂周边村庄环境治理支持力度，如投资上千万元对村镇公路进行改造和支助公司驻地"美丽乡村"建设。

培育企业文化，提升竞争软实力

旺通商砼致力于建设学习型企业，从董事长、高层管理者到职工，定期组织学习国家产业政策、法律法规和管理技术专业知识，采取"请进来和派出去"方式，组织开展全员培训，营造出良好的学习氛围，提升了员工整体文化素质。邓正杰将自己几十年经商、创业、办工厂、开拓事业的成功经验和经历，提炼成了旺通商砼独特的企业文化。邓正杰高度重视企业党建，将党建文化融入企业经营管理之中，使每一位员工成为旺通商砼事业的自觉参与者，成为实现中华民族伟大复兴的建设者和追梦者；倡导绿色环保和安全文化建设，形成了企业良好的生存发展的文化生态；坚持依法治厂，守法经营，"诚信守正，创新致杰"已成为公司核心价值观。

热心公益，反哺社会

经过几十年的艰苦创业，邓正杰目前拥有7家中小实体企业，总资产达1.6亿元，但他为人低调质朴,实干兴业,是当地家喻户晓的明星企业家。他又有着当代企业家的社会责任与担当,近几年来,其所有企业累计上缴国家各种税费1亿多元,为当地解决劳动力就业300多人。与此同时,他热心公益事业,仅2018年资助驻地村庄公路建设用水泥500多吨,价值达200多万元。资助公司驻地贫困户80多万元,资助各项公益和教育事业等多达500多万元。他曾经光荣当选郴州市人大代表,荣获了"宜章县第三届优秀中国特色社会主义建设者"称号,获得了优秀企业家、优秀共产党员和优秀纳税大户等表彰,2019年度获得助人为乐、诚实守信、敬业奉献和孝老爱亲的"宜章好人"等殊荣。

点评:宜章旺通混凝土有限责任公司董事长邓正杰秉承"诚信守正,商誉至上"信念,在商海几十年努力践行,率先垂范,久久为功,一以贯之,精心培育出了旺通商砼"科学决策、精细管理、绿色发展、奉献社会"的企业经营理念。鉴于其贡献和为人,邓正杰当选郴州市人大代表,荣获优秀企业家,优秀共产党员和"宜章好人"等殊荣。

博采众长，创新发展

——记广东博众建材科技发展有限公司董事长 邝发红

邝发红，男，49岁，汉族人，1971年出生于广东省韶关市山溪镇，现任广东博众建材科技发展有限公司董事长。1995年毕业于广东省建材学院，毕业后进入佛山市南海外加剂厂负责销售工作，2002年担任广州新科化学建材有限公司任总经理职务，2010年在清远组建成立广东博众建材科技发展有限公司任公司董事长、法人，专业生产和销售聚羧酸减水剂。

邝发红创建的广东博众建材科技发展有限公司地处广东省清远市高新区雄兴工业城内，占地面积30000平方米，总建筑面积10000平方米，是一家集研发、生产、销售为一体的现代化混凝土外加剂企业，是聚羧酸外加剂专业生产厂家，聚羧酸减水剂的年生产能力达20万吨。公司自成立以来，在董事长邝发红的带领下，本着"质量第一，用户至上，科技创新，以人为本"的经营理念，博采众长，不断发展壮大，先后通过了ISO 9001质量管理体系认证；职业健康安全管理体系认证和环境管理体系认证；广东博众建材科技发展有限公司在2013年被评为高新技术企业；并在2016年产品通过CRCC铁路产品认证，2018年评为市工程中心。广东博众建材科技发展有限公司是中国建筑材料联合会混凝土外加剂分会会员单位、广东省混凝土外加剂协会理事单位、广东省产品质量品牌常务理事单位，公司连年进入中国建材企业500强，是中国混凝土外加剂行业最佳品牌示范企业、广东省建材优秀企业、广东省诚信质量单位、广东省质量、品牌、服务先进单位。

立足广东，做精做强，邝发红作为广东混凝土外加剂行业的领头人，长久的努力拼搏，带动了广东混凝土外加剂行业的兴起，为混凝土第三代聚羧酸外加剂的推广应用做出了不可磨灭的贡献。

立足广东，做精做强，率先从事混凝土聚羧酸外加剂的研发生产，推动了广东聚羧酸外加剂生产的先河

2010年秋，身为广州新科化学建材有限公司总经理的邝发红，目光不再盯着正在经营的第二代萘系外加剂，毅然选址清远，在清远高新区建立了专业生产第三代减水剂产品的聚羧酸外加剂厂。创业开始都是艰难的，在邝发红的带领下，广东博众建材科技发展有限公司在很短时间内打开了广东市场，并经过多年的努力一举成为广东专业生产聚羧酸外加剂的龙头企业，并受到业内的一致好评。2015年更是成立专门的技术研发中心，与北京工业大学联合研发，推动了南北外加剂的材料适应性，先后获得了2项发明专利和8项实用新型专利。公司产品不断创新，在高标号混凝土应用和清水混凝土及自密实混凝土应用发明走在行业前列。

广东博众建材产品在工业与民用建筑、公路桥梁、港口、隧道、制品构件以及铁路轨道等工程都有广泛的应用。现有客户九十多个，主要分布为：商品混凝土公司，高速公路工程、地铁工程、城轨工程、预制构件厂、港口工程以及外加剂复配厂。

质量第一，用户至上，科技创新，以人为本

"质量第一，用户至上，科技创新，以人为本"是广东博众建材科技发展有限公司的经营理念，也是邝发红从业以来一直的坚持。行业内外认识邝发红的都被他这种"真诚做人，真诚做企业"的无限胸怀所感动，先做朋友再谈合作，广东外加剂行业听到广东博众邝发红的无不伸出大拇指。为了提高产品的适应性以及满足客户的需求，邝发红带领公司团队不断开发新产品，并要求公司所有人员秉持"用户的需求就是一切"的理念。技无止，心无境，广东博众建材永远以科技创新为第一要素，不断为客户提供最优质的产品。

从严管理，规范经营，推动建材行业发展

邝发红工作严谨认真，十分注重企业的科学化、标准化工作，从严管理，规范经营，致力于打造出一个高素质的团队。公司建立了系统科学的质量管理体系，2012年通过ISO 9001质量管理认证体系，2013年被评为高新技术企业，2016年通过中铁铁路产品认证中心CRCC认证，2018年通过了职业健康安全管理体系认证和环境管理体系认证。同时，邝发红还负责经营两家混凝土有限公司，对中国混凝土行业的发展做出来突出贡献。积极地推动混凝土外加剂与混凝土企业的联合开发，在自密实混凝土、超高混凝土、清水混凝土好高强混凝土方面做出杰出贡献。公司参与超高建筑广州东塔项目的研发，为混凝土外加剂在超高建筑高标号混凝土方面的应用做出了突出贡献。

创新发展，致力打造一支团结和具有凝聚力的团队

随着改革的深入和市场经济发展，邝发红所在的广东博众建材科技发展有限公司亦在不断发展壮大，现已发展成为资产总额9000多万元的专业化的混凝土外加剂生产厂家，在企业的创新发展上，邝发红重视人才，大胆使用人才，不断对外广招贤士，十分重视科技的力量，致力企业的创新发展。同时，不断完善企业管理，在管理上力求高效，严谨，科学，规范。邝发红十分注重企业内部人才的培育，注重企业内部的教育和培训活动，每年开展各种形式的培训和讲座，极大地提升了企业员工的素质和专业技术能力，在企业的文化建设方面，企业每年组织员工进行文体娱乐、旅游活动，召开年度总结表彰大会，活跃了员工的生活，调动了员工的工作积极性，增强了团队的凝聚力和团结，逐步打造出一个团结高效、具有凝聚力和战斗力的优秀团队。

技无止，心无境，广东博众建材科技发展有限公司热情期待志同道合之士，共绘锦绣人生，同展宏图大业。广东博众建材科技发展有限公司愿在未来的日子里，为广大客户提供最优质的产品，提供最优质的服务，为我国经济建设做出更大的贡献。

点评：广东博众建材科技发展有限公司董事长邝发红是一位创业型、勇于追求的企业家。他立足广东，做精做强混凝土外加剂行业，24年辛苦努力拼搏，引领了广东混凝土外加剂行业的发展。为混凝土第三代聚羧酸外加剂的推广应用做出了贡献。他坚持"质量第一，用户至上，科技创新，以人为本"的经营理念，真诚做人，真诚做企业是他成功的要诀！

做装配式建筑产业发展的先行者

——记河北怀来县富安装配式建筑科技有限公司总经理 魏敬东

1992年，大学毕业的魏敬东被分到了河北省怀来县一家大型国有企业——磷肥厂，成为一名技术员，这一干便是5年。

5年中，魏敬东凭借自己的工程机械制造专业特长，从一名普通的技术员成长成为厂里的技术骨干，并且一举成为厂里最年轻的中层干部，他勤奋的身影出现在厂里的每一个角落，出现在每一个排难抢险、技术难关之时。厂里的领导和同事无不看好这位前途无量的年轻人。

正当魏敬东踌躇满志、大有作为之时，1998年，工厂遇上全国国有大中型企业的转型，厂里业绩极度下滑，经过了一番挣扎之后也没能免于破产。眼看着企业一天天的没落，魏敬东是又着急又无奈，自己的努力也不过是杯水车薪，挽救不了企业，于是，他做出了大胆的决定——辞职下海！追随他的还有两位厂友。带着向别人借的500元，他毅然决然走向了自己创业的荆棘之路！

勤奋敬业，砥砺前行

魏敬东用借来的为数不多的资金，购买了两台电焊机，怀来最早的一批楼房的防盗网从这里开工生产了。聪明的是，在一个个防护窗的右下角总是会出现一个小广告，赫然写着"安邦铁艺"。

正是这小小的别出心裁，为刚刚成立的安邦铁艺做了大大的宣传，让千家万户记住了一个品牌——安邦！

经过两年的积累，安邦从小作坊发展成为金属加工厂。

随着住宅小区的大力开发，魏敬东通过调查市场，了解行情，把发展方向定位到门业，并在当时怀来县第一个住宅小区富达园小区门口开办了安邦门业销售中心，开创了怀来县的第一个防盗门销售先河。也正是这个时候，安邦门业这个名字赫然注入到了老百姓心里，安邦防盗门也随之走进了人们的家中。

在防盗门产业做得风生水起之时，怀来县的又一批在建小区引发了魏敬东的关注，那就是比以前的小区多了车库，于是安邦车库门又一次走进大众的视野，魏敬东又谱写了怀来车库门安装的先河。安邦车库门厂也在此时孕育而生。

"吃的苦中苦，方为人上人"，这是过去鼓励读书人发奋图强的一句俗语。创业也是这样，只有把勤劳当作一种资本，比别人在身心上付出得更多，才会取得更大的收获。创业的艰辛只有自己能够体会。为把握好商机，严把质量关，创业之初，魏敬东一人既是老板又是员工；既是会计又是出纳；既是采购员又是材料员；既是质量监督员又是施工员。

为了能按时保质完成工程，魏敬东经常和工人吃住在工地。为了在门业这个行业里经久不衰，他每年约有三分之一的时间在火车、汽车上、宾馆中度过，参加展会、参观工厂，学习国内领先的工业门技术，回来后，他从不把别人的产品搬过来用，而是进行二次研发，集科技、创新、技术、实用为一体，创建有自己特色的产品，先后研发了电动卷帘门、软质快卷门、硬质快卷门、电动翻板门等系列产品。

精益求精　诚实守信

安邦风风雨雨走过 15 个春、夏、秋、冬，至今已成为怀来门业的领军者。安邦基业长青，这与安邦人坚守"精益求精、诚实守信"的企业文化理念是分不开的。

魏敬东一直以来要求在工作中绝不能听到"应该行""差不多""还行吧"这些词汇，他要求员工对待工作"差一点都不行，一点都不能差"，严格执行标准和规范，产品质量绝对要保证，答应客户的要求绝不能大打折扣，要重承诺、守信用。

魏敬东说起了在创业路上遇到的事情，证实了这一点。那是刚刚筹建铁艺加工厂之时，魏敬东用借来的 500 元购进了两台设备，三个合伙人亲自完成从揽活到加工到安装的全过程。刚刚起步，他们用心地完成每一件作品，用信誉赢得顾客的认可，从而打开自己的市场。

正当大家齐心协力共同创业之时，有一年正月初七的早晨，魏敬东打开厂房大门，发现所有设备不知所踪，所有的铁质材料不翼而飞……报警之后才发现，这些东西被人从厂房的东门运走，当时他的脑子如同偌大的厂房一般，空荡荡的，心仿佛也被掏空。

魏敬东不但要接受重新购买设备和原材料的现实，还要接受到期不能交货被客人责罚的状况，更难接受的是能否继续创业的勇气和决心。

一个合伙人建议趁着赔本少，干脆散伙吧。另一个则说，别管那些订单了，不做便是了，改行干别的吧！

经过短暂的思考，魏敬东坚定地做出了决定"人可以贫穷，但不可以不讲信用，从头再来！"说起来容易，做起来何止那么简单。大过年的魏敬东凭着那几年的信誉向亲朋好友借钱，终于筹措到了资金重新购置设备和材料，按合同约定为顾客进行了安装。当客户知道了事情的来龙去脉时，都为他伸出了大拇指，为他的行为点赞。至今这些客户成了安邦的固定客源。

勇于创新　敢于突破

企业从无到有，从小到大，无不浸透着创业者的心血，但是，在互联网飞速发展的今天，许多传统行业更是遭遇了前所未有的冲击，安邦的业务量急剧下滑，与互联网对接、转型的过程中遭遇了瓶颈。

魏敬东未雨绸缪，他想："门是连接家与外部世界的窗口，那与门连接的不就是房子吗？我们做门的同时何不把房子也做了呢？这样既保住了基业，又开辟了新的经济增长点"。

于是魏敬东开始收集国内外关于房子发展趋势的报道和政策文件。他发现，近年来国内外为了保护环境，大力提倡发展绿色节能建筑和装配式房屋，发展绿色建筑已是建筑业的发展趋势。

敢想就得敢干。2010 年，魏敬东与朋友共同投资注册了怀来县富安装配式建筑科技有限公司，开始招贤纳士。

魏敬东设计了公司组织架构和公司文化理念，制订了公司十年规划，即："坚持技术创新、产品创新、管理创新大力发展高端定制瓦楞箱房、轻重钢装配式箱房、高端装配式别墅,全面推动绿色节能建筑的发展"。

同时,一系列的"触网"行动也在如火如荼地有序推进当中。

公司在阿里巴巴平台注册开通了"富安箱房店铺",同时,在百度做了推广,向广大用户详细介绍公司企业文化和"富安"产品,为业务洽谈合作提供了一个最佳平台。

公司通过优秀平台与广大客户进行良性互动,从而实现公司线上线下资源的完美融合。

务实重干谋求发展

面对激烈的市场竞争,魏敬东提出了以创新统揽全局的工作思路,实施了管理创新、技术创新、观念创新,不断提高企业的经济运行质量。

在管理创新方面,魏敬东与公司高层,共同确立了公司独有的企业文化,以企业发展为先导,以精神文化为基石。经过反复推敲、反复提炼,确立了企业使命、企业核心价值观等6个企业文化理念。

企业文化建设始终以"发展"和"和谐"为轴点,形成了对内发展,对外承责的文化理念体系。将公司企业文化建设融入企业管理、思想政治工作和精神文明建设的全过程,使企业文化在推动公司持续健康发展,提升企业品质形象上起到了越来越重要的作用。

魏敬东特别注重技术创新这一企业发展的推动器。为了响应国家大力发展绿色建筑以及科技兴国的号召,他积极推动装配式绿色建筑的发展,成立了研发中心,聘请科技人员5名,并购买了设备,每年投入50万～100万元用于技术研发。

公司共申报国家专利5项,成功申报国家科技型中小企业,目前正在申报高新技术企业。

经过十年的发展,富安箱房已经在竞争激烈的市场中站稳了脚跟,但魏敬东反而感觉自己肩上的担子更重了,他不会让20多名职工去体会他曾体会过的一个下岗职工的迷茫,所以他一定要带领公司一直向前,绝不停歇;箱房的研发和生产处于起步阶段,研发出最适合人类居住的绿色节能建筑,这个宏伟目标的实现,还需要他指点江山、挥斥方遒,他更加不能停歇。

点评:怀来县、安邦铁艺听来或许有点陌生,但是对于魏敬东来说,那是他创业的起点和平台,尽管平台不大,起点也不高,然而他凭借着诚信、为人的坦诚和工匠精神,取得了成功。而今,他有了更大的追求,富安装配式建筑科技有限公司成为新的创业平台,开发建设宜居、节能的房屋成为他新的目标。

砥砺奋进凝聚构件新力量，行稳致远筑梦隧道新时代
——记上海隧道工程有限公司构件分公司党总支书记、总经理 应卓清

应卓清，男，汉族，1973年出生，籍贯浙江奉化，先后参与长三角轨道交通及大直径隧道等重点工程项目建设，现任上海隧道工程有限公司构件分公司党总支书记兼总经理。从事隧道事业27年来，他拼搏进取，推动信息化管控，开拓同步构件施工领域，创立"上海隧道构件研发中心"。他走访百次，落实海盐基地，让智能制造不再是梦想。

他对人才队伍的组建提出"人才结构应像混凝土配比一样组合"的生动描述，并亲赴军营招聘，培育"三强型"团队，为企业的发展和进步，下功夫、干实事，软硬兼并。企业高速发展的同时，员工也因此共享发展成果，员工收入不断增加。同时他坚持带领企业走市场化、多元化发展道路，截至2019年12月，施工产值已达10.42亿元。

应卓清先后获得2016—2017年度中国混凝土行业优秀企业家、上海市建设功臣等荣誉，始终以打造"行业领先，国际一流"的预制一体化综合服务商为目标，开拓市场，使上海隧道工程有限公司构件分公司在预制构件行业内取得了卓越的成绩和丰硕的成果。

意识超前 与时俱进 布局企业转型新蓝图

他牵头制订构件分公司改革发展规划，调整产业布局，发展智能制造，定位长三角城市群。以管片、管节等成熟产品为主体，形成设计深化、工厂化预制、现场安装一体化服务。打造集科技研发、智能智造、人才孵化于一体的综合性产业基地——海盐基地，通过海盐基地的筹建、先进设备的引进、专用设备的联合开发、信息化系统的开发，提升产品制造的智能化。积极创新改革，成立了"上海隧道构件研发中心"，与专业企业合作成立了"预制构件连接件研发分中心""混凝土联合实验室"等，在不同专项领域联合社会力量共同开展研发。

通过广泛调研，掌握国际预制构件生产的最新技术和产品，了解客户对新产品的需求，结合在建项目大胆尝试。以设计深化、工厂化预制、现场吊装的一体化服务方式完成了上海市9号线碧云路地铁车站出入口装配式项目。完成的全球首条全预制拼装双层隧道——诸光路通道，预制率高达90%，施工周期缩短486天，显著提升了会展中心周边交通能级，为首届进博会的成功召开做出了一定贡献。上海市府1号工程——北横通道，在历任市委领导的关心下，6.5千米的清水混凝土管片成功研制，成就了百年绿色、低碳工程；工程中采用的新工艺、新材料和新工法得到了高度评价。自主研发、国

内首创、世界最大断面的类矩形管片在浙江宁波 3 号线的成功预制，实现了一次拼装，双向贯通，提高效率 40%，荣获上海市科技进步一等奖，该工程同时荣获中国国际工业博览会金奖。

未来，将以国家级研发中心，人才孵化中心推动预制行业向工厂化、标准化、产业化转型升级，将以低碳、绿色、环保的创新使命，助力长三角一体化高质量发展。

科技进步，技术升级，助推企业管理新着力

2018 年，应卓清在构件分公司生产基地、事业部、项目经理部进行项目承包和目标成本考核改革，对待一线工作，责任压实，要求提实，考核抓实；能在现场，就不在会场，实时实地检查各基地、各项目的生产建设节点；牵头在生产基地、事业部、项目经理部进行项目承包和目标成本考核，实现效益的最大化。建立以"自有基地+事业部+合作伙伴"的模式，对市场区域化管理，深度发展基于产业链上下游纵向一体化，形成产业链式服务体系。

目前，公司除在市内拥有三个实体生产基地外，还在杭州、南京、福州、宁波、温州、南通、乌镇等 7 个地区有生产基地。2019 年，应卓清领导团队推进上海市北横通道大管片、诸光路通道管片及同步构件、沿江通道管片及预制桥梁构件等重大工程生产施工，取得丰硕成果。应卓清指导并引领团队改进工法、创新工艺，先后攻克宁波超大断面类矩形管片、苏州河深隧地下连续墙、碧云路全预制拼装一体化地铁车站施工生产等难关。研发的锚固式管片密封垫新工艺，攻克了 60 米超深垂直隧道管片渗漏这一世界性难题，给出了中国方案！为上海打造海绵城市迈出了坚实的一步！通向 G20 主会场的杭州"文一路"地下通道全长 5.8 千米，用小芯片、大数据，打造智慧隧道，在长三角率先实现全生命周期管理，为管片赋予生命，用大数据预防风险。

业态创新 产业转型 升级企业发展新动力

2016 年，在应卓清的带领下，构件分公司计划分阶段引进高层次人才，加快科研人才储备，规划构件"智造"转型；2017 年，构件分公司制订改革发展规划，调整产业布局，发展智能制造，定位长三角城市群；2018 年，筹建集科技研发、智能智造、人才孵化于一体的综合性产业基地——海盐基地。通过"职业导师带教""联合培养""新星奖评选""项目锻炼"等平台加快青年人才队伍的建设，促进分公司核心关键岗位人才快速成长。

近两年，分公司多批次引进优秀人才，不断引进双一流大学、硕士研究生人才。通过高层次人才的引进，加快科研人才储备，助力构件"智造"转型。探索在退役士兵中招聘技能型员工的新模式，增强品质管控力量。应卓清带队来到军营，了解退役士兵对就业的需求；通过面试优先录用党员、获得嘉奖及有专业技能的优秀退役士兵；同时还组织牵头为退役士兵量身制订了一系列岗位培训、管理办法、职业发展等制度方案，努力培育一批"三强型"（操作能力强、执行力强、归属感强）专业技能型示范团队。

绿色发展 生态优先 践行企业建设新理念

2017 年，应卓清开始支持研发清水混凝土和纤维混凝土，引进进口钢模，自动化流水线，通过工艺研发改进、设备更新换代，大大提升生产效率与产品品质，减少了施工生产中的噪声、粉尘污染与

能源资源浪费。在海盐基地中，引进全自动钢筋加工设备，在提高钢筋加工效率的同时，降低人工加工过程中的环境污染。同时在海盐基地的建设过中，为了降低对环境的污染，引进并安装了一系列的除尘设备，并将厂区内的厂房和当地的日照时长联系起来，引进光伏发电，选择在可利用的厂房屋面铺设光伏产品，既能在电力盈余的时候为公司带来经济效益，也能在电力不足的时候优先供给使用。另外，还在车间内设置了废水废料回收利用装置，通过破碎、分离及压滤的方式对废水废料进行处理，产生的再生骨料、清水及泥饼进行回收再利用，减少了对外排放对环境产生的污染，在国家标准基础上，做到污染零排放。通过废水废料的回收及屋面雨水的收集利用，大大增加屋面及生产废料的利用率，减少企业的用水和排污成本，做到污染零排放，降低对周边环境的影响，实现了绿色环保可持续发展，回收的废料也可作为再生材料及回填材料使用，重新反馈市场，在降低成本的同时增加了额外的收益，缩短投资回收期，同时雨水收集池的建立也为厂区排水系统贡献了一份力量，遏制了汛期基地积水的发生。

文化建设 以人为本 打造企业战略新高度

2016—2019年，应卓清带领团队打造企业"家"文化、廉政文化，凝聚企业精神，策划并主持了家属座谈会、关爱"隧二代"、新员工欢迎会、党风廉政教育等活动。开展了公司二十周年文化主题活动，展现了"隧道人"朝气蓬勃、积极进取的风采；"上海隧道构件研发中心"的揭牌，承载着构件发展的使命和希望；以打浦路隧道管片实物为元素设计的"协力"雕塑，在沉寂了近半个世纪之后以崭新的姿态，展示在"隧道人"面前；2018年，协力雕塑入选公司企业文化创意，公司以协力雕塑为背景，以隧道青年为主角，创作了"拼搏奉献、争创一流"的企业文化创意宣传作品，代表了几代"隧道人"的精神。将家属座谈会、隧二代关爱、企业文化节等活动作为长效工作纳入员工关爱体系，通过搭筑温馨之家——"新星阁"等措施，为青年员工营造家的氛围，丰富"家文化"内涵。

勇担责任 提升价值 构建企业和谐新画面

2018—2019年，为推进企业发展回馈社会，应卓清先后选派3名隧道青年前往云南省落后乡村参与对点扶贫支教；他积极为员工谋福利，心系困难员工，妥善安置因工致残患病员工，冒着酷暑慰问一线员工，发起募捐支援抗疫一线。

而今，应卓清带领着构件分公司载誉前行，将"拼搏奉献，争创一流"的企业精神融入自身品格，带领分公司获得专利39项，并荣获中国土木工程詹天佑奖、中国建设工程鲁班奖等一批国家级奖项。

未来，公司将扎实推进海盐基地的建设，着力打造"构件名片"。按照"服务长三角，辐射全国，走向国际市场"的发展思路，将海盐基地打造为创新驱动、绿色智慧的高科技智能化基地，为构件分公司未来的发展奠定坚实的基础。"秉纲而目自张，执本而末自从"。应卓清带领构件分公司一直行走在科技研发创新、产品结构创新、企业转型升级的道路上。分公司全体上下勠力同心，不断突破。上海隧道构件分公司将站在新的历史起点，不辱使命，扬帆远航！

点评：上海隧道工程有限公司构件分公司党总支书记、总经理应卓清，懂技术，强管理，重创新，善用人，走科技研发创新、产品结构创新、企业转型升级之路，带领全体员工砥砺奋进凝聚构件新力量，行稳致远筑梦隧道新时代，在新的历史起点，不辱使命，扬帆远航！

责任助力成长，关爱持续始终

——记黄石市新冶钙业有限公司董事长 陆新民

黄石市新冶钙业有限公司位于湖北省黄石市阳新县左家铺，是黄石市阳新县人民政府招商引资落户于金海开发区的优质冶金化工石灰重点项目。公司成立于2007年，2008年正式投产。公司主要生产重质碳酸钙、活性钙、冶金石灰等系列产品，主要用于冶金与化工，烟气脱硫、污水处理、建筑用材。目前产品年产值达1.5亿元，上缴税收800万元，是鄂东南地区最具有影响力的钙业实体企业。

陆新民同志自2013年7月起任新冶钙业董事长，在多年的企业经营中深刻体会到：现代企业面对的是更激烈的市场环境，归根结底是人的竞争，"以人为本，以人为道"才是战无不胜的法宝，企业要想更好的发展，要有自己的独特积极向上的企业文化，良好的企业文化是企业的灵魂，树立良好的企业形象，充分调动员工的积极性和创造性，才能吸引更多优秀的员工，实现企业的发展目标，提高企业的综合实力。陆新民同志积极倡导和推行企业的"关爱文化"。这是三个方面层层相扣、层层递进的内容：关爱员工、关爱企业、关爱社会。

关爱员工凝聚人心

关爱员工的理念是企业文化理念的最核心的内容。企业的最终目的是满足客户的需要，获得最大的利润，实现企业的价值。顾客重要，员工也同样重要，员工不是为企业创造利润的工具，员工是水，企业是舟，"水能载舟亦能覆舟"的道理在企业也是一样。

首先，从生活方面关心爱护员工。陆新民同志在各种场合总是说："爱护员工要像爱护家人一样！"为了营造良好且安全的工作环境，拿出了企业大部分利润，新建了办公楼；为了改善员工的生活质量，重点建设了员工宿舍，重新修缮员工食堂，配备齐全生活用具，使员工们住得舒心，吃得放心。员工的一日三餐，不仅有生活补贴，还专门聘请大厨师为员工提供健康、营养的饭食，"满足了员工的胃，也得到了员工的心"，构造了"家"的温暖。了解到员工上下班交通不便的情况后，专项安排30余万元购置了班车，解决员工通勤问题。他还督促人力资源部门关心员工的身体健康，制订了定期体检等制度。员工的红白大事，必致电祝贺或慰问，竭尽人文关怀。面对员工的困难，陆新民同志总是毫不犹豫地出钱出力及时伸出援助之手，员工买房时，公司哪怕流动资金紧张，也要千方百计地为员工提供无息借款，尽力帮助员工解决后顾之忧。

其次，在心理上和精神上关心员工。为了丰富员工的业余文化生活，开展文体活动，他又开辟了娱乐室，主持修建了篮球场，定期进行比赛，使员工的业余生活更加充实、丰富，员工的文化生活需求得到满足，还避免了各种违规行为（如赌博）的发生；为了更好地促进公司的企业文化的发展与传承，让员工放松心情、缓解压力，增加了同事之间的交流与沟通，定期组织员工旅游等。

虽然黄石市新冶钙业有限公司是民营企业，但是陆新民同志仍然特别重视党建工作，开辟了党员活动室，组织企业内的党员定期过好组织生活，落实民主生活制度，学习党的方针、政策，用党的思想指导员工生活和工作，充分发挥党员先锋模范作用，使员工在思想上得到教育。这些活动有效增强了团队精神，在心理上拉近了企业和员工、员工和员工之间的距离，在精神上加深了三者之间的感情，实现了交流互动，促进了社会和谐，让员工处处感受到企业大家庭的温暖。

再次，组织员工参加岗位技能培训。"工欲善其事，必先利其器"，掌握一个好的工具和技能，能使员工在各方面立于不败之地。陆新民同志认为对员工最好的爱，就是让他成长。建材行业是劳动密集型企业，员工普遍文化程度不高，现在是竞争激烈的信息化社会，企业工作变化很快，员工在岗、转岗、晋升等都需有技能，"知识改变命运，学习成就未来"的道理适合于任何人，企业要想得到可持续性发展，必须培养员工和管理人员的学习心态、进步意识，专业技能使个人和国家整体素质不断发展进步，顺应时代要求。陆新民同志利用多种方式筹措资金，或请进来或送出去，为员工提供各种技能培训。企业员工通过不断的培训，技能有了新的提高，员工在生产中的操作得到了进一步规范，工作效率也进一步提高，企业的生产设备发挥出了最大的功效，各流程的衔接也更加流畅，从而生产成本得以节约，劳动生产率和经济效益得以提高，这对企业的发展起到了不可或缺的作用，尤其是培训和学习提高了员工素质，增强了员工的自信心，提升了员工的自身价值。

关爱企业推动发展

陆新民在自己的职业生涯中，对企业的责任感、使命感始终贯彻在工作中，因为有了爱心和责任就能生出无穷的力量，为实现目标而努力，即使遇到挫折和磨难，也会变得坚强和无畏。

陆新民作为企业领导人以身作则。对企业的热爱，具体体现在对待工作的饱满热情、认真负责的工作态度，勇于奉献的工作精神和乐于创新的工作意识，这些不是口头上的宣传，而是以自己的言行作为表率。自就任公司董事长的第一天起，虽然一直是在建材行业内工作没有脱离自己的本专业，但他不以自己的所学经验出发，还是从头开始，求知若渴、不甘平庸，从本企业的基本工艺流程开始研究，对各种机器设备都详细了解。从矿山到堆料场，从料石到成品，从车间到仓库，他一一走到；从生产到销售他都认真记录，有疑问的地方，都要不耻下问弄懂为止。

在企业发展过程中，他对于企业经营始终秉持"团结务实、创新争优，诚信守法、合作共赢"的原则，为客户提供优质的产品和一流的服务。立足诚信经营，视客户的发展为公司的发展。这样的原则，明确了企业与客户相互依存、互利共赢的关系，更是企业擦亮品牌、寻求发展生机的法宝。企业经营需要制度做保证，制度措施是实践经验的总结，是企业的立身之本。为此，陆新民实行了严格的生产和产品质量责任制，明确规定了责任人，各生产线、车间都建立了层层细化分解的质量责任网络，主要设备都分别制订了专门的管理办法和明确的职责规范，对质量工作、安全操作过程提出了详细的要求，在源头上把好第一关。每月坚持安全生产教育，严格坚持自检、互检、专检和质量检查制度，不定期进行检查通报和奖惩兑现。对检查中发现的问题，督促受检部门及时抓紧整改，把质量隐患消灭在萌芽状态。企业实施了产品质量绩效挂钩制度，推行了质量风险抵押等举措，把一线员工都纳入了考核奖惩体系中，形成了比较完善的考核机制，极大地加强了管理人员和员工的自觉性和责任感。

陆新民同志在企业管理层面，竭力与适应社会发展的全新管理理念和模式融合，同时提供平台与员工进行"面对面"的交流，及时地掌握工作中员工的不满和心理情绪变化，认真地倾听员工对于工作的建议和意见。

陆新民同志不停地调研全国各地的市场，适时调整企业战略目标，赢得竞争。在企业的市场营销上花费大量的时间和精力进行产品开发、价格定位和广告宣传，强调以客户的需求为导向，不仅要满足客户已有的现实需求，还要激发、转化客户的潜在需求，进而引导和创造新的长远需求，产品要创新，市场营销也要创新，必须适应创新、学会创新、善于创新和把握创新。逐步健全网络销售渠道，学会在网络时代，推广企业的品牌并快速树立品牌形象。

陆新民的种种努力为企业赢得了良好的声誉，企业利润年年增长，上交的国家税收也逐年增加。历年来，公司及个人被各级各部门评先评优，2013年公司被黄石经济开发区评为"年度安全生产先进单位"；2017年被中国建筑材料企业管理协会评为"中国建材企业500强""中国最具成长性建材企业100强"；2018年被中国建筑材料企业管理协会评为"中国建材企业500强"；2019年被中国建筑材料企业管理协会评为"中国建材企业500强"。个人被评为2018－2019年度全国建材企业文化建设突出贡献人物。公司多次被市、区一级评为先进单位等，荣誉属于企业，但这也是对他个人的最好奖励。

关爱社会促进和谐

陆新民同志接手企业管理之后，并不是一味追求经济利益，而是不断承担公司的社会责任。

第一，承担扶贫济困和发展慈善事业的责任。阳新县是湖北省的贫困县之一，由于地处山区，以农业生产为主，田地稀少，交通不够发达，工业基础薄弱，贫困人口多。在企业选址建成之后，陆新民对周边的几个乡村走访调查，决定留出招工名额，在众多贫困户中尽量招录能适合企业工作的村民，如果每户有一人能在企业工作，意味着家里能有一笔稳定的收入，就基本改变了家庭的贫困面貌，受惠于这样的特例，许多村民走出了贫困，开始了崭新的生活。企业在当地修路搭桥，开通了与外界的联系，偏僻的山区角落，有了人声、机器声，这改善了当地的贫困面貌，繁荣了当地经济。有了赢利后，企业无偿捐赠给周边各个乡村300多万元，用于支持当地农村基础建设，进一步优化生存环境，造福普通村民，还定期资助附近乡村的贫困学生，为他们购买学习用具，提供生活保障，承担他们中学和大学的学习费用。"独乐乐不如众乐乐"，陆新民常说："个人的生活富裕和快乐不是幸福，只有大家都富裕和快乐才是真正的幸福，每个人每个企业都要尽自己的社会责任才无愧于国家和社会。"

第二，承担可持续发展与节约资源的环境保护和维护自然和谐的责任。矿山石材的开采是要将埋藏于地下或初露于地表、并具有开发利用价值的石材挖掘出来进行生产，尽管科技在不断进步，但矿山资源的开发仍然会导致水土流失和荒漠化，会对人们赖以生存的淡水、土壤和空气产生很大的负面影响，陆新民无时无刻地关注着环境问题。由于生产就会产生扬尘，他聘请专家降低爆破产尘量，合理布置炮孔，正确选用爆破参数，采装、运输和矿石卸车等产生的粉尘，通过专人清扫、洒水等措施减少扬尘的产生量。成品生产线的粉尘采用高效的收尘设备。采矿及运输过程产生的废水和企业的生活污水，经无害处理后排到矿山附近的自然沟内用于农田灌溉。正在开采的石灰石矿山与最近的村庄保持安全距离，并选择合适的爆破时间，让爆破噪声对村庄及周围环境影响最小化。矿山开采充分利用详勘报告，最大限度地合理利用矿山资源，减少水土流失，保证环境安全。矿山开采前都会制订详细的生态恢复设计方案、实施计划和进度安排，并与水土保持方案相结合，给予资金上的保证。开采作业面都因地制宜种树进行生态恢复，覆土植树、种草绿化。2020年计划投入2亿余元打造绿色矿山建设，先期投入60余万元，动用车辆800余台次，施工土方15000方，恢复整地35余亩，栽植槐树

20000余株，企业的发展壮大与生态环境的改善同步进行，变害为利，让经济与环境相结合，使自然环境得到更好的利用。

第三，履行社会责任，2019年12月以来，新冠肺炎疫情暴发，特别是湖北地区，是重灾区。疫情就是命令，防控就是责任！面对突如其来的疫情，陆新民董事长带领公司全体党员、骨干迅速进入"战时状态"。成立"新冠肺炎防控领导小组"，制订"新冠肺炎防控实施方案"，把党中央的决策部署有效贯彻落实到疫情防控各方面，果断停工停产并迅速组织人员采购口罩、84消毒液、酒精等防控物资。与此同时，他还带领党员干部、骨干到辖区政府、社区、医院进行防控知识宣传，捐赠口罩防疫物资折合人民币30余万元，尽自己所能践行了一个企业的社会责任和担当。

点评： 责任、爱心、奉献是中华民族的传统美德，更是一名优秀企业家不可或缺的担当和追求。黄石市新冶钙业有限公司在贫困地区建厂，在快速发展的同时，企业造福一方百姓，富裕企业员工是陆新民董事长的祈盼，他将此理念作为自己的责任，架桥、铺路、助贫、资学、捐款、捐物，他的奉献精神深得企业员工、当地政府和乡邻百姓的推崇。

责任在肩

——记湖南湘北水泥有限公司党支部书记、董事长、总经理 赵金秋

赵金秋同志，男，1964年2月出生，中国共产党党员，本科学历，经济师，从2005年起任湖南湘北水泥有限公司董事长、总经理、党支部书记。这位从泥土里走出来的乡下汉子，从小就养成了坚强、拼搏和豪迈的性格。他执着追求、艰苦创业，以毅力和胆识推进企业转型升级；他强化管理，不断推进制度创新、管理创新、技术创新，以创新推进企业发展；他倾情民众，情系家乡，用执着和奉献书写着企业家的风采。他先后担任常德市政府形象监督员；鼎城区工商业联合会副主席；鼎城区执法监督员；鼎城区人民法院陪审员等多项社会职务。先后当选为鼎城区"十佳人大代表""第四届常德市优秀中国特色社会主义事业建设者""常德市第六、七届人大代表"。他先后被评为"鼎城区优秀共产党员""鼎城区十佳善德公民"；2012年被中共常德市委市政府授予"十佳优秀企业家"称号；2015年被评为"全国建材行业优秀企业家"；2017年和2018年连续两年被评为"全国建材企业管理创新突出贡献人物"；2019年9月在中国建筑材料联合会、中国水泥行业协会2018—2019年度国优奖评选活动中，被评为"中国水泥20位杰出贡献人物"；2019年8月被评为全省非公经济组织"优秀共产党员"；2019年11月拟定为"全国建材行业先进工作者（劳动模范）"和"湖南省优秀企业家"。

转型升级

赵金秋同志当过乡村医生、民兵排长、植保主任，曾把本地的生猪、柑橘销往山西、河北、河南、内蒙古等地。凭着在市场经济的海洋里练就的营销本领，1993年被镇政府选调到本镇水泥二厂任销售科长。2005年，镇办企业的改制把赵金秋同志推到了风口浪尖，他以强烈的责任感和多年积累的丰富的管理经验和营销策略，将该厂买断，组建湖南湘北水泥有限公司，出任董事长、总经理、党支部书记。

随着国家节能减排、淘汰落后产能政策的实施，原来高能耗、低效率的立窑水泥生产工艺被国家产业政策所制约。赵金秋同志积极落实国家节能减排和淘汰落后产能政策，淘汰了立窑水泥生产线，在符合国家产业政策的前提下，于2013年建成了一条年产100万吨的节能型、环保型的水泥粉磨生产线。在建设期间，他坚持高起点、高标准，以节能降耗、保护环境为原则，精心设计、精心组织，把该生产线建成了全省同规模水泥粉磨行业中的标杆，达到了工艺流畅、质量可靠、节能效果明显、无污染物排放的既定目标。

赵金秋同志用智慧和汗水把一个年产仅13万吨的乡镇小厂发展成了年产100万吨的全省知名的水泥粉磨企业，把过去浓烟滚滚的生产方式转变为无污染物排放，显示出了企业转型升级的明显效果。该生产线的建成，成为当地新的经济增长点。同时也带动了本地运输、餐饮等行业的发展，形成了"办好一个厂、带活一个乡、富裕一方人"的可喜局面。该项目凝聚着赵金秋同志的智慧，在他人生奋斗

的里程上书写了浓彩的一笔,同时赵金秋同志也被湖南省委省政府授予节能减排和经济转型先进个人。

创新管理

从出任董事长的那天起,赵金秋同志就深知管理理念是管理创新的根源,管理创新是企业发展的不竭动力。此后,他大刀阔斧地进行改革,做勇于创新的探索者,积极推行企业现代化管理,使产品质量、节能降耗、环境保护、经济效益等方面走在了全省同规模水泥行业的前列,企业逐年取得进步,综合水平不断提升。他主持创造的"现代化创新集约采购管理与电子平台应用"成果,成绩显著,被评为2017年全国建材企业管理现代化创新成果一等奖。

在质量管理方面,他坚守质量品质,全力维护具有"湘北"特色的水泥性能,不断完善质量管理体系,严格执行质量管理规程,在公司建成了纵横联锁、上下紧扣的质量管理网络,产品质量得到了稳定和提升,质量信誉持续稳固。由于质量过硬,产品畅销湘西北地区。公司的"湘北"牌水泥商标连续两届被认定为"湖南省著名商标";连续两届被授予"湖南名牌产品"称号,2017年被授予"湖南好产品"称号。

节能降耗始终是他关注的重点,他主持制订公司中、长期节能规划,建立健全节能管理体系,严格执行能源消耗审计考核,积极倡导技术革新,组织QC小组进行技术攻关,取得了显著的节能效果,把吨水泥综合电耗控制在28度以内,处于全省同规模水泥粉磨企业的领先水平。每年能源消耗指标均较大幅度地低于国家和省能耗限额标准,每年节电53万度以上,取得了良好的经济效益和社会效益。

他十分注重安全生产,信守安全是最大效益的理念,在公司上下,层层签订安全生产责任状,采取安全与工资奖金挂钩的安全生产管理模式,实行安全生产全员参与,并严格按安全生产标准化体系运行,不流于形式,真抓实干,利剑高悬,警钟长鸣。通过对安全生产工作采取抓源头、除隐患、重监管等措施,公司连续8年来安全生产零事故,得到了各级政府部门的好评。

保卫蓝天,维护绿水青山,守住一方净土,他责无旁贷。作为保护环境的第一责任人,他主持制订了严格的环境保护管理制度,落实环保目标责任制,大力推行清洁生产,加强设备的管理和维护,严防跑、冒、滴、漏,不惜重金,加大投入,实现了污染物治理的全覆盖,达到了无粉尘、无废水排放的目标。目前,厂区内绿树成荫、青草满地、环境优美,得到了同行业的赞誉和环保部门的肯定。

公司2019年实现销售收入25130万元,实现利润2776万元,上缴税金1706万元。从2015年起,销售收入、上缴税款、利润均连年增长,使公司跃居为"2017中国建材企业500强""2018中国建材企业200强"和"2018中国水泥企业50强"。

诚信为本

赵金秋同志长期以来把诚信作为企业发展的根本,秉承"人无信不立,企业无信不长"的理念,把诚信作为公司的无形资产,把诚信当作生产力。正是有了赵金秋同志营造的以诚信为本、待人宽厚、处事宽容的文化氛围,公司上下处处注重诚信,才使得公司的形象得到了提升,依靠诚信企业得到了发展和进步。

赵金秋同志的诚信是从点点滴滴开始的。2017年的夏天,一位自家建房的客户开着农用车来厂买水泥,赵金秋目送着装了满满一车水泥的车子出厂,不久,天空忽然电闪雷鸣,很快就会突降阵雨。

此时的赵金秋突然想到刚出厂的这台车没盖雨布,估计车辆没走多远,于是他赶紧到保管室取来彩条布,开着小车向客户走的方向赶去,此时已开始下雨,客户站在车边焦急万分,赵金秋拿起彩条布爬上车顶和客户将水泥盖好,然后叫客户把车开到厂里,安排员工卸下被淋湿的水泥给予调换。客户感激地说:"这么大的老总还亲自给俺盖雨布,是我自己大意了,没有将雨布带在车上,水泥淋湿了是我自己的责任,你们还给我调换了水泥,你们做得真好。"

2018年10月,公司销售员签回了一份20000吨的水泥购销合同,但后来熟料购进价格猛涨,如继续执行原来的合同水泥将亏本销售,有些股东提议停止供应水泥。赵金秋得知情况后,要求必须按合同的约定足量供给,严格按合同办事,后来将剩下的4000多吨水泥如数地发给了客户。正是赵金秋同志力举诚信、讲求信誉才使得企业好评如潮。

建言履职

"上为政府尽力,下为人民所言"是赵金秋同志经常说的一句话。从当选人大代表以来,他走访调研察民情,建言献策彰民意,积极履行人大代表职责,始终保持着一份关注社会、关注民众的爱心。他经常深入企事业单位、村组、学校、农户家中开展调查研究,了解群众的愿望和诉求,积极向上级有关部门反映情况,及时协调化解各种矛盾。他积极参加人大组织的调研活动,献良策、讲真话,上至国务院、下至村支两委他都直言不讳;他参与市区政府职能部门的行风评议,实事求是地指出存在的问题和不足,为政府部门转变工作作风,提高服务质量起到了一定的作用。他先后向市区人大提交了《关于中小企业面临的困境和治理的建议》《关于优化中小企业发展环境》《切实解决看病难、看病贵的问题》《当前工程建设招投标行政监督机制存在的突出问题》《关于要求全面深化监督、严肃财经纪律的建议》《关于对领导干部在改革创新中实行容错保护的建议》《对新常态下如何治理党政干部"三不为"行为的建议》《关于加强农田保护的建议》《关于将幼儿教育逐步纳入义务教育的建议》等75件建议,其中《关于要求全面深化监督、严肃财经纪律的建议》被常德市监察局列为A类建议,《对新常态下如何治理党政干部"三不为"行为的建议》和《关于加强农田保护的建议》被常德市委组织部、市国土资源局列为B类建议。特别是《关于对领导干部在改革创新中实行容错保护的建议》得到了中央部委的重视,为国务院出台对领导干部在改革创新中实行容错保护等相关文件起到了一定的作用。

丹心为民

赵金秋说:"奉献是一种美德、一种精神、一种快乐。"从买断湘北水泥二厂以来,他一边办企业、一边做慈善,用无私的爱抚平贫困孩子心灵的创伤,用无私的情驱散不幸人的阴霾。公司设立了助伤助残基金、扶贫助学基金;他致富思源,经常深入村组访贫问苦,为群众排忧解难,不忘家乡建设;他积极参加社会活动,履行社会职务,化解社会矛盾;他关心职工利益,维护职工合法权益,深受员工爱戴和敬仰,得到了社会各界的广泛赞誉。几年来,累计为乡村公路建设、为贫困学生捐助学费、为孤寡老人捐款捐物510多万元。

早春二月,阴雨绵绵,寒风依旧刺骨。在临岗公路30号路桩旁一位神志不清、70多岁的老大娘在路边颤抖,身上满是雨水和污泥,过往车辆急驶而过。赵金秋路过时看到可怜的老人后立即停车,当得知老人家住高桥村,出来走亲戚走不动了时,他眼含泪花毫不犹豫地将老人抱上车将她送到家里,临走时将1000元塞到老人手里说给大娘拜个年，叮嘱老人好好待在家里不要外跑，叮嘱家人要好好照顾老人，孝敬老人。

延寿奄村罗塆组17的小姑娘罗丹，爸爸妈妈体弱多病，70多岁的爷爷患风湿腿脚不便，家里十分贫困，爸妈无钱让女儿读高中只好让她辍学在家。赵金秋同志得知这一情况后主动联系罗丹的父母，对他们说不管怎样也要让孩子继续读书，表示罗丹高中三年的学费和生活费全部由他承担，并鼓励罗丹好好读书，争取考上一所比较好的大学，今后读大学的钱也由他全部负责。2014年罗丹被湖南商学院录取，赵金秋同志每年负担罗丹的学费和生活费用2万多元。罗丹的爸妈和爷爷逢人就说："要不是赵总，伢儿怎么读得起书，赵总真是好人呀！"

公司员工周红权，妻子在家务农，体弱多病，女儿患脑肿瘤花光了家里所有积蓄，家里田地多，他又要上班，农活基本由妻子承担，妻子却觉得很辛苦，女儿又要钱继续治病，家里条件又差，心里烦躁便经常在家里吵吵闹闹，周红权感到十分苦恼，在和赵金秋聊天时无意中谈起了家里的情况。几天后，赵金秋约定时间买鱼买肉来到周红权家，边吃饭边与他们俩口子拉家常，给他妻子做安抚工作，鼓励他们俩口子振作起来，面对现实，越是困难的时候越要勇敢地面对困难，越要夫妻和睦，不要加重女儿的心理负担，以后的日子会慢慢好起来的。夫妇俩经赵金秋开导后均表示以后不再吵架，妻子表示支持丈夫好好上班，自己把田地种好，争取多一些收入。赵金秋回家后把周红权家里的情况和妻子、儿媳说了，全家人对周红权家的困境感到同情，都表示要帮一下。第二天赵金秋将3000元送到了周红权的手中。

点评：湖南湘北水泥有限公司党支部书记、董事长、总经理赵金秋从小就养成了坚强、拼搏和豪迈的性格。他执着追求、艰苦创业，诚实经营，果断推进企业转型升级；他强化管理，不断推进制度创新、管理创新、技术创新，以创新推进企业发展；他倾情民众，情系民生，丹心为民，用执着和奉献书写着一名优秀企业家的风采！

砥砺奋进，筑梦前行

——记潍坊市兴源防水材料股份有限公司党支部书记、总经理 刘海龙

潍坊市兴源防水材料股份有限公司党支部书记、总经理刘海龙长期从事建筑防水材料技术与企业管理工作，他具有强烈的事业心和进取精神，尊重科学，实事求是，作风正派，坚持科学发展观，运用现代先进的管理方法和理念，使濒临清盘的企业，走在持续、稳步、全面发展的道路上。

胆大心细，运用先进管理理念，盘活企业

2001年7月，刘海龙担任寿光市卓越防水油毡厂厂长，由于管理不善，经营生产持续下滑，人心涣散，队伍不稳，持续亏损，当时公司濒临破产清理。面对困难的局面，他毅然咬牙接受。以各部门负责人为重点，加强思想建设，组织建设和作风建设，转变思想观念，为公司的改革、发展、稳定提供了有力的思想保障。

上任伊始，他加强各项制度建设，建立规范标准，形成了比较系统的管理制度；建立健全了经营责任体系和考核体系，促进了经营规模的扩大和提高；转换经营机制，不断扩大经营规模，努力提升企业经营功能，改革经营方式，改变单一产品结构，扩大功能覆盖，提高了产品的附加值；大力拓展工程市场，以产品价值优势，结合直供配套的运作模式，努力贯彻"走出去"方针，不断开发市场业务，使市场份额稳步扩大。

追求绿色发展，建设生态文明企业

企业经营摆脱危机后，产品的发展又摆在了刘海龙面前，准入手续不严格，技术门槛低，使得越来越多的人从事沥青油毡产品的加工，越来越多的企业打起价格战，冲击市场；劣质生产材料也使得乡镇环境污染较严重。刘海龙认为这是一次挑战也是一个机遇，环保无污染的新型材料才是未来发展的方向，为此他先后前往河北、河南等省考察，最后将当时较为先进的改性沥青防水卷材技术带了回来，毅然决定新建生产线，用最优质的原材料和工艺生产较为环保的产品。不久后，乡镇的生产办法与行业政策相关出台，要求淘汰落后产能，引进先进技术，重视节能环保生产。这为使得公司较早推广产品占据细分市场提供了有力保障，也为今后的发展奠定了基础。

近年随着新旧动能转换背景下各类政策的导引与行业发展趋势，刘海龙又带领团队完成了"一种适合粮库防水用SBS防水卷材""一种采用再生研磨胶粉生产的防水卷材""一种利用废旧聚苯乙烯与石墨烯高分子制备的VOCs含量为0的防水涂料及其制备方法"等新型建筑防水产品的研究。

运用科学发展观，创新提升企业竞争力

一是坚持以人为本，形成特色人才建设机制。

刘海龙同志一直重视人才工作，坚持以人为本、人才强企的战略，根据公司人员结构，提出并形成了具有"有人才发挥作用的岗位，有为知己者死的情感，有符合人才价值的待遇，有人力资本不断增值的条件，有人尽其才的环境，有优胜劣汰的压力"的独具特色的人才建设机制。

大力推进用工制度、人事制度和分配制度改革，改进市场营销，规范项目管理，建立内部市场，调整经营方式，完善激励约束机制。以提高员工队伍整体素质为落脚点，坚持减人增效和增效留人相结合的两手抓的方针，逐步提高了员工队伍的素质。

二是推进科技进步和技术创新。

建立健全公司技术中心，形成了充分发挥公司技术资源作用的自主技术创新体制和多级科技研发体系，有效地推动了公司的科技进步和技术创新。

大力促进技术产业化进程，努力提高产品的技术含量和附加值，努力维护自主知识产权的安全。同时，公司设立首席专家制、首席技师制、技术投入机制等鼓励技术进步的制度，调动和保护了广大技术人员进行技术创新的积极性。这些措施，提高了公司核心能力，增强了内在竞争优势，促进了竞争战略由价格竞争为主向技术竞争为主的转变。

加强党建工作，营造创新争优氛围

坚持党建和经营两手抓、两促进，扎实开展"两学一做"活动。围绕公司生产经营和阶段性重点，党员干部亮身份、做承诺，带领干部员工身先士卒，在公司地销市场拓展、优惠政策争取、弱势指标改进、检修技改攻关、后勤窗口服务等方面，发挥党委的领导核心、支部的战斗堡垒、党员的先锋模范作用，把员工的诉求、经营的需求和上级的要求有机结合起来，取得了较好的效果。组织通过开展劳动竞赛、技能比武、合理化建议等活动，激发员工创新创造活力，在降低员工劳动强度、改善员工作业环境上取得了较好的效果；定期开展基层优秀员工选拔，每月开展"星级员工"评选，选拔生产和服务一线的基层员工，进行表彰和公开展示，通过榜样的力量引领员工队伍成长。

积极投身社会公益，勇担社会责任

在辛勤经营之余，刘海龙及其企业管理团队始终以社会责任为己任，热心参与慈善公益事业，先后向家乡捐资建村道、修筑医院、助学，向教育基金、慈善会等捐款，捐资捐款总额超过100万元。2018年，公司拿出100万增值本金，成立了全市防水行业首家慈善冠名基金，定向帮扶贫困老人与残疾公益事业。公司被授予全市"慈善冠名基金模范单位"，刘海龙同志更是因为积极投身公益，不忘初心，以实际行动回馈社会，获得了社会各界的好评，荣获2018年寿光"好人之星"，2019年"潍坊好人"等称号。

点评： 潍坊市兴源防水材料股份有限公司党支部书记、总经理刘海龙，具有强烈的事业心和进取精神，尊重科学，实事求是，作风正派，坚持科学发展观，运用现代先进的管理方法和理念，使濒临清盘的企业，走在持续、稳步、健康、全面发展的道路上。而今他不满足于已经取得的成绩，继续砥砺奋进，筑梦前行。

创新驱动，科技立企

——记湖北远固新型建材科技股份有限公司总经理 刘让新

刘让新，男，1966年2月出生，毕业于武汉城乡建设职业学院土木工程系，建筑施工工程师。宜昌恒生建筑安装有限公司董事长，湖北远固新型建材科技股份有限公司（以下简称远固建材）总经理，宜昌市重庆商会副会长。

刘让新从事建筑行业30年，一直致力于新工艺新材料的应用，所承建项目多次获得"楚天杯""夷陵杯""安全文明施工现场""优质结构"等多项殊荣。2013年，刘让新向新材料行业发展，远固建材于2016年发展为国家高新技术企业，荣获2014－2018年度宜昌市生态环境保护奖、2019年度高质量发展奖。刘让新多年来致力于磷石膏综合利用及绿色建材的技术研发，充分发挥建筑企业与建材企业合作共赢的优点，将新材料与新工艺相结合，响应国家"不搞大开发，共抓大保护""节能减排"等方针，广纳贤才，并充分调动广大职工的积极性，坚持改革创新，为我市的建筑节能做出应有的贡献。

湖北远固新型建材科技股份有限公司成立于2006年，位于宜昌高新区白洋工业园，公司注册资金2000万元，占地110亩，总投资2.4亿元。现已建成年产60万立方米蒸压粉煤灰（砂）加气混凝土砌块生产线、年产60万吨预拌砂浆生产线、年产60万吨高强石膏基新型建筑材料生产线，建设标准厂房约30000平方米、办公楼及职工宿舍楼约12000平方米。公司主营产品：蒸压加气混凝土（精确）砌块、干混砂浆、石膏砂浆。企业全面投产后年产值将达到4.78亿元，年度上缴税金可达3500万元。

公司目前生产设备均采用国内外先进成套设备，全程电脑触屏监控，自动化程度国内同行业一流，并配备专业的试验检测设备，为产品质量保驾护航。公司自2007年开始就被认定为"中国建筑砌块协会会员单位"、湖北省"新型墙体材料应用单位"，曾被宜昌市住建局连续5年评为"建筑节能优秀企业"，是宜昌市集绿色环保与建筑节能一体化的大型企业。公司2016年1月在新四板成功挂牌上市，同年12月发展成为"国家高新企业"。2017年通过了质量、环境、职业健康安全、能源管理四大体系认证；参与了《蒸压加气混凝土干法施工专用砂浆》湖北省地方标准的编写。2018年顺利通过绿色建材三星标识认证，获得宜昌市生态环境保护奖。2019年获得"2019中国砌体材料企业20强""2019中国建材企业500强""宜昌市家居建材5A级信用企业"。2020年获得"宜昌高新区高质量发展奖"等殊荣。

公司现拥有一支高素质、专业化管理团队，职工规模300余人。其中，专业技术人员30人，研发人员10人，管理人员20人，销售人员5人，生产工人200余人。

公司长期以来秉承"以质量求生存，以管理求效益，以信誉求发展"的经营理念，致力于墙材革新和建筑节能环保领域的拓展，争取成为宜昌市同行业规模最大、技术领先的示范型企业。

企业转型发展，强抓科技创新

刘让新从公司底层做起，从施工技术到材料的更新换代都有着敏锐的洞察力，将公司从作坊式的实心砖生产线改造为蒸压加气混凝土生产车间，并根据行业需求增设一条预拌砂浆生产线。同时，积极进行生产设备的改造升级，通过改造大大节约了生产时间及成本，并获得了专利15项。宜昌市作为湖北省的化工产业大市，多年以来磷石膏堆积过剩，政府大力鼓励公司开发、利用磷石膏。在他的带领下，公司多次试验，调整配比，将磷石膏运用于加气砖和砂浆的生产，通过权威部门检测，其各项指标均满足行业标准。通过生产工艺的改造创新，将加气砖生产线日产量从700立方米增产至1200立方米。技术创新无止境，在刘让新的带领下，公司通过5年的摸索，成功研发了高强石膏粉生产工艺，取得了国家发明专利，并与三峡大学展开产、学、研合作。磷石膏生产线2018年正式运转，公司成功承办了由宜昌市住建委主办的磷石膏综合利用推广会。公司生产出来的高强石膏粉品质有保障，并且环保节能。石膏粉强度能达到建筑用石膏产品的一级标准，目前在全国磷石膏制备石膏粉领域上处于领先水平，广泛适用于建筑、工艺饰品、磨具制作等领域，可以替代或部分替代天然石膏，市场前景广阔。在社会效益方面，全公司一年可消耗磷石膏近60万吨，减少天然石膏开采量约30万吨，既做到了废弃物的综合利用，又保护了生态环境。实现了低碳经济与循环经济相结合，节能减排与综合利用并重。公司磷石膏生产线的正式投产，标志着远固建材将由高速发展转为高质量、精细化发展，公司将全力创造行业品牌，打造行业龙头企业。

完善制度体系，实行标准化管理

公司的有序发展离不开制度化的管理，公司组织结构健全、管理制度完备、干部队伍精干、员工素质逐年提高，近年来，公司在刘让新的带领下不断适应新体系、新标准，2017年质量、环境、职业健康安全、能源管理四大体系认证，使公司产品从原材料采购、生产制造到售后服务都有了可靠的保障。公司对节能减排也有相应的管理标准，在宜昌市同行业中率先通过了中国建筑科学研究院的绿色建材评价标识三星认证。在内部管理方面，建立内部网络办公平台，文件转发收件安全方便，档案数字化留存一目了然，合同审批办理随时随地，推动了无纸化办公，大大提高了公司工作效率。2019年，公司申报了"湖北省信息化和工业化融合试点示范企业"，获得湖北省工信部认可。

加快绿色发展，紧跟行业步伐

公司现为国家高新技术企业、湖北省建筑节能协会理事单位、中国建筑材料企业管理协会品牌建设分会理事单位、中国建筑装饰协会会员、宜昌市高新区创新型企业，荣获2014－2018年度宜昌生态环境保护奖、绿色人居可持续杰出企业、2019年中国建材企业500强和中国砌体材料企业20强等殊荣。公司凭借规范的管理和优质的产品，奠定了长期稳步的发展方向，"远固"品牌在宜昌市场中享有很高的声望，在2019年获得行业认可。公司成为宜昌市家居建材行业5A级信用企业，并于2019年顺利通过高新技术企业复审，取得了预拌砂浆三体系认证证书。公司于2019年12月与湖北宜化肥业公司签订了长期战略协议，这对宜昌磷石膏固废的消耗提供了保障。

推进企业文化建设，提升企业凝聚力

公司长期以来秉承"以质量求生存，以管理求效益，以信誉求发展"的企业文化，本着"以人为本，共同发展"的原则带领员工和公司共同进步。公司不断创新工会工作的内容和形式，注重企业文化建设和人才队伍培养，创建了职工之家，通过开展丰富多彩的特色活动凝聚广大职工，从而增加公司凝聚力；通过健全招聘、培养、交流、考核机制广纳贤才，发掘员工潜能，培养出一支综合素质超强的队伍。公司获得宜昌市高新区"十星文明诚信企业"称号。

发挥社会效益，积极履行社会责任

公司在促进自身经济不断发展的同时，积极履行其社会责任。为了解决周边居民就业难的问题，在达到公司要求的工作能力前提下，公司本着优先录用周边居民的原则，解决了近百名居民的就业问题，大大提高了居民的生活质量。

2017年，公司积极响应国家绿色生产的号召，花费巨资将原有燃煤锅炉更新为天然气锅炉，并修建开通一条天然气专线使得排放达标。同时，公司还热衷于公益事业，在社会上力所能及的贡献力量，帮助需要帮助的群体，本年度向慈善总会及贫困户累计捐款30余万元，每逢年节也会给贫困户送米、油及生活物资，并斥资50万元帮村里的贫困户搭建住房。这一系列的善举使得公司在当地有较高的声誉。

科技创新永远在路上，没有完成时，只有进行时。未来，公司将在刘让新的带领下，尽己之力，一如既往地加大科技创新，开发系列绿色建材为绿色建筑、生态城市建设提供材料、部品和技术支撑，并充分发掘宜昌本地工业固体废弃物资源价值，将磷石膏和石墨尾矿等的综合利用与新产品研发结合，变废为宝，在实现企业经济效益的同时，创造社会效益和环境效益。

点评：湖北远固新型建材科技股份有限公司长期以来秉承"以质量求生存，以管理求效益，以信誉求发展"的经营理念，致力于墙材革新和建筑节能环保领域的拓展，用磷石膏综合利用生产新型墙体材料，具有技术领先的示范型作用。刘让新坚持科技创新永远在路上，没有完成时，他将一如既往地加大科技创新，开发系列绿色建材，为社会和企业的发展再立新功！

抓企业转型，促企业发展

——记海宁市欣河水泥有限公司副总经理、海宁市嘉海混凝土有限公司总经理 凌叙金

凌叙金，男，汉族，1963年出生，中国共产党党员，现任海宁市欣河水泥有限公司副总经理，兼任海宁市嘉海混凝土有限公司总经理。1984年4月进入海宁市斜桥水泥厂（1998年转制后更名为海宁市欣河水泥有限公司）化验室工作，并担任化验室主任，负责生产全过程的质量管理工作；1990年1月任水泥厂企业管理办公室主任，主要工作是协助厂长搞好企业管理，同时，主管企业的技术改造和企业发展；1995年11月任水泥厂副厂长；1998年企业转制后任副总经理；2006年6月至今，兼任海宁市嘉海混凝土有限公司总经理；现具有高级工程师、高级经济师职称。

抓好技术改造和转型升级，促进企业绿色发展

海宁市欣河水泥有限公司的前身是创办于1984年的海宁市斜桥水泥厂。海宁市斜桥水泥厂的年生产规模为1.5万～2万吨，在计划经济的年代，该厂生产的水泥因产品质量好，在市场上一直处于供不应求的状态，并且每年还有较为可观的利润。

1990年5月，在水泥供不应求的情况下，该厂领导决定进行小规模的技术改造，于1991年5月竣工投产，该厂成为海宁市水泥行业普立窑改机立窑第一家成功单位，年产量由2万吨提高到3万吨。

1992年12月，根据市场需求，该厂开始了年产5.5万吨水泥生产线技术改造，总投资为500万元。该项目在凌叙金同志的主持下，从设备选型到可行性报告编制、工艺设计、设备安装、调试，均由该厂自行完成。通过这次技改，该厂自行培养了安装队伍和技术力量，并积累了大量的宝贵经验，为下期技改打下了良好基础。经过近一年的艰苦努力，该项目顺利竣工并达产，取得了较好的经济效益。

1993年12月，该厂年产10万吨水泥生产线第二期扩建技改项目，总投资为1500万元，该项目生产线工艺布局合理，并采用先进水泥机械设备和工艺技术，并于1995年10月按期投产，质量提高明显，经济效益显著。1997—1998年连续两年被浙江省计划与经济委员会、浙江省经济体制改革委员会、浙江省统计局、浙江省企业评价中心在浙江省工业企业评价排序中，以突出的经营业绩，进入全省"行业最佳经济效益"工业企业评价序列，得到表彰。

2003年，年产40万吨旋窑熟料水泥粉磨车间技改项目经省经贸委批准建设，总投资达2100万元。该项目在凌叙金同志的主持下，经过一年多建设、自行安装、调试，并顺利达产。2004年投入运行到现在，产、质量明显提高，经济效益显著，正是这次带辊压机的粉磨工艺新技术和 $\phi 3.2 \times 11$ 米球磨机这一新设备的运用，才使本公司免受淘汰，成为全市十六家水泥厂中唯一一家符合国家产业政策而生存下来的水泥企业。

2004年2月，凌叙金同志经过了充分的市场调研，敏锐地感觉到商品混凝土市场需求将不断扩大，在董事会的支持下，新征土地建造年产20万立方米商品混凝土搅拌楼，总投资2100万元。

正在项目即将起步之时，国家宣布冻结土地征用审批一年，新征土地建造搅拌楼的可能性没有了。为了使项目能早日实施，经过研究和实地观察，在原10万吨生产线生料车间位置可以建造搅拌楼，于是决定拆除石灰石均化库、生料配料库、生料粉磨车间，重新对项目进行了工艺布置，利用有限的土地，采用一次规划分步实施，并留有发展空间（预留年产20万立方米搅拌楼的建设空间）的建设思路。

2006年6月，一条双搅拌楼，单线自动骨料上料系统顺利投产，该生产线采用了较为先进的自动骨料上料系统，主机采用台湾万大的2立方米KYC搅拌机。该生产线工艺均自行设计完成，总投资2218万元。

2007年1月，为完善该生产线年产40万立方米的产能，投资1080万元，用于购置混凝土汽车泵、搅拌车等设备，以适应市场对商品混凝土的要求。

2010年6月，根据商品混凝土市场需求增大的有利形势，投资2000万元新建3号搅拌楼。该项目在凌叙金同志的主持下，自行完成。该项目以节约资源，循环利用、保护环境为目的，新型工厂式全封闭的混凝土搅拌楼，合理利用了剩余土地和空间，并采用目前最先进的工艺技术和设备。

2011年5月，为彻底解决三个搅拌楼（含在建的3#搅拌楼）生产的混凝土洗车污水排放问题，增加了年产60万立方米预拌混凝土汽车洗车污水回收处理及再利用项目。实现了搅拌站污水零排放。

2013年，为降低物料输送过程中的扬尘污染，对原材料骨料堆场、搅拌楼进行了全封闭式改造，实现了混凝土骨料堆场及生产过程全封闭，搅拌噪声控制与粉尘排放达到和优于国家标准。

2018年2月，对1号、2号搅拌楼系统进行技术改造，提高了计量精度和计量可靠性。通过改造，大大提高了生产效率，并取得了显著经济效益。

2018年4月通过了浙江省商务厅、经信委、建设厅、环保厅验收，取得了"浙江省预拌混凝土行业清洁生产达标企业"证书。2019年3月取得了中国建筑科学研究院"绿色建材评价标识证书。"

有投入必有产出。公司在取得显著经济效益的同时，2009年开始先后被镇人民政府授予发展最快企业，技改投入十强企业，连续多年被镇人民政府授予地方财政贡献最大企业、纳税贡献先进企业、规模最大企业、销售最大企业、"机器换人"技改先进企业、贡献最大企业等荣誉称号。

完善质量体系，规范管理行为

为加强质量和环境管理，提高和稳定商品混凝土质量，改进混凝土公司生产环境，建立和健全质量（环境）管理体系显得尤为重要。2008年初，在凌叙金同志的主导下，组织公司领导、中层干部和中级专业技术人员和员工进行GB/T 1900—2000、GB/T 24001—2004标准的宣贯学习，并成立了以凌叙金同志为组长的质量和环境管理体系领导小组，编写了《质量手册》《程序文件汇编》和《岗位作业指导书》等一系列文件，同时还制订了"员工为本、质量为根、精益求精、顾客满意""遵守国家法律法规，生产绿色产品，不断减少废弃物的产生，提高资源利用率"的质量方针和环境方针。

2008年10月，经北京中经科环质量认证有限公司专家对我公司进行评审，评审认为该公司质量体系符合GB/T 19001—2000/ISO 9001:2000标准，该体系覆盖范围的预拌混凝土的生产和服务；评审认为该公司环境体系符合GB/T 24001—2004/ISO 14001:2004标准，该体系覆盖范围为预拌混凝土的生产及服务的相关环境管理，取得了质量管理体系认证证书和环境管理体系认证证书。

利用废弃资源,生产绿色高性能混凝土

2008年10月,混凝土生产的细骨料黄砂告急,凌叙金同志在石矿里发现石矿的尾矿——碎屑很多,就拿了样品交试验室进行了颗粒级配和细度模数试验,石粉含量、泥块含量的亚甲蓝试验,堆积密度,表观密度和空隙率试验,结果均符合1类砂的标准要求。在试验室试验的同时,还得到信息这种废弃资源如加以综合利用的话,能享受国家税收减免。于是,在大胆引进新材料——碎屑替代部分黄砂使用。与此同时,还对电厂的原状粉煤灰与磨细灰进行比对,认为在烧失量、细度相同的情况下,原状灰要优于磨细灰。对两项废物的使用最高可以达到35%以上。因此,废物资源掺加比例高于国家要求的30%是完全可以的。

2008年12月,为切实开展资源综合利用工作,该公司成立了以董事长为组长,凌叙金同志和技术负责人为副组长、试验室主任、财务经理、供应部、生产部主要负责人为组员的资源综合利用领导小组,并由资源综合利用专项管理员负责日常管理工作。

2009年1月至2009年6月,共生产C35及以下标号混凝土157276.85立方米,使用碎屑143169.1吨,粉煤灰9000.1吨,废弃资源总用量152169.2吨,综合利用率42.04%,稳定达到30%以上,达到了保护生态环境,提高企业经济效益的目的。

注重科研投入,不断创新

注重科研投入,不断创新,是公司又一显著特点。公司拥有比较先进的混凝土试验室,配有完备的、先进的试验仪器设备。重视创新平台建设,不断完善创新体系和人才培养进修,技能培训、人才引进及绩效评价等制度,推动科研成果组织实施和转化。

在十多年的预拌混凝土生产过程中,针对混凝土使用中出现的一个个复杂问题,在凌叙金同志的主持下,并以他为主编,组织公司的工程技术人员对用户所要求的特性需求和碰到的每一个复杂问题,都编写了详细的技术方案,组织指导工程师和助理工程师的操作和学习,并在工程实践中不断积累经验,提高了业务水平。2007年开始还编写了《大体积混凝土配制与施工养护》《自密实混凝土配制与生产控制》《高层泵送混凝土的配制与生产控制》《道路混凝土的配制与生产控制》等技术方案,在生产与混凝土施工实践及指导中级专业技术人员操作和学习中,均发挥了积极的作用。

至2019年底该公司取得实用新型专利14项,申报发明专利2项,2019年取得了国家高新技术企业认定,享受研发经费加计扣除和企业所得税减免10%的优惠政策,大大激励了员工的创新意识,为企业增添了活力。2019年度被镇人民政府评为,"科技管理创新企业"。

文化引领,参与工程创杯活动

以"员工为本、质量为根、精益求精、顾客满意""遵守国家法律法规,生产绿色产品,不断减少废弃物产生,提高资源综合利用率"的方针为文化建设的切入点和行动目标,确立了"以人为本"的企业文化理念,积极为员工提供施展才华,实现人生价值的平台,将企业文化建设融入企业管理、生产全过程,并用企业文化凝聚人心,打造学习型企业,提升员工素质,推动企业不断向前发展和竞争力提高。

在工程创杯活动中，用户会根据不同部位对混凝土的特性提出不同的要求。碰到这种情况，凌叙金同志会主动参与，积极配合施工单位满足特殊部位对商品混凝土的要求。通过凌叙金同志主持的创杯过程中提供混凝土技术支持与服务，累计获得浙江省建设工程"钱江杯"优质工程奖有5个，获得嘉兴市建设者工程"南湖杯"优质工程获奖的有7个。

履行社会责任，认真做好产品

认真做好产品，依法纳税，珍惜资源，保护环境，支持慈善事业，是公司得以发展，壮大的立足点，也是公司履行社会责任的主要表现。公司在追求效益的同时，以确保产品质量、保护环境为首要目标，在注重企业持续发展的基础上节约资源，尽可能地利用石矿的废弃材料碎屑和电厂的粉煤灰，生产绿色高性能混凝土。据统计，2009年至今，合计使用废弃资源总量达3702964吨。

公司成立至今坚持每年向慈善事业捐款，以回报社会。公司也多次被镇人民政府授予"社会责任先进企业"。

点评： 海宁市欣河水泥有限公司副总经理、海宁市嘉海混凝土有限公司总经理凌叙金工作至今，一直走在企业转型升级、不断创新发展的路上，改建、扩建、环保、利废、安全、自动化和信息化，等等，无不是公司技改的理由和目的，建厂20多年来，公司几乎不曾中断过转型与创新。

勇于担当，敢于创新

——记湖南华生干粉砂浆有限公司总经理 林竹初

林竹初，男，60岁，汉族，浏阳镇头人，大学本科。国家注册一级建造师、建筑工程高级工程师、园林绿化高级工程师、湖南省建筑工程专家库成员，全国建筑业企业优秀项目经理，他主管的项目多次被评为湖南省"芙蓉奖"工程。曾担任湖南柏加建筑园林（集团）有限公司副总经理、总工程师，现任湖南柏建集团下属实体企业湖南华生干粉砂浆有限公司总经理。

临危受命，勇于担当

2017年是湖南华生干粉砂浆有限公司经营整合的关键之年，林竹初临危受命，担任公司总经理。

接手工作后，他以满腔的热情投身到生产工作当中，组织技术考察、深入施工现场调研，创新技术、升级设备，不断优化组织结构、严抓管理，凭借过人的魄力和胆识、创新的思维和独特的经营管理手段，仅用两年的时间，将一个年销量仅2万多吨、年产值仅500多万元的公司，打造成一个年销量30多万吨、完成税收近600万元、产值将近一个亿的"龙头"企业，创造了一个转亏为盈的奇迹。

他不畏艰辛，不辞劳苦，积极钻研生产工艺技术，提升设备性能，2017年，在他的领导下，公司提出了"设备创新改进，攻克技术难题"的方案，2018年3月公司完成了旧设备更新、产能升级、一条行业领先的全自动生产设备的设计、施工安装、调试，兼并实验室技术攻关等艰巨任务。

攻克砂浆技术难题

空鼓、开裂、粘刀，是砂浆使用中常见的问题，也是困扰整个砂浆行业的一大难题。他深知，过硬的生产技术，才是企业在行业立足的根本，而技术的创新更是企业长远发展的极大动力。一向坚信"以品质为先、以质量为本"的他，下定决心攻克技术难题，并带领技术团队，制订技术改进方案、扎根实验室、奔波施工现场，经过反复试验终于一举攻克砂浆技术难题，研发出能应对全年季候变化的干粉砂浆。

这次的成功大大地鼓舞了他和他的技术团队，他们坚持自主研发，并于2019年上半年，创造性地研发了一种特殊砂浆——防水砂浆，敲开了特种砂浆开发的大门。凭借质量优势"占领"市场，为业务拓展打下坚实的基础。

绿色发展理念

筹资几百万元安装环保系统，设备楼、原材料场进行全封闭作业。从破碎机开始所用裸露的运输皮带改装成全封闭。整套除尘系统，由除尘器、离心风机、烟筒、除尘管道、控制阀门、清灰螺旋等组成。整个生产过程中，每个卸料点的扬尘点均配收尘点，且收尘点配备调节阀门，以调节收尘点风速，避免风量流失。含粉尘的空气经过除尘器过滤，干净的空气经过烟筒排到大气中，粉尘则附到滤袋上，经过脉冲反吹，将粉尘落至除尘器收料仓，经过清灰螺旋将粉尘导出。除尘收集的粉尘和砂石分离机所收集的石粉通过螺旋输送机输送到石粉斗提机，在由斗提机提升到主楼石粉储料仓，代替粉煤灰使用。石粉回收比例达到98%。除尘系统中配备2台3方空压机和2台1方储气罐，为除尘脉冲反吹提供压缩空气。新除尘设备在生产工艺中每一个产生粉尘的环节，进行粉尘收集经过设备处理后粉尘二次回收做石粉使用。机制干粉砂浆的推广和应用主要减少河砂资源的开采以及城市中心建筑施工的空气污染和粉尘减排。

公司以加强管理为重点、以制度建设为根本，不断加强组织结构优化，不断加强人员、车辆和材料的管理；始终把管理工作放在中心位置来抓，以管理出效益，以管理促进发展；坚持制度化管理与人性化管理相结合，各部门分工协作，密切配合，不断修改完善各部门各岗位管理制度，以将企业打造为砂浆行业中的管理、质量、企业文化、服务等"龙头"企业为发展目标。在他的努力之下，公司生产的砂浆产品先后通过了 ISO 9001 质量管理体系、职业健康安全管理体系、环境管理体系的认证，并获得湖南省建材院颁发的"绿色建材"产品认证标识。公司也在行业树立了独具特色的品牌形象，受到社会各界广泛关注，更得到省经信委、省散办、长沙市散办高度赞扬和认可。

2019 年，在业内各企业的推介下，公司成为湖南省预拌砂浆协会副会长单位，并先后获得由中国散办颁发的绿色产业"先进企业"，和长沙市绿色建材"示范企业"等荣誉。

林竹初乐于跟大家一起分享成功经验，推介"绿色建材、绿色发展"的理念，仅 2019 年，公司就接待省级主管单位和跨市级单位的调研工作6次，接待同行业学习考察7次。他铸品牌，强文化，树形象，为预拌砂浆行业的绿色、健康发展贡献他的力量，充分展现了企业人的时代担当。

从 2017 年至今，企业勇于担当社会责任，支持当地村上修路的等公益，拿出固定资金支持当地残疾人演出和赞助等活动，组织单位工会定时看望留守老人，在武汉市新冠肺炎疫情暴发后，2020 年 1 月 27 日组织公司员工筹集善款 5 万多元支援疫区。

获奖情况

2017 年至今，林竹初带领团队获得以下荣誉：

2018 年 7 月，公司产品先后通过了 ISO 9001 质量管理体系认证、OHSAS 18001 职业健康安全管理体系认证、ISO 14001 环境管理体系的认证；

2018 年 8 月，公司被评为"安全生产标准化三级企业"；

2018 年 9 月，公司通过了省级主管部门考核认证颁发《实验室合格证》；

2018 年 12 月，公司通过了由省建材院颁发的《绿色建材标识证书》；

2019 年 9 月，公司成为湖南省预拌砂浆协会副会长单位；

2019 年 10 月，公司获得浏阳市"爱心企业"称号；

2019年11月,公司获得全国绿色产业"先进企业"荣誉;
2019年12月,公司获得长沙市绿色建材"示范企业"荣誉。

点评:湖南华生干粉砂浆有限公司总经理林竹初具有强烈的事业心,担任公司总经理以来,他勇于担当,敢于创新,以满腔的热情投身生产工作。他组织技术考察、深入施工现场调研、创新技术、升级设备,不断优化组织结构、严抓管理,凭借过人的魄力和胆识、创新的思维和独特的经营管理手段,仅用两年的时间,将一个年销量仅2万多吨、年产值仅500多万元的公司,打造成一个年销量30多万吨、完成税收近600万元、产值将近一个亿的"龙头"企业,创造了一个转亏为盈的奇迹。

风清气正，砥砺前行

——记株洲天地中亿混凝土有限公司党支部书记、总经理 王忠义

王忠义，男，汉族，1970年出生，重庆人，现任株洲天地中亿混凝土有限公司总经理兼党支部书记。株洲天地中亿混凝土有限公司成立于2007年8月，2009年11月深圳市天地（集团）股份有限公司对株洲中亿混凝土公司实施了控股收购，当时公司现状是场地面积仅17亩，有3个出入口，设备陈旧，受当地环境制约，中亿公司的砂石原材料被当地村民垄断。天地集团收购后5年，中亿公司的经营情况不佳，连续亏损，公司员工士气低落……

2014年5月，天地集团针对株洲天地中亿公司经营的困境，对中亿的经营班子进行了调整，王忠义同志临危受命，出任天地中亿公司总经理兼党支部书记。

几年来，株洲天地中亿公司在总经理王忠义的带领下，公司经营业绩稳步提升：

2014年，年产量18万立方米，公司经营亏损减少；

2015年，年产量24万立方米，公司实现控股收购后经营首次盈利，中亿公司被评为东部集团先进集体；

2016年，公司年生产量为28.2万立方米，营业收入为9082万元，总利润为326万元，上缴税金总额为440万元；

2017年，公司年生产量为34.89万立方米，营业收入为13680万元，总利润为486万元，上缴税金总额为653万元；

2018年，公司年生产量为40万立方米，营业收入为21700万元，总利润为1325万元，上缴税金总额为945万元。2018年是天地集团控股收购中亿公司的第10年，公司顺利地完成了新站整体搬迁，彻底改变了长期以来困扰着中亿公司的场地狭小设备陈旧的现状，全年生产和销售混凝土40万立方米，各项经营指标达到了中亿建站以来新高，超额完成集团下达的各项经营指标，总体效益在株洲混凝土行业以及在天地集团混凝土公司中位于前列；

2019年，公司年生产量为29万立方米，营业收入为15471万元，总利润为554万元，上缴税金总额为1056万元。株洲天地中亿被中国建筑材料企业管理协会评为"2019中国建材企业500强""2019中国预拌混凝土企业50强"企业。

风清气正，提高团队公信力

作为公司一把手，王忠义同志到中亿公司做的第一件事情是带头树立公信力：把集团和公司员工赋予的权力当作一种责任和义务，时时提醒自己"其身正，不令则行；其身不正，虽令不从"，要求别人做到的，自己首先做到。早上上班总经理王忠义总是提前到达公司，6年如一日的坚守，务实勤

政的工作态度，彻底改变了中亿公司员工上班迟到、工作散漫的现象。

二是努力实现管理团队的制度化、程序化和民主化。在管理团队的建设上以真诚和友谊建立良好关系，定期或不定期地召开经营班子会议共商大计，公司重大事项全部通过班子会议，定期召开主管以上管理人员参加的生产安全、销售经营例会，做到了及时发现问题、大家分析问题、督促执行解决问题。形成了团结的经营班子，造就了一个凝心聚力的管理团队。

三是对于长期困扰公司的周边关系，采取不同的处理方式。针对砂石采购被垄断的局面，强势地顶住压力遵循市场化原则，引进供应商并加强对供应商的管理；对公司生产有一定影响的附近村民，采用履行已定协议，多做沟通协调，对个别影响较大的村民给予适当照顾；尽力安排好生产时间，做好公司生产厂区和周边的卫生和防尘工作，减少村民投诉等。公司的周边关系得到了有效改善，彻底打破了长期以来制约中亿公司经营的砂石垄断现象，有力地保证了公司正常生产和维护了企业形象。

开拓经营，经营业绩稳步升

2014年年初，公司业务订单储备仅5万立方米，加上株洲混凝土市场搅拌站已达20多家，造成市场饱和、竞争激烈、接单困难，因为行业控制以及公司资金紧张等原因，公司出现了无单可做的困窘局面。面对公司经营形势严峻，经营后劲严重不足的局面，王忠义带领公司班子成员亲力亲为，坚持"诚信经营、质量为本"的经营理念，将接单作为公司重中之重的工作，注重走访客户、生产跟踪、售后服务的每个细节，获得了客户的好评，建立了包括二十三冶、中建五局、广铁集团等客户的优质客户群，为来年的生产经营打下了基础。为株洲火车站改扩建工程、王家坪立交桥、高科总部壹号、神农大剧院、株洲质量技术监督局综合大楼、御山和苑项目、龙腾国际、学府港湾、学府华庭、恒大华府、荷塘星城、经世龙城、天玺湾、北大资源项目、提香蓝岸项目、财富湘江五期、白金汉宫、当代尚品苑、未来云商业中心、公园里小区等重要民生工程和市政重点工程提供了优质商品混凝土。

通过几年的努力，公司经营业绩一年一个台阶，王忠义本人连续四年被评为东部集团先进个人，同时湖南省建设工程质量安全协会也将他评为2017—2018年度先进个人。

管理和科技创新一起抓

要在竞争激烈的混凝土行业立于不败之地，必须务实地做好科学管理和技术创新。在科学管理上，王忠义打破陈规陋习：一是采取多元化用工制度，对能力突出、技术娴熟的员工实行聘用制，在提高员工福利待遇的同时，充分调动员工的积极性；二是对公司员工进行全面考察，依据其能力，进行岗位调整及分流；三是以实验室为绩效考核改革工作试点，打破"大锅饭"模式，实现奖优罚劣、多劳多得，充分调动员工的积极性、主动性和创造性，收到了良好的效果，下一步将在全公司推动绩效考核机制的改革工作。

在技术创新上，他结合公司现有技术条件，通过创新取得核心技术优势：一是对细骨料下料斗重新进行设计改造，彻底解决了细骨料下料不顺畅的老大难问题，有效提高了生产效率；二是购置破碎机，将混凝土废弃试块、清理搅拌机及搅拌车产生的废弃混凝土块集中收集破碎，实验室根据大量实验数据及科学合理的配合比用于低标号混凝土生产，彻底实现固废料零排放及再生利用；三是在技术研发方面，他组织优势技术力量，以本公司现有的原材料为基础，通过拌制试配小样，对新技术、新工艺、新材料进行反复论证和试验，研发特种高性能混凝土，目前"自密实混凝土""耐火混凝土""超长耐久性混凝土""超高标号混凝土""预应力混凝土"等技术均已成熟，得到客户一致认可和好评；四是打造"我在岗位成就梦想"技术创新课题研究，开展"高标号混凝土聚羧酸外加剂研发与应用""混凝土生产降低电能消耗方法探索与应用"等课题研究，取得了突破性进展。

转型升级，发展新材料和新业态

"绿色、环保、智能制造"是预拌混凝土产业发展和绿色转型升级的必由之路。王忠义认真分析当前行业形势，深入了解行业需求，深刻体会行业痛点，提出"以政策为导向，绿色发展为目标，智能制造为技术手段"的发展战略。为彻底改变中亿公司的场地狭小、设备陈旧、严重影响公司的生产和经营问题，2015年以来公司将选址搬迁列入重点工作范畴。新站项目在株洲天元区群丰镇新文社区虎形组靠近长岭工业园区的荒山建设，占地约50亩。总经理王忠义经与公司经营班子商议大胆采取既保证公司现有业务的正常生产和经营，又兼顾新站的搅拌楼以及生产配套设施建设和办理相关用地手续工作。全公司上至领导班子、部门负责人，下至公司员工，不怕困难、同心协力、加班加点、任劳任怨地保障了公司各项工作的正常进行。2017年上半年，公司新站建设基本完成，7月13日对新站设备进行了验收。一个新型绿色环保搅拌站在株洲市天元区正式建设完成并投产，公司新站从场站规划、设计、建设到运营管理，全部以"无废"为核心，全过程引入绿色环保技术，对噪声、粉尘、废水、废渣全过程控制。采用全封闭结构，把所有搅拌楼、中转库筒仓、砂石料场等重点扬尘区域全部包起来；并在封闭区域大量安装收尘装置；通过高性能砂石分离机、浆水回收系统，混凝土残渣废料被分离回收并加以利用，分离出的废水进入沉淀池处理，得到的回收净水，重新用于生产和车辆、场地清洗，真正做到循环率100%。同时，充分运用智能制造系统，采用"株洲市预拌混凝土质量追踪与监管系统""东友商品砼企业管理系统""3H通用建设工程质量检测管理信息系统"等ERP系统，充分实现信息数据化、管控自动化、协同网络化。

2018年2月公司进行了整体搬迁，新站的建成从根本上提高了公司的产能，为公司的后续发展提供了保障。

随着经济的快速发展，建设规模的日益扩大，湖南地区天然砂资源紧缺，河砂资源面临枯竭的困境。他带领公司技术团队，对机制砂使用可行性进行探究，通过走访调查，依据国家相关技术标准，总结大量实验数据，率先启用机制砂生产，试点先行，为株洲市混凝土行业机制砂使用起到示范推广作用。

萘系减水剂存在减水率差、塌损大，且萘磺酸盐甲醛缩合物反应不完全的甲醛和萘对环境都有一定的污染。为此，他果断采用性能更突出的新一代聚羧酸减水剂，它具有减水率高，大幅提高混凝土强度，改善混凝土和易性，无污染等诸多优点。

做责任企业，维护天地混凝土品牌

公司请北京国建联信认证中心的专家多次到公司现场指导工作，完善了许多质量、环境、能源、职业健康安全等方面的各项工作，进行《绿色建材评价标识》三星的申报，从各个方面提升公司的管理水平。由于公司的各项环保工作管理到位，公司通过了株洲市环境保护局天元分局的环保评审和环保"三同时"验收，获得了株洲市住房和城乡建设局授予"环保建设先进单位"荣誉称号，被湖南省建设工程质量安全协会授予"信用等级AAA"的荣誉称号。有效地在株洲混凝土市场维护了天地的品牌。绿色发展是保护环境、推动生态文明建设的根本要求。

公司认真履行社会责任，在社会效益、诚实守信、安全生产、劳动关系、公益事业、保护环境和节约资源等方面均取得了较好的成绩。实现劳动力就业100余人，员工劳动合同签订率100%；公司通过并运行GB/T 28001职业健康安全管理体系认证；为所有职工按时足额缴纳各种社会保险费；将员工享受的应有社会保障、劳动保护和职工福利待遇落到实处，按时将职工工资全额发到职工手中，未曾拖欠或延发工资。正因为公司用工规范、工资稳定、福利优越，从未发生过劳动争议、劳资纠纷和职工上访事件。公司带动了当地经济发展，为当地从业人员提供就业机会，解决当地剩余劳动力就业问题，减轻社会负担。

"诚信经营、质量为本、开拓创新、追求卓越"是公司的经营理念，也是公司生存发展之本。为做到诚信经营，一是建立各项制度，公司要求员工贯彻执行企业质量信用、企业纳税信用、企业管理信用和商业管理信用等制度；二是在广大员工中，公司倡导诚信观念，普及信用知识，形成公司各个环节及每个员工都有诚信经营的意识；三是公司严把关键岗位，通过监督、检查、考核及整改等方式使得公司诚信经营的履行全面受控。这既是对公司成绩的肯定，也更加坚定了他继续保持诚信经营企业形象的决心。

安全生产是公司生存发展的一项重要方针，是一项长期艰巨的任务。因此，王忠义坚持贯彻"安全第一、预防为主、综合治理"的方针，不断提高全员安全意识，落实各项安全管理制度，明确安全主体责任，严格执行安全主任巡查制度，做到班组长日检、部门周检、公司领导月检、安全主任抽检；定期组织安全培训，加大安全投入，配备灭火装置、消防栓，设立微型消防站，员工安全劳保用品按时发放等。自他上任以来，公司未发生任何安全生产事故、产品质量事故、食堂食品安全事故和任何偷盗公司财产损失事件，搅拌车全年事故率控制在集团同行中最好水平，公司多次受到株洲市安监局及天地集团总公司安全质量管委办的充分肯定。公司更是株洲市混凝土行业率先通过"安全生产标准化三级"的企业，安全生产工作走在了同行业的前列。

相信实现了产能升级的株洲天地中亿混凝土有限公司全体员工在总经理王忠义的带领下，会以更加坚实的步伐砥砺前行。

点评：株洲天地中亿混凝土有限公司党支部书记、总经理王忠义，临危受命，面对问题繁多的企业，他不畏难，逐一破解企业生存和发展的问题。首先从管理抓起，打造了一个风清气正的管理团队；为了解决困扰企业发展的场地、设备工艺、技术等问题，经过多年的努力，成功迁址并新建高标准生产线；他重视科技创新、绿色发展、安全生产和企业文化，在他的带领下，一个欣欣向荣、充满朝气的中亿混凝土有限公司已经呈现在人们面前。

日出东方，海聚百川

——记四川海聚环保科技有限责任公司董事长 王林

王林，男，汉族，1973年出生，四川成都人，1996年毕业于西华大学能源与环境学院暖通专业。四川省高级建筑装饰设计师、暖通工程师，西华大学客座教授。1998年曾创立成都四维通风净化工程有限公司并担任总经理，从事空调净化系统研发、生产和安装行业。现任四川东方聚能建设工程有限公司、四川新聚能保温工程有限公司、四川海聚环保科技有限责任公司董事长兼技术负责人。

怀揣"绿色"梦想，创建"生态"企业

大学毕业后，王林依靠所学能源与环境学院暖通专业，致力于空调净化系统研发、生产和安装工作。从业期间，他时常穿梭在林立的建筑间，源于内心对建筑行业的好奇和热爱，王林虚心请教、深入学习建筑行业各方面知识，通过多年的摸爬滚打，积累了丰富的建筑设计、施工及管理经验。

2003年，王林根据自己多年来对建材行业的"绿色"思考，心怀"生态、环保"的梦想，毅然创建了四川东方聚能建设工程有限公司。公司把握建材行业发展趋势，结合国家扶持政策和新型材料不断涌现的时代背景，聚焦新型建材的研发、生产、施工和售后服务业务。在四川东方聚能建设工程有限公司绿色建材产品生产迈入正轨的形势下，王林以此为契机，创立了"东方聚能"品牌，坚持"技术优先、绿色先行"的原则，依托技术开发、生产绿色建材产品，实现企业可持续发展，推动行业进步。2006年，为进一步促进企业精细化发展，提高施工水平及售后服务能力，王林依托东方聚能品牌，成立了四川新聚能保温工程有限公司，着力环保节能产品研发、生产、销售、施工。四川新聚能保温工程有限公司在引进德国先进工艺、技术的基础上，开发出DF系列高分子凝胶合成技术，改良了保温隔热材料，走在了建筑保温节能行业的前列。公司以先进完善的质量体系控制产品质量，以细致全面的工程管理制度规范施工过程，长期服务于国内知名开发商。

2012年，为了满足产品的市场化需求，加大新型绿色建材推广力度，提高新型绿色环保节能型建材产品品质。王林新建生产基地，成立了四川海聚环保科技有限责任公司，专业从事新型绿色建材产品研发、生产、销售、施工及售后服务，开展节能环保建筑开发工作。四川海聚环保科技有限责任公司依托西华大学、西南科技大学校企合作，保证技术先进性，并成立了研发中心，培养专业人才，为产品质量提供技术保障。为了解决客户需求、提高产品品质，王林带领四川海聚环保科技有限责任公司全体员工建立了一站式服务平台，先后设立了化工涂料研发中心、保温装饰一体板研发中心、西华大学绿色建材产学研基地等。

2018年，在大家共同努力之下，四川海聚环保科技有限责任公司研发出在保温节能、环保、舒适、除湿、工厂化生产等方面完全优于传统的砖混结构的欣海聚装配式钢结构集成房住宅，创造了一个既

舒适又节能环保的钢结构装配式住宅新模式，有望成为 21 世纪低层住宅的主流，在国内市场的应用前景非常广阔。

一路披荆斩棘，方能高瞻远瞩。作为企业领头人，王林始终相信技术创新才能推动产品进步，引领企业发展。他亲自参与技术团队刻苦钻研，鼓励员工勇于创新。不断引入高科技人才、引进新技术、研发新产品，将现代化的管理理念与经验融合到企业的发展中来；积极响应党政方针政策，将"绿色、低碳、环保"的理念融入产品中，实现企业的新跨越，为四川海聚公司的可持续发展注入新的血液。

潜心铸造，成绩斐然

王林秉承"合作共赢、创新促发展"的理念，与西南科技大学、西华大学、阳地钢（北京）装配式建筑设计研究院、阳地钢（上海）装配式建筑股份有限公司、广元方园建筑设计有限公司等众多国内高校、同行企业都保持着良好的合作关系。在王林的带领下，四川海聚环保科技有限责任公司始终以"科技铸就品质、品质铸就品牌"为目标，吸引众多行业科技优秀人才，前后开展了多项省级、市区级等自主项目研发工作，积极进行技术创新、研发新产品，形成实用新型专利、发明专利共计 12 项，申请注册商标 4 项，进行科技成果鉴定并在四川省科技厅登记 2 项。

王林始终坚持以自身为表率，不断探索、不断学习、不断完善。先后在《新型建筑材料期刊》发表了《保温隔热材料在建筑外墙外保温中的应用研究》《成都地区外墙保温对建筑节能的影响》等多篇论文，阐述了不同保温系统在地域性、季节性等差异中的不同效果以及保温隔热材料在保温系统中的应用甄别等。在他的领导下，研发生产的 DF 保温装饰一体板和柔性 EA 装饰板材料性能均取得了突破，已获得全国新型建筑材料科技推广中心的节能产品推荐证书。

王林带领团队，攻坚克难、同心协力，不断提升产品质量、不断提高管理水平。与此同时，企业还获得了"重质量、守信誉单位""产品质检合格用户满意单位""国家级高新技术企业""四川名牌产品""安全生产标准化三级企业""广元市优秀民营企业""技术创新先进企业""环境保护先进单位""纳税信用 A 级证书""2019 年中国最具成长性建材企业 100 强"等多项荣誉，是四川省内首家取得由国家住房和城乡建设部与工业和信息化部主导的、经中国建材检验认证集团股份有限公司认证评价的"三星绿色建材评价标识证书"。

勇于担当，乐善有恒

一方水土养一方人，一方人筑一方城。王林不仅是一位善于学习、善于用人、具有大格局和国际视野的企业带头人，同时也是一位具有高度社会责任感的社会公民。他饮水思源，怀抱感恩的心，始终不忘回馈社会。

从为汶川大地震灾区捐资捐物，到为雅安地震灾区奉献爱心，东方聚能在王林的带领下，始终坚持企业发展与社会责任并行、创造利润与回馈社会并进的企业经营理念，勇于用双肩"挑起"社会责任，奉献爱心，用实际行动回馈社会。

2016 年，为贯彻落实地方区委区政府精准扶贫精准脱贫的重大部署，响应政府"百企进百村"精准扶贫行动的号召，四川海聚环保科技有限责任公司按照广元市利州区委区政府精准扶贫、脱贫计划，通过资金捐助、物资捐赠的扶贫方式，推动广元市利州区桃园村集中安置点建设进程，改善"结对村"

群众的生产生活、文化设施条件。

2017年8月，在《中国报告文学》成都创作基地，在《中国反腐网》"牵线搭桥"下，王林秉承扶贫同扶教育的思想，带领团队走进贫困山区，捐赠120万元对口支援四川省阿坝藏族羌族自治州壤塘县上杜坎中心小学，为脱贫攻坚、精准扶贫贡献了"海聚"力量。

2020年伊始，新冠肺炎疫情的暴发，为打赢这场没有硝烟的战争，四川海聚环保科技有限责任公司第一时间捐出6套轻钢应急值班房及其他物资，并与众多企业共同协作，加班加点生产应急物资，用实际行动支持抗疫工作。

以人为本，筑梦前行

王林时常告诉员工"感恩是一个人最大的能力"。常怀感恩之心的他比常人看到了更多的细节，铭记着更多的感动，也收获了更多的幸运。周围每一个辛勤工作的人在他眼里都是那么的难能可贵；他感动于每一位员工为东方聚能所奉献的青春与热情，他感怀身边不离不弃的同事，视员工为兄弟姐妹。在他的关怀下，大家始终如家人般团结友爱。公司秉承着"做人做事、做事做人"的企业原则，他一直向每一位员工传递着爱与责任。他时常教导员工要学会换位思考，懂得尊重他人，一个心中有爱的人才能在人生的道路走得更远，才能肩负起工作重任。

王林推崇"上善若水"的儒家文化。水能滋养大地，造福万物，却不与万物争高下。他深谋远虑，相信做人如水一般：至柔、至刚、至清、至静，保持一种谦逊与和善的态度，方能静水流深。

王林一直保持客观的态度，辩证地看待问题。他始终坚持学习，接受新思想，不断引进国内外先进的理念为公司发展谋道路。坚持开发新材料、新工艺，严格控制细节，不断提升产品的质量，为建筑保温装饰一体化产业和企业的可持续发展提供了强有力的保障。

王林以打造绿色环保行业一流制造商为航标灯，一直努力，一直坚持。他始终认为塑造国之脊梁是每个企业家必须肩负的使命，每一位公民都应当承担这份义务。王林以身作则，亲率四川海聚全体环保战士，迎着东方朝阳，继续前行，为实现绿色建筑梦而不懈努力！

点评：四川海聚环保科技有限责任公司董事长王林，作为企业领头人，始终相信技术创新才能推动产品进步，引领企业发展。他亲自参与技术团队刻苦钻研，鼓励员工勇于创新。不断引入高科技人才、引进新技术、研发新产品，将现代化的管理理念与经验融合到企业的发展中来；积极响应党政方针政策，将"绿色、低碳、环保"的理念融入产品中，实现企业的新跨越，为四川海聚公司的可持续发展注入新的血液。他一路披荆斩棘，高瞻远瞩向着美好的明天努力前行。

改革创新，转型升级，做好新型建材行业高质量发展的领路人

——记潍坊万顺新型建材有限公司总经理 张杰

张杰，现任潍坊万顺新型建材有限公司总经理，潍坊市预拌混凝土协会会员。

张杰出生于 1985 年 6 月，籍贯山东昌乐，中国共产党党员。张杰同志思想端正、立场坚定，树立了科学的世界观，始终认为党是光荣的党、伟大的党、先进的党，是中国亿万人民的领导核心，为自己能够是共产党员中的一员而倍感光荣。同时他清楚地认识到作为一名党员，一言一行、一举一动，都有着代表性作用，发挥党员的先锋模范作用，是他实际工作中经常考虑的主题；时刻不忘党的宗旨，不断创新、拼搏、进取，是他工作和人生的标准。无论是在生活中还是在工作上，无论是做人还是做事，张杰同志都以党的章程严格要求自己，用一颗真诚赤胆之心回报党和人民对自己的关怀。

自潍坊万顺新型建材有限公司成立以来，他积极探索转型发展的新方法，依靠团结务实的领导集体，不断运用创新的运营方式，完善企业制度，强化内部管理机制，带领团队克服困难，努力拼搏，公司实现了从粗放型管理到精细化管理的转变，并始终保持快速发展的势头，企业实力不断增强。

在张杰的带领下，企业荣获"2018 年度潍坊市预拌混凝土十强企业"的荣誉称号，他始终坚持以"用户第一，信誉至上"的企业宗旨为指导，带领企业依靠科技进步，创新经营，不断开拓市场，促使企业飞跃发展。

创新转型，推动企业高质量发展

1. 改革管理模式，实现企业转型及效益增长

建材企业作为传统企业，如何在新形势下通过不断创新，实现由传统建材企业到新型建材企业的转型升级，是张杰一直思考的问题。

自公司成立以来，张杰就把公司当作自己的家，一心扑在工作上。不管是节假日还是下班时间，在公司里总能看到他的身影。他带领公司管理层将公司在发展中遇到的问题梳理清晰，将问题逐步解决；他观察入微，一处又一处地完善各项配套设施，他身先士卒，率领营销人员攻坚一个又一个楼盘，为保证企业生存不遗余力。

在改革营销模式同时，张杰还在企业内部成本管控上下功夫。提出"提质降本、绿色环保"是企业发展永恒不变的主题。张杰要求生产管理人员转变观念，变"被动降本"为"主动降本"，要围绕企业存在的突出问题和主要矛盾，苦练内功、深度挖潜。在全公司范围内推广实施"5S"管理和精益生产以来，基础管理水平得到大幅度提升，能耗明显降低。通过推进精益生产，企业内部降本效果明显，综合电耗同比下降，节省电费达 30%；完成清洁环保、节能减排、超低排放收尘改造技改投资 20 余项，为企业正常生产提供了有力保证。

同时公司成立技术改造攻关小组，从优选原材料、试验品配合比的研制、创新产品检测改良等方面，反复选料，不断改进，并且深入开展新型外加剂在大批次混凝土中的应用、大掺量辅助胶凝材料混凝土配置技术研究等新课题进行攻关，争取在技改创新方面再创佳绩。

2. 牢记企业使命，积极主动回馈社会

张杰常说："企业是社会的企业，我们作为新型建材企业，更要将社会责任作为我们工作的基础，树立良好的社会形象。"他积极响应党、政府和中国建材集团的号召，主动组织参与各类社会公益事业，指出企业的发展与政府的支持、社会的关心是分不开的，并带领公司积极响应国家的各项政策，在行业内树立了良好的形象。

3. 弘扬人本文化，提升企业凝聚力和活力

创立"企业是人，企业靠人，企业为人，企业爱人"的文化理念，将企业文化建设作为企业经营与长期发展的一项重大战略，突出"包容、和谐"的文化优势，主动关心干部员工的工作和生活，积极帮助解决相关现实问题，增强企业的"凝聚力、向心力、亲和力"。同时，充分放权，强化监督，在具体工作中，他发扬"5+2""白加黑"精神，以"坚决干、扎实干、拼命干"的激情，推动各项工作扎实开展；在经营管理中，切实倡导"创新、绩效、和谐、责任"的核心价值观，不断推进"三五"管控，对各级管理人员实施有效培训，有效提升干部管理能力，稳步提升企业软实力。

坚决贯彻产品创新，全面提升产品质量

1. 脚踏实地 转型发展

21世纪是知识经济时代，科技进步日新月异，知识迅速更新，市场竞争日趋激烈，张杰深知，面对新形势、新领域、新事物、新情况，企业要在竞争激烈的市场竞争中实现持续、健康、快速发展，就要积极应对当今市场形势转型发展。

公司在转型发展期间建立以成本和资金、技术和质量以及营销和市场为核心的内控管理体系，并且高度重视企业管理工作，严抓质量管理和过程控制，采用先进的办公系统网络式管理，真正实现了企业异地集成化管理、进销存一体化的管理、有序分层的文档管理、内部信息发布和多样化办公流程等管理体系，避免了生产经营场所分散带来管理不足的风险。

2. 砥砺前行，再创辉煌

未来，张杰带领下的潍坊万顺新型建材有限公司，将积极把握我国在工业化、城市化进程中区基础设施建设带来的长期发展机遇，深耕市场，积极拓宽产品应用范围和领域，进一步提升产品的市场占有率和业内的竞争地位，成为国内最具竞争力和影响力的新型键槽生产企业。

在此基础上，牢牢把握建筑行业发展带来的可预期的新机遇，围绕混凝土制品和相关下游领域的增量市场需求，积极培育和拓展混凝土新业务，丰富和优化产品结构，增强盈利能力和抗风险能力。

发展无止境，前进永不停，面对未来市场新的要求，潍坊万顺新型建材有限公司在张杰这位优秀企业家的带领下，在社会各界的大力支持下，一定会取得更加丰硕的成果，铸就更大的辉煌。

点评：潍坊万顺新型建材有限公司总经理张杰有较强的政治意识，在企业管理中，他积极探索转型发展的新方法，依靠、团结领导集体，不断运用创新的运营方式，完善的企业制度，强化内部管理机制，带领团队克服困难，努力拼搏。公司实现了从粗放型管理到精细化管理的转变，并始终保持快速发展的势头，企业实力不断增强。发展无止境，前进永不停，他力争做新型建材行业高质量发展的领路人！

轩昂颂

——2019年度全国建材行业杰出企业家和优秀企业家风采录

部分优秀企业风采

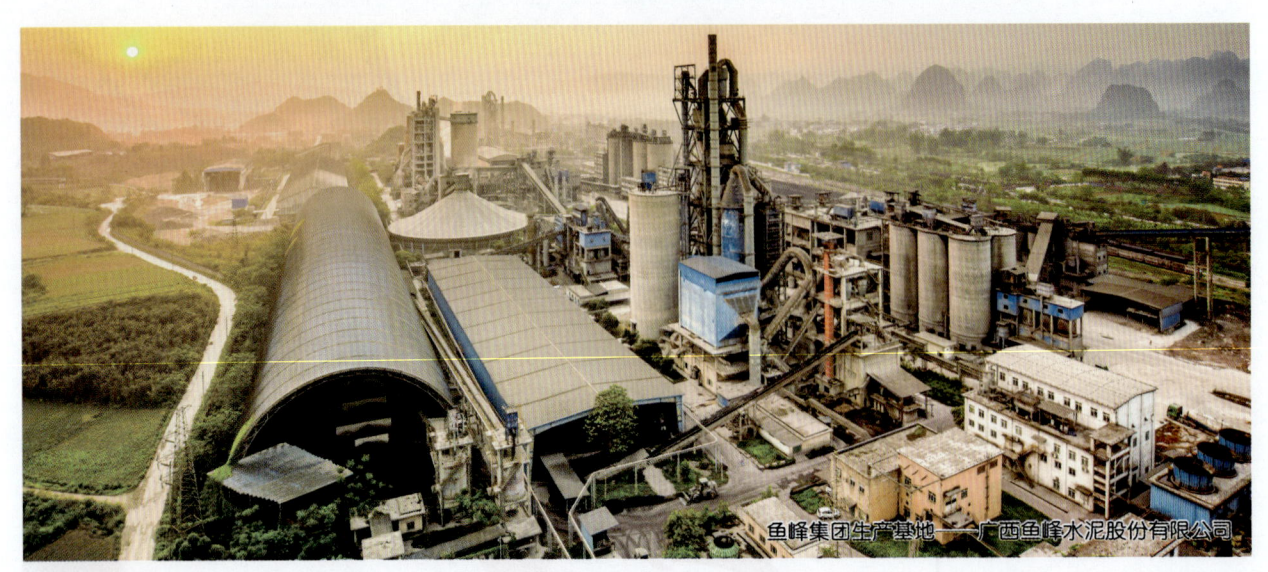

鱼峰集团生产基地——广西鱼峰水泥股份有限公司

广西鱼峰集团有限公司

广西鱼峰集团有限公司（原柳州水泥厂）始建于1958年，是国家第二个五年计划中投资兴建的大型水泥企业之一，广西北部湾国际港务集团二级公司。集团旗下有鱼峰股份、融安鱼峰、鹿寨金利、来宾鱼峰、鱼峰商砼、都安鱼峰、国投鱼峰、都安商砼、金州水泥、金久水泥、三合水泥、黔桂商砼、湛江鱼峰、云燕水泥、北海鱼峰等生产基地，专业从事熟料、水泥、矿粉、砂石骨料及水泥制品的生产和销售，具备年水泥产能1800万吨以上。通过国家质量管理、环境管理、测量管理、职业健康安全管理、能源管理"五大体系"认证，属国家高新技术企业。

鱼峰水泥产品出口东南亚各国及安哥拉、苏丹等国家，并广泛应用于诸多大型项目，筑就了广州白云机场、珠海国际机场、桂林两江国际机场、柳州机场、南昆铁路、黔桂铁路、桂海高速、电湛高速、柳江大桥、虎门大桥、海口21世纪跨海大桥、南海填海工程、防城港核电站、三峡大坝、大化电站、岩滩电站、龙滩电站、大藤峡大坝、文莱苏丹王宫、香港新机场等大批重点项目和优质工程。

集团累计承担了国家、自治区级、市级研发项目46项，取得科技成果44项，获得专利授权92项，2011年荣获国家技术发明二等奖，实现广西国家级技术发明奖"零"的突破。2011年荣获"全国五一劳动奖状"。2018年成立了广西绿色水泥产业工程院有限公司，致力于绿色环保建材研究开发及应用、成果转化和培育优秀技术人才。

鱼峰集团生产基地——北海鱼峰效果图

中国中材国际工程股份有限公司（南京）

中材国际（南京）隶属于中国中材国际工程股份有限公司，是国资委所属的中国建材集团旗下重要成员单位。公司前身为南京水泥工业设计研究院，是中国建材行业内成立最早、实力雄厚、声誉卓著的甲级设计研究院。公司以设计院起步，历经改制重组、业务创新，从南京走向全国，从国内走向海外，成为享誉全球的水泥工程系统集成服务商。

印尼BAYAH10000吨/日熟料水泥生产线总承包项目

DANGOTE集团尼日利亚IBESE4×6000吨/日水泥生产线总承包项目

伊拉克苏莱曼尼亚3×5300吨/日水泥生产线总承包项目

中材国际（南京）主要从事国内外大型新型干法水泥生产线工程总承包业务，涉及工程咨询、设计、采购、建设、调试、生产管理等。公司拥有建材行业甲级设计资质、建筑专业设计甲级资质、工程咨询单位甲级资信、对外承包工程资格等十多项高级别企业资质（格）；拥有150余项国家专利，形成了专有技术体系。

自1953年初创，经过六十余载的发展，中材国际（南京）成为我国水泥工程技术领域的领军企业。公司相继荣获"中国建筑500强企业""中国建材500强企业""全国优秀施工企业""中国机电商会确认的首批大型成套设备企业AAA级信用企业""中国对外承包商会确认的首批对外承包工程AAA级信用企业"等称号。公司承担完成的研发、咨询、设计、建设、工程总承包项目，获得国家级和省部级奖的有200多项，其中"新型干法窑预分解系统集成优化与工程应用"获国家科技进步二等奖，印尼BAYAH万吨线等5个项目获得鲁班奖。

中材国际（南京）在把握国内市场的同时，于2002年起，实施"走出去"战略，正式进入国际市场，是最早走出去的中国企业之一。经过近20年的发展，公司在中东、非洲、东南亚、南亚与中亚等30多个国家承建了100多个项目，SINOMA成为国际水泥工程市场最具影响力的品牌之一。

中材国际（南京）积极践行"一带一路"倡议，确立了海外"246+"发展思路，深耕海外、扎根当地、履行责任，努力实现从"走出去"到"走进去"的飞跃。

内蒙古天皓水泥集团有限公司

内蒙古天皓水泥集团有限公司及其附属子公司共11家公司，是以生产水泥熟料、水泥和商品混凝土为主的大型水泥生产企业，有30多年生产水泥的历史。2007年以来，企业通过转制实现资产重组、淘汰落后产能、引进新型干法水泥熟料生产工艺和半终端粉磨技术，公司得到迅速发展。

公司成立于2007年，位于内蒙古呼和浩特市清水河县。公司拥有水泥熟料生产线3条，生产能力12500吨/日；水泥粉磨站4座，年产水泥能力540万吨。商品混凝土站3座，年产商品混凝土能力160万立方米。

公司的主要产品：57-65兆帕水泥熟料；P·O 52.5、P·O 42.5R、P·O 42.5、P·S 32.5、P·C 32.5、缓凝水泥、低热微膨胀水泥等工程所需各种高标准硅酸盐特种水泥。

公司生产的水泥、熟料全部为低碱产品，主要产品销往企业周边的呼和浩特、包头、鄂尔多斯、乌兰察布地区；山西省北部地区、山西省榆林地区；北京及周边地区；河北省部分地区。

公司拥有一个产品研发中心，中心利用国际标准和国内领先技术研发建材领域的新产品、新技术，用于本公司产品的开发和生产；中心的水泥化验室和商品混凝土实验室，曾多次被国家行业标准评为全优单位。中心实验室河北全部采用国际领先试验设备，以确保质量过程控制，保证水泥熟料、水泥、商品混凝土的质量和品质。公司水泥熟料生产线和水泥粉磨生产线均采用国际上先进的新型干法水泥熟料生产工艺和半终端粉磨技术。企业生产过程取得了ISO 9001环境管理体系认证。

企业在生产过程中特别注意保护环境，为了减少企业在生产过程中对环境的污染和破坏，企业专门成立了安全生产和环境保护监督部，安装了各种环境监测和环境保护装置。企业还取得了ISO 14001环境管理体系认证。

企业通过中俄国政府的商务活动，首先将公司的水泥熟料和水泥产品销售到俄罗斯，借此机会与俄罗斯的企业形成长期贸易关系；在公司与俄罗斯企业建立长期贸易关系后也与俄罗斯企业家或企业合作投资建设水泥熟料生产线或水泥粉磨生产线，以形成长期的合作关系。

部分优秀企业风采

天皓水泥风采展示

准格尔旗龙口镇厂区

轩昂颂——2019年度全国建材行业杰出企业家和优秀企业家风采录

高效能、超短流程建筑骨料生产工艺关键技术创新

在工信部等十部委《关于推进机制砂石行业高质量发展的若干意见》发布之际，中国建筑材料联合会于2019年11月8日在北京组织召开了北京坚构创新科技有限公司等六家单位完成的"高效能、超短流程建筑骨料生产工艺关键技术创新研究及产业化应用"科技成果鉴定会。

技术应用案例：

北京坚构创新科技有限公司
Beijing Jiangou Innovative Technology Co.,Ltd

与会领导中国建筑材料联合会协会潘东晖副秘书长、中国砂石协会胡幼奕会长对专利发明人袁亮国及以北京坚构创新科技有限公司为代表的技术型企业多年来在砂石骨料产业技术升级方面的不断探索、创新成果给予了高度评价。行业专家一致认为该技术成果从多方面创新改进、优化了原有生产工艺、大幅度提高了骨料线的性能，具有较高的经济效益及社会效益，达到了国内领先水平，通过了该技术成果鉴定，并建议尽快推广应用。

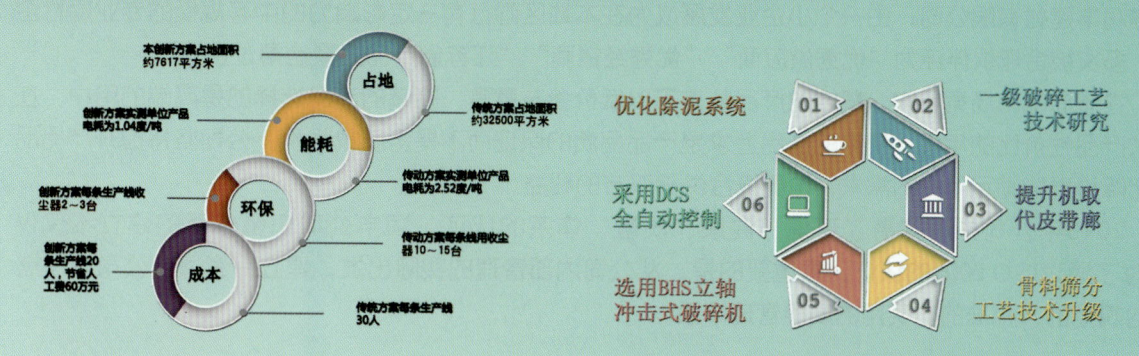

主要技术创新点：

1. 除泥与喂料一体化技术：创新开发了喂料与除泥一体机技术，实现了工艺流程优化。

2. 一段破碎工艺技术：创新开发了高效节能型一段重锤反击式破碎机技术，取代了常规的二级及三级破碎工艺，实现了工艺流程优化。

3. 提升机输送物料技术：本技术特点是采用一台提升机将成品骨料输送至储库顶部的筛分机，筛分后的骨料成品由短皮带机输送入库。

4. 骨料筛分工艺技术：一是开发了全封闭式多层直线振动筛，实现了由一台直线振动筛取代传统工艺的一级筛、二级筛及砂筛的布置方案。二是将成品筛分机布置在储库顶部，筛分后的成品直接入库，部分经过短距离皮带机输送入库。具有输送设备减少，流程简单、环保效果好的优势。

5. 选用了BHS立轴冲击式破碎机：流程简化，出砂率高。

6. 智能制造、无人值守：主要包括管控平台、智能巡检、智能物流、智能质控、能源管理、智能远程六个方面，实现生产线的全自动控制。

电话：18811221156
地址：北京市海淀区紫竹院路116号嘉豪国际中心C座1010室

江苏润丰建材有限公司

　　江苏润丰建材有限公司，成立于2014年，位于美丽的海滨城市大丰，地理位置独特，资源丰富，是一家以建筑材料产品系统销售为主的贸易型企业。

　　公司主要经营水泥、商品混凝土、矿粉、煤灰、黄砂、石子、桩机基础用固化剂等建筑材料，现与国内海螺、中联、磊达等行业特大型公司长期合作，主要参与了盐城、大丰一带，部分参与了高速公路、高铁及地方性大型基础设施的服务。

　　江苏润丰建材有限公司作为盐城地方性服务型贸易公司，始终坚持质量第一，坚持服务至上。江苏润丰建材有限公司，由一个小企业发展成为在本地区同行有一定影响力的中等规模的专业建材企业，多次被合作伙伴评为"优秀供应商""优秀经销商""江苏省产品质量信得过企业"。

　　在激烈的市场竞争中，润丰的产品从来不以低价参与竞争，高端的产品选择的是高端的用户。在追求产品性价比的年代，润丰的产品追求是产品品质的保证而不是劣质或降价。公司坚持提升产品品质比降价更能满足用户的需求，也更符合供需双方的利益。

　　2018年公司先后完善了环境、健康、质量、体系的认证，润丰公司质量体系的建立不仅仅是为了通过ISO 9001的认证，更重要的是，从公司内部管理的实际出发，建立一套适合公司管理需要的规范的、标准的、实用的质量管理体系。

部分优秀企业风采

润丰建材风采展示

中复神鹰碳纤维有限责任公司

中复神鹰碳纤维有限责任公司（以下简称中复神鹰）成立于2006年，注册资本10.1亿元，累计投资超过20亿元，是隶属于国务院国资委管理的世界500强企业——中国建材集团有限公司的国家高新技术企业。

公司自主创新能力和综合竞争力位居全国碳纤维制造行业前列，是国内率先突破干喷湿纺技术的企业，在关键技术、核心装备等方面具有完全自主知识产权，系统掌握了T700级、T800级碳纤维千吨规模生产技术以及T1000级的中试技术和M30、M35、M40级百吨级技术。产品在国产碳纤维市场占有率达到50%以上，主要应用于航空航天、轨道交通、医疗器材、电力输送等领域，中复神鹰现已成为国内外极具影响力的碳纤维供应商之一。公司建设的国家级博士后科研工作站是国家高性能碳纤维生产研发基地和国家高性能纤维及复合材料高新技术产业化基地等。2018年1月，中复神鹰碳纤维项目荣获2017年度国家科技进步一等奖。2019年，公司正式启动西宁万吨碳纤维产业基地建设，进一步提升中复神鹰在碳纤维领域的综合实力和国际竞争力。

中复神鹰始终坚持"创新、融合、奋进、责任"的发展理念，勇于承担国家责任，积极参与国际竞争，致力于打造具有全球竞争力的世界一流碳纤维企业。

产品应用

中复神鹰碳纤维有限责任公司

▲ 办公楼大厅

▼ 生产线

厦门艾思欧标准砂有限公司

厦门艾思欧标准砂有限公司成立于1999年12月22日，是国家指定的定点生产和经营中国ISO标准砂的企业。公司是由国资委直接管理的中国建材集团为主要出资人的国有企业，由中建材投资有限公司控股。公司主要生产水泥强度检验用中国ISO标准砂，是世界上规模最大的标准砂生产企业。

公司建立了严格的质量控制和管理体系，通过了ISO 9001质量管理体系、ISO 14001环境管理体系以及OHSAS 18001职业健康安全管理三合一体系认证。获得"全国科技型中小企业"称号、国家级和厦门市"高新技术企业"称号。

公司在全国各省市区设立了27个总经销点，销售网络覆盖全国，并将产品出口到57个国家和地区。

艾思欧标准砂风采展示

南京玻璃纤维研究设计院有限公司

南京玻纤院是为配合"两弹一星"战略于1964年成立的,是我国从事玻璃纤维及其制品研究、开发、生产、应用的综合性科研院所,南京玻纤院始终不忘"国家的院所要承担国家和行业发展重任"的初心,坚持两个不动摇:一是坚持军工配套事业不动摇,作为国防科技工业最大的特种玻璃纤维及立体织物研制与生产基地,持续为国家国防工业发展贡献力量,多次荣获中共中央、国务院、中央军委等联合表彰;二是坚持推进行业技术进步不动摇,具有自主知识产权的连续玻璃纤维及定长玻璃纤维全套技术,获"国家科技进步一等奖"和"国家工程设计金奖",设计完成并投产海内外玻纤池窑生产线50多条以及玻璃棉、岩矿棉生产线70余条,有力推动我国玻纤行业技术发展到世界先进水平,中国因此位居世界玻纤制造行业前列。

目前,南京玻纤院拥有池窑拉丝、特种玻璃纤维及纤维预制体制备、膜材料、岩棉产业链等自主核心技术,形成国防军工配套、工程与检测服务、玻纤制品制造三类业务形态,建成宇航材料、膜材料研发生产南京基地以及山东、广东、四川等产业基地,并拓展到"一带一路"越南基地,依托建设全国玻璃纤维、绝热材料、碳纤维三个标准化技术委员会,经济实力不断增强,行业影响力不断扩大。未来,将按照"12345"发展思路和"六化"实施路径,进一步探索动力变革、质量变革、效率变革的体制机制,全力建设创新孵化、产业发展、行业服务"三大平台",努力实现一流科技企业的发展目标。

匠心做防水 务实做企业

二十余载坚持不懈，以专业的力量成就防水行业的优势品牌

- ◆ 国家级"守合同重信用"企业
- ◆ 中国建筑防水协会副会长单位
- ◆ 中国建筑防水行业知名品牌
- ◆ 国家重点高新技术企业
- ◆ 中国建筑防水行业信用评价AAA级信用企业
- ◆ 中国房地产开发企业500强首选供应商品牌
- ◆ 四川名牌产品
- ◆ 四川省绿色建材标识产品
- ◆ 中国建材企业500强

江西生产基地

陕西生产基地

四川崇州生产基地

四川蜀羊防水材料有限公司集团总部设在四川，拥有四川崇州生产基地、四川新生产基地、陕西咸阳生产基地、江西九江生产基地、河北（筹建）五大生产基地，是一家集科研生产、销售施工、技术服务于一体的系统化防水服务商，是国家重点高新技术企业、国家级"守合同重信用"企业、中国建筑防水协会副会长单位。

集团下辖四川省蜀羊防水工程有限公司、陕西蜀羊防水材料有限公司、江西蜀羊防水材料有限公司3家全资子公司，在北京、重庆、广州、云南、西藏、贵州等地设有20余个分公司、办事处，是中国最具专业化的大型防水材料生产企业之一。

蜀羊具备防水防腐保温工程施工一级资质，多项工程项目荣获建筑防水领域最高奖项"金禹奖"。主营产品包括沥青卷材、自粘卷材、高分子卷材、防水涂料、高铁及道桥专用、固得邦家装等系列，涵盖民用房屋建筑、基础设施建筑、工业建筑、商用建筑等建设领域，致力于为客户提供最完善的防水系统解决方案。产品被国家住建部连续九年评为"防水专项科技成果推广产品"，并通过中国环境标志"十环认证"、CRCC铁路产品认证、CCPC交通产品认证。

三和数码无人机实训基地

天水三和数码测绘院有限公司

　　天水三和数码测绘院有限公司，为中国建材地勘中心甘肃总队的二级实体独立法人单位，隶属于国务院国资委直接管理的中央企业。2005年6月成为独立法人，是国家级高新技术企业。拥有测绘航空摄影、摄影测量与遥感、地理信息系统工程、工程测量、不动产测绘、土地规划等多项甲级资质；以及摄影测量与遥感、地理信息系统工程、工程测量监理乙级资质，城乡规划编制丙级资质，信息系统集成及服务三级资质；取得土地登记代理中介机构、AAA级文明诚信示范企业、AAA级重合同守信用示范企业、全国AAA级诚信经营示范单位。并通过了质量管理体系、信息安全管理体系和信息技术服务管理体系认证，是甘肃省规模最大、最具社会影响力的综合性测绘服务单位之一。

　　业务涉及自然资源、城建、水利、公安、消防、交通、旅游、通信、电力等诸多领域。多年来，三和数码紧紧围绕"改革、创新、转型、升级、跨越"这一主线，以服务赢信誉、靠质量闯市场、凭效益求发展，2016至2020年，连续五年蝉联"国家测绘地理信息产业百强企业"称号，并获得"甘肃省测绘地理信息高技能人才培育突出贡献奖"等荣誉称号。

德州中联大坝水泥有限公司

德州中联大坝水泥有限公司（简称德州中联）是中国建材集团有限公司（简称中国建材集团）控股子公司之一，为中国联合水泥集团有限公司水泥生产骨干企业，2007年11月成立。

德州中联现拥有资产总值20亿元，职工1000人，2条新型干法水泥生产线，19条现代化混凝土生产线，年生产水泥熟料170万吨，优质低碱水泥300万吨，混凝土600万立方米。

公司秉承中国建材集团"善用资源、服务建设"的企业使命，倡导"创新、绩效、和谐、责任"的核心价值观，及"以人为本、快乐工作、和谐发展"的企业文化理念，发挥央企整体优势和社会责任意识，致力于打造高品质绿色环保的建材产品，为社会贡献力量。

娲石水泥集团有限公司

娲石水泥集团始建于1970年，1986年改为湖北娲石股份有限公司，1996年改为武汉阳逻水泥厂，2004年改制为民营股份制企业，2014年组建娲石水泥集团有限公司，简称娲石集团。集团党委书记、董事长魏华山。

在国有制时期，历经近40年时间年生产能力仍不足40万吨，由于产品单一、高能耗、高污染、低效益，公司总资产仅1.1亿元，负债却高达9000多万元，年销售收入仅为1.01亿元，被国家列入水泥工业强制性淘汰指导目录，企业面临关停倒闭。

2008年后，集团以科技发展为指南，肩负"创新绿色智能发展"的使命，秉承产业报国、回报社会的理念，胸怀"创建百年企业，实现百亿产值"的雄心壮志，不断调整产业结构，促进转型发展，在集团党委书记、董事长魏华山的带领下，用时15年，将一个濒临倒闭的企业，发展建设成为拥有武汉新洲、黄石阳新、武汉光谷三个产业园区，占地面积900亩，拥有900米长江岸线、8个深水工业码头和5400亩矿山资源的集团企业。现在集团旗下有33家子公司，年生产熟料、水泥500万吨，余热发电9000万千瓦时，建材石1000万吨，商砼120万方、船舶运输500万吨、船舶制造15万吨，以及智能产品研发、中等职业教育、生态治理等。集团还拥有知识产权2项，国家专利技术17个。总资产100亿元，2019年销售收入35亿元、年上缴税金2.6亿元（新洲、阳新两地），在册职工2000余人，带动相关产业就业万余人，年参与捐助社会公益事业1000多万元。

昭通昆钢嘉华水泥建材有限公司

昭通昆钢嘉华水泥建材有限公司成立于2010年8月,由云南水泥建材集团(昆钢控股与华润水泥合资组建)与美力(香港)企业有限公司共同投资组建的中港合资企业,拥有设计能力为2500t/d水泥熟料新型干法生产线和配套的4.5MW余热发电站,每年可利用余热发电为$2480 \times 10^4 kW \cdot h$;生产线于2012年12月点火投产;公司位于云南省昭通市大关县寿山镇。

陕西生态水泥股份有限公司

陕西生态水泥股份有限公司隶属陕西煤业化工集团有限责任公司，成立于2011年3月21日，注册资本金10亿元，拥有全资、控股、参股企业5家，员工900余人，资产总额42.6亿元，是由陕西煤业化工集团有限责任公司、陕西钢铁集团有限公司和陕西德龙循环经济投资有限公司三方共同出资组建，主要从事水泥、矿渣超细粉、砂石、骨料、白灰、机制沙及纳米碳酸钙等产品的研发、生产和销售。公司总部位于陕西省西安市经济开发区凤城四路海璟新天地商务办公楼25—26层。

公司目前拥有富平日产4500吨熟料新型干法水泥生产线两条、黄陵年产100万吨水泥粉磨生产线一条、高陵年产60万吨矿渣粉生产线三条、汉中年产40万吨的矿渣超细粉生产线一条、年产60万吨碳酸钙粉生产线一条、正在投资建设富平、泾阳、乾县等多个石灰石矿产开采、骨料加工点。公司可向用户提供包括通用、专用和特性三大类及P·O 52.5R、低碱P·O 52.5、P·O 42.5R、低碱P·O 42.5、P·C 32.5R共5个不同等级的水泥建材产品，以及利用钢渣等工业副产品生产S75、S95等级高炉矿渣超细粉，主要适用于桥梁、道路、高层建筑、地下、大体积混凝土工程、基础工程等工程项目。公司经过多年发展形成了"以水泥及相关产业链，砂石、骨料、白灰及纳米碳酸钙等建材产品，新型材料，一带一路项目，'物流+贸易+销售+互联网体系'"的五大发展格局，并始终秉持"材料统管、资金统筹、产品统销、集约增效"管理原则，实施差异化对标、分层次定标、不同方向对标，重点从"量、价、本、利"分析着手，形成了"一厂一策、一部室一亮点"的对标时序，建立了五大成本控制体系，奋力打造陕西循环经济产业集团。

公司位列"2018中国建材企业500强"278名，先后荣获全国"利废新材料示范企业""弘朝科技杯"全国第十六次化学分析大对比全优单位、陕西省"信用企业"荣誉称号，西北首家"水泥生产企业标准化实验室"被评为优秀级；公司生产的"华山牌"水泥连续几十年保持出厂"双百"合格，是国家首批通过产品质量和质量体系认证的水泥产品，连续三年被评为"陕西省名牌产品"。

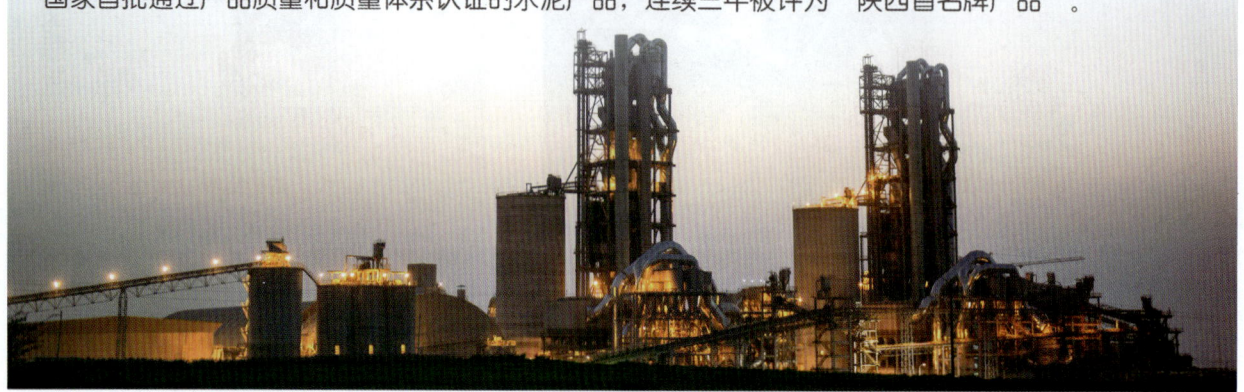

重庆市南桐特种水泥有限责任公司

　　重庆市南桐特种水泥有限责任公司是重庆能源集团下属建材生产企业，公司位于重庆市万盛区南桐镇，毗邻渝万铁路、綦万高速公路和渝黔、渝湘国道，公路、铁路网络发达，交通十分方便。公司于1999年9月建成投产，2008年进行改扩建，生产能力达220万吨/年以上。公司年消耗煤矸石、粉煤灰、脱硫石膏、铁矿废石、沸渣等"三废"物180万吨；利用煤矿废水20万立方米/年。生产工艺采用先进的新型干法窑外分解生产线，同时配套10兆瓦纯低温余热发电系统，安装了10台容量为11000千瓦的高压变频器，中央集中控制室采用先进的DCS控制，设备精良、自动化程度高、技术力量雄厚。

　　公司主要产品有"南特"牌32.5、32.5R、42.5、42.5R、52.5等各强度等级的普通硅酸盐水泥、粉煤灰水泥、矿渣水泥等，同时可根据市场需要生产道路水泥、大坝水泥、中低热水泥等特种水泥，同时开发了机场跑道水泥、低碱水泥、家装水泥等新产品系列。"南特"牌水泥产品质量稳定，深受广大用户喜欢。

　　公司将"建人品文化，做精品工程"的企业理念贯穿于所有的生产经营和管理过程中，促进产品质量和服务质量的不断提升。公司产品主要销往重庆、四川、贵州等地，先后用于重庆江北国际机场、亚洲第一高桥乌江特大桥、重庆融侨半岛、民心佳园公租房建设、渝黔高铁、綦万南高速公路以及西南各省大中搅拌站、城镇基础工程建设等。

　　目前，重庆市南桐特种水泥有限责任公司正在按照重庆能源投资集团的发展布署，致力于减少不可再生资源的用量，减少土地占用，减少生态环境污染，打造资源节约型、环境友好型企业，公司已投资兴建120万吨/年沙石骨料生产线及60万吨/年脱硫石粉生产线，同时配套储备建设干混沙浆和大型预制构件项目，届时，公司建材产品规模年产将达500万吨以上，产值超过10亿元，将为地区经济的快速发展、促进地区循环经济产业链的形成做出贡献。

th
SINCE 1959
BUILD FOR LIVING
BEAUTIFUL LIFE!
可信赖的全球一站式
工程服务伙伴
中材建设有限公司是一家专门从事水泥工业设计、供货、施工、运营维护的工业工程公司，SINOMA品牌的主要缔造者，中材国际（SINOMA International）的核心成员。
公司有在职员工1038人，其中工程人员560人，技术人员165人，项目经理108人。
公司水泥工程业务遍布全球各地，业务范围同时涉及其他建材工程、化工工程、能源工程等。12个属地化公司为客户提供随叫随到的贴心服务。
1038
在职员工（人）
560
工程人员
165
技术人员
108
项目经理
中国建材
sinoma
中材建设有限公司
CBMI Construction Co., Ltd.
FIND OUT MORE
E-Mail: marketing@cbmi.com.cn
Tel: +86 10 67285115

湖南华生干粉砂浆有限公司

　　湖南华生干粉砂浆有限公司系湖南柏加建筑园林（集团）有限公司旗下的实体企业，注册资金1000万元，是集科研、生产、销售为一体的专业化环保型建材生产厂家。公司位于浏阳市经开区洞阳镇洞阳社区吴家祖经济开发区。厂区占地面积2.6万平方米，实际投资6000万元，其中环保设施投资300万元。公司现有员工50人，技术人员18人。公司主要设备有：全自动化砂浆生产线2套、成品储料仓8座、运输车25台、装载机2台、砂浆移动罐300台。公司生产的系列产品有：干粉砌筑砂浆、干粉抹灰砂浆、干粉地面砂浆和防水砂浆瓷砖胶粘剂、粘结砂浆、抗裂砂浆等特种砂浆，可满足建筑、装饰工地不同强度等级砂浆的需要，年产能力可达60万吨。

　　先后通过了ISO 9001质量管理体系认证、OHSAS 18001职业健康安全管理体系认证、ISO 14001环境管理体系的认证；《安全生产标准化三级企业》《实验室合格证》《绿色建材标识证书》等荣誉。2019年销量达30万吨，同时分别与中建三局、中建五局、中铁城建、中铁建设、五矿二十三冶等多家国企单位建立长期合作关系，其中，中建三局砂浆年销售额达1200多万元，中铁建设砂浆年销售额达1100多万元。2019获得"全国绿色产业先进企业"以及"长沙市绿色建材示范企业"等荣誉。完成税收574万元，税务等级为A级。

　　"政府倡导、便捷环保、诚信经营、顾客至上"是公司的经营宗旨，"服务施工现场，树立企业品牌"是公司永远不懈的追求。在政府政策推广取代现场搅拌的新型环保建筑材料新时期下，公司将积极响应国家"节能减排"的号召，坚持"务实创新"的发展思想，不断提高经营管理和服务质量，力争成为全省知名的环保型干粉砂浆企业，为改善城市环境条件和美化城市面貌做出更大的贡献。

湖北远固新型建材科技股份有限公司

　　湖北远固新型建材科技股份有限公司成立于2006年，位于宜昌高新区白洋工业园，公司注册资金2000万元，占地110亩，总投资2.4亿元。现已建成年产60万立方米蒸压粉煤灰（砂）加气混凝土砌块生产线、年产60万吨预拌砂浆生产线、年产60万吨高强石膏基新型建筑材料生产线，建设标准厂房约30000平方米、办公楼及职工宿舍楼约12000平方米。公司主营产品：蒸压加气混凝土（精确）砌块、干混砂浆、石膏砂浆。企业全面投产后年产值将达到4.78亿元，年度上缴税金可达3500万元。

　　公司目前生产设备均采用国内外先进成套设备，全程电脑触屏监控，自动化程度国内同行业一流，并配备专业的试验检测设备，为产品质量保驾护航。公司通过5年的摸索，成功研发了高强石膏粉生产工艺，取得了国家发明专利，并与华南理工大学、三峡大学等多家高校展开产、学、研合作。公司自2007年开始就被认定为"中国建筑砌块协会会员单位"、湖北省"新型墙体材料应用单位"，曾被宜昌市住建局连续五年评为"建筑节能优秀企业"，是宜昌市集绿色环保与建筑节能一体化的大型企业。公司2016年1月在新四板成功挂牌上市，同年12月发展成为"国家高新企业"；2017年通过了质量、环境、职业健康安全、能源管理四大体系认证。参与了《蒸压加气混凝土干法施工专用砂浆》湖北省地方标准的编写；2018年顺利通过绿色建材三星标识认证，获得宜昌市生态环境保护奖；2019年获得"2019中国砌体材料企业20强""2019中国建材企业500强""宜昌市家居建材5A级信用企业"；2020年获得"宜昌高新区高质量发展奖"等多项殊荣。

　　公司现拥有一支高素质、专业化管理团队，职工规模300余人。其中，专业技术人员30人，研发人员10人，管理人员20人，销售人员5人，生产工人200余人。

　　公司长期以来秉承"以质量求生存，以管理求效益，以信誉求发展"的经营理念，致力于墙材革新和建筑节能环保领域的拓展，争取成为宜昌市同行业规模最大、技术领先的示范型企业。

泰山中联水泥有限公司

　　泰山中联水泥有限公司（以下简称泰山中联）始终高度重视企业文化对企业发展的引领带动作用，秉承中国建材集团和中国联合水泥企业文化理念，持续深入开展企业文化建设，并融会贯通，培育本企业特色文化，使企业文化在企业发展的各个时期都发挥了不可替代的重要作用。在新时代新思想的感召下，泰山中联企业价值观不断转变，企业文化建设与时俱进，企业文化理念逐步强化。

　　泰山中联坚持"以文化治企、兴企、强企"思维，牢固树立新发展理念，努力做中国建材优秀企业文化的传承践行者。公司始终以中国建材集团"创新、绩效、和谐、责任"的核心价值观塑造企业精神，以"善用资源，服务建设"的核心理念为企业使命，秉承"企业是人，企业靠人，企业为人，让员工和企业共同成长"的文化理念，努力营造"三宽三厚"的企业人文环境。先进的企业文化，提高了企业的创新力、形象力和核心竞争力，为企业持续稳定高质量发展营造了良好的环境氛围，提供强大的精神动力。尤其近年来，公司全体干部员工凝心聚力、奋斗拼搏，创造了一个又一个奇迹和辉煌。公司生产经营及安全环保效益持续攀升，水泥、熟料单日产销量等指标屡创新高，刷新建厂以来历史最好记录；职工收入明显增加，厂容厂貌焕然一新，职场环境秩序井然，工作环境融洽和谐，员工风貌激情昂扬，文化氛围、人文气息醇厚浓郁。

黄石市新冶钙业有限公司

　　黄石市新冶钙业有限公司自2008年成立以来，始终致力于打造成为中南地区最具影响力的粉体超企业。目前累计投资超1.5亿元，具备年产15万吨重质碳酸钙产品、30万吨冶金石灰、300万吨优质石灰石的生产能力，并向着更大产能稳步迈进。

　　公司自有石灰石矿储量已探明达6000万吨以上，经中南地质勘探院检验，CaO含量平均在55%以上，CaO_3达到98%以上，全部达到冶金用石灰石特级标准，是生产高活性冶金石灰、冶金三磷灰、轻质碳酸钙、重质碳酸钙、纳米碳酸钙等产品的最好原料。长期为武钢、鄂钢、大冶特钢等多家大型钢铁企业供应特定产品。

　　公司秉持"诚信、专业、超越、永续"的经营理念，开拓创新，不断进取，为客户提供最优质的产品和一流的服务，愿与广大客户携手双赢，共同开创美好的未来。

广东博众建材科技发展有限公司
Guangdong bozing building materials science and technology development co.,LTD

广东博众建材科技发展有限公司地处广东省清远市高新区雄兴工业城内，占地面积约30000平方米，总建筑面积10000平方米，是一家集研发、生产、销售为一体的现代化混凝土外加剂企业，是聚羧酸外加剂专业生产厂家，聚羧酸减水剂的年生产能力达20万吨。公司奉行"质量第一，用户至上，科技创先，以人为本"的宗旨，为客户提供优良的售后服务。公司主要生产BOZ系列聚羧酸外加剂产品，产品系列齐全，产品质量优异。公司产品在工业与民用建筑、公路桥梁、港口、隧道、制品构件以及铁路轨道等工程都有广泛的应用。现有客户九十多个，主要为：商品混凝土公司、高速公路工程、地铁工程、城轨工程、预制构件厂、港口工程以及外加剂复配厂。

公司拥有强大的研发团队，设有自己的产品研发中心，产品研发团队由国内著名的外加剂专家李崇智教授主持，研发工程师均为名校毕业的研究生，具有雄厚的理论基础和很强的研发能力。研发团队不断研发出满足不同工程需要的产品，产品质量处于国内领先水平。公司还拥有精干的技术服务队伍，服务工程师都是混凝土行业的专家，具有雄厚的混凝土知识和丰富的实践经验，能及时快捷地为客户提供优良可靠的售后服务。

公司产品在一些重要的工程领域均有广泛应用。针对不同工程的特殊需要，公司均有针对性产品。在高技术产品应用方面，广东博众公司独领风骚，在减水剂行业有独特的优势。主要应用有：高性能混凝土、超高强混凝土、自流平混凝土、超早强混凝土以及清水混凝土等。

总之，广东博众建材科技发展有限公司的优势为：产品质量稳定可靠，售后服务及时快捷，擅长解决各种技术难题。

北京金隅地产开发集团有限公司杭州公司

北京金隅地产开发集团有限公司杭州公司成立于2007年11月，是北京金隅集团房地产板块"走出去"战略的第一个外阜城市公司。金隅地产杭州公司耕耘杭州房地产市场13载，综合实力位居市场前列，公司开发建设的项目曾荣获"中国土木工程詹天佑奖""杭州西湖杯优质奖"等多项荣誉。

金隅地产杭州公司始终坚持"创新、诚信、高效"的核心价值观，本着"至臻品质、至美生活"的产品理念和"将心注入、创造感动"的服务理念，努力为客户提供高质量的房地产产品和服务。目前在杭州开发建设总规模约180万平方米，金隅观澜时代、金隅田员外、金隅学府三个项目已交付使用，金隅中铁诺德都会森林项目正在热销中，金隅森临澜府和春棠澜府项目即将开盘。

一、金隅观澜时代

项目坐落于杭州市钱塘新区沿江居住板块，地块于2007年、2009年分两次竞得，占地31.2万平方米，总建筑面积近100万平方米，分瀚庭、朗轩、云邸、天筑四个住宅组团，及2-D、2-G、2-F三个商业组团，是集酒店、商业、居住、休闲于一体的大型城市综合体。住宅部分已于2015年1月全部交付，2-D酒店公寓已于2018年6月全部交付，2-F、2-G酒店公寓预计于2021年交付。

二、金隅田员外

项目地处杭州市拱墅区半山田园板块，地块于2010年竞得，占地7.13万平方米，总建筑面积19.47万平方米，由21栋高层公寓围合而成。项目背靠966公顷的城北森林公园，形成"三山两湖五公园"的景观资源格局，伴随原生山体公园、山体瀑布、烧烤区、轮滑区、儿童迷宫、鱼疗区等景观的实景呈现，为业主们打造了一座有温度的"暖邻社区"。项目已于2016年3月全部交付。

三、金隅学府

项目位于杭州市上城区秋涛路与候潮路交叉口，地块于2013年竞得，占地1.8万平方米，总建筑面积7.8万平方米，由7栋高层围合而成。秉持打造精品的初心，从客户需求出发，结合学区优势，打造50余项定制细节，在杭州成功树立了精装智能华宅形象，获得了业主和媒体的良好口碑，成为上城区标杆项目之一。项目已于2018年5月全部交付。

四、金隅中铁诺德都会森林

项目位于杭州市江干区艮山西路与钱潮路交叉口，地块于2016年底联合中铁建工集团竞得，占地6.48万平方米，总建筑面积约25.78万平方米。该项目立志打造成钱江新城封面产品，摒弃了传统高低配建筑排布方式，由10栋高层围合形成两片"子母"中心公园景观，构筑总面积约5万方纯粹的绿意空间，绿化覆盖率达85%，更有荟萃冥想空间等主题场所和互动交流空间，演绎全方位的沉浸式森林生活，造就了都市生活圈的稀缺产品，成为钱江新城的标杆项目之一。项目正在热销中，预计于2021年交付。

五、金隅森临澜府和春棠澜府

项目位于杭州市江干区笕桥生态单元板块，两宗土地均于2019年9月竞得，总占地7.6万平方米，总建筑面积23.6万平方米。该项目距杭州东站直线距离仅约1.9千米，紧邻地铁4号线，出行十分便利；15万平方米TOD综合体、万象汇等高端商业矩阵环绕，区域生活品质优越。金隅森临澜府和春棠澜府项目是金隅杭州森系焕新之作，园区内营造多花园集群式园林大境，配置高端会所国际生活空间，将自然与都会融合，为城市精英营造一方轻盈、精致的生活绿洲。双盘联动开发，还将进一步扩大规模效应和品牌影响力，项目预计于2022年底交付。

展望未来，金隅地产杭州公司必将紧跟城市发展步伐，以精诚之心、精工之技筑造精品，扩大金隅地产品牌影响力，为城市美好增添更多光彩。

西南水泥有限公司

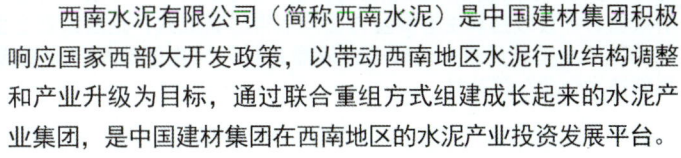

西南水泥有限公司（简称西南水泥）是中国建材集团积极响应国家西部大开发政策，以带动西南地区水泥行业结构调整和产业升级为目标，通过联合重组方式组建成长起来的水泥产业集团，是中国建材集团在西南地区的水泥产业投资发展平台。

西南水泥于2011年12月成立，注册资本116亿元。资产总额已逾700亿元，拥有熟料产能1.1亿吨，水泥产能1.5亿吨，成员企业105家，员工1.6万人，是西南地区最大的专业化水泥集团公司，年销售收入超过300亿元，年上缴税金超过25亿元。

自成立以来，西南水泥作为西南地区水泥行业的引领者，积极带动行业供给侧结构性改革，积极倡导减量发展，带头实行错峰生产和停窑限产；坚决践行节能减排政策要求和绿色发展理念，全面推进企业精益管理和清洁生产，持续加大环保投入，打造花园式工厂和绿色矿山，带头实行超低排放；引领产业升级和智能制造，启动智能环保生产线升级改造项目，打造水泥行业具有示范意义的智能化标杆工厂；发挥在油井水泥、海工水泥等特种水泥领域研发和制造优势，不断研发高性能、低消耗、低排放、高附加值的水泥产品，推动水泥产品结构调整和转型升级；以循环经济为主线，发挥水泥工业在（垃圾）固废危废等方面的协同处置优势，建设协同处置项目，探索水泥工业与城市和环境共生共赢的可持续发展模式；按照中国建材集团水泥产业转型升级部署，积极开展在川水泥产业转型升级项目规划，拓展矿山骨料基地建设、装配式建筑项目等完善产业链，不断提升企业经营发展质量。

邢台金隅咏宁水泥有限公司
邢台金隅冀东水泥有限公司

金隅冀东邢台区域有2家企业组成，分别为邢台金隅咏宁水泥有限公司和邢台金隅冀东水泥有限公司。

邢台金隅咏宁水泥有限公司是由金隅冀东水泥和冀中能源股份有限公司投资成立的国有控股企业，位于沙河市白塔镇。公司拥有2条日产2000吨新型干法工艺配套9MW纯低温余热发电的熟料生产线和两台φ4×13m水泥磨（带辊压机），整个生产过程全部由大型计算机集中控制，技术装备精良，环保设施先进，实现传统装备自动化、信息化控制，新兴业务环保化，各项技术均处于国内先进行列，年熟料产能124万吨、水泥产能200万吨、危险废物处置能力2万吨。公司致力于"平安、绿色、创新、智慧、效益"五型工厂建设，在经济效益、社会效益和生态效益方面均取得显著成效，是国家安全生产标准化一级企业，先后荣获"中国著名品牌""全国重质量守信誉公众满意单位""中国建材行业低碳环保企业""河北省绿色工厂""河北省高新技术企业"等荣誉。

邢台金隅冀东水泥有限公司是金隅冀东水泥旗下大型国有企业，位于临城经济开发区，托管广宗县金隅冀东水泥有限公司、宁晋县金隅冀东水泥有限公司、清河县金隅冀东水泥有限公司。公司拥有2条日产4000吨新型干法工艺配套12MW纯低温余热发电的熟料生产线，技术装备先进，环保设施完善，信息化、智能化水平高，在节能降耗、环境保护和资源综合利用率等方面均达到了国内先进水平。可年产低碱优质水泥210万吨，熟料310万吨，是中国北方最大的低碱水泥生产基地之一。公司大力打造智慧工厂和绿色工厂，在智慧能管、智能物流、智能设备巡检、智能脱销等方面走在了行业前列。先后荣获"河北省重质量树品牌守信誉百佳诚信企业""国家绿色工厂"等荣誉称号。

| 金隅咏宁 |  金隅咏宁 |  邢台金隅 |  邢台金隅 |